THE BARBOUR COLLECTION OF CONNECTICUT TOWN VITAL RECORDS

THE BARBOUR COLLECTION OF CONNECTICUT TOWN VITAL RECORDS

MIDDLETOWN—PART I

A–J 1651–1854

Compiled by
Marie Schlumbrecht Crossley

General Editor
Lorraine Cook White

Copyright © 2000
Genealogical Publishing Co., Inc.
Baltimore, Maryland
All Rights Reserved
Library of Congress Catalogue Card Number 94-76197
International Standard Book Number 0-8063-1603-9
Made in the United States of America

INTRODUCTION

As early as 1640 the Connecticut Court of Election ordered all magistrates to keep a record of the marriages they performed. In 1644 the registration of births and marriages became the official responsibility of town clerks and registrars, with deaths added to their duties in 1650. From 1660 until the close of the Revolutionary War these vital records of birth, marriage, and death were generally well kept, but then for a period of about two generations until the mid-nineteenth century, the faithful recording of vital records declined in some towns.

General Lucius Barnes Barbour was the Connecticut Examiner of Public Records from 1911 to 1934 and in that capacity directed a project in which the vital records kept by the towns up to about 1850 were copied and abstracted. Barbour previously had directed the publication of the Bolton and Vernon vital records for the Connecticut Historical Society. For this new project he hired several individuals who were experienced in copying old records and familiar with the old script.

Barbour presented the completed transcriptions of town vital records to the Connecticut State Library where the information was typed onto printed forms. The form sheets were then cut, producing twelve small slips from each sheet. The slips for most towns were then alphabetized and the information was then typed a second time on large sheets of rag paper, which were subsequently bound into separate volumes for each town. The slips for all towns were then interfiled, forming a statewide alphabetized slip index for most surviving town vital records.

The dates of coverage vary from town to town, and of course the records of some towns are more complete than others. There are many cases in which an entry may appear two or three times, apparently because that entry was entered by one or more persons. Altogether the entire Barbour Collection--one of the great genealogical manuscript collections and one of the last to be published--covers 137 towns and comprises 14,333 typed pages.

ABBREVIATIONS

ae.--------------age
b.---------------born, both
bd.--------------buried
B. G.-----------Burying Ground
d.---------------died, day, or daughter
decd.-----------deceased
f.----------------father
h.----------------hour
J. P.------------Justice of Peace
m.---------------married or month
res.-------------resident
s.----------------son
st.---------------stillborn
w.---------------wife
wid.------------widow
wk.-------------week
y.----------------year

NOTE

The vital records of Middletown prior to 1854 are found in the first two volumes of Land Records and in four volumes of Vital Statistics. The entries in these have been alphabetically arranged and listed. The abbreviation "LH" indicates that the entry is taken from Land Records.

This list was taken from a set of cards based on a copy of the Middletown Vital Records made in 1913 by James N. Arnold, of Providence, R.I. The Arnold Copy, now in the possession of the Connecticut State Library, has not been compared with the original and doubtless errors exist. It is hoped that as errors or omissions are found notes will be entered in this volume and on the cards which are included in the General Index of Connecticut Vital Records also in the possession of the Connecticut State Library.

This book forms the first part and contains the alphabet A - J inclusive.

THE BARBOUR COLLECTION OF CONNECTICUT TOWN VITAL RECORDS

MIDDLETOWN VITAL RECORDS
1651 - 1854

	Vol.	Page
ABBEY, ABBE, ABBY, Agnes, see under Egniss		
Catharine, m. Philip SWAN, b. of Middletown, Jan. 15, 1828, by Rev. Phinehas Cook	3	117
Chauncey, of Chatham, m. Charlotte BACON, of Middletown, Aug. 17 1834, by Rev. Smith Pyne	3	404
Egniss, m. Daniel BIDWELL, Dec. 25, 1740	1	66
Lydia, m. Andrew CORNWELL, Oct. 28 1756	2	148
ABBOTT, ABBOT, Alice, d. Benjamin & Naomi, b. Jan. 31, 1739/40	1	107
Alless, m. Solomon STOW, Jr., b. of Middletown, Oct. 22, 1762	2	107
Benjamin, m. Naomi ADKINS, Jan. 23, 1788/9	1	107
Benj[ami]n, s. Benj[ami]n & Naomi, b. Mar. 11, 1743	1	107
Benj[ami]n, s. Benj[ami]n & Naomi, d. Sept 27, 1751	1	107
Benjamin, s. Benj[ami]n & Naomi, b. Feb. 21, 1751/2	1	107
Benjamin, d. Nov. 15, 1752	1	107
Elizabeth, d. Benj[ami]n & Naomi, b. Sept. 8, 1744	1	107
Ephraim, s. Benj[ami]n & Naomi, b. Apr. 22, 1746	1	107
Ephraim, s. Benj[ami]n & Naomi, d. Aug. 9, 1746	1	107
Hannah, d. Benj[ami]n & Naomi, b. June 14, 1741; d. Aug. 24, 1742	1	107
Hannah, d. Israel & Eliz[abet]h, b. June 23, 1751	2	288
Isaac, of New York, m. Caroline G. RILEY, of Middletown, June 5, 1845, by Rev. Samuel Farmer Jarvis. Int. pub.	3	532
Israel, of Middletown, m. Elizabeth TUTTLE, of New Haven, Dec. 24, 1746	2	288
Mary, d. Naomi, b. Nov. 19, 1776; father John Osborn SHAILER	2	125
Molly, d. Israel & Eliz[abet]l , b. Mar. 26, 1749	2	288
Naomi, d. Benj[ami]n & Naomi, b. Mar. 24, 1750	1	107
Naomi had d. Mary, b. Nov. 9, 1776; father John Osborn SHAILER	2	125
Naomi, m. Peter ALLEN, a foreigner, May 22, 1786	2	326
Sally, d. Israel & Eliz[abet]h b. Oct.30, 1758	2	288
ABEL, ABELL, Jane M., Mrs., of Middletown, m. Seth MILLER, of Leyden, N.Y., Feb. 1, 1852, by Rev. Mereweather Winston	4	208
John A., m. Olive TRYON,). Of Middletown, May 5, 1833, by Rev. Heman Bangs	3	382
Lois, m. Abraham BOWNEl t, b. Of Norwich, Apr. 2, 1760	2	118
Lucretia, m. Henry SALISB JRY, b. of Middletown, Nov. 5, 1829, by Rev. Smith Pyne	3	345
William, m. Irene MILLER of Middlefield, Oct. 12, 1840, by Rev. Harvey Miller, o 'Mereden	3	470
William P., mechanic, b. in Colchester, res. Middletown, d. Nov. 17, 1848, ae 37	4	134-5
ABRAHAMS, George S., of Boston, Mass., m. Phebe S. CARRIGAN, of Middletown, Apr. 20, 1844, by Rev. Zebulon Cracker	3	515
ACKLEY, * Frances m., of East Haddam, m. Allen C. CLARK, of East		

1

	Vol.	Page
ACKLEY, (cont.)		
Hampton, Apr.2, 1845, by Rev. Andrew L. Stone	3	529
Nelson W., of Meredan, m. Julia S. **CROWELL**, of Middletown, May 5, 1853, by Rev. Jno. Morrison Reid	4	288
* (*correction)(see also **ADY**)handwritten in original manuscript)		
ACKMET, ACMIT, Hamet, of Middletown. Maria **BEEBE**, of Saybrook, Oct. 28, 1827, by Rev. Heman Bangs	2	367
Mary Ann, m. Andrew Peter **FOLIO**, b., of Middletown, Dec. 19, 1842, by Rev. A.M. Osborn	3	498
ACMIT, [see under **ACKMET**]		
ACTON, Joseph, m. Sibbell **MORGAN**, b. of Middletown, Sept. 10, 1821, by Rev. Phinehas Cook	3	63
ADAMS, ADDAMS, Charles, of Amhurst, Mass., m. Julia **L'HOMMEDIEU**, of Middletown, Oct. 1, 1834, by Rev. Zebulon Crocker	3	399
Ebenezer, s. of wid. Mary, b. June 28, 1740	1	38
Edward, m. Mary **PRYOR**, Apr. 25, 1728	1	38
Edward, s. Ed[war]d & Mary, b. Aug. 21, 1736	1	38
Edward, d. May 16, 1740	1	38
Eliza, m. Jeremiah **NORTON**, Nov. 17, 1821, by Rev. John R. Crane	3	71
Est[h]er, of Hartford, m. William **STANCLIFT**, of Middletown, Oct. 5, 1721	LR2	19
Henry W.H., of Port Chester, N.Y., m. Adelline E. **HUBBARD**, Aug. 9, 1841, by Rev. John R. Crane	3	478
Leah, d. Edw[ar]d d & Mary, b. July 16, 1738	1	38
Lewis, m. Mary W. **RILEY**, Oct. 18, 1829, by Rev. John R.Crane	3	342
Margaret, d. Edw[ar]d & Mary, b. July 16, 1738	1	38
Mary, d. Edward & Mary, b. Apr. 18, 1731	1	38
Piercey, of Springfield, Mass., m. Thomas **SELDEN**, of Middletown, Sept. 26, 1825, by Rev. E. Washburn	3	210
Rebecca, w. of Jeremiah, of Hartford, d. June 25, 1765* in the 77th y. of her age (*1715?)	LR1	29
Sarah, d. John & Sarah, b. Sept. 3, 1758	2	64
ADDIS, Abigail Graves, [d. Heroic Austin & Lucy Ann **PHILLIPS**], b. Apr. 6, 1837	3	335
Austin, s. [Elijah & Sarah], b. Dec. 23, 1808	3	124
Austin, m. Lucy Ann **PHILLIPS**, b. of Middletown, May 13, 1832, by Rev. John Cookson	3	370
Benjamin N., m. Emily **STEAVENS**, b. Of Middletown, Apr. 29, 1827, by Rev. Fred[eric]k Wightman	3	268
Benjamin Newell, s. [Elijah & Sarah], b. Aug. 18, 1805	3	124
Clarissa Ann, [d. Heroic Austin & Lucy Ann **PHILLIPS**], b. Dec. 16, 1833	3	335
Elijah, m. Sarah **GRAVES**, Apr. 28, 1801	3	124
Ellen Maria, [d. Heroic Austin & Lucy Ann **PHILLIPS**], b. Apr. 28, 1835	3	335
Frances Jane, [d. Heroic Austin & Lucy Ann **PHILLIPS**, b. June 11, 1841	3	335
John Murray, [s. Heroic Austin & Lucy Ann **PHILLIPS**], b. Feb. 13, 1845	3	335
Joseph Graves, s. Elijah & Sarah, b. May 21, 1803	3	124

	Vol.	Page
ADDIS, (cont.)		
Loby G., m. Patrick **BURNS**, of Middletown, Oct. 17, 1849, by Rev. L.S. Hough	4	93
Loly, ae 20, of Middletwon, m. Patrick **BURNS**, mechanic, ae 22, b. in N.Y., res. Middletown, Oct. 17, 1849, by Rev. Lent S. Hough	4	168-9
Lucy E., d. Austin, Blacksmith, ae 40, & Lucy A., ae 36, b. Feb. 4, 1849	4	112-3
Margaret d., d. of Benjamin, of Cromwell, m. Isaac H. **CORNWELL**, s. of Joseph, of Middletwon, Aug. 21, 1858, by Rev. L.S. Hough	4	235
Marietta, m. Merrett M. **CORNWELL**, b. of Middletown, Oct. 8, 1845, by Rev. Levi H. Wakeman	3	538
Mary Charlotte, [d. Heroic Austin & Lucy Ann **PHILLIPS**], b. Aug. 6, 1843	3	335
Orrin, Bishop [s. Heroic Austin & Lucy Ann **PHILLIPS**], b. Mar. 3, 1851	3	335
Sarah, d. Mar. 29, 1850, ae 76	4	174-5
Sarah Ann, m. Charles **STEVENS**, b. of Middletown, Mar. 27, 1844, by Rev. J. Goodwin	3	513
Susan Watkin, [d. Heroic Austin & Lucy Ann **PHILLIPS**], b. Feb. 6, 1848	3	335
William J., of Cromwell, m. Eliza **HOTCHKISS**, of Berlin, Jan. 23, 1853, by Rev. L.S. Hough	4	226
William J., of Cromwell, m. Eliza **HOTCHKISS**, of Berlin, Jan. 23, 1853, by Rev. L.S. Hough	4	227
ADDISON, Mary A., d. of Thomas, of Middletown, m. J.Emile **GOLL**, of New York, May 29, 1850, by Rev. John R. Crane	4	143
Mary A., ae 22, b. in N.Y., res. Middletown, m. J.R. **GOLL**, merchant, ae 27, of France, May 29, 1850, by Rev. J.R. Crane	4	166-7
Sarah Imogene, m. Noah T. **CONKLING**, of New York, June 24, 1846, by Rev. John R. Crane	3	552
ADKINS, [see also **ATKINS**], Abi, d. David & Bethiah, b. Feb. 4, 1781	2	28
Abiah, d. Solomon & Thankfull, b. Mar. 20, 1756	2	197
Abigail, d. Sollomon & Phebe, b. Apr. 6, 17[ ]	LR2	13
Abigaill, m. Robert **HUB[B]ARD**, Mar. 4, 1703	LR1	50
Abigail, d. Josiah & Mary, b. Aug. 14, 1713	LR2	10
Abigail, d. Sollomon & Phebe, b. Apr. 11, 171[ ]; d. May 31, 171[ ]	LR2	13
Abigail, d. Joseph & Abigail, b. Aug. 8, 1745	1	94
Abigail, d. Ebenezer & Dorothy, b. Feb. 19, 1753	2	115
Albert, s. Ith[ame]r & Anna, b. Sept. 14, 1804	3	14
Azubah, d. James & Rebec[ca]h, b. Sept. 6, 1753	2	306
Benjamin, of Middletown, m. Jane **STEVENS**, of New Haven, June 8, 1709	LR2	15
Benjamin, m. Elizabeth **BARNES**, May 9, 1716	LR2	15
Benjamin, s. Benj[ami]n & Elizabeth, b. Nov. 2, 1718	LR2	15
Benjamin, Jr., m. Hannah **WATTS**, Jan.2, 1718	2	73
Benjamin, m. Ann **BACON**, Nov. 7, 1752	2	87
Benjamin, d. Jan. 4, 1756	2	87
Benjamin, [twin with Rachel], s. Benj[ami]n]]n & Hannah,		

ADKINS, (cont.)

	Vol.	Page
b. Apr. 3, 1756	2	73
Benjamin, Jr., m. Sarah **WARD**, Dec. 8, 1776	2	272
Benj[ami]n, s. Benj[ami]n & Sarah, b. Dec. 5, 1783	2	272
Bethiah, d. David & Bethiah, b. Mar. 3, 1778	2	28
C[h]lœ, d. Solomon & Thankfull, b. Mar. 16, 1752	2	197
C[h]lœ, d. David & Elizabeth, b. July 13, 1771	2	28
Daniel, s. Benjamin & Elizabeth, b. Mar. 25, 1721	LR2	15
Daniel, s. Benj[ami]n, Jr. & Hannah, b. Mar. 22, 1747/8	2	73
Daniel, s. Sam[ue]ll & Eliz[abet]h, b. Mar. 21, 1750	1	120
Daniel, of Middletown, m. Abiah **CLARK**, of Haddam, Jan. 25, 1769	2	24
Daniel, s. Sam[ue]ll & Elizabeth, d. Sept. 6, 1777	1	120
David, s. Benj[ami]n & Elizabeth, b. June 20, 1734	LR2	15
David, s. Benj[ami]n & Elizabeth, d. July 6, 1734	LR2	15
David, s. Benj[ami]n & Elizabeth, b. July 16, 1736	LR2	15
David, m. Elizabeth **HINSDEL**, Apr. 27, 1758	2	28
David, d. David & Eliz[abet]h, b. Mar. 8, 1760	2	28
David, m. Bethiah **WARNER**, Jan. 1, 1776	2	28
Desiah, [twin with Seth], d. George & Desiah, b. Nov. 27, 1767	2	173
Dorothy, d. Eben[eze]r & Dorothy, b. Jan. 18, 1758	2	115
Dorothy, Sr., d. Sept. 11, 1803	2	115
Ebenezer, s. Ephraim & Elizabeth, b. Oct. 1, 1721	LR2	15
Ebenezer, of Middletown, m. Dorothy **CLARK**, of New Haven, Oct., 1, 1747	2	115
Eben[eze]r, d. Apr. 25, 1777	2	115
Elasah, s. David & Eliz[abet]h, b. Feb. 9, 1769	2	28
Elihu, s. Sam[ue]ll & Eliz[abet]h, b. Apr. 19, 1748	1	120
Elijah, s. Solomon & Thankfull, b. Jan. 26, 1769	2	197
Elisha, s. Benj[ami]n & Elizabeth, b. Aug. 12, 1738; d. June 23, 1740	LR2	15
Elisha, s. Joel & Mary, b. Oct. 17, 1750	2	194
Elizabeth, m. Samuel **WARD**, Aug. 10, 1710, by Mr. Hubbard, of Haddam	LR2	20
Elizabeth, d. Josiah & Mary, b. Feb. 11, 1711/12	LR2	10
Elizabeth, d. Ephraim & Elizabeth, b. Dec. 6, 1714	LR2	15
Elizabeth, d. Benjamin & Elizabeth, b. Apr. 5, 1717	LR2	15
Elizabeth, m. Daniel **STOW**, Jr., May 7, 1735	1	82
Elizabeth, d. John & Elis[abet]h, b. Apr. 18, 1745	1	132
Elizabeth, d. Ephraim & Elizabeth, d. May 30, 1750	LR2	15
Elizabeth, twin with Mary, d. Joel & Mary, b. Jan. 30, 1752	2	194
Elizabeth, m. John **BACON**, 2d, Apr. 2, 1752	2	36
Elizabeth, w. of Benjamin, d. May 20, 1752	LR2	15
Elizabeth, d. James & Rebec[ca]h, b. Oct. 16, 1755	2	306
Elizabeth, d. Sam[ue]ll & Eliz[abet]h, b. Mar. 20, 1756	1	120
Elizabeth, d. David & Eliz[abet]h, b. Apr. 9, 1764	2	28
Elizabeth, w. of David, d. Oct. 30, 1772	2	28
Ephraim, m. Elizabeth Wetmore, June, 16, 1709	LR2	15
Ephraim, s. Ephraim & Elizabeth, b. July 18, 1712; d. June 27, 1713	LR2	15
Ephraim, s. Ephraim & Elizabeth, b. Mar. 22, 1716/17	LR2	15
Ephraim, s. Ephraim & Elizabeth, d. Feb. 26, 1734/5	LR2	15
Ephraim, s. Eben[eze]r & Dorothy, b. Feb. 20, 1747/8	2	115

	Vol.	Page
ADKINS, (cont.)		
Ephraim, d. Dec. 26, 1760	LR2	15
Eph[rai]m, d. Jan. 23, 1819	2	115
Est[h]er, [twin with Phebe], d. Sollomon & Phebe, b. Aug. 4, 1725	LR2	13
George, s. Ephraim & Elizabeth, b. Dec. 26, 1726	LR2	15
George, of Middletown, m. Desiah TUTTLE, of New Haven, Dec. 7, 1749	2	173
George, s. George & Desiah, b. Nov. 15, 1757	2	173
George, Jr., m. Betsey HEART, Dec. 23, 1790	2	320
Giles, s. Solomon & Thankfull, b. Apr. 4, 1765	2	197
Hannah, d. Sollomon & Phebe, b. May 26, 171[ ]	LR2	13
Hannah, d. Benjamin & Jane, b. Oct. 12, 1712	LR2	15
Hannah, m. Allen WARD, Nov. 14, 1734]	1	76
Hannah, d. Sam[ue]ll & Eliz[abet]h, b. Feb. 10, 1742	1	120
Hannah, d. Benj[ami]n, Jr. & Hannah, b. Aug. 12, 1750	2	73
Hannah, d. George & Desiah, b. Dec. 25, 1762	2	173
Hannah, of Middletown, m. Thomas STEDMAN, late of Groton, now of Middletown, Jan. 26, 1775	2	146
Henrietta, d. David & Bethiah, b. Dec. 27, 1782	2	28
Henry, [twin with William H.], s. Ith[ame]r & Anna, b. Jan. 11, 1801	3	14
Hephzibah, d. James & Rebec[ka]h, b. Oct. 4, 1749	2	306
Hepzibah, m. Robert RAND, [ ], 1774	2	123
Hezekiah, s. Sam[ue]ll & Eliz[abet]h, b. Mar. 24, 1746	1	120
Isaac, s. James & Rebec[ca]h, b. Oct. 1, 1757	2	306
Ithamer, s. Tho[ma]s & Martha, b. Nov. 16, 1757	1	80
Ithamer, m. Anna HUBBARD, Nov. 27, 1783	3	14
Jabez, s. Sollo[mo]n & Phebe, b. Apr. 23, 172[ ]; d. July [ ], 1729	LR2	13
Jabez, s. Sollomon & Phebe, b. Nov. 26, 1731	LR2	13
Jabez, s. Dea. Solo[mon]]] & Phebe, d. Aug. 17, 1751	LR2	12
Jabez, s. Sam[ue]ll & Elizabeth, b. Mar. 9, 1752	1	120
Jacob, s. Ithamer & Anna, b. Dec. 26, 1786	3	14
James, s. Ephraim & Elizabeth, b. Apr. 9, 1724	LR2	15
James, m. Rebeckah STOW, Oct. 27, 1747	2	306
James, s. James & Rebeckah, b. June 20, 1751	2	306
James, of Middletown, m. Martha FRANCIS, of Wallingford, Apr. 30, 1761	2	306
James, s. James & Rebeckah, d. Apr. 20, 1768	2	306
Jane, w. of Benjamin, d. Nov. 16, 1712	LR2	15
Jemima, d. Benj[ami]n & Elizabeth, b. Nov. 9, 1731	LR2	15
Jemima, d. Tho[ma]s & Martha, b. Oct. [ ], 1741	1	80
Jesse, s. Sam[ue]ll & Elizabeth, b. May 12, 1762	1	120
Joel, s. Benj[ami]n & Elizabeth, b. Apr. 24, 1725	LR2	15
Joel, m. Mary CANDE, Aug. 8, 1750	2	194
Joel, s. Joel & Mary, b. Sept. 17, 1754	2	194
John, s. Josiah & Mary, b. Oct. 14, 1717	LR2	10
John, of Middletown, m. Elizabeth JEROME, of Wallingford, Dec. 14, 1742	1	132
John, s. John & Eliz[abet]h, b. Feb. 22, 1747	1	132
John, s. George & Desiah, b. Jan.3, 1753	2	173
John, s. George & Desiah, d. May 24, 1753	2	173
John, s. George & Desiah, b. Jan. 28, 1755	2	173

BARBOUR COLLECTION

	Vol.	Page
ADKINS, (cont)		
Joseph, s. Josiah & Mary, b. Sept. 6, 1709	LR2	10
Joseph, of Middletown, m. Abigail **RICH**, of Meridian, Feb. 3, 1786/7	1	94
Joseph, s. Joseph & Abigail, b. July 27, 1747	1	94
Josiah, of Middletown, m. Mary **WHEELER**, of Stratford, Dec. 16, 1708	LR2	10
Josiah, s. Josiah & Mary, b. Oct. 11, 1715	LR2	10
Josiah, Sr., d. Nov. 1, 1724	LR2	10
Josiah, m. Martha **HUSKET**, Sept. 5, 1743	1	132
Josiah, s. Sam[ue]ll & Elis[abet]h, b. Mar. 10, 1754	1	120
Kish, s. Benjamin & Hannah, b. May 16, 1765	2	73
Levina, d. Josiah & Martha, b. Aug. 20, 1748	1	132
Lois, d. Eben[eze]r & Dorothy, b. Dec. 9, 1755	2	115
Lois, d. Mar. 26, 1832	2	115
Lucia, d. Benj[ami]n, Jr. & Hannah, b. Nov. 18, 1746	2	73
Lucia, d. Tho[ma]s & Martha, b. Apr. 28, 1752	1	80
Lucretia, d. Josiah & Martha, b. Apr. 16, 1746	1	132
Lucy, m. Samuel **JOHNSON**, Oct. 14, 1773	2	89
Lydia, d. Tho[ma]s & Martha, b. Nov. 23, 1747	1	80
Lydia d. Benj[ami]n & Sarah, b. Sept. 25, 1779	2	272
Lydia Benton, d. Geo[rge], Jr. & Betsey, b. Jan. 3, 1792	2	320
Mabel, d. Eben[eze]r & Doro[th]y, b. Nov. 1, 1750	2	115
Mabel, d. Benj[ami]n & Hannah, b. Oct. 30, 1852	2	73
Mariah, d. Ith[ame]r & Anna, b. Mar. 23, 1795	3	14
Martha, d. Tho[ma]s & Martha, b. June 17, 1739	1	80
Martha, d. Tho[ma]s & Martha, b. Apr. 5, 1744	1	132
Martha, m. Jabez **BARNS**, Mar. 22, 1757	2	3
Martha, m. Jabez **BARNES**, Mar. 23, 1758,by Mr. IchabodCamp	2	76
Mary, d. Josiah & Mary, b. Oct. 14, 1710	LR2	10
Mary, m. John **STIDMAN**, Oct. 24, 1725	1	19
Mary, m. Eara **ROBERTS**, Aug. 13, 1730	1	52
Mary, d. Tho[ma]s & Martha, b. Dec. 20, 1736	1	80
Mary, d. Joseph & Abigail, b. Mar. 16, 1739/40	1	94
Mary, twin with Elizabeth, d. Joel & Mary, b. Jan. 30, 1752	2	194
Mary, d. Joel & Mary, d. Oct. 10, 1762	2	194
Mary, d. David & Eliz[abet]h, b. Dec. 7, 1765	2	28
Matilda, d. David & Bethiah, b. Apr. 30, 1776	2	28
Naomi, d. Ephraim & Elizabeth, b. June 6, 1719	LR2	15
Naomi, m. Benjamin **ABBOTT**, Jan. 23, 1738/9	1	107
Olive, d. Joel & Mary, b. June 23, 1756	2	194
Olive, m. John **BACON**, 2d, Jan. 4, 1798	2	276
Oliver, s. Benjamin & Sarah, b. Dec. 15, 1777	2	272
Phebe, d. Sollomon & Phebe, b. May 30, 1719; d. June 26, 1719	LR2	13
Phebe, [twin with Est[h]er, d. Sollomon & Phebe, b. Aug. 4, 1725	LR2	13
Phebe, wid. of Dea. Solomon, d. Sept. 8, 1779	1	120
Phillip, s. Daniel & Abiah, b. July 11, 1777	2	24
Rachel, d. Benj[ami]n & Elizabeth, b. Mar. 29, 1723	LR2	15
Rachel, [twin with Benjamin], d. Benj[ami]n & Hannah, b. Apr. 3, 1756	2	73
Rebeckah, d. Joseph & Abigail, b. Dec. 12, 1741; d. Dec. 30,1741	1	94
Rebeckah, d. Joseph & Abigail, b. Feb. 20, 1743	1	94

MIDDLETOWN VITAL RECORDS 7

	Vol.	Page
ADKINS, (cont.)		
Rebeckah, m. Benoni **PLUM**, Jr., Jan. 10, 1745	2	29
Rebeckah, d. James & Rebec[ca]h, b. Mar. 23, 1748	2	306
Rebeckah, w. of James, d. Mar. 7, 1760	2	306
Rebeckah, d. Sollomon & Phebe, b. Nov. 21, 17[ ]	LR2	13
Reuben, s. John & Eliz[abet]h, b. Dec. 13, 1748	1	132
Rhoda, d. Tho[ma]s & Martha, b. Jan. 15, 1749/50	1	80
Rhoda, d. Ith[ame]r & Anna, b. June 11, 1790	3	14
Richard, s. Ith[ame]r & Anna, b. Aug. 29, 1792	3	14
Ruth, d. Benj[ami]n & Elizabeth, b. Dec. 12, 1728	LR2	15
Sally, d. Itha[me]r & Anna, b. Apr. 19, 1799	3	14
Samuell, s. Sollomon & Phebe, b. Sept. 21, 171[ ]	LR2	13
Samuel, m. Elizabeth **SUMNER**, Nov. 20, 1740	1	120
Sam[ue]ll, s. Sam[ue]ll & Eliz[abet]h, b. June 28, 1744	1	120
Sarah, d. Benjamin & Jane, b. Mar. 27, 1710	LR2	15
Sarah, d. Joseph & Abigail, b. Nov. 26, 1737	1	94
Sarah, d. Tho[ma]s & Martha, b. Oct. 27, 1745	1	80
Sarah, d. James & Martha, b. Aug. 19, 1766	2	306
Sarah, m. Phinehas **BACON**, Dec. 25, 1766	2	163
Sarah, d. Benj[ami]n & Sarah, b. Sept. 25, 1785	2	272
Seth, s. Sam[ue]ll & Eliz[abet]h, b. May 30, 1759; d. Oct. 5, 1759	1	120
Seth, [twin with Desiah], s. George & Desiah, b. Nov. 27, 1767; d. Sept. 28, 1772	2	173
Sibbel, see under Sybil		
Solomon, of Middletown, m. Phebe **EDWARDS**, of Northampton, May 18, 17[ ], by Capt. Robert Wells, of Wethersfield. Witnesses: Ambrose Bacon, Ephraim Adkins, Elizabeth Wetmore	LR2	13
Solomon, s. Sollomon & Phebe, b. Feb. 10, 171[ ]; d. May 22, 1718	LR2	13
Sollomon, s. Sollomon & Phebe, b. Aug. 11, 1720	LR2	13
Solomon, m. Thankfull **LEE**, Feb. 25, 1747/8	2	197
Solomon, s. Solomon & Thankful, b. May 4, 1762	2	197
Solomon, Dea., k. [ ]	LR2	12
Sibbel, d. So[lomon]]] & Thankful, b. Feb. 19, 1749/50	2	197
Sibbel, m. Thomas **BARNES**, Feb. 17, 1772	2	237
Thankfull, d. Solomon & Thankful, b. Jan. 4, 1748/9	2	197
Theodore, s. David & Eliz[abet]h, b. Feb. 9, 1762	2	28
Theodore, s. [David & Elizabeth], d. Dec. 3, 1772	2	28
Theodore, s. David & Bethiah, b. Nov. 2, 1779	2	28
Thomas, s. Ephraim & Elizabeth, b. Apr. 5, 1710	LR2	15
Thomas, m. Martha **MILLER**, Aug. 6, 1735	1	80
Thomas, s. Ith[ame]r & Anna, b. Mar. 4, 1797	3	14
Timothy, s. George & Desiah, b. Dec. 1, 1750	2	173
Timothy, s. George & Desiah, d. Feb. 23, 1776	2	173
William, s. Daniel & Abiah, b. Dec. 27, 1770; d. Dec. 28, 1770	2	24
William H., [twin with Henry], s. Ith[ame]r & Anna, b. Jan. 11, 1801	3	14
----, s. [Sam[ue]ll & Eliz[abet]h], b. Mar. 7, 1758; d. [Mar.] 27, 1758	1	120
ADSID, Caroline B. Of Hammondsport, N.Y., d. July 2, 1850, ae 6	4	170-1
ADY*,(should be **AGLY**) James, m. Sarah **GATES**, Oct. 28, 1742	2	18
James, Jr., m. Ruth **ADY**, Dec. 23, 1759	2	23

	Vol.	Page
ADY, (cont.)		
Naomi, d. James & Sarah, b. Aug. 14, 1745	2	18
Naomi, d. James, Jr. & Ruth, b. Sept. 19, 1760	2	23
Ruth, m. James **ADY,** Jr., Dec. 23, 1759	2	23
Samuel, s. James & Sarah, b. Sept. 2, 1747	2	18
Sarah, d. James & Sarah, b. Sept. 15, 1743	2	18
AHERN, Alice, m. Patrick **MAHONEY,** Oct. 26, 1852, by Rev. Jno. Brady	4	224
Anna, m. David **DENNIS,** July 31, 1853, by Rev. Jno. Brady	4	238
Catharine, m. Michael **BURKE,** Apr. 18, 1852, by Rev. Jno. Brady	4	219
Catharine, m. Patrick **CUSHMAN,** Jan. 29, 1854, by Rev. Jno. Brady	4	264
Jno., m. Mary **MERRICK,** Jan. 26, 1852, by Rev. Jno. Brady	4	209
John, m. Catharine **O'BRIEN,** June 15, 1854, by Rev. Jno. Brady	4	267
Mary, m. Thomas **BARRY,** Feb. 8, 1853, by Rev. Jno. Brady	4	229
Mary, m. John **GAYNY,** Jan. 18, 1854, by Rev. Jno. Brady	4	264
Philip, m. Joanna **CASHMAN,** Jan. 1, 1853, by rev. Jno. Brady	4	227
AIKEN, AKENS, AKAN, AKIN, AKINS, [see also **ATKINS**], Anna, d. Tho[ma]s & Hannah, b. June 20, 1752	2	338
Elizabeth, m. Israel **HIGGINS,** Jr., Feb. 15, 1753	2	341
Elizabeth, d. Henry & Margaret, b. Apr.3, 1733	1	46
Elizabeth, m. Israel **HIGGINS,** [ ]	2	341
George, s. Henry & Margaret, b. Dec. 28, 1735	1	46
Henry, m. Izabel **HOMES,** Aug. 8, 1720	1	46
Henry, s. Henry & Izabel, b. Sept. 11, 1729	1	46
Henry, m. Margaret **WOODS,** July 6, 1732	1	46
Izabel, w. Of Henry, d. June 1, 1781	1	46
Isabel, d. Tho[ma]s & Hannah, b. Mar. 31, 1750	2	338
Jane, d. Tho[ma]s & Hannah, b. Mar. 4, 1759	2	338
Joseph, s. Henry & Margaret, b. Mar. 24, 1739	1	46
Martha, d. Tho[ma]s & Hannah, b. Sept. 24, 1756	2	338
Robert, s. Henry & Izabel, b. Dec. 8, 1727	1	46
Samuel, s. Henry & Margaret, b. Aug. 24, 1740	1	46
Sarah, d. Henry & Izabel, b. June 4, 1725	1	46
Thomas, s. Henry & Izabel, b. Apr. 28, 1723, in Boston	1	46
Tho[ma]s, m. Hannah **BRAINARD,** Jan. 26, 1748	2	338
Tho[ma]s, s. Tho[ma]s & Hannah, b. May 4, 1754	2	338
William, s. Henry & Margaret, b. Feb. 8, 1737/8	1	46
William, s. Tho[ma]s & Hannah, b. Feb. 4, 1764	2	338
AIRS, [see also **AYER**], Florine, b. In Newark, N.J., res. Middletown, d. July 21, 1850, ae 14 m.	4	170-1
AKENS, [see under **AIKEN**]		
ALERTON, David, of Columbus, N.Y., m. Mary **HILDRUP,** of Middletown, June 5, 1825, by Rev. Eben[eze]r Washburn	3	202
ALGER, Ashbel, Capt., m. Sally **CHAPMAN,** b. of Glastonbury, Oct. 4, 1829, by Charles Remington, Elder	3	340
ALLEN, ALLIN, ALLYN, ALYN, [see also **ALLING**], Abigail, s. [sic] Sam[ue]ll & Mary, b. Mar. 25, 1723; d. July 29, 1743	LR2	6
Abigail, d. Eph[rai]m & Elizabeth, b. Sept. 26, 1746	2	37
Abigail, m. John **SWATHELL,** Jan. 26, 1846, by Rev. A.L. Stone	3	546
Amelia H., m. Reuben Hart **TOWNER,** Nov. 22, 1842, by Rev.		

MIDDLETOWN VITAL RECORDS 9

	Vol.	Page
ALLEN, (cont.)		
John R. Crane	3	496
Ann, of Windsor, m. Noah **SMITH**, of Kensington, in Middletown, Jan. 21, 1735/6	1	84
Anna, d. Obadiah & Elizabeth, b. Sept. 12, 1677	LR1	15
Anna, m. John **LANE**, Oct. [ ] 1712	LR2	27
Anna, d. John & Mary, b. Jan. 28, 1717/8	LR2	25
Annah, m. John Earl **HUBBARD**, Feb. 22, 1745	2	77
Caroline W., m. Jehiel Meigs **HAND**, Aug. 11, 1846, by Rev. John R. Crane	3	552
Clarissa Maria, m. Henry **DANIELS**, b. of Middletown, May 24, 1835, by Rev. Jno. R. Crane	3	410
Daniel, s. Obadiah & Elizabeth, b. Aug. 28, 1732	1	29
David, s. Peter & Naomi, b. Feb. 25, 1787	2	326
Delius, of Springfield, Mass., m. Martha W. **COOLEY**, of Middletown, Nov. 14, 1849, by Rev. M.S. Scudder	4	140
Dorkis, d. Obadiah & Dorkis, b. July 3, 1702	LR1	43
Dorkis, wid. Of Obbadiah, m. Nathaniell **WETMORE**, Dec. 29, 1703	LR1	21 87
Dorcas, m. Samuel **COX**, July 3, 1746	2	29
Ebenezer, s. Obadiah & Elizabeth, b. Apr. 1, 1730	1	29
Ebenezer, s. Obadiah & Eliz[abet]h, d. Nov. 12, 1736	1	29
Ebenezer, s. Obadiah & Eliz[abet]h, b. Feb. 5, 1737/8	1	
Ebenezer, s. Rowl[an]d & Eliz[abet]h, b. Jan. 24, 1751; d. Jan. 31, 1751	2	209
Ebenezer, m. Elizabeth **TOUSLEY**, June 1, 1768	2	317
Ebenezer, s. Eben[eze]r & Elizabeth, b. Feb. 15, 1769	2	317
Elizabeth, d. Thomas & Hannah, b. Aug. 12, 1707	LR1	14
Elizabeth, of Middletown, m. Jonathan **ALLEN**, of Northampton, Oct. 20, 1726	1	22
Elizabeth, d. Jonathan & Elizabeth, b. July 30, 1734	1	22
Elizabeth, w. Of Obadiah, d. Aug. 16, 1758	1	29
Elizabeth, d. Rowland & Eliz[abet]h, b. Mary, 22, 1761	2	209
Elizabeth, d. Rowl[an]d & Eliz[abet]h, d. Apr. 10, 1762	2	209
Eliz[abet]h, d. Jon[atha]n & Eliz[abet]h, d. Oct. 10, 1762	1	22
Elizabeth, w. Of Jona[tha]n, d. Oct. 19, 1762	1	22
Elizabeth, d. [Eben[eze]r & Elizabeth], b. July 8, 1770	2	317
Elizabeth K., m. George **ALLEN**, Jr., Aug. 22, 1843, by Rev. Jno. R. Crane	3	504
Ephraim, s. John & Mary, b. Feb. 21, 1720/21	LR2	25
Ephraim, of Middletown, m. Elizabeth **CHILSON**, of Wallingford, Apr. 30, 1745	2	37
Experience, d. Jona[tha]n & Eliz[abet]h, b. Feb. 27, 1743	1	22
Experience, m. Giles **MEIGS**, Oct. 13, 1768	2	270
Francis, m. John **HALL**, Jr., Feb. 24, 1692/3	LR1	30
Frederick E.H., m. Maria **GROVER**, b. of Middletown, Nov. 29, 1827, by Rev. Heman Bangs	3	286
George, Jr., m. Elizabeth K. **ALLEN**, Aug. 22, 1843, by Rev. Jno. R. Crane	3	504
Hannah, d. Thomas & Hannah, b. Mar. 6, 1699	LR1	14
Hannah, m. Nathaniell **GILBERT**, Mar. 1, 1715/6	LR2	17
Hannah, d. Sam[ue]ll & Mary, b. Aug. 17, 1716; d. Nov. 27, 1716	LR2	6

BARBOUR COLLECTION

	Vol.	Page
ALLEN, (cont.)		
Hannah, d. Jonathan & Elizabeth, b. Apr. 10, 1730	1	22
Hannah, m. William **HAMLIN**, June 28, 1750	2	266
Hannah, d. Row[lan]d & Eliz[abet]h, b. Mar. 25, 1753	2	209
Hannah, w. of Obadiah, d. Oct. 25, 1764	1	29
Ichabod, s. [Ebenezer & Elizabeth], b. Aug. 1, 1783	2	317
John, s. Obadiah, b. Sept. 27, 1686	LR1	15
John, of Middletown, Mary **HOW**, of Wallingford, Apr. 23, 1713	LR2	25
John, s. John & Mary, b. June 5, 1716	LR2	25
John, Sr., d. Dec. 1, 1723	LR2	25
John, Jr., d. May 20, 1737	LR2	25
John, s. Rowl[an]d & Eliz[abet]h, b. Aug. 14, 1756	2	209
Jonathan, of Northampton, m. Elizabeth **ALLEN**, of Middletown, Oct. 20, 1726	1	22
Jonathan, s. Row[lan]d & Eliz[abet]h b. May 17, 1755; d. July 21, 1755	2	209
Jonathan, Dea., m. Wid. Rebeccah **WHITMORE**, July 6, 1763	1	22
Jonathan, s. [Ebenezer & Elizabeth], by Jan. 10, 1782	2	317
Joseph, s. [Ebenezer & Elizabeth], b. Dec. [ ], 1784; d. In about 7 wks	2	317
Joseph, Jr., of Boston Mass., m. Elizabeth **BIDWELL**, of Middletown, Mar. 23, 1828, by Rev. Birdseye G. Noble	3	299
Lucia, d. Jona[tha]n & Eliz[abet]h, b. July 28, 1748; d. Oct. 5, 1749	1	22
Lydia, d. Obadiah & Eliz[abet]h, b. Aug. 26, 1742	1	29
Lydia, d. [Ebenezer & Elizabeth], b. Nov. 21, 1777	2	317
Marg[a]get, d. Sam[ue]l & Marg[a]ret], b. Feb. 8, 1725/6	1	15
Margaret, m. Moses **BO[A]RDMAN**, Feb. 31, [sic], 1750/1	2	201
Martha Sage, d. Rowl[an]d & Eliz[abet]h, b. Feb. 1, 1759	2	209
Mary, d. Obadiah & Elizabeth, b. Sept. 15, 1675	LR1	15
Mary, d. John & Mary, b. Jan. 17, 1713/4	LR2	25
Mary, m. Beriah **WETMORE**, Nov. 11, 1714	LR2	29
Mary, w. of Sam[ue]ll, d. May 29, 1723	LR2	6
Mary, last w. of Dea. Obadiah, formerly the w. of John **WETMORE**, d. Oct. 20, 1723	LR1	15
Mary, of Milford, m. Benoni **SAGA**, of Middletown, Feb. 5, 1723/4	1	11
Mary, d. Sam[ue]ll & Marg[a]ret, b. Oct. 9, 1727	1	15
Mary, m. Thomas **LUCAS**, May 1, 1740	1	119
Mary, wid. of John, d. Feb. 13, 1756	LR2	25
Mary, m. Reuben **COE**, June 17, 1767	2	242
Mary W., m. Elliott **BRADLEY**, Sept. 24, 1833, by Rev. John R. Crane	3	386
Noadiah, s. Sam[ue]ll & Marg[a]ret, b. Oct. 11, 1736	1	15
Noadiah, m. Susannah **WHITMORE**, Mar. 11, 1756	2	26
Noadiah, d. Nov. 25, 1760	2	26
Obadiah, m. Elizabeth **SANFORD**, Oct. 28, 1669	LR1	15
Obadiah, s. Obadiah & Elizabeth, b. Sept. 20, 1670	LR1	15
Obadiah, m. Dorkis **WRIGHT**, Nov. 29, 1699,	LR1	43
Obadiah, s. Obadiah & Dorkis, b. Aug. 24, 1700	LR1	43
Obadiah, d. Sept. [ ] 1702	LR1	43
Obadiah, Dea., d. Apr. 7, 1712	LR1	15

ALLEN, (cont.)

	Vol.	Page
Obadiah, m. Elizabeth **COTTON**, June 1, 1727	LR1	43
Obadiah, m. Elizabeth **COTTON**, June 1, 1727	1	29
Obadiah, s. Obadiah & Elizabeth, b. Mar. 31, 1728	1	29
Obadiah, s. Obadiah & Eliza[abet]h, d. Sept. 10, 1757	1	29
Obadiah, of Middletown, m Hannah **MACKEY**, of Wallingford, Nov. 17, 1763	1	29
Peter, a foreigner, m Naomi **ABBOT**, May 22, 1786	2	326
Rebecka, d. Sam[ue]l & Marg[a]ret, b. Apr. 21, 1730	1	15
Rebeckah, m. Ezekiel **BARNES**, May 17, 1769	2	29
Rollin D.H., m. Mary Elizabeth **BUSHNELL**, Aug. 1, 1849, by Rev. Geo[rge] A. Bryan	4	89
Rollin D.H., teacher, of Riga, N.Y., m. Mary E. **BUSHNELL**, b. In Upper Middletown, Aug. 1, 1849, by Rev. George A. Bryan	4	126-7
Rowland, m. Elizabeth **WARNER**, May 12, 1748	2	209
Rowland, s. Rowl[an]d & Eliz[abet]h, b. Nov. 20, 1749	2	209
Rowland, d. Feb. 15, 1762	2	209
Ruth, d. John & Mary, b. Feb. 6, 1723/4	LR2	25
Ruth, m. Nath[anie]ll **WETMORE**, Dec. 17, 1741	1	126
Sabrina, m. John **HOXEY**, of Colchester, Sept. 8, 1840, by Rev. John R. Crane	3	469
Samuel, s. Obadiah, b. Mar. 15, 1683/4	LR1	15
Sam[ue]ll, of Middletown, m. Mary **ANDREWS**, of Milford, June 28, 1714, by Jos[eph] Treat, J.P., of Milford	LR2	6
Samuel, s. Sam[ue]ll & Mary, b. Feb. 1, 1720/21; d. May 12,1745	LR2	6
Samuel, m. Marg[a]ret **WETMORE**, Feb. 25, 1724/5	1	15
Sam[ue]ll, d. Sept. 4, 1759	1	15
Samuel, s. [Eben[eze]r & Elizabeth], b. Feb. 13, 1772; d. Feb. 15, 1772	2	317
Samuel, 2d, s. [Ebenezer & Elizabeth], b. Jan. 24, 1775	2	317
Sarah, d. Sam[ue]ll & Marg[a]ret, b. July 24, 1732	1	15
Sarah, d. Jon[atha]n & Eliz[abet]h, b. Mar. 24, 1740/1	1	22
Sarah, m. Joseph **HALL**, Feb. 16, 1761	2	357
Sarah, d. [Ebenezer & Elizabeth], b. Jan. 29, 1780	2	317
Sarah, m. Stephen Clay **SOUTHMAYD**, June 22, 1841, by Rev. John R. Crane	3	477
Sophia, m. John **MOODY**, Oct. 3, 1833, by Rev. John R. Crane	3	387
Thankfull, d. Obadiah, b. Sept. 8, 1679	LR1	15
Thankfull, d. Jona[tha]n & Eliz[abet]h, b. Mar. 2, 1735/6	1	22
Thomas, s. Obadiah & Elizabeth, b. Sept. 20, 1672; d. Nov. 8, 1672	LR1	15
Thomas, s. Obadiah & Elizabeth, b. Sept. 27, 1673	LR1	15
Thomas, Dea., d. Oct. 16, 1688	LR1	15
Thomas, m. Hannah **LEEK***, May 4, 1698 (*Arnold Copy has "**LOOK**")	LR1	14
Thomas, s. Thomas & Hannah, b. Sept. 26, 1702	LR1	14
Thomas, s. Sam[ue]ll & Mary, b. Sept. 25, 1718	LR2	6
Thomas, s. Jonathan & Elizabeth, b. June 27, 1728	1	22
Thomas, Dea., d. Dec. 3, 1733	LR1	14
Thomas, s. Jon[atha]n & Elizabeth, d. Sept. 25, 1736	1	22
Thomas, s. Joh[atha]n & Eliz[abet]h, b. Apr. 18, 1737	1	22

	Vol.	Page
ALLEN, (cont.)		
Thomas, s. Thomas*, d. June 18, 1777 (*Probably "Jonathan")	1	22
Willard, s. [Eben[eze]r & Elizabeth], b. May 10, 1773	2	317
-----, s. [Sam[ue]ll & Elizabeth], b. Apr. 10, 1729; d. In four days	1	15
ALLENSON, Mary, m. Thomas **WETTMORE**, Feb. 3, 1666	LR1	9
[ALLERTON], [see under **ALERTON**]		
ALLIN, [see under **ALLEN**]		
ALLING, [see also **ALLEN**], Susannah, of New Haven, m. John WHITE, of Middletown, Oct. 6, 1715	LR2	23
ALLISON, ALISON, Alida Jane, d. S.S., tallow chandler, ae 38 & [*] ae 36, b. Sept. 5, 1848 (*corrction (Frances Amelia **PILGRIM**)handwritten in original manuscript)	4	98-9
Frances W., m. W[illia]m] m H. **WILLARD**, Oct. 7, 1846, by Rev. A.L. Stone	4	5
William, s. S.S., tallow chandler, ae 40, & Frances, ae 39, b. Jan. 21, 1851	4	198-9
William P., of Haddam, m. Emily **MILLER**, of Middletown, Dec. 30, 1832, by Rev. Fitch Reed	3	378
ALLPORT, W[illia]m, m. Julia **HUDSON**, b. of Middletown, Sept. 2, 1838, by Rev. W. Fisk	3	431
ALLYN, [see under **ALLEN**]		
ALSOP, Abigail, d. [Rich[ar]d & Mary], b. Nov. 17, 1765	2	222
Charles, s. Jos[eph]] W. & Lucy, b. Dec. 25, 1802	3	9
Cha[rle]s Richard, m. Margaret Eleanor **ARMSTRONG**, Dec. 30, 1833, by Rev. Smith Pyne	3	404
Clarissa, d. [Rich[ar]d & Mary], b. July 31, 1770	2	222
Clarissa Pomroy, d. [Joseph W. & Lucy], b. July 7, 1801; d. Oct. 30, 1801	3	9
Clarissa Pomroy, 2d, d. [Joseph W. & Lucy], b. Mar. 2, 1807	3	9
Eliza Whittlesey, d. [Joseph W. & Lucy], b. Mar. 25, 1809	3	9
Elizabeth W., of Middletown, m. George H. **HOPPIN**, of Providence, R.I., Sept. 24, 1832, by Rev. Smith Pyne	3	378
Fanny, d. Rich[ar]d & Mary, b. Jan. 22, 1764	2	222
Hannah, d. [Rich[ar]d & Mar], b. June 20, 1767; d. June 21, 1767	2	222
Hannah, 2d, d. [Rich[ar]d & Mary], b. Oct. 6, 1768	2	222
Hannah, d. [Rich[ar]d & Mary], d. Nov. 12, 1773	2	222
Hannah, 3rd, d. [Rich[ar]d & Mary], b. Feb. 3, 1774	2	222
Henry White, s. Charles R., ae 46, & Margaret, ae 34, b. May 7, 1849	4	98-9
John, s. [Rich[ar]d & Mary], b. Feb. 5, 1776	2	222
Joseph W., m. Lucy **WHITTLESEY**, Nov. 5, 1797	3	9
Joseph Wright, s. [Rich[ar]d & Mary], b. Mar. 2, 1772	2	222
Joseph Wright, s. Jos[eph]] W. & Lucy, b. Nov. 22, 1804	3	9
Lucy Whittlesey, d. Jos[eph]] W. & Lucy, b. Dec. 13, 1798	3	9
Lucy Whittlesey, m. Henry **CHAUNCEY**, Sept. 26, 1820, by Rev. Birdseye G. Noble	3	39
Mary, d. Rich[ar]d & Mary, b. May 27, 1762	2	222
Mary had negro Peter, s. Kate, b. Aug.16, 1780; Maria, d. Hagar, b. Dec. 20, 1783; James, s. Hagar, b. Apr. 13, 1789	2	222
Mary W., d. [Joseph W. & Lucy], b. [ ], 1815	3	9
Mary Wright, of Middletown, m. Thomas D. **MUETTER**, of Philadelphia, Pa., Oct. 10, 1836, by Bishop Tho[ma]s C.		

MIDDLETOWN VITAL RECORDS 13

	Vol.	Page
ALSOP, (cont.)		
Brownell	3	430
Richard, m. Mary **WRIGHT**, Apr. 27, 1760	2	222
Richard, s. Richard & Mary, b. Jan. 23, 1761	2	222
Richard, d. Apr. 10, 1776	2	222
Thomas Muetter, d. Nov. 28, 1848, ae 3	4	128-9
ALVORD, Asahel, of Middletown, m. Rachel **GOULD**, of Guilford, June 4, 1741	2	43
Asahel, s. Asahel & Rachel, b. May 16, 1746	2	43
Asenath, d. Daniel & Phebe, b. Dec. 26, 1783	2	113
Ashbel, m. Sophia **PEASE**, Nov. 14, 1822, by Rev. John R. Crane	3	110
Butler, s. Daniel & Phebe, b. Sept. 22, 1780	2	113
Daniel, s. Tho[ma]s, Jr. & Submit, b. Jan. 27, 1742/3	1	104
Daniel, m. Phebe **HAMLIN**, July 27, 1768	2	113
Daniel, s. Dan[ie]l & Phebe, b. Nov. 17, 1771	2	113
David, s. Jona[tha]n & Eliz[abet]h, b. June 14, 1753	1	69
Elijah, s. Daniel & Phebe, b. Apr. 19, 1774	2	113
Eliphas, of Middletown, m. Esther **HART**, of Farmington, Nov. 29, 1764	2	258
Elliphaz, s. Jona[tha]n & Eliz[abet]h, b. Jan. 13, 1742	1	69
Elisha, s. Asahel & Rachel, b. May 16, 1748	2	43
Elisha, s. Phinehas & Phebe, b. Sept. 12, 1761	2	115
Elizabeth, d. Eliphas & Esther, b. Nov. 22, 1765	2	258
Eunice, d. Asahel & Rachel, b. Sept. 14, 1752	2	43
John, s. Tho[ma]s, Jr. & Submit, b. Jan. 21, 1738/9	1	104
Jonathan, of Middletown, m. Elizabeth **SANFORD**, of Milford, Oct. 16, 1739	1	69
Lois, d. Tho[ma]s, Jr. & Submit, b. Apr. 1, 1736	1	104
Lois, m. Samuel **HALL**, 3rd, May 7, 1755	2	76
Lucia, d. Tho[ma]s, Jr. & Submit, b. May 27, 1750	1	104
Lucy, d. Dan[ie]l & Phebe, b. Feb. 22, 1778	2	113
Mary, d. Tho[ma]s, Jr. & Submit, b. Oct. 17, 1744	1	104
Obed, s. Asahel & Rachel, b. Aug. 1, 1744	2	43
Phebe, d. Tho[ma]s, Jr. & Submit, b. Oct. 13, 1741	1	104
Phebe, m. Samuel **BLAKE**, June [ ], 1767, Recorded June 21, 1809	2	280
Phebe, m. Beanet **EG[G]LESTON**, Nov. 11, 1770	2	281
Phebe, d. Daniel & Phebe, b. Jan. 31, 1776	2	118
Phinehas, s. Tho[ma]s, Jr. & Submit, b. July 27, 1737	1	104
Phinehas, m. Phebe **HEDGES**, Feb. 5, 1761	2	115
Phinehas, s. Phinehas & Phebe, b. Aug. 7, 1763	2	115
Rachel, d. Tho[ma]s, Jr. & Submit, b. Apr. 17, 1733	1	104
Rachel, m. Stephen **BLAKE**, Oct. 18, 1750	2	58
Sarah, d. Tho[ma]s, Jr. & Submit, b. Nov. 28, 1747	1	104
Sarah,, d. Tho[ma]s, Jr. & Submit, d. Jan. [ ], 1752/3	1	104
Sarah, d. Tho[ma]s, Jr. & Submit, b. Mar. 12, 1754	1	104
Sarah, m Elisha **COTTON**, Oct. 21, 1779	2	293
Submit, d. Tho[ma]s, Jr. & Submit, b. May 21, 1734	1	104
Thomas, d. Tho[ma]s, Jr. & Submit, b. May 7, 1758	1	104
Thomas Gould, s. Asahel & Rachel, b. Mar. 1, 1742	2	43
----, s. [Daniel & Phebe], b. Nov. 5, 1768; d. Oct. 28, 1770	2	113
AMBROW, Margaret, m. Thomas **HENNESSEY**, Jan. 24, 1853, by		

	Vol.	Page
AMBROW, (cont.)		
Rev. Jno. Brady	4	229
AMES, Clara, b. In Boston, res. Middletown, d. Aug. 25, 1847, ae 8	4	70-1
David, m. Nancy **KELSEY,** Sept. 12, 1833, by Rev. Zeb[ulo]n Crocker	3	386
Eliza C., m. James H. **SPENCER,** b. of Middletown, Oct. 24, 1831, by Rev. John Cookson	3	366
Nancy, Mrs., of Middletown, m. John **CORNWELL,** of Middletown, Apr. 17, 1850, by Rev. Townsend P. Abell	4	188
Nancy E., m. Orrin **SAVAGE,** Dec. 25, 1827, by Joshua L. Williams, V.D.M.	3	289
ANDERS, Elizabeth, m. Joseph **SMELLENMAIER,** b. of Middletown, May 7, 1854, by Jacob F. Huber, V.D.M.	4	251
Margaret, m. Christian **SCHEUREN,** b. Of Middletown, May 7, 1854, by Jacob F. Huber, V.D.M.	4	251
ANDERSON, Alexander, laborer, d. June 20, 1851, ae 72	4	204-5
Elizabeth, of Middletown, m Titus **TYLER,** of Haddam, July 31, 1837, by Rev. John R. Crane	3	436
William, m. Caroline **HUNTINGTON,** (colored), b. of Middletown, Oct. 9, 1825, by Rev. E. Washburn	3	212
ANDREWS, [see also **ANDRUS** and **ANDROSS**], Asel, m. Esther **BUTLER,** [ ]	1	74
Benjamin, s. John & Rachel, b. Mar. [ ], 1712	LR2	19
Benjamin, of Middletown, m. Tabitha **SANFORD,** of Wallingford, May 5, 1738	1	105
Benj[ami]n, s. Benj[ami]n & Tabitha, b. June 5, 1740	1	105
Benjamin, d. Oct. 8, 1743	1	105
Charles, s. [Thomas & Sarah], b. Dec. 10, 1723	LR2	Ind-2
Damaris, d. Benj[ami]n & Tabitha, b. Jan. 30, 1738/9; d. Mar. 14, 1738/9	1	105
Damaris, d. Benj[ami]n & Tabitha, b. Mar. 7, 1742; d. June 4, 1742	1	105
Elizabeth, d. John & Rachel, b. June 12, 1720	LR2	19
Esther, d. [Thomas & Sarah], b. Oct. 15, 1729	LR2	Ind-2
Esther, m. Abiel, **CHENEY,** July 7, 1748	2	174
Ezra, m. Keziah **MAIOR,** June 21, 1744	2	49
Ezra, s. Ezra & Keziah, b. Feb. 19, 1746/7	2	49
Gideon S., of East Haddam, m. Mary Ann **POLLEY,** of Chatham, Sept. 8, 1839, by Rev. Joseph Holdrich	3	461
Hannah, d. Asel & Esther, b. Nov. 7, 1734	1	74
Hannah, d. Joseph & Sarah, b. Nov. 7, 1737	1	96
Jane, d. John & Rachel, b. June 12, 1718	LR2	19
Jedida, d. Ezra & Keziah, b. Mar. 20, 1745	2	49
John, s. John & Rachel, d. Dec. 6, 1724	LR2	19
John, s. [Thomas & Sarah], b. Mar. 5, 1725	LR2	Ind-2
John, s. Benj[ami]n & Tabitha, b. May 5, 1743	1	105
Joseph, s, John & Rachel, b. Apr. 24, 1710	LR2	19
Joseph, of Middletown, m. Sarah **SANFORD,** of Merridan, Aug. 4, 1737	1	96
Joseph, s. Joseph & Sarah, b. Sept. 8, 1739	1	96
Keziah, d. Ezra & Keziah, b. Jan. 31, 1748/9	2	49
Lambert, of Southington, m. Elizabeth **SMITH,** of Middletown,		

	Vol.	Page
ANDREWS, (cont.)		
Sept. 19, 1838, by Rev. Zebulon Crocker	3	448
Leuce, d. Sam[ue]ll & Lois, b. Dec. 4, 1733	1	46
Lois, d. Sam[ue]ll & Louis, b. Oct. 5, 1729; d. June [ ], 1731	1	46
Lois, 2d, d. Sam[ue]ll & Louis, b. Dec. 5, 1732	1	46
Lois, m. David **STRICKLAND**, Sept. 22, 1737	1	96
Lois, m. David **STRICTLAND**, Sept. 22, 1737	1	107
Martha, formerly of Bristol, m. Jesse d. **PERKINS**, of Waterbury, Sept. 30, 1844, by rev. Andrew L. Stone	3	522
Mary, d. John & Rachel, b. May 6, 1708	LR2	19
Mary, of Milford, m. Sam[ue]ll **ALLEN**, of Middletown, June 23, 1714, by Jos[eph]] Treat, J.P., of Milford	LR2	6
Phebe, d. John & Rachel, b. Dec. 31, 1715	LR2	19
Prudence, of Glastonbury, m. Daniel **LUCAS**, of Middletown, Oct. 12, 1724	1	13
Rachel, d. John & Rachel, b. Sept. last, 1713	LR2	19
Rachel, d. [Thomas & Sarah], b. Jan. 29, 1734/5	LR2	Ind-2
Rachel, d. Jno. & Rachel, d. [ ]	LR2	19
Samuel, s. John & Rachel, b. Mar. 28, 1706	LR2	19
Samuel, m. Lois **BEEDLE**, Feb. 20, 1728/9	1	46
Sarah, d. [Thomas & Sarah], b. Oct. 10, 1721	LR2	Ind-2
Sarah, m. Benjamin **GILLUM**, Mar. 20, 1727/8	1	37
Sarah had s. Justus **WOOD**, b. Nov. 13, 1750	LR2	Ind-2
Sarah, wid., m. Ensign Stephen **STOCKING**, Feb., 1757	2	16
Selah, of Berlin, m. Mary H. **BACON**, of Middletown, Sept. 5,1822, by Rev. Stephen Hayes	3	105
Thomas, m. Sarah **PARKER**, of Haddam, Aug. [ ], 1720	LR2	Ind-2
Will[ia]m, s. [Thomas & Sarah, b. Feb. 25, 1731/2	LR2	Ind-2
ANDROSS, [see also ANDREWS and ANDRUS], Alanson, m. Abigail **WHITE**, Oct. 5, 1825, by Rev. Stephen Hayes	3	208
ANDRUS, [see also ANDREWS and ANDROSS], Chester, of Chatham, m. Samantha **THODGE**, of Chatham, Jan. 16, 1836, by Rev. John C. Green (Feb. "Written in pencil)	3	419
Hannah, m. Joseph **JOHNSON**, Dec. 29, 1725	1	20
Jemima, d. Will[ia]m & Tabitha, b. May 18, 1755	2	53
Lucius C., of Bergen, N.Y., m. Mary Ann **SAVAGE**, of Middletown, Oct. 10, 1836, by Rev. Zebulon Crocker	3	426
Mary, m. Thomas **TRYON**, dec. 20, 1733	1	70
Thomas, s. Will[ia]m & Tabitha, b. Oct. 28, 1753	2	53
William, m. Tabitha **SNOW**, Feb. 20, 1751/2	2	53
William, of South Carolina, m. Catharine **MILES**, of Middletown, Sept. 21, 1826, by Rev. John R. Doge	3	247
ANGELIST, Mary Nancy Lee, of Westfield, m. Richard P. **NORCOTT**, of Portland, Jan. 6, 1844, by Rev. James H. Francis	3	510
ANGER, Elizabeth, d. Prosper & Thankful, b. Jan. 8, 1782	2	234
Phinehas, s. {Prosper & Thankful], b. Aug. 11, 1788	2	234
Polly, d. [Prosper & Thankful], b. Sept. 13, 1788	2	234
Sally, d. Prosper & Thankful, b. Aug. 6, 1784	2	234
-----, child of [Prosper & Thankful], b. Oct. 29, 1794; d. Dec. 17, 1794	2	234
ANTHONY, Cornelia P., of Mereden, m. George M. **COOK**, of		

16   BARBOUR COLLECTION

	Vol.	Page
ANTHONY, (cont.)		
Middletown, Apr. 6, 1847, by Rev. L.S. Hough	3	559
Elizabeth, Indian, m. Peter **QUARTERS**, negro, May 21, 1725	1	16
Richard, m. Francis **BOARN**, Mar. 8, 1725/6	1	19
APPHUMAN, George, m. Mary **CASEY**, Oct. 29, 1853, by Rev. Jno. Brady	4	243
ARMSTED, [see also, **OLMSTED**], Eliza, d. James, Harness Maker, ae 30 & Eliza, ae 34, b. Sept. 27, 1849	4	150-1
Sarah M., d. James, saddler, ae 29, & Elizabeth, ae 22, b. Jan. 22, 1848	4	48-9
ARMSTRONG, Charlotte C., of Santa Cruz, m. John W. **CALBERT**, of New York, Mar. 18, 1847, by Rev. Frederic J. Goodwin	4	3
Margaret Eleanor, m. Cha[rle]s Richard **ALSOP**, Dec. 30, 1833, by Rev. Smith Pyne	3	404
ARND, [see also **ARNOLD**], David, m. Dolly **GRAVES**, wid. of Will[ia]m, June 1, 1788	2	362
David, s. David & Dolly, b. Mar. 1, 1785	3	262
ARNOLD, [see also **ARND**], Abner, s. John & Mary, b. July 26, 1738	1	60
Abner, s. John & Mary, d. Oct. 7, 1754	1	60
Anna, d. Eben[eze]r & Anna, b. Sept. 13, 1754	2	321
Anne, m. Samuel **DOOLITTLE**, Apr. 15, 1778	2	261
Apollos, s. Gideon & Lucy, b. Mar. 22, 1763	2	256
Asa A., m. Sally **JACOBS**, Sept. 14, 1788	2	320
Asahel, m. Lucinda **ELY**, b. of Haddam, Nov. 7, 1825, by Rev. John R. Crane	3	215
Charles Henry, s. James H., mechanic, ae 23, & Fidelia, ae 24, b. Apr. 15, [1848]	4	48-9
Cynthia R., d. Charles G., house painter, ae 32, & Betsey M., ae 25, b. Oct. 3, [1847]	4	46-7
Cynthia R., d. Mar. 28, 1850, ae 2 ½	4	170-1
Dorcas, m. David **HURLBUT**, 3rd, Sept. 3, 1765	2	95
Ebenezer, b. Sept. 26, 1727; m. Anna **MILLER**, Sept. 27, 1753	2	321
Ebenezer, Sr., d. Nov. 20, 1753	2	191
Ebenezer, s. Ebenezer & Anna, b. Mar. 15, 1766	2	321
Ebenezer, Jr., m. Persis **HUBBARD**, Apr. 7, 1791	2	277
Ebenezer, s. Eb[eneze]r & Persis, b. July 5, 1792	2	277
Eben[eze]r, m. Ann Eliza **SEARS**, Apr. 13, 1846, by Rev. Andrew L. Stone	3	550
Edith, m. Daniel **JOHNSON**, 2d, Nov. 14, 1754	2	336
Edith, d. Eben[eze]r & Anna, b. July 31, 1756	2	321
Eli, s. Jonathan & Hannah, b. May 5, 1746	2	191
Elijah S., of Haddam, m. Ann **THAYER**, of Middletown, Dec. 11, 1833, by Rev. John r. Crane	3	390
Elizabeth, d. Jno. & Mary, b. July 17, 1735	1	60
Elizabeth, A., m. George S. **HUBBARD**, Sept. 4, 1839, by Rev. John R. Crane	3	461
Emily, of Middle, m. James A. **MILLETT**, of Providence, Oct. 28, 1844, by Rev. Townsend P. Abell	3	524
Fenner, s. Benedict & Mary, b. July 17, 1738	2	127
Gideon, of Middletown, m. Lucy **HINCKLEY**, of Lebanon, Sept. 2, 1761	2	256
Hannah, d. [Benedict] & Mary, b. July 17, 1740	1	5

MIDDLETOWN VITAL RECORDS 17

	Vol.	Page
ARNOLD, (cont.)		
Hannah, d. John & Mary, b. Mar. 25, 1744	1	60
Hannah, [Ebenezer & Anna], d. Oct. 15, 1775	2	321
Hannah Buckley, d. [Ebenezer & Anna], b. Mar. 29, 1774	2	321
Harriet M. Louis S. **BACON**, Nov. 20, 1843, by Rev. E.E. Griswold	3	507
Henry, brickmaker, ae 25, b. In Westfield, res. North Haven, m. 2d w. Mary A. **NOBLE**, ae 20, b. In Westfield, Mar. 8, 1848, by William Woodworth	4	66-7
Jabez, s. Jona[tha]n & Hannah, b. Mar. 26, 1750	2	191
James H., m. Fidelia **BROWN**, b. of Middletown, Apr. 16, 1844, by Rev. Merrett Sanford	3	517
Jamima, d. Eben[eze]r & Anna, b. Mar. 13, 1760	2	321
Jeremiah, s. John & Mary, b. May 19, 1740	1	60
Joel, s. John & Mary, b. Dec. 13, 1736	1	60
Joel, s. [Ebenezer & Persis], b. July 31, 1796	2	277
John, Dr., m. Mary **DeWOLF**, Jan. 16, 1731/2	1	60
John, Dr., d. Jan. 5, 1754	1	60
John, s. Ebenezer & Anna, b. Mar. 19, 1772	2	321
John, s. Ebenezer & Anna, d. Dec. 23, 1773	2	321
John W., of Oswego, N.Y., m. Angeline H. **CAMP**, of Middletown, Oct. 10, 1825, by Rev. E. Washburn	3	212
Jonathan, s. Jonathan & Hannah, b. Nov. 12, 1743	2	191
Joseph, s. John & Mary, b. Dec. 7, 1732	1	60
Joseph, s. John & Mary, d. Sept. 12, 1736	1	60
Joseph, m. Mary L. **PHELPS**, b. Of Middletown, May 19, 1841, by Rev. John Williams, at the house of Noah A. Phelps	3	476
Joseph T., of Lima, N.Y., m. Almira A. **LEE**, of Middletown, Sept. 2, 1839, by Rev. Francis Hodgson	3	460
Joshua, s. Ebenezer & Anna, b. July 10, 1770	2	321
Julius, of Haddam, m. Mary **HILLS**, of Manchester, Aug. 7, 1831, by Rev. Fred[eric]k Wightman	3	362
Louisa Ann, of Middletown, m. William **WARNER**, of Chatham, Oct. 10, 1836, by Rev. John Cookson	3	426
Martha, d. Eben[eze]r & Anna, b. May 26, 1758	2	321
Mary, d. Jno. & Mary, b. Apr. 22, 1734	1	60
Mary, d. John & Mary, d. Oct. 22, 1736	1	60
Mary, m. Samuel **BOW**, Apr. 28, 1756	2	49
Mary, d. Gideon & Lucy, b. Sept. 5, 1765	2	256
Olive, d. Ebenezer & Anna, b. Apr. 4, 1768	2	321
Patience, d. Benedict & Mary, d. May 8, 1739	1	5
Persis, d. [Eb[eneze]r & Persis], b. Aug. 18, 1794	2	277
Persis W., of Middletown, m. George S. **SAVAGE**, of Springfield, Mass., Jan. 5, 1846, by Rev. J.L. Gilder	3	543
Prudence H., m. Comfort **CROWELL**, Jan. 16, 1839, by Rev. Arthur Granger	3	455
Rachel, d. John & Mary, b. Sept. 24, 1745	1	60
Rebeckah, d. Eben[eze]r & Anna, b. Feb. 28, 1762	2	321
Sally, d. Asa A. & Sarah, b. Sept. 24, 1788	2	320
Samuel, of Haddam, m. Prudence **WARNER**, of Saybrook, Aug. 20, 1832, by Rev. John Cookson	3	372
Sarah, d. Eben[eze]r & Anna, b. Feb. 2, 1764	2	321

	Vol.	Page
ARNOLD, (cont.)		
Seth, s. Jona[tha]n & Hannah, b. May 3, 1748	2	191
Shailor S., of Wadesboro, N.C., m. Eliz[abet]h S. **COOLEY**, of Middletown, Aug. 20, 1845, by Rec. J.L. Gilder	3	538
Stephen, of Haddam, m. Elizabeth **BRAINERD**, of Middletown, Aug. 26, 1827, by Joshua L. Williams, V.D.M.	3	279
Susannah, d. John & Mary, b. Mar. 16, 1750	1	60
William, of Middletown, m. Sarah E. **MATHER**, d. of Raymond, of Middletown, Oct. 8, 1851, by Rev. John R. Crane	4	191
Willis S., s. Ja[me]s H., rulermaker, ae 27, & Fidelia, ae 28, b. Mar. 2, 1851	4	198-9
-----, d. Cha[rle]s G., painter, ae 26, & Betsey, ae 29, b. Feb. 17, 1850	4	196-7
ARTHUR, Roxanna N., of Middletown, m. Henry H. **HALE**, of Buffalo, N.Y., Dec. 23, 1851, by Rev. James Haughton	4	193
ASHLEY, James, s. James & Naomi, b. Jan. 18, 1739	2	18
ASHTON, [see also **ASTON**], Charles, m. Jane Carey, Aug. 1, 1840, by Rev. L.S. Everett	3	472
Henrietta J., d. Peter H. & Irene, b. Dec. 26, 1849	4	158-9
Henry J., s. Peter H. & Irene, b. Dec. 26, 1849	4	158-9
Irene, d. Jan. 13, 1850, ae 32	4	174-5
Mary Ann, m. Sylvester **ROBERTS**, b. of Middletown, May 14, 1841, by Rev. A.M. Osborn	3	478
Patrick, m. Mary **McEVOY**, Nov. 27, 1851, by Rev. John Brady	4	208
Peter H., m. Irene S. **WARD**, Mar. 17, 1841, by Rev. John R. Crane	3	474
Peter H., s. Peter, m. Sarah J. **STOW**, d. of Obed, b. of Middletown, Nov. 1, 1853, by Rev. Willard Jones	4	244
William, m. Percy A. **ROBERTS**, b. of Middletown, Sept. 15, 1833, by Rev. W[illia]m H. Beecher	3	386
ASPINWALL, ASPENWEL, Hannah, of Farmington, m. Charles **NOTT**, of Middletown, June 17, 1742	1	39
Huldah, of Kensington, m. Ebenezer **COTTON**, of Middletown, Oct. 8, 1740	1	97
ASTON, [see also **ASHTON**], Elvira E., m. Jared **GROVER**, Feb. 22, 1843, by Rev. A.M. Osborn	3	500
Henry, m. Anna **SHEPARD**, b. of Middletown, Oct. 1826, by Rev. John R. Dodge, at his house	3	254
Henry, m. Laura E. **HUBBARD**, d. of Elisha, May 9, 1850, by Rev. John R. Crane	4	142
Henry, gunsmith, ae 46, b. In London, res. Middletown, m. 2d w. Laura E. **HUBBARD**, ae 27, b. In Middletown, May 9, 1850, by Rev. J.R. Crane	4	168-9
-----, s. Henry, gunsmith, ae 45, & Louisa, ae 27, b. Apr. 9, 1851	4	194-5
ATHERTON, Lydia, of Middletown, m. Lamuel **DICKINSON**, of East Haddam, Oct. 23, 1853, by Rev. E. L. Janes	4	245-6
ATKINS, [see also **ADKINS**], Abiah, m.W[illia]m **CONE**, May 29, 1777	2	212
Abiga[i]ll, d. Josia[h] & Elizabeth, b. Sept. 11, 1676	LR2	28
Albert, of Middletown, m. Susan A. **HALE**, of Middletown, Jan. 1, 1836, by Rev. John C. Green	3	417
Albert H., s. Henry & Sarah B., b. Feb. 23, 1826	3	163

ATKINS, (cont.)

	Vol.	Page
Algernon B., s. William T., machinist, ae 25, & Susan A., ae 23, b. June 30, 1849	4	112-3
Ann M., of Middletown, m. Isaac **ROBERTS**, of Samson, N.C., Sept. 23, 1839, by Rev. Francis Hodgson	3	461
Ann Maria, d. Jan. 7, 1848, ae 8 y.	4	72-3
Anna Maria, d. [Jacob & Mary], b. Apr. 11, 1820	3	79
Augusta, [child of William H. & Eliza], b. Aug. 22, 1840	4	5
Azubah, m. Samuel **GAYLORD**, May 13, 1779	2	211
Beniamin, s. Josias & Elizabeth, b. Nov. 19, 1682	LR1	28
Charles W., s. [Henry & Sarah B.], b. Sept 4, 1828	3	163
Edwin, s. [Henry & Sarah], b. June 3, 1838	3	163
Egbert Henry, s. [Jacob & Mary], b. Dec. 4, 1815	3	79
Elihu, joiner, d. Mar. 18, 1848, ae 52	4	70-1
Eliza, m. John **RUSSELL**, b. of Middletown, [Oct.] 1, [1848], by Rev. Townsend P. Abell	4	81
Elizabeth, d. Josiah & Elizabeth, b. Aug. 11, 1687	LR1	28
Emily S., of Middletown, m. Ezra G. **COE**, of Leyden, N.Y., Jan. 17, 1849, by Rev. D.S. Hough	4	82
Ephraim, s. Josiah & Elizabeth, b. Mar. 9, 1685	LR1	28
Frederick W., of Middletown, m. Laurinda A. **PARSONS**, of Springfield, Mass., Apr. 16, 1838, by Rev. Robert McEwen	3	445
Frederick W[illia]m, s. Jacob & Mary, b. Oct. 31, 1813	3	79
George, [s. William H. & Eliza], b. Feb. 2, 1847	4	5
George, d. Sept. 14, 1847, ae 7 ½	4	68-9
George W., of Clinton, N.C., m. Harriet A. **EDWARDS**, d. of Horace Sept. 20, 1849, by Rev. John R. Crane	4	90
Henry, b. Jan. 11, 1801; m. Sarah B. **CROWELL**, b. of Middletown, July 14, 1824, by Rev. Josiah Bowen	3	163
Henry G., s. Benjamin of Meredan, m. Mary Ann **EVANS**, d. of Thomas, of Wallingford, May 12, 1850, by Rev. B.N.Leach	4	142
Hiram, m. Dorothy **GOODRICH**, b. of Middletown, Sept. 17, [1826], by Rev. Stephen Hayes	3	239
Horace, [s. William H. & Eliza], b. June 1, 1837	4	5
Jacob, m. Mary **MILLER**, Jan. 6, 1813	3	79
Jane M., d. Of Thomas, of Middlefield, m. Peter W. **BENNET**, Apr. 19, 1849, by Rev. Joseph Holdrich	4	83
John Hubbard, s. [Jacob & Mary], b. Feb. 19, 1818	3	79
Josia, m. Elizabeth **WETTMORE**, Oct. 8, 1673	LR1	28
Josia, s. Josiah & Elizabeth, b. Mar. 9, 1679/80	LR1	28
Josiah, Sr., d. Sept. 12, 1690	LR1	28
Julius C., s. Linus W., farmer, ae 31, & Mary M., ae 28, b. June 2, [1848]	4	58-9
Laura, m. William **BONNEY**, May 9, 1847, by Thomas Atkins, J.P.	4	7
Lucy, m. Willis **COLE**, May 19, 1822, by Rev. Fred Wightman	3	99
Luther, s. [Henry & Sarah B.], b. Dec. 23, 1834	3	163
Lydia S., m. Ezra **CLARK**, b. of Middletown, Dec. 17, 1826, by Rev. John R. Doge	3	258
Mabel, m. Joseph **HEWLETT**, Oct. 11, 1775	2	211
Maria, m. Augustus **PHILLIPS**, Jan. 1, 1824, by Rev. Josiah Bowen	3	149

	Vol.	Page
ATKINS, (cont.)		
Marriette P., d. Of Oliver, of Middletown, m. Amible **SAVAGE,** of Berlin, Oct. 17, 1852, by Rev. L.S. Hough	4	216
Mary E., [d. William H. & Eliza], b. Apr. 26, 1833	4	5
Olive, of Middletown, m. John **HASTINGS,** of Philadelphia, Sept. 25, 1825, by Rev. E. Washburn	3	209
Oliver, m. Mary B. **ROBERTS,** b. of Middletown, Nov. 16, 1837, by Rev. J. Goodwin	3	443
Ossian, s. Thomas, m. Lucina **MILLER,** d. Of Almon, b. of Middletown, Nov. 18, 1854, by Rev. Samuel H. Smith	4	258
Rhoda, of Long Hill, Middletown, d. July 7, 1849, ae 59	4	132-3
Richard, m. Melinda **EDWARDS,** b. of Middletown, Oct. 17, 1838, by W. Fisk, Elder	3	451
Sam[ue]l, m. Phebe J. **WARD,** b. of Middletown, Nov. 27, 1834, by Rev. S. Martindale	3	403
Sara[h], d. Josia & Elizabeth, b. July 16, 1674; d. Feb. 25, 1718/19	LR1	28
Sarah, of Middletown, m. Norman **CONE,** of East Haddam, Apr. 9, 1835, by Rev. Stephen Topliff	3	409
Solomon, s. Josiah & Elizabeth, b. July 25, 1678	LR1	28
Thomas, m. Lucy **MILLER,** b.. of Middletown, Feb. 22, [1826], by Rev. Stephen Hayes	3	223
Ward, m. Eliza **KELSEY,** Oct. 11, 1826, by Rev. Stephen Hayes	3	240
William H., s. Ithamar, m. Eliza **POWERS,** d. Of Josiah, Apr. 18, 1830, at Hartford	4	5
-----, d. Frederick W., lockmaker, ae 36, & Laura, ae 31, dressmaker, b. Apr. 1, [1848 or 9]	4	110-1
-----, s. Lucus, farmer, b. Feb. 10, 1851	4	198-9
ATWATER, ATTWATER, John S., of N[ew] Haven, m. Mary E. **MILLER,** of Middletown, Oct. 7, 1829, by Rev. E.R. Tyler	3	341
Mary, m. Ickabod **STOW,** Oct. 22, 1688, by William Jones, J.P.	LR1	22
Mary, of Walllingford, m. Thomas **JOHNSON,** Jr., of Middletown, Aug. 7, 1745	2	85
Will[ia]m G., of Cheshire, m. Marietta **WHITE,** July 6, 1835, by Rev. Benj[ami]n Manning	3	412
ATTWOOD, Anson A., of Salem, N.Y., m. Mary A. **LARUE,** of Middletown, [Jan.] 9, [1833], by Rev. Smith Pyne	3	379
AUGUR, AUGER, Esther, of Middletown, m. Sam[ue]l **BURGESS,** of Guilford, Dec. 2, 1834, by Rev. James Noyes	3	403
Lucy Elizabeth, d. Phineas, farmer, ae 24, & Eliza, ae 22, b. May 27, 1849	4	116-7
AULT, Egbert B., m. Eliza **SHURTLIFF,** Sept. 21, [1828], by Rev. E.R. Tyler	3	313
AUSTIN, Eugene, s. Charles, shoemaker, ae 33, & Fanny M., ae 24, b. June 30, [1848]	4	48-9
George, s. Cha[rle]s, shoemaker, ae 35, & Fanny, ae 31, b. Mar. 21, 1851	4	198-9
John, m. Elizabeth **CODNER,** Sept. 28, 1756	2	251
Joseph, s. John & Elizabeth, b. May 17, 1764	2	251
Mary, of Suffield, m. Wait **PLUM,** of Middletown, Dec. 21, 1763	2	144
AUWARTHER, Anna Maria, m. Anthony **HAAS,** b. of Cromwell, Dec. 3, 1854, by Jacob F. Huber, V.D.M.	4	255

MIDDLETOWN VITAL RECORDS 21

	Vol.	Page
AVERILL, Isaac, tailor, b. In Newport, R.I., res. Middletown, d. Feb. 9, 1850, ae 59	4	170-1
AVERY, Abraham, Jr., of Boston, Mass., m. Margaret C. **CAMP**, d. Of W.S. Camp, of Middletown, Nov. 19, 1851, by Rev. T.P. Abell	4	193
Cha[rle]s, D., of Montgomery, Mass., m. Elizabeth **STOCKING**, of Middletown, Nov. 23, 1824, by Rev. John R. Crane	3	183
Elizabeth, of Middletown, m. Rich[ar]d B. **CONKLING**, of Portland, Mar. 18, 1846, by Rev. Frederic J. Goodwin	3	545
Hannah, of Middletown, m. Jonathan **CROOK**, Jr., of Haddam, Nov. 11, 1838, by Rev. John Cookson	3	453
Levi, mechanic, d. Sept. 29, 1849, ae 28, res. Berlin	4	174-5
AYER, [see also **AIRS**], Uriel A., of East Haddam, m. Maria A. **FOWLER**, of Durham, Mar. 24, 1835, by Rev. B. Creagh	3	406
BABB, Benjamin, m. Sarah **BLAKE**, Feb. 19, 1746/7	2	6
Benjamin, s. Benj[ami]n & Sarah, b. Mar. 13, 1764	2	6
John, s. Benj[ami]n & Sarah, b. Dec. 4, 1748	2	6
Lucia, d. Benj[ami]n & Sarah, b. Mar. 25, 1760	2	6
Mary, d. Benj[ami]n & Sarah, b. Mar. 7, 1751/2	2	6
BABBITT, Sarah, m. Abraham **KIMBALL**, Apr. 11, 1779	2	239
BABCOOK, Almira S., m. Eben[eze]r, T. **STARR**, Aug. 17, 1842	3	413
Arthur H., s. Sam, Jr., spectacle maker, ae 27, & Helen L., ae 27, b. Mar. 20, 1849	4	98-9
Franklin, s. Samuel, m. Agnes M. **HUNTER**, d. of Wid. [ ], b. of Middletown, Nov. 10, 1851, by Rev. T.P. Abell	4	192
Hannah, m. Will[ia]m **CHAPMAN**, b. of Middletown, Oct. 20, 1833, by Rev. Bartholomew Creagh	3	388
Jane, m. Gera **GOODELL**, b. of Middletown, Jan. 24, 1836, by Rev. John C. Green	3	418
Louise M., d. Apr. 30, 1848, ae 2m.	4	68-9
Samuel, m. Jane **CORNWELL**, b. of Middletown, Aug. 16, 1821, by Rev. Eli Ball	3	60
Samuel, Jr., m. Helen Louisa **HURLBURT**, b. of Middletown, Feb. 19, 1844, by Rev. Merrett Sanford	3	516
Sarah Ann, of Middletown, m. Oliver B. **BEEBE**, of Stowe, O., Sept. 30, 1832, by Rev. Fitch Reed	3	373
Theodore H., s. Sam[ue]l, Jr. & Helen Louisa, b. Jan. 20, 1845	3	401
BACHELLOR, Lydia, of New Haven, m. Will[ia]m **MARK**, of Middletown, June 3, 1762	2	63
BACK, Jane, m. John **MATTHIES**, Mar. 22, 1744	1	80
Jane, m. John **MATTHIES**, Mar. 22, 1744	1	12
BACON, Aaron, [twin with Daniel], s. John & Irene, b. Dec. 5, 1743	1	87
Abigaille, d. Nathaniell & Ann, b. July 13, 1670	LR1	7
Abigaill*, m. Samuell **WETMORE**, Dec. 13, 1687 (* Arnold Copy has "Mary")	LR1	49
Abigail, d. Andrew & Mehettabell, b. Feb. 3, 1712/13	LR1	23
Abigail, d. [Jno.], b. July 21, 1732	LR2	19
Abigail, d. Jere[mia]h & Elizabeth, b. Mar. 14, 1745	1	104
Abigail, Jose[eph] & Bethiah, b. Apr. 17, 1745	1	62
Abigail, d. Nathan & Abigail, b. Dec. 29, 1760	2	354
Abigail, m. Beriah **WETMORE**, Jr., June 2, 1763	2	354
Abigail, d. Jere[mia]h & Hannah, b. Dec. 12, 1773	2	140

	Vol.	Page
BACON, (cont.)		
Abigail, d. [Phinehas & Sarah], b. Feb. 8, 1784	2	163
Abigail E., of Middletown, m. Levi **YALE**, 2d, of Mereden, Feb. 27, 1832, by Rev. Stephen Topliff	3	369
Abigail Ellen, d. Nathaniel & Abig[ai]l, b. Feb. 20, 1813	3	51
Abijah, s. John & Irene, b. Nov. 6, 1745	1	87
Abijah, s. Jno. & Irene, d. Oct. [ ], 1760, at Albany	1	87
Abijah, s. Andrew & Anna, b. Feb. 15, 1775	2	60
Albert, s. Eben[eze]r, 2d, & Lavinia, b. Mar. 15, 1818	3	11
Albert, m. Lydia H. **WILCOX**, b. of Middletown, June 11, 1844, by Rev. Zebulon Crocker	3	518
Almon, s. Matthew & Rebecca, b. Aug. 19, 1811	3	16
Amasa, s. [Isaac & Dorothy], b. May 3, 1788	2	269
Ame, d. Nath[anie]ll, Jr. & Ame, b. Mar. 23, 1744	1	80
Ame, of Simsbury, m. Amos **PORTER**, Jr., of Middletown, Mar. 1, 1750	2	248
Ame, w. Of Nath]anie]ll, 2d, d. May 26, 1759	1	80
Ame, d. Nath[anie]ll, 2d, & Ame, d. July 4, 1765	1	80
Ame, d. Joel & Lydia, b. Mar. 12, 1783	2	210
Andrew, s. Nathaniell & Ann, b. Feb. 4, 1656	LR1	7
Andrew, s. Nathaniell & Ann, d. July 5, 1662	LR1	7
Andrew, s. Nathaniell & Ann, b. June 4, 1666	LR1	7
Andrew, m. Mehettabell **WETMORE**, Feb. 12, 1689/90	LR1	23
Andrew, s. Andrew & Mehittabell, b. Nov. 21, 1792	LR1	23
Andrew, Sr., d. June 1, 1723 *see MANWARING*	LR1	23
Andrew, m. Ann **TAPPIN**, Dec. 31, 1728	1	41
Andrew, s. Josiah & Thankfull, b. Mar. 18, 1729/30	1	20
Andrews, s. Andrew & Ann, b. Mar. 29, 1731	1	41
Andrew, Sr., d. July [ ], 1731	1	41
Andrew, m. Anna **MOORE**, Mar. 17, 1757	2	60
Andrew, s. And[re]w & Anna, b. Dec. 1, 1761; d. Dec. 19, 1761	2	60
Andrew, s. Andrew & Anna, b. June 5, 1769	2	60
Andrew, 2d, s. Andrew & Anna, d. Jan. 26, 1776	2	60
Ann, s. [sic] Andrew & Mehittabell, b. Jan. 30, 169[ ]	LR1	23
Ann, wid. of Beriah, m. Joshua **GILL**, Dec. 1, 1731	1	61
Ann, d. Andrew & Ann, b. Oct. 1, 1729; d. Dec. 21, 1729	1	41
Ann, m. Benjamin **ADKINS**, Nov. 7, 1752	2	87
Ann, d. Feb. 17, 1778	1	41
Annah, d. Beriah & Ann, b. July 12, 1772	LR2	21
Anna, m. John Lane, Oct. 15, 1747	2	232
Anna, d. And[re]w & Anna, b. Nov. 29, 1762	2	60
Anner, d. Jno. & Grace, b. Nov. 3, 1781	2	276
Anne, w. Of Nathaniell, d. July 6, 1680	LR1	7
Anne, d. Nath[anie]ll & Jane, b. May 31, 1741	LR2	17
Anne, w. Of Lieut. Nath[anie]ll, d. Dec. 26, 1751	LR1	16
Anne, d. Nath[anie]ll & Jane, d. Nov. 12, 1764	LR2	17
Anne, d. Timothy & Mary, b. Aug. 10, 1767	2	246
Arthur William, s. [Curtis & Alma*], b. Sept. 10, 1836 (*Anna?)	3	320
Asa, s. Nath[anie]ll, Jr. & Ame, b. Oct. 11, 1749	1	80
Asa, s. Nath[anie]ll & Ame, d. Jan. 30, 1776	1	80
Benjamin, s. Nathaniel & Hannah, b. Nov. 28, 1708	LR1	16
Benjamin, m. Rhoda **MILLER**, Oct. 8, 1734	1	77

	Vol.	Page
BACON, (cont.)		
Benj[ami]n, s. Benj[ami]n & Rhoda, b. Feb. 16, 1738/9	1	77
Benj[ami]n, s. Benj[ami]n & Rhoda, d. Aug. 29, 1760	1	77
Benjamin, s. Phinehas & Sarah, b. Nov. 17, 1767	2	168
Benjamin, Sr., d. Apr. 25, 1777	1	77
Benjamin, m. Abiah **CORNWELL**, Dec. 22, 1788	2	323
Benjamin C., s. [Benjamin & Abiah], b. June 25, 1791	2	323
Benjamin, C., m. Mary **STURTEVANT**, Aug. 27, 1822, by Rev. John R. Crane	3	103
Beriah, s. Nathaniell & Elizabeth, b. Aug. 17, 1682	LR1	7
Beriah, of Middletown, m. Ann **ODELL**, of Hartford, Nov. 10, 1713	LR2	21
Beriah, s. Beriah & Ann, b. Mar. 20, 1719/20	LR2	21
Beriah, d. May 15, 1730	LR2	21
Beriah, of Middletown, m. Elizabeth **DEWEY**, of Colchester, June 4, 1750	2	3
Behtiah, d. Beriah & Ann, b. June 8, 1728	LR2	21
Bethiah, d. Joseph & Bethiah, b. June 29, 1733	1	62
Bethiah, m. John **SHEPARD**, Jr. May 7, 1752	2	247
Caroline, of Middletown, m. John Lewis **TALLMAGE**, of New Canaan, Jan. 1, 1822, by Eli Ball	3	85
Caroline Morgan, d. Curtis & Alma*, b. June 14, 1832 (*Anna?)	3	320
Catharine, d. Nathaniell & Hannah, b. Feb. 1, 1703/4	LR1	16
Charles, s. [Ebenezer, 2d, & Lavinia], b. Oct. 27, 1819	3	11
Charles, m. Eunice S. **BRIDGHAM**, Sept. 4, 1839, by Rev. John R. Crane	3	461
Charles, m. Harriet N. **BACON**, b. of Middletown, Apr. 29, 1847, by Rev. L.S. Hough	4	2
Cha[rle]s Ebenezer, s. Charles, farmer, ae 32, & Harriet N., ae 28, b. Feb. 4, 1851	4	198-9
Charlotte, d. [Isaac & Dorothy], b. Mar. 2, 1793	2	269
Charlotte, of Middletown m. Chauncy **ABBEY**, of Chatham, Aug. 17, 1834, by Rev. Smith Pyne	3	404
Chloe, d. Jno. & Irene, b. Nov. 27, 1741	1	87
Chloe, d. Joel & Lydia, b. Nov. 7, 1780	2	210
Clara, d. Jos[eph]] & Eleanor, b. Oct. 22, 1783	2	278
Clara, d. Jefferson, shoemaker, ae 48, & Jerusha, ae 37, b. Feb. [ ], 1850	4	150-1
Clarissa, m. Eleazer **BARNES**, [ ]	2	131
Curtis, of Middletown, m. Anna **STOW**, of Middletown, Nov. 9, 1828, by Rev. Cha[rle]s J. Hinsdale, of Mereden	3	320
Daniell, s. Andrew & Mehettabell, b. Mar. 5, 1701/2	LR1	23
Daniel, of Middletown, m. Hannah **BEARSLEY**, of Stratford, Oct. 12, 1736	1	93
Daniel, d. May 23, 1738	1	93
Daniel, s. Jos[eph]] & Bethiah, b. Dec. 1, 1739	1	62
Daniel, [twin with Aaron], s. John & Irene, b. Dec. 5, 1743	1	87
Daniel, s. Andrew & Anna, b. Sept. 12, 1779	2	60
Daniel, s. Jno. & Grace, b. July 28, 1788	2	276
Daniel, 2d, m. Polly **BLATCHLEY**, Sept, 17, 1805	2	298
Daniel, s. [Matthew & Rebecca], b. Mar. 27, 1818	3	16
Daniel, m. Lucy E. **CORNWELL**, May 1, 1845, by Rev. John		

BACON, (cont.)

	Vol.	Page
R. Crane	3	529
Daniel M., s. [Benjamin & Abiah], b. Jan. 6, 1799	2	232
Daniel M., m. Harriet P. HALL, May 2, 1826, by Rev. John R. Crane	3	228
David, s. Nath[anie]ll, Jr. & Esther, b. Oct. 7, 1735	1	36
David, s. Nath[anie]ll, Jr. [& Esther], d. July 23, 1759	1	36
David, s. Josiah & Sibbel, b. Feb. 2, 1767	2	215
Dorcas, d. Jno., b. Nov. 25, 1736	LR2	19
Eben[eze]r, s. Jno., b. Feb. [ ], 1730/31	LR2	19
Eben[eze]r, s. Benj[ami]n & Rhoda, b. May 6, 1742	1	77
Ebenezer, s. Jno., 3rd, & Rhoda, b. Aug. 4, 1755	2	33
Ebenezer, m. Millissent CORNWELL, May 22, 1766	2	170
Ebenezer, s. Joseph & Rhoda, b. Dec. 14, 1780	2	18
Ebenezer, s. Benj[ami]n & Abiah, b. Oct. 2, 1789	2	328
Ebenezer, 2d, m. Lavinia WILCOX, Oct. 5, 1813	3	11
Eben[eze]r Roberts, s. [Matthew & Rebecca], b. Feb. 26, 1815	3	16
Edith, d. Jno. 2d, & Elizabeth, [b.] Nov. 9, 1760	2	36
Edmund, s. Jno. 2d, & Eliz[abet]h, b. June 5, 1757	2	36
Elijah, [twin with Elisha], s. Josiah & Sibbel, b. Feb. 20, 1769	2	215
Elisha, [twin with Elijah], s. Josiah & Sibbel, b. Feb. 20, 1769	2	215
Elizabeth, d. Beriah & Ann, b. Sept. 17, 1714	LR2	21
Elizabeth, d. Jno. & Irene, b. Jan. 16, 1736/7	1	87
Elizabeth, d. Jere[mia]h & Eliz[abet]h, b. Dec. 15, 1739	1	107
Elizabeth, d. Jno. & Irene, b. May 30, 1740	1	87
Elizabeth, d. Jno. & Irene, b. Sept. 6, 1748	1	87
Elizabeth, w. of Joseph, Jr., d. Sept. 2, 1752	2	18
Elizabeth, d. Beriah & Eliz[abet]h, b. Sept. 16, 1755	2	3
Elizabeth, w. of Beriah, d. Sept 17, 1755	2	3
Elizabeth, d. Beriah & Eliz[abet]h, d. Nov. 12, 1755	2	3
Elizabeth, m. Ichabod MILLER, Jr., Dec. 4, 1761	2	201
Elizabeth, d. Joseph & Rhoda, b. Aug. 23, 1768; d. [ ]	2	18
Elizabeth, d. Mary HIGBE, b. Mar. 15, 1782	2	205
Elizabeth, d. Joseph & Rhoda, b. [ ]	2	18
Elizabeth M., d. William, farmer, ae 29, & Elizabeth Maria, ae 26, b. Oct. 19, 1848	4	42-3
Emily S., m. James JACKSON, Oct. 20, 1833, by Rev. John R. Crane	3	387
Emma L., d. Albert, farmer, ae 30, & Lydia H., ae 24, b. Apr. 5, 1848	4	60-1
Esther, d. Andrew & Mehittabell, b. Oct. 9, 1710	LR1	23
Esther, m. Joseph BLAKE, Dec. 11, 1734	1	76
Esther, d. Nath[anie]ll, Jr. & Esther, b. Dec. 16, 1737	1	36
Esther, w. of Nath[anie]ll, Jr., d. Mar. 4, 1742	1	36
Esther, d. Jno. & Irene, b. Jan. 9, 1750/1; d. May 1, 1751	1	87
Esther, d. Jno.2d, & Eliz[abet]h, b. Aug. 6, 1755	2	36
Esther, m. Giles DOWD, Aug. 8, 1757	2	51
Esther, d. Nathan & Abigail, b. Mar. 4, 1759	2	354
Esther, d., Stephen & Susanna, b. Apr. 30, 1786	2	311
Esther, m. W[illia]m SUMNER, Jr., b. of Middletown, Jan. 14, 1822, by Rev. Eli Ball	3	85
Esther M., m. Walter W. WILCOX, b. of Middletown, Nov. 28,		

MIDDLETOWN VITAL RECORDS 25

	Vol.	Page
BACON, (cont.)		
1839, by Rev. James H. Francis	3	463
Esther M., d. Joseph, mariner, ae 30, & Esther M., ae 28, b. May 28, 1848	4	42-3
Ethan, s. [Isaac & Dorothy], b. Feb. 2, 1790	2	269
Eunice, of Simsbury, m. George **HUBBARD**, of Kensington, Jan. 31, 1746	1	79
Eunice, d. Apr. 3, 1851, ae 35	4	202-3
Frank, s. John P. Merchant, ae 35, & Sarah, ae 31, b.Apr.22,1851	4	194-5
George, s. John & Irene, b. Sept. 18, 1747; d. Nov. 29, 1747	1	87
George, s. Beriah & Eliz[abet]h, b. Sept. 7, 1751	2	3
George, s. Beriah & Eliz[abet]h, d. Mar. 16, 1753	2	3
George, s. Beriah & Eliz[abet]h, b. Oct. 1, 1753	2	3
George W., m. Phebe **BIRDSEYE**, b. of Middletown, July 3, 1834, by Rev. S. Martindale	3	397
Grace, w. of John, d. Sept. 30, 1797	2	276
Hanna[h], d. Nathaniel & Ann, b. Apr. 14, 1655	LR1	7
Hanna[h], m. John **BORNE**, Oct. [ ], 1677	LR1	14
Hannah, d. Nathaniell & Hannah, b. Apr. 19, 1712	LR1	16
Hannah, w. of Nathaniell, d. Sept. 7, 1722	LR1	16
Hannah, d. Benjamin & Rhoda, b. Aug. 15, 1735	1	77
Hannah, m. Theophilus **CANDE**, Dec. 14, 1738	1	108
Hannah, d. Daniel & Hannah, b. Jan. 27, 1738/9	1	93
Hannah, m. Ebenezer **ELTON**, Jan. 23, 1755	1	15
Hannah, d. Josiah & Sibbel, b. June 21, 1764	2	215
Hannah, d. Jeremiah & Hannah, b. Apr. 20, 1765	2	140
Hannah, w. of Jeremiah, d. Feb. 19, 1781	2	141
Hannah, m. John W. **NORTH**, of Syracuse, Sept. 22, 1845, by Rev. A.L. Stone	2	536
Harriet N., m. Charles **BACON**, b. of Middletown, Apr. 29, 1847, by Rev. L.S. Hough	3	2
Henry, d. Sept. 6, 1847, ae 6 m.	4	68-9
Henry, d. Henry C., merchant, ae 35, & [ ], ae 33, b. Nov. 9, 1850	4	196-7
Henry C., m. Emily B. **GALPIN**, b. of Middletown, Jan. 2, 1839, by Rev. John Cookson	4	456
Hosea, s. Josiah & Sibbel, b. Mar. 14, 1762	3	215
Irene, d. Jno. & Irene, b. Sept. 20, 1738; d. Dec. 2, 1738	2	87
Irene, Jno. & Irene, b. Feb. 19, 1739/40	1	87
Irene, w. of John, d. Mar. 8, 1750/1	1	87
Isaac, s. Joseph & Rhoda, b. May 30, 1766	1	18
Isaac, s. Jeremiah & Hannah, b. Nov. 13, 1769	2	140
Isaac, m. Dorothy **STOW**, Dec. 14, 1785	2	269
Jabez, s. Nath[anie]ll & Jane, b. July 5, 1731	2	17
Jacob, s. Nath[anie]ll, Jr. & Esther, b. May 6, 1740	LR2	36
Jacob*, m. Lydia **HUBBARD**, Nov. 7, 1776 (*Probably "Joel")	1	210
Jacob, m. Eliza A. **CLARK**, b. of Middletown, Mar. 27, 1843, by Rev. Zebulon Crocker	2	501
James, s. Nath[anie]ll & Jane, b. Oct. 1, 1733	3	17
James, m. Sarah **WETMORE**, Nov. 16, 1758	LR2	84-b
James Tappin, s. Andrew & Anna, b. Jan. 23, 1766; d. Apr. 25, 1766	2	60

	Vol.	Page
BACON, (cont.)		
James Tappin, 2d, s. Andrew & Anna, b. Sept. 8, 1767	2	60
Jane, d. Nath[anie]ll & Jan, b. Nov. 28, 1725	LR2	17
Jane, m. Samuel Mark, Oct. 16,1750	2	220
Jane, ae 24, m. Cyrus C. **BIRDSEYE,** farmer, ae 26, b. of Middletown, Apr. 23, 1851, by Dr. J. R. Crane	4	202-3
Jeremiah, s. Nath[anie]ll & Hannah, b. Jan. 2, 1715/16	LR1	16
Jeremiah, m. Elizabeth **CORNWELL,** Dec. 14, 1738	1	104
Jeremiah, s. Jere[mia]h & Eliz[abet]h, b. Oct. 7, 1742	1	104
Jeremiah, d. Jan. 4, 1746	1	104
Jeremiah, m. Hannah **CANDE,** Dec. 15, 1763	2	140
Jeremiah, s. Jeremiah & Hannah, b. Dec. 5, 1767	2	140
Jerusha, d. John & Sarah, b. Oct. 25, 1724	LR2	19
Jerusha, m. Nehemiah **DOANE,** May 19, 1742	1	133
Jerusha, d. Nath[anie]ll, Jr. & Ame, b. May 4, 1747	1	80
Jerusha, d. Nath[anie]ll & Ame, b.* Feb. 13, 1766 (*Died?)	1	80
Jerusha, d. Joel & Lydia, b. Apr. 8, 1791	2	210
Joel, s. Nath[anie]ll, Jr. & Ame, b. Nov. 12,1751	1	80
Joel (?), m. Lydia **HUBBARD,** Nov. 7, 1776 (*Arnold Copy has "Jacob")	2	210
Joel, s. [Joel & Lydia], b. July 31, 1793	2	210
John, s. Nathaniel & Ann, b. Mar. 14, 1761	LR1	7
John, m. Sarah **WETMORE,** Nov. 26, 168[ ]	LR1	23
John, s. John & Sarah, b. Jan. 30, 169[ ]	LR1	23
John, s. Andrew & Mehittabel, b. Oct. 30, 1708	LR1	23
John, m. Mary **CORNWELL,** wid. of Jacob, Apr. 13, 1710	LR2	18
John, Jr., m. Sarah **WHITE,** Mar. 5, 1718/19	LR2	19
John, s. John & Sarah, b. Apr. 21, 1723	LR2	19
John, d. Nov. 4, 1732	LR2	18
John, Jr., of Middletown, m. Irene Stone, of Guilford, Apr. 14, 1736	1	87
John, 3rd, m. Rhoda **GOULD,** Mar. 1, 1748	2	33
John, s. John 3rd & Rhoda, b. Jan. 22, 1751	2	33
John, 2d, m. Elizabeth **ADKINS,** Apr. 2, 1752	2	36
John, 3rd, of Middletown, m. Grace **GRISWOULD,** of Walllingford, Dec. 28, 1774	2	276
John, s. John & Grace, b. Dec. 15, 1779	2	276
John, 2d, m. Olive **ADKINS,** Jan. 4, 1798	2	276
John, 3rd, m. Ame **COE,** June 27, 1803	2	341
John, Sr., d. Sept. 17, 1804	2	276
John, s. Joseph & Rhoda, b. [ ]	2	18
John, L., m. Martha S. **FULLER,** b. of Middletown, Dec. 21, 1834, by Rev. B. Creagh	3	403
John P. of New York, m. Sarah E. **SOUTHMAYD,** of Middletown, May 14, 1838, by Rev. Elisha Andrews	3	431
Jonathan, s. [Jno. & Grace], b. May 10, 1789	2	276
Joseph, s. Andrew & Mehittabell, b. Apr. 28, 1706	LR1	23
Joseph, s. John & Sarah, b. May 14, 1728	LR2	19
Joseph, m. Bethiah **WETMORE,** Apr. 20, 1732	1	62
Joseph, s. Joseph & Bethiah, b. May 11, 1735	1	62
Joseph, Jr., m. Eliz[abet]h **MILLER,** Apr. 30, 1752	2	18
Joseph, m. Rhoda **PLUMB,** b. Nov. 27, 1760	2	18

	Vol.	Page
BACON, (cont.)		
Joseph, s. Joseph & Rhoda, b. Oct. 26, 1761	2	18
Joseph, Jr., m. Eleanor **LOOMIS,** Sept. [ ], 1783	2	278
Joseph, s. Jno. & Grace, b. June 28, 1787	2	276
Joseph, s. [Jos[eph]] & Eleanor], b. Mar. 22, 1790	2	278
Joseph, Sr., d. Dec. [ ], 1794, at sea	2	278
Joseph, m. Esther **TREAT,** b. of <Middletown. Dec. 24. 1844, by Rev. Townsend P. Abell	3	526
Josiah, s. Andrew & Mehettabell, b. Sept. 27, 1699	LR1	23
Josiah, m. Thankful **DOONELL,** Mar. 3, 1725/6	1	20
Josiah, s. Josiah & Thankfull, b. Sept. 24, 1727	1	20
Josiah, d. Oct. 21, 1750	1	20
Josiah, m. Sibbell **CLARK,** Feb. 21, 1750/1	2	215
Josiah, s. Josiah & Sibbel, b. Oct. 18, 1756	2	215
Josiah, d. Feb. 24, 1779	2	215
Julia L., m. Cha[rle]s W. **NEWTON,** Sept. 9, 1844, by Rev. Andrew L. Stone	3	521
Julius S., m. Huldah F. **MILDRUM,** b. of Middletown, May 6, 1846, by Rev. Zebulon Crocker	3	549
Katharine, d. Lieut. Nath[anie]ll, d. Apr. 20, 1741	LR1	16
Leara, d. George, mariner, ae 41, & Ruth, ae 41, b. Sept. 5, 1848	4	42-3
Leara, d. Aug. 9, 1849, ae 2	4	170-1
Louice, d. Timothy & Mary, b. Apr. 7, 1766	2	246
Lois, d. Isaac & Dorothy, b. Mar. 12, 1786	2	269
Louis S., m. Harriet M. **ARNOLD,** Nov. 20, 1843, by Rev. E.E. Griswold	3	507
Louisa, d. [Nathaniel & Abigail], b. July 10, 1819	3	51
Louisa, m. Watson V. **COE,** Oct. 18, 1837, by Rev. John R.Crane	3	442
Lucy, d. Jeremiah & Hannah, b. Mar. 6, 1777	2	140
Lucy, m. Oliver L. **FOSTER,** Oct. 4, 1832, by Rev. W. Fisk	3	380
Lucy Ann, m. Joseph A. **WILCOX,** b. Of Middletown, Dec. 19, 1839, by Rev. Ja[me]s H. Francis	3	463
Lidia, d. Nathaniell & Ann, b. Feb. 18, 1672	LR1	7
Lideah, m. Joseph **WETMORE,** June 6, 1706	LR2	7
Lydia, d. Nath[anie]ll, Jr. & Ame, b. May 18, 1754	1	80
Lydia, d. Joel & Lydia, b. Aug. 1, 1777	2	210
Marcy, d. Benj[ami]n & Rhoda, b. Oct. 9, 1737	1	77
Marcy, m. John **WETMORE,** May 4, 1757	2	67
Martha, d. John & Sarah, b. Sept. 14, 1729	LR2	19
Martha, m. Fenner **WARD,** June 26, 1748	2	22
Mary, d. Nathaniel & Ann, b. Apr. 7, 1664	LR1	7
Mary, [twin with Sarah], d. Nath[anie]ll & Hannah, b. Dec. 24, 1719	LR1	16
Mary, d. John & Sarah, b. Jan. 12, 1726/7	LR2	19
Mary, d. Josiah & Thankfull, b. May 15, 1732	1	20
Mary, wid. of John, d. Nov. 15, 1732	LR2	18
Mary, d. Daniel & Hannah, b. July 13, 1737	1	93
Mary, d. Jos[eph]] & Bethiah, b. Nov. 14, 1742	1	62
Mary, d. Benj[ami]n & Rhoda, b. May 1, 1753	1	77
Mary, d. Zacheas & Marcy, b. Feb. 9, 1755	2	361
Mary, m. Andrew **CAMPBELL,** Jr., Feb. 21, 1793	2	231
Mary, d. [Benjamin & Abiah], b. May 8, 1807	2	323

BACON, (cont.)

	Vol.	Page
Mary, m. Orrin **GILBERT**, June 6, 1832, by Rev. John R. Crane	3	370
Mary, m. Orrin **GILBERT**, June 6, 1832	4	41
Mary Ann, m. William **STOW**, Dec. 29, 1843, by Rev. John R. Crane	3	510
Mary Ann, m. Russell **FRISBIE**, [Apr.] 21, [1844], by Rev. E.G. Howard	3	514
Mary Catharine, m. Henry **SMITH**, Sept. 30, 1839, by Rev. L.S. Everett	3	473
Mary H., of Middletown, m. Selah **ANDREWS**, of Berlin, Sept. 5, 1822, by Rev. Stephen Hayes	3	105
Mary Hubbard, d. Joel & Lydia, b. July 30, 1788	2	210
Mary J., d. Aug. 18, 1849, ae 5m.	4	170-1
Mary J., d. of Daniel, m. Cyrus C. **BIRDSEYE**, s. of John, b. of Middletown, Apr. 23, 1851, by Rev. John R. Crane	4	184
Mary Jane, d. Willard, mariner, ae 28, & Eliza A., b. Jan. 22,1849	4	98-9
Matthew, s. Jno. & Grace, b. Sept. 9, 1785	2	276
Matthew, m. Rebecca **ROBERTS**, Aug. 2, 1810	3	16
Mehettabell, d. Andrew & Mehittabell, b. Feb. 28, 1703/4	LR1	23
Mehettabell, wid. Of Andrew, d. Jan. 19, 1731/2	LR1	23
Mehitabel, m. John **KILBURN**, Oct. 26, 1732	1	66
Mehittabell, d. Nath[anie]ll & Jane, b. Oct. 13, 1736	LR2	17
Mehetabel, d. Joseph & Bethiah, b. Aug. 24, 1737	1	62
Mehetabel, m. Edward **TURNER**, Aug. 25, 1755	2	359
Meriam, d. Josiah & Sibbel, b. Feb. 2, 1760	2	215
Meriam, m. Joseph **WILLCOX**, b. of Middletown, Nov. 30, 1785	2	319
Mime, d. [Phinehas & Sarah], b. Feb. 2, 1775	2	163
Molly, d. [Phinehas & Sarah], b. Feb. 1, 1773	2	163
Molly, d. [Jere[mia]h & Hannah], b. Feb. 10, 1781	2	141
Molly, d. Phineas, m. Seth **WILLCOX**, Mar. 21, 1796	2	194
Moses, s. Joseph & Bethiah, b. Oct. 16, 1747	1	62
Nabby Maria, d. Dan[ie]ll, 2d, & Polly, b. Sept. 6, 1806	2	298
Nathan, s. Nathaniell & Jane, b. Sept. 17, 1729	LR2	17
Nathan, m. Abigail **DOUD**, Apr. 3, 1755	2	354
Nathan, d. Nov. 12, 1760	2	354
Nathaniell, s. Nathaniell & Ann, d. Apr. 8, 1655	LR1	23
Nathaniell, s. Nathaniell & Ann, b. July 20, 1659. His name afterwards changed to Thomas	LR1	7
Nathaniell, m. Elizabeth **PIERPOINT**, Apr. 17, 1682	LR1	7
Nathaniell, s. Andrew & Mehittabell, b. July 10, 1697	LR1	23
Nathaniell, Jr., m. Hannah **WETMORE**, Feb. 5, 1701/2	LR1	16
Nathan[ie]ll, Sr., d. Jan. 27, 1705/6	LR1	7
Nathaniell, s. Nathaniell & Hannah, b. Feb. 16, 1706/7	LR1	16
Nath[anie]ll, Jr., m. Jane **BEVIN**, July 30, 1724	LR2	17
Nathaniel, Jr., m. Esther **HUBBARD**, Dec. 21, 1727	1	36
Nathaniel, s. Nath[anie]ll & Esther, b. Feb. 22, 1728/9	1	36
Nathaniel, Sergt., m. Anne **LANE**, wid. of John, Jan. 31, 1739/40	LR1	16
Natha[nie]ll, Jr., m. Ame **HARRISON**, Oct. 13, 1742	1	80
Nath[anie]ll, Lieut., m. Rebeckah **DOOLITTLE**, Nov. 28, 1752; d. Jan. 6, 1759	LR1	16
Nath[anie]ll, 4th, m. Ann **LATTIMER**, Mar. 20, 1755	2	362
Nath[anie]ll, 2d, m. Mary **BARLETT**, Aug. 21, 1760	2	38

MIDDLETOWN VITAL RECORDS

	Vol.	Page
BACON, (cont.)		
Nathaniel, s. Jere[mia]h & Hannah, b. July 4, 1775; d. Sept. 1, same year	2	140
Nathaniel, 2d, s. Jere[mia]h & Hannah, b. May 23, 1779	2	141
Nathaniel, s. Joel & Lydia, b. Nov. 10, 1785	2	210
Nathaniel, 2d, s. Joel, b. Nov. 11, 1785, m. Abigail **TAYLOR**, Mar. 9, 1812	3	51
Noah, s. Nath[anie]ll, Jr. & Ame, b. May 22, 1745	1	80
Noah, of Middletwon, m. Lois **WEBSTER**, of Berlin, Jan. 1, 1824, by Rev. Joshua L. Williams	3	152
Patty, d. [Jos[eph]] & Eleanor], b. Nov. 22, 1787; d. Oct. 6, 1789	2	278
Patty, d. [Jos[eph]] & Eleanor], b. Dec. 13, 1791	2	278
Pearpoint, s. Beriah & Ann, b. May 27, 1724	LR2	21
Phebe, d. Nath[anie]ll & Jane, b. Apr. 24, 1739; d. Oct. 16, 1742	LR2	17
Phebe, d. Nathan & Abigail, b. Feb. 9, 1756	2	354
Phinehas, s. Benj[ami]n & Rhoda, b. Oct. 19, 1744	1	77
Phinehas, m. Sarah **ADKINS**, Dec. 25, 1766	2	163
Phinehas, s. [Phinehas & Sarah], b. Feb. 22, 1777; d. Aug. 17, 1794	2	163
Phinehas, m.Sally **PADDOCK**, June 9, 1823,by Rev. Levi Knight	3	131
Phineas Lovell, s. [Benjamin & Abiah], b. Nov. 4, 1795	2	323
Polly, d. [Jos[eph]] & Eleanor], b. Oct. 26, 1785	2	278
Rhoda, d. Jno. 3rd & Rhoda, b. July 12, 1758	2	33
Rhoda, d. Phinehas & Sarah, b. May 31, 1769	2	163
Rhoda, d. John & Grace, b. Nov. 5, 1775	2	276
Rhoda, m. Joel **MILLER**, Feb. 11, 1796	2	218
Richard, s. Zacheas & Marcy, b. Feb. 7, 1757	2	361
Robert, d. June 17, [1849] ae 4	4	170-1
Sally, d. [Isaac & Dorothy], b. Oct. 28, 1794	2	269
Samuel, s. Nath[anie]ll, Jr. & Esther, b. Aug. 17, 1733	1	36
Samuel, s. Josiah & Thankfull, b. Apr. 3, 1734	1	20
Samuel, s. Nath[anie]ll, Jr. [& Esther], d. Dec. 18, 1742	1	36
Samuel, s. Josiah & Sibbel, b. Aug. 8, 1758	2	215
Samuel, s. And[re]w & Anna, b. Oct. 9, 1759; d. Jan. 25, 1760	2	60
Samuel, 2d, s. Andrew & Anna, b. July 5, 1771	2	60
Samuel, s. Jere[mia]h & Hannah, b. Oct. 27, 1771	2	140
Sam[ue]l, s. Isaac & Dorothy], b. Nov. 28, 1796	2	269
Samuel, m. May Ann **BAILEY**, Oct. 20, 1833, by Rev. John R. Crane	3	387
Sarah, d. John & Sarah, b. Sept. 14, 169[ ]	LR1	23
Sarah, w. of John, d. Feb. 14, 1698	LR1	23
Sarah, m. Nathaniell **BROWN**, June 17, 1708	LR2	10
Sarah, [twin with Mary], d. Nath[anie]ll & Hannah, b. Dec. 24, 1719; d. [ ]	LR1	16
Sarah, d. John & Sarah, b. Jan. 31, 1719/20	LR2	19
Sarah, d. Josiah & Sibbel, b. Aug. 16, 1753	2	215
Sarah, d. James & Sarah, b. June 16, 1760	2	84-b
Sarah, d. Phinehas & Sarah, b. Feb. 28, 1771	2	163
Sarah, John & Grace, b. Nov. 19, 1777	2	276
Sarah, m. Joseph **CLARK**, Jan. 30, 1800	2	43
Sarah, d. [Benjamin & Abiah], b. Dec. 18, 1801	2	323
Sarah, m. Samuel G. **WILCOX**, Nov. 18, 1822, by Rev. John R. Crane	3	111

BARBOUR COLLECTION

	Vol.	Page
BACON, (cont.)		
Sarah, d. [Ebenezer, 2d, & Lavinia], b. June 30, 1828	3	111
Sarah L., m. Isaac **COE,** b. of Middletown, Oct. 6, 1846, by Rev. L.S. Hough	3	554
Sarah R., d. Daniel, farmer, & Lucy E., b. Dec. 20, 1847	4	52-3
Sibbel, see under Sybil		
Silence, d. Josiah & Sibbel, b. Mar. 7, 1755	2	215
Stephen, s. Nath[anie]ll & Esther, b. Jan. 10, 1730/1	1	36
Stephen, m. Susanna **SAXTON,** Oct. 3, 1781	2	311
Stephen, s. Stephen & Susanna, b. July 23, 1784	2	311
Susannah, d. Nath[anie]ll & Jane, b. Sept. 2, 1727	LR2	17
Sibbell, d. John & Sarah, b. Feb. 19, 1733/4; d. Apr. 29, 1734	LR2	19
Sibbell, 2d, [d. Jno.], b. Aug. 27, 1735	LR2	19
Sibbell, d. Josiah & Sibbell, b. Dec. 22, 1751	2	215
Sibbell, m. Daniel **KNOWLES,** Feb. 3, 1757	2	30
Tabitha, d. Beriah & Ann, b. Nov. 6, 1717	LR2	21
Tabitha, m. Thomas **COOPER,** Jr., Dec. 5, 1739	1	115
Thankfull, d. Josiah & Thankfull, b. June 6, 1743	1	20
Thankfull, wid. [of Josiah], d. Oct. 25, 1750	1	20
Thomas*, s. Nathaniell & Ann, b. July 20, 1659 (*Changed his name from "Nathaniell" to "Thomas")	LR1	7
Thomas Gould, s. Jno. 3rd, & Rhoda, b. May 9, 1749	2	33
Timothy, s. Nath[anie]ll & Jane, b. May 19, 1744	LR2	17
Timo[thy], m. Mary **CAMP,** Sept. 19, 1765	2	246
Timothy, s. Josiah & Sibbel, b. Nov. 7, 1771	2	215
Willard, m. Jane **HALL,** Dec. 3, 1846, by Rev. John R. Crane	3	557
William, s. And[re]w & Anna, b. Jan. 13, 1758	2	60
William, s. Joseph & Rhoda, b. Jan. 27, 1764	2	18
William, m. Rhoda **LEE,** June 10, 1778	2	239
William, 2d, m. Elmina **JOHNSON,** Apr. 21, 1828, by Rev. John R. Crane	3	301
William, m. Elizabeth M. **STOW,** b. of Middletown, Feb. 6,1844, by Rev. Merrett Sanford	3	516
W[illia]m G., s. Henry C., mariner, ae 33, & Emily, ae 30, b. Sept. 19, 1848	4	98-9
W[illia]m G., d. Sept. 9, 1849, ae 1	4	170-1
Will[ia]m W., s. [Nathaniel & Abigail], b. May 3, 1814	3	51
Will[ia]m w., m. Jane **PLUM,** b. of Middletown, [Nov.] 20, [1834], by Rev. Stephen Topliff	3	403
Zacheas, m. March **HUBBARD,** Feb. 21, 1754	2	361
——, s. Nathan & Abigail, b. Mar. 4, 1758; d. Same day	2	354
——, s. Stephen & S[usanna], b. June 10, 1783; d. 32 hours after	2	311
——, child of John P., confectioner, ae 35, & Sarah, ae 30, b. Jan. 21, 1849	4	98-9
——, s. Charles, mariner, ae 33, & Eunice, ae 32, b. Jan. [ ], 1849	4	98-9
BADGER, Esther M., of Middletown, m. Alfred **JOHNSON,** of Clinton, N.C., Sept. 21, 1842, by Rev. A.M. Osborn	3	492
Jerusha, of Middletown, m. A.B. **CHESNUT,** of North Carolina, Sept. 18, 1844, by Rev. Joseph Holdrick	3	521
Mary Jane, m. Elijah H. **HUBBARD,** Sept. 15, 1841, by Rev. A.M. Osborn	3	481
BAGG, Anny, m. Joseph **GILBERT,** May 6, 1779	2	307

MIDDLETOWN VITAL RECORDS 31

	Vol.	Page
BAILEY, BAYLEY, BAILY, Abiah, Mrs., m. Jacob ROBERTS, b. of Middletwon, July 29, 1821, by Rev. Eli Ball	3	58
Abial, of Haddam, m. Jonathan WOOD, Jr., of Middletown, July 16, 1760	2	137
Abigail, d. Jona[tha]n & Alice, b. Mar. 14, 1730/1	1	41
Abraham, s. Jona[tha]n & Alice, b. Apr. 28, 1734	1	41
Albert A., s. Alfred D., mechanic, ae 27, & Sarah, ae 30, b. Aug. 17, 1849	4	162-3
Alfred, s. [Caleb & Eliz[abet]h], b. July 16, 1807	2	334
Alfred, m. Loretta ROBINSON, b. of Middletown, June 15, 1828, by Rev. Fred[eric]k Wightman	3	310
Alice, d. Jona[tha]n & Alice, b. Aug. 4, 1722	1	41
Almira, d. [Caleb & Eliz[abet]h], b. Mar. 20, 1797	2	334
Almon P., m. Eliza Jennet BELL, b. of Middletown, Dec. 30, 1831, by Rev. Fitch Reed	3	366 ½
Alvira, m. George GEAR, b. of Middletown, [May] 4, [1835], by Rev. James Noyes, Jr.	3	410
Amos, s. Lyman R., m. May Ann GIBBONS, d. of Robert H., Nov. 4, 1849, by Rev. B.N. Leach	4	94
Amos, planemaker, ae 22, b. in Haddam. Res. Middletown, m. Mary A. GIBBONS, ae 16, b. in New York, res. Middletown, Nov. 4, 1849, by Rev. B. N. Leach	4	166-7
Andrew P., m. Harriet M. CHAMBERLAIN, b. of Middletown, Jan. 2, 1852, by Rev. Jno. Morrison Reid	4	217
Angenette B., d. Dec. 20, 1850, ae 17	4	204-5
Anne, Mrs., m. James B. MARTHEN, Sept. 8, 1845, by Rev. A.L. Stone	3	537
Arther, of Chatham, m. Ann KIMBALL, of Middletown, Oct. 26, 1823, by Rev. David Smith, of Durham	3	168
Asahel, P., of Haddam, m. Martha J. BAILEY, of Middletwon, Nov. 25, 1849, by Rev. M.S. Scudder	4	140
Asahel P., m. Amelia GLADWIN, Mar. 7, 1852, by Rev. Jno. Morrison Reid	4	218
Azuba, m. Stephen SMITH, b. of Middletown, June 14, 1833, by Rev. John Cookson	3	383
Azuba, d. Aug. 5, 1848, ae 78	4	70-1
Betsey E., m. James E. RICHMOND, Nov. 12, 1843, by rev. Arthur Granger	3	507
Caleb, m. Elizabeth TUELLS, July 20, 1793	2	334
Caleb H., s. Richard B. & Hannah, d. Jan. 9, 1815	2	334
Caleb Higbe, s. [Rich]ar]d & Hannah], b. Mar. 11, 1809	2	333
Caroline M., ae 24, m. W[illia]m C. CROSLEY, mariner, ae 26, Oct. 10, 1849	4	170-1
Cha[rle]s H., m. Josephine M. PARKER, b. of Middletown, Nov. 28, 1849, by Rev. W.A. Stickney	4	96
Charles H., ship carpenter, ae 22, m. Josephine M. PARKER, ae 19, b of Middletown, Nov. 28, 1849, by Rev. W[illia]m A. Stickney	4	168-9
Chauncey, m. Cornelia DIX, Sept. 28, 1820, by Rev. William Jewett	3	41
Chauncey F., dentist, of Middletown, m. Angenette B. TRYON, Dec. 28, 1849	4	168-9

BAILEY, (cont.)

	Vol.	Page
Clarissa, Mrs. of Middletwon, m. Josiah **BELDEN**, of Mereden, Apr. 13, 1830, by Rev. John Cookson	3	348
Comfort, s. Hez[ekiah] & Elizabeth, b. Nov. 5, 1728	1	42
Cornelia A., m. Loren B. **STEAVENS**, Apr. 6, 1843, by rev. Daniel Smith	3	501
Daniel, m. Nancy **PADDOCK**, b. of Middletown, Nov. 10, 1831, by Rev. John Cookson	3	366
Daniel, m. Maria **PADDOCK**, b. of Middletown, June 11, 1840, by Rev. Arthur Granger	3	566
David, d. Aug. 28, 1747	1	21
David C., m. Jane M. **GOFF**, b. of Middletown, Feb. 11, 1849, by Rev. Z.N. Lewis	4	82
Dennis R., m. Hannah **COTTON**, Dec. 4, 1839, by Rev. John R. Crane	3	462
Dorcas, m. John **COTTON**, Oct. 30, 1800/1, [by Rev. Enoch Huntington]	3	1
Dorothy, of Haddam, m. Jonathan [**SMITH**], of Middletown, June 22, 1721	1	39
Ebenezer, s. Jona[tha]n & Alice, b. Jan. 15, 1727/8	1	41
Edward M., d. Mar. [ ], 1849, ae 20 m.	4	128-9
Elijah, s. David & Jane, b. Aug. 5, 1738	1	21
Eliza, of Haddam, m. George G. **LUCAS**, of Middletown, Feb. 3, 1828, by Daniel Barrows, J.P.	3	298
Eliza, m. Joseph **GRAVES**, 2d, b. of Middletown, Oct. 2, 1831, by Rev, Fred[eric]k Wightman	3	364
Eliza Ann, m. Daniel B. **LUCAS**, b. of Middletown, Oct. 28, 1835, by Rev. J.C. Green	3	415
Elizabeth, d. Jona[tha]n & Alice, b. Jan. 19, 1725/6	1	41
Elizabeth, d. David & Jane, b. Nov. 22, 1740	1	21
Eliz[abeth], m. William **YOUNG**, Feb. 27, 1801	2	164
Elizabeth E., of Middletown, m. Justus R. **STEVENS**, of Rocky Hill, Apr. 10 [1848], by Rev. James Hepburn	4	31
Elizabeth E., ae 18, m. Justus R. **STEVENS**, farmer, ae 22, of Middletown, Apr. 10, 1848, by Rev. James Hepburn	4	66-7
Ellen Louisa, d. Elisha & Susannah, b. Apr. [ ], 1848	4	58-9
Emeline, m. Sam[ue]l **SAGE**, b. of Middletown, Feb. 6, 1834, by Rev. Zebulon Crocker	3	392
Emily, m. Lyman **LEWIS**, b. of Middletown, Oct. 2, 1821, by Rev. Phinehas Cook	3	66
Eunice, m. George **HARRISS**, Jan. [ ], 1800	3	15
Eveline A., d. Of Richard M., of Middletown, m. Ozias P. **MERRIMAN**, s. of Harvey, of Wallingford, June 1, 1853, by Rev. Willard Jones	4	234
F.C., dentist, ae 21, m. Angenette **TRYON**, ae 17, b. of Middletown, Dec. 30, 1849, by Rev. J.L. Dudley	4	166-7
Frederic C., m. Angenette B. **TRYON**, Dec. 30, 1849, by rev. J.L. Dudley	4	97
Gilbert, laborer, d. Apr. 18, 1851, ae 56	4	207-7
H. Maria, d. Of Morris, m. Charles H. **EDWARDS**, s. of Horace, b. of Middletown, June 9, 1853, by Rev. John R. Crane	4	257
Hannah, d. Hez[ekia]h & Hannah, b. Apr. 13, 1778	2	206-7

	Vol.	Page
BAILEY, (cont.)		
Hannah, d. [Richard & Hannah], b. June 4, 1820	2	333
Hannah, d. Richard & Hannah, d. Jan. 21, 1840	2	334
Hannah C., m. Henry S. **COE**, b. of Middletown, Sept. 30, 1852, by Rev. Jno. Morrison Reid	4	219
Harris, of Haddam, m. Mary Ann **PARKER**, of Chester, May 2, 1827, by Rev. John R. Crane	3	272
Henry W., s. Russell E., mechanic, & Hannah M., b. Sept.17,1848	4	116-7
Hezekiah, m. Elizabeth **DAVIS**, Nov. 17, 1727	1	42
Hezekiah, m. Hannah **BANKS**, Oct. 19, 1773	2	360
Hezekiah, s. Hez[ekia]h & Hannah, b. Aug. 9, 1774	2	360
Horace, s. Caleb & Eliz[abet]h, b. Jan. 20, 1794	2	334
Ichabod, s. Jonathan & Alice, b. Feb. 10, 1732/3	1	41
Isaac, s. Jona[tha]n & Alice, b. Oct. 28, 1738	1	41
Isaac J., m. Clarissa C. **SMITH**, Jan. 26, 1845, by Rev. W.G. Howard	3	527
James, s. David & Jane, b. Mar. 18, 1743	1	21
Jan[e] Abiah, d. Landon, Jr. & Abiah, b. Aug. 31, 1817	3	34
Jane E., of Middletwon, m.Rev. Hiram **MORGAN**, of Governeur, N.Y., Apr. 18, 1854, by rev. Ja[me]s A. Bailey, of Essex	4	261
Jemima, d. Hez[ekiah] & Eliz[abet]h, b. June [ ], 1738	1	42
John, of Waterbury, s. of Edward, of Middletown, m. Amelia **JOHNSON**, d. of Robert, of Middletown, Nov. 25, 1850, by Rev. John R. Crane	4	49
John, merchant, ae 27, b. in Middletwon, res. Waterbury, m. Amelia **JOHNSON**, ae 26, Nov. 26, 1850, by Dr. J.R. Crane	4	200-1
Jonathan, m. Alice **SMITH**, June 22, 1721	1	41
Jonathan, s. Jona[tha]n & Alice, b. Jan. 15, 1723/4	1	41
Josiah T., m. Clarissa **JOHNSON**, Sept. 7, 1823, by Re. Josiah Bowen	3	134
Julia A., of Middletown, m. Joseph G. **MERRON**, of Hartford, July 1, 1838, by Rev. John Cookson	3	448
Julia Ann, d. Landon, Jr. & Abiah, b. Dec. 6, 1809	3	34
Julia Ann, m. Asa G. **BILL**, b. of Middletown, Oct. 3, 1831, by Rev. John Cookson	3	363
Landen E., m. Elizabeth M. **WILCOX**, b. of Middletown, July 2, 1843, by Rev. Zebulon Crocker	3	503
Landon, Jr., b. Mar. 12, 179, m. Abiah **MILLER**, June 1, 1809	3	34
Landon, Jr., d. Oct. 27, 1820	3	34
Lavinia, of Middletown, m. Edwin **BIRDSEYE**, of Mereden, [Apr.] 12, [1837], by Rev. James Noyes	3	429
Lucena Cornelia, d. Eleazer, b. Jan. 8, 1844; m. Malcolm Sage **INGHAM**, s. of Friend W. & Eunice **SAGE**, Oct. 31, 1860	3	94
Lucetta W., of Middletown, m. Dennis **CORNWELL**, of Charleston, N.H., Sept. 19, 1839, by rev. L.S. Everett	3	473
Lucinda, [d. Landon, Jr. & Abiah], b. Nov. 3, 1813; d. Sept. 21, 1813	3	34
Lucretia Maria, d. Landon, Jr. & Abiah, b. Dec. 28, 1816	3	34
Lucretia W., d. [Rich[ar]d & Hannah], b. Feb. 21, 1817	2	333
Lucy Ann, of Springfield, Mass., m. Thomas J. **MATHER**, of Middletown, Aug. 3, 1834, by Rev. b. Creagh	3	398

BAILEY, (cont.)

	Vol.	Page
Lyman, Jr., m. Mary Ann **NORTON**, Dec. 13, 1825, by rev. J. L. Nichols	3	219
Margaret, m. George **HARRISS**, Nov. 15, 1814	3	15
Mariah, m. Jarvis **JOSLLIN**, b. of Middletown, Apr. 23, 1837, by Rev. John Cookson	3	433
Martha J., of Middletown, m. Asahel P. **BAILEY**, of Haddam, Nov. 25, 1849, by Rev. M. S. Scudder	4	140
Mary, m. John **NOTT**, June 28, 1750	2	224
Mary, m. William **BEVINS**, June 5, 1836, by Rev. Robert McEwen	3	422
Mary Ann, m. William **CUNNINGHAM**, b. of Middletown, Jan. 27, 1831, by Rev. Thomas Burch	3	359
Mary Ann, m. Samuel **BACON**, Oct. 20, 1833, by Rev. John R. Crane	3	387
Mary B., d. Richard & Hannah, m. Josiah M. **GRAVES**, May 20, 1832; d. Nov. 6, 1836	2	334
Mary B., of Middletwon, m. Rev. Josiah M. **GRAVES**, of Colebrook, May 20, 1832, by Rev. John Cookson	3	369
Mary T., of Middletown, m. Monson W. **STRONG**, of Durham, Nov. 10, 1828, by Rev. Jno. Cookson	3	322
Mary Trowbridge, d. [Landon, Jr. & Abiah], b. Feb. 11, 1810	3	34
Mehitabell, of Haddam, m. Benjamin **WEST**, of Middletown, Jan. 11, 1719/20	LR2	Ind-4
Mehetabel, of Guilford, m. Cornelius **DOWD**, of Middletown, May 20, 1741	1	123
Mercy Blake, d. [Rich[ar]d & Hannah], b. Jan. 8, 1811	2	333
Manervia, of Middletwon, m. Olmsted **BRAINARD**, of Haddam, Apr. 10, 1828, by Rev. Heman Bangs (Minerva)	3	300
Morris, s. [Richard & Hannah], b. Sept. 1, 1818	2	333
Morris, 2d, of Hillsdale, N.Y., m. Sarah L. **BOWERS**, of Middletown, Nov. 16, 1840, by Rev. L. S. Everett	3	473
Noadiah, s. Hez[ekia]h & Hannah, b. Feb. 17, 1776	2	360
Noah B., m. Harriet **COTTON**, b. of Middletown, Sept. 1, 1836, by Rev. John Cookson	3	426
Oliver, m. Maria **CLARK**, b. of Middletown, Mar. 14, 1824, by Rev. Josiah Bowen	3	154
Orson, m. Ann **TOWNER**, b. of Haddam, June 29, 1843, by Rev. John R. Crane	3	503
Phebe, d. David & Jane, b. Apr. 20, 1736	1	21
Phebe T., m. Jeremiah **NORTON**, Sept. 20, 1796	3	29
Phinehas, farmer, d. Sept. [ ], 1847, ae 83	4	72-3
Rachel Higbe, d. [Rich[ar]d & Hannah], b. Mar. 10, 1807	2	333
Ralph N., s. [Rich[ar]d & Hannah], b. Feb. 9, 1814	2	333
Ralph N., s. Richard & Hannah, d. Mar. 7, 1832	2	334
Recompence, s. Jona[tha]n & Alice, b. July 10, 1736; d. Feb. 6, 1740/1	1	41
Rheuetta, m. Benjamin **CUMMINGHAM**, Aug. 8, 1834, by Rev. John R. Crane	3	398
Rheuetta, see also Ruetty		
Richard B., b. May 1, 1783, in Haddam; m. Hannah **HIGBE**, Sept. 21, 1804	2	333

	Vol.	Page

BAILEY, (cont.)
Rich[ar]d M., m. Eunice **WARD**, b. of Middletown, Apr. 3, 1822,
by Rev. Eli Ball — 3, 94
Roswell, m. Lucina **COE**, b. of Middletown, [Nov.] 11, [1830],by
Rev. James Noyes, Jr. — 3, 357
Rubey R., d. Rich[ar]d & Hannah, b. Sept. 3, 1805 — 2, 333
Ruetty, m. Stephen **PIERCE**, b. of Middletown, June 22, 1838,by
Rev. Robert McEwen — 3, 447
Ruetty, see also Rheuetta
Rufus, m. Nancy **ROBERTS**, Jan. 29, 1825, by Rev. John R.
Crane — 3, 192
Rufus, m. Jerusha A. **MITCHELL**, Mar. 2, 1842, by Rev. Arthur
Granger — 3, 487
Russel[l] E., m. Hannah M. Miller, b. of Middletown, May 7,
1837, by Rev. W. Fisk — 3, 432
Ruth, m. Truman **SMITH**, Mar. 1, 1821, by rev. Frederick
Wightman — 3, 48
Ruth E., d. of Aretas, of Middletown, m. George Conover, of New
York, Sept. 30, 1850, by Rev. John R. Crane — 4, 147
Sarah Ann, m. Gilbert B. **SKINNER**, June 6, 1841, by Rev. John
R. Crane — 3, 477
Sarah Samantha, m. Joseph **CLARK**, b. of Middletown, Dec. 14,
1845, Rev. J. L. Gilder — 3, 542
Sirvilius S., of Middletown, m. Mary A. **RICH**, of New Lebanon
Springs, N.Y., Apr. 14, 1850, by Townsend P. Abell, at
Higganum — 4, 187
Solomon, s. Hez[ekiah] & Elizabeth, b. Jan. 25, 1730/1 — 1, 42
Stephen, m. Eliza **MAY***, Jan. 28, 1849, by John Brady (*Shay?) — 4, 88
Stephen, Laborer, m. Eliza **SHAY**, both b. in Ireland, Jan. 28,
1849, by Rev. John Brady — 4, 122-3
Stephen Miller, s. Landon, Jr. & Abiah, b. May 13, 1814; d. Nov.
14, 1815 — 3, 34
Susan, d. Ogden T., blacksmith, & Mary, b. Feb. 5, 1849 — 4, 112-3
Sylvester, m. Mary **PENFIELD**, b. of Middletown, June 6, 1822,
by Rev. Joshua L. Williams — 3, 97
Sylvester, m. Louisa C. **ROBERTS**, Feb. 10, 1833, by Rev.
W[illia]m H. Beacher — 3, 380
Sylvester, m. Sarah Ann **HAVENS**, June 18, 1845, by Rev. John
R. Crane — 3, 533
Thankfull, m. John **CONE**, b of Middletown, May 19, 1836, by
Rev. John Cookson — 3, 422
Timothy, illeg. s. Timothy **PATTEN**, laborer, & 45, & Nancy T.
PATTEN, ae 24, b. Dec. 28, 1849 — 4, 150-1
Warner, m. Sally **THAYER**, b. of Middletown, Sept. 18, 1821, by
Rev. Josiah Bowen — 3, 66
William, of Middletown, m. Mary Berden, of Weathersfield, Apr.
7, 1824, by Rev. John R. Crane — 3, 155
Zalmon, s. [Richard & Hannah], b. Aug. 19, 1823 — 2, 333
-----, m. [   ] **KIMBALL**, Oct. 26, 1823, by David Smith — 3, 179
-----, s. Sylvester, laborer, ae 24, & Sarah Ann, ae 23, b. Sept. 1
[1848] — 4, 48-9
-----, s. Cha[rle]s H., ship carpenter, ae 22, & Josephine M., ae 19,

	Vol.	Page
BAILEY, (cont.)		
b. May 28, 1850	4	164-5
BAISDEN, George, s. James H., joiner, ae 40, & Marietta, ae 40, b.		
May 2, 1849	4	114-5
Sam[ue]l J., m. Caroline A. Savage, b. of Middletown, Nov. 28, 1833, by Rev. Zebulon Crocker	3	390
Sarah Ann, of Middletown, m. Stephen **KINGSLAND,** of New York, Oct. 14, 1832, by Rev. Fitch Reed	3	373
BAKER, Bayze, d. Sept. 4, 1723	LR2	8
Bayze, s. Timo[thy] & Hannah, b. Sept. 1, 1736	1	62
Bayze, s. Timothy & Hannah, d. Sept. 22, 1758, at Lake George	1	62
Eleanor, d. Timo[thy] & Hannah, b. Feb. 15, 1747	1	62
Ele[a]nor, d. Timothy & Hannah, d. Apr. 10, 1752	1	62
Eliza J., d. Apr. 15, 1851, ae 7 wk.	4	202-3
Eliza Jane, d. John, quarryman, ae 27, & Mary, ae 24, b. Feb. 23, 1851	4	194-5
Hannah, d. Bayze & Hannah, b. July 12, 1715	LR2	8
Hannah, d. Timo[thy] & Hannah, b. May 28, 1744	1	62
Jan., d. Nath[anie]ll & Sarah, b. Nov. 22, 1785	1	89
Jeremiah, s. Bayze & Hannah, d. [ ], 172[ ]	LR2	8
Jeremiah, s. Timothy & Hannah, b. May 9, 1749	1	62
John, Jr., of New York, m. Anna M. **DOUD,** of Middletown, Sept. 7, 1830, by J. L. Williams, V.D.M.	3	355
Lydia, d. Nath[anie]ll & Sarah, b. Mar. 4, 1737/8	1	89
Maria Francis, see under Maria Francis Parker	4	114-5
Mary, m. John Biggs, Jr. May 8, 1735	1	80
Nath[anie]ll, m. Sarah **HAMLIN,** Jan. 29, 1734/5	1	89
Nehemiah, s. Jos[eph]] & Ann, b. Aug. 16, 1737	1	10
Nehemiah, s. Joseph & Ann, b. Aug. 16, 1737	1	70
Sarah, m. Robert **YOUNG,** Jr., Nov. 3, 1755	2	26
Sarah C., m. Nathan **COLTON,** Dec. 8, 1830, by Rev. John R. Crane	3	358
Susan C., m. Alfred **SOUTHMAYD,** June 9, 1829, by Rev. John R. Crane	3	336
Susannah, d. Bayze & Hannah, b. Dec. 31, 1718	LR2	8
Susannah, d. Timo[thy] & Hannah, b. Mar. 11, 1738/9	1	62
Thankfull, d. Timothy & Hannah, b. Oct. 25, 1733	1	62
Timothy, m. Hannah **CANDE,** Feb. 10, 1731/2	1	62
Timothy, s. Timo[thy] & Hannah, b. June 24, 1732; d. July 30, 1732	1	62
Timothy, s. Timothy & Hannah, b. Oct. 20, 1741	1	62
William, s. Timothy & Hannah, b. Nov. 16, 1752	1	62
BALCOM, Mary, of Mansfield, m. Joseph **CLARK,** 3rd, of Middletown, Apr. 1, 1756	2	154
BALDEN, [see also **BALDWIN**], Elizabeth, m. Caleb **GALPEN,** Feb. 7, 171[ ]	1	1
BALDWIN, [see also **BALDEN**], Abigail, m. Joseph **STARR,** June 24 1697 (Written "**BOLDON**")	LR2	1
Arthur, s. Rich[ar]d, laborer, ae 26, & Fanny, ae 24, b. Sept. 18, 1850	4	198-9
Arthur C., s. Z.H., joiner, ae 38, & Clara, ae 41, b. Oct. 24, 1849	4	150-1
Frederic, of Mereden, m. Alma Eliza **CROWELLL,** of		

	Vol.	Page

BALDWIN, (cont.)

	Vol.	Page
Middletwon, Aug. 15, 1839, by Rev. L. S. Everett	3	474
Henry, of Leyden, N.Y., m. Sarah H. **ROSEKRANS**, of Middletwon, [Aug.] 18, [1834], by Rev. Stephen Topliff	3	399
John H., of Humphreysville, m. Cynthia J. **TIBBALS**, of Haddam. Nov. 30, 1844, by Rev. Andrew L. Stone	3	525
Judson H., s. Henry L., lockmaker, & Eliza A., b. Dec. 14, 1848	4	110-1
Lyman, of Winsted, m. Rebecca C. **MATHER**, of Middletown, Nov. 30, 1837, by rev. John R. Crane	3	444
Miner W., of Mereden, m. Alvena E. **COE**, of Middletown, May 11, 1854, by Rev. Francis Dyer	4	259
Minor W., of Mereden, m. Alvena E. **COE**, of Middletown, May 11, 1854, by Rev. Francis Dyer	4	262
Oliver E., of Camden, m. Laura Jane **PRIOR**, of Middletown, Oct. 23, 1853, by Rev. E. L. Janes	4	246
Rachel, ae 21, b. in Middletown, m. T. B. **CHANDLER**, clergyman, ae 25, of Plymouth, St., Nov. 28, 1850, by Rev. M. R. Scudder	4	200-1
Rachel, m. Theophilos B. **CHANDLER**, b. of Middletown, Feb. 28, 1851*, by Rev. M.L. Scudder (*Note in pencil "Nov. [ ], 1850")	4	183
Rosina M., d. of Isaac W., m. Charles **NORTH**, b. of Middletown, Nov. 24, 1852, by rev. Jno. Morrison Reid. Recorded May 1853	4	231
S.T., ae 23, b. in New Haven, res. Middletown, m. Sam[ue]l **BREWER**, daguerian, ae 30, b. in Middletown, res. Middletown, Apr. 22, 1851, by Rev. H. Croswell	4	200-1
Sarah M., of Middletwon, m. Asa C. **HAND**, of Middlebury, Vt., Jan. 20, 1850, by Rev. M.S. Scudder	4	141
Zebulon H., m. Clarissa G. **RANNEY**, b. of Middletown, Aug. 21, 1838, by Rev. John Cookson	3	448

BALL, Clarence*, d. Edward, mariner, ae 28, & Mary Ann, ae 25, b. Apr. 1, 1849 (*Florence?) | 4 | 98-9 |
Edward S., m. Mary Ann **JONES**, June 16, 1845, by Rev. W. G. Howard	3	532
Edwin C., s. Edwin, mariner, ae 27, & Mary, ae 21, b. Oct. 24, [1848]	4	48-9
Florence*, d. Edward, mariner, ae 28, & Mary Ann, ae 25, b. Apr. 1, 1849 (*Written "Clarence")	4	98-9
Isaac, planter, ae 24, of Charleston, S.C., m. C. A. **RUTLEDGE**, ae 24, of Charleston, S.C., June 5, 1850, by rev. Jos[eph] H. Nichols	4	166-7
John, s. Edward & Mary, b. Apr. 8, 1851	4	200-1
Mary, of East Hartford, m. Jonathan **SAGE**, Fr., Jan. 31, 1765	2	160

BAMBERGER, Matthew, m. Appollenia **KNAUF**, b. late of Germany, now of Middletown, Apr. 11, 1852, by Jacob Fred[eric] Huber, V.D.M. | 4 | 214 |

BANKS, Abigail, s. (John & Hannah], b. Nov. 24, 1777; d. Jan. 25, 1778 | 2 | 167 |
| Betsey, d. (John & Hannah), b. Oct. 20, 1782 | 2 | 167 |
| Caroline, of Middletown, m. Albert H. **JUDD**, of Edwardsville, Ill., Apr. 11, 1833, by Rev. Fitch Reed | 3 | 381 |

BARBOUR COLLECTION

	Vol.	Page
BANKS, (cont.)		
Daniel, [s. W[illia]m & Hannah], b. Dec. 20, 1765	2	34
David F., m. Mehitable **STOW**, Nov. 4, 1823, by Rev. Josiah Bowen	3	139
Dorcas, d. John & Elizabeth, d. Aug. 4, 1730	1	48
Dorcas, d. W[illia]m & Hannah, b. Nov. 7, 1750	2	34
Elizabeth, d. Jno. & Elizabeth, b. Aug. 18, 1721, at Lynn	1	48
Elizabeth, m. Ebenezer **STOW**, Dec. 15, 1737	1	97
Elizabeth, d. W[illia]m & Hannah, b. Dec. 22, 1748	2	34
Elizabeth, m. Thomas **BRIGDEN**, June 16, 1768	2	191
Hannah, [d. W[illia]m & Hannah], b. Nov. 1752	2	34
Hannah, m. Hezekiah **BAILEY**, Oct. 19, 1773	2	360
Hannah, d. John & Hannah, b. Oct. 27, 1775	2	167
Jane, d. John & Elizabeth, d. Apr. 8, 1735	1	48
John, d. Sept. 10, 1730	1	48
John, s. [W[illia]m & Hannah], b. Sept. 15, 1754	2	34
John, m. Hannah **PELTON**, Oct. 24, 1775	2	167
Mary, d. John & Elizabeth, b. July 20, 1729	1	48
Patty, d. [John & Hannah], b. Aug. 8, 1784	2	167
Pattey, d. John & Hannah, b. [ ]	2	167
Sarah, m. Benjamin **BIVINS**, June 16, 1747	2	82
Sarah, d. [W[illia]m & Hannah], b. June 20, 1758; d. Feb. 15, 1759	2	34
Sarah, d. [W[illia]m & Hannah], b. Dec. 7, 1761	2	34
Shubel, s. [W[illia]m & Hannah], b. Nov. 10, 1763	2	34
Sumner, s. [W[illia]m & Hannah], b. Nov. 28, 1759	2	34
William, s. [W[illia]m & Hannah], b. May 13, 1756	2	34
W[illia]m, d. Jan. 5, 1777	2	34
BARBER, Chester, of East Windsor, m. Martha M. **FOWLER**, of Middletown, Mar. 17, 1831, by Joshua L. Williams,V.D.M.	3	361
Hannah, m. Benjamin **SMITH**, May [ ], 1729	2	121
BARKER, Cornelius N., m. Mary **BURRELL**, of Hartford, Oct. 19, 1839, by Rev. L.S. Everett	3	473
BARNARD, Frances A., ae 18, b. in Hartford, res. N.Y., m. Henry S. **TOMLINSON**, ae 22, of N.Y., Mar. 23, 1850, by Rev. F. J. Goodwin	4	168-9
BARNES, BARNS, Abel, s. John & Eunice, b. Aug. 18, 1744	1	36
Abel, s. John & Rachel, b. June 19, 1764	2	183
Abiah, d. John & Eunice, b. July 2, 1742	1	36
Abiah, d. Jno. & Eunice, d. Mar. 6, 1762	1	36
Abiah, d. [Jabez & Martha], b. Aug. 9, 1762; d. Jan. 31, 1765	2	8
Abiah, d. [Jabez & Martha], b. Aug. 27, 1765	2	3
Abiga[i]ll, m. Daniell **HARRIS**, Dec. 14, 1680	LR1	21
Abigail, d. Tho[ma]s & Mary, b. Mar. 26, 1736	1	28
Abigail, w. of Joseph, d. Aug. 13, 1750	1	53
Abigail, m. Lamuel **SEIZER**, Sept. 12, 1754	2	57
Abigail, d. Amos & Abigail, b. Sept. 21, 1774	2	189
Abigail, of Middletwon, m. Alfred **HILL**, of Madison, Nov. 14, 1842, by Rev. J. B. Cook	3	498
Abijah, s. Joseph & Abigail, b. Mar. 28, 1739	1	53
Abijah, s. Jos[eph]] & thankful, b. Aug. 23,1776	2	189
Abner, s. Gersham & Mehittabel, b. Sept. 27, 1733	1	70

	Vol.	Page
BARNES, (cont.)		
Adaline, of Batavia, N.Y., m. Samuel C. **RUST**, of Northampton, Mass., Apr. 15, 1834, by Tho[ma]s Atkins, J.P.	3	394
Allen, of Southington, m. Grace K. **SMITH**, of Middletown, Dec. 20, 1843, by rev. Zebulon Crocker	3	510
Amelia, m. Hibbert **SMITH**, Jr., b. of Middletown, Sept. 17, 1837, by Rev. Robert McEwen	3	437
Amos, s. Ebenezer & Mehittabel, b. Mar. 25, 1732	1	32
Amos, m. Wid. Sarah **CROWEL**, May 17, 1765	2	139
Amos, m. Abigail **BROOKS**, May 2, 1771	2	139
Angeline, m. Sam[ue]l D. **BARNES**, b. of Middletown, Mar. 29, 1835, by Rev. John Cookson	3	406
Augusta, of Southington, m. Philena P. **SMITH**, of Middletown, Oct. 7, 1849, by Rev. M. S. Scudder	4	140
Augustus F., of Boston, m. Almira **SHADDICK**, of Middletown, June 15, 1841, by rev. Samuel Farmer Jarvis, at the house of Stephen Shaddick	3	480
Benjamin, m. Suzan **BRAINARD**, [Nov.] 4, 1828, by Rev. E. R. Tyler	3	319
Benjamin, of Southington, m. Mary B. **RANNEY**, of Middletown, Nov. 12, 1837, by rev. Frederick Wightman	3	441
Betsey, d. Elisha & Mary, b. July 14, 1803	2	104
Betsey, d. [Tho[ma]s & Sibbel], b. [ ]	2	237
Caleb, m. Narcissa **PELLIT**, Apr. 25,1830, byRev. John R. Crane	3	348
Carmer (?), s. Duane, bookseller, ae 37, & Cynthia, ae 36, b. Aug. 23, 1850	4	196-7
Caroline, d. [Elisha & Mary], b. 30th of 1st mo., 1809	2	104
Cate, d. Giles & Katharine, b. May 30, 1762	2	179
Catharine Steele, d. [Jonathan, Jr. & Maria}, b. Feb. 12, 1826	2	72
Charles, s. Jno. & Eunice, b. Sept. 13, 1732	1	36
Charles, m. Lucia **ROBBARDS**, Dec. 20, 1758	2	41
C[h]loe, d. Giles & Katharine, b. Apr. 9, 1767	2	179
Colmar, [s. Duane & Cynthia], b. Aug. 23, 1850	4	15
Cynthia, w. of D[uane], d. Sept. 23, 1867, at Greenfield, Mass, ae 52, y	4	15
Daniel, s. Nath[anie]ll & Hannah, b. Dec. 8, 1718; d. Jan. 8, 1718/9	LR2	25
Daniel, s. Tho[ma]s & Mary, b. Aug. 21, 1738	1	28
Daniel, s. Tho[ma]s & Mary, d. about Oct. 6, 1758	1	28
Daniel, s. [Jabez & Martha], b. Aug. 26, 1760	2	3
David, s. Joseph & Abigail, b. July 13, 1735	1	53
Desiah, m. Noah **SMITH**, July 14, 1762	2	30
Duane, m. Cynthia **TURNER**, b. of Middletown, Apr. 20, 1834, by Rev. B, Creagh	3	393
Duane, m. Cynthia **TURNER**, b. of Middletown, Apr. 20, 1834	4	15
Duane, m. Frances **TIBBALLS**, Sept. 22, 1869, at Wilmington, Del.	4	15
Ebenezer, s. Maybe & Elizabeth, b. Sept. 19, 1697	LR1	3
Ebenezer, m. Mehittabel **MILLER**, Dec. 28, 1727	1	32
Ebenezer, s. Ebenezer & Mehittabel, b. Jan. 23, 1729/30	1	32
Eleazer, m. Clarissa **BACON**, [ ]	2	131
Eleziur, s. [Jabez & Martha], b. Sept. 20, 1780	2	3

40   BARBOUR COLLECTION

	Vol.	Page
BARNES, (cont.)		
Eli, m. Patience **WILLCOX**, Dec. 10, 1778	2	193
Elijah, s. Ebenezer & Mehittabel, b. June 4, 1796	1	32
Elijah s., of Williamsburgh, N.Y., m. Caroline **BUTLER**, of Middletown, May 6, 1850, by rev. Townsend P. Abell	4	188
Elish[a], s. [Jabez & Martha], b. July 24, 1773	2	3
Elisha, m. Mary **PLUM**, Sept. 26, 1802	2	104
Eliza, of Wallingford, m. Amos **WILLIAMS**, of Middletown, Mar. 11, 1839, by Dan[ie]l G. Griswold, J.P.	3	457
Elizabeth, w. of Thomas, Sr., d. Jan. 4, 1689/90	LR1	3
Elizabeth, d. Maybe & Elizabeth, b. Apr. 16, 1693	LR1	3
Elizabeth, m. Benjamin **ADKINS**, May 9, 1716	LR2	15
Elizabeth, d. Nath[anie]ll & Hannah, b. Sept. 5, 1722	LR2	25
Elizabeth, d. Jno. & Eunice, b. Apr., 23, 1728	1	36
Elizabeth, w. of Maybe, d. Feb. 21, 1737/8	LR1	3
Elizabeth, d. Sam[ue]ll & Elizabeth, b. Mar. 15, 1737/8	1	34
Elizabeth, m. Justus **WOOD**, Mar. 1, 1744	2	27
Elizabeth, m. Daniel **BROOKS**, Feb. 2, 1764	2	102
Elizabeth, of Middletown, m. John **CROFFOARD**, late of Philadelphia, Mar. 1, 1770	2	111
Emily, d. [Elisha & Mary], b. 5th of 5th mo., 1807	2	104
Emily, of Middletown, m. Curtis **DeFOREST**, of Woodbury, Conn., Oct. 27, 1827, by rev. Heman Bangs	3	282
Emily T., d. of Jonathan, of Middletown, m. Cha[rle]s Ja[me]s **STEDMAN**, of Norwich, May 17, 1852, by rev. Ja[me]s B. Crane	4	257
Emily Tracy, d. [Jonathan, Jr. & Maria], B. Mar. 26, 1821	3	72
Est[h]er, d. Giles & Katharine, b. July 4, 1762	2	179
Eunice, d. Jno. & Eunice, b. July 23, 1730; d. [ ]	1	36
Eunice, d. John & Rachel, b. Sept. 12, 1756	2	183
Eunice, of New Hartford, m. Sherman **IVES**, of Middletown, Mar. 15, 1826, by Rev. E. Washburn	3	223
Everett, s. [Duane & Cynthia], b. Jan. 24, 1859	4	15
Ezekiel, s. Sam[ue]ll & Eliz[abet]h, b. Oct. 16, 1739	1	34
Ezekiel, m. Rebeckah **ALLIN**, May 17, 1769	2	29
Fred[eric]k, m. Mehitable A. **HARRIS**, June 26, 1836, by Rev. John R. Crane	3	422
Gabert, s. Duane, bookseller, ae 25, & Cynthia, ae 34, b. Oct. 10, 1848	4	98-9
Gaybert, [s. Duane & Cynthia], b. Oct. 10, 1848	4	15
George, [s. John & Rachel], b. [ ]	2	183
Gershom s. Maybe & Elizabeth, b. Sept. 13, 1705	LR1	3
Gideon, s. [Solomon & Jerusha], b. Mar. 4, 1779	2	68
Giles, s. Sam[ue]ll & Eliz[abet]h, b. Jan. 24, 1742	1	34
Giles, m. Katharine **STOW**, Nov. 11, 1761	2	179
Giles, s. Giles & Katharine, b. July 12, 1771	2	179
Hannah, m. Joseph **STORER**, June 20, 1752	2	202
Hannah, d. Giles & Katharine, b. Oct. 7, 1772	2	179
Hannah, d. [Oliver & Hannah, b. Aug. 26, 1797	2	143
Henry Ward, s. [Jonathan, Jr. & Marie], b. Feb. 10, 1830	3	72
Hinda, d. [Duane & Cynthia], b. June 13, 1839	4	15
Huldah, of Farmington, m. William **WILLCOX**, of Middletown,		

MIDDLETOWN VITAL RECORDS 41

	Vol.	Page
BARNES, (cont.)		
Feb. 24, 1773	2	78
Isaac, s. Eben[eze]r & Mehittabel, b. Oct. 9, 1728	1	32
Isaac, s. Tho[ma]s & Sibbel, b. Nov. 21, 1776	2	237
Ithamer, s. [Jabez & Martha], b. May [ ], 1776	2	3
Jabez, s. Jno. & Eunice, b. Jan. 15, 1734/5	1	36
Jabez, m. Martha **ADKINS**, Mar. 22, 1757	2	3
Jabez, m. Martha **ADKINS**, Mar. 23, 1758, by Mr. Ichabod Camp	2	76
Jairus H., of New Hartford, m. Lorinda **BUTLER**, of Middletown, Sept. 9, 1838, by Rev. Robert McEwen	3	432
Jane H., m. Rev. Elisha C. **JONES**, of Southington, Apr. 17, 1844, by Rev. John R. Crane	3	514
Jane Randolph, d. Jon[atha]n, Jr. & Maria, b. Mar. 17, 1820	3	72
Jemima, [twin with Jerusha], d. [Nath[anie]ll & Hannah], b. Feb. 17, 1719/20	LR2	25
Jemima, m. Solomon **HUBBARD**, July 13, 1743	1	132
Jemima, d. Eli & Patience, b. Dec. 9, 1780	2	193
Jeremiah, of Granville, m. Martha **CAMP**, of Middletown, Oct. 16, 1828, by Rev. Josiah Bowen	3	140
Jerusha, [twin with Jemima], d. [Nath[anie]ll & Hannah], b. Feb. 17, 1719/20	LR2	25
John, m. Eunice **TRYON**, Aug. 18, 1726	1	36
John, s. Jno. & Eunice, b. Nov. 22, 1726	1	36
John, m. Rachel **STOW**, Oct. 11, 1750	2	183
John, s. John & Rachel, b. June 4, 1753	2	183
John, s. [[Jabez & Martha], b. Dec. 18, 1767	2	3
John, 2d, [s. John & Rachel, b.]	2	183
John Alexander, s. Samuel & Angeline, b. July 4, [1848]	4	60-1
Jonathan, s. Nath[anie]ll & Hannah, b. Jan. 27, 1715/16; d. Feb. 25, 1715/16	LR2	25
Jonathan, s. Tho[ma]s & Mary, b. June 16, 1734	1	28
Jonathan, s. Tho[ma]s & Mary, d. Sept. 13, 1758	1	28
Jonathan, s. John & Rachel, b. Apr. 2, 1760	2	183
Jon[atha]n, Jr., m. Maria W. **TRACY**, Apr. 29, 1819	3	72
Jon[atha]n Ebenezer, s. [Jonathan, Jr. & Maria], b. Mar. 8, 1828	3	72
Jonathan S., s. [Tho[ma]s & Sibbel], b. Aug. 12, 1786	2	237
Joseph, s. Maybe & Elizabeth, b. Aug. 15, 1702	LR1	3
Joseph, s. Joseph & Abigail, b. Apr. 2, 1742	1	53
Joseph, m. Abigail **HALE**, Aug. 25, 1750* (*1730)	1	53
Joseph, m. Abigail **LUCAS**, June 6, 1751	1	53
Joseph, Jr., m. Thankfull **WARD**, Nov. 16, 1769	2	189
Joseph, sr., d. Apr. 13 1774	1	53
Joseph, s. Jos[eph]] & Thankful, b. Mar. 30, 1774	2	189
Joseph, d. [ ]; was bd. Dec. 30, 1776, coming from captivity from New York on Loisland	2	189
Juda, d. [Duane & Cynthia], b. Oct. 25, 1854	4	15
Kilmeny, d. [Duane & Cynthia], b. Sept. 17, 1852	4	15
Levi, s. [Jabez & Martha], b. May [ ], 1778	2	3
Lillian, d. [Duane & Cynthia], b. Aug. 20, 1844; d. Sept. 3, 1845	4	15
Llewellyn, s. [Duane & Cynthia], b. Aug. 29, 1836	4	15
Lois, d. Sam[eu]ll & Eliz[abet]h, b. Feb. 13, 1745/6	1	34
Lois, d. Giles & Katharine, b. June 12, 1775	2	179

BARBOUR COLLECTION

	Vol.	Page
BARNES, (cont.)		
Lucetta, m. Alfred **CORNWELL**, b. of Middletown, Feb. 11, 1841, by Rev. D. C. Haynes	3	483
Lucretia, m. Demos **COTTON**, Feb. 15, 1836, by rev. John R. Crane	3	419
Lucy, d. Giles & Katharine, b. May 31, 1770	2	179
Lucy G., of Middletown, m. Russell E. **TIBBALLS**, of Chatham, June 16, 1841, by Rev. Stephen Alonzo Loper	3	476
Maria E., ae 25, b. in Middletown, m. Joseph V. **BROWN**, lawyer, ae 30, b. in Ohio, res, Detroit, Dec. 26, 1850, by Rev. J. R. Crane	4	200-1
Maria Eliza, d. [Jonathan, Jr. & Maria], b. Dec. 7, 1823	3	72
Maria Eliza, d. of Jonathan, Middletown, m. Joseph Venen **BROWN**, of Mich., Dec. 26, 1850, by Rev. John R. Crane	4	179
Marilla, d. [Duane & Cynthia], b. June 22, 1835	4	15
Martha, of East Hampton, m. Israel **WILCOX**, of Middletown, Apr. 4, 1749	2	285
Martha, d. [Jabez & Martha], b. Apr. 26, 1770	2	3
Martha, Jr., m. Bliss **LEE**, Mar. 10, 1796	2	289
Martha, ae 24, of Durham, m. William **WARNER**, painter, ae 26, b. in Middletown, res. Durham, June [ ], 1850, by Rev. M. S. Scudder	4	168-9
Martha Jane, of Durham, m. William **WARNER**, of Middletown, June 28, 1850, by Rev. Moses L. Scudder	4	182
Mary, m. Samuell **BEDWELL**, Dec. 2, 1715	LR2	13
Mary, m. Thomas **BERNS**, b.of Middletown, June 16, 1727, by James Wells, at Haddam	1	28
Mary, d. Tho[ma]s & Mary, b. Jan. 21, 1745	1	28
Mary, w. of Elisha, d. 19th of 2nd mo., 1809	2	104
Mary, of Middletown, m. Elisha **LADD**, of Marlborough, May 6, 1827, by Rev. John R. Crane	3	271
Mary Ann, d. [Elisha & Mary], b. 18th of 6th mo., 1805	2	104
Mary M., m. Lucius **BIDWELL**, b. of Middletown, Sept. 13, 1829, by Rev. John Cookson	3	339
Maybe, m. Elizabeth **STOW**, Nov. 19, 1691	LR1	3
Maybe, d. Mar. 6, 1748/9	LR1	3
Mehitabel, m. Benjamin **SMITH**, Jan. 29, 1761	2	121
Mehetable, d. Jos[eph]] & Thankful, b. Feb. 9, 1770	2	189
Mehetable A., d. May 21, 1848, ae 37	4	70-1
Nathaniell, s. Maybe & Elizabeth, b. Dec. 5, 1691	LR1	3
Nathaniel, of Middletown, m. Hannah **GAININGS**, of Windham, Oct. 29, 1712, by Sam[ue]ll Whiteing,, of Windham	LR2	25
Nathaniel, s. Nath[anie]ll & Hannah, b. Mar. 10, 1713/14	LR2	25
Nathaniel, s. Tho[ma]s & Mary, b. Feb. 12, 1740/41	1	28
Nathaniel, s. Thomas & Sibbel, b. Oct. 10, 1774	2	237
Nehemiah, s. Joseph & Abigail, b. Aug. 18, 1744	1	53
Niar, s. [Duane & Frances], b. Feb. 14, 1873	4	15
Oliver, s. John & Rachel, b. June 28, 1773	2	183
Oliver, m. Hannah **DRIGGS**, Apr. 4, 1794	2	143
Oliver, s. Oliver & Hannah, b. May 1, 1794	2	143
Rachel, d. John & Rachel, b. July 16, 1751	2	183
Ransom, m. Jane **PETTIT**, Nov. 25, 1838, by Rev. John R. Crane	3	452

MIDDLETOWN VITAL RECORDS 43

	Vol.	Page
BARNES, (cont.)		
Reon, s. [Duane & Cynthia], b. Dec. 9, 1845	4	15
Reuben, [s. John & Rachel}, b. [ ]	2	183
Reuben G., m. Chloe **BEACH**, b. of Middletown, Sept. 27, 1835, by Rev. John Cookson	3	417
Rhoda, d. Eben[eze]r & Mehittabel, b. Mar. 20, 1733/4	1	32
Rhoda, d. Solomon & Jerusha, b. Mar. 26, 1769	2	68
Rhoda, d. Amos & Abigail, b. Jan. 24, 1772	2	139
Rhoda, m. Remembrance Simmons **KENT**, Nov. 1, 1798, [by] Rev. E. Huntington	2	122
Rhoda, m. Calvin **HALL**, Apr. 8, 1800	3	10
Rich[ar]d Edward, s. Eleazer & Clarissa, b. Nov. 3, 1805	2	131
Ruth, d. Joseph & Abigail, b. Dec. 28, 1730	1	53
Ruth, of Middletown, m. Nathaniel **HUBBARD**, of Bedford, Feb. 12, 1752	2	240
Sally G., m. John **BLISS**, May 3, 1814, by Rev. Dan Huntington	3	27
Samuell, s. Maybe & Elizabeth, b. July 8, 1695	LR1	3
Samuel, m. Elizabeth **MILLER**, Jan. 11, 1727/8	1	34
Samuel, s. Sam[ue]ll & Elizabeth, b. Dec. 25, 1735	1	34
Samuel, s. Giles & Katharine, b. Sept. 15, 1768	2	179
Sam[ue]l D., m. Angeline **BARNES**, b. of Middletown, Mar. 29, 1835, by Rev. John Cookson	3	406
Sarah, d. John & Rachel, b. Aug. 15, 1758; d. Oct. 4, 1758	2	183
Sarah, d. Giles & Katharine, b. Dec. 26, 1765	2	179
Sarah, s. of Amos, formerly wid. of [ ]**CROWEL**, d. July 7, 1770	2	139
Sarah, m. Samuel **STARR**, Apr. 11, 1789	2	249
Sarah, m. Jesse Street **PECK**, June [ ], 1790	2	111
Sarah, 2d, [d. John & Rachel, b. [ ]	2	188
Shamgar, d. Dec. 13, 1750	LR1	3
Simeon Hale, s. Solomon & Jerusha, b. May 14, 1773	2	68
Simon, s. Thomas & Mary, b. Aug. 22, 1728	1	28
Solomon, s. Thomas & Mary, b. July 6, 1732	1	28
Solomon, m. Jerusha **HALE**, Jan. 28, 1768	2	68
Solomon Stow, s. Solomon & Jerusha, b. June 14, 1776	2	68
Stephen, s. Giles & Katharine, b. Feb. 3, 1777	2	179
Susannah, d. Nath[anie]ll & Hannah, b. Feb. 22, 1716/17	LR2	25
Sibbel, d. [Tho[ma]s & Sibbel], b. [ ]	2	237
Thankfull, d. Tho[ma]s & Mary, b. June 14, 1730	1	28
Thankfull, m. Beriah **HIGGINS**, Jr. Aug. 17, 1749	2	345
Thankful, d. Jos[eph]] & Thankful, b. Feb. 16, 1772	2	189
Thankful, w. of Joseph, d. Sept. 2, 1776	2	189
Thomas, Sr., d. June 10, 1691	LR1	3
Thomas, s. Maybe & Elizabeth, b. May 21, 1700	LR1	3
Thomas, m. Mary **BARNS**, b. of Middletown, June 16, 1727, by James Wells, at Haddam	1	28
Thomas, s. Tho[ma]s & Mary, b. Feb. 17, 1743	1	28
Thomas, m. Sibbel **ADKINS**, Feb. 17, 1772	2	237
Timothy, s. Joseph & Abigail, b. July 6, 1752; d. June 28, 1755	1	53
Unade, d. [Duane & Frances], b. May 22, 1884	4	15
Urban, s. [Duane & Frances], by Sept. 19, 1870	4	15
William, s. John & Rachel, b. May 23, 1762	2	183

	Vol.	Page
BARNES, (cont.)		
William, of Leyden, N.Y., m. Sarah **LUCAS**, of Middletown, [May] 18, [1824], by Rev. James Noyes	3	395
W[illia]m H., of Middletown, m. Elizabeth **MORSE**, of Wallingford, Mar. 4, 1849, by Rev. Z. N. Lewis	4	83
W[illia]m H., shoemaker, ae 23, b. in New Haven, res. Middletown, m. Elizabeth **MORSE**, factory, ae 21, b. in Wallingford, res. Middletown, Mar. 4, 1849, by Z. N. Lewis	4	118-9
Zadel, d. [Duane & Cynthia], b. Mar. 9, 1841	4	15
—, s. Jabez & Martha, b. [ ]; d. [ ]26, [ ]	2	3
BARNEY, Eliza, m. Samuel **PENFIELD**, Mar. 2, 1846, by Rev. W. G. Howard	3	544
BARR, Alpha, of Haddam, m. Jonathan **SMITH**, of Middletown, Mar. 8, 1827, by Rev. E. Washburn	3	264
Osias, of Berlin, m. Eunice **BERDON**, June 20, 1821, by Rev. Joshua L. Williams	3	68
BARRETT, BARRATT, Elizabeth, d. John & Eliz[abet]h, b. Aug. 10, 1758	2	66
George, s. George, laborer, ae 30, & Eliza, ae 30, b. Mar. 26,1850	4	150-1
John, s. John & Eliz[abet]h, b. Aug. 16, 1756	2	66
Joseph, s. George, quarryman, ae 40, & Elizabeth, ae 30, b. Sept. 1, 1847	4	42-3
Joseph, d. Mar. 8, 1849, ae 18 m.	4	128-9
Margaret, m. James **PATTERSON**, Aug. 8, 1847, by Rev. James Floy	4	13
Margaret, domestic, ae 26, b. in Queen's Co., Ireland, res. Middletown, m. James **PATTERSON**, quarryman, ae 20, b. in Dunn Co., Ireland, res. Middletown, Aug. 8, 1847, by Rev. James Floy	4	62-3
BARRO, [see also **BARROWS**], Hope, m. Ephraim* **PHILLIPS**, Sept. 29, 17[ ] (*George)	LR2	13
BARROWS, [see also **BARRO**], George E., of Mansfield, m. Abigail **COOLEY**, of Middletown, Oct. 10, 1830, by Rev. Thomas Branch	3	355
BARRY, Catharine, m. Edward **LYNCH**, Nov. 12, 1848, by John Brady	4	79
Catharine, m. Edward **LYNCH**, laborer, both b. in Ireland, Nov. 30, 1848, by Rev. John Brady	4	122-3
Catharine, m. William **GLEASON**, Dec. 10, 1854, by Rev. Jno. Brady	4	275
Eliza, m. James **FLYNN**, Feb. 24, 1852, by Rev. Jno. Brady	4	211
Eliza, m. Edmund **HERTNET**, Mar. 22, 1853, by Rev. Jno.Brady	4	235
Eliza, m. Edmund **HERTNET**, Apr. 22, 1853, by Rev. Jno.Brady	4	236
George, b. in Middle Haddam, res. Middletown, d. Nov. 5, 1848, ae 3 y.	4	128-9
James, m. Mary **BARRY**, June 13, 1847, by Rev. John Brady	4	9
James, m. Margaret **SARSFIELD**, June 25, 1854, by Rev. Jno. Brady	4	268
John, m. Sarah Ann **WELDON**, May 5, 1846, by Rev. Andrew L. Stone	3	550
John, m. Hannah **RYAN**, Nov. 22, 1852, by Rev. John Brady	4	224
Julia, d. James, laborer, ae 35, & Mary, ae 30, b. Mar. 28, 1849	4	98-9

	Vol.	Page
BARRY, (cont.)		
Julia, m. George **COLEMAN,** Oct. 19, 1851, by Rev. Jno. Brady	4	192
Margaret, m. Jno. **DALEY,** Feb. 22, 1852, by Rev. Jno. Brady	4	211
Margaret, m. James **TROYNE**(?), Oct. 20, 1853, by Rev. Jno. Brady	4	242
Mary, m. James **BARRY,** June 13, 1847, by Rev. John Brady	4	9
Mary, m. Michael **GORMAN,** Jan. 24, 1858, by Rev. Jno. Brady	4	229
Mary, m. Patrick **CROWLEY,** Feb. 27, 1854, by Rev. Jno. Brady	4	265
Patrick, m. Margaret **TRENY,** June 13, 1847 by Rev. John Brady	4	9
Patrick, m. Eliza **BRANSFIELD,** Feb. 9, 1853, by Rev.Jno.Brady	4	229
Thomas, m. Eliza **MURPHY,** Nov. 19, 1848, by John Barry	4	79
Thomas, laborer, m Eliza **MURPHY,** both b. in Ireland, Nov. 30, 1848, by Rev. John Brady	4	122-3
Thomas, m. May **AHERN,** Feb. 8, 1853, by Rev. Jno. Brady	4	229
William, m. Bridget **LAWTON,** Oct. 6, 1850, by Rev.John Brady	4	148
William, m. Ellen **BERRY,** Feb. 6, 1853, by Rev. Jno. Brady	4	229
BARTHOLOMEW, BARTHOLOMEW, Rachel R., of Sheffield, m. William **PLATT,** of Middletown, Nov. 12, 1826, by Rev. John R. Dodge	3	253
W[illia]m, m. Ruth **STAFFORD,** b. of Farmington, Jan. 30, 1825, by Rev. Josiah Bowen	3	193
BARTIS, John, of New Haven, m. Anna **GILBERT,** of Middletown, Sept. 29, 1823, by Rev. John R. Crane	3	134
BARTLETT, BAITLET, Abigail, d. John & Mary, b. Mar. 15, 1745	1	108
Abigail, d. [James & Temperance], b. Feb. 14, 1778	2	292
Ann, of Guilford, m. Thomas **ROGERS,** Jr., of Middletown, June 21, 1744	2	63
Elizabeth, m. Samuel **ROBBERDS,** 2d, [ ]	2	127
Ephraim, s. John & Mary, b. Aug. 2, 1749	1	108
Ephraim, s. James & Temperance, b. Apr. 30, 1776	2	292
Eph[rai]m, in a letter written at Canaan Oct. 27, 1802, stated that his brother James **BARTLETT,** s. of James & Temperance, was born Sept. 24, 1781	2	293
Hannah, d. John & Mary, b. Aug. 10, 1742	1	108
Hannah, wid., d. Feb. 8, 1753	1	108
Hannah, m. Gershom **BIRDSEYE,** Nov. 12, 1771	2	203
Harriet, of Middletown, m. W[illia]m A. **BRAMAN,** pastor, of Northampton, Mass., Sept. 17,1844,by Rev. Joseph Holdich	3	522
James, s. Jno. & Mary, b. May 29, 1754	1	108
James, m. Temperance **SCHELLEUX,** Mar. 22, 1773	2	292
James, s. [James & Temperance], b. Sept. 24, 1780* (*Changed to "Sept. 24, 1781" by request of Ephraim **BARTLETT**)	2	292
	1	80
Jemima, d. Moses & Lydia, b. Sept. 30, 1737		
John, of Middletown, m. Mary **BENTON,** of Glastonbury, Dec. 14, 1738	1	108
John, s. Josiah & Anna, b. Sept. 6, 1743	1	24
John, s. John & Mary, b. May 5, 1747	1	108
Josiah, s. Josiah & Anna, b. Dec. 12, 1740	1	24
Lydia, d. Moses & Lydia, b. Feb. 22, 1735/6	1	80
Mary, d. John & Mary, Aug. 2, 1740	1	108
Mary, m. Nath[anie]ll **BACON,** 2d, Aug. 21, 1760	2	38
Mary, m. Sam[ue]ll **GRIFFIN,** Jr. Jan. 22, 1761	2	233

	Vol.	Page
BARTLETT, (cont.)		
Mary, m. Ulysses **CHAPMAN**, Aug. 8, 1843, by Rev. Edwin E. Griswold	3	504
Matthew B., of Hartford, m. Mary C. **TATE**, d. of W[illia]m M. & Mary C., of Middletown, Sept. 16, 1851, by Rev. Jno. Morrison Reid	4	217
Moses, Rev., m. Lydia **FISK**, Jan. 8, 1734/5	1	80
Moses, s. Moses & Lydia, b. Feb. 3, 1739/40	1	80
Moses, Dr., m. Mary **COOPER**, Feb. 18, 1757	2	69
Sarah, d. Josiah & Anna, b. May 2, 1748	1	24
Temperance, d. [James & Temperance}, b. Nov. 20, 1784	2	292
Thomas, s. Josiah & Anna, b. Sept. 3, 1745	1	24
Will[ia]m, d. Oct. 10, 1741	1	108
-----, s. [James & Temperance], b. May 16, 1783; d. Soon after	2	292
BARTON, Junia, m. Jesse **CAPLES**, b. of Middletown, May 5, 1824, by Eli Coe, J.P.	3	168
BASSELL, BASSEL, BASEL, [see also **BASSETT**], Charles, s. Henry & Content, b. Dec. 25, 1740	1	91
Content, d. Henry & content, b. Apr. 25, 1743	1	91
Content, of Middletown, m. James **RICHARDSON**, of North Britain, June 5, 1763, by Rev. Enoch Huntington	2	95
David, s. Henry & content, b. Sept. 11, 1744	2	91
Henry, m. Centent **COLE**, Aug. 26, 1736, by Rev. Will[ia]m Russell	1	91
Henry, s. Henry & content, b. Feb. 16, 1738/9	1	91
John, s. Henry & Content, b. Nov. 1, 1748	1	91
Mary, d. Henry & Content, b. May 16, 1737	1	91
Mary d. Henry & Content, d. May 19, 1740	1	91
Thomas, s. Henry & Content, b. Feb. 5, 1752	1	91
BASSETT, BASSET, BASSIT, [see also **BASSELL**], John, m. Bethiah **GOFF**, Sept. 5, 1771	2	138
Marcy, of New Haven, m. Benjamin **MILLER**, of Middletown, [ ]	LR1	28
Mary Major, d. Jno. & Bethiah, b. Feb. 28, 1772	2	138
Rebeckah, of New Haven, m. William **WHITMORE**, of Middletown, Apr. 8, 1714	LR2	28
BATEMAN, Ann, m. John **DALY**, Jan.. 20, 1850, by Rev. John Brady	4	138
BATES, Abner, s. Job & Faith, b. May 8, 1759	2	329
Bette, d. Job & Faith, b. Dec. 5, 1750	2	329
David, s. Job & Faith, b. June 24, 1754	2	329
Hannah, d. Job & faith, b. Oct. 1, 1749; d. Nov. 26, 1749	2	329
Hanson R., s. Anson & Sabra(?), of East Haddam, m. Harriet M. **STEVENS**, d. of Nathaniel, of Rocky Hill, Oct. 28, 1849, by Rev. B. N. Leach	4	93
Job, m. Faith **DOTY**, b. of Wareham, Oct. 15, 1747	2	329
Joseph, s. Clement & Mary, b. Apr. 9, 1732	LR2	6
Joseph, m. Mary **FOSTER**, Feb. 20, 1754	2	343
Joseph, s. Joseph & Mary, b. Feb. 23, 1755	2	343
Mary, w. of Clement, & d. of Benoni **HORTON** & his w. Mary, d. Apr. 11, 1732	LR2	6
Samuel, s. Job & Faith, b. July 8, 1756	2	329
Sylvester, m. Almyra **DUNHAM**, [Jan.] 20, 1828, by Rev. E. R		

MIDDLETOWN VITAL RECORDS   47

	Vol.	Page
BATES, (cont.)		
Tyler	3	294
William, m. Adeline **MAY**, b. of Middletown, Jan. 1, 1839, by Rev. John Cookson	3	456
BATESFORD, Isaac, of Berlin, m. Melissa H. **PORTER,** of Middletown, Nov. 12, [1821], by Rev. Royal Robbins, of Berlin	3	75
BAXTER, Polle Hillborn, alias **INGRAHAM,** d. Hannah, b. June 2, 1774	2	159
Rebeckah, alias **INGRAHAM,** d. Hannah, b. Nov. 7, 1771	2	159
Sally, alias **INGRAHAM,** d. Hannah, b. Mar. 6, 1766	2	159
BEABY, [see under **BEEBE**]		
BEACH, Abiah, of Middletown, m. Benjamin A. **FAY,** of Sturbridge, Mass., [Sept.] 25, [1836], by Stephen Topliff	3	425
Chloe, of New Haven, m. Joseph **DRIGGS,** Jr., of Middletown, Aug. 26, 1772	2	288
Chloe, m. Reuben C. **BARNES,** b. of Middletown, Sept. 27, 1835, by Rev. John Cookson	3	417
Elijah, m. Lucy S. **RILEY,** May 29, 1842	3	22
Frederick W., s. John M., tinner, ae 24, of Meriden, & Helen M., ae 21, b. June 29, 1848	4	58-9
Harriet A., m. Will[ia]m D. **JOHNSON,** [May] 13, [1832], by Rev. E. R. Tyler	3	368
Henry Harriss, s. Elijah & Lucy S., b. Dec. 18, 1843	3	22
Hunn Carrington, of New York, m. Mary Charlotte **DeKOVEN,** of Middletown, Aug. 10, 1836, by Rev. Smith Pyne	3	424
Jane, d. Oct. 12, 1849, ae 24	4	170-1
John M., m. Helen M. **KIMBALL,** Aug. 18, 1847, by Rev. James D. Moore	4	21
John M., tinner ae 24, of Meriden, m. Helen M. **KIMBALL,** ae 21, b. In Middletown, res. Meriden, Aug. 17, 1848, by James D. Moore	4	66-7
Josiah H., m. Sophia A. **BEACH,** Apr. 12, 1832, by Rev. John R. Crane	3	367
Laura, of Mereden, m. Benjamin E. **LUCAS,** of Middletown, Oct. 25, 1846, by Rev. W. G. Howard	3	555
Martha, m. Samuel **CANARY,** Nov. 10, 1791	2	319
Phila S., m. James J. **PIERCE,** July 27, 1825, by Rev. John r. Crane	3	205
Sophia A., m. Josiah H. **BEACH,** Apr. 12, 1832, by Rev. John R. Crane	3	367
Warren P., of Mereden, m. Maria H. **FENN,** of Middletown, Apr. 27, 1845, by Rev. W. G. Howard	3	537
William H., m. Sophia M. **TOMPKINS,** b. of Mereden, Jan. 27, 1845, by Rev. James D. Moore	4	28
BEACHER, Eunice F., m. Ransom **IVES,** Jr., b. of Middletown, Nov. 21, 1830, by Rev. John Cookson	3	359
BEADLE, BEEDLE, Eunice, m. Daniel **WARD,** Nov. 6, 1729	2	185
Lois, m. Samuel **ANDREWS,** Feb. 20, 1728/9	1	46
BEAMONT, [see also **BEAUMONT** and **BEMENT**], Mary E., of Middletown, m. Sylvester **GRISWOLD,** of Rocky Hill,		

	Vol.	Page
BEAMONT, (cont.)		
Nov. 18, 1846, by Rev. Zebulon Crocker	3	557
BEARDSLEY, Hannah, of Stratford, m. Daniel **BACON,** Of Middletown, Oct. 12, 1736	1	93
BEATH, Ellen, ae 26, b. in Boston, now of Middletown, m. Benjamin **GRAVES,** ae 55, b. in Haddam, now of Middletown, [Dec.] 5, 1854, by J. B. Merwin	4	255
BEATTIE, Mary, m. Thomas **FANNING,** Oct. 22, 1848, by John Brady	4	79
Mary, m. Thomas **FENNING,** laborer, both b. in Ireland, Nov. 30, 1848, by Rev. John Brady	4	122-3
BEAUMONT, [see also **BEAMONT**], Edmund B., m. Ruth R. **WHITE,** Sept. 19, 1829, by Rev. Zebulon Crocker	3	461
Flora Ann, m. Robert S. **SAGE,** Mar. 28, 1838, by Rev. Zebulon Crocker	3	445
William, of Bradford, Pa., m. Mary **DAVENPORT,** of Olney, Eng., Apr. 16, 1854, by Rev. E. L. Janes	4	250
BECKLEY, Achsah, of Weathersfield, m. Abijah **HUBBARD,** of Middletown, Dec. 20, 1764	2	219
Ann, m. Will[ia]m **WARNER,** June 13, 1843, by Rev. Edwin E. Griswold	3	504
Lewis, of Berlin, m Roxanna **TRYON,** d. of Elijah, of Middletown, Apr. 30, 1849, by Rev. Z. N. Lewis	4	84
Lewis, manufacturer's helper, ae 24, b. in Berlin, res. Middletown, M. Roxanna **TRYON,** manufacturer's helper, ae 18, of Middletown, Apr. 30, [1848 or 9], by Rev. Lewis	4	124-5
Lois, m. Peat **GALPEN,** Nov. 15, 1753	2	164
Martha, m. John **SAVAGE,** Jr., Aug. 4, 1743	1	129
Rebeckah, m. Caleb **GALPEN,** Dec. 7, 1752	2	79
Sarah, m. Rich[ar]d **HUBBARD,** Apr. 28, 1748	1	88
Theodore, of Berlin, m. Eliza **BERDEN,** of Middletown, Oct. 20, 1823, by Rev. Fred[eric]k Wightman	3	136
BECKWITH, Elizabeth, of Lyme, m. Abraham **DOOLITTLE,** Mar. 16, 1780	2	200
Josiah, m. Elizabeth **POST,** b. of Middletown, Aug. 25, 1824, by Joshua L. Williams, V.D.M.	3	187
Mary, d. Aug. 8, 1847, ae 83	4	72-3
Samuel, of Hartford, m. Mrs. Mary **RANNEY,** of Middletown, Mar. 23, 1830, by Rev. Frederick Wightman	3	347
BEDWELL, [see under **BIDWELL**]		
BEEBE, BEABY, BEEBEE, Dorit[h]y, of Haddam, m. Jonathan **SMITH,** Jr., June 22, 17[ ]	LR2	Ind-3
Elizabeth C., d. J. C., hockster, ae 39, & Eliza, ae 35, b. Apr. 21, 1851	4	194-5
Henry C., s. James C., merchant, ae 35, & Elizabeth K., ae 32, b. Mar. 14, 1848	4	44-5
Joseph R., m. Sophronia **KELSEY,** b. of Middletown, [Apr.] 28, [1847], by Rev. T. P. Abell	3	560
Josephine A., d. J. R. \, Britannia ware mfg., ae 30, & Sophronia, ae 24, b. Feb. 12, 1849	4	98-9
Maria, of Saybrock, m. Hamet **ACMIT,** of Middletown, Oct. 28, 1827, by Rev. Heman Bangs	2	367

	Vol.	Page

BEEBE, (cont.)
Oliver B., of Stowe, O., m. Sarah Ann **BABCOCK**, of
   Middletown, Sept. 30, 1832, by Rev. Fitch Reed   3   373
Sarah, ae 28, of Middletown, m. John E. **LEONARD**, bleacher, ae
   24, b. In Mass., res. Middletown, Dec. 31, 1849, by Rev. B.
   N. Leach   4   166-7
Sarah A., d. of Chauncey, of Middletwon, m. John E. **LEONARD**,
   of Foxborough, Mass, Dec. 31, 1849, by Rev. B. N. Leach   4   97
Winfield, s. J. H., pewterer, ae 33, & Sophronia, ae 28, b. Feb. 11,
   1851   4   198-9

BEEDLE, [see under **BEADLE**]

BEERS, Harriet, m. William **WARNER**, b. of Middletown, Dec. 11,
   1820, by Rev. Eli Ball   3   45
Henry, of Granville, Mass. M. Elmira **HERRICK**, of
   Wallingford, Nov. 29, 1854, by Rev. Francis Dyer   4   259
Henry, of Granville, Mass., m. Elmira **HERRICK**, of
   Wallingford, Conn., Nov. 29, 1854, by Rev. Francis Dyer   4   161
Laura E., m. Hiram **HALL**, b. of Middletown, July 1, 1845, by
   Rev. James f. Dickinson   3   533
Sarah, m. James **JONES**, Oct. 16, 1786, in Stratford   2   328

BELDEN, BELDING, Alice H., d. Seebury, block and spar marker, ae
   32, & Celestia, ae 27, b. Oct. 19, 1848   4   98-9
Asher, m. Mrs. Sarah **COLE**, b. of Middletown, Jan. 10, 1830, by
   Rev. Fred[eric]k Wightman   3   343
Celestia M., of Weathersfield, m. Moses **BURR**, of Haddam, Feb.
   27, 1831, by Rev. Thomas Burch   3   360
David, s. Stephen & Obedience, b. Oct. 18, 1734   1   72
Ebenezer, d. Oct. 28, 1752   2   58
Eliza, of Middletown, m. Otis **BOWERS**, of Chatham, Jan. 1,
   1832, by Rev. Fred[eric]k Wightman   3   367
Eliz[abet]h, of Wethersfield, m. Jonathan **BURR**, of Middletown,
   Oct. 29, 1740   1   127
Elvira E., d. Benj[amin], blockmaker, & Maria, b. June 9, 1851   4   200-1
Emeline, m. Ezra **SAGE**, b. of Middletown, Feb. 21, 1847, by
   Rev. Zebulon Crocker   3   558
Harriet Louisa, d. Nelson, mechanic, ae 21, & Harriet, ae 18, b.
   May 20, 1848   4   46-7
Harriet S., of Middletown, m. Timolon **BULLARD**, of Cheshire,
   Feb. 5, 1827, by Joshua L. Williams, V.D.M.   3   261
James, m. Anna Maria **MORGAN**, b. Of Middletown, Oct. 29,
   1828, by Rev. Fred[eric]k Wightman   3   317
James, m. Laura **MATHER**, Oct. 8, 1851, by Rev. Jno. Morrison
   Reid   4   217
Josiah, of Mereden, m. Mrs. Clarissa **BAILEY**, of Middletown,
   Apr. 13, 1830, by Rev. John Cookson   3   348
Josiah, m. Louisa **KIMBALL**, May 23, 1835, by Rev. Rob[er]t
   McEwen   3   411
Laura, Mrs., m. John **WELSH**, b. of Middletown, Feb. 3, 1834, by
   Rev. John Cookson   3   392
Louisa, of Middletwon, m. Charles **BELL**, of Chatham, Jan. 24,
   1828, by Joshua L. Williams, V.D.M.   3   296
Lucretia, d. Timo[thy] & Abigail, b. Mar. 11, 1749/50   2   58

BARBOUR COLLECTION

	Vol.	Page
BELDEN, (cont.)		
Margaret, of Weathersfield, m. Solomon **STOW**, of Middletown, Dec. 9, 1736	1	93
Nancy, of Middletown, m. Timo[thy] **BUTLER**, of Berlin, Jan. 8, 1832, by Rev. Fred[eric]k Wightman	3	367
Russell S., d. Aug. 19, 1848, ae 2	4	128-9
Ruth, m. David **HURLBUT**, Jr., Apr. 6, 1736	1	134
Sarah, d. Timo[thy] & Abigail, b. June 4, 1748	2	58
Sarah, of Weathersfield, m Sam[ue]l **BUTLER**, of Middletown, Feb. 16, 1834, by Rev. B. Creagh	3	392
Sarah, of Middletown, m. Nathan R. **STEDMAN**, of Hartford, Sept. 18, 1837, by Rev. Zebulon Crocker	3	437
Sarah, d. Henry, farmer, ae 38, & Hannah, ae 36, b. Jan. 23, 1848	4	56-7
Seabury, of Middletown, m. Celestia **DICKINSON**, of Weathersfield, Dec. 5, 1839, by Rev. L. S. Everett	3	473
Simeon, s. Timo[thy] & Abigail, b. Sept. 19, 1746	2	58
Susan, m. John **STOCKING**, Jr., June 24, 1847, by Rev. Zebulon Crocker	4	10
Susan M., m. William S. **DUDLEY**, b. of Middletown, Dec. 24, 1838, by Rev. Elisha Andrews	3	455
Timothy, m. Abigail **HURLBUTT**, Mar. 4, 1746	2	58
-----, d. Henry, quarryman, & farmer, ae 40, & Hannah, ae 39, b. May 22, 1850	4	164-5
BELL, BELLE, Charles, of Chatham, m. Louisa **BELDEN**, of Middletown, Jan. 24, 1828, by Joshua L. Williams, V.D.M.	3	296
Eliza, of London, Eng., m. John **PRICE**, of Coblington, Eng., Apr. 20, 1834, by Rev. Smith Pyne	3	404
Eliza Jennet, m. Alomn P. **BAILEY**, b. of Middletown, Dec. 30, 1831, by Rev. Fitch Reed	3	366½
James B., farmer, ae 37, b. in Middletown, res. Westfield, m. 2d w. Esther P. **HORTON**, ae 17, of Wallingford, Aug. 8, [1848]	4	126-7
Jane, b. in Middletown, res. Westfield, d. May 13, 1849, ae 7 ½	4	1345
Mary, m. William **CORNWELL**, Nov. 30, 1670	LR1	36
Mary, m. Elisha **HUDSON**, Feb. 7, 1836, by Rev. John R. Crane	3	419
Sarah, b. In Southington, res Westfield, d. Apr. 28, 1849, ae 36	4	134-5
W[illia]m H., m. Elizabeth **HALL**, b. of Middletown, Aug. 23, 1838, by Rev. J. Goodwin	3	448
BELLE, [see under **BELL**]		
BELLOWS, Mary Ann, m. Marcus **BROCKWAY**, b. of Middletown, Oct. 2, 1831, by Rev. Fitch Reed	3	363
BEMAN, Aaron, d. Oct.[ ] 1847, ae 23 (black)	4	70-1
Charles Aaron, s. [Leverett & Clarissa M.] [ ]	3	439
Clarissa Ann, [d. Leverett & Clarissa M.[, b. Jan. 27, 1844	3	439
Emma, black, d. Feb. [ ], 1848, ae 8	4	70-1
Emma Elizabeth, d. [Leverett & Clarissa M.], b. Feb. 14 1840	3	439
Harriet A., d. Leverett C., shoemaker, colored, ae 40, & Mary, ae 35, b. Aug. 4, 1849	4	150-1
Harriet Isabella, d. Leverett, colored, shoemaker, ae 39, & Mary Ann, ae 34, b. Aug. 4, 1849	4	98-9
Jehiel Chapell, s. Leverett & Clarissa M., b. May 6, 1834	3	439
Lydia, m. George **WILLIAMS**, b. of Middletown, Dec. 15, 1833, by Rev. John Cookson	3	391

MIDDLETOWN VITAL RECORDS 51

	Vol.	Page
BEMAN, (cont.)		
Mary, black, d. Jan. [ ] 1848, ae 3	4	70-1
Nancy Maria, d. [Leverett & Clarissa M.], b. Sept. 2, 1836	3	439
BEMENT, [see also **BEAMONT**], Albert, d. Sept. 9, 1847, ae 2	4	68-9
John, s. Sam[ue]l & Keturah, b. Aug. 16, 1757	2	117
Sam[ue]l, m. Keturah **KILBORN**, Feb. 11, 1747/8	2	117
Samuel, s. Sam[ue]l & Keturah, b. Jan. 1, 1755	2	117
Sam[ue]l, d. Sept. 7, 1762	2	117
BEMIS, Alfred, s. Alfred, manufacturer, ae 29, & Marian a., ae 21, b. May 1, [1848]	4	48-9
Osmer, of Durham, m. Adah **BLAKE**, of Middletown, July 4, 1833, by Rev. John Cookson	3	383
BENEDICT, Abner, Rev., m. Lois **NORTH[R]UP**, Oct. 30, 1770	2	181
Abner, s. [Rev. A]bner] & Lois], b. Feb. 13, 1781	2	181
Anne, d. [Rev. A[bner] & Louis], b. July 15, 1778	2	181
Charles, of New Haven, m. Angeline **HAVENS**, of Middletown, Feb. 19, 1843, by Rev. Merrett Sanford	3	499
Joel Tyler, s. Rev. Abner & Lois, b. Sept. 5, 1772	2	203
Joel Tyler, s. Rev. A[bner] & Lois, b. Sept. 6, 1772	2	181
Luis, d. Rev. A[bner] & Lois, b. Jan. 28, 1776	2	181
BENHAN, Benj[ami]n Conkling, s. [Lemuel & Hannah], b. Apr. 6, 1810	3	48
Daniel Ranney, s. [Lemuel & Hannah], b. Mar. 7, 1813	3	48
Elias Palmer, s. [Lemuel & Hannah], b. July 30, 1805	3	48
Elizabeth H., m. Selah **GOODRICH**, Sept. 7, 1843, by Rev. Jno. R. Crane	3	504
Elizabeth Hall, d. Lemuel & Hannah, b. Feb. 3, 1802	3	48
Hannah, d. Feb. 3, 1848, ae 60	4	70-1
John Hall, s. [Lemuel & Hannah], b. Oct.20, 1811	3	48
Lemuel, m. Hannah **SOUTHMAYD**, Nov. 20, 1800	3	48
Margaret, m. Prentice **PENDLETON**, July 12, 1827, by Rev. John R. Crane	3	274
Margaret Southmayd, d. [Lemuel & Hannah, b. July 26, 1803	3	48
----, child of D.R., merchant tailor, ae 38, & Emile, ae 34, b. July 30, 1851	4	196-7
BENNAN, Harriet, m. Ezekiel **CAPLES**, b. of Middletown, [Feb.] 14, [1835], by Rev. James Noyes, Jr.	3	405
BENNET, BENNITT, Harriet A., d. Nov. 11, 1847, ae 4	4	70-1
Julia E., d. of Lar(?), m. Robert D. **FASSENDEN**, b. of Middletown, Nov. 25, 1852, by Rev. Jno. Morrison Reid	4	231
Laura, m. Eillis **BRADLEY**, Mar. 13, 1821, by Rev. Stephen Hayes, at Westfield, Middletown	3	49
Lucinda, of Southington, m. Francis **RICHMOND**, of Berlin, Nov. 16, 1826, by Rev. Fred[eric]k Wightman	3	255
Mary, m. Ebenezer **EGLESTON**, June 26, 1711	LR2	22
Olivia, of Southington, m. George **FINN**, of Watertown, Nov. 27, 1828, by Rev. Fred[eric]k Wightman	3	323
Peter N., m. Harriet N. **COPLEY**, Dec. 25, 1842, by Rev. Arthur Granger	3	499
Peter W., m. Jane M. **ATKINS**, d. of Thomas, of Middlefield, Apr. 19, 1849, by Rev. Joseph Holdrich	4	83
BENTON, Lewis, of Guilford, m. Abigail **WILCOX**, of Middletown,		

	Vol.	Page
BENTON, (cont.)		
Oct. 5, 1738	3	414
Mary, of Glastonbury, m. John **BARTLETT**, of Middletown, Dec. 14, 1738	1	108
BERDEN, BERSON, Eliza, of Middletown, m. Theodore **BECKLEY**, of Berlin, Oct. 20, 1823, by Rev. Frederick Wightman	3	136
Eunice, m. Osias **BARR**, of Berlin, June 20, 1821, of Middletown, Apr. 7, 1824, by Rev. John R. Crane	3	68
Hiram, m. Laura **STOW**, Oct. 3, 1824, by Rev. Stephen Hayes	3	176
Mary, of Weathersfield, m. William **BAILEY**, of Middletown, Apr. 7, 1824, by Rev. John R. Crane	3	155
BERGEN, Bridget, m. Peter **DOYLE**, Apr. 25, 1852, by Rev. Jno. Brady	4	219
Martine, m. Margaret **KEYES**, Nov. 15, 1847,byRev. John Brady	4	28
BERLIN, Martin, laborer, ae 30, b. in Queens Co., Ireland, res. Middletown, m. Margaret **KEYES**, ae 24, b. in Queens Co., Ireland, res. Middletown, Nov.15, 1847, by Rev.John Brady	4	62-3
BERRY, Ellen, m. William **BARRY**, Feb. 6, 1853, by Rev. Jno. Brady	4	229
Jno., m. Ellen **SHEE**, Nov. 29, 1851, by Rev. Jno. Brady	4	208
BETTERICK, John, m. Hannah **TRUEMOND**, b. of Middletown, Feb. 5, 1826, by Rev. E. Washburn	3	222
BEVIN, BEVENS, BEVINS, BEVEN, BIBINS, Abigail, d. Tho[ma]s & Martha, b. Mar. 3, 1710/11	LR2	7
Abigail, m. James **STANCLIFT**, Apr. 8, 174	LR2	26
Abegail, m. Samuel **EGALSTON**, Nov. 2, 1729	1	47
Abner, s. Benjamin & Sarah, b. July 7, 1757	2	82
Benjamin, s. Tho[ma]s & Martha, b. Sept. 1, 1721	LR2	7
Benjamin, m. Sarah **BANKS**, June 16, 1747	2	82
Benjamin, s. Benjamin & Sarah, b. July 7, 1748	2	82
Benjamin(?)*, Jr., m.Rachel **POWER**, Aug. 24,1769 (*William?)	2	116
B[e]ulah, d. John & Susannah, b. Jan. 17, 1704	LR2	16
Beulah, m. Henry **GOODALE**, Aug. 26, 1725	1	122
Daniel, s. John & Mary, b. Jan. 10, 1729/30	1	17
Daniel, of Middletown, m. Lydia **CHAMBERLAIN**, of Colchester, Mar. 15, 1753	2	32
Desiall, d. W[illia]m & Sarah, b. Mar. 16, 1744; d. Mar. 30, 1744	1	9
Ebenezer, s. Benjamin, & Sarah, b. Dec. 19, 1751	2	82
Ebenezer, m. Ruhama **BRROOKS**, May 15, 1777	2	242
Elijah, s. Ezra & Hephz[iba]h, b. May 26, 1748	2	283
Elijah, s. Ezra & Hephz[iba]h, d. Aug. 29, 1748	2	283
Elizabeth, d. Jno. & Mary, b. June 30, 1725	1	17
Elizabeth, s. Benjamin & Sarah, b. Oct. 18, 1762	2	82
Eunice, d. Tho[ma]s & Abigail, b. July 17, 1705	LR2	7
Ezra, s. [John & Susannah], b. July 22, 1723	LR2	16
Ezra, m. Hephzibah **WRIGHT**, May 25, 1748	2	283
Hannah, d. John & May, b. June 3, 1741	1	17
Hep[h]sibah, d. John & Susannah], b. Feb. 10, 1714; d. 5 wks. 5 ds. after birth	LR2	16
Isaac, s. Will[ia]m & Sarah, b. Jan. 12, 1746	1	9
Jane, m. Nath[anie]ll **BACON**, Jr. July 30, 1724	LR2	17
Jean, d. John & Susannah, b. Sept. 24, 1702	LR2	16
Jenett, of Middletown, m. Timothy **LANGDON**, of Farmington,		

MIDDLETOWN VITAL RECORDS 53

	Vol.	Page
BEVIN, (cont.)		
Mar. 31, 1831, by Rev. Laban Clark	3	360
John s. John & Susannah, b. Feb. 17, 1699	LR2	16
John, m. Mary **BOYLE**, Sept. 10, 1724	1	17
John, s. John & Mary, b. Aug. 30, 1727	1	17
John, s. Benjamin & Sarah, b. Sept. 15, 1760	2	82
John, d. Jan. 12, 1764	LR2	16
Jonathan, m. Sarah V. **STRICTLAND**, b. of Middletown, July 15, 1827, by Rev. Fred[eric]k Wightman	3	275
Joseph, s. Tho[ma]s & Martha, b. Aug. 5, 1725	LR2	7
Lydia, d. Will[ia]m & Sarah, b. Jan. 14, 1748/9	1	9
Lydia, d. Dan[ie]l & Lydia, b. May 3, 1755	2	32
Marcy, m. John Miller, Dec. 25, 1700	LR2	22
Martha, d. Tho[ma]s & Martha, b. July [ ], 1715	LR2	7
Martha, w. of Tho[ma]s, d. Nov. 8, 1725	LR2	7
Mary, d. Tho[ma]s & Martha, b. Nov. [ ] 1719	LR2	7
Mary, d. John & Mary, b. Oct. 28, 1734	1	17
Mary, m. Samuel **TAYLER**, June 15, 1735	1	95
Mary, w. Of Thomas, d. Sept. 14, 1746	LR2	7
Mary, d. Dan[ie]l & Lydia, b. July 9, 1753	2	32
Mary, d. W[illia]m & Rachel, b. Jan. 31, 1772	2	116
Mary, m. Henry **RANNEY**, b. of Middletown, May 8, 1825, by Rev. Fred[eric]k Wightman	3	229
Mary Ann, ae 35, m. Charles **LAWRENCE**, coaster, ae 43, b. of Middletown,, Mar. 4, [1848], by [ ]	4	124-5
Mary Ann, Charles **LAWRENCE**, b. of Middletown, Mar. 4, 1849, by Rev. Z.N. Lewis	4	83
Mary Ann, tailoress, ae 33, m. Capt. Cha[rle]s **LAWRENCE**, mariner, b. of Middletown, Mar. 6, 1849, by Z. N. Lewis	4	120-1
Noadiah, s. John & Mary, b. Feb. 14, 1788	1	17
Rachel, d. W[illia]m & Rachel, b. Nov. 29, 1773	2	116
Rachel, wid., m. Hezekiah **HALE**, Aug. 31, 1777	2	107
Rachel, of Middletown, m. Elihu **COTTON**, of East Windsor, Feb. 3, 1834, by Rev. Zebulon Crocker	3	392
Sarah, d. Benjamin & Sarah, b. Jan. 8, 1754	2	82
Sarah, d. W[illia]m & Rachel, b. May 26, 1775	2	116
Sarah, m. Daniel H. **PADDOCK**, [Jan.] 1, [1835], by Rev. Geo[rge] B. Atwell	3	404
Sena, d. Dan[ie]l & Lydia, b. Nov. 4, 1759	2	32
Stephen, s. [John & Susanna], b. Dec. 21, 1720; d. Jan. 8,1749/50	LR2	16
Susannah, d. John & Susannah, b. Jan. 18, 1707/8	LR2	16
Susannah, m. David **TRYON**, Aug. 26, 1725	1	20
Susan[n]a, d. John & Mary, b. July 28, 1732	1	17
Tabitha, d. [John & Susannah], b. Dec. 181717	LR2	16
Tabitha, m. Amos **BOW**, July 27, 1738	1	110
Thomas, s. Tho[ma]s & Martha, b. May 18, 1713	LR2	7
Thomas, m. Mary **HUBBARD**, Apr. 21, 1726	LR2	7
Thomas, s. Benjamin & Sarah, b. Jan. 10, 1765	2	82
Thomas, [m. Abigail **BLAKE**, d. Jno., of Middletown]	LR2	7
Timothy, s. W[illia]m & Sarah, b. Feb. 1, 1741; d.Mar. 19, 1741	1	9
William, s. [John & Susannah], b. Mar. 19, 1715	LR2	16
William, m. Sarah **PARKE**, Dec. 20, 1739	1	9

	Vol.	Page

BEVIN, (cont.)
Will[ia]m, s. W[illia]m & Sarah, b. Apr. 29, 1742 — 1 — 9
William*, Jr., m. Rachel **POWER**, Aug. 24, 1769
  (*Arnold Copy has "Benjamin") — 2 — 116
William, s. William & Rachel, b. Jan. 15, 1771 — 2 — 116
William, m. Mary **BAILEY**, June 5, 1836, by Rev. Robert
  McEwen — 3 — 422
William, carpenter, d. Nov. 12, 1849, ae 79 — 4 — 176-7
-----, wid., d. Dec. 18, 1712 — LR1 — 8
-----, d. Ezra & Hepz[iba]h, b. July 22, 1749; d. Same day — 2 — 283
BIDSEY, {see under **BIRDSEYE**}
BIDWELL, BEDWELL, [see also **BODWELL**], Abegail, d. Moses &
  Dorothy, b. July 17, 1732 — 1 — 66
Abigail, wid. of Sam[ue]ll, d. Mar. 8, 1732/3 — LR1 — 47
Abigail had s. Jabez **CHALKER**, b. Oct. 19, 1750 — 1 — 66
Abigail, m. Stephen **WARD**, July 2, 1755 — 2 — 8
Egnis, w. of Daniel, d. Aug. 30, 1765 (Agnes) — 1 — 66
Almira, m. Andrew **CAMPBELL**, Dec. 24, 1824, by Rev.
  Birdseye G. Noble — 3 — 194
Amelia C., m. Leverett M. **WILLARD**, July 9, 1854, by Rev. W.
  H. Waggoner — 4 — 253
Ann, d. [Samuel & Ann], b. May 2, 1710 — LR2 — 13
Ann, w. of Samuell, d. [   ] — LR2 — 13
Anna, d. Moses & Dorothy, b. Aug. 4, 1741 — 1 — 66
Anner, d. Samuel & Iranah, b. July 4, 1761 — 2 — 344
Ashball, s. Samuel & Iranah, b. June 20, 1757 — 2 — 344
Benjamin, s. Dan[ie]l & Egnis, b. May 9, 1744 — 1 — 66
Betty, d. Samuel & Iranah, b. Apr. 21, 1765 — 2 — 344
Caroline, d. [Oliver & Joanna], b. Oct. 26, 1796 — 2 — 168
Catharine, d. Samuel S., carpenter, ae 39, & Elizabeth, ae 38, b.
  Aug. 4, [1849] — 4 — 110-1
Catharine, L., d. Sam[ue]l D., joiner, ae 40, & Elizabeth, ae 39, b.
  Aug. 4, 1849 — 4 — 150-1
Charles B., s. James e., saddler, ae 26, & Sarah, ae 26, b. Oct. 10,
  [1848] — 4 — 48-9
Daniell, s. Samuell & Mary, b. Nov. 18, 1717 — LR2 — 13
Daniel, m. Egniss **ABBE**, Dec. 25, 1740 — 1 — 66
Daniel, s. Daniel & Egnis, b. Oct. 8, 1741 — 1 — 66
Daniel, m. Lucy M. **HUBBARD**, b. of Middletown, [Nov. 27,
  1844], by Rev. W[illia]m g. Howard — 3 — 524
Dolly, d. Samuel & Iranah, b. June 8, 1759 — 2 — 344
Dolly, m. Theophilus **BOTCHFORD**, Apr. 10, 1781 — 2 — 237
Eliza F., of Middletown, m. Thomas **CROSSLEY**, of Torington,
  Sept. 24, 1826, by Rev. Birdseye G. Noble — 3 — 247
Elizabeth, of Middletown, m. Joseph **ALLEN**, Jr., of Boston,
  Mass., Mar. 23, 1828, by Rev. Birdseye G. Noble — 3 — 299
Esther, d. Dan[ie]l & Egnis, b. Mar. 10, 1755 — 1 — 66
Esther, m. William A. **ROCKWELL**, b. of Middletown, Nov.
  23, 1837, by Rev. Robert McEwen — 3 — 432
Frederick, m. Phebe **BUCK**, b. of Middletown, Oct. 16, 1853, by
  Rev. E. L. Janes — 4 — 245
Hannah, m. Richard **TURNER**, July 18, 1717 — LR2 — 3

MIDDLETOWN VITAL RECORDS 55

	Vol.	Page
BIDWELL, (cont.)		
Hannah, d. Dan[ie]l & Egnis, b. Sept. 21, 1748	1	66
Hepsibah, d. Sam[ue]l & Iranah, b. Sept. 2, 1773	2	344
Iranah, d. Samuel & Iranah, b. Aug. 4, 1763	2	344
James, m. Maria WARD, Dec. 2, 1819	3	291
James Egbert, s. James & Maria, b. Nov. 18, 1721	3	291
John, s. Dan[ie]l & Egnis, b. Dec. 28, 1750	1	66
John H., d. [ ], 1848, ae 3	4	70-1
Josiah, s. Dan[ie]l & Egnis, b. May 8, 1760	1	66
Linus, m. Mary SUTTON, Jan. 30, 1820	3	93
Lucius, m. Mary m. BARNES, b. of Middletown, Sept. 13, 1829, by rev. John Cookson	3	339
Lucretia, m. Elisha S. HUBBARD, b. of Middletown, May 20, 1828, by Rev. Eben[eze]r R. Tyler	3	307
Lucy A., d. of Daniel, m. Enoch TRYON, s. of Enoch, Sept. 19, 1848, by Rev. B. N. Leach	4	38
Lucy A., b. in Middletown, m. Enoch TRYON, merchant, ae 31, b. in Middletown, res. Camden, S.C., Sept. 19, 1848, by Rev. Leach	4	124-5
Lucy Ann, d. [Linus & Mary], b. July 15, 1825	3	93
Mary, d. Sam[ue]ll & Elizabeth, b. Jan. 8, 1679	LR1	47
Mary, d. Dan[ie]l & Egnis, b. Apr. 21, 1746	1	66
Mary, of Middletown, m. Daniel JOHNSON, of Fayetteville, N.C., Sept. 17, 1844, by Rev. Andrew L. Stone	3	521
Mary Ann, d. of Samuel D., of Middletown, m. Joseph C. HETSELL, s. of Joseph, of New York, Apr. 16, 1854, by Rev. Lester Lewis	4	250-1
Mary Charlotte, d. [Linus & Mary], b. July 22, 1832	3	93
Moses, m. Dorothy WARD, May 20, 1729	1	66
Moses, s. Moses & Dorothy, b. July 10, 1738	1	66
Moses, s. Sam[ue]l & Iranah, b. June 10, 1767	2	344
Oliver, s. Sam[ue]l & Iranah, b. Apr. 22, 1770	2	344
Oliver, m. Joanna FOSTER, Dec. 24, 1794	2	168
Oliver, m. Sukey WARNER, May 12, 1828, by Levi Knight	3	305
Phebe, d. Moses & Dorothy, b. Dec. 27, 1734	1	66
Priscillah, d. Sam[ue]l & Iranah, b. Aug. 2, 1771; d. Aug. 20, 1771	2	344
Priscillah, 2d, d. Sam[ue]l & Iranah, b. June 8, 1772	2	344
Priscilla, m. Jonathan WHITMORE, Jan. [ ], 1791	2	281
Rhoda, d. Sam[ue]l & Iranah, b. Mar. 12, 1778	2	344
Ruama, d. Sam[ue]l & Iranah, b. Feb. 7, 1776	2	344
Sally, d. Oliver & Joanna, b. Nov. 17, 1795	2	168
Samuell, m. Elizabeth STOW, Nov. 14, 1672	LR1	47
Samuell, s. Sam[ue]ll & Elizabeth, b. June 10, 1677	LR1	47
Samuel, of Middletown, m. Ann STANBORROW, of L. I., Nov. 1, 1707	LR2	13
Samuell, s. [Samuel & Ann], b. Oct. 24, 1708	LR2	13
Sam[ue]ll, Sr. d. Apr. 5, 1715	LR1	47
Samuel, m. Mary BARNES, Dec. 2, 1715	LR2	13
Samuell, d. Mar. [ ] 1726/7	LR2	13
Samuel, s. Moses & Dorothy, b. Mar. 15, 1729/30	1	66
Samuel, m. Iranah HUBBARD, Jan. 10, 1754	2	344

56 BARBOUR COLLECTION

	Vol.	Page
BIDWELL, (cont.)		
Samuel, s. Samuel & Iranah, b. Dec. 8, 1755	2	344
Sam[ue]ll, s. Dan[ie]l & Egnis, b. May 26, 1758	1	66
Samuel, m. Christiana KNOWLES, Apr. 6, 1775	2	156
Samuel, d. Oct. 22, 1782	2	344
Sam[ue]l D., m. Elizabeth B. CLARK, May 24, 1832, by Rev. Seth Higby	3	370
Sara[h], d. Samuel & Elizabeth, b. Sept. 20, 1674	LR1	47
Sarah, d. [Samuell & Mary], b. Jan. 29, 1718/19	LR2	13
Sarah, m. John Crowel, Feb. 27, 1739/40	1	121
Sarah, d. Dan[ie]l & Egnis, b. Mar. 12, 1753	1	66
Sarah, w. of Samuel, d. [ ]	LR1	47
Stephen Sutton, s. Linus & Mary, b. May 24, 1821	3	93
Thankfull, m. Edward YEOMANS, Sept. 8, 1716	LR2	24
Thankfull, m. Oliver JOHNSON, b. of Middletown, Nov. 14, 1832, by Rev. John Cookson	3	375
Will[ia]m, s. Moses & Dorothy, b. Apr. 4, 1745	1	66
-----, child of Ashbel, farmer, ae 31, & Lucy Ann, ae 28, b. Dec. 30, 1847	4	52-3
BIERS, Lucretia, m. William WATSON, b. of Middletown, Oct. 27, 1828, by Rev. Jno. Cookson	3	321
BIGELOW, Abigail, m. Joseph CARY, Oct. 24, 1739	1	120
Elizabeth, of Hartford, m. Thomas McCLEVE, of Middletown, Nov. 24, 1743	1	84
Elizabeth, d. Tim[oth]y & Elizabeth, b. July 13, 1759	2	349
Mary, m. Hezekiah WHITMORE, Aug. 17, 1748	2	118
Samuel, s. Timothy & Eliz[abet]h, b. Oct. 15, 1757; d. Oct. 18, 1757	2	349
Samuel, 2d, s. Timothy & Elizabeth, b. Jan. 7, 1768	2	349
Sarah, d. Timothy & Elizabeth, b. Apr. 6, 1766	2	349
Timothy, of Middletown, m. Elizabeth CLARK, of Milford, Sept. 13, 1753	2	349
Timothy Hallsey, s. Timo[thy] & Eliz[abet]h, b. Jan. 26, 1755	2	349
Timothy Hallsey, s. [Tim[oth]y & Elizabeth, d. Sept. 17, 1762	2	349
Timothy Halsey, 2d, s. Timothy & Elizabeth, b. May 14, 1763	2	349
BIGGS, John, Jr., m. Mary BAKER, May 8, 1735	1	80
Sarah, m. Jeremiah STOW, Oct. [ ], 1728	1	54
BIGLEY, Anna, m. Jonathan N. CLARK, b. of Middletown, May 23, 1841, by Rev. Merrett Sanford	3	476
BILCAN, Pierre, m. Delia LAHE*, Jan. 15, 1854, by Rev. Jno. Brady (* Perhaps "LAKE")	4	263
BILL, BILLS, Asa, s. Solo[mo]n & Sarah, b. Aug. 2, 1761	2	295
Asa, s. Solomon & Sarah, d. Mar. 22, 1780	2	295
Asa G., m. Julia Ann BAILEY, b. of Middletown, Oct. 3, 1831, by Rev. John Cookson	3	363
Asenath, d. James & Asenath, b. Nov. 18, 1759	2	110
Fanny, d. [John & Fanny], b. Oct. 3, 1798	2	173
Fanny, m. Ezra L. H. CHAMBERLAIN, Oct. 14, 1826, by Rev. John R. Dodge	3	241
Hannah Rogers, d. John & Fanny, b. Mar. 9, 1795	2	173
Harriet, d. Sam[ue]l & Sarah, b. Apr. 22, 1793	2	283
James, m. Asenath NORTON, July 13, 1758	2	110

MIDDLETOWN VITAL RECORDS 57

	Vol.	Page
BILL, (cont.)		
James, s. James & Asenath, b. Feb. 4, 1764	2	110
John, s. Solo[mo]n & Sarah, b. Mar. 28, 1769, at Weathersfield	2	295
John, s. [John & Fanny], b. Nov. 15, 1796	2	173
John m. Nancy G. **STORRS**, b. of Middletown, Oct. 26, 1828, by Rev. H. Bangs	3	315
John, m. Fanny **ROGERS**, [ ]	2	173
Jonathan, s. Sam[ue]l & Martha, b. Aug. 15, 1767	2	283
Louis, d. Solomon & Sarah, b. Apr. 24, 1771	2	295
Lucy, d. James & Asenath, b. Dec. 3, 1761	2	110
Martha, d. Solomon & Sarah, b. Feb. 15, 1767	2	295
Mary, d. Solo[mo]n & Sarah, b. Nov. 18, 1764	2	295
Mary, of Middletown, m. Joshua **BUFFUM**, of Salem, Mar. 12, 1785	2	367
Mary Ann, m. Ezra L. H. **CHAMBERLAIN**, b. of Middletown, Nov. 8, 1842, by Rev. B. Cook	3	496
Patty, d. Sam[ue]l & Sarah, b. June 20, 1791	2	283
Ruth, m. Elisha **HUBBARD**, Jr., May 29, 1820, by Rev. John R. Crane	3	33
Sally, d. Sam[ue]l & Sarah, b. June 5, 1789	2	283
Sally, m. Trustham **HULL**, [ ]	2	295
Samuel, m. Martha **GOODWIN**, Sept. 25, 1766	2	283
Samuel, s. Sam[ue]l] & Martha, b. Dec. 25, 1768	2	283
Samuel, m. Sarah **MILES**, Mar. 29, 1789	2	283
Sarah, d. Solo[mo]n & Sarah, b. Feb. 10, 1763	2	295
Solomon, m. Sarah **SEIZER**, Jan. 19, 1761	2	295
BINGHAM, Helen M., of Middletown, m. Edward **CHENEY**, of Willimantic, Jan. 10, 1853, by Rev. Jno. Morrison Reid	4	232
Ossemus*, of Vernon, m. Julia C. **BRIDGHAM**, of Middletown, Oct. 22, 1838, by Rev. John Cookson (*Orsemus?)	3	452
------, child of Eleazer W., jobber, ae 36, & Rozella, ae 36, b. July 25, 1848	4	60-1
------, s. Elijah, farmer, b. Feb. 8, 1851	4	198-9
BIRD, Edmund, m. Mary **CRONIN**, Jan. 1, 1853, by Rev. Jno. Brady	4	227
Jemima, Mrs., m. William **WATSON**, b. of Middletown, Jan. 11, 1830, by Rev. Fred[eric]k Wightman	3	343
BIRDSEYE, BIRDSEY, BIDSEY, BIRDESEYE, Abel, s. John & Sarah, b. Feb. 23, 1745	2	173
Abel, m. Lucy **MILLER**, Mar. 5, 1775	2	346
Alanson, of Mereden, m. Clarissa **WILCOX**, of Middletown, Aug. 10, 1828, by Rev. Jona[tha]n] Goodwin	3	311
Albert C., s. Dan[ie]l, farmer, ae 43, & Sophia, ae 37, b. Nov. 24, 1849	4	164-5
Albert C., d. June 14, 1850, ae 7 m.	4	176-7
Alvin M., m. Lucretia **CROWELL**, b. of Middletown, Dec. 25, 1843, by Rev. E. Griswold	3	509
Ann, m. William A. **ROCKWELL**, July 15, 1846, by Rev. A. L. Stone	3	554
Benjamin, m. Jane **CROWELL**, b. of Middletown, July 16, 1837, by Rev. John Cookson	3	443
Betsey, m. Benjamin **COE**, Nov. 7, 1832, by Rev. W. Fisk	3	380
Catharine, m. Russel[l] **COE**, b. of Middlwtoen, [Nov.] 6, [1834],		

	Vol.	Page
BIRDSEYE, (cont.)		
by Rev. James Noyes	3	402
Charriot, d. [Gershom & Hannah], b. May 7, 1779	2	203
Cyrus C., s. of John, m. Mary J. **BEACON,** d. of Daniel, b. of Middletown, Apr. 23, 1851, by Rev. John R. Crane	4	184
Cyrus C., farmer, ae 26, m. Jane **BACON,** ae 24, b. of Middletown, Apr. 23, 1851, by Dr. J. R. Crane	4	202-3
Daniel H., m. Sophia **TRYON,** May 30, 1844, by Rev. John R. Crane	3	516
David, s. John & Sarah, b. May 12, 1748	2	173
Delia S., m. Charles **HUBBARD,** Sept. 23, 1830, by Rev. Timothy Benedict	3	353
Edwin, of Mereden, m. Lavinia **BAILEY,** of Middletown, [Apr.] 12, [1837], by Rev. James Noyes	3	429
Eli, of Mereden, m. Rebecca C. **WILCOX,** of Middletown, June 3, 1824, by Rev. Samuel Miller, of Mereden	3	159
Eunice, d. John & Sarah, b. Dec. 20, 1742	2	173
Eunice, d. Gershom & Hannah, b. Mar. 12, 1773	2	203
Gershom, s. John & Sarah, b. Nov. 21, 1734	2	173
Gershom, m. Hannah **BAITLET,** Nov. 12, 1771	2	203
Gershom, s. [Gershom & Hannah], b. Dec. 29, 1776	2	203
Hall, m. Harriet **CROWEL,** Sept. 9, 1835, by Rev. John R. Crane	3	413
Harriet, see under Charriot		
Herain, s. Alivin M., farmer, ae 31, & Lucretia, ae 30, b. Mar. 20, 1849	4	116-7
John, s. John & Sarah, b. Mar. 16, 1736	2	173
Lucy, m. Dennis **COE,** May 25, 1825, by Rev. Stephen Hayes	3	200
Martha P., m. Benjamin D. **SAGE,** Apr. 9, 1829, by Rev. John R. Crane	3	336
Mary, d. John & Sarah, b. Apr. 16, 1738	2	173
Mary, m. Elihu **STARR,** Dec. 16, 1756	2	40
Mary M., m. Enoch **COE,** Oct. 9, 1825, by Rev. Stephen Hayes	3	213
Phebe, m. George W. **BACON,** b. of Middletown, July 3, 1834, by Rev. S. Martindale	3	397
Phinehas W., of Middletown, m Mary **SANDERS,** of North Guilford, Nov. 25, [1835], by Rev. James Noyes	3	417
Ruth, Mrs., m. Capt. Bela **COE,** [Jan.] 11, [1829], by Rev. James Noyes, Jr.	3	328
Samuel, s. [Gershom & Hannah], b. Feb. 12, 1775	2	203
Sarah, d. John & Sarah, b. Apr. 2, 1740	2	173
Sarah, d. Seth **BIRDSEYE** & Waitle **CHAMPION,** b. Apr. 6, 1783	2	304
Sarah, m. Roswell **LEE,** b. of Middletown, Mar. 25, 1846, by Rev. J. L. Gilder	3	545
Sarah, d. Of Almon, m. George Washington **MILLER,** s. of Ira, b. of Middletown, Aug. 23, 1847, by Rev. Joseph Holdrich	4	12
Sarah H., m. Allyn M. **COLEGROVE,** b. of Middletown, Nov. 1, 1853, by Rev. J. L. Dudley	4	249
Seth, s. John & Sarah, b. Oct. 13, 1751	2	173
Seth, s. Abel & Lucy, b. Apr. 13, 1777	2	346
Smith, m. Eliza **SAGE,** b. of Middletown, [Apr.] 19, [1836], by Rev. James Noyes, Jr.	3	421

MIDDLETOWN VITAL RECORDS 59

	Vol.	Page
BIRDSEYE, (cont.)		
William, s. Abel & Lucy, b. June 27, 1775	2	346
——, d. Smith & Elizabeth, b. July [ ], 1848	4	58-9
——, s. Benjamin, farmer, & Grace (?), b. Nov. 22, 1848	4	110-1
——, s. Fred, blacksmith, ae 30, & Laura A., ae 29, b. Apr. 22, 1851	4	198-9
BIRDWELL, Ashbel, m. Lucy JOHNSON, Oct. 27, 1842, by Rev. Arthur Granger	3	495
BIRMINGHAM, Eliza J., d. Daniel, laborer, ae 26, & Mary ae 23, b. Dec. 1, 1850	4	198-9
BISHOP, Chauncey, L., d. Mar. 16, 1848, ae 5	4	70-1
Daniel, s. Step[he]n & Esther, b. May 20, 1750	1	84
Esther, d. Stephen & Esther, b. Jan. 8, 1747/8	1	84
Eunice, m. William JOYCE, Oct. 17, 1754	2	355
Hannah, d. Step[he]n & Esther, b. Apr. 11, 1743	1	84
Hannah, m. Theron CARY, Jan. 8, 1844, by Rev. W. G. Howard	3	510
James, s. Stephen & Esther, b. Nov. 23, 1745	1	84
Mary, of Middletown, m. Hibbart SMITH, of Lyme, Aug. 25, 1810	3	9
Orin, of North Haven, m. Maria PHILLIPS, of Middletown, Feb. 26, 1840, by Rev. W. A. Stickney	3	464
Reuben W., of Middletown, m. Martha S. WARNER, of Broomfield, [Dec.] 25, [1843], by Rev. W. G. Howard	3	509
BISLEY, Hubbel W., m. Jane W. HUBBARD, Apr. 22, 1834, by Rev. John R. Crane	3	394
BISSELL, Deliverance, formerly w. of Robert WARNER, dl June 12, 1718	LR1	25
BLACKMAN, Dolle, d. Elijah & Elizabeth, b. Aug. 11, 1768	2	84-b
Elijah, m. Elizabeth HALL, Oct. 20, 1767	2	84-b
Elijah, s. Elijah & Elizabeth, b. Jan. 8, 1770	2	84-b
Elizabeth, d. Elijah & Elizabeth, b. Nov. 25, 1773	2	84-b
Flora Victoria, d. Mar. 12, [1848], ae 5 m.	4	72-3
Rachel, of Southbury, m. George TREAT, of Cornwell, Nov. 28, 1852, by Rev. Jno. Morrison Reid	4	225
Timothy, s. Elijah & Elizabeth, b. Oct. 30, 1771	2	84-b
——, child of Philo B., mechanic, b. Apr. 18, 1848	4	54-5
BLAGUE, [see also **BLAKE**], Sarah, m. Vine STARR, Oct. 29, 1787	2	305
BLAKE, [see also **BLAGUE**], Abigaill, d. John & Sarah, b. Jan. 25, 1681	LR1	20
Abigail, d. Jonathan & Mary, b. Feb. 12, 1712/13	LR2	24
Abigail, d. Jonathan & Mary, d. Aug. 7, 1727	LR2	24
Abigail, d. Richard & Abigail, b. Oct. 28, 1732	1	49
Abigail, d. Stephen & Abigail, b. Apr. 1, 1736	1	64
Abigail, m. Jonas GREEN, Nov. 10, 1738	1	49
Abigail, w. of Step[he]n, d. May 27, 1740	1	64
Abigail, m. Seth ROCKWELL, Nov. 16, 1752	2	267
Abigail, m. Jabez COOK, May 23, 1754	2	14
Abigail, [d. Jno., of Middletown, m. Thomas BEVIN]	LR2	7
Adah, of Middletown, m. Osmer BEMIS, of Durham, July 4, 1833, by Rev. John Cookson	3	383
Allacia, d. Dan[ie]l & Han[na]h, b. Jan. 27, 1743	1	125
Anna, d. John & Elizabeth, b. Nov. 1, 1707; d. Jan. 25,		

	Vol.	Page
BLAKE, (cont.)		
1707/8, ae 12 wks.	LR2	3
Annah, d. Stephen & Annah, b. Mar. 16, 1743	1	114
Annah, w. of Stephen, d. Jan. 12, 1752	1	114
Anna, d. [Sam[ue]l & Phebe], b. [ ] 1769	2	280
Anne, of Watertown, m. Heze[kia]h HALE, of Middletwon, Oct. 29, 1783	2	107
Azubah, fanmaker, of Middletown, m. David DICKENSON, goldsmith, ae 33, b. in Portland, res. Middletown, Oct. [ ], 1848, by A. L. Stone	4	120-1
Caroline, m Ephraim TUTTLE, b. of Middletown, Sept. 12, 1842, by Rev. a. M. Osborn	3	491
Clarissa, m. W[illia]m ROBERTS, Jr., [Dec.] 4, [1823], by Rev. James A. Boswell	3	145
Daniel, s. Jonathan & Mary, b. Apr. 24, 1711	LR2	24
Daniel, of Middletown, m. Hannah DIUX, of Cambridge, Jan. 13, 1742	1	126
Eben[eze]r, s. Jona[tha]n & Sarah, b. Sept. 28, 1749	2	1
Ebenezer, m. Elizabeth CALE, Apr. 7, 1772	2	184
Ebenezer, d. June 30, 1782 (in New York)	2	184
Elijah, s. Step[he]n & Rachel, b. June 18, 1756	2	58
Elisha, s. Freelove & Eliz[abet]h, b. Mar. 18, 1744; d.July 5, 1744	1	129
Elisha, s. [Sam[ue]l & Marg[are]t], b. Sept. 8, 1788	2	280
Eliza, of Middletwon, m. Laurens LOOMIS, of Plymouth, Nov. 11, 1835, by Rev. Rob[er]t McEwen	3	416
Eliza A., d. of Richard, of Middletown, m. Oliver R. SPENCER, s. of John, of Guilford, Dec. 25, 1850, by Rev. B.N. Leach	4	179
Elizabeth, d. John & Sarah, b. Mar. 16, 1679	LR1	20
Elizabeth, m. Joseph JOHNSON, Jan. 25, 16998	LR1	27
Elizabeth, d. Jonathan & Mary, b. Feb. 18, 1716/17	LR2	24
Elizabeth, wid. [of John], d. Mar. 17, 1735/6	LR2	3
Elizabeth, m. Ezekiel GILBERT, Jr., Mar. 8, 1743/4	2	150
Elizabeth, d. Joseph & Esther, b. Mar. 23, 1746	1	76
Elizabeth, d. Joseph, d. May 14, 1746	1	76
Elizabeth, w. of Freelove, d. Nov. 7, 1746	1	129
Elizabeth, [twin with Richard], s. Joseph & Rebeckah, b. Oct. 7, 1747	1	76
Elizabeth had s. Epaphras KNOTT, b. Jan. 6, 1759: reputed father Epaphras KNOT	2	192
Elizabeth, m. Amos TREADWAY, June 16, 1760	2	124
Elizabeth, of Boston, m. Justus TAYLOR, of Middletown, Oct. 20, 1762, by Rev. Ebenezer Pemberton, in Boston	2	145
Eliza[bet]h, d. [Sam[ue]l & Marg[are]t, b. May 7, 1791	2	280
Esther, d. Joseph & Esther, b. Oct. 14, 1736	1	76
Easther, w. of Joseph, d. Apr. 12, 1746	1	76
Freelove, m. Elizabeth ELTON, Oct. 7, 1742	1	129
Freelove, s. Freelove & Eliz[abet]h, b. Feb. 26, 1745; d. Mar. 12, 1745	1	129
Freelove, s. Step[he]n & Annah, b. July 29, 1745	1	114
Freelove, s. Jno. & Jane, b. July 23, 1747; d. Mar. 19, 1747/8	1	65
George, s. Step[he]n & Rachel, b. Oct. 30, 1758	2	58
Hannah, w. of Stephen, d. Nov. 1, 1732	LR2	24

MIDDLETOWN VITAL RECORDS 61

	Vol.	Page
BLAKE, (cont.)		
Hannah, d. Stephen & Abegail, b. May 14, 1734	1	64
Hannah, d. Stephen & Abigail, d. Sept. 30, 1736	1	64
Hannah, d. Dan[ie]l & Han[na]h, b. Apr. 27, 1748	1	126
Hannah, m. Samuel SHEPARD, Oct. 4, 1753	2	45
Hannah, d. Richard & Abigail, b. [ ]	1	49
Harriet J., of Middletown, m. George P. GALPIN, of Berlin, Sept. 29, 1839, by Rev. Frances Hodgeson	3	465
Jane, [w. of John], d. Dec. 3, 1764	1	65
Jemima, m. David DICKERSON, June 13, 1852, by Rev. J. L. Dudley	4	248
John, s. John & Sarah, b. May 19, 1683	LR1	20
John, Sr., d. Nov. 11, 1690	LR1	20
John, m. Elizabeth JOHNSON, Oct. 20, 1705	LR2	3
John, s. John & Elizabeth, b. Dec. 2, 1708	LR2	3
John, Sr., d. Dec. 8, 1724	LR2	3
John, m. Sarah LUCAS, Jan. 25, 1732/3	1	65
John, s. John & Sarah, b. Oct. 21, 1733	1	65
John, s. John & Sarah, d. Nov. 2, 1736	1	65
John, 2d, s. John & Sarah, b. Jan. 1, 1737/8	1	65
John, m. Jane BURN, Jan. 4, 1744	1	65
John, Jr., of Middletown, m. Abigail EDWARDS, of Waterbury, in the Parish of Westbury, Nov. 26, 1767	2	165
John, d. Feb. 8, 1775	1	65
Jonathan, s. John & Sarah, b. July 27, 1685	LR1	20
Jonathan, m. Mary JOHNSON, Sept. 19, 1710	LR2	24
Jonathan, s. Jonathan & Mary, b. May 12, 1721; d. At the age of about 5 m.	LR2	24
Jonathan, 2d, s. Jonathan & Mary, b. Aug. 29, 1722	LR2	24
Jonathan, Sr., d. Oct. 17, 1733	LR2	24
Jonathan, m. Sarah GRIFFIN, June 26, 1744	2	1
Jonathan, s. Jona[tha]n & Sarah, b. Mar. 20, 1745; d. Mar. 29, 1745	2	1
Jonathan, s. Jonathan & Sarah, b. Jan. 4, 1747/8; d. July 20, 1750	2	1
Jonathan, s. Jona[tha]n & Sarah, b. Aug. 25, 1751; d. Oct. [ ], 1751	2	1
Jona[tha]n, s. Step[he]n & Rachel, b. Jan. 31, 1754	2	58
Jonathan, s. Stephen, d. Jan. 6, 1767; "was drowned with his father in Mill Brook"	2	58
Jona[tha]n, s. Eben[eze]r & Elizabeth, b. May 14, 1773	2	184
Joseph, s. John & Elizabeth, b. Sept. 24, 1713	LR2	3
Joseph, m. Esther BACON, Dec. 11, 1734	1	76
Joseph, s. Joseph & Esther, b. Dec. 22, 1738	1	76
Joseph, m. Rebeckah DOWD, Sept. 25, 1746	1	76
Lois, d. Step[he]n & Annah, b. Dec. 16, 1748	1	114
Mabel, m. Martin McKENERY, Sept. 28, 1763	2	225
Marce, m. Samuell ROBERTS, Sept. 22, 1691	LR1	8
Marcy, d. Jonathan & Mary, b. Jan. 12, 1724/5	LR2	24
Marcy, d. Oct. 17, 1736	LR2	24
Marcy, d. Rich[ar]d & Mabel, b. Oct. 23, 1761	2	225
Marcy, see also Mercy		
Maria, m. Joseph W. TUCKER, b. of Farmington, Nov. 25, 1853,		

BLAKE, (cont.)

	Vol.	Page
By Rev. Lester Lewis	4	242
Mary, d. John & Sarah, b. July 29, 1677	LR1	20
Mary, m. Nathaniell **JOHNSON**, Feb. [ ], 1699	LR1	32
Mary, d. Jonathan & Mary, b. Jan. 27, 1714/15	LR2	24
Mary, d. Step[he]n & Rachel, b. May 7, 1761; d. Oct. 14, 1762	2	58
Mary, 2d, Step[he]n & Rachel, b. Apr. 7, 1765	2	58
Mary, m. Michael **BRADDOCK**, Mar. 10, 1824, by Rev. John R. Crane	3	153
Mercy, d. John & Sarah, b. Nov. 16, 1673	LR1	20
Mercy, see also Marcy		
Olive, d. [Sam[ue]l & Phebe, b. July [ ], 1773	2	280
Phebe, d. Sam[ue]l & Phebe, b. Oct. 16, 1767	2	280
Phebe, w. of Sam[ue]l, d. Jan. 6, 1778	2	280
Prudence, d. Jonathan & Mary, b. Apr. 8, 1719	LR2	24
Prudence, d. Mar. 28, 1739/40	LR2	24
Prudence, d. Dan[ie]l & Han[na]h, b. Feb. 15, 1745	1	126
Rachel, d. Step[he]n & Rachel, b. Apr. 8, 1752	2	58
Rachel, m. Daniel **HALL**, b. of Middletown, May 13, 1771	2	147
Rebeckah, m. Joseph **WETMORE**, Oct. 12, 1761	1	69
Richard, s. John & Elizabeth, b. Aug. 9, 1706	LR2	3
Richard, m. Abigail **CLARK**, Mar. 5, 1729/30	1	49
Richard, d. Oct. 20, 1736, at New Foundland	1	49
Richard, s. Stephen & Abigail, b. Apr. 23, 1738	1	64
Richard, s. Joseph & Esther, b. Nov. 3, 1740	1	76
Richard, s. Joseph & Esther, d. July 12, 1744	1	76
Richard, [twin with Elizabeth], s. Joseph & Rebeckah, b. Oct. 7, 1747	1	76
Richard, m. Mabel **JOHNSON**, Feb. 9, 1761	2	225
Ruth, d. Joseph & Rebeckah, b. Sept. 4, 1749	1	76
Samuel, s. Step[he]n & Annah, b. Jan. 22, 1747	1	114
Samuel, m. Phebe **ALVORD**, June [ ], 1767. Recorded June 21, 1809	2	280
Samuel, s. [Sam[ue]l & Phebe], b. May 13, 1775	2	280
Samuel, s. Eben[eze]r & Elizabeth, b. Jan. 15, 1782	2	184
Sam[ue]l, m. Margaret **JOHNSON**, Jan. 6, 1785	2	280
Sarah, d. John & Sarah, b. Feb. 15, 1675	LR1	20
Sarah, m. John **ROBARDS**, Dec. 27, 1693	LR2	25
Sarah, d. Jonathan & Mary, b. July 29, 1727	LR2	24
Sarah, s. of John, d. July 8, 1740	1	65
Sarah, d. Jno. & Jane, b. Sept. 30, 1744	1	65
Sarah, d. Jona[tha]n & Sarah, b. June 12, 1746; d. Feb. 20, 1746/7	2	1
Sarah, m. Benjamin **BABB**, Feb. 19, 1746/7	2	6
Sarah, m. Elisha **JOHNSON**, Dec. 10, 1778	2	229
Sarah, [wid. of John, m. Edward **TURNER**, Jr.]	LR1	23
Sarah, see Sarah **TURNER**	LR1	23
Seth, s. Joseph & Esther, b. Mar. 25, 1743	1	76
Stephen, s. John & Sarah, b. July 15, 1687	LR1	20
Stephen of Middletown, m. Hannah **COLE**, of Hartford, July 2, 1711	LR2	24
Stephen, s. Jonathan & Mary, b. Feb. 18, 1730/31	LR2	24
Stephen, m. Abigail **HUBBARD**, Jan. 11, 1732/3	1	64

	Vol.	Page
BLAKE, (cont.)		
Stephen, s. Step[he]n & Abigail, b. May 19, 1740	1	64
Stephen, s. Step[he]n, d. July 3, 1740	1	64
Stephen, m. Annah **LUCAS,** Aug. 7, 1740	1	114
Stephen, s. Stephen & Annah, b. June 13, 1741	1	114
Stephen, m. Rachel **ALVORD,** Oct. 18, 1750	2	58
Stephen, m. Mary **BROWN,** Mar. 16, 1752	1	114
Stephen, d. May 19, 1755	1	114
Stephen, d. Jan. 6, 1767; "was drowned with his son Jonathan in Mill Brook"	2	58
Stephen, s. Stephen & Rachel, b. Apr. 27, 1767	2	58
Stephen, s. [Sam[ue]l & Phebe], b. Oct. 7, 1771	2	280
Sibbell, d. Step[he]n & Annah, b. Nov. 1, 1751	1	114
Talcott G., m. Caroline **PROUT,** b. of Middletown, Dec. 22, 1835, by Rev. John Cookson	3	417
Thomas, s. John & Sarah, b. Nov. 18, 1735	1	65
Will[ia]m, s. Jona[tha]n & Sarah, b. July 3, 1753; d. Aug. 13, 1753	2	1
William, s. Sam[ue]l & Marg[are]t, b. Oct. [ ], 1786	2	280
-----, d. John & Sarah, b. Apr. 4, 1740; d. Apr. 5, 1740	1	65
-----, s. [Stephen & Rachel], st. b. Mar. 30, 1763	2	58
BLAKESLEE, BLAKESLEY, Betsey Maria, of Middletown, m. John **NELSON,** of Spencer, Mass., Oct. 2, 1825, by Rev. E. Washburn	3	211
Emeline, m. William **HALL,** Nov. 10, 1829, by Rev. John R. Crane	3	341
Oliver, of Walllingford, m. Harriet **WARNER,** of Westfield, Oct. 1, 1840, by Rev. Harvey Miller, of Mereden	3	470
BLATCHLEY, Daniel W., of Killingworth, m. Rebecca M. **SMITH,** of Haddam, Mar. 9, 1836, by Rev. John C. Green	3	420
John E., of Killingworth, m. Angelina **BURR,** of Haddam, Sept. 21, 1831, by Rev. Fitch Reed	3	362
Polly, m. Daniel **BACON,** 2d, Sept. 17, 1805	2	298
BLINN, BLIN, Abigail, of Weathersfield, m. Benjamin **SAGE,** of Middletown, Aug. 2, 1744	2	24
Amelia D., m. Ralph **KENT,** b. of Berlin, June 24, 1832, by Rev. Fitch Reed	3	370
Delia R., of Berlin, m. Harris **GRISWOLD,** of Weathersfield, Sept. 20, 1826, by Rev. Samuel Goodrich	3	237
Mary, of Weathersfield, m. Daniel **SMITH,** of Middletown, Sept. [ ], 1757	2	249
BLISS, Abigail, d. Tho[ma]s & Abigail, b. May 3, 1760	2	331
Abigail, w. of Tho[ma]s, d. July 23, 1760	2	331
Charles, of Hartford, m. Lucia **COE,** of Middletown, June 28, 1825, by Rev. Stephen Hayes	3	204
Dan[ie]l, s. Tho[ma]s & Lois, b. May 30, 1738	1	38
Daniel, s. Tho[ma]s & Esther, b. Dec. 21, 1764	2	331
Edw[ar]d, s. Tho[ma]s & Lois, b. Feb. 28, 1742	1	38
Edward, s. [John & Sally], b. May 31, 1839	3	27
Elizabeth, d. [John & Sally, b. Aug. 26, 1817	3	27
Elizabeth, of Middletown, m. Martin **HATHAWAY,** of Suffield, Oct. 20, 1847, by Rev. Mark Trafton	4	19

BARBOUR COLLECTION

	Vol.	Page
BLISS, (cont.)		
Elizabeth, ae 30, of Middletown, m. Milton **HATHAWAY**, farmer, ae 50, of Suffield, Oct. 22, 1847, by Rev. Mark Trafton	4	62-3
Fred[eric]k Augustus, s. [John & Sally], b. July 21, 1825; d. Nov. 8, 1826	3	27
George H., m. Eunice L. **COE**, Sept. 3, 1845, by Rev. Joseph Holdrich	3	535
Hannah, d. Tho[ma]s & Lois, b. Feb. 22, 1729/30	1	38
Hannah, m. Joshua **GOODRICH**, Feb. 12, 1746	2	68
Hannah, of Chatham, m. Will[ia]m **HOWARD**, of New Haven, Aug. 18, 1822, by Rev. Eli Ball	3	102
Harriet, d. [John & Sally], b. Aug. 24, 1835	3	27
Henry, of Lebanon, m. Polly **LUCAS**, of Middletown, Nov. 4, 1821, by Rev. Eli Ball	3	71
Horace Augustus, s. [John & Sally], b. May 18, 1830	3	27
John, m. Sally G. **BARNS**, May 3, 1814, by Rev. Dan Huntington	3	27
John, s. [John & Sally], b. Feb. 7, 1723	3	27
Lois, d. Tho[ma]s & Lois, b. Apr. 25, 1728	1	38
Lois, m. Noadiah **RUSSELL**, Jan. 1, 1745/6	2	295
Lois, Mrs., m. Joseph **WHITE**, Jan. 31, 1754	2	319
Lois, [twin with Mary], d. Tho[ma]s & Esther, b. Aug. 6, 1762	2	331
Mary, d. Tho[ma]s & Lois, b. Sept. 15, 1744	1	38
Mary, [twin with Lois], d. Tho[ma]s & Esther, b. Aug. 6, 1762; d. Sept. 4, 1762	2	331
Mary, d. [John & Sally], b. Apr. 11, 1832	3	27
Mary Ann, d. Lewis T., joiner, ae 39, & Harriet L., ae 31, b. Jan. 6, 1851	4	196-7
Rohodah, d. Tho[ma]s & Lois, b. Mar. 12, 1731/2	1	38
Rhoda, m. Samuel **LEE**, Mar. 28, 1751	2	294
Sally Elizabeth, d. John & Sally, b. Jan. 30, 1815	3	27
Sally Elizabeth, d. [John & Sally], d. June 21, 1817	3	27
Sally G., w. of John, d. June 4, 1850, ae 55	3	27
Sarah, d. June 5, 1850, ae 55	4	170-1
Sarah Hall, d. John & Sally, b. July 1, 1827	3	27
Thomas, m. Lois **CADWELL**, May 10, 1727	1	38
Thomas, s. Tho[ma]s & Lois, b. Mar. 25, 1734	1	38
Tho[ma]s, d. Sept. 10, 1750	1	38
Thomas, m. Abigail **BROWN**, May 29, 1759/60	2	331
Thomas, m. Esther **EDY**, Nov. 6, 1760	2	331
Will[ia]m Henry, s. [John & Sally], b. July 28, 1819	3	27
BLUM, Catharine, m. Michael **HURT**, b. late of Seligenstadt Grand Duchy of Hesse, now of Middletown, July 24, 1853, by Jacob Fred[eric]k Huber, V.D.M.	4	234
BLUNT*, Hester, m. William **LUCAS**, July 12, 1666 (*Overwritten "CLARK")	LR1	14
BOARDMAN, BORDMAN, Abiel, m. Samuel **STOCKING**, July 20, 1726	1	30
Abigail, d. Step[he]n & Abigail, b. Sept. 20, 1736	1	27
Abigail, d. Step[he]n & Abigail, d. Sept. 18, 1742	1	27
Abigail, d. Nath[anie]ll & [E]unice, b. Oct. 28, 1775	2	171

MIDDLETOWN VITAL RECORDS 65

	Vol.	Page
BOARDMAN, (cont.)		
Abigail Dobson, d. [Joseph & Anna], b. Apr. 11, 1808	2	93
Alfred, s. [William & Phillis], b. Nov. 25, 1812	2	361
Alfred Stannard, s. W[illia]m & Eloisa, b. Mar. [ ], 1825; d. [ ]	3	250
Agnelina, d. [Ira & Sibbell], b. Dec. 18, 1806	3	20
Ann, m. John SAVAGE, May, 1, 1735	1	83
Ann, d. Josiah & Rachel, b. Apr. 18, 1751	1	78
Ann, d. Josiah & Rachel, d. Sept. 17, 1752	1	78
Anne, d. Josiah & Hannah, b. Mar. 31, 1769	2	142
Asa, s. Josiah & Rachel, d. B. May 9, 1749	1	78
Asa, s. Josiah & Rachel, d. Sept. 10, 1752	1	78
Asa, s. Nathaniel & [E]unice, b. Feb. 7, 1773	2	171
Augusta C., [child of Cyrus H. & Caroline], b. Oct. 1, 1844	4	29
Benjamin Franklin, s. Ira & Sibbell, b. Jan. 23, 1802	3	20
Caroline E., d. [W[illia]m & Polly], b. Nov. 24, 1808; d. Sept. 23, 1815	2	341
Charles D., [s. Cyrus H. & Caroline], b. May 13, 1838; d. Sept. 25, 1842	4	29
Chester, s. [W[illia]m & Phillis], b. Nov. 20, 1816	2	361
Clarinda, of Middletown, m. Edmund **NORTH**, of Berlin, Apr. 24, 1825, by Rev. Stephen Hayes	3	201
Cyrus H., m. Caroline **LUCAS**, b. of Middletown, June 2, 1833, by Rev. W[illia]m H. Beacher	3	382
Cyrus H., s. Uri, m. Caroline **LUCAS**, d. Samuel, June 2, 1833, by Rev. Mr. Beecher	4	29
Edward, d. Apr. 28, 1772	2	10
Edward, s. [W[illia]m & Phillis], b. Sept. 22, 1810	2	361
Elisha, s. Timothy & Jemima, b. June 11, 1760	2	243
Eliza, d. [Ira & Sibbell], b. Dec. 12, 1804	3	20
Eliza, d. W[illia]m & Phillis, b. Dec. 31, 1804	2	361
Eliza, d. W[illia]m & Phillis, d. May 18, 1807	2	361
Elizabeth, mother of [Elizabeth **BANKS**], d. Aug. 14, 1730	1	48
Elizabeth, m. John **WHITE**, Oct. 21, 1736	1	92
Elizabeth, d. Timothy & Jemima, b. Apr. 17, 1764	2	243
Elizabeth G., of Middletown, m. George W. **WHITTLESEY**, of New Milford, June 25, 1840, by Rev. Edward R. Tyler	3	467
Elizabeth Goodwin, d. [Joseph & Anna], b. May 1, 1810	2	93
Eloisa Augusta, d. [W[illia]m & Eloisa], b. [ ], 1826	3	250
Emelius, s. [Ira & Sibbell], b. Jan. 7, 1809	3	20
Eunice, d. Step[he]n & Abigail, b. Oct. 11, 1738; d. Sept. 20, 1742	1	27
Eunice, d. Jos[eph] & Eunice, b. Oct. 16, 1774	2	73
Eunice, d. Nath[anie]ll & [E]unice, b. Aug. 31, 1782	2	171
George W., [s. Cyrus H. & Caroline], b. June 20, 1836	4	29
Giles M., m. Judeth E. **NEWTON**, b. of Middletown, [Nov.] 9, 1831, by Rev. E. R. Tyler	3	366
Giles Meigs, s. Joseph & Anna, b. Aug. 5, 1799	2	93
Hannah, m, David **HIGBE**, Jan. 22, 1752	2	239
Hannah, d. Sam[ue]l & Hannah, b. July 24, 1753	2	39
Harriet Newell, d. [Nathan, Jr. & Sally], b. Oct. 13, 1815	3	21
Henrietta E., [d. Cyrus H. & Caroline], b. Dec. 4, 1847	4	29
Henrietta Emma, d. Cyrus E., farmer, ae 37, & Caroline, ae 38, b. Dec. 4, 1847	4	58-9

	Vol.	Page
BOARDMAN, (cont.)		
Henry Elisha, s. [Joseph & Anna], b. Dec. 26, 1813	2	93
Horace Elisha, s. [W[illia]m & Polly], b. Jan. 1, 1804; d. Feb. 9, 1874	2	341
Ira, s. Nathan & Anna, b. Jan. 5, 1779	2	249
Ira., m. Sibbell **TREAT**, Mar. 26, 1800	3	20
James P., of Middletown, m. Sarah M. C. **BRADELY**, of Portland, July 24, 1842, by Rev. Ja[me]s H. Francis	3	492
Jehiel, s. Stephen & Abigail, b. Dec. 16, 1733	1	27
Joseph, s. Josiah & Rachel, b. Nov. 15, 1744	1	78
Joseph, s. Timothy & Jemima, b. Oct. 13, 1767	2	243
Joseph, of Middletown, m. Eunice **PORTER**, of East Hartford, Mar. 3, 1773	2	73
Joseph, m. Anna **MEIGS**, Sept. 26, 1798	2	93
Joseph Dixwell, s. [Joseph & Anna], b. Feb. 1, 1802	2	93
Josiah, m. Rachel **COLE**, Aug. 5, 1734	1	78
Josiah, s. Josiah & Rachel, b. Aug. 26, 1740	1	78
Josiah, Jr., of Middletown, m. Hannah **ROYS**, of Wallingford, Dec. 18, 1766	2	142
Josiah, Sr., d. Sept. 19, 1776, at Fairfield, coming from the Army	2	142
Levi, s. [W[illia]m & Phillis], b. Dec. 6, 1814	2	361
Louisa, d. [W[illia]m & Phillis], b. Jan. 16, 1819	2	361
Lucetta, m Joseph **TRYON**, b. of Middletown, Oct. 3, 1828, by Rev. Stephen Topliff	3	369
Lucia, m. Joseph **WASHBORN**, Dec. 24, 1741	2	16
Lucia, d. Sam[ue]l & Hannah, b. Jan. 28, 1755	2	39
Lusie, d. Moses & Silence, b. Aug. 14, 1725	1	17
Lydia, d. Sam[ue]l Allin & Katharine, b. Feb. 11, 1776	2	145
Maria Louisa, d. [Nathan, Jr. & Sally], b. Feb. 22, 1818	3	21
Mary, d. Step[he]n & Abigail, b. Mar. 10, 1729/30	1	27
Mary, d. Timothy & Jemima, b. Apr. 29, 1762	2	243
Mary, d. [W[illia]m & Phillis], b. Jan. 16, 1822	2	361
Mary or Polly, w.[of William], d. Aug. 31, 1859, ae 82	2	341
Mary A., d. [W[illia]m & Polly], b. Aug. 20, 1805; d. Sept. 26, 1879	2	341
Mary Abigail, m. Samuel W. **GRISWOLD**, Sept. 19, 1833, by Rev. John R. Crane	3	386
Mary S., of Middletown, m. Willard K. **BURR**, of Haddam, Sept. 15, 1841, by Rev. Ja[me]s H. Francis	3	482
Mercy, m. Reuben **TRYON**, b. of Middletown, May 3, 1831, by Rev. Stephen Topliff	3	369
Moses, m. Silence **CORNWELL**, Nov. 20, 1724	1	17
Moses, s. Moses & Silence, b. Aug. 31, 1730	1	17
Moses, Sr., d. Dec. 16, 1737	1	17
Moses, m. Margaret **ALLIN**, Feb. 31, [sic], 1750/1	2	201
Nathan, s. Josiah & Rachel, b. June 17, 1755	1	78
Nathan, of Middletown, m. Anna **PORTER**, of East Hartford, Feb. 12, 1777, at East Hartford	2	249
Nathan, Jr., m. Sally **CLARK**, Sept. 6, 1812	3	21
Nathaniel, s. Stephen & Abigail, b. Mar. 14, 1731/2	1	27
Nathaniel, s. Josiah & Rachel, b. Aug. 28, 1738	1	78
Nathaniel, s. Josiah & Rachel, d. Feb. 17, 1740	1	78

	Vol.	Page
BOARDMAN, (cont.)		
Nathaniel, s. Josiah & Rachel, b. Nov. 12, 1742	1	78
Nathaniel, of Middletown, m. [E]unis **MOSS**, of Wallingford, May 24, 1770	2	171
Nathaniel, s. Nath[anie]ll & [E]unice, b. Jan. 31, 1779	2	171
Oliver, s. Timothy & Jemima, b. Aug. 2, 1758	2	243
Polly or May, w. [William], d. Aug. 31, 1859, ae 82	2	341
Rachel, m. Janna **WILLCOCKS**, Apr. 29, 1725	1	22
Rachel, d. Josiah & Rachel, b. May 24, 1735	1	78
Rachel, d. Josiah & Rachel, d. Dec. 6, 1751	1	78
Rachel, d. Josiah & Rachel, b. Sept. 16, 1753	1	78
Rachel, m. Hezekiah **WILLCOX**, Nov. 9, 1775	2	161
Rachel, d. Nathan & Anna, b. Oct. 19, 1781	2	249
Rebeckah, d. Josiah & Rachel, b. Dec. 6, 1746	1	78
Ruth, d. Joseph & Eunice, b. Dec. 10, 1776	2	73
Samuel, s. Moses & Silence, b. June 25, 1728	1	17
Samuel, Sr., d. Sept. 6, 1732	1	17
Samuel, m. Hannah **HUBBARD**, Oct. 25, 1752	2	39
Sam[ue]ll, s. Sam[ue]ll & Hannah, b. Jan. 11, 1757	2	39
Sam[ue]ll, s. [W[illia]m & Phillis], b. Sept. 13, 1808	2	361
Sam[ue]ll Allin, s. Moses & Margaret, b. Mar. 9, 1751/2	2	201
Samuel Allin, of Middletown, m. Katharine **THORP**, of Farmington, Mar. 31, 1774	2	145
Sarah, d. Step[he]n & Abigail, b. Mar. 18, 1742	1	27
Sarah, d. Timothy & Jemima, b. Apr. 30, 1770	2	243
Sarah Ann, d. [Joseph & Anna], b. Sept. 19, 1806	2	93
Sarah Ann, m. Rev. Edward R. **TYLER**, July 10, 1831, by Rev. John R. Crane	3	361
Silence, d. Moses & Marg[a]ret, b. June 3, 1757	2	201
Solomon, s. [Samuel Allin & Katharine], b. Dec. 1, 1774	2	145
Stephen, m. Abigail **SAVAGE**, Mar. 21, 1726/7	1	27
Stephen, s. Stephen & Abigail, b. Dec. 31, 1727/8	1	27
Susannah G., of Middletwon, m. David **CHURCH**, of Haddam, Aug. 15, 1839, by Rev. Zebulon Crocker	3	460
Thankful, m. James **PENNOCK**, Mar. 1, 1738/9	1	118
Timothy, m. Jemima **JOHNSON**, Nov. 14, 1751	2	243
Timothy, s. Timothy & Jemima, b. Jan. 29, 1754	2	243
Timothy, s. [Joseph & Anna], b. June 2, 1804; d. June 17, 1804	2	93
Timothy, s. [W[illia]m & Polly], b. Jan. 25, 1812; d. Jan. 17, 1865	2	341
Timothy, of Berlin, m. Julia **STRATTON**, of Middletown, May 29, 1833, by Rev. Zebulon Crocker	3	382
Vina, d. Josiah & Hannah, b. Sept. 5, 1775	2	142
William, s. Timothy & Jemima, b. June 27, 1773	2	243
W[illia]m, m. Polly **OSBORN**, 2d, Sept. 15, 1799	2	341
W[illia]m, m. Phillis **FREEMAN**, Mar. 25, 1804	2	361
W[illia]m, d. Oct. 30, 1862, ae 89 y.	2	341
William A., m. Eloisa **STANNARD**, May 12, 1824	3	250
Will[ia]m Augustus, s. W[illia]m & Polly, b. June 15, 1800; d. Mar. 4, 1837	2	341
Will[ia]m F., m. Lucy Ann **WILCOX**, b. of Middletown, [Mar.] 16, [1835], by Rev. Stephen Topliff	3	407

	Vol.	Page
BOARDMAN, (cont.)		
William F., m. Electa **WARD**, Mar. 13, 1844, by Rev. D. M. Seward	3	516
W[illia]m Frederick, s. Nathan, Jr., & Sally, b. Mar. 29, 1813	3	21
W[illia]m H., d. June 17, 1847	3	407
W[illia]m Thomas, s. [W[illia]m & Phillis, b. Nov. 12, 1806	2	361
BODWELL, [see also **BIDWELL**], Abigaill, m. Hezekiah **SUMNER**, Feb. 10, 1703/4	LR1	30
Ame, m. Jonathan **SAGE**, Nov. 1, 1705	LR2	6
Moses, s. Sam[ue]l & Abigail, b. Jan. 9, 1698	LR1	47
Thankfull, d. Sam[ue]ll &Sarah, b. Dec. 8, 1695	LR1	47
BOGUE, Louisa, of Tolland, m. George **INGRAHAM**, of Middletown, Sept. 21, 1828, by Rev. Fred[eric]k Wightman	3	313
Sarah, m. Anson **FOWLOR**, b. of Middletown, Nov. 4, 1827, by Rev. Fred[eric]k Wightman	3	284
BOHANE, Sereney, m. Dr. John **O'BRIEN**, July 12, 1820, by Rev. Will[ia]m Jewett	2	367
BOLDON*, Abigail, m. Joseph **STARR**, June 24, 1697 (*Probably "**BALDWIN**")	LR2	1
BOLE*, Mary, of East Hartford, m. Jonathan **SAGE**, Jr., Jan. 31, 1765 (*Perhaps "**BALE**"?)	2	160
BOLLES, Susan, d. July 31, 1849, ae 78	4	134-5
BOND, Catharine, d. Armstrong, quarryman, ae 36, & Ann, ae 36, b. May 10, 1850	4	162-3
George, s. Armstrong, farmer, ae 36, & Ann, ae 36, b. May 27, 1848 (1849?)	4	54-5
George, s. Armstrong, quarryman, ae 36, & Ann, ae 37, b. May 27, 1849	4	114-5
George, d. Aug. 3, 1849, ae 2 m.	4	134-5
BONFOY, BONFOEY, Cynthia S., m. Alvin C. **HUBBARD**, b. of Haddam, Feb. 22, 1843, by Rev. John R. Crane	3	499
Edwin B., of Haddam, m. Harriet A. **COTTON**, of Middletown, July 14, 1835, by Rev. John Cookson	3	412
Penelopee, d. Permot **BONFOY**, of Haddam, & Hannah **BUTLER**, of Middletown, b. Nov. 15, 1762	2	1
Penelope, of Haddam, m. Peter **RICH**, of Middletown, June 30, 1763	2	128
Permit, d. Aug. 12, 1764	2	1
Susanna, d. Rich[ar]d & Hannah, b. May 15, 1736	1	43
BONNEY, Alice, d. W[illia]m, painter, ae 28, & Laura, ae 23, b. Dec. 6, 1850	4	194-5
Alice, d. July 26, 1851, ae 8 m.	4	202-3
Betsey Ann, of Middletown, m. Lyman **SANFORD**, Jr., of Berlin, Nov. 21, 1842, by Rev. J. B. Cook	3	498
Emma Jane, d. July 28, [1851], ae 4	4	204-5
William, m. Laura **ATKINS**, May 9, 1847, by Thomas Atkins, J.P.	4	7
-----, child, of William, painter, ae 22, & Laura, ae 21, b. Aug. 27, 1847	4	56-7
BOONE, Gardiner S., m. Julia H. **SMITH**, May 30, 1847, by Rev. A. L. Stone	4	7
BOOTH, Sarah, of Southhold, L. I., m. Ezrakiah **WETMORE**, of		

MIDDLETOWN VITAL RECORDS 69

	Vol.	Page
BOOTH, (cont.)		
Middletown, June 28, 1721	1	2
William, M. Of Mereden, m. Lois W. **HALL**, of Middletown, Sept., 1846, by Rev. Harvey Miller, of Mereden	3	556
BORDEN, BOURDEN, Patrick, m. Mary **TUTHILL**, Aug. 15, 1853, by Rev. Jno. Brandy	4	239
Sam[ue]l, m. Martha **RANNEY**, b. of Middletown, Apr. 7, 1837, by Rev. Fred[eric]k Wightman	3	430
BORDINANCE, Louisa, m. James C. **PATTERSON**, of Middletown, Jan. 7, 1838, by Rev. Robert McEwen	3	444
BOSTON, Ann Maria, of Middletown, m. William **MATSON**, of St. Croix, W. I., Aug. 6, 1837, by Rev. Robert McEwen	3	436
Robert, of Middletown, m. Amelia A. **TUDO**, of Hartford, July 30, 1837, by Rev. John Cookson	3	442
[BOSWORTH], [see under **BOZWORTH**]		
BOTCHFORD, Daniel Bacon, s. Theop[hilus] & Dolly, b. Aug. 21, 1782	2	237
Dolly, d. Theo[hilus] & Dolly, b. June 21, 1786	2	237
Samuel, s. Theophilus & Dolly, b. Apr. 8, 1784	2	237
Theophilus, m. Dolly **BIDWELL**, Apr. .., 1781	2	237
Theophilus, of Bristo, m. Prescilla **WHITMORE**, of Middletown, Oct. 20, 1828, by Rev. Jno. R. Crane	3	314
BOUND, BOUNDS, Fred[eric]k Redfield, s. [John & Mary], b. Feb. 25, 1828	3	78
John, m. Mary **FISK**, May 22, 1817	3	78
John F., m. Hannah E. **JOHNSON**, Oct. 16, 1843, by Rev. John R. Crane	3	506
John Fisk, s. John & Mary, b. Mar. 4, 1819	3	78
Martha Willard, b. Apr., 1799, at Norwich; m. Reuben **CHAFFEE**, Nov. 30, 1819	3	380
Mary, d. [John & Mary], b. June 20, 1821	3	78
Mary F., m. Edmund B. **GREEN**, Sept. 15, 1840, by Rev. John R. Crane	3	469
Mary F., m. Elias **LEWIS**, Sept. 24, 1845, by Rev. John R. Crane	3	536
Richard*, s. John F. & Hannah E. (**JOHNSON**), b. Jan. 25, 1846 *This child was afterwards called Walter)	3	506
Walter, see under Richard		
BOURDEN, [see under **BORDEN**]		
BOURN, BOARN, BORN, BORNE, Ann, d. John & Hanna[h], b. Feb. 3, 1679/80	LR1	14
Ann, d. John & Ann, b. Jan. 6, 1735/6	1	67
Ann, w. of John, d. Aug. 11, 1741	1	67
Elizabeth, d. Joseph & Elizabeth, b. Apr. 7, 1713	LR2	21
Elizabeth, wid. of Joseph, m. Joseph **DREEGS**, Sept. 13, 1716	LR2	Ind-3
Elizabeth, d. Jno. & Ann, b. Nov. 14, 1737; d. [ ], 1738	1	67
	LR1	14
Francess, d. John & Hannah, b. Feb. 16, 1692	1	19
Francis, m. Richard **ANTHONY**, Mar. 8, 1725/6	LR1	14
John, m. Hanna[h] **BACON**, Oct. [ ], 1677	LR1	14
John, s. John & Hanna[h], b. Jan. 1, 1681/82	LR1	14
John, s. John, d. Dec. 23, 1704	LR2	21
John, s. Joseph & Elizabeth, b. Sept. 16, 1711	1	67
John, m. Ann **WETMORE**, Mar. 28, 1733		

	Vol.	Page
BOURN, (cont.)		
John, s. John & Ann, b. Aug. 23, 1739	1	67
Joseph, s. John & Hanna[h], b. Feb. 17, 1686/87	LR1	14
Joseph, m. Elizabeth **MARTIN**, Dec. 2, 1710	LR2	21
Joseph, d. Mar. 3, 1713/14	LR2	21
Joseph, s. John & Ann, b. Feb. 28, 1733/4	1	67
Nathan, s. John & Hannah, b. Feb. 1, 1689	LR1	14
Thomas, s. John & Hanna[h], b. Jan. 23, 1684/85	LR1	14
BOUTON, Elizabeth Desire, of St. Pierre, in the Island of Martinico, m. Ebenezer **GILBERT,** Jr., of Middletown, Feb. 16, 1779, in St. Pierre	3	21
BOW, BOWE, BOWES, Abigail, w. of Samuel, d. Oct. 18, 1713	LR2	20
Abigail, d. Thad[deu]s & Mary, b. Aug. 29, 1766	2	151
Abigail, m. Jonathan **LEWIS,** May 6, 1792	2	356
Abigail, of Middletown, m. Gideon **THORP,** of Mereden, Dec. 25, 1834, by Rev. B. Creagh	3	403
Abner, s. Amos & Tabitha, b. Aug. 27, 1744	1	110
Alexander, m. Rebeckah **HUSE,** Nov. 26, 1673	LR1	10
Alexander, d. Nov. 6, 1678	LR1	10
Alexander, [twin with Edward], s. Samuell & Mary, b. Oct. 25, 1692; d. Jan. 29, 1692/3	LR1	10
Alexander, s. Samuell & Marah, b. Jan. 20, 1701	LR1	10
Alexander, of Middletown, m. Lydia **KING,** of Glastonbury, Sept. 21, 1727	1	53
Alexander, s. Alex[ander] & Lydia, b. Feb. 20, 1732	1	53
Alexander, d. Mar. 22, 1753	1	53
Alexander, m. Prudence **ROBBERDS,** Oct. 30, 1755	2	365
Alexander, s. Alex[ande]r & Prudence, b. May 9, 1764	2	365
Allen, of Middletown, m. Nancy **SKINNER,** of Haddam, July 30, 1826, by Levi Knight	3	235
Almira J., m. John B. **COLES,** b. of East Hartford, Dec. 11, 1844, by Rev. E. Griswold	3	525
Amos, s. Sam[ue]ll & Hannah, b. Aug. 18, 1715	LR2	20
Amos, m. Tabitha **BEVIN,** July 27,, 1738	1	110
Amos, s. Amos & Tabitha, b. Oct. 20, 1740	1	110
Amos, d. Oct. 14, 1750	1	110
Anna, d. Edw[ar]d & Eliz[abet]h, b. Nov. 30, 1753	2	64
Anna, wid., m. William **WARD,** Nov. [ ], 1755	1	33
Annar, m. John **LUCAS,** Oct. 21, 1773	2	313
Anne, d. Alexander & Rebecca, b. Sept. 10, 1674	LR1	10
Betsey, d. Isaac & Elizabeth, b. Nov. 12, 1780; d. Dec. 25, 1780	2	307
Betsey, d. Isaac & Elizabeth, b. June 13, 1784	2	307
Caleb, s. Peleg & Mary, b. Apr. 21, 1771; d. June 10, 1773	2	151
Catharine, m. William **CRANER,** Jan. 15, 1854, by Rev. Jno. Brady	4	262
Daniel, s. Edward & Anna, b. Feb. 8, 1725	LR2	12
Daniel, s. Edw[ar]d & Eliz[abet]h, b. July 19, 1743	2	64
Daniel, s. Peleg & Mary, b. June 1, 1763	2	151
David, s. Peleg & Mary, b. Feb. 5, 1768; d. July 25, 1772	2	151
Dorkis, D. [Amos & Tabitha], b. Jan. 22, 1738/9	1	110
Edward, [twin with Alexander], s. Samuell & Mary, b. Oct. 25, 1692	LR1	10

MIDDLETOWN VITAL RECORDS 71

	Vol.	Page
BOW, (cont.)		
Edward, m. Anna **PRYOR**, Apr. 4, 1717	LR2	2
Edward, m. Anna **PRYOR**, Apr. 4, 1717	LR2	12
Edward, s. Edward & Anna, b. Apr. 11, 1720	LR2	12
Edward, d. Sept. 17, 1725	LR2	12
Edward, m. Elizabeth **ROBBERDS**, Apr. 5, 1743	2	64
Edward, [twin with Mary], s. Edw[ar]d & Elizabeth, b. Mar. 18, 1757	2	64
Edward, d. Aug. 30, 1756	2	64
Edward, s. Alex[ande]r & Prudence, b. Aug. 22, 1766	2	365
Eleazer, s. Samuel & Hannah, b. Apr. 1, 1721	LR2	20
Eleazer, m. Mary **GOFF**, Nov. 10, 1743	2	19
Eleazer, s. Eleazer & Mary, b. July 29, 1744	2	19
Elijah, s. Alex[ander] & Lydia, b. Mar. 10, 1748	1	53
Elijah, s. Alex[ande]r & Prudence, b. Nov. 22, 1768	2	365
Elisha, s. Samuel & Hannah, b. Apr. 1, 1729; d. Jan. 25, 1756	LR2	20
Elizabeth, d. Edw[ar]d & Elizabeth, b. Aug. 20, 1744	2	64
George Lee, s. Isaac & Elizabeth, b. Feb. 19, 1787	2	307
Hannah, d. Samuel & Abigail, b. Apr. 30, 1712	LR2	20
Hannah, d. Eleazer **BOW** & Mary **GOFF**, b. June 9, 1742	2	19
Hannah, w. of Sam[ue]l, d. Jan. 5, 1756	LR2	20
Isaac, s. Peleg & Mary, b. Feb. 6, 1753	2	151
Isaac, m. Elizabeth **LEE**, May 18, 1775	2	307
Isaac, s. Isaac & Elizabeth, b. Aug. 14, 1776	2	307
Jacob, s. Eleazer & Mary, b. Apr. 2, 1746	2	19
Jacob, s. Peleg & Mary, b. July 1, 1765	2	151
Jerusha, d. Samuel & Mary, b. Mar. 31, 1705/6	LR1	10
Jerusha, m. Will[ia]m **LUCAS**, Jr., Dec. 20, 1735	1	32
Joseph, s. Isaac & Elizabeth, b. Nov. 17, 1782	2	307
Lament, d. Thad[deu]s & Mary, b. July 23, 1764	2	151
Levi, s. Amos & Tabitha, b. Feb. 26, 1747; d. Dec. 23, 1749	1	110
Levi, s. Amos & Tabitha, b. Mar. 3, 1749/50	1	110
Louisa, d. Of Obadiah, m. Derwin **DOWNS**, of West Troy, N.Y., May 17, 1847, by Rev. Daniel Burrows	4	10
Lovisa, d. Alex[ande]r & Prudence, b. June 14, 1756	2	365
Lucia, d. Alex[ande]r & Lydia, b. Apr. 11, 1734; d. Feb. 5, 1752	1	53
Lucia, d. Peleg & Mary, b. Mar. 8, 1755	2	151
Lucinda, d. Isaac & Elizabeth, b. Sept. 13, 1778	2	307
Lucy, d. Peleg & Mary, d. Feb. 10, 1778	2	151
Lucy M., see under Lucy M. **BOWELES**	3	537
Lydia, d. [Alexander & Lydia], b. July 3, 1730	1	53
Lydia, m. Darius **WESSON**, Aug. 17, 1755	2	24
Lydia, d. Alex[ande]r & Prudence, b. Jan. 9, 1761	2	365
Lydia, d. May 10, 1776	1	53
Mabel, d. Edw[ar]d & Eliz[abet]h, b. Sept. 22, 1751	2	64
Mabel, d. Seth & Anna, b. June 4, 1771	2	241
Mabel, m. Daniel **STARR**, b. of Middletown, Mar. 25, 1773	2	144
Margary, d. Step[he]n & Mary, b. Mar. 2, 1762	2	64
Martha, d. Edward & Anna, b. Aug. 23, 1717	LR2	12
Martha, m. Will[ia]m Ward **NEWFIELD**, Jr., Nov. 9, 1742 (Probably "Will[ia]m **WARD**, Jr., of Newfield")	1	130
Martha, d. Edward & Anna, b. Aug. 23, [ ]	LR2	2

BOW, (cont.)

	Vol.	Page
Mary, d. Alexander, b. Jan. 18, 1664; d. Mar. 16, 1665	LR1	10
Mary, d. Alexander & Rebeccah, b. Dec. 5, 1676	LR1	10
Mary, d. Samuell & Mary, b. Feb. 3, 1687/8	LR1	10
Mary, d. Edward & Anna, b. Dec. 11, 1723	LR2	12
Mary, m. Edward ROBBORDS, May [ ], 1742	2	93
Mary, d. Alex[ander] & Lydia, b. Apr. 18, 1746	1	53
Mary, wid., of Sam[ue]ll, d. Apr. 25, 1747	LR1	10
Mary, [twin with Edward], d. Edw[ar]d & Elizabeth, b. Mar. 18, 1757	2	64
Mary, d. Step[he]n & Mary, b. Aug. 12, 1757; d. Nov. 11, 1757	2	64
Mary, d. Step[he]n & Mary, b. Aug. 30, 1758	2	64
Mary, d. Peleg & Mary, b. Nov. 11, 1758	2	151
Mary, wid., m. Simon CADY, May 11, 1768	2	151
Mary, wid., m. Simon HOFFMAN, May 17, 1774	2	183
Mary, m. Henry B. CONE, May 19, 1834, by Rev. W. Fisk	3	394
Mary, d. Oct. 2, [1848 or 9], ae 93	4	132-3
Michael, s. Amos & Tabitha, b. Apr. 25 1746; d. July 14, 1753	1	110
Nancy, Mrs., m. David B. MILLER, b. of Middletown, Jan. 15, 1845, by Rev. Joseph Holdrich	3	527
Patience, d. Step[he]n & Mary, b. June 2, 1763	2	64
Peleg, s. Alexander & Lydia, b. Sept. 21, 1728	1	53
Peleg, m. Mary WOODWARD, June 23, 1748	2	151
Peleg, s. Peleg & Mary, b. Jan. 21, 1757	2	151
Peleg, s. Peleg & Mary, d. Aug. 19, 1776	2	151
Phebe, d. Sam[ue]ll & Hannah, b. Aug. 25, 1717	LR2	20
Phebe, d. Amos & Tabitha, b. July 25, 1742	1	110
Phebe, m. Nathan MILLER, Oct. 21, 1742	1	66
Prosper, s. Alex[ande]r & Prudence, b. Sept. 6, 1770	2	365
Rebeckah, d. Alexander & Rebeckah, b. Apr. 19, 1679	LR1	10
Rebecah, m. Thomas FORMAN, Oct. 8, 1679	LR1	10
Rebeckah, m. Thomas STOW, Jr., Feb. The last, 1700/1	LR1	22
Samuell, s. Alexander, b. Jan. 28, 1659	LR1	10
Samuell, m. Mary TURNER, May 9, 1783	LR1	10
Samuell, s. Samuell & Mary, b. June 15, 1685	LR1	10
Samuel, of Middletown, m. Abigail ROWLY, of Windsor, Apr. 14, 1710	LR2	20
Samuel, m. Hannah WEST, Oct. 7, 1714	LR2	20
Samuel, s. Samuel & Hannah, b. July 25, 1719	LR2	20
Sam[ue]ll, Sr., d. Jan. 15, 1741/2	LR1	10
Samuel, s. Peleg & Mary, b. Jan. 25, 1750/1	2	151
Samuel, m. Mary ARNOLD, Apr. 28, 1756	2	49
Samuel, d. Dec. 21, 1775	LR2	20
Sara[h], d. Alexander, b. June 20, 1662	LR1	10
Sara[h], d. Alexander, d. Apr. 16, 1665	LR1	10
Sarah, d. Samuell & Mary, b. Mar. 27, 1683/4; d. May 11, 1684	LR1	10
Sarah, d. Samuell & Mary, b. Oct. [ ], 1695	LR1	10
Sarah, d. Peleg & Mary, b. May 18, 1749	2	151
Sarah, d. Seth & Anne, b. July 16, 1769; d. Apr. 14, 1770	2	241
Sarah, 2d, d. Seth & Anne, b. May 29, 1774	2	241
Seth, s. Alexander & Lydia, b. Jan. 10, 1739/40	1	53
Seth, s. Alexander & Prudence, B. Nov. 12, 1758	2	365

MIDDLETOWN VITAL RECORDS 73

	Vol.	Page
BOW, (cont.)		
Seth, of Middletown, m. Anna **BREWSTER**, of G[u]ilford, Sept. 24, 1763	2	241
Seth, s. Seth & Anne, b. Nov. 1, 1776	2	241
Seth, Sr., d. Dec. 26, 1776	2	241
Seth, m. Hannah **DANIELS**, b. of Middletown, Nov. 18, 1827, by Rev. H. Bangs	3	285
Stephen, s. Alex[and]er & Lydia, b. June 9, 1737	1	53
Stephen, m. Mary **BUTLER**, Nov. 18, 1756	2	64
Thaddeus, s. Alex[ander] & Lydia, b. Oct. 24, 1741	1	53
Thaddeus, s. Peleg & Mary, b. Dec. 4, 1760	2	151
Thaddeus, m. Mary **HAUGHTON**, Sept. 29, 1763	2	151
Thaddeus, d. Feb. 14, 1768	2	151
Thaddeus, m. Mabel **STOW**, Oct. 16, 1783	2	350
Thankfull, d. Samuell & Marah, b. Oct. 23, 1698	LR1	10
Thankfull, m. David **ROBBERTS**, May 21, 1724	1	40
William, s. Seth & Anne, b. May 4, 1765	2	241
William, s. Seth & Anne, d. Feb. 8, 1767	2	241
William, 2d, s. Seth & Anne, b. Sept. 14, 1767; d. May 18, 1768	2	241
W[illia]m Smith, s. Isaac & Elizabeth, b. June 30, 1789	2	307
BOWDEN, BOWDON, George, m. Elizabeth, H. **PLUM**, Mar. 26, 1837, by Rev. Joseph Holdick	3	429
Susannah, m. Paull **CORNWELL**, Sept. 4, 1701	LR2	8
BOWELES, Lucy M., m. Selden C. **HINCKELY**, b. of Chatham, July 21, 1845, by Rev. J. L. Gilder (**BOWES?**)	3	537
BOWEN, James U., d. Feb. 15, 1850, ae 2	4	170-1
BOWERS, Aurelia, d. [Nathaniel & Phebe, b. Mar. 26, 1799	2	244
Aurelia, m. W[illia]m **PLUMB**, 2d, Apr. 4, 1816	3	357
Benjamin, m. Sarah **NEWHALL**, Nov. 4, 1742	2	130
Benj[ami]n, s. Benj[ami]n & Sarah, b. July 16, 1743	2	130
Benj[ami]n, of Middletown, m. Mrs. Ann **HOSMER**, of East Haddam, July 31, 1759	2	130
Catharine Richards [d.. William Cushing & Elizabeth H.], b. Jan. 27, 1842	4	14
Charlotte, m. W[illia]m **MITCHELL**, b. of Middletown, July 2, 1829, by Rev. John Cookson	3	337
Charlotte F., b. in Portland, res. Middletown, d. Nov. 16, 1848, ae 6	4	128-9
Edward A., d. July 12, 1848, ae 1 y.	4	72-3
Eliza, m. Cyrus **GRAHAM**, Oct. 33, 1843, by Rev. William G. Howard	3	506
Emily Adeline, d. [Julius & Polly], b. Mar. 2, 1815	3	20
Hannah, d. Benj[ami]n & Sarah, b. June 2, 1747	2	130
Hannah, d. Benj[ami]n & Sarah, d. Mar. 17, 1749/50	2	130
Hannah, d. Benj[ami]n & Sarah, b. Sept. 17, 1750	2	130
Harley, s. Nathaniel & Phebe, b. Oct. 14, 1793	2	244
Harriet Eveline, dl Julius & Polly, b. Apr. 27, 1811	3	20
Hartley N., of Berlin, m. Julia **WILCOX**, of Middletown, Sept. 2, 1846, by Rev. Lent S. Hough	3	553
Jonathan, s. Benj[ami]n & Sarah, b. May 19, 1749	2	130
Jona[tha]n, s. Benj[ami]n & Sarah, d. Nov. 27, 1749	2	130
Jonathan, s. Benj[ami]n & Sarah, b. Apr. 15, 1754	2	130

BARBOUR COLLECTION

	Vol.	Page
BOWERS, (cont.)		
Josephine Otis, [d. William Cushing & Elizabeth H.], b. Nov. 12, 1844	4	14
Julius, m. Polly **WETMORE**, Jan. 10, 1811		20
Laura, m. James **LEE**, Sept. 27, 1832, by Cha[rle]s Remington, Elder	3	373
Leander Egbert, s. [Julius & Polly], b. Feb. 18, 1817	3	20
Lois Goodrich, d. Luther & Wealthy, b. May 26, 1818	3	183
Louisa G., d. of Luther, of Middletown, m. Elisha **HOLLISTER**, of Glasthonbury, Sept. 11, 1851, by Rev. L. S. Hough	4	191
Lucy, d. Samuel, of Chatham, now of Portland, m. William **CLARK**, Feb. 27, 1818, in Chatham	4	16
Luther, s. [Nathaniel & Phebe], b. Jan. 26, 1797	2	244
Luther, m. Wealthy **GOODRICH**, Sept. 17, 1817	3	183
Luther, 2d, m. Emily w. **STARR**, Nov. 1, 1841, by Rev. John R. Crane	3	484
Luther, 2d, of Berlin, m. Mary L. **STEPHENS**, of Middletown, Nov. 26, 1849, by Rev. Frederic J. Goodwin	4	94
Luther, shoemaker, ae 28, b. in Middletown, res. Berlin, m. 2d, w. L. M. **STEVENS**, ae 18, of Middletown, Nov. [ ], 1849, by Rev. F. J. Goodwin	4	166-7
Lydia, d. Benj[ami]n & Sarah, b. June 11, 1756	2	130
Margaret Phillips, [d. William Cushing & Elizabeth H.], b. May 18, 1838	4	14
Mary, of Killingly, m. Simeon **PENFIELD**, of Middletown, Dec. 6, 1749	2	230
Mary, d. Benj[ami]n & Sarah, b. Oct. 16, 1752	2	130
Nathaniel, m. Phebe **CLARK**, Dec. 26, 1792	2	244
Otis, of Chatham, m. Eliza **BELDEN**, of Middletown, Jan. 1, 1832, by Rev. Fred[eric]k Wightman	3	367
Penellope, m. Jabez **RANNEY**, Jan. 15, 1767	2	167
Samuel, m. Sarah **PERRY**, b. of Middletown, Apr. 8, 1852, by Rec. John R. Crane	4	212
Sarah, d. Benj[ami]n, & Sarah, b. Aug. 5, 1745	2	130
Sarah, w. of Benj[ami]n, d. July 31, 1757	2	130
Sarah L., of Middletown, m. Morris **BAILEY**, 2d, of Hillsdale, N.Y., Nov. 16, 1840, by Rev. L. S. Everett	3	473
Sarah Lloyd, [d. Luther & Wealthy], b. Sept. 23, 1821	3	183
Smith C., laborer, ae 25, b. in Haddam, res. Middletown, m. Laura A. **PARDEE**, ae 25, b. in Haddam. July 4, 1849, by Rev. Gay	4	124-5
Vernette Edwards, s. [Julius & Polly], b. Jan. 23, 1813	3	20
William, s. [Nathaniel & Phebe], b. Oct. 19, 1794	2	244
William Cushing, s. Lloyd, m. Elizabeth H. **OTIS**, adopted d. of Joseph, of New York, Oct. 16, 1834, by Rev. Cyrus Mason	4	14
William W., m. Sarah M. **PROUT**, Apr. 10, 1842, by Rev. Arthur Granger	3	487
BOWMAN, Hannah, m. Beriah **WETMORE**, Jr., Feb. 7, 1737/8	1	100
BOYCE,, Bridget, m. James **MULHULY**, Oct. 1, 1854, by Rev. Jno. Brady	4	272
BOYD, Susannah, m. Giles **MILLER**, Apr. 18, 1765	2	59
BOYLE, Catharine, m. John **LAWTON**, May 14, 1848, by		

MIDDLETOWN VITAL RECORDS 75

	Vol.	Page
BOYLE, (cont.)		
Rev. John Brady	4	76
Mary, m. John **BEVIN,** Sept. 10, 1724	1	17
BOZWORTH, Bethiah, w. of Nathaniel, d. Jan. 21, 1748/9	2	252
Elizabeth, d. Nathaniel & Bethiah, b. Aug. 28, 1746	2	252
Elizabeth, d. Oliver & Phebe, b. Sept. 7, 1753	2	114
Jabez, s. Nathaniel & Bethiah, b. Mar. 12, 1741/2	2	252
John, s. Nathaniel & Eliz[abet]h, b. Sept. 23, 1751	2	252
Lois, d. Oliver & Phebe, b. Oct. 7, 1751	2	114
Nathaniel, s. Nathaniel & Behtiah, b. Apr. 13, 1744	2	252
Nathaniel, m. Elizabeth **EDY,** June 14, 1750	2	252
Oliver, m. Susannah **COLLINS,** Sept. 26, 1745	2	114
Rachel, d. Oliver & Susan, b. May 4, 1749	2	114
Rebeckah, d. Oliver &Susan[n]ah, b. June 27, 1747	2	114
Ziza, d. Nathaniel & Eliz[abet]h, b. Sept. 18, 1755	2	252
BRACE, W[illia]m, of West Hartford, m. Betsey **WILDMAN,** of Bristol, Sept. 10, 1822, by Rev. Eli Ball	3	105
BRACY, Garrick, m. Charlotte **MAYNARD,** July 2, 1822, by Rev. Tho[ma]s J. DeVerell	3	101
BRADDOCK, Anna, w. of Michael, d. Aug. [ ], 1804	2	320
Catharine, d. [Michael & Anna], b. Apr. 29, 1792	2	320
Charlotte, d. Michael & Hannah, b. Nov. 18, 1806	3	8
Charlotte, m. Hezekiah **HINSDALE,** [Dec.] 3, [1823], by Rev. James A. Boswell	3	146
Clarissa, d. [Michael & Anna], b. Mar. 15, 1797	2	320
Hannah, d. [Michael & Anna], b. Mar. 6, 1790	2	320
John, s. [Michael & Anna], b. Nov. 16, 1794	2	320
Lucy Ann, d. Michael & Hannah, b. Mar. 23, 1809	3	8
Mar, d. Michael & Anna, b. Dec. 12, 1785	2	320
Michael, m. Anna **GOFF,** b. of Middletown, Mar. 31, 1784	2	320
Michael, s. [Michael & Anna], b. June 20, 1799	2	320
Michael, m. Mary **BLAKE,** Mar. 10, 1824, by Rev. John R. Crane	3	153
Sarah, d. [Michael & Anna], b. Aug. 10, 1787	2	320
William, s. [Michael & Anna], b. June 29, 1801	2	320
BRADFORD, Michael, m. Hannah **HARDING,** Jan. 7, 1807	3	8
Samuel J., of New Britain, Conn., m. Lucy H. **TRYON,** of Middletown, June 11, 1848, by Rev. James Floy	4	34
Samuel J., miller, ae 25, b. in Haddam, res. Middletown, m. Lucy H. **TRYON,** ae 22, of Middletown, June 11, 1847, by Rev. James Floy	4	62-3
William, m. Alice A. **BRAINARD,** Sept. 30, 1849, by Rev. J. L. Dudley	4	96
W[illia]m, tailor, ae 22, b. In N.Y., res. Meriden, m. Alice **BRAINERD,** ae 20, b. in Haddam, res. Meriden, Oct. 1, 1849, by Rev. J. L. Dudley	4	166-7
BRADLEY, Aaron, s. Leman & Anne, b. Aug. 27, 1762	2	365
Amos N., m. Jane L. **SAGE,** June 9, 1846, by Rev. John L. Crane	3	551
Arba, m. Esther **CHAMBERLAIN,** Dec. 2, 1799	2	55
Arba, s. [Arba & Esther], b. July 2, 1809	2	55
Chloe, d. [Arba & Esther], b. Aug. 10, 1806	2	55
Cyrus, s. Arba & [Esther], b. Oct. 15, 1802	2	55

BRADLEY, (cont.)

	Vol.	Page
Elizabeth C., of Middletown, m. Ulysses **MARVIN**, of Lynn, May 1, 1822, by Rev. Eli Ball	3	96
Eliza[bet]h Clark, d. Arba & Esther, b. Oct. 25, 1800	2	55
Elliott, m. Mary W. **ALLEN**, Sept. 24, 1833, by Rev. John R. Crane	3	386
Esther, d. [Arba & Esther, b. Apr. 9, 1821	2	55
John, s. [Arba & Esther], b. Apr. 21, 1815	2	55
Learning, m. Anna **MILLER**, [ ]	2	152
Leman, m. Anne **MILLER**, Nov. 29, 1759	2	365
Linus G., m. Mary F. **SMITH**, Sept. 27, 1843, by Rev. Edwin E. Griswold	3	505
Lucretia, d. Leman & Anne, b. Aug. 12, 1760	2	365
Noah, of Madison, m. Anne Maria **WHITMORE**, of Middletown, May 12, 1833, by Rev. W[illia]m H. Beacher	3	382
Peleg, m. Sarah **GREEN**, Jan. 10, 1765	2	345
Ransom, [twin with Robert], s. Arba & Esther], b. May 13, 1818	2	55
Robert, [twin with Ransom], s. [Arba & Esther], b. May 13, 1818	2	55
Samuel, s. [Arba & Esther], b. Jan. 9, 1803	2	55
Sarah, of North Haven, m. Hezekiah **MILLER**, of Middletown, Sept. 21, 1786	2	283
Sarah M.C., of Portland, m. James P. **BOARDMAN**, of Middletown, July 24, 1842, by Rev. Ja[me]s H. Francis	3	492
Willis, m. Laura **BENNET** m. Mar. 13, 1821, by Rev. Stephen Hayes, at Westfield, Middletown	3	49

BRADY, Bridget, m. Bernard **LAMB**, Jan. 17, 1853, by Rev. Jno.

Brady	4	228
Margaret, m. Edward **DALY**, Jan. 19, 1851, by Rev. Jno. Brady	4	185

BRAINARD, BRAINERD, BRAYNARD, [see also BRINNARD],

Abigail, m. Joseph **DART**, July 1, 1762	2	139
Abigail, d. Othneil & Jerusha, b. Mar. 23, 1767	2	6
Abner, s. Joshua & Mary, b. May 1, 1731	1	56
Abner, m. Elizabeth **CHAMPION**, of East Haddam, Dec. 29, 1757	2	37
Abner, m. Elizabeth **BURR**, Sept. 16, 1761	2	37
Abner, s. Abner & Elizabeth, b. June 18, 1761* (*Corrected to 1764 by H. W. Brainerd)	2	37
Abraham, m. Lucretia **RAY**, b. of Middletown, Nov. 23, 1845, by Rev. J. L. Gilder	3	540
Alice, ae 20, b. in Haddam, res. Meriden, m. W[illia]m **BRADFORD**, tailor, ae 22, b. in N.Y., res Meriden, Oct. 1, 1849, by Rev. J L. Dudley	4	166-7
Alice A., m. William **BRADFORD**, Sept. 30, 1849, by Rev. J. L. Dudley	4	96
Allyn, m. Roxana **TRYON**, b. of Middletown, Dec. 18, 1828, by Rev. H. Bangs	3	324
Ann, d. Jabez & Deborah, b. May 5, 1774	2	242
Anna, d. Jeptha & Anna, b. Oct. 25, 1771	2	118
Anna, d. Abraham, moudler, ae 26, & Lucretia, ae 37, b. Dec. 25, 1849	4	150-1
Ansel, s. Othniel, & Lucia*, b. May 4, 1765 (*Jerusha?)	2	6
Asaph, s. Dan[ie]l & Esther, b. Apr. 26, 1758	2	45

MIDDLETOWN VITAL RECORDS 77

	Vol.	Page
BRAINARD, (cont.)		
Azubah, d. Othniel & Lucia, Oct. 10, 1756	2	6
Caleb, s. Obadiah & Zeporah, b. June 17, 1734	1	59
Caleb, s. Obediah & Mary, b. July 26, 1741	1	59
Catharine L., m. Levin JOHNSON, June 1, 1828, by Rev. John R. Crane	3	203
Clarissa, adopted d. of H. D. CORNWELL, m. Charles L. GROVER, Oct. 14, 1849, by Rev. B. N. Leach	4	93
Clarissa A., of Middletown, m. Cha[rle]s L. GROVER, b. of Middletown, res. Meriden, Oct. 14, 1849, by Rev. B. N. Leach	4	168-9
Daniel, Jr., m. Esther BRAINERD, Apr. 10, 1752	2	45
Daniel, s. Daniel & Esther, b. Apr. 1, 1767	2	45
Daniel, s. Jeptha & Anna, b. Dec. 29, 1782	2	118
Deborah, m. Gideon HURLBUT, Feb. 14, 1750/1	2	47
Deborah, d. Jabez & Deborah, b. Mar. 6, 1765	2	242
Dorothy, of Haddam, m. Thomas MINER, of Middletown, June 29, 1775	2	240
Elijah, s. Jabez & Deborah, b. July 3, 1776	2	242
Elizabeth, of Haddam m. Stephen JOHNSON, of Middletown, Oct. 11, 1739	1	114
Elizabeth, d. Joshua & Han[na]h, b. May 24, 1740	1	56
Elizabeth, of Haddam, m. David MILLER, of Middletown, July 21, 1743	2	263
Elizabeth, of Colchester, m. Samuel BROWN, of Middletown, Apr. 27, 1758	2	340
Elizabeth, d. Abner & Elizabeth, b. Nov. 16, 1758	2	37
Elizabeth, w. of Abner, d. Nov. 16, 1758	2	37
Elizabeth*, w... of David, d. Oct. 8, 1773 (Probably Elizabeth MILLER)	2	263
Elizabeth, of Middletown, m. Stephen ARNOLD, of Haddam, Aug. 26, 1827, by Joshua L. Williams, V.D.M.	3	279
Elizabeth, of Middletown, m. James PARKS, of Providence, R. I., [Apr.] 18, [1829], by Rev. E. R. Tyler	3	332
Esther, m. Daniel BRAINERD, Jr., Apr. 10, 1752	2	45
Esther, d. Othniel & Lucia, b. May 2, 1761	2	6
George S., m. Ann LORD, Aug. 1, 1836, by Rev. John R. Crane	3	424
Giles, m. Mrs. Esther MILLER, June 19, 1822, by Rev. Levi Knight	3	102
Hannah, m. John CENTER, May 4, 1732	1	66
Hannah, d. Joshua & Hannah, b. Apr. 18, 1736; d. Apr. 24, 1738	1	56
Hannah, d. Joshua & Hannah, b. Apr. 9, 1738	1	56
Hannah, m. Tho[ma]s AKENS, Jan. 26, 1748	2	338
Hannah, d. Obed[ia]h & Mary, b. Aug. 11, 1754	1	59
Harriet, m. Charles LEWIS, b. of Middletown, Sept. 12, 1841, by Rev. Arthur Granger	3	481
Harriet, m. Charles LEWIS, Nov. [ ], 1841, by Rev. Arthur Granger	3	487
Harriet, m. Sidney HAKINS, Feb. 4, 1844, by Rev. Arthur Granger	3	512
Harriet B., m. Pierre THOMAS, Aug. 6, 1826, by Rev. Birdseye G. Noble	3	239

	Vol.	Page
BRAINARD, (cont.)		
Heber, of Haddam, m. Lois G. **HULBERT**, of Middletown, Oct. 30, 1825, by Rev. Fred[eric]k Wightman	3	214
Henry, s. Alonzo, ship carpenter, ae 37, & Cornelia, ae 35, b. Sept. 23, 1847	4	52-3
Ira, m. Susan **WHITE**, b. of Middletown, Nov. 23, 1826, by Joshua L. Williams, V.D.M.	3	257
Ira, m. Harriet **WARNER**, d. of "Shad", b. of Middletown, May 29, 1851, by Rev. T. P. Abell	4	189
Ira H., sailor, ae 25, b. In Portland, res. Middletown, m. Harriet **WARNER**, ae 21, b. in Middletown, May 29, 1851, by Rev. T. P. Abell	4	200-1
Isaac, m. Losenda **MORGAN**, b. of Middletown, Nov. 13, 1849, by Rev. Townsend P. Abell	4	187
Isaiah, s. Jeptha & Ana, b. Aug. 5, 1779	2	118
Jabez, s. Jabez & Deborah, b. Aug. 11, 1769	2	242
Jabez, d. Sept. 27, 1776	2	242
Jabez, shoemaker, b. in Haddam, res. Middletown, d. May 19, 1848, ae 75	4	70-1
James, m. Fanny B. **SHAILER**, b. of Haddam, Feb. 17, 1827, by Joshua L. Williams, V.D.M.	3	262
Jeptha, s. Obediah & Mary, b. Mar. 2, 1746	1	59
Jeptha, m. Anna **MARKHAM**, Jan. 10, 1771	2	118
Jeptha, s. Jeptha & Anna, b. Nov. 4, 1774	2	118
Joel, s. Dan[ie]l & Esther, b. Nov. 21, 1764	2	45
John, 2d, of Haddam, m. Eliza **DAY**, of Colchester, Nov. 1, 1826, by Rev. E. Washburn	3	255
John, of Middletown, m. Louis **FREEMAN**, of Chatham, Sept. 25, 1842, by Rev. A. M. Osborn	3	492
John H., m. Mrs. Nancy E. **SAVAGE**, b. of Middletown, July 12, 1831, by Rev. John Cookson	3	361
John R., of Portland, m. Emely H. **GOODRICH**, of Middletown, May 2, 1844	3	514
Jona[tha]n, s. Dan[ie]ll & Esther, b. July 25, 1752	2	45
Joshua, m. Hannah **SPENCER**, Jan. 3, 1733/4	1	56
Joshua, s. Abner & Elizabeth, b. July 1, 1762	2	37
Leara, d. Norman, Lawyer, ae 26, & Leora, ae 24, b. Jan. 17, 1850	4	150-1
Lois, d. Othniel & Lucia, b. Sept. 13, 1753	2	6
Lucia, d. Othniel & Lucia, b. Mar. 29, 1751	2	6
Lucinda, of Haddam, m. Henry A. **CROWELL**, of Middletown, Jan. 14, 1844, by Rev. E. Griswold	3	511
Mary, of Haddam, m. Nathaniel **JOHNSON**, of Middletown, Nov. 8, 1722	1	9
Mary, w. of Joshua, d. Feb. 14, 1732/3	1	56
Mary, d. Joshua & Hannah, b. Jan. 28, 1734/5	1	56
Mary, d. Obed[ia]h & Mary, b. Sept. 2, 1748	1	59
Mary, d. Dan[ie]ll & Esther, b. Sept. 4, 1754	2	45
Mary, d. [Jeptha & Anna], b. Mar. 10, 1786	2	118
Mehetabel, m. Nath[anie]ll **ROBBARDS**, Apr. 8, 1731	1	56
Mehitable, m. Sidney **HOPKINS**, Mar. 10, 1839, by Rev. Arthur Granger	3	457

MIDDLETOWN VITAL RECORDS 79

	Vol.	Page
BRAINARD, (cont.)		
Nancy, m. Edwin **HUBBARD**, s. Of Samuel, July 29, 1849, by Rev. John R. Crane	4	86
Nancy, ae 37, b. in Haddam, m. Edwin **HUBBARD**, day laborer, ae 20, of Middletown, July 29, 1849, by Rev. John R. Crane	4	124-5
Nath[anie]ll, s. Obediah & Mary, b. Feb. 22, 1744	1	59
Obadiah, m. Zeporah **JOHNSON**, Sept. 16, 1731	1	59
Obadiah, m. Mary **JOHNSON**, Sept. 18, 1735	1	59
Obadiah, s. Obediah & Mary, b. July 24, 1736	1	59
Obediah, s. Obed[ia]h & Mary, b. Apr. 14, 1751	1	59
Obediah, s. Jeptha & Anna, b. Jan. 22, 1772	2	118
Olmsted, of Haddam, m. Manervia **BAILEY**, of Middletown, Apr. 10, 1828, by Rev. Heman Bangs	3	300
Othniel, m. Lucia **SWADDLE**, May 10, 1850	2	6
Othniel, s. Othniel & Lucia, b. Sept. 19, 1754	2	6
Othniel, m. Jerusha **SHALER**, June 26, 1764	2	6
Phinehas, farmer, d. July 31, 1849, ae 85	4	132-3
Samuel, s. Jeptha & Anna, b. Dec. 10, 1776	2	118
Sarah, d. Jabez & Deborah, b. Feb. 13, 1771	2	242
Sarah F., of Durham, m. Henry M. **PRATT**, of Fair Haven, Nov. 24, 1853, by Rev. Lester Lewis	4	242
Sebe, s. Othniel & Lucia, b. Apr. 14, 1763	2	6
Seth, s. Dan[ie]l & Esther, b. Sept. 12, 1762	2	45
Sidney S., of Guilford, m. Helen M. **CLARK**, d. of Dea. Jonathan of Staddle Hill, Nov. 28, 1850, by Rev. T. P. Abell	4	189
Suzan, m. Benjamin **BARNES**, [Nov.] 4, 1828, by Rev. E. R. Tyler	3	319
Timothy, s. Obediah & Mary, b. Apr. 22, 1740	1	59
Timothy, s. [Jeptha & Ana], b Feb. 14, 1788	2	118
William M., s. Sam[ue]l, mechanic, ae 37, & Matilda, ae 32, b. Oct. 20, 1850	4	198-9
Zachariah, s. Dan[ie]l & Esther, b. Sept. 12, 1760	2	45
Zeporah, w. of Obadiah, d. July 17, 1734	1	59
Zeporah, d. Obediah & Mary, b. Oct. 16, 1737	1	59
Zeruah, d. Jabez & Deborah, b. Oct. 5, 1767	2	242
Zilpah, d. Dan[ie]l & Esther, b. Aug. 9, 1756	2	45
-----, s. John E., farmer, & Louisa, b. Aug. 18, 1847	4	52-3
BRAKE*, Clarissa, m. W[illia]m **ROBERTS**, Jr., [Dec.] 4, [1823], by Rev. James A. Boswell (*Perhaps "BLAKE")	3	145
BRAMAN, L. C., m. Mary A. **PRIME**, b. of Middletown, May 19, 1844, by Rev. George A. Spywood	3	519
Martha A., m. Matthew M. **STRONG**, b. of Middletown, July 21, 1833, by Rev. W[illia]m H. Beecher	3	384
W[illia]m A., Rev. of Northampton, Mass., m. Harriet **BARTLETT**, of Middletown, Sept. 17, 1844, by Rev. Joseph Holdich	3	522
BRAMBLE, Anna, of Lime, m. Clother **DRIER**, of Middletown, Apr. 17, 1760	2	19
BRANDEGEE, BRANDIGEE, Abigail, wid., m. Edward **EELLS**, Apr. 26, 1770	2	100
Abigail, wid., m. Edward **ELLS**, Apr. 26, 1770	2	272

	Vol.	Page
BRANSFIELD, BRONSFIELD, Eliza, m. Patrick **BARRY,** Feb. 9, 1853, by Rev. Jno. Brady	4	229
Eliza, m. Patrick **O'BRIEN,** Apr. 11, 1853, by Rev. Jno. Brady	4	236
Mary, m. Cornelius **LINNEHAN,** Jan. 28, 1849, by John Brady	4	87
Mary, m. Cornelius **LINEHAN,** laborer, both b. in Ireland, Jan. 28, 1849, by Rev. John Brady	4	122-3
Michael, laborer, m. Catharine **REARDON,** both b. in Ireland, Nov. 30, 1848, by Rev. John Brady	4	122-3
Michael, m. Catharine **REARDON,** [ ], by John Brady	4	78
William, m. Julia **DRISCOLL,** Nov. 1, 1849, by John Brady, Jr.	4	95
BRAY*, Ellen, d. W[illia]m m. Laborer, ae 30, & Joanna, ae 29, b. June {], 1851 (*Perhaps " Ellen **RAY**"?)	4	194-5
Margaret, m. James **FITZGERALD,** May 20, 1854, by Rev. Jno. Brady	4	267
Michael, m. Hanora **SHAY,** Feb. 8, 1852, by Rev. John Brady	4	210
BREED, James W., of Mobile, Ala.,m. Eliza E. **SHAW,** of Middletown, June 23, [1847], by Rev. w. G. Howard, of Essex	4	11
BREEN, Thomas, m. Mary **FLYNN,** Nov. 30, 1854, by Rev. Jno. Brady	4	274
BREMNER, [see also **BRENNAN**], Amelia, of Middletwon, m. Charles **BRIGGS,** of New Orleans, Nov.30, 1850, by Rev. Frederic J. Goodwin	4	181
BRENNAN, BRENNEN, BREMMAN, Ann, d. W[illia]m, tailor, ae 25, & Margaret, ae 20, b. Apr. 18, 1851	4	196-7
Bridget, m. William **HATCHMAN,** Sept. 20, 1852, by Rev. Jno. Brady	4	222
Catharine, m. Daniel **COKELY,** Nov. 5, 1854, by Rev. Jno. Brady	4	273
Joanna, m. Timothy **HALEY,** May 25, 1852, by Rev. Jno. Brady	4	220
Mary, m. Samuel **WAINRIGHT,** Apr. 17, 1853, by Rev. Jno. Brady	4	231
Michael, m. Catharine **HEFFERNEN,** Apr. 30, 1850, by Rev. John Brady, Jr.	4	143
Nicholas, m. Catharine **LEE,** Jan. 11, 1846, by Rev. John Brady	3	546
William, m. Margaret **DOOLEY,** Sept. 8, 1850, by Rev. John Brady	4	49
BRENNER, [see also **BRENNAN**], Ellen, m. William **GHENT,** Aug. 14, 1853, by Rev. Jno. Brady	4	239
BREVO, Joseph, of Charleston, S.C., m. Tamer **SMITH,** of Middletown, Sept. 2, 1823, by Rev. Josiah Bowen	3	134
BREWER, Charles, s. Charles & Hannah, b. May 18, 1799	3	10
Clara Maria, d. Frederick, merchant, & Clarissa, ae 22, b. Nov. 1, [1847]	4	46-7
Daniell, of Glastonbury, m. Eleanor **HOWE**(?)*, of Middletown, Jan. 19, 1718/19 (* line drawn though surname and in small print above surname is name **GOODALE**)	LR2	Ind-1
Daniell, s. Daniell & Eleanor, b. May 3, 1731	LR2	Ind-1
Daniel, Jr. m. Ruth **STRICTLAND,** Jan. 9, 1752	2	231
David, s. Daniell & Eleanor, b. Feb. [15*, 1736*] (** both dates and year were hand written)	LR2	Ind-1

MIDDLETOWN VITAL RECORDS 81

	Vol.	Page
BREWER, (cont.)		
Edward, s. Daniell & Eleanor, b. Aug. 24, 1728	LR2	Ind-1
Edwin, s. [Charles & Hannah], b. Apr. 17, 1805	3	10
Edwin, m. Elizabeth **WARNER**, b. of Middletown, July 19, 1830, by Rev. John Cookson	3	352
Edwin, B., of Wilbraham, Mass., m. Eliza Ann **SPENCER**, of Middletown, Sept. 9, 1847, by Rev. Freeman Nutting	4	15
Eleanor, d. Daniell & Ele[a]nor, b. Jan. 2, 1727	LR2	Ind-1
Emma, of Middletown, m. Thomas D. **WINCHESTER**, of Springfield, Mass., Dec. 12, 1849, by Rev. Townsend P. Abell	4	187
Frederick S., d. Dec. 18, 1848, ae 2	4	68-9
Frederic S., s. Frederic, merchant, ae 36, & Clarissa, ae 22, b. July 23, 1849	4	98-9
George, s.Cha[rle]s & Hannah, b. May 9, 1803	3	10
George, m. Mary M. **HARRISS**, Jan. 1, 1829, by Rev. Jno. R. Crane	3	325
Hamilton, Dr., m. Mary Elizabeth [**STARR**], 2d, [d. Mathan & Grace], May 11, 1841	3	413
Hamilton, of East Hartford, m. Mary E. **STARR**, May 11, 1841, by Rev. John R. Crane	3	475
Henry Bela, s. [Charles & Hannah], b. May 2, 1807	3	10
Hezekiah, s. [Daniell & Eleanor], b. Sept. 26, 1725	LR2	Ind-1
Joanna, d. Daniell & Eleanor, b. June 29, 1743	LR2	Ind-1
Maria, d. [Charles & Hannah], b. June 27, 1809	3	10
Maria, m. Edwin **STEARNS**, Apr. 17, 1828, by Rev. John R. Crane	3	302
Mary Grace, d. Hamilton, Physician, ae 35, & Mary E., ae 33, b. May 20, 1849	4	98-9
Mary M., d. Freda, merchant, ae 38, & Clara, ae 26, b. May 21, 1851	4	194-5
Mary Townsend, twin with William Starr, d. Hamilton & Mary E.] S., d. Aug. 31, 1847	4	70-1
Remembrance, s. Daniell & Eleanor, b. Mar. 2, 1740/41	LR2	Ind-1
Richard, s. Daniell & Eleanor, b. Feb. 21, 1729/30	LR2	Ind-1
Richard, s. Dan[ie]l, Jr. & Ruth, b. June 15, 1753	2	231
Sam[ue]l, daguerian, ae 30, b. in Middletown, res. Middletown, m. 2d w. S. T. **BALDWIN**, ae 23, b. in New Haven, res. Middletown, Apr. 22, 1851, by Rev. H. Croswell	4	200-1
Seth, s. Daniell & Eleanor, b. May 21, 1738	LR2	Ind-1
Will[ia]m, s. Dan[ie]l, Jr. & Ruth, b. Mar. 31, 1756	2	231
William Starr, twin with Mary Townsend, s. Hamilton & Mary E. S., d. Aug. 26, 1847	4	70-1
BREWSTER, Anna, of G[u]ilford, m. Seth **BOW**, of Middletown, Sept. 24, 1763	2	241
Betsey, d. Elisha & M[argaret], b. Feb. 17, 1781	2	285
Elisha, m. Lucia **YEOMANS**, Sept. 30, 1742	1	98
Elisha, s. Elisha & Lucia, b. Aug. 19, 1743; d. June 12, 1745	1	98
Elisha, s. Elisha & Lucia, b. July 8, 1751	1	98
Elisha, Jr., of Middletown, m. Margaret **CURTIS**, of Weathersfield, Apr. 16, 1777	2	285
Elisha Curtis, s. Elisha & Margaret, b. Feb. 8, 1791	2	285

	Vol.	Page
BREWSTER, (cont.)		
Henry, s. Henry, quarryman, & Jane, b. Nov. 24, 1848	4	114-5
Ledia, d. Elisha & Lucia, b. May 30, 1745	1	98
Lot. S. Elisha & Lucia, b. Sept. 18, 1749	1	98
Lucretia, d. Elisha & Lucia, b. Oct. 31, 1747	1	98
Lydia, see under Ledia		
Mary J., d. Sam[ue]l, laborer, ae 31, & Mary, ae 35, b. Apr. 8, 1851	4	96-7
Ruby, m. W[illia]m **KIPPEN,** Apr. 10, 1790	2	279
Ruby, d. Elisha, recorded on page 98, vol. 1 (Pencil note)	2	279
Sally, d. [Elisha & Margaret], b. June 11, 1788	2	285
Sarah, d. Elisha, m. Oliver **WETMORE,** Oct. 13, 1774	2	182
William, s. Elisha & Lucia, b. Feb. 21, 1753	1	98
William, s. Elisha & M[argaret], b. June 18, 1783	2	285
-----, child of Sam[ue]l, laborer, ae 31, & Mary, ae 33, b. Feb. 19, 1849	4	98-9
BRICKELL, Elizabeth, m. Eben[eze]r D. **FORREST,** b. of Middletown, Oct. 11, 1830, by Rev. John Cookson	3	355
BRIDE, Mary, m. James **DUNN,** Nov. 6, 1854, by Rev. Jno. Brady	4	273
BRIDGHAM, BRIDGEHAM, BRIDGEUM, [see also **BRIGHAM**],		
Albert, s. Samuel, m. Eliza J. **RICH,** d. of Giles J., July 1, 1849, by B. N. Leach	4	86
Albert, mechanic, ae 24, m. Eliza **RICH,** ae 23, b. of Middletown, July 1, [1849], by Rev. Leach	4	124-5
Albert, gunsmith, ae 24, m. Eliza I. **RICH,** ae 22, b. of Middletown, July 1, [1848 or 9], by [ ]	4	126-7
Eunice S., m. Charles **BACON,** Sept. 4, 1839, by Rev. John R. Crane	3	461
Julia C., of Middletown, m. Ossemus **BINGHAM,** of Vernon, Oct. 22, 1838, by Rev. John Cookson	3	452
Marcy, Mrs., of Boston, m. David **DEMING,** of Middletown, Nov. 18, 1708	LR2	18
Maria S., m. Asa **RICH,** b. of Middletown, Feb. 7, 1846, by Rev. T. P. Abell	3	544
Sophia, m. Samuel B. **WETMORE,** Apr. 25, 1833, by Rev. W[illia]m H. Beacher	3	381
BRIGDEN, Elizabeth, d. Tho[ma]s & Elizabeth, b. July 6, 1776	2	191
Elizabeth, w. of Tho[ma]s, d. Aug. 26, 1783	2	191
Elizabeth had d. Sally, b. July 20, 1791; reputed father Hez[ekia]h **WHITMORE**	2	191
John, s. Tho[ma]s & Elizabeth, b. Dec. 3, 1770	2	191
Jonathan, s. Jonathan & Elizabeth, b. Oct. 29, 1763	2	337
Joseph, s. Tho[ma]s & Elizabeth, b. Nov. 19, 1778	2	191
Martha, d. Tho[ma]s & Elizabeth, b. Feb. 25, 1788	2	191
Sally, d. Elizabeth **BRIGDEN,** b. July 20, 1791; reputed father Hez[ekia]h **WHITMORE**	2	191
Sarah, d. Tho[ma]s & Eliz[abet]h, b. Dec. 11, 1780	2	191
Sarah, m. Eben[ez]er **GRIFFIN,** Jr., May 15, 1802	3	7
Thomas, m. Elizabeth **BANKS,** June 16, 1768	2	191
Thomas, s. Tho[ma]s & Elizabeth, b. Feb. 18, 1769	2	191
Timothy, s. Tho[ma]s & Elizabeth, b. Aug. 14, 1774	2	191
Will[ia]m, s. Jona[tha]n & Eliz[abet]h b. Mar. 25, 1762	2	337

MIDDLETOWN VITAL RECORDS 83

	Vol.	Page
BRIGDEN, (cont.)		
William, s. Tho[ma]s & Elizabeth, b. Oct. 27, 1772	2	191
BRIGGS, BRIGG, Bridget, d. Sept. 13, 1848, ae 4 m. (Perhaps "**BUGG**")	4	132-3
Charles, of New Orleans, m. Amelia **BREMNER**, of Middletown, Nov. 30, 1850, by Rev. Frederic J. Goodwin	4	181
Elizabeth, m. James **TIDGEWELL**, July 11, 1841, by Rev. Arthur Granger	3	478
BRIGHA, [see also **BRIDGHAM**], C.A.C., of Enfield, m. Eleanor M. **SMITH**, d. of John L., of Middletown, Sept. 2, 1851, by Rev. Jno. Morrison Reid	4	217
BRIGHT, John, m. Magdalen **COOK**, b. of Middletown, Sept. 18, 1854, by Rev. Henry Meville	4	261
BRINDSLEY, Rebeckah, of Stratford, m. Moses **TAYLOR**, of Middletown, Dec. 11, 1739	1	116
BRINNARD, [see also **BRAINARD**], Timothy, s. Rachel **FOSTER**, b. Oct. 21, 1732	1	50
BRISTOL, Harrison, of Cheshire, m. Amanda H. **HALL**, of Mereden, Feb. 6, 1845, by Rev. A. L. Stone	3	528
Lavana, m. Augustus **MILLER**, b. of Middletown, May 9, 1832, by Abiel A. Loomis, J.P.	3	368
Sarah A., of Cheshire, m. E. Y. **GALE**, of Mereden, Sept. 17, 1849, by Rev. Townsend P. Abell	4	92
Sarah A., of Middletown, m. George H. **INGHAM**, of El Dorado, Cal., Feb. 22, 1854, by Rev. E. L. Janes	4	249
Stephen, m. Harriet **HALL**, b. of Middletown, [July] 3, [1839], by Rev. James Noyes, Jr.	3	447
—, illeg. s. Eliza, ae 20, b. [1849]	4	164-5
BROATCH, BROOCH, Jane M., d. Robert, *gardener, ae 29, & Margaret, ae 27, b. Mar. 19, 1849 (*line drawn thru this word)	4	106-7
Richard, s. Robert, *laborer, ae 28, & Margaret, ae 26, b. Sept. 4, [1847 or 8] (*line drawn thru this word)	4	50-1
BROCKWAY, Marcus, m. May Ann **BELLOWS**, b. of Middletown, Oct. 2, 1831, by Rev. Fitch Reed	3	363
Sarah, m. Abraham **DOOLITTLE**, Aug. 21, 1776	2	200
BRODERICK, BRODRICK, Joanna, d. W[illia]m, laborer, ae 29, & Ellen, ae 29, b. July 28, 1851	4	194-5
Michael, m. Julia **MEHONEY**, Feb. 30, [sic], 1854, by Rev. Jno. Brady	4	265
BRONSFIELD, [see under **BRANSFIELD**]		
BROOCH, [see under **BROATCH**]		
BROOKS, Abigail, d. John & Abigail, b. Apr. 15, 1735	1	38
Abigail, w. of Jabez, d. Aug. 31, 1752	1	38
Abigail, m. Amos **BARNS**, May 1771	2	139
Abigail, d. Timothy & Elizabeth, b. Dec. 19, 1775	2	313
Abram, of Stephen, N.Y., m. Esther **CROWELL**, of Middletown, [Mar.] 24, [1831], by Rev. Edw[ar]d R. Tyler	3	360
Almeda, d. Wickham P., farmer, & Eunice, b. Dec. 26, 1850	4	200-1
Almira Sophia, Mrs. M. Roswell **OCCRE** (colored), b. of Middletown, May 15, 1850, by Rev. Townsend P. Abell	4	188
Ann, w. of Jabez, d. Oct. 23, 1729	1	38

BARBOUR COLLECTION

	Vol.	Page
BROOKS, (cont.)		
Ann, d. Jabez & Abigail, b. July 2, 1733; d. Sept. 15, 1753	1	38
Ann, d. Jabez, Jr. & [Sarah], b. Apr. 10, 1763	2	209
Charlotte P., m. Daniel W. **SEARS,** Aug. 13, 1851, by Rev. J. L. Dudley	4	190
Chauncey B., m. Eliza A. **HUDSON,** b. of Middletown, Feb. 28, 1830, by Rev. Thomas Branch	3	346
Clarissa, d. [Timo[th]y & Elizabeth], by Jan. 11, 1781	2	313
Daniel, s. Jabez & Abigail, b. Apr. 9, 1737	1	38
Daniel, m. Elizabeth **BARNS,** Feb. 2, 1764	2	102
Daniel, s. Daniel & Eliz[abet]h, b. Sept. 22, 1765	2	102
David, s. Jabez, Jr. & [Sarah], b. Feb. 25, 1758	2	209
David, Dr., of New York, m. Martha **SMITH,** of Middletown, June 15, 1820, by Rev. J. L. Williams	3	39
David, m. Elizabeth C. **RUSSELL,** b. of Haddam, Sept. 24, 1822, by Rev. John R. Crane	3	106
David C., of Haddam, m. Antoinette A. **HUBBARD,** of Middletown, May 4, 1836, by Rev. Zeb[ulo]n Crocker	3	421
David S., of Haddam, m. Rosanna **LOVELAND,** of Durham, Jan. 12, 1823, by Rev. Eli Ball	3	119
Elijah, s. [Dan[ie]l & Eliz[abet]h], b. July 11, 1776	2	102
Eliza, m. Bailey **MARVIL,** b. of Haddam, Nov. 17, 1831, by Rev. E. R. Tyler	3	366
Elizabeth, d. Daniel & Eliz[abet]h, b. May 9, 1767; d. Aug. 3, 1771	2	102
Elizabeth, d. Dan[ie]l & Eliz[abet]h, b. Sept. 26, 1772	2	102
[E]unice, ae 17, had illeg. s. John S. **JOHNSON,** b. Oct. 3, 1850; father Levi Henry, colored, laborer	4	196-7
Hannah, m. Reuben **EELLS,** Sept. 7, 1788	2	215
Hannah H., m. Joseph C. **PARKER,** Dec. 29, 1847, by Rev.W. A. Stickney	4	25
Hannah H., ae 21, b. in Middletown, m. Joseph C. **PARKER,** ship carpenter ae 25, b. in Chester, res. Middletown, [1847], by W[illia]m A. Stickney	4	64-5
Harriet J., of Middletown, m. Giles A. **BUEL,** of Clinton, May 1, 1842, by Rev. A. M. Osborn	3	488
Hezekiah, see under Hysekiah		
Hope A., of Middletown, m. Reuben **LOVELAND,** of Chatham, Mar. 24, 1839, by Rev. Elisha Andrews	3	457
Huldah W., of Middletown, m. Henry **HORTON,** of Greenport, L.I., Dec. 14, 1835, by Rev. John C. Green	3	416
Hysekiah, d. (?) Jabez & Abigail, b. Mar. 25, 1739	1	38
Ichabod, m. Sarah **HURLBUT,** Oct. 23, 1767	2	26
Ichabod, s. Ichabod & Sarah, b. Jan. 8, 1774	2	26
Jabez, m. Ann **WICKHAM,** Apr. 4, 1728	1	38
Jabez, s. Jabez & Ann, b. May 4, 1729	1	38
Jabez, m. Abigail **JOHNSON,** Apr. 13, 1732	1	38
Jabez, Jr. m. Sarah **SMITH,** Mar. 19, 1752	2	209
Jabez, s. Jabez & [Sarah], b. Oct. 7, 1756	2	209
Jabez, m. Rebeckah **GOODWIN,** Feb. 16, 1758	2	85-b
Jabez, Jr., m. Rhoda **CROWELL,** Feb. 25, 1782	2	354
Jane A., of Middletown, m. Joseph **McINTOSH,** of East		

MIDDLETOWN VITAL RECORDS

	Vol.	Page
BROOKS, (cont.)		
Haddam, Aug. 30, [1846, by Rev. James Hepburn	3	553
Jerusha, d. Timo[th]y & Elizabeth, b. Nov. 14, 1773; d. Sept. 10, 1777	2	313
Jerusha, d. Timo[th]y & Elizabeth, b. Apr. 14, 1778	2	313
Jonathan, s. [Dan[ie]l & Eliz[abet]h, b. Nov. 22, 1784	2	102
Jona[tha]n Hurlbut, s. Ichabod & Sarah, b. June 14, 1783	2	26
Lewis, m. Rachel Harris, b. of Middletown, [May] 17, [1829], by Rev. Noah Porter, of Farmington	3	333
Lucy, d. Ichabod & Sarah, b. Oct. 15, 1778	2	26
Lucy F., d. Aug. 30, 1847, ae 37	4	72-3
Lucy G., of Middletown, m. Ansel **McINTOSH**, of East Haddam. July 30, 1848, by Rev. W. A. Stickney	4	37
Lucy G., ae 17, b. in Middletown, m. Ansel **McINTOSH**, spun manufacturer, ae 31, b. of Hadlyme, res. East Haddam, July 30, 1848, by W[illia]m A. Stickney	4	64-5
Martha, d. Ichabod & Sarah, b. Aug. 20, 1776	2	26
Prudence, m. George **CREEMER**, Nov. 29, 1772	2	116
Roslin, child of Wickham, P., farmer, ae 45, & Eunice, ae 38, b. Aug. 20, 1847	4	52-3
Ruhamah, d. Jabez & Abigail, b. June 1, 1744	1	38
Ruhama, m. Ebenezer **BEVIN**, May 15, 1777	2	242
Ruhama, d. [Timo[th]y & Elizabeth], b. Feb. 6, 1784	2	313
Sally, d. Ichabod & Sarah, b. Dec. 15, 1771	2	26
Samuel, s. Jabez & Abigail, b. Mar. 24, 1740/41	1	38
Samuel, m. Martha **ROBARDS**, May 12, 1743	2	199
Samuel, m. Martha **ROBBERDS**, May 17, 1744	2	85-b
Sarah, m. Joseph **HUBBARD**, 2d, May 26, 1796	3	122
Stephen M., of Steuben, N.Y., m. Frances A. **WARD**, d. of Merrels, of Middletown, Dec. 26, 1848, by Rev. Z. N. Lewis	4	81
Stephen M., farmer, ae 25, b. in Steuben, N.Y., res. Steuben, N.Y., m. Francis A. **WARD**, teacher, ae 19, b. in Middletown, Res.Steuben, N.Y., Dec. 26, 1848, by Rev. Z. N. Lewis	4	118-9
Susannah, of Haddam, m. Moses **FREEMAN**, of Middletown, Aug. 28, 1755	2	26
Sylvester, mariner, colored, b. in Portland, res. Middletown, d. [1848]	4	128-9
Timothy, s. Jabez & Abigail, b. May 3, 1747	1	38
Timothy, s. Ichabod & Sarah, b. May 27, 1768	2	26
Timothy, s. Daniel & Eliz[abet]h, b. July 13, 1770; d. Aug. 24, 1772	2	102
Timothy, m. Elizabeth **LUCAS**, Aug. 27, 1772	2	313
Timothy, s. Ichabod & Sarah, b. July 9, 1781	2	26
Toscott S., m. Lucy **PRIOR**, Jan. 10, 1828, by Rev. Edward R. Tyler	3	293
Wickham, s. Jabez & [Sarah], b. Feb. 23, 1753	2	209
Wickham, P., m. Eunice **LAWRENCE**, b. of Middletown, Oct. 13, 1833, by Rev. Bartholomew Creagh	3	387
Wilbur, s. Martin, coaster, ae 33, & Mary, ae 28, b. Mar. 15, 1851	4	194-5
----, child of Sylvanus, d. Nov. 21, 1848, ae 6 d.	4	132-3
----, s. Chauncey, coaster, ae 40, & Eliza, ae 41, b. May 29, 1851	4	194-5

	Vol.	Page
BROWEL*, Elizabeth, Mrs. Of Newport, R.I., m. Capt. Thomas WARD, of Middletown, Dec. 23, 1713 (*BROWNELL?)	LR2	28
BROWN, BROWNE, Abigail, d. John & Annah, b. Oct. 5, 1701	LR1	29
Abigail, m. Thomas STEVENS, Oct. 4, 1720	LR2	8
Abigail, m. Thomas BLISS, May 29, 1759/60	2	331
Abraham, s. Benoni & Mabel, b. Apr. 20, 1763	2	142
Adelaide, m. Martin K. JOHNSON, b. of Middletown, May 29, 1853, by Rev. Mr. Capron, of New Britain	4	260
Asa, s. Benoni & Mabel, b. Mar. 28, 1757; d. Apr. 14, 1757	2	142
Ashbel, s. Benoni & Mabel, b. Jan. 27, 1761; d. Apr. 30, 1761	2	142
Benony, s. Nathaniell & Ele[a]nor, b. Mar. 15, 1658/59	LR1	28
Benoni, m. Mabel PORTER, Apr. 23, 1747	2	42
Bethiah, m. Ezra SMITH, Mar. 31, 1757	2	7
Catharine, of Middletown, m. Lyman W. JOSLYN, of Worcester, Mass., Mar. 3, 1850, by Rev. Townsend P. Abell	4	187
Clarissa, m. Frederick REDFIELD, Mar. 8, 1780	2	209
Clarissa, d. [Hugh & Olive], b. May 22, 1788	2	348
David H., of Hartford, m. Hannah L. HUNT, of Middletown, [Nov.] 19, [1832], by Rev. Edw[ar]d R. Tyler	3	377
Ebenezer, s. Nathaniel & Dorcas, b. Jan. 6, 1764	2	321
Ele[a]nor, d. Nathaniell, b. June 30, 1681; d. Jan. 11, 1712/13	LR1	37
Ele[a]nor, w. of Nathan[ie]ll, d. Sept. 28, 1703	LR1	28
Elisha, s. James & Esther, b. Aug. 14, 1731	1	5
Elisha, s. James & Esther, d. Sept. 29, 1754	1	4
Elisha, s. Nath[anie]ll & Sarah, b. Nov. 24, 1758; d. Feb. 12, 1761	2	65
Elisha, s. Nath[anie]ll & Sarah, b. Mar. 5, 1761	2	65
Eliza, m. John MURPHY, May 16, 1852, by Rev. Jno. Brady	4	220
Elizabeth, d. John & Elizabeth, b. Nov. 17, 1712	LR2	16
Elizabeth, d. James & Esther, b. Oct. 5, 1740	1	5
Elizabeth, d. Benoni & Mabel, b. Oct. 3, 1750	2	142
Elizabeth, d. Sam[ue]ll & Eliz[abet]h, b. Jan. 12, 1759	2	340
Elizabeth, m. Lamberton COOPER, May 27, 1770	2	257
Elizabeth, d. [Hugh & Olive], b. Apr. 29, 1778	2	348
Esther, d. James & Esther, b. Oct. 28, 1733	1	5
Esther, d. James & Esther, d. Dec. 22, 1750	1	4
Esther, w. of James, d. Oct. 29, 1754	1	4
Esther, d. Nath[anie]ll & Sarah, b. Sept. 7, 1767	2	65
Fanny, d. Rebeckah DRIGGS, b. Nov. 18, 1805	2	343
Fidelia, m. James H. ARNOLD, b. of Middletown, Apr. 16, 1844, by Rev. Merrett Sanford	3	517
George, s. Nathaniel & Doreas, b. Aug. 22, 1760	2	321
Han[n]ah, d. Nathaniel & Eleanor, b. Apr. 13, 1651	LR1	28
Han[n]ah, m. Isaac LANE, Nov. 5, 1669	LR1	46
Hanna[h], d. John & Anna, b. Oct. 28, 1688	LR1	29
Hannah, d. Jno. & Anna, d. Jan. 7, 1716/17	LR1	29
Hannah, d. Nath[anie]ll & Sarah, b. Dec. 31, 1771	2	65
Hannah E., m. W[illia]m H. WARNER, b. of Middletown, Oct. 12, 1840, by Rev. Arthur Granger	3	469
Hannah L., of Middletown, m. Samuel MILLER, of Southington, Jan. 9, 1838, by Rev. Robert McEwen	3	444
Hugh, s. James & Esther, b. Apr. 11, 1730	1	5

BROWN, (cont.)

	Vol.	Page
Huge, m. Olive SAGE, Jan. 2, 1772	2	348
James, s. James & Esther, d. Jan.t. 3, 1736, ae 15 y. 7 m. 1 d.	1	5
James, s. James & Esther, b. Mar. 7, 1738/9	1	5
Jennette, d. W[illia]m, moulder, ae 23, & Euphemia, ae 19, b. Feb. 5, 1851	4	198-9
Jeremiah, of Hartford, m. Mrs. Mary GRISWOLD, of Middletown, June 7, 1826, by Rev. Fred[eric]k Wightman	3	231
John, s. Nathaniell & Ele[a]nor, b. Apr. 15, 1657	LR1	28
John, m. Anna PORTER, Apr. 1, 1685	LR1	29
John, s. John & Anna, b. Dec. 2, 1690	LR1	29
John, of Middletown, m. Elizabeth SMITH, of Hartford, Oct. 23, 1711, by Nath[anie]ll Chaney, of Durham	LR2	16
John, s. James & Esther, b. Mar. 4, 1724/5	1	5
John, s. Benoni & Mabel, b. Sept. 15, 1747; d. Dec. 22, 1747	2	142
John, s. Benoni & Mabel, b. Mar. 8, 1748/9; d. Apr. 16, 1749	2	142
Joseph V., lawyer, ae 30, b. in Ohio, res. Detroit, m. Maria E. BARNES, ae 25, b. in Middletown, Dec. 26, 1850, by Rev. J. R. Crane	4	200-1
Joseph Venen, of Mich., m. Marie Eliza BARNES, d. of Jonathan, of Middletown, Dec. 26, 1850, by Rev. John R. Crane	4	179
Levi, of Middletown, m. Elizabeth Ann LOVELAND, of Durham, Aug. 23, 1841, by Rev. L. S. Everett	3	479
Lucretia M., Mrs., m. Allen SOUTHMAYD, May 13, 1827, by Rev. John R. Crane	3	272
Lidiah, d. John & Elizabeth, b. Dec. 4, 1720	LR2	16
Mabel, d. Benoni & Mabel, b. Feb. 28, 1753	2	142
Margaret, of Constable, N.Y., m. Martin E. COOLEY, of Somers, Dec. 30, 1847, by Rev. James Floy	4	24
Martha, d. Nathaniell, b. Feb. 16, 1679/80; d. Apr. Last day, 1698, in the 19th y. Of her age	LR1	37
Martha, wid. of Nath[anie]ll, d. May 30, 1729	LR1	37
Mary, d. Nathaniell & Martha, b. Mar. 2, 1677/8	LR1	37
Mary, d. John & Anna, b. Dec. 8, 1693; d. Jan. 31, 1716/17	LR1	29
Mary, d. John & Elizabeth, b. July 9, 1725	LR2	16
Mary, m. Joseph WILLIAMS, Sept. 22, 1737	1	97
Mary, m. Amos RICH, Sept. 24, 1749	2	189
Mary, m. Sam[ue]ll ROBBERDS, Dec. 22, 1749	2	127
Mary, m. Stephen BLAKE, Mar. 16, 1752	1	114
Mary, d. Benoni & Mabel, b. Feb. 25, 1758	2	142
Mary, d. Sam[ue]ll & Elizabeth, b. Apr. 8, 1767	2	340
Mary, d. [Hugh & Olive], b. Nov. 1, 1780	2	348
Mariam, d. Benoni & Mabel, b. Mar. 16, 1755	2	142
Michael, m. Hanora CALLAGHER, Jan. 21, 1854, by Rev. Jno. Brady	4	264
Nathaniell, s. Nathaniell & Ele[a]nor, b. July 15, 1654	LR1	28
Nathaniell, m. Martha HUSE, July 2, 1677	LR1	37
Nathaniell, s. Nathaniell, b. Sept. 18, 1683	LR1	37
Nathaniell, m. Sarah BACON, June 17, 1708	LR2	10
Nathaniel, Sr., d. May 9, 1712	LR1	37
Nathaniel, s. John & Elizabeth, b. Dec. 25, 1718	LR2	16

	Vol.	Page
BROWN, (cont.)		
Nath[anie]ll, s. James & Esther, b. Sept. 7, 1735	1	5
Nath[anie]ll, m. Sarah **MARIMAN**, Apr. 15, 1756	2	65
Nath[anie]ll, s. Nath[anie]ll & Sarah, b. Aug. 26, 1756	2	65
Nathaniel, m. Dorcas **PAIN**, Oct. 2, 1758	2	321
Nathaniel, of Middletown, m. Dorcas **PAINE**, of Eastham, Mass., Oct. 2, 1759, by Rev. Joseph Crocker	2	194
Nathaniel, s. Nath[anie]ll & Dorcas, b. Nov. 8, 1765	2	321
Olive, d. Hugh & Olive, b. Dec. 11, 1775	2	348
Patty, d. [Hugh & Olive], b. Oct. 26, 1785; (in pencil) m. Julius **HILL**, Madison, [ ]	2	348
Rhoda, m. Enoch **CLARK**, May 3, 1797	3	171
Richard, s. Nathaniel & Dorcas, b. Jan. 9, 1762	2	321
Sabi, of Chatham, m. Charles **TRYON**, [June] 4, [1824], by Rev. James A. Boswell	3	160
Samuel, s. James & Esther, b. Aug. 28, 1726	1	5
Samuel, s. Joseph & Eunice, b. Mar. 4, 1747	2	193
Samuel, of Middletown, m. Elizabeth **BRAINERD**, of Colchester, Apr. 27, 1758	2	340
Samuel, s. Sam[ue]ll & Eliz[abet]h, b. Jan. 14, 1761	2	340
Samuel, of Colchester, m. Elizabeth **SOUTHMAYD**, of Middletown, May 5, 1853, by Rev. J. L. Dudley	4	248
Sarah, d. Nath[anie]ll & Sarah, b. Mar. 14, 1709/10	LR2	10
Sarah, d. Joseph & Eunice, b. Sept. 8, 1749	2	198
Sarah, d. Natha[nie]ll & Sarah, b. Feb. 21, 1765	2	65
Susannah, d. Sam[ue]ll & Eliz[abet]h, b. Apr. 16, 1763	2	340
Thomas, s. Nathaniell & Ele[a]nor, b. Oct. the last, 1655	LR1	28
Thomas, s. John & Anna, b. Mar. 3, 1685/6	LR1	29
Thomas, s. James & Esther, b. May 16, 1728	1	5
Thomas, s. James & Esther, d. Mar. 16, 1749	1	4
Tho[ma]s, s. Nath[anie]ll & Sarah, b. June 24, 1763	2	65
Thomas, m. Ann **LAWLER**, June 28, 1849, by John Brady	4	89
Thomas, laborer, m. Ann **LAWLER**, both b. in Ireland, June 28, 1849, by Rev. John Brady	4	124-5
——, child of Hugh & Olive, b. Mar. 18, 1773; d. Mar. 19, 1773	2	348
——, d. Thomas J., mechanic, ae 47, & Ann, ae 40, b. July 27, [1848]	4	44-5
[BROWNELL], [see under **BROWEL**]		
BROWNING, Benjamin F., of Portland, Mass, m. Phebe **ROBINSON**, of Durham, Oct. 15, 1827, by Rev. John R. Crane	3	281
C. F., manufacturer, ae 24, b. in Jewett City, res. Meriden, m. Sarah **LEWIS**, ae 20, b. in Middletown, Aug. 22, 1849, by Rev. J. R. Crane	4	166-7
Charles F., m. Sarah P. **LEWIS**, d. of Elias, Aug. 22, 1849, by Rev. John R. Crane	4	90
BROWNLOW, George T., s. Thomas, laborer, ae 43, & Christine, ae 38, b. June 24, 1850	4	150-1
Thomas, m. Christine **LANBERT**, Oct. 9, 1838, by Jonathan Barnes, J.P.	3	450
BROWNSON, [see under **BRUNSON**]		
BRUCE, James, d. [1848]	4	128-9
BRUNSON, BROWNSON, Mercy, wid, of Farmington, m. Stephen		

	Vol.	Page
BRUNSON, (cont.)		
TREAT, Dec. 9, 1756	2	106
Sebel, m. Israel **WILLCOX,** Jr., Jan. 19, 1775	2	164
BUCHANAN, Sarah J., of New York, m. William F. **PHILLIPS,** of Middletown, July 23, 1837, by Rev. Elisha Andrews	3	435
BUCK, David B., s. of Brainard B., of Portland, m. Emma A. **TREADWAY,** d. of Charles, of Middletown, May 7, 1854, by Rev. Lester Lewis	4	252
Deborah, d. Eben[eze]r & Deborah, b. Oct. 18, 1744	2	40
Ebenezer, s. Tho[ma]s & Sarah, b. Nov. 11, 1717	LR2	14
Ebenezer, of Middletown, m. Deborah **HARRIS,** of Lebanon, Nov. 16, 1743	2	40
Edward, s. of Edward, of New Brunswick, m. Elizabeth **CARD,** d. of James, of New Brunswick, Dec. 29, 1850, by Rev. B. N. Leach	4	179
Florilla, of Chatham, m. Daniel **LINCOLN,** of Middletown, Nov. 28, 1822, by Rev. Fred[eric]k Wightman	3	113
John, s. Thomas & Sarah, b. Mar. 24, 1721/2; d. Apr. next	LR2	14
Mary, d. Tho[ma]s & Sarah, b. Nov. 11, 1715	LR2	14
Phebe, m. Frederick **BIDWELL,** b. of Middletown, Oct. 16, 1853, by Rev. E. L. Janes	4	245
Sarah, d. Tho[ma]s & Sarah, b. June 19, 1710	LR2	14
Thomas, of Middletown, m. Sarah **JUDD,** of Hartford, [Farmington], May 12, 1709	LR2	14
Thomas, s. Thomas &Sarah, b. Sept. 6, 1712	LR2	14
BUELL, BUEL, Alice, d. Charles, mariner, ae 29, & Elizabeth, ae 28, by. Nov. 25, [1847]	4	46-7
Giles A., of Clinton, m. Harriet J. **BROOKS,** of Middletown, May 1, 1842, by Rev. A. M. Osborn	3	488
Giles A., m. Elizabeth **PRIOR,** Oct. 11, 1846, by Rev. James Floy	3	554
Leora, d. Samuel, seaman, ae 28, & Elizabeth, ae 24, b. Mar. 7, 1850	4	150-1
Orrin B., of Wallingford, m. Esther J. **JOHNSON,** of Middletown, [Oct.] 11, [1846], by Rev. W. G. Howard	3	556
-----, child of Samuel J., capt., mariner, ae 25, & Elizabeth, ae 23, b. July 1, 1848	4	42-3
-----, female, d. July 8, [1848], ae 1 wk.	4	68-9
BUFFUM, Abigail, d. [Joshua & Mary], b. Apr. 3, 1792	2	367
Joshua, of Salem, m. Mary **BILLS,** of Middletown, Mar. 12, 1785	2	367
Samuel, s. Joshua & Mary, b. Sept. 11, 1785	2	367
BUGG*, Bridget, d. Sept. 13, 1848, ae 4 m. (* **BRIGG**?)	4	132-3
BUGGY, Edward, m. Catharine **KELLEY,** Sept. 17, 1853, by Rev. Jno. Brady	4	240
Thomas, m. Julia **DEGAN,** Sept. 11, 1847, by Rev. John Brady	4	25
BULGER, James, m. Mary **HAGERTY,** Feb. 26, 1854, by Rev. Jno. Brady	4	264
BULKLEY, BULKLY, Burage, of Weathersfield, m. Caroline **MILLER,** of Middletown, Apr. 3, 1833, by Rev. Fitch Reed	3	381
Elizabeth, m. Joseph **SMITH,** Dec. 20, 1726	1	39
Frances, ae 20, b. in Rocky Hill, Ct., res. Meriden, m. William P. **CLARK,** cigar maker, ae 25, of Meriden, Feb. 18, 1848, by James Hepburn	4	66-7

	Vol.	Page

BULKLEY, (cont.)

	Vol.	Page
Frances A., of Middletown, m. William P. **CLARK**, of Mereden, Feb. 16, [1848], by Rev. James Hepburn	4	29
Sarah, m. Joseph **STOW**, Mar. 14, 1733/4	1	75
Wait, of Weathersfield, m. Ann **MILLER**, of Middletown, Feb. 4, 1835, by Rev. Zebulon Crocker	3	405
William G., m. Susan **HAWES**, b. of Middletown, Mar. 1, 1835, by Rev. Zebulon Crocker	3	406

BULL, Caleb Joseph, s. Sam[ue]l & Rebeckah, b. Dec. 12, 1775 — 2

	Vol.	Page
Esther Cadwell, [d. Sam[ue]l & Rebeckah], b. May 16, 1780	2	187
Harriet W., m. Timo[thy] E. **MARVIN**, July 28, 1833	3	187
Julia Maria, d. [Sam[ue]l & Rebeckah], b. Apr. 22, 1788	2	18
Julia Maria, m. Horace **SOUTHMAYD**, Nov. 21, 1813	3	187
Lydia, w. of Sam[ue]l, d. Jan. 24, 1772	2	24
Lydia Gleason, d. Sam[ue]l & Rebeckah, b. May 2, 1777	2	187
Polly* Colyer, d. [Sam[ue]l & Rebeckah], b. Dec. 23, 1782 (*Line drawn thru Polly and Patty written in side margin)	2	187 187
Rebec[c]a, m. Samuel **CORNWELL**, Jan. 15, 1667	LR1	37
Rebeccah, m. Timothy **SOUTHMAYD**, Feb. 13, 1799	3	1
Rebeckah Walker, [d. Sam[ue]l & Rebeckah], b. Aug. 29, 1778	2	187
Samuel, late of Hartford, m. Lydia **GLEASON**, of Middletown, Mar. 10, 1771	2	187
Samuel, m. Rebeckah **COTTON**, Feb. 26, 1775	2	187
Samuel had negro Strisson, s. Citron, b. Jan. 11, 1791; Gennet d. Citron, b. Dec. 28, 1792	2	187
Sam[ue]l J., d. Mar. 31, 1849, ae 28	4	128-9
Samuel James, s. [Sam[ue]l & Rebeckah], b. Apr. 17, 1785	2	187
——, s. Sam[ue]l & Lydia, b. Jan. 10, 1772; d. About 24 hrs. after birth	2	187
——, s. Sam[ue]l & Rebeckah, b. [Sept. 30, 1781]; d. Sept. 30, 1781	2	187
——, s. [Sam[ue]l & Rebeckah], b. [Dec. 6, 1786]; d. Dec. 6, 1786	2	187

BULLARD, Timolon, of Cheshire, m. Harriet S. **BELDEN**, of Middletown, Feb. 5, 1827, by Joshua L. Williams, V.D.M. — 3 — 261

BUN, [see under **BUNN**]

BUNCE, Elizabeth L. Foster, d. of H. **BUNCE**, m. Normond **LEWIS**, s. of James, b. of Hartford, Feb. 8, 1854, by Rev. Lester Lewis — 4 — 247

Susannah, m. James **STANDCLIFT**, 3rd, Dec. 24, 1754 — 2 — 177

BUNN, BUN, Dan[ie]l, s. Jobe & Hopestill, b. Apr. 7, 1757, in Barth — 2 — 341

	Vol.	Page
Hopestill, d. Jobe & Hopestill, b. Mar. 13, 1764	2	341
Jobe, of Barth, m. Hopestill **TOLBUT**, of Dighton, June 10, 1756, at Barth, Boston, Gov.	2	341
Mary, d. Jobe & Hopestill, b. Mar. 16, 1759, in Barth	2	341
Mary, m. Jesse **PRIOR**, July 4, 1776	2	297

BURBRIDGE, Louisa Jane, d. Charles H., mechanic, ae 29, & Elizabeth, ae 22, b. July 30, [1848] — 4 — 46-7

BURDICK, Arthur, of Middletown, m. Sarah Louisa **GIBBS**, of Poughkeepsie, N.Y., Oct. 20, 1867, by Rev. W[illia]m H. Wines, at the Baptist Church, in Poughkeepsie, N.Y. — 3 — 563

Frances E., m. Nicholas S. **LESTER**, b. of Groton, [Nov.] 24, [1831], by Rev. E. R. Tyler — 3 — 366½

	Vol.	Page
BURDICK, (cont.)		
Henry Jackson, of Norwich, N.Y., m. Ellen L. **WHITE**, of Durham, Jan. 5, 1852, by Rev. Frederic J. Goodwin	4	215
Orlanzo, of Hartford, m. Lucy a. **LEWIS**, of Middletown, Oct. 28, 1832, by Rev. Fitch Reed	3	374
BURGESS, BURGIS, Lucy, of G[u]ilford, m. Jonathan **KIRBY**, of Middletown, Mar. 1769	2	70
Sam[ue]l, of Guilford, m. Esther **AUGER**, of Middletown, Dec. 2, 1834, by Rev. James Noyes	3	403
BURKE, BURK, Catharine, d. John & Eliza, b. Apr. 3, 1806	2	319
Crosby, s. [John & Eliza], b. Dec. 24, 1812	2	319
Howell, m. Delia McNARY, b. of Middletown, Oct. 9, 1853, by Rev. Frederic J. Goodwin	4	260
Johanna, m. Michael **PARKER**, Aug. 25, 1852, by Rev. Jno. Brady	4	240
John, d. Sept. 10, 1730	1	Ind-1
John, m. Eliza **MORGAN**, Oct. 3, 1804	2	319
John, s. John & Eliza, b. Sept. 27, 1808	2	319
Michael, m. Catharine **AHERN**, Apr. 18, 1852, by Rev. Jno. Brady	4	219
Robert, s. [John & Eliza], b. Nov. 5, 1810	2	319
Thomas, m. Deberow **HOUS**, Oct. 10, 1665	LR1	12
BURLESON, BURLSON, Daniel, m. Mary **BURLESON**, Sept. 19, 1744	2	28
Mary, m. Daniel **BURLESON**, Sept. 19, 1744	2	28
Rachel, m. John **WARNER**, Jr., Apr. 14, 1741	1	131
BURLISS, Mary, of Hartford, m. Isaac **CORNWELL**, of Middletown, July 29, 1714	LR1	31
BURN, [see under **BURNS**]		
BURNET, BURNIT, Anne, d. David & Anna, b. Dec. 15, 1760	2	46
Asahel, s. David & Anna, b. Mar. 10, 1770	2	46
David, m. Anna **ROBERTS**, Aug. 3, 1758	2	46
Elisha, s. David & Anna, b. July 7, 1772	2	46
Elizabeth, d. David & Anna, b. Feb. 8, 1768	2	46
Harriet, m. Rev. John R. **CRANE**, May 9, 1816	3	17
John, s. David & Anna, b. Dec. 11, 1758	2	46
Josiah, s. David & Anna, b. Oct. 11, 1765	2	46
Martha, d. [David & Anna], b. Mar. 17, 1763, in Little Nine Partners; d. Sept. 8, 1768	2	46
BURNHAM, Angeline C., ae 17, b. in Weathersfield, now of Middletown, m. Edwin **TRYON**, ae 26, of Middletown, Aug. 26, 1854, by J. B. Merwin	4	255
Ashbel, s. Michael & Lois, b. Apr. 20, 1738 at Hartford	2	236
Ashbel, m. Hannah **SAGE**, July 9, 1761	2	236
Elisha, s. Michael & Lois, b. June 2, 1740, at Hartford	2	236
Elisha, d. Oct. 28, 1759	2	236
Eliza Ann, m. Sam[ue]l **DARBY**, b. of Middletown, July 27, 1833, by Rev. W[illia]m H. Beacher	3	384
Emily Jane, m. Sherman B. **HUBBARD**, b. of Middletown, Nov. 27, 1845, by Rev. Ja[me]s T. Dickinson	3	541
Flavie, of Middletown, m. Merrett **FERRIN**, of Farr Haven, July 17, [1838], by Rev. James Noyes	3	428

	Vol.	Page
BURNHAM, (cont.)		
Hannah, [w. Capt. Michael], d. Mar. 15, 1762	2	236
Hannah, d. Ashbel & Hannah, b. Mar. 17, 1762	2	236
James, s. Michael & Lois, b. July 1, 1733, at Hartford	2	236
James, d. May 31, 1759	2	236
Lois, b. Aug. 22, 1742, at Hartford, m. Richard **NICHOLS**, July 19, 1761	2	131
Lois, d. Michael & Lois, b. Aug. 22, 1742, at Hartford	2	236
Lois, w. of Michael, d. Mar. 5, 1748/9, at Hartford	2	236
Michael, m. Lois **WISE**, Sept. 15, 1728	2	236
Michael, s. Michael & Lois, b. June 15, 1736, at Hartford	2	236
Michael, m. Hannah **SAGE**, Jan. 31, 1749/50	2	236
Michael, Capt., d. Nov. 30, 1758	2	236
Michael, Jr. d. [ ]	2	236
Rebeckah, m. Thomas **WARD**, Aug. 28, 1707, by Timo[thy] Woodbridge, at Hartford	LR2	8
Roderick Henry, m. Catharine Livingstone **MATHER**, May 19, 1841, by Rev. John R. Crane	3	475
BURNS, BURN, Charles, s. Ffrancis & Jane, b. Oct. 17, 1730	2	50
Francis, m. Jane **ROBERDS**, Jan. 26, 1729/30	2	50
Hannah Cushing, m. Samuel **COOPER**, May 11, 1805	3	3
Jane, m. John **BLAKE**, Jan. 4, 1744	2	65
Patrick, m. Loby G. **ADDIS**, b. of Middletown, Oct. 17, 1849, by Rev. L. S. Hough	4	93
Patrick, ae 22, b. in N.Y., res. Middletown, m Loly **ADDIS**, ae 20, of Middletown, Oct. 17, 1849, by Rev. lent S. Hough	4	168-9
Patrick, m. Ellen **O'CONNOR**, Jan. 19, 1851, by Rev. Jno. Brady	4	185
BURR, Abigail, [twin with Thankfull], d. [Jonathan & Abigail], b. Mar. 12, 1720/21	LR2	15
Abigail, m. Linus L. **WILCOX**, Apr. 3, 1839, by Rev. Joseph Holdich (Alpha, see **BARR**, written in left margin)	3	457
Angelina, of Haddam, m. John E. **BLATCHLEY**, of Killingworth, Sept. 21, 1831, by Rev. Fitch Reed	3	362
Calista D., m. Albert H. **DERBY**, b. of Middletown, Apr. 10, 1848, by Rev. James Floy	4	32
Charles, s. Chauncey, mechanic, & Martha, b. Nov. 19, 1848	4	112-3
Daniel C., m. Martha S. **MILLER**, July 1, 1845, by Rev. Andrew S. Stone	3	534
Ebenezer, s. Jonathan & Abigail, b. Jan. 24, 1710/11	LR2	15
Edwin, m. Julia A. **WILCOX**, b. of Haddam, May 18, 1836, by Rev. Rob[er]t McEwen	3	421
Elizabeth, d. Jonathan & Abigail, b. Apr. 23, 1719	LR2	15
Elizabeth, m. James **PELTON**, Jan. 14, 1735/6	1	106
Elizabeth, m. Abner **BRAINERD**, Sept. 16, 1761	2	37
Ellen M., d. of Linus, m. John M. **VAN VLEEK**, b. of Middletown, May 2, 1854, by Rev. E. L. Janes	4	251
Esther, m. Hiram S. **HUBBARD**, Oct. 2, 1834, by Rev. John R. Crane	3	399
Esther Maria, m. Atwood **SCOVILL**, b. of Haddam, Oct. 8, 1839, by Rev. Francis Hodgeson	3	566
Flora Betsey, m. Sylvester **BURR**, b. of Haddam. Apr. 7, 1847,		

BURR, (cont.)

	Vol.	Page
by Rev. James Floy	3	561
Hannah, d. Jonathan & Abigail, b. Apr. 23, 1723	LR2	15
Hannah, m. Darius **SKINNER**, b. of Haddam, Nov. 4, 1830, by Rev. Edw[ar]d R. Tyler	3	357
Harriet, of Haddam, m Phinehas D. **PELTON**, of La Grange Cty., Ky., June 26, 1839, by Rev. Joseph Holdich	3	459
Hope, m. William **GILBERT**, Apr. 6, 1789	2	352
Jane C., of Middletown, m. William T. **HILL**, of Newton, Conn., Aug. 3, 1854, by Rev. Morris Hill	4	254
Jonathan, of Hartford, m. Abigail **HUBBARD**, of Middletown, May 12, 1708	LR2	15
Jonathan, s. Jonathan & Abigail, b. Mar. 21, 1712/13	LR2	15
Jonathan, d. Jan. 1, 1734/5	LR2	15
Jonathan, of Middletown, m. Eliz[abet]h **BELDING**, of Wethersfield, Oct. 29, 1740	1	127
Jona[tha]n, s. Jona[tha]n & Eliz[abet]h, b. Aug. 3, 1741	1	127
Jonathan, m. Priscilla **FREEMAN**, Mar. 17, 1763	2	103
Joseph, 3rd, m. Irene **HUBBARD**, b. of Haddam, Nov. 21, 1832, by Rev. John R. Crane	3	376
Julia, ae 23, of Middletown, m. Philip **NORTH**, gunsmith, ae 27, of Middletown, Apr. 10, 1850, by Rev. M. L. Scudder	4	166-7
Julia E., m. Philip **NORTH**, b. of Middletown, [1850], by Rev. M. S. Scudder. Recorded Apr. 22, 1850	4	141
Julius W., of Berlin, m. Julia E. **CORNWELL**, of Middletown, [Oct.] 1, [1845], by Rev. Ja[me]s H. Francis	3	536
Linus, blacksmith, b. in Haddam, res. Middletown, d. Jan. 17, 1851	4	206-7
Martha, m. Timothy **CORNWELL**, Dec. 3, 1747	2	135
Mary, d. Jonathan & Abigail, b. Mar. 18, 1708/9	LR2	15
Mary, m. Thomas **McCLEAVE**, July 9, 1741	1	84
Moses, of Haddam, m. Celesta M. **BELDEN**, of Weathersfield, Feb. 27, 1831, by Rev. Thomas Burch	3	360
Nathaniel, s. Jonathan & Abigail, b. Mar. 28, 1716/17	LR2	15
Noadiah, s. Jona[tha]n & Priscilla, b. Sept. 28, 1764	2	103
Philander, of Haddam, m. Caroline **WILLIAMS**, of Weathersfield, May 6, 1835, by Rev. W. Fisk	3	410
Shaylor, m. Abigail **HUBBARD**, b. of Haddam, June 23, 1841, by Rev. A. M. Osborn	3	477
Sylvester, m. Flora Betsey **BURR**, b. of Haddam, Apr. 7, 1847, by Rev. James Floy	3	561
Thankfull, [twin with Abigail], d. [Jonathan & Abigail], b. Mar. 12, 1720/21	LR2	15
Wilbur, s. Sylvester, mechanic, & Betsey, b. Oct. 20, 1848	4	112-3
Willard K., of Haddam. M. Mary S. **BOARDMAN**, of Middletown, Sept. 15, 1841, by Rev. Ja[me]s H. Francis	3	482
----, d. Ellsworth, physician, ae 36, & [ ], ae 30, b. Aug. 5, 1849	4	98-9

* (*correction (see also **BARR**) handwritten in original manuscrip)

BURRILL, BURRELL, Mary, of Hartford, m. Cornelius N. **BARKER**, Oct. 19, 1839, by Rev. L. S. Everett | 3 | 473

Mary, of New Britain, m. Perry D. **MARTIN**, May 4, 1851,

94   BARBOUR COLLECTION

	Vol.	Page
BURRILL, (cont.)		
By Rev. Geo[rge] A. Bryan	4	186
BURROWS, Elizabeth A., of Middletown, m. William **CLIFF,** of Groton, Sept. 16, 1846, by Rev. James Floy	3	554
Lucretia, m. William **FRENCH,** Apr. 25, 1838, by Rev. Elisha Andrews	3	445
Mary, b. in Groton, res. Middletown, d. July [ ], 1851, ae 82	4	204-5
BURT, Jonas, of Worcester, m. Abigail **WETMORE,** of Middletown, July 25, 1752, by Esq. Peck, of Horse Neck	2	63
Rebecca, m. Revile **CLARK,** Jan. 31, 1819	3	81
BURTIS, Mary, see under Mary **CORNWELL**	1	60
BURTON, Almira, Mrs., m. E. B. **WILLISTON,** Prof. of languages & literature, A. L.S. & M. Academey, July 13, 1826, by Rev. Birdseye G. Noble	3	284
Benjamin, s. [Sam[ue]ll & Sarah, b. Apr. 25, 1729	1	73
Daniel, s. Sam[ue]ll & Sarah, b. Mar. 31, 1727	1	73
Nathaniel J., of Fair Haven, m. Rachel **CHASE,** of Middletown, Sept. 14, 1853, by Rev. J. L. Dudley	4	249
Sam[ue]ll, m. Sarah **CORNWELL,** Jan. [ ], 1719/20	1	73
Samuel, s. Sam[ue]ll & Sarah, b. Nov. 17, 1721	1	73
Samuel, Sr., d. Apr. 22, 1733, in the 53rd y. of his age; bd. In Portland	1	73
Sarah, d. Sam[ue]ll & Sarah, b. Jan. 22, 1724/5	1	73
BUSH, Abigail, d. Joseph & Mary, b. Nov. 16, 1748	2	171
Calvin, s. Moses & Susan[na]h, b. Nov. 8, 1753	1	128
Elisha, s. Moses & Susan[na]h, b. Nov. 4, 1747	1	128
Elisha, s. Moses & Susan[na]h, b. May 31, 1748	1	128
Elisha, s. Moses & Susan[na]h, b. June 20, 1749	1	128
George, [triplet with Joseph & Mary], s. Moses & Susannah, b. June 11, 1756	1	128
Hannah, d. Joseph & Mary, b. Dec. 8, 1744	2	171
Harriet Wetmore, m. Elihu W. N. **STARR,** May 27, 1840	3	413
Harriet Wetmore, d. of John C. & Julia, of Ogdensburgh, N.Y., m. Elihu William Nathan **STARR,** s. of Nathan & Grace S., of Middletown, May 27, 1840, at Ogdensburgh, N.Y.	4	40
Jona[tha]n, s. Moses & Susan[na]h, b. Nov. 23, 1745	1	128
Joseph, m. Mary **RANNEY,** May 6, 1744	2	171
Joseph, d. June 12, 1749, at Saranam	2	171
Joseph, [triplet with George & Mary], s. Moses & Susannah, b. June 11, 1756	1	128
Luther, s. Moses & Susan[na]h, b. Apr. 20, 1751	1	128
Mary, d. Joseph & Mary. B. Aug. 12, 1746	2	171
Mary, [triplet with Joseph & George], d. Moses & Susannah, b. June 11, 1756	1	128
Moses, m. Susannah **JOHNSON,** May 13, 1741	1	128
Moses, s. Moses & Susan[na]h, b. Nov. 8, 1741	1	128
Sally W., of Chatham, m. John **RUSSELL,** of Coventry, Jan. 15, 1824, by Rev. Joshua L. Williams	3	152
Stephen, s. Moses & Susan[na]h, b. Nov. 2, 1743	1	128
Thomas W., m. Eliza **SCOVIL,** Aug. 21, 1825, by Rev. John R. Crane	3	206
BUSHNELL, BOOSHNAL, Abigail, of Middletown, m. W[illia]m		

	Vol.	Page
BUSHNELL, (cont.)		
BUTLER, of Weathersfield, Aug. 7, 1825, by Rev. Fred[eric]k Wightman	3	207
Hester, of Saybrook, m. Samuell **WILLCOCK**, of Middletown, May 19, 1707	LR2	21
Mary, of Saybrook, m. Elijah **WILCOX**, Aug. 22, 1759	2	28
Mary E., b. in Upper Middletown, m. Rollin D. H. **ALLEN**, teacher, of Riga, N.Y., Aug. 1, 1849, by Rev. George A. Bryan	4	126-7
Mary Elizabeth, m. Rollin D. H. **ALLEN**, Aug. 1, 1849, by Rev. Geo[rge] A. Bryan	4	89
BUTLER, BUTTLER, Abigail, of Wethersfield, m. Jeremiah **WETMORE**, of Middletown, Feb. 25, 1724/5	1 LR2	13 7
Abigaill, of Hartford, m. Joseph **WHITE**, June 30, 1726	2	162
Abigail, d. Darney & Mindwell, b. May 6, 1774		
Alexander, m. Lorinda **JOHNSON**, b. of Middletown, Nov. 10, 1828, by Rev. H. Bangs	3	321
Amelia, m. Alonzo C. **HARRIS**, b. of Middletown, Nov. 16, 1842, by Rev. Merrett Sanford	3 1	497 130
Ann, m. Josiah **WILCOX**, May 16, 1742		
Ann, of Addam, m. John B. **CRANDALL**, of Middletown, Dec. 6, 1853, by Rev. E. L. Janes	4	247
Anna M., d. James, mechanic, ae 35, & Elmira **WELSH**, ae 34, b. July 14, [1847]	4 4	50-1 170-1
An[n]e, d. Gershum & Mary, b. Feb. 7, 1722	1	37
Anne, w. of George, d. June 21, 1756	2	86
Asa, m. Anna M. **CULVER**, Aug. 31, 1851, by Rev. Jno. Morrison Reid	4	216
Ashbel, s. Ely & Rachel, b. Nov. 28, 1765	2	133
Augusta M., of Middletown, m. John **HASTINGS**, of Hartford, Aug. 6, 1850, by Rev. Frederick Wightman	4	145
Bathshebah, m. Elijah **MILLER**, Nov. 20, 1729	1	52
Belinda, m. Jotham **JOHNSON**, b of Middletown, Oct. 13, 1822, by Rev. Phineas Cook	3	107
Belinda N., m. Lot D. **VANSAND**, May 17, 1824, by Rev. Birdseye G. Noble	3	158
Benjamin*, m. Thankful **SAGE**, Dec. 5, 1734 (*Lost at Sea)	1	92
Benjamin, s. Comfort & Sibel, b. May 24, 1765	2	245
Benj[amin], m. Juliet **SMITH**, b. of Middletown, Aug. 17, 1834, by Rev. B. Creagh	3	398
Betsey, m. Martin **GOFF**, July 10, 1834, by Rev. John R. Crane	3	397
Caroline, of Middletown, m. Elijah S. **BARNES**, of Williamsburgh, N.Y., May 6, 1850, by Rev. Townsend P. Abell	4	188 235
Charles Hazleton, s. Sam[ue]l & Elizabeth, b. Oct. 29, 1772	2	92
Chloe, d. Benj[ami]n & Thankful, b. Oct. 2, 1747	1	5
Clarissa, d. Benj[ami]n & Mary, b. Apr. 11, 1793	3	5
Clarissa, m. Stephen **TAYLOR**, July 4, 1813, at Cattskill, N.Y.	3	
Clarissa, m. Stillman King **WIGHTMAN**, b. of Middletown, Oct. 18, 1827, by Rev. Fred[eric]k Wightman	3	284
Comfort, s. Benj[ami]n & Thankful, b. Jan. 23, 1737/8	1	92
Comfort, s. John & Sarah, b. Nov. 16, 1743	1	44

	Vol.	Page
BUTLER, (cont.)		
Comfort, m. Sibbel **RANNEY**, May 2, 1762	2	245
Darney, m. Mindwell **CLARK**, Nov. 17, 1763	2	162
David, s. Gershum & Mary, b. May 14, 1720	1	37
David, s. Sam[ue]ll, b. Mar. 11, 1736/7	1	Ind-1
David, m. Hannah **COOK**, Sept. 20, 1758	2	92
David, s. Dav[i]d & Hannah, b. Feb. 5, 1759	2	92
David, s. George & Desire, b. Feb. 27, 1764	2	86
Edward, m. Mabel **JOHNSON**, Oct. 10, 1824, by Rev. John R. Crane	3	175
Edwin B., s. of Horace, of New Britain, m. Fanny **STEVENS**, d. of Elisha, of Middletown, Dec. 3, 1850, by Rev. B. N. Leach	4	178
Eli, s. Benj[ami]n & thankful, b. May 26, 1740	1	92
Ely, m. Rachel **STOCKING**, Feb. 26, 1763	2	133
Eli, Capt. D. [ ], in Whitestown, N.Y.	2	133
Eliza, m. Nenerian **RIED**, b. of Middletown, Aug. 29, 1838 by Cha[rle]s C. Tyler, J.P.	3	448
Eliza, m. Worthington C. G. **CLARK**, Jan. 31, 1844, by Rev. w. G. Howard	3	511
Else Clark, d. Darney & Mindwell, b. Apr. 14, 1777	2	162
Emily C., m. Will[ia]m M. **WARD**, b. of Middletown, Dec. 27, 1835, by Rev. John C. Green	3	417
Esther, m. Asel **ANDREWS**, [ ]	1	74
Eunice, d. Sept. 10, 1847, ae 93	4	72-3
Frederick a., of Middletown, m. Jane E. **TRYON**, of Portland, July 10, 1858, by Rev. W. H. Waggoner	4	234
George, s. Gershum & Mary, b. June 19, 1730	1	37
George, m. Anne **PLUM**, Apr. 10, 1755	2	86
George, s. Dav[i]d & Hannah, b. June 20, 1768	2	92
George, m. Desire **DEMICK**, [ ]	2	86
Gershum, s. Gershum & Mary, b. Feb. 24, 1736/7	1	37
Gershum, m. Mary **DAMING**, [ ]	1	37
Gideon, s. Gershum & Mary, b. May 29, 1727	1	37
Giles, s. Peter & Phebe, b. Mar. 15, 1724/5; d. Apr. 12, 1725	1	10
Grace, d. Benj[ami]n & Thankful, b. Jan. 30, 1748/9	1	92
Hannah, d. Jno. &Sarah, b. Dec. 20, 1729	1	44
Hannah, d. Benj[ami]n & Thankful, b. June 26, 1746	1	92
Hannah, of Middletown, had d. Penelopee **BONFOY**, b. Nov. 15, 1762; reputed father Permot **BONFOY**, of Haddam	2	1
Hannah, Mrs., m. Rev. James **ELLS**, Nov. 7, 1770	2	272
Hannah, d. David & Hannah, b. July 30, 1774	2	92
Haughton Dame(?), s. Joseph & Patience, b. June 30, 1743 (line drawn thru Dame and in left margin Dorner is handwritten, also at the bottom of page hand written is "Darney & Haughton Dorner the same person")	1	105
Helen E., d. Nov. 14, 1851, ae 9 y.	4	202-3
James, m. Olive **CARPENTER**, b. of Middletown, July 4, 1820, by Rev. Eli Ball	3	35
James, m. Mary **STREETER**, b. of Middletown, June 3, 1824, by Rev. Fred[eric]k Wightman	3	159
James, Capt. M. Mary K. **TOPLIFF**, July 12, 1829, by Rev.		

MIDDLETOWN VITAL RECORDS

	Vol.	Page
BUTLER, (cont.)		
Fred[eric]k Wightman	3	338
James Hazelton, s. Sam[ue]l & Elizabeth, b. Apr. [ ], 1771	2	235
James Hazelton, s. Sam[ue]l & Elizabeth, d. Oct. 3, 1776	2	235
Joel, of Meriden, m. Sarah Ann HOTCHKISS, July 27, 1840, by Rev. John R. Crane	3	468
John, m. Sarah FOSTER, Dec. 3, 1728	1	44
John, s. John & Sarah, b. Jan. 16, 1740/41	1	44
John, s. Dav[i]d & Hannah, b. Sept. 30, 1766	2	92
John, s. Ely & Rachel, b. Mar. 28, 1769	2	133
John D., truckman, b. in Chatham, res. Middletown, d. Apr. 30, [1849], ae 59	4	170-1
Joseph, m. Patience HORTON, Aug. 17, 1738	1	105
Joseph, s. Benj[ami]n & Thankful, b. Aug. 26, 1742	1	92
Joseph, s. Darney & Mindwell, b. Sept. 25, 1764	2	162
Joseph, s. [Darney & Mindwell], d. Nov. 20, 1775	2	162
Lorinda, of Middletown, m. Jairus H. BARNES, of New Hartford, Sept. 9, 1838, by Rev. Robert McEwen	3	432
Louisa, m. John H. T. MALONA, June 30, 1842	3	169
Lucia, d. Peter & Phebe, b. Mar. 8, 1731/2	1	10
Lucia, d. Benj[ami]n & Thankful, b. Sept. 21, 1736	1	92
Lucia, m. Joseph WARD, Mar. 16, 1758	2	42
Lucy, d. Ely & Rachel, b. May 2, 1771	2	135
Mabel, res. Berlin, d. May 14, 1849, ae 82	4	174-5
Maria A., m. Elisha SPENCER, b. of Middletown, May 1, 1836, by Rev. John Cookson	3	422
Martha, d. Benj[ami]n & Thankful, b. Aug. 21, 1744	1	92
Martha, d. Ely & Rachel, b. May 14, 1775	2	133
Mary, d. [Peter] & Phebe], b. July 23, 1726	1	10
Mary, d. Benj[ami]n & Thankful, b. Sept. 7, 1735	1	92
Mary, d. Joseph & Patience, b. Sept. 3, 1740	1	105
Mary, m. Nath[anie]ll GILBERT, Jr., Dec. 26, 1744	2	15
Mary, m. Willet RANNEY, Nov. 19, 1752	2	244
Mary, d. Geo[rge] & Anne, b. Jan. 21, 1756	2	86
Mary, m. Stephen BOW, Nov. 18, 1756	2	64
Mary, d. Darney & Mindwell, b. Mar. 14, 1771	2	162
Mary, m. Comfort STARR, b. of Middletown, Apr. 3, 1832, by Rev. Joshua L. Williams	3	99
Mary, m. Thomas COTTER, Nov. 25, 1850, by Rev. Jno. Brady	4	180
Mary B., m. Ira KNAPS, b. of Middletown, Apr. 3, 1832, by Rev. Fitch Reed	3	367
Mary Matilda, d. Ezra, laborer, b. Mar. 25, 1848	4	52-3
Mehitable, d. Jno. & Sarah, b. Sept. 30, 1747	1	44
Mele, d. Gershum & Mary, Mar. 3, 1724	1	37
Mindwell, d. Darney & Mindwell, b. July 11, 1766	2	162
Olive, m. Chauncey CROWELL, [July] 8, 1824, by Rev. James A. Boswell	3	162
Persis, [d. Ely & Rachel], b. May 14, 1783	2	133
Peter, m. Phebe STOW, Dec. 18, 1723	1	10
Peter, d. Sept. 24, 1732	1	10
Peter, s. John & Sarah, b. Aug. 10, 1733	1	44
Phebe, m. Edward HAMLIN, Dec. 18, 1734	1	75

BUTLER, (cont.)

	Vol.	Page
Rachel. D. Ely & Rachel, b. Apr. 10, 1773	2	133
Rebeckah, d. [Peter & Phebe], b. Nov. 1, 1728	1	10
Rebeckah, alias CORNWELL, m. Allin GILBERT, Sept. 20, 1759	2	96
Roxanna, m. Allen MALONEY, b. of Middletown, Dec. 27, 1849, by Edwin Scoville, J.P.	4	96
Roxanna, ae 17, m. Allen MALONA, laborer, ae 23, b. of Middletown, Dec. 27, 1849, by Edwin Scoville, Esq.	4	168-9
Ruth, d. Jno. & Sarah, b. [ ]	1	44
Sam[ue]ll, s. Dav[i]d & Hannah, b. Nov. 23, 1761	2	92
Samuel, of Middletown, m. Elizabeth HAZELTON, of Haddam, Mar. 9, 1769	2	235
Sam[ue]l, of Middletown, m. Sarah BELDEN, of Weathersfield, Feb. 16, 1834, by Rev. B. Creagh	3	392
Samuel, m. Lydia DOUD, Dec. 1, 1835, by Rev. Jno. R. Crane	3	416
Sam[ue]l B., of Middletown, m. Sabrina SQUIRE, of Windham, May 17, 1846, by Rev. W. G. Howard	3	549
Sarah, d. Jno. & Sarah, b. June 20, 1736	1	44
Selah, s. George & Desire, b. Sept. 29, 1768	2	86
Seth B., s. Abijah, m. Malantha GLADWIN, d. of Henry S., b. of Middletown, Sept. 16, 1850 by Rev. B. N. Leach	4	147
Silas, s. George & Desire, b. Dec. 31, 1776	2	86
Sophia, of Middletown, m. Asahel WOODRUFF, of Farmington, Apr. 29, 1822, by Rev. Joshua L. Williams	3	98
Sibbil, of Hartford, m. Isaac WHITE, of Middletown, June 30, 1726	1	24
Sylvester, s. Ely & Rachel, b. Apr. 26, 1767	2	133
Thomas, s. John & Sarah, b. [ ]	1	44
Timothy, m. Pris[c]ella PELTON, Mar. 27, 1782	2	230
Timo[thy], of Berlin, m. Nancy BELDEN, of Middletown, Jan. 8, 1832, by Rev. Fred[eric]k Wightman	3	367
William, s. Jno. & Sarah, b. Sept. 29, 1731	1	44
William, s. Darney & Mindwell, b. Feb. 17, 1769	2	162
W[illia]m, of Weathersfield, m. Abigail BUSHNEL, of Middletown, Aug. 7, 1825, by Rev.Fred[eric]k Wightman	3	207
William. M. Mrs. C[h]loe SULONEY, b. of Middletown, Aug. 9, 1829, by Rev. John Cookson	3	339
William P., of rocky Hill, m. Eliza E. SAGE, of Middletown, Oct. 23, 1845, by Rev. Zebulon Crocker	3	540
——, s. Joseph & Patience, b. Mar. 23, 1738/9; d. [Mar.] 25, [1738/9]	1	105
——, child of Sam[ue]l B., joiner, ae 24, & Sabrina, ae 21, b. Aug. 10, 1849	4	150-1

BUTTON,

Alexander D., m. Elizabeth D. GRAVES, b. of Middletown, July 2, 1832, by Rev. John Cookson	3	371
Catharine H. Of Middletown, m. Henry E. MORGAN, of Groton, May 3, 1848, by Rev. Townsend P. Abell	4	31
Catharine A., ae 19, b. in Rocky Hill, res. Meriden, m. Henry E. MORGAN, pewterer, ae 24, b. in Groton, res. Meriden, May 3,1848, by T. P. Abell	4	66-7
Joseph, Jr. m. Caroline B. WRIGHT, b. of Middletown, Sept. 24,		

	Vol.	Page
BUTTON, (cont.)		
1832, by Rev. John Cookson	3	372
BUTTS, Jane E., m. John J. **SPATCHER**, [Dec.] 25, [1843], by Rev. W. G. Howard	3	509
BYNES, Mark, m. Lucretia **HILDRETH**, b. of Middletown, July 3, 1835, by Rev. John Cookson	3	412
CABLES, [see also **CAPLES** & **COPLES**], Elizabeth E., d. May 5, 1849, ae 2 y.	4	132-3
CADWELL*, Esther, of Hartford, m. Lieut. Josiah **WETMORE**, of Middletown, Nov. 11, 1745 (*Written "SADWELL")	2	65
Jane A., of Glastonbury, m. James **KILBY**, of Weathersfield, Mar. 2, 1848, by Rev. James Hepburn	4	31
Jane A., ae 23, b. in Wilbraham, Mass., m. James **KILBY**, farm laborer, b. in Rocky Hill, Mar. 2, 1848, by James Hepburn	4	64-5
Lois, m. Thomas **BLISS**, May 10, 1727	1	38
CADY, CADEY, [see also **CODY**], Amittai, of Pomfret, m. Joseph **PARKE**, Jr., of Middletown, Jan. 16, 1739/40	1	63
Catharine M., see under Catharine M. **CODEY**	4	100-1
Elizabeth, d. James & Tamazon, b. Mar. 25, 1750	2	44
Elizabeth, d. [Simon & Mary], b. May [ ], 1768	2	151
James, d. Nov. 7, 1775	2	44
Mary, d. James & Tamazon, b. Dec. 29, 1753	2	44
Mary, m. Edward **NAMSAIEU** (?), Dec. 29, 1777	2	151
Mary, m. James **GEARY**, May 14, 1853, by Rev. Jno. Brady	4	237
Sally, d. [Simon & Mary], b. June [ ] 1775	2	151
Simon, s. James & Tamazon, b. Sept. 15, 1747	2	44
Simon, m. Wid. Mary **BOW**, May 11, 1768	2	151
Tamazon, d. James & Tamazon, b. Mar. 8, 1746	2	44
Timmesson, d. [Simon & Mary], b. May [ ], 1773	2	151
William, s. [Simon & Mary], b. May [ ], 1771	2	151
CAFFEE, [see under **COFFEE**]		
CAFFREY, CAFFRY, Ellen, m. Daniel **HANLEY**, Oct. 22, 1852, by Rev. Jno. Brady	4	228
Jno. , m. Catharine **WHELAN**, Apr. 20, 1851, by Jno. Brady	4	184
Patrick, m. Mary **CONNORS**, Aug. 30, 1852, by Rev. Jno. Brady	4	222
CAHILL, Francis, m. Margaret **CONDEN**, Jan. 11 1852, by Rev. Jno. Brady	4	209
CAIN, Ann, m. James **CORRIGAN**, Oct. 22, 1852, by Rev. Jno. Brady	4	223
Bridget, m. William **DUNNE**, Aug. 22, 1852, by Rev. Jno. Brady	4	222
Isaac G., of Waterbury, m. Anna M. **RILEY**, of New York, Mar, 5, 1854, by Rev. W. H. Waggoner	4	252
Mary, m. John **CONNELL**, Jan. 7, 1854, by Rev. Jno. Brady	4	262
CALBERT, [see also **COLBERT**], John W., of New York, m. Charlotte C. **ARMSTRONG**, of Santa Cruz, Mar. 18, 1847, by Rev. Frederic J. Goodwin	4	3
CALE, [see also **COLE**], Betsey, d. John & Annah, b. June 29, 1779	2	329
Elizabeth, m. Ebenezer **BLAKE**, Apr. 7, 1772	2	184
Fanny, d. [John & Annah], b. May 27, 1783	2	329
John, m. Annah **GAYLORD**, Aug. 15, 1777	2	329
Jno. , m. Catharine **MEHER**, Jan. 11, 1852, by Rev. Jno. Brady (Call)	4	209

	Vol.	Page
CALL, [see under **CALE**]		
CALLAGHER, Hanora, m. Michael **BROWN**, Jan. 21, 1853, by Rev. Jno. Brady	4	264
CALLAHAN, CALLAGHAN, CALLIGHAN, CALLYHAN,		
Hanora, m. Dennis **WARREN**, July 4, 1853, by Rev. Jno. Brady	4	238
John, m. Mary **HOGAN**, Feb. 14, 1852, by Rev, Jno. Brady	4	210
Polly Lions, of cork Ireland, m. William **KEITH**, of Middletown, May 10, 1775	2	342
Thomas, m. Mary **DONOVAN**, Sept. 12, 1854, by Rev. Jno. Brady	4	271
Timothy, m. Mary **FLANIGAN**, July 8, 1854, by Rev. Jno. Brady	4	268
CALLAN, Bridget, d. Hugh, quarryman, ae 30, & Bridget, ae 28, b. May 2, 1851	4	194-5
CAMBRIDGE, CAMBRIGE, Job, of Mereden, m. Charlotte Ann **JOY**, of Middletown, July 11, 1830, by Rev. Tho[ma]s Branch	3	352
Jube, laborer, colored, b. in Meriden, res. Middletown, d. Nov. [ ], 1849, ae 60	4	170-1
CAMP, Abigail F., m. Peter **COON**, b. of Middletown, Apr. 25, 1830, by Rev. Thomas Branch	3	347
Abraham, m. Martha **PARSONS**, Jan. 13, 1743	2	21
Abraham, s. Abra[ha]m & Martha, b. Mar. 9, 1752	2	21
Almira, m. Josiah **DANFORTH**, Nov. 17, 1831, by Rev. John R. Crane	3	366
Angeline H., of Middletown, m. John W. **ARNOLD**, of Oswego, N.Y., Oct. 10, 1825, by Rev. E. Washburn	3	212
Ann, of Durham, m. Daniel **CORNWELL**, of Middletown, Sept. 13, 1744	2	2
Anna, b. in Durham, res. Middletown, d. July 23, 1848, ae 86	4	70-1
Asahel, s. Edw[ar]d & Mary, b. Dec. 24, 1740	1	113
Asa[h]el, m. Susannah **WEBSTER**, Jan. 1, 1766	2	149
Belinda, m. Chauncey **JOHNSON**, b. of Middletown, Sept. 5, 1830, by Rev. Simon Shaler, of Haddam	3	353
Benjamin, m. Ann **FISHER**, b. of Durahm, Dec. 11, 1821, by Rev. Phineas Cook	3	83
Catherine, d. Edw[ar]d & Mary, b. June 20, 1736	1	113
Catharine Lanman, d. [William S. & Margaret], b. Dec. 13, 1837	3	68
Charles, of Durham, m. Amanda **LEE**, of Middletown, Dec. 2, 1825	3	242
Content, w. of Ichabod, d. Dec. 29, 1754	2	202
Daniel E., m. Laura M. **NEWTON**, Oct. 4, 1837, by Rev. Robert McEwen	3	441
Dinah, d. Edw[ar]d & Mary, b. Nov. 9, 1738	1	113
Eldad, s. Abra[ha]m & Martha, b. Oct. 4, 1754	2	21
Eliza B., m. Gilbert **HALE** b. of Durham, Sept. 4, 1838, by Rev. Robert McEwen	3	432
Elizabeth R., m. Edward R. **JEWETT**, b. of Middletown, Apr. 30, 1834, by Rev. B .Creagh	3	394
Eunice, d. Abraham & Martha, b. Oct. 7, 1745	2	21
George T., of Mayvine, N.Y., m. Martha P. **GILBERT**, of Middletown, May 13, 1829, by Rev. John Cookson	3	336

MIDDLETOWN VITAL RECORDS   101

	Vol.	Page
CAMP, (cont.)		
Hannah, m. David **COE**, [ ]	2	274
Harriet L., b. in Durham, res. Middletown, d. Aug. 26, 1850,ae 27	4	204-5
Henry E., s. [William S. & Margaret], b. Apr. 12, 1834; d. Aug. [ ], 1834	3	68
Horace, m. Adeline M. **WHITE**, b. of New Haven, Oct. 28, 1832, by Rev. Fitch Reed	3	374
Ichabod, of Middletown, m. Mrs. Ann **OLIVER**, of Boson, June 6, 1757 (*Reverend" in pencil)	2	202
John, [twin with Sarah], s. Edw[ar]d & Sarah*, B. Jan. 31, 1754 (*line drawn thru Sarah and handwritten name Mary above Sarah)	1	113
Laura C., m. Asa **FOWLER**, b. of Middletown, May 7, 1837, by Rev. W. Fisk	3	432
Levi, s. Abra[ha]m & Martha, b. Mar. 7 1757	2	21
Lois, d. Abra[ha]m & Martha, b. Dec. 25, 1743	2	21
Lois, m. Nathaniel **STEVENS**, Mar. 20, 1764	2	235
Lucia, d. Abra[ha]m & Martha, b. July 19, 1759	2	21
Lucretia P., d. W[illia]m E., agent, ae 25, & Sarah E., ae 23, b. Sept. 23, 1848	4	98-9
Margaret C., d. Of W. S. **CAMP**, of Middletown, m. Abraham **AVERY**, Jr., of Boston, Mass., Nov. 19, 1851, by Rev. T. P. Abell	4	193
Margaret Cook, d. William s. & Margaret, b. Dec. 27, 1828	3	68
Maria, m. William P. **SOUTHMAYD**, Apr. 15, 1827, by Rev. John R. Crane	3	267
Martha, d. Abra[ha]m & Martha, b. Nov. 6, 1749	2	21
Martha, of Middletown, m. Jeremiah **BARNES** of Granville, Oct. 16, 1823, by Rev. Josiah Bowen	3	140
Mary, d. Edw[ar]d & Mary, b. Dec. 21, 1742	1	113
Mary, m. Timo[thy] **BACON**, Sept. 19, 1765	2	246
Mary A., of Middletown, m. Noah H. **UPSON**, of Mereden, Feb. 13, 1854, by Rev. J. L.Dudley	4	249
Moses, s. Abr[aha]m & Martha, b. Aug. 26, 1747	2	21
Phebe, of Durham, m. Othniel **CLARK**, of Middletown, May 12, 1768	2	20
Phebe, m. John **WARD**, of bow Lane, June 29, 1808	3	90
Samuel, s. Edw[ar]d & Mary, b. Mar. 1, 1746/7; d. Sept. 8, 1748	1	113
Samuel, s. Edw[ar]d & Mary, b. Mar 2, 1749	1	113
Sarah, [twin with John], d. Edw[ar]d & Sarah*, b. Jan. 31, 1754 (*correction(Mary)handwritten in original lmanuscript, line drawn thorugh name of Sarah)	1	113
W[illia]m A., s. W[illia]m S. & Margaret, b. Sept. 23, 1822, at Durham	3	68
William A., s. William S., m. Harriet B. **TAYLOR**, d. Stepehn, June 1, 1848, by Rev. John R. Crane	4	33
William A., merchant, ae 25, b. in Durham, res. Middletown, m. Harriet B. **TAYLOR**, ae 24, of Middletown, June 1, 1848, by Rev. John R. Crane	4	62-3
W[illia]m E., m. Sarah E. **PRATT**, Oct. 1, 1846, byRev. A. L. Stone	3	554
William S., of Durham, m. Margarette **COOK**, of Middletown		

	Vol.	Page
CAMP, (cont.)		
Oct. 25, 1821, by Rev. John R. Crane	3	68
William S., s. W[illia]m E., manufacturer, ae 27, & Sarah, ae 25, b. Feb. 20, 1850	4	150-1
William S., s. W[illia]m A. & Harriet B., b. June 15, 1850	4	33
William S., s. W[illai]m A., merchant, ae 29, & Harriet, ae 25, b. June 17, 1850	4	152-3
Zipporah, d. Edw[ar]d & Mary, b. Jan. 1, 1745	1	113
CAMPBELL, Amos M., of Haddam, m. Lucy ann **CONDALL,** of Lyme, Feb. 15, 1835, by Rev. Jehiel C. Beaman	3	405
Andrew, Jr., m. Mary **BACON,** Feb. 21, 1793	2	231
Andrew, m. Almira **BIRDWELL,** Dec. 24, 1824, by Rev.Birdseye G. Noble	3	194
Anne, twin with Mary, d. And[re]w & Mary, b. Apr. 8, 1794	2	231
Bernand, m. Ellen **WHITE,** Aug. 3, 1851, by Rev. Jno. Brady	4	192
Charles, twin with Tully, s. [And[re]w & Mary], b. Mar. 13, 1797	2	231
Mary, twin with Anne, d. And[re]w & Mary, b. Apr.8, 1794	2	231
Minerva, m. Lot D. **MANSANDS,** May 19, 1840, by Rev. Arthur Granger	3	566
Rhoda, of Killingworth, m. Horace **HALE,** of Wallingford, May 8, 1827, by Rev. Stephen Hayes	3	269
Ruth, m. Hezekiah **LORD,** Dec. 4, 1795	2	292
Ruth, d. [And[re]w & Mary], b. May 9, 1799	2	231
Tully, twin with Charles, d. [And[re]w & Mary], b. Mar. 13, 1797	2	231
Will[ia]m M., of Haddam, m. Fanny R. **STANTON,** of Middletown, Feb. 19, 1835, by Rev. Jehiel C. Beaman	3	405
CANARY, Mary, d. [Samuel & Martha], b. Aug. 31, 1794	2	319
Samuel, m. Martha **BEACH,** Nov. 10, 1791	2	319
Samuel, s. Samuel & Martha, b. Feb. 23, 1793	2	319
CANDE, Abigail, d. Zacheas & Sarah, b. May 9, 1714	LR2	8
Abigail, m. Joseph **CORNWELL,** Dec. 29, 1737	1	99
Abigail, d. Theo[philu]s & Hannah, b. June 10, 1752	1	108
Ann, w. of Theophilus, d. May 19, 1790	1	108
Desire, d. Zacheas & Desire, b. Mar. 21, 1728/9	1	35
Desiah, m. Samuel **STOW,** Nov. 28, 1751	2	121
Dina, d. Zacheas &Desire, b. [ ]	1	35
Hannah, d. Zacheas & Sarah, b. May 20, 1711	LR2	8
Hannah, m. Timothy Baker, Feb. 10, 1731/2	1	62
Hannah, d. Theo[philu]s & Hannah, b. Oct. 18, 1739; d. Oct. 27, 1739	1	108
Hannah, d. Theo[philu]s & Hannah, b. Mar. 31, 1743	1	108
Hannah, w. of Capt. Theo[philu]s, d. Oct. 29, 1762	1	108
Hannah, m. Jeremiah **BACON,** Dec. 15, 1763	2	140
Hannah, d. Jno. & Hannah, b. Mar. 31, 1781	2	212
Hannah, w. of John d. Apr. 16, 1781	2	212
Isaac, s. Zacheas & Sarah, b. Dec. 13, 1704	LR2	8
Isaac, s. Theo[philu]s & Hannah, b. June 28, 1745	1	108
Isaac, s. [Jno. & Mary], b. Apr. 7, 1786	2	212
John, s. Theo[philu]s & Hannah, b. Apr. 16, 1750	1	108
John, m. Hannah **GILBERT,** Sept. 14, 1775	2	212
John, s. John & Hannah, b. Nov. 30, 1778	2	212

MIDDLETOWN VITAL RECORDS

	Vol.	Page
CANDE, (cont.)		
Jno., m. Mary EELLS, May 30, 1782	2	212
Mary, d. Zacheas &Sarah, b. Aug. 20, 1716	LR2	8
Mary, m. Joel ADKINS, Aug. 8, 1750	2	194
Polly, d.[Jno. & Mary], b. Aug. 19, 1789	2	212
Sam[ue]l], s. Theo[philu]s & Hannah, b. Feb. 2, 1740/1	1	108
Samuel, s. John & Hannah, b. July 1, 1776	2	212
Sarah, d. Zacheas & Sarah, b. May 3, 1709	LR2	8
Sarah, m. John HIGBE, Mar. 9, 1731/2	1	61
Sarah, w. Zacheas, d. Sept. 30, 1737	LR2	8
Theophilus, s. Zacheas & Sarah, b. Dec. 20, 1706	LR2	8
Theophilus, s. Zacheas & Desire, b. Aug. 2, 1736	1	35
Theophilus, m. Hannah BACON, Dec. 14, 1738	1	108
Theophilus, Jr., m. Rebeckah CHURCHEL, May 28, 1761	2	139
Theophilus, Jr., of Middletown, m. Mary COWZENS, of Brooklin, Mass., May 24, 1776	2	139
Theophilus, d. May 2, 1782	1	108
William, s. Jno. & Mary, b. Apr. 8, 1783	2	212
Zacheas, s. Zacheas & Sarah, b. June 6, 1703	LR2	8
Zacheas, m. Desire ROBBERTS, Nov. 10, 1726	1	35
Zacheas, s. Theoph[ilus], Jr. & Rebeckah, b. Dec. 4, 1762	2	139
Zacheas, [m. Sarah]	LR2	8
CANFIELD, Asher, s. Timo[thy] & Nabby, b. Mar. 31, 1791	2	186
B. J., ae 40, m. 2d w., F. J. HOCKMAN, laborer, ae 35, b. in Germany, res. Middletown, Mar. 3, 1851, by Rev. B. N. Leach	4	200-1
Barbara J., d. of Clement, of Mayfield, N.Y., m. Frederick J. HACKMAN, s. of Peter, of Middletown, Mar. 4, 1851 by Rev. B. N. Leach	4	182
Caroline A., ae 19, b. in Newark, N.J., m. Lewis L. KELSEY, manufacturer, ae 25, of Middletown, July 1, 1850, by Rev. Chapin, [of] N.Y.	4	166-7
Charles C., s. Tho[ma]s C., stone cutter, ae 33, & Lucinda, ae 32, b. July 15, 1851	4	196-7
Harriet, d. Sam[ue]l & Mehetabel, b. Oct. 30, 1794	2	198
Harriet, d. [Sam[ue]l & Mehetabel], d. Apr. 20, 1796	2	198
Harriet, 2d, d. [Sam[ue]l & Mehetabel], b. July 17, 1797	2	198
James, s. [Timo[thy] & Nabby], b. July 14, 1794	2	198
Mary Ann, d. [Sam[ue]l & Mehetabel], b. Dec. 13, 1790	2	198
Mehitabel, d. Samuel & Mehitabel, b. Sept. 2, 1782	2	198
Mehetabel, w. of Sam[ue]l, d. July 20, 1797	2	198
Peggy, d. Sam[ue]l & Mehetabel, b. Nov. 19, 1788	2	198
Sally, d. Samuel & Mehitabel, b. Dec. 2, 1780	2	198
Samuel, m. Mehitabel LORD, Feb. 24, 1780	2	198
Samuel, s. Sam[ue]l & Mehitabel, b. Feb. 9, 1786	2	198
Sam[ue]l, m. Margaret HAMLIN, Nov. 17, 1797	2	198
Thomas C., of Newark, N.J., m. Lucinda E. KELSEY, of Middletown, June 8, 1845, by Rev. W. G. Howard	3	531
CANNON, Amanda, of Middletown, m. Samuel KEELER, of Stamford, May 14, 1828, by Rev. John R. Crane	3	307
Cornelius N., of New haven, m. Julia SAGE, of Middletown, Dec. 29, 1824, by Joshua L. Williams, V.D.M.	3	187

	Vol.	Page
CANNON, (cont.)		
Sarah, d. Cornelius N., tailor, ae 46, & Julia s., ae 41, b. July 1, 1848	4	54-5
William S., m. Mary J. **GALPIN,** June 10, 1844, by Rev. John r. Crane	3	517
CANTWELL, James, s. John, laborer, ae 35, & Mary, ae 30, b. Jan. 2, 1850	4	150-1
CAPLES, [see also **CABLES** and **COPLES**], Emily, m. Joshua J. **SMITH,** May 2, 1821, by Eli Coe, J.P.	3	54
Jesse, m. Junia **BARTON,** b. of Middletown, May 5, 1824, by Eli Coe, J.P.	3	168
Jesse, pensioner, black, d. Dec. 30, 1847, ae 105	4	70-1
CARD, Elizabeth, d. of James, of New Brunswick, m. Edward **BUCK,** s. of Edward, of New Brunswick, Dec. 29, 1850, by Rev. b. N. Leach	4	179
CAREY, CARY, [see also **COREY**], Catharine, m. Morris **CYERTROE,** Dec. 7, 1853, by Rev. Jno. Brady	4	244
Edward, m. Mary **DONOVAN,** July 21, 1850, by Rev. John Brady	4	145
Jane, m. Charles **ASHTON,** Aug. 1, 1840, by Rev. L. S. Everett	3	472
Joseph, m. Abigail **BIGELOW,** Oct. 24, 1739	1	120
Josiah, s. Joseph & Abigail, b. July 9, 1740	1	120
Michael, m. Frances **DOGAN,** May 6, 1854, by Rev. Jno. Brady	4	266
Richard, m. Mary **MILBRIE,** Aug. 31, 1853, by Rev. Jno. Brady	4	240
Theron, m. Hannah **BISHOP,** Jan. 8, 1844, by Rev. W. G. Howard	3	510
-----, child of Theron, joiner, ae 38, & Hannah, ae 31, b. July 27, 1849	4	98-9
CARNES, Michael, d. Sept. 14, 1848, ae 3 d.	4	132-3
CARPENTER, Emily, of Berlin, m. Abraham **WARNER,** of Middletown, Nov. 10, 1828, by Rev. H. Bangs	3	320
Olive, m. James **BUTLER,** b. of Middletown, July 4, 1820, by Rev. Eli Bell	3	35
[**CARR**], [see under **KARR**]		
CARRIER, Andrew, m. Abigail **YOUNG,** May 9, 1757	2	23
Israel, m. Mary **CLARK,** June 6, 1768	2	258
Israel, s. Israel & Mary, b. Mar. 13, 1780	2	258
Levi, s. Israel & Mary, b. July 4, 1768	2	258
Rebeckah, d. Israel & Mary, b. Dec. 7, 1769	2	258
Ruth, of Colchester, m. Silvanus **YOUNG,** of Middletown, Apr. 6, 1761	2	216
CARRIGAN, Phebe S., of Middletown, m. George S. **ABRAHAMS,** of Boston Mass., Apr. 20, 1844, by rev. Zebulon Crocker	3	515
CARRINGTON, Elizabeth S., m. Edward A. **PHELPS,** Jan. 23, 1833, by Rev. John R. Crane	3	379
Henry, m. Susanna [**STARR**], [ ]	2	135
Maria O., d. N. S., farmer, ae 32, & Laura B., ae 29, b. May 10, 1849	4	108-9
Mary Starr, of Middletown, m. Dunbar Smith **DYSON,** of New York, Dec. 4, 1838, by Samuel Farmer Jarvis, D.D., L.L.D., at Christ Church	3	454
Susan M. Joseph w. **HUBBARD,** Oct. 20, 1830, by Rev. John		

	Vol.	Page
CARRINGTON, (cont.)		
R. Crane	3	354
Susanna, [w. Henry], d. Sept. 6, 1825	2	135
CARRINS, Cornelius, s. Cornelius, laborer, ae 36, & Anna, ae 32, b. Aug. 27, 1847	4	56-7
CARROLL, CARROL, Dennis, m. Mary **SHAUGHNESS,** Nov. 8, 1852, by Rev. Jno. Brady	4	224
Hannah, m. Robert **CHRISTOPHER,** Feb. 15, 1852, by Rev. Jno. Brady	4	210
Hanora, m. Robert **CHRISTOPHER,** Feb. 15, 1852, by Rev. Jno. Brady	4	211
Johanna, m. Thomas **KINNEY,** Aug. 6, 1853, by Rev. Jno.Brady	4	239
John, m. Mary **DEMPSEY,** Jan. 11, 1846, by rev. John Brady	3	546
Margaret, m. John **WIGMORE,** Nov. 30, 1854, by Rev. Jno. Brady	4	274
Mary, m. Jno. **ROSS,** Jan. 19, 1851, by Rev. Jno. Brady	4	185
Mary Ann, m. Stephen **HALL,** Mar. 16, 1854, by Rev. Jno. Brady	4	266
Maurice, m. Johanna **O'BRIEN,** Mar. 11, 1853, by Rev. Jno. Brady	4	235
Michael, laborer, b. in Ireland, res. Middletown, d. June 14, 1851	4	206-7
CARROLTY, Daniel, m. Mary **DOOLIN,** Aug. 16, 1853, by Rev. Jno. Brady	4	239
CARRUTHERS, Elizabeth, d. Jno. & Mary, b. July 4, 1749	2	114
James, s. John & Mary, b. Aug. 2, 1746	2	114
Mary, d. Jno. & Mary, d. May 5, 1752	2	114
Will[ia]m., s. [Jno] & Mary, b. Aug. 5, 1751	2	114
CARTER, Benj[ami]n, of Boston, m. Maria **SAVAGE,** of Middletown, Oct. 28, 1831, by Rev. John R. Crane	3	364
Chester, of Newington, m. Louisa **ROBERTS,** of Middletown, May 7, 1846, by Rev. L. S. Hough	3	550
Clarence, s. James, machinist, ae 24, & Margaret, ae 24, b. Nov. 14, 1849	4	152-3
Daniel, of Mereden, m. Catharine **HUBBARD,** of Middletown, June 25, 1828, by Rev. Fred[eric]k Wightman	3	310
Elis, m. James **WILLIAMS,** b. of Middletown, Oct. 10, 1822, by Rev. Birdsey G. Noble	3	109
Ezra, m. Jerusha **WHITE,** June 24, 1724	1	26
Ezra, s. Ezra & Jerusha, b. Mar. 14, 1724/5; d. Aug. 10, 1726	1	26
Ezra, s. Ezra & Jerusha, b. Nov. 24, 1730	1	26
George, s. Augustus, colored, ae 35, & Laura, ae 37, b. Nov. 5, 1848	4	116-7
James, machinist, ae 26, b. in England, res. Middletown, m. Harriet **LEONARD,** ae 22, of Middletown, Oct. 6, 1847, by Rev. William Dixon	4	62-3
Jerusha, d. Ezra & Jerusha, b. Jan. 11, 1726/7	1	26
John, m. Abby **POTTER,** b. of Rhode Island, Jan. 31, 1836, by Rev. John R. Crane	3	419
Margery, d. Ezra & Jerusha, b. Mar. 24, 1729	1	26
Maria Louisa, d. James F., machinist, ae 27, & Harriet A., ae 23, b. Aug. [ ], 1848	4	100-1
Mary, d. Ezra & Jerusha, b. Sept. 16, 1732	1	26
Mary, ae 20, m. John **RUSS,** quarryman, ae 20, b. in Ireland,		

	Vol.	Page

CARTER, (cont.)
    res. Middletown, Apr. 16, 1850, by Rev. John Brady   4   200-1
    -----, d. James, manufacturer, ae 28, & Harriet, ae 21, b. Aug. 3,
        [1848]   4   48-9
    -----, d. Benjamin, manufacturer, ae 41, & Maria, ae 33, b. Aug. 6,
        [1848]   4   48-9
CARTY, Patrick, laborer, m. Jane **KELLEY,** both b. in Ireland, Nov.
    30, 1848, by Rev. John Brady   4   122-3
CARY, [see under CAREY]
CASE, Celinda, m. James **ELTON,** b. of Berlin, Mar. 21, 1825, by
    Rev. Fred[eric]k Wightman   3   197
    Chauncey, of Hartford, m. Catharine G. **MILDRUM,** of
        Middletown, Jan. 9, 1834, by Rev. John Cookson   3   391
CASEY, Alice, d. William b., physician, ae 33, & Cornelia M., ae 29, b.
    Mar. 13, 1848   4   46-7
    Alma Sophia, m. Thomas **HALE,** Aug. 18, 1823, by
        Rev. Birdseye G. Noble   3   133
    Ellen, m. Patrick **SHEEHAN,** May 23, 1854, by Rev. Jno. Brady
        (Perhaps "Ellen **CAREY**"?)   4   267
    Henry M., d. Mar. 22, 1849, ae 7   4   128-9
    James, m. Bridget **RYAN,** Nov. 15, 1852, by Rev. Jno. Brady   4   224
    John, m. Ellen **DALY,** Feb. 27, 1854, by Rev. Jno. Brady   4   265
    Mary, m. Patrick **DOLAN,** Sept. 12, 1847, by Rev. John Brady   4   25
    Mary, b. in Middletown, res. Middletown, d. Apr. 20, 1848,
        ae 2 ½   4   68-9
    Mary, m. Michael **CROTTY,** Aug. 6, 1848, by John Brady   4   77
    Mary, b. in Ireland, m. Michael **CROTLEY,** laborer, b. in Ireland,
        Nov. 30, 1848, by John Brady   4   120-1
    Mary, m. George **APPHUMAN,** Oct. 29, 1853, by Rev. Jno.
        Brady   4   243
    William, m. Henora **HENESSEY,** Sept. 3, 1848, by John Brady   4   77
    W[illia]m, laborer, m. Honora **HENNESSEY,** both b. in Ireland,
        Nov. 30, 1848, by Rev. John Brady   4   120-1
    William Bryan, s. James, m. Margaret Marston **de KOVEN,** d. of
        Henry L., Oct. 5, 1854, by Rev. Frederic J. Goodwin   4   261
CASHMAN, [see also CUSHMAN], James, m. Johanna **O'BRIEN,**
    Nov. 25, 1849, by John Brady, Jr.   4   95
    Joanna, m. Philip **AHERN,** Jan. 1, 1853, by Rev. Jno. Brady   4   227
    John, m. Julia **DUNN,** Sept. 13, 1854, by Rev. Jno. Brady   4   271
    William. M. Mary **DESMOND,** Nov. 28, 1852, by Rev. Jno.
        Brady   4   225
CASS, [see also COSS], Josiah, s. Josiah & Marcy, b. Dec. 12, 1761   2   116
CASTELLON, [see also COSTELTON], Mary late of New York,
    now of Middletown, m. George C. **GIFFORD,** of
        Middletown, Dec. 18, 1841, by Rev. Samuel Farmer Jarvis.
        Int. pub.   3   486
CASTELTON, Matthew, see under Matthew COSTETTON
CAVANAUGH, CAVANAGH, Mary Ann, m. Jno. **THILSON,** Oct.
    6, 1850, by Rev. John Brady   4   148
    Michael, m. Hanora **MILENID,** Oct. 13, 1853, by Rev. Jno.
        Brady   4   242
CAXLES, Sally, m. Abraham **PETERSON,** May 15, 1823, by Rev.

	Vol.	Page
CAXLES, (cont.)		
Phinehas Cook	3	128
CAY, Theron, Maria **CLARK**, b. of Middletown, Nov. 18, 1838, by Rev. John Cookson	3	453
CEARY, Jno., m. Margaret **MORAN**, May 9, 1852, by Rev. Jno. Brady	4	220
CEASE, (?), Jeremiah, of Durham, m. Har[r]iet E. **SAGE**, of Middletown, May 10, 1826, by Rev. John R. Dodge, at his house	3	245
CENTER, Elizabeth, d. Jonathan & Martha, b. Nov. 18, 1708	LR2	2
Elizabeth, [d. Jonathan & Martha], d. Nov. 30, 1713	LR2	2
Elizabeth, twin with Jeremiah, d. Jonathan & Martha, b. Mar. 10, 1714/15	LR2	2
Elizabeth, m. Jared **MILLER**, Aug. 30, 1737	1	99
Hannah, d. John & Hannah, b. Feb. 4, 1732/3	1	66
Hannah, m. Stephen **TURNER**, Jan. 8, 1738/9	1	8
Hannah, m. Daniel **WETMORE**, Mar. 20, 1755	2	347
Jeremiah, twin with Elizabeth, s. Jonathan & Martha, b. Mar. 10, 1714/15	LR2	2
John, s. Jonathan & Martha, b. Feb. 4, 1706/7	LR2	2
John, m. Hannah **BRAYNARD**, May 4, 1732	1	66
John, s. John & Hannah, b. Jan. 15, 1734/5; d. July 10, 1735	1	66
John, d. Mar. 28, 1736	1	66
Jonathan, m. Martha **MARKHAM**, Apr. 26, 1706	LR2	2
Jonathan, s. Jonathan & Martha, b. Oct. 27, 1710	LR2	2
Jonathan, Jr., m. Bethiah **MERREN**, of West Hartford, Nov. 13, 1785	1	85
Martha, d. Jonathan & Martha, b. Apr. 4, 1713; d. Dec. 28, 1713	LR2	2
Ruth, d. Jonathan & Martha, b. July 11, 1719	LR2	2
Ruth, m. Hezekiah **HUBBARD**, Oct. 10, 1739	1	114
CENTWELL, John, m. Mary **MEHAN**, Sept. 7, 1845, by Rev. John Brady	3	540
CHADWICK, Eliza, d. [ ], 1851	4	202-3
Ezra, m. Eliza **FOWLER**, Dec. 1, 1822, by Rev. John R Crane	3	114
Jane E., d. of Ezra, m. Howard A. **SMITH**, s. of Oliver, b. of Middletown, May 26, 1852, by Rev. John R. Crane	4	213
CHAFFER, Benj[ami]n Francis, s. Reuben & Martha, b. Oct. 20, 1820	3	380
Ephraim Bound, s. [Reuben & Martha], b. Aug. 28, 1826	3	380
Flavius Josephus, s. [Reuben & Martha], b. Oct. 30, 1829	3	380
Frank H., s. Benj[ami]n F., grocer, ae 29, & Persis A., b. Dec. 20, 1848	4	100-1
Frank Harris, d. June 14, 1849, ae 5 m.	4	128-9
Frederic B., s. Benj[ami]n F., ae 29, & Persis A., b. Dec. 20, 1848	4	100-1
Lucy Allen, d. [Reuben & Martha], b. Sept. 25, 1823	3	380
Reuben, b. Mar. 5, 1784, at Ashford; m. Martha Willard **BOUND**, Nov. 30, 1819	3	380
Reuben, grocer, d. Sept. 2, 1850, ae 65	4	204-5
CHALACE, Francis H., mechanic, d. Dec. 27, 1849, ae 33	4	174-5
CHALKER, Catharine, of Eastbury, m. Ebenezer **GRIFFIN**, of Middletown, Feb. 1, 1778	2	887
Jabez, s. Abigail **BIDWELL**, b. Oct. 19, 1750	1	66
Jabez, of Durham, m. Emelia **MORGAN**, of Middletown, Aug.		

	Vol.	Page
CHALKER, (cont.)		
25, 1822, by Rev. Levi Knight	3	107
Mary, of Saybrook, m. Daniel **WHITMORE**, of Middletown, May 30, 1744	1	106
CHAMBERLAIN, CHAMBERLIN, Ann, d. Sam[ue]ll, b. Mar. 19, 1777	2	126
Charles C., m. Sarah **JOHNSON**, Nov. 7, 1847, by Rev. James Floy	4	22
Charles C., mechanic, ae 22, b. in Canaan, res. Middletown, m. Sarah **JOHNSON**, ae 22, of Middletown, Nov. 7, 1847, by Rev. James Floy	4	62-3
Chloe, d. Sam[ue]ll, b. Apr. 7, 1782	2	126
Ebenezer, s. Sam[ue]ll, b. May 5, 1771	2	126
Ebenezer, s. Sam[ue]ll, b. Feb. 11, 1773	2	126
Elijah, s. Sam[ue]ll, b. Nov. 17, 1774	2	126
Elijah, m. Mary E. **SPENCER**, b. of Middletown, June 26, 1853, by Rev. E. L. Janes	4	245
Ellen Josephine, d. E. L. H., painter, ae 52, & Mary, ae 32, b. Dec. 27, 1850	4	194-5
Esther, d. Sam[ue]ll, b. Oct. 9, 1779	2	126
Esther, m. Arba **BRADLEY**, Dec. 2, 1799	2	55
Ezra L. H., m. Fanny **BILL**, Oct. 14, 1826, by Rev. John R. Dodge	3	241
Ezra L. H., m. Mary Ann **BILL**, b. of Middletown, Nov. 8, 1842, by Rev. B. Cook	3	496
Francis N., of Durham, m. Charlotte C. **RILEY**, of New Haven, June 24, 1838, by Rev. John R. Crane	3	447
Harriet M., m. Andrew P. **BAILEY**, b. of Middletown, Jan. 2, 1852, by Rev. Jno. Morrison Reid	4	217
Joseph, s. E. L. H., ae 50, & Mary Ann, ae 30, b. Oct. 14, 1848	4	100-1
Joseph, d. Oct. 6, 1848, ae 21 m.	4	128-9
Lydia, of Colchester, m. Daniel **BEVIN**, of Middletown, Mar. 15, 1753	2	32
Samuel, s. Samuel, b. Aug. 26, 1767	2	126
Sam[ue]l, m. Martha **SCRANTON**, Oct. 9, 1832, by Rev W. Fisk	3	383
Samuel, m. Mary Ann **COTTON**, May 4, 1845, by Rev. W. G. Howard	3	532
Sarah, d. Sam[ue]ll, b. May 8, 1769	2	126
Sarah, m. Joshua **JOHNSON**, June 31, 1791	2	15
Susan, m. George M. **PATTEN**, b. of Middletown, Oct. 20, 1822, by Rev. Eli Ball	3	109
W[illia]m W., s. Samuel, joiner, ae 49, & Mary Ann, ae 39, b. Aug. 30, 1848	4	100-1
-----, s. Charles C., merchant, ae 23, & Sarah, ae 23, b. July 25, 1848	4	46-7
CHAMBERS, Naomi Maria, m. Charles **WILCOX**, b. of Middletown, Dec. 23, 1824, by Joshua L. Williams, V.D.M.	3	190
CHAMPION, Betsey, m. Lemuel **STORRS**, Oct. 25, 1783	2	241
Elizabeth, of East Haddam, m. Abner **BRAINERD**, Dec. 29, 1757	2	37
Waitie Had d. Sarah **BIRDSEYE**, b. Apr. 6, 1783; reputed father Seth **BIRDSEYE**	2	304

	Vol.	Page
CHANDLER, H. Maria, of Middletown, m. Benjamin **PILLSBURY,** of New Haven, Apr. 24, 1848, by Rev. James Floy	4	32
John, m. Susan **KETHER,** Dec. 3, 1843, by Rev. Arthur Granger	3	508
Sarah Ann, of Middletown, m. Stephen **GRACE,** of Southington, Feb. 20, 1842, by Rev. Arthur Granger	3	487
T. B., clergyman, ae 25, of Plymouth, Ct., m. Rachel **BALDWIN,** ae 21, b. In Middletown, Nov. 28, 1850, by Rev. M. R. Scudder	4	200-1
Theophilus B., m. Rachel **BALDWIN,** b. of Middletown, Feb. 28, 1851*, by Rev. M. L. Scudder (*In pencil "Nov. [ ], 1850"]	4	183
CHAPIN, A. W., of Springfield, Mass., m. Sarah M. **WILCOX,** d. of Eli, of Middletown, Oct. 18, 1847, by Rev. Townsend P. Abell	4	18
H. Dexter, of Springfield, Mass, m. Louisa D. **WILCOX,** of Middletown, Nov. 10, 1841, by Rev. Merrill Sanford	3	484
John W., s. Abigail W., & Sarah, b. Nov. 17, 1849	4	158-9
Jonas, d. Sept. 9, 1848, ae 54	4	128-9
Lucy A., of Middletown, m. Henry M. **FOSTER,** of Mereden, [Nov.] 7, [1844], by Rev. W. G. Howard	3	523
CHAPMAN, Alfred* R., of Colchester, m. Sophronia M. **PENFIELD,** of Middletown, Dec. 12, 1843, by Rev. E. Griswold (*In pencil "Albert")	3	508
Clinton, m. Almy **PACKARD,** b. of Hartford, Mar. 18, 1850, by Rev. M. S. Scudder	4	141
Elizabeth M., m. Jonathan W. **CLARK,** Aug. 22, 1841, by Rev. A. M. Osborn	3	479
Frances Ann, of St. Christopher, West Indies, m. William **SMITH,** of New York, Aug. 31, 1829, by Rev. Thomas Branch	3	340
Helen L., d. W[illia]m L., merchant, ae 33, & Mary, ae 22, b. [1848]	4	100-1
Joseph, s. Joseph & Hannah, b. Feb. 2, 1756	2	27
Lucy, m. John **McCORNEY,** May 6, 1819, by Rev. John R. Crane	3	33
Mary, of Haddam, m. Stephen **SEARS,** of Middletown, July 10, 1766	2	194
Sally, m. Capt. Ashbell **ALGER,** b. of Glastonbury, Oct. 4, 1829, by Charles Remington, Elder	3	340
Ulysses, m. Mary **BARTLETT,** Aug. 8, 1843, by Rev. Edwin E. Griswold	3	504
Will[ia]m, m. Hannah **BABCOCK,** b. of Middletown, Oct. 20, 1833, by Rev. Bartholomew Creagh	3	388
W[illia]m H., s. W[illia]m L., merchant, b. Oct. 18, 1849	4	152-3
William L., of Middletown, m. Mary C. **SMITH,** d. of Jonathan, of Middletown, Aug. 20, 1848, by Rev. Z. N. Lewis	4	37
W[illia]m L., mechanic, ae 33, b. in E. Haddam. Res. Middletown, m. Mary C. **SMITH,** mantuamaker, ae 22, b. in Haddam, res. Middletown, Aug. 20, 1848, by Z. N. Lewis	4	120-1
William L., merchant, d. Nov. 21, 1851	4	206-7
-----, s. Albert, shoe business, ae 34, & Mary C., ae 23, b. June 9, 1851	4	198-9
CHASE, Daniel H., m. Caroline E. **SMITH,** b. of Middletown, June 2,		

BARBOUR COLLECTION

	Vol.	Page
CHASE, (cont.)		
1842, by Rev. a. M. Osborn	3	489
Daniel W., s. Dan H. Teacher, ae 36, & Caroline E., ae 26, b. Mar. 18, 1850	4	152-3
John D., m. Catharine R. **WARD**, Dec. 27, 1842, by Rev. John R. Crane	3	499
Rachel, of Middletown, m. Nathaniel J. **BURTON**, of Fair Haven, Sept. 14, 1853, by Rev. J. L. Dudley	4	249
Sidera, m. Sarah **JOHNSON**, Aug. 20, 1840, by Rev. John R. Crane	3	468
CHATFIELD, Polly, m. Amasa P. **GRISWOLD**, b. of North Killingworth, [Nov.] 12, [1828], by Rev. E. R. Tyler	3	318
CHATHAM, Henry, of Gloucester, Conn., m. Mrs. Sally Ann **NICHOLS**, of New York, Oct. 1, 1827, by Rev. H. Bangs	3	281
CHAUNCEY, Abigail, Mrs., of Durham, m. Jabez **HAMLIN**, of Middletown, Apr. 5, 1749	2	272
Abigail, d. Nath[anie]ll & Mary, b. Sept. 15, 1756	2	262
Catharine, d. Nath[anie]ll & Mary, b. July 3, 1763	2	262
Catharine, d. Nath[anie]ll & Mary, d. Nov. 12, 1763	2	262
Henry, m. Lucy Whittlesey **ALSOP**, Sept. 26, 1820, by Rev. Birdseye G. Noble	3	39
Henry, s. [Henry & Lucy], b. Feb. 9, 1825	3	39
John Stocking, s. Nath[anie]ll & Mary, b. Aug. 21, 1751	2	262
Lucy Alsop, d. Henry & Lucy, b. Oct. 4, 1822	3	39
Mary, d. Nath[anie]ll & Mary, b. Dec. 9, 1754	2	262
Nath[anie]ll, m. Mary **STOCKING**, Jan. 10, 1750/1	2	262
Nath[anie]ll, s. Nath[anie]ll & Mary, b. May 12, 1758	2	262
Nathaniel*, m. Mary **STOCKER**, wid. of John, [ ] (*In Pencil)	2	287
Peter S., Rev., of New York, m. Mary **RENSHAW**, of Middletown, Sept. 22, 1834, by Rev. Smith Pyne	3	404
Sarah, d. Nath[anie]ll & Mary, b. Mar. 25, 1753	2	262
CHENEY, Abiel, m. Esther **ANDREWS**, July 7, 1748	2	174
Abiel, s. Abiel & Esther, b. June 6, 7154	2	174
Benjamin, s. Abiel & Esther, b. Sept. 13, 1751	2	174
Charles, s. Abiel & Esther, b. July 31, 1749	2	174
Daniel, s. Abiel & Esther, b. Oct. 28, 1760	2	174
Edward, of Willimantic, m. Helen M. **BINGHAM**, of Middletown, Jan. 10, 1853, by Rev. Jno. Morrison Reid	4	232
Emma J., d. Halsey, carriage maker, ae 50, & Adeline, p., ae 41, b. Sept. 8, 1848	4	100-1
Esther, d. Abiel & Esther, b. Aug. 15, 1758	2	174
Joel, s. Abiel & Esther, b. Aug. 22, 1756	2	174
Prudence, ae 22, of Northampton, Mass., m. W[illia]m A. **HART**, ae 23, of Northampton, Mass., June 18, 1849, by J. R. Crane	4	120-1
Prudence H., d. of Halsey, m. William E. **HART**, s. of Ferdinand A., June 18, 1849, by Rev. John R. Crane	4	86
Ruth, d. Abiel & Esther, b. May 1, 1763	2	174
CHESNUT, A.B., of North Carolina, m. Jerusha **BADGER**, of Middletown, Sept. 18, 1844, by Rev. Joseph Holdrick	3	121
CHESTER, Anne, wid. , of Colchester, m. Nath[anie]ll **JOHNSON**,		

	Vol.	Page
CHESTER, (cont.)		
Oct. 10, 1769, by Rev. Mr. Little, in Colchester	2	176
CHILD, CHILDS, Cecelia, m. Edwin **JOHNSON**, Apr. 28, 1828, by Rev. John Cookson	3	303
Samuel, of New Haven, m. Esther I. **TUCKER**, of Middletown, July 27, 1849, by Rev. M. S. Scudder	4	139
Sarah, m. William **POST**, b. of Middletown, Dec. 7, 1828, by Rev. Simon Shailer, of Haddam	3	322
CHILSON, CHILLSON, Abigail, d. Jno. & Abigail, b. May 6, 1752	1	131
Asap[h], m. Chloe **DOWD**, July 20, 1749	2	203
Asaph, s. Asaph & Chloe, b. June 7, 1752	2	203
Asaph, of Middletown, m. Lucrettia **STANDFORD**, of Fairfield, Jan. 17, 1762	2	203
Chloe, d. Asaph & Chloe, b. Apr. 14, 1750; d. Sept. 4, 1753	2	203
Chloe, w. of Asaph, d. Aug. 31, 1761	2	203
Daniel, m. Sibbell **STANDISH**, Oct. 4, 1745	2	55
Daniel, m. Sibbell **STANCLIFT**, Oct. 4, 1745	2	59
Daniel, s. Daniel & Sibbell, b. Feb. 9, 1745/6	2	55
Ebenezer, s. Jno. & Sarah, d. Mar. 7, 1736/7	1	48
Elizabeth, d. Jno. & Abigail, b Dec. 2, 1743	1	131
Elizabeth, of Wallingford, m. Ephraim **ALLYN**, of Middletown, Apr. 30, 1745	2	37
Eunice, d. Asaph & Lucretia, b. Feb. 11, 1763	2	203
Hannah, d. Jno. & Abigail, b. Aug. 23, 1750; d. Aug. 3, 1751	1	131
Hannah, d. Asaph & Chloe, b. Dec. 18, 1754	2	203
Hannah, d. John, Jr. & Abigail, b. Feb. 14, 1755	1	131
Hope, d. Jno. & Sarah, b. May 18, 1732	1	48
John, Jr., m. Abigail **STANDCLIFT**, Jan. 26, 1743	1	131
John, s. John & Abigail, b. Mar. 1, 1747; d. Apr. 4, 1747	1	131
John, s. Daniel & Sibbell, b. June 24, 1754	2	55
John, Jr., d. July 17, 1754	1	131
Joseph, s. John & Sarah, b. Oct. 23, 1735	1	48
Lucretia, d. Asaph & Lucretia, b. Jan. 31, 1767	2	203
Mary, d. Jno. & Abigail, b. Mar. 10, 1747/8; d. Aug. 11, 1755	1	131
Rachel, d. Asaph & Chloe, b. Mar. 4, 1759	2	203
Samuel, s. Daniel & Sibbell, b. Nov. 12, 1751	2	55
Sarah, m. Increase **WETMORE**, Mar. 24, 1746	2	60
Sibbell, w. of Daniel, d. Feb. 16, 1755	2	55
CHIPMAN, Abigail, m. Paul **HAMMOND**, May 20, 1819	2	55
Eben[eze]r, m. Mehetabel **WILLCOX**, Oct. 14, 1750/1	3	94
Eben[eze]r, s. Eben[eze]r & Mehitabel, b. June 14, 1751	2	205
John, m. Anne **MATTOCKS**, Nov. 9, 1752	2	205
John, s Eben[eze]r & Mehitabel, b. Apr. 9, 1757	2	268
Joseph, s. Eben[eze]r & Mehitabel, b. July 18, 1755	2	205
Joseph, s. Eben[eze]r & Mehitabel, d. May 10, 1756	2	205
Patience, d. Eben[eze]r & Mehitabel, b. Aug. 10, 1753	2	205
Ruth, d. Eben[eze]r & Mehitabel, b. May 17, 1759	2	205
CHITTENDON, Henry W., m. Lucretia **WILCOX**, Oct. 14, 1840, by Rev. Zebulon Crocker	3	470
CHRISTOPHER, CHRISTTOPHERS, Mary, Mrs. Of New London, m. John* **HAMLIN**, of Middletown, Nov. 19, 1729 (*Perhaps "Jabez")	1	49

	Vol.	Page
CHRISTOPHER, (cont.)		
Robert, m. Hannah **CARROLL**, Feb. 15, 1852, by Rev. Jno. Brady	4	210
Robert, m. Hanora **CARROLL**, Feb. 15, 1852, by Rev. Jno. Brady	4	211
CHURCH, Amos, of Granville, Mass, m. Sarah **ROBERTS**, of Middletown, Nov. 30, 1837, by Rev. James Noyes	3	444
David, of Haddam, m. Susannah G. **BOARDMAN**, of Middletown, aug. 15, 1839, by Rev. Zebulon Crocker	3	460
Elizabeth, m. Abijah **SAVAGE**, b. of Middletown, Mar. 11, 1827, by Rev. Birdseye G. Noble	3	264
Mary Ann, m. Chauncey **CORNWELL**, b. of Middletown, Dec. 31, 1820, by Rev. Eli Ball	3	47
Polly, of Chatham, m. Jesse **PLUM**, of Middletown, July 2, 1777	2	41
Rodman E., of Marion, Fa. , m. Maria N. **STRONG**, of Durham, [Sept.] 13, [1831], by James Noyes, Jr.	3	362
CHURCHILL, CHURCHEL, CHURCHIL, Abigail, d. Dan[ie]l & Abigail, b. Mar. 16, 1740; d. Mar. 29, 1743	2	240
Abigail, m. Elijah **WILCOX**, May 28, 1747	2	28
Abigail, d. Dan[ie]l & Abigail, b. May 2, 1753	2	240
Amos, of Middletown, m. Lydia **COWLES**, of Wallingford, Feb. 4, 1768	2	95
Amos, s. Amos & Lydia, b. May 10, 1771; d. Apr. 15, 1774	2	95
Amos, 2d, s. Amos & Lydia, b. Apr. 14, 1775	2	95
Anne Maria, of Portland, Conn., m. John **FRELINGHUYSON**, of Flemington, N.J., Oct. 9, 1850, by Rev. William Jarvis	4	147
Benjamin, s. Dan[ie]l & Abigail, b. Feb. 5, 1747	2	240
Bethiah, d. Jos[eph]] & Prudence, b. Feb. 19, 1759	2	254
Bette, d. Nath[anie]ll, Jr. & Eliz[abet]h, b. Nov. 18, 1757	2	32
Charles, m. Alice C. **PHILLIPS**, May 4, 1843, by Rev. Arthur Granger	3	502
Daniel, m. Abigail **WHITE**, June 16, 1736	2	240
Daniel, s. Dan[ie]l & Abigail, b. Oct. 2, 1750	2	240
Elisha, s. Dan[ie]l & Abigail, b. Aug. 24, 1742	2	240
Hannah, d. Nath[anie]ll & Rebeckah, b. July 15, 1750	2	96
Huldah, d. Amos & Lydia, b. Mar. 29, 1773	2	95
Jabez, s. Martha, w. of Josiah, b. Jan. 20, 1736/7; reputed father Jonas **POWERS**	2	13
Jesse, s. Amos & Lydia, b. June 2, 1782	2	95
John, m. Bethiah **STOCKING**, June 8, 1727	1	31
John, s. Joseph & Prudence, b. Jan. 8, 1757	2	254
Joseph, of Middletown, m. Prudence **TRYON**, of Wethersfield, Sept. 4, 1754	2	254
Joseph, s. Joseph & Prudence, b. May 20, 1763	2	254
Josiah, s. Nath[anie]ll & Rebeckah, b. July 1, 1748	2	96
Lucia, m. Jeremiah Hubbard **OSGOOD**, Oct. 2, 1754	2	29
Lucy, d. Amos & Lydia, b. Jan. 10, 1780	2	95
Lydia, d. Amos & Lydia, b. Apr. 15, 1769	2	95
Martha, w. of Josiah, had s. Jabez, b. Jan. 20, 1736/7; reputed father Jonas **POWERS**	2	13
Mary, d. John & Bethiah, b. Mar. 18, 1727/8	1	31
Mary, d. Nath[anie]ll & Rebeckah, b. June 30, 1746	2	96

MIDDLETOWN VITAL RECORDS 113

	Vol.	Page
CHURCHILL, (cont.)		
Mary, d. Joseph & Prudence, b. Apr. 1, 1761	2	254
Nath[anie]ll, Jr., m. Elizabeth SAGE, Sept. 25, 1755	2	32
Nath[anie]ll, s. Nath[anie]ll, Jr. & Eliza[abet]h, b. Mar. 22, 1756	2	32
Olive, d. Amos & Lydia, b. Sept. 19, 1784	2	95
Prudence, d. Jos[eph]] & Prudence, b. May 13,1755	2	254
Rebeckah, m. Theophilus CANDE, Jr., May 28, 1761	2	139
Rossel, s. Amos & Lydia, b. Apr. 4, 1777	2	95
Ruth, d. Dan[ie]l & Abigail, b. Oct. 20, 1736	2	240
Sarah, d. Daniel & Abigail, b. Apr. 5, 1739; d. Apr. 30, [1739]	2	240
Sarah, m. Elisha HURLBUT, Feb. 11, 1761	2	129
William, s. Dan[ie]l & Abigail, b. Mar. 2, 1745; d. July 4, 1749	2	240
CLANGAN, John, m. Margaret PATTERSON, b. of County Dawn, Ireland, May 8, 1854, by Rev. James B. Crane	4	257
CLAPHAN, William, s. Will[ia]m & Mary, b. Oct. 31, 1737	1	80
CLAPP, Mehitabel, of Northampton, m. Simeon PARSON, Oct. 12, 1731	1	59
CLARE, Catharine, m. William DOOLEY, Nov. 20, 1853, by Rev. Jno. Brady	4	243
CLARK, Aaron, s. John & Sarah, b. Mar. 2, 1720/21	LR2	20
Aaron, m. Mary WHITE, Nov. 5, 1747	2	108
Aaron, s. Aaron & Mary, b. Mar. 30, 1753	2	108
Aaron, s. Oliver & Hannah, b. Oct. 15, 1791	2	231
Aaron, m. Mary McEWEN, APR. 9, 1805	2	337
Aaron, s. [Aaron & Mary], b. Feb. 29, 1808	2	337
Abiah, of Haddam, m. Daniel ADKINS, of Middletown, Jan. 25, 1769	2	24
Abiah, d. Dan[ie]l & Olley, b. Feb. 13, 1787	2	309
Abigail, m. John WILLIAMS, Jan. 27, 1702	LR1	9
Abigaill, d. [Daniell & Elizabeth], b. Mar. 25, 1709	LR2	2
Abigail, of New Haven, m. Ebenezer CORNWELL, of Middletown, Apr. 26, 1715	LR2	26
Abigail, d. Cheney & Elizabeth, b. Aug. 27, 1721	1	1
Abigail, of Weathersfield, d. of William, m. Nathaniel STOW, Oct. 30, 1729	1	47
Abigail, m. Richard BLAKE, Mar. 5, 1729/30	1	49
Abegail, d. Eben[eze]r &Abigail, b. Apr. 1, 1734	1	68
Abigail, w. Eben[eze]r, d. Apr. 9, 1738	1	68
Abigail had s. William, b. Mar. 23, 1741; reputed f. Lamberton COOPER	1	125
Abigail, m. Lamberton COOPER, June 1, 1741	1	125
Abigail, m. Oliver PARMELEE, Jan. 29, 1755	2	47
Abigail, d. Uzziel & Abigail, b. Oct. 18, 1762	2	137
Abner, [twin with Amos], s. Jabez & Sarah, b. Oct. 12, 1754	1	133
Ada, ae 19, b. in Haddam, res. Middletwon, m. Elijah PRIOR, farmer ae 27, of Middletown, Sept. 10, 1847, by [Rev.] John R. Crane	4	64-5
Adey B., d. Ebenezer, of Haddam, m. Elijah PRIOR, s. Daniel, Oct. 10, 1847, by Rev. John R. Crane	4	16
Admiral, of Middletown, m. Angeline CUSHMAN, of Stafford, Aug. 13, 1837, by Rev. John Cookson	3	443
Alice, d. Philo, chandler, ae 37, & Isabella, ae 33, b. Dec. 5,		

114   BARBOUR COLLECTION

	Vol.	Page
CLARK, (cont.)		
[1848]	4	50-1
Alice, d. Sept. 9, 1849, ae 2	4	170-1
Allen, s. [David & Jane], b. June 11, 1794	2	347
Allen C., of East Hampton, m. Frances M. **ACKLEY,** of East Haddam, Ape. 2, 1845, by Rev. Andrew L. Stone	3	529
Almira, of Middletown, m. E. **PELTON,** of Chatham, Nov. 6, 1840, by Rev. D. C. Haynes	3	483
Almon E., s. Seth, farmer, b. Feb. 7, 1850	4	160-1
Almond, d. Jan. 6, 1851	4	206-7
Alonzo, m. Amanda M. **HALL,** b. of East Hampton, Sept. 8, 1845, by Rev. A. L. Stone	3	535
Amanda Redfield, d. [Enoch & Rhoda], b. Aug. 23, 1815	3	171
Amasy, s. Sam[ue]ll & Marcy, b. Dec. 28, 1771	2	50
Amborse, s. John & Abigail, b. Mar. 25, 1696	LR1	14
Ambrous, m. Elizabeth **WARD,** Apr. 21, 1715	LR2	27
Ambrous, s. Ambrous & Elizabeth, b. Apr. 30, 1723	LR2	27
Ambrose, Jr., of Middletown, m. Mary **KILBORN,** of Weathersfield, Aug. 2, 1750	2	330
Ambros[e], s. Lambert[o]n & Sarah, b. Sept. 4, 1763	2	299
Ambrose, d. Mar. 18, 1764	LR2	27
Ambrose, of Middletown, m. Allis **RANSOM,** of Salisbury, Mary 26, 1787	2	28
Amos, [twin with Abner], s. Jabez & Sarah, b. Oct. 12, 1754	1	133
Amos, s. [Jonathan & Lois], b. Nov. 8, 1790	2	339
Amos, m. Clarissa **FIELD,** Apr., 8, 1828, by Rev. John Cookson	3	303
Amy, m. Adnah **JOHNSON,** b. of Middletown, Oct. 19, 1831, by Rev. John Nixon	3	365
Ann, d. Eben[eze]r & Ann, b. Mar. 1, 1744	1	68
Ann, of Haddam, m. Joel **PARMELEE,** of Durham, Apr. 12, 1842, by Rev. Zebulon Crocker	3	489
Anna, d. Ambrous & Elizabeth, b. Mar. 22, 1715/16	LR2	27
Anner Bacon, d. Joseph & Sarah, b. May 18, 1802	2	43
Anne, d. John & Abigaill, b. Nov. 5, 1690	LR1	14
Armenia A., d. Jonathan N., gunsmith, & Ann, b. Jan. 16, 1850	4	158-9
Asher, s. Will[ia]m & Susannah, b. Feb. 22, 1767	2	35
Asher, m. Martha **KNAPS,** Oct. 4, 1823, by Rev. Josiah Bowen	3	141
Benj[ami]n, s. Joseph & Meriam, b. May 26, 1736	1	12
Benjamin, m. Abiah **HALL,** Sept. 15, 1763	2	262
Benjamin, s. Benjamin & Abiah, b. May 31, 1766	2	262
Benj[ami]n Tarpox, s. Joseph & Eliz[abet]h, b. Feb. 22, 1797	2	347
Bethiah, d. Timo[thy] J. & Ruth, b. Jan. 18, 1771	2	259
Bethiah, m. William **ROBERTS,** Oct. 20, 1791	2	255
Bethiah, m. W[illia]m **ROBBERTS,** Oct. 20, 1791	2	329
Betsey, d. Jona[tha]n] & Lois, b. Sept. 17, 1784	2	339
Caroline, m. He[r]bert M. **COOK,** [Oct.] 23, [1828], by Rev. E. R. Tyler	3	315
Caroline Nichols, d. Horace & Emily, b. Mar. 2, 1824	3	127
Caroline Nichols, of Middletown, m. William **DUVALL,** Jr., of New York, May 28, 1846, by Rev. John R. Crane	3	550
Charity, d. W[illia]m & Susannah, b. July 14, 1763	2	35
Charles Nichols, s. Horace & Emily, b. Dec. 23, 1828; d. Dec. 25,		

MIDDLETOWN VITAL RECORDS 115

	Vol.	Page
CLARK, (cont.)		
1828	3	127
Charles Thaddeus, s. [Horace & Emily], b. May 23, 1834	3	127
Cheney, s. John & Abigail, b. Oct. 8, 1698	LR1	14
Cheney, m. Elizabeth **HALL**, Sept. 12, 1720	1	1
Cheney, Sr., d. Dec. 4, 1764	1	1
Cheney, s. Uzziel &Abigail, b. Aug. 23, 1768	2	137
Clarissa, of Haddam, m. William **FRANCES**, of Weathersfield, Nov. 12, 1832, by Rev. John Cookson	3	375
Comfort, s. Sam[ue]ll & Mary, b. May 27, 1764	2	50
Cornelia, black, b. in Syracuse, res. Middletwon, d. Feb. 7, 1848, ae 8	4	70-1
Cornelia, d. Oct. 9, 1848, ae 10 m.	4	128-9
Cornwell Sage, twin with Curtis Selden, [s. William & Lucy], b. June 7, 1835	4	16
Curtis Selden, twin with Cornwell Sage, [s. William & Lucy], b. June 7, 1835	4	16
Daniell, s. John & Elizabeth, b. Aug. 30, 1680	LR1	3
Daniell, m. Elizabeth **WHITMORE**, July 12, 1704	LR2	2
Daniell, s. [Daniell & Elizabeth], b. July 3, 1707	LR2	2
Daniell, Sr., d. Mar. [ ], 1725	LR2	2
Daniel, m. Mary **WILLCOCKS**, Sept. 21, 1732	1	70
Daniel, s. Jno. , Jr. & Sarah, b. Oct. 13, 1752	2	4
Daniel, d. Apr. 30, 1753	1	70
Daniel, s. Sam[ue]ll & Marcy, b. Jan. 20, 1761	2	50
Daniel, s. Joseph & Joanna, b. Aug. 17, 1763	2	284
Daniel, s. Benj[ami]n & Abiah, b. June 24, 1764	2	262
Daniel, m. Mahitabel **WHITMORE**, Jan. 19, 1769	2	72
Daniel, s. Lamberton & Sarah, b. Feb. 20, 1770	2	299
Daniel, Jr., m. Olley **DOUD**, Nov. 16, 1785	2	309
Darius, of Haddam, m. Maria **HOUGH**, of Mereden, Aug. 26, 1824, by Rev. John R. Crane	3	166
David, s. Dea. Jno. , Jr. & Sarah, b. May 23, 1760	2	4
David, b. Nov. 21, 1761, m. Jane **TURPIN**, Oct. 31, 1782	2	347
Deborah, of Middletown, m. Charles **ROSIN**, of Guilford, May 16, 1822, by Rev. Phin[ea]s Cook	3	98
Delia, m. Norman **NORTH**, b. of Middletown, Apr. 22, 1838, by Rev. John Cookson	3	446
Desire, d. Jno. , Jr. & Sarah, b. June 12, 1759; d. same day	2	4
Dorothy, of new Haven, m. Ebenezer **ADKINS**, of Middletown, Oct. 1, 1747	2	115
Ebenezer, s. John & Sarah, b. July 12, 1711	LR2	20
Ebenezer, m. Abigail **WHITMORE**, June 21, 1733	1	68
Ebenezer, m. Ann **WARNER**, Sept. 20, 1739	1	68
Ebenezer, s. Eben[eze]r & Ann, b. Feb. 28, 1742	1	68
Ede, d. Jabez & Sarah, b. Aug. 29, 1745	1	133
Edey, m. John **NORTON**, Jr., Sept. 19, 1765	2	157
Elbert Joseph, s. [Joseph & Sarah], b. Jan. 29, 1810	2	43
Elijah, s. Jno. Jr. & Sarah, Nov. 1, 1756	2	4
Elijah, s. Sam[ue]ll & Mary, b. Sept. 7, 1762	2	50
Elisha, s. Daniell & Elizabeth, b. Mar. 12, 1715/16	LR2	2
Elisha, m. Sarah **SMITH**, Sept. 21, 1738	1	104

BARBOUR COLLECTION

CLARK, (cont.)

	Vol.	Page
Elisha, s. Elisha & Sarah, b. Aug. 29, 1739	1	104
Elisha, of Middletown, m. Sarah **HALL**, of Boston, Oct. 21, 1766, by Samuel Cooper, in Boston	2	159
Elisha, d. Sept. 13, 1783	2	159
Eliza A., m. Jacob **BACON**, b. of Middletown, Mar. 27, 1843, by Rev. Zebulon Crocker	3	501
Elizabeth, d. John & Elizabeth, b. Apr. 3, 1685	LR1	3
Elizabeth, d. [Daniell & Elizabeth], b. Aug. 30, 1711	LR2	2
Elizabeth, w. of Sergt. John, d. Dec. 25, 1711	LR1	3
Elizabeth, d. Ambrous & Elizabeth, b. Apr. 21, 1718	LR2	27
Elizabeth, wid. of Daniell, m. Capt. William **SAVAGE**, Nov. [ ], 1726	LR2	1
Elizabeth, d. Cheney & Elizabeth, b. Oct. 16, 1731; d. Jan. 5, 1731/2	1	1
Elizabeth, m. John **CODNER**, Jan. 10, 1733/4	1	71
Elizabeth, d. Cheney & Elizabeth, b. Aug. 8, 1735	1	1
Elizabeth, m. Ambrose **EGELSTON**, Apr. 12, 1739	1	112
Elizabeth, d. Jos[eph]] & Meriam, b. July 28, 1739	2	12
Elizabeth, d. W[illia]m & Mary, b. July 17, 1750		5
Elizabeth, of Milford, m. Timothy **BIGELOW**, of Middletown, Sept. 13, 1753	2	349
Elizabeth, m. Isaac **HIGBE**, Jr., Nov. 11, 1756	2	20
Elizabeth, d. Timo[thy] J. & Ruth, b. Oct. 24, 1768	2	259
Elizabeth, d. [Timo[thy] J. & Ruth, d. Oct. 16, 1772	2	259
Elizabeth, d. Timothy & Ruth, b. May 4, 1773	2	259
Elizabeth, m. Joseph C. **CLARK**, Dec. 9, 1793	2	347
Eliz[abet]h, d. Joseph & Eliz[abet]h, b. Oct. 13, 1798	4	347
Elizabeth, [d. William & Lucy], b. Mar. 25, 1828		16
Elizabeth, d. W[illia]m, of Newfield, m. Robert **DUNLAP**, Dec. 19, 1847, by Rev. Frederick J. Goodwin	4	24
Elizabeth, ae 20, b. in Portland, res. Middletown, m. Robert **DUNLAP**, planemaker, ae 22, b. in Glasgow, Scotland, res. Middletown, Dec. 19, 1847, by [Rev.] F. J. Goodwin	4	64-5
Elizabeth B., m. Sam[ue]l D. **BIDWELL**, May 24, 1832, by Rev. Seth Higby	3	370
Emeline, m. Sanford **COE**, b. of Middletown, Dec. 25, 1838, by Rev. J. T. Arnold	3 3	458
Emily, d. [Rebile & Rebecca], b. Nov. 9, 1821	3	81
Emily Elizabeth, d. [Horace & Emily], b. Dec. 17, 1844	2	127
Enoch, s. Lamberton & Sarah, b. July 4, 1772	3	299
Enoch, m. Rhoda **BROWN**, May 3, 1797	3	171
Enoch, s. [Enoch & Rhoda], b. Aug. 16, 1805		171
Enoch, Jr., m. Huldah M. **GOFF**, of Haddam, Nov. 9, 1832, by Rev. John R. Crane	3 3	375
Epaphras, m. Sarah **HALL**, Dec. 24, 1823, by Rev. John R. Crane	2	147
Esther, d. Jno. Jr. & Sarah, b. Oct. 2, 1754		4
Esther, of Middlebury, m. Enoch C. **YOUNG**, of Middletown, Oct. 21, 1829, by Rev. John Cookson	3 1	342
Eunice, m. Samuel **ROBBARDS**, May 3, 1722	2	5
Eunice, m. William **MILLER**, Apr. 26, 1744 (for birth see p.104)		20
Ezra, m. Lydia S. **ATKINS**, b. of Middletown, Dec. 17, 1826, by		

CLARK, (cont.)

	Vol.	Page
Rev. John r. Dodge	3	258
Ezra, m. Louisa **HALL**, b. of Middletown, Oct. 6, 1844, by Rev. Andrew L. Stone	3	522
Frances E., d. W[illia]m L., confectioner, ae 28, & Elizabeth A., ae 22, b. Feb. 9, 1849	4	100-1
Frances E., d. July 10, 1850, ae 2 y.	3	174-5
Ffrancis, s. Daniell & Elizabeth, b. Feb. 8, 1713/14	LR2	2
Francis E., s. Samuel W., blacksmith, ae 29, & Eliza P., ae 26, b. Feb. 14, 1847	4	56-7
Frederick Boyce, [s. William & Lucy], b. Aug. 28, 1833	4	16
Fred[eric]k Samuel, s. [Horace & Emily], b. Sept. 9, 1836	3	127
George, s. Joseph & Joanna, b. Apr. 12, 1766	2	284
Georeg, s. Lamberton & Sarah, b. Mar. 23, 1768	2	199
Apr.rge W., of HGeorge m. Eliza A. **DOWNING**, of Windham, Feb. 3, 1851, by Rev. M. L. Scudder	4	183
George Washington, m. Nancy M. **LORD**, Nov. 7, 1821, by Rev. John R. Crane	3	70
Halse, s. Daniel & Olley, b. May 12, 1789	2	309
Hannah, d. [Daniell & Elizabeth], b. Sept. 20, 1705	LR2	2
Hannah, m. William **SUMNER**, Jan. 15, 1723/4	1	11
Hannah, d. Cheney & Elizabeth, b. May 16, 1727	1	1
Hannah, m. Edward **JOHNSON**, Nov. 12, 1747	2	356
Hannah, d. Jabez & Sarah, b. Jan. 1, 1749/50	1	133
Hannah, d. Jos[eph]] & Joanna, b. Feb. 22, 1753	2	284
Hannah, m. Hezekiah **HURLBUT**, Jr., June 12, 1777	2	103
Hannah, d. Oliver & Hannah, b. Mar. 18, 1784	2	231
Hannah B., m. Linus **HISCOX**, Apr. 9, 1818	3	184
Harriet, of Middletown, m. Ja[me]s S. **SMITH**, of Branford, Nov. 25, 1852, by Rev. Jno. Morrison Reid	4	231
Harriet Parkman, d. [Horace & Emily], b. Sept. 7, 1831	3	127
Helen M., d. of Dea. Jonathan, of Staddle Hill, m. Sidney S. **BRAINERD**, of Guilford, Nov. 28, 1850, by Rev. T. P. Abell	4	189
Henry Brewer, [s. William & Lucy], b. June 17, 1837	4	16
Henry S., m. Lucy **FOWLER**, Jan. 28, 1833, by Rev. Samuel Goodrich, of Berlin	3	379
Hester, m. William **LUCAS**, July 12, 1666 (Arnold copy has "Hester Blunt")	LR1	14
Hezekiah, s. Oliver & Hannah, b. Oct. 18, 1786	2	231
Hezekiah, of Durham, m. Julia **MILLER**, of Middletown, Dec. 27, 1829, by Rev. Tho[ma]s Branch	3	343
Hezekiah W., m. Mehetabel **CONE**, Jan. 16, 1823, by Dan[ie]l J. Griswold, J.P.	3	118
Hiram, of Berlin, m. Jennette **TREAT**, of Middletown, [Aug.] 9, [1837], by Rev. Stephen Topliff	3	436
Horace, m. Emily **NICHOLS**, May 12, 1823, by Rev. John R. Crane	3	127
	3	127
Hugh H., [s. Elisha & Sarah], d. Oct. 14, 1801	2	159
Hugh Hall, s. Elisha & Sarah, b. Sept. 10, 1769	2	159
Jabez, m. Sarah **JUDD**, Aug. 5, 1742	1	133
Jabez, s. Jabez & Sarah, b. Aug. 23, 1747	1	133

	Vol.	Page
CLARK, (cont.)		
Jabez, Sr., d. Apr. 25, 1765	1	133
Jabez, s. Benjamin & Abiah, b. Mar. 25, 1771	2	262
Jabez, s. [Daniel & Olley], b. Oct. 28, 1794	2	309
James, s. Saniel & Mehitabel, b. Oct. 1, 1772	2	72
James, s. Oliver, b. Mar. 18, 1773	2	231
James. Ward, s. W[illia]m & Susannah, b. Feb. 22, 1765	2	36
Jane, d. Jno. & Jane, b. July 26, 1746	1	31
Jane, w. of John, d. Sept. 9, 1746	1	31
Jared E., of Middletown, m. Betsey **TRYON**, of Middletown, July 7, 1833, by Rev. Bartholomew Creagh	3	384
Jedidiah, s. Eben[eze]r & Abigail, b. Jan. 16, 1736	1	68
Jemima, w. of Olliver, d. Dec. 8, 1781	2	231
Jemima, d. Oliver & Hannah, b. Dec. 20, 1788	2	231
Jerusha, d. Eben[eze]r & Ann, b. Apr. 24, 1752	1	68
Joel, s. Oliver & Jemima, b. Dec. 5, 1779	2	231
Joel M., m. Elizabeth **COE**, b. of Middletown, June 12, 1835, by Rev. James Noyes	3	411
Joel Miller, s. [Joseph & Sarah], b. Mar. 4, 1812	2	43
Johannah, m. Richard **GOODALE**, Jan. 23, 1699/1700	LR2	15
John, s. John & Elizabeth, b. June 14, 1677	LR1	3
John, s. John & Abigaill, b. Apr. 12, 1693	LR1	14
John, s. Nathan[ie]ll & Sarah, b. Aug. 24, 1704	LR1	17
John, of Middletown, m. Sarah **GOODWIN**, of Hartford, May 9, 1710	LR2	20
John*, b. May 6, 1711, at Milford, Came to Middletown, Mar. 1, 1731; m. Sarah **HURLBUT**, July 18, 1734 *[Of] East Side	1	75
John, s. John & Sarah, b. Dec. 9, 1715	LR2	20
John, s. Ambrous & Elizabeth, b. Sept. 30, 1720	LR2	27
John, Jr., m. Jane **WILLCOCK**, Nov. 2, 1727	1	31
John, 3rd, m. Jane **WILLCOCK**, Nov. 2, 1727	1	32
John, Sergt. , d. July 26, 1731	LR1	3
John, of Middletown, m. Sarah **WELLES**, of Hartford, July 13, 1738	1	75
Jno. , s. Jno. & Sarah, b. Oct. 29, 1741	1	75
John, Jr., m. Sarah **WHITE**, Feb. 1, 1744	1	80
John, Jr., m. Sarah **WHITE**, Feb. 1, 1744	2	4
John, s. John, Jr. & Sarah, b. Mar. 15, 1745	2	4
John, s. Lamberton & Rebec[ka]h, b. Mar. 21, 1754	2	299
John, s. Capt. Jno. & Sarah, d. May 9, 1761	1	75
John, Capt. d., Oct. 5, 1763	1	75
John, 4th, of Middletown, m. Deborah **MOSELEY**, of Woodbury, Feb. 15, 1767	2	72
John, m. Margaret **FAIRBANKS**, Jan. 1, 1775	2	359
John, s. Benj[ami]n & Abiah, b. Jan. 31, 1776	2	262
John Warner, s. Timo[thy] & Ruth, b. Feb. 17, 1794	2	259
Jonathan, s. Cheney & Elizabeth, b. Jan. 20, 1722/3	1	1
Jonathan s. Cheney & Elizabeth, d. Jan. 20, 1746, at Bristol, Great Britain	1	1
Jona[tha]n, s. Sam[ue]ll & March, b. May 15, 1758	2	50
Jonathan, s. Jos[eph]], 3rd, & Mary, b. Apr. 24, 1760	2	154
Jonathan, s. Uzziel & Abigail, b. Oct. 6, 1764	2	137

MIDDLETOWN VITAL RECORDS 119

	Vol.	Page
CLARK, (cont.)		
Jonathan, m. Lois **ROBERTS**, July 24, 1783	2	339
Jonathan N., m. Eliza Jennet **JOHNSON**, b. of Middletown, Mar. 8, 1829, by Rev. Heman Bangs	3	329
Jonathan N., m. Anna **BIGLEY**, b. of Middletown, May 23, 1841, by Rev. Merrett Sanford	3	476
Jonathan W., m. Elizabeth M. **CHAPMAN**, Aug. 22, 1841, by Rev. A. M. Osborn	3	479
Joseph, s. Daniell & Elizabeth, b. Sept. 5, 1720	LR2	2
Joseph, m. Meriam **CORNWELL**, May 28, 1724	1	12
Joseph, s. Joseph & Meriam, b. July 11, 1731; d. July 30, 1733	1	12
Joseph, 2d, s. Joseph & Meriam, b. Feb. 25, 1733/4	1	12
Joseph, s. Eben[eze]r & Ann, b. May 30, 1750	1	68
Joseph, of Middletown, m. Mrs. Joanna **FAIRCHILD**, of Stratford, June 2, 1752	2	284
Joseph, s. Jos[eph]] & Joanna, b. Jan. 20, 1755	2	284
Joseph, s. Joseph & Joanna, d. Aug. 17, 1755	2	284
Joseph, 3rd, of Middletown, m. Mary **BALCOM**, of Mansfield, Apr. 1, 1756	2	154
Joseph, s. Joseph & Joanna, b. July 24, 1757	2	284
Joseph, 3rd, m. Phebe **CORNEL**, Dec. 5, 1764	2	154
Joseph*, d. June 8, 1765 (*Pencile note "from New Haven")	1	12
Joseph, s. Joseph & Phebe, b. Dec. 30, 1777	2	154
Joseph, d. Apr. 22, 1778	2	284
Joseph, Sr. d. June 27, 1797	2	154
Joseph, m. Sarah **BACON**, Jan. 30, 1800	2	43
Joseph, m. Sarah Samantha **BAILEY**, b. of Middletown, Dec. 14, 1845, by Rev. J. L. Gilder	3	542
Joseph Brooks, s. Revile & Rebecca, b. Dec. 2, 1819	3	81
Joseph, d. M. Eliz[abet]h **CLARK**, Dec. 9, 1793	2	347
Joseph C., d. July 12, 1799	2	347
Joseph Russell, s. [Jonathan & Lois], b. July 30, 1797	2	339
Josephine A., d. Seth, farmer, & Julia, b. Nov. 27, 1847	4	54-5
Julia, d. Amasa B., mechanic, b. Jan. 8, 1850	4	160-1
Julia Ann Nichols, d. [Horace & Emily], b. Oct. 29, 1839	3	127
Julia E., m. William **DANIELS**, May 1, 1833, by Rev. John R. Crane	3	382
Junia W., m. Nancy **HART**, b. of Middletown, Mar. 15, 1827, by Rev. Fred[eric]k Wightman	3	265
Katharine, d. Jos[eph]] & Joanna, b. Aug. 6, 1756; d. Sept. 20, 1756	2	284
Katharine, d. Jos[eph]] & Joanna, b. Dec. 23, 1759; d. Apr. 25, 1760	2	284
Katharine, d. Jos[eph]] & Joanna, b. June 21, 1761	2	284
Katharine, m. Thomas **HURLBUT**, Apr. 5, 1781	2	109
Keturah, d. Oliver, b. Jan. 14, 1770	2	231
Lamberton, s. Ambrous & Elizabeth, b. Aug. 24, 1731	LR2	27
Lamberton, m. Rebeckah **JONES**, June 14, 1753	2	299
Lamberton, m. Sarah **FOSTER**, Aug. 29, 1759	2	299
Lamberton, s. Lamb[erto]n & Sarah, b. June 26, 1760	2	299
Laura H., of Middletown, m. Frances **CONE**, of East Haddam, Apr. 12, 1835, by Rev. Truman O. Judd	3	408

CLARK, (cont.)

	Vol.	Page
Laura J., [d. William & Lucy], b. Feb. 25, 1831	4	16
Lemuel, s. Elisha & Sarah, b. May 29, 1743	1	104
Leonora Celestine, d. Anson T., blacksmith, ae 24, & Emily Jo., ae 18, b. Mar. 28, 1848	4	58-9
Levy, s. Sam[ue]ll & March, b. Aug. 4, 1776; d. Feb. 12, 1777	2	50
Levi W., ae 19, of Middletown, m. Mary E. **CLARK**, ae 20, of Middletown, Aug. 13, 1854, by J. B. Merwin	4	255
Lois, of Haddam, m. John **HUBBARD**, of Middletown, Apr. 2, 1730	1	54
Lois, d. Aaron & Mary, b. Dec. 19, 1756	2	108
Louis, m. Oliver **MARKHAM**, Oct. [ ], 1823, by Rev. James a. Boswell (Lois)	3	142
Lorenzo., m. MARY **COTTON**, of Middletown, Nov. 12, 1823, by Rev. Josiah Bowen	3	145
Lucia, d. John & Jane, b. Dec. 18, 1733	1	31
Lucia, d. Cheney & Elizabeth, b. July 1, 1740	1	1
Lucia, d. Jno. & Jane, d. Aug. 3, 1741	1	31
Lucia, d. Jno. & Jane, b. Oct. 26, 1743	1	31
Lucia, d. W[illia]m & Mary, b. Oct. 2, 1761	2	5
Lucia, m. John **JENISON**, Mar. 7, 1762	2	112
Lucia, m. Frederic **CROSS**, Feb. 17, 1839, by Rev. John R. Crane	3	456
Lucinda A., m. Edwin **ROCKWELL**, May 22, 1837, by Rev. Joseph Holdrich	3	434
Lucretia M., of Middletown, m. Charles **SMITH**, of Greenfield, Mass., Oct. 27, 1839, by Rev. Francis Hodgeson	3	465
Lucy, d. Benj[ami]n & Abiah, b. Dec. 31, 1778	2	262
Lucy, d.[David & Jane], b. Sept. 13, 1800	2	347
Lucy, m. Giles **WILCOX**, Jr., Feb. 27, 1803	3	32
Lucy, farming, b. in Portland, res. Middletown, d. Oct. 23, 1847, ae 49	4	72-3
Lucy, d. June 10, 1851	4	206-7
Lucy Ann, [d. William & Lucy], b. Sept. 7, 1818	4	16
Lucy Ann, of Middletown, m. Samuel B. **REEVES**, of Chatham, May 21, 1837, by Rev. Daniel Burrows	3	435
Luther, s. Benj[ami]n & Abiah, b. Nov. 23, 1780	2	262
Lydia, d. Dea. Jno., Jr. & Sarah, b. Apr. 10, 1763	2	4
Lyman, m. Mary S. **HIGBY**, b. of Middletown, Apr. 2, 1835, by Rev. Truman O. Judd	3	408
Malvina, d. Mar. 26, 1848, ae 3	4	70-1
Marcy, d. Sam[ue]ll & March, b. Sept. 1766	2	50
Marcy, d. Jabez & Sarah, b. [ ]	1	133
Margaret, d. Cheney & Elizabeth, b. Jan. 27, 1724/5	1	1
Margaret, m. Samuel **GAYLORD**, July 8, 1745	2	74
Maria, m. Oliver **BAILEY**, b. of Middletown, Mar. 14, 1824, by Rev. Josiah Bowen	3	154
Maria, m. Theron **CAY**, b. of Middletown, Nov. 18, 1838, by Rev. John Cookson	3	453
Maria, m. Samuel F. **FENN**, May 18, 1742, by Rev. Arthur Granger	3	489
Marinda, d. W. D. C., laborer, ae 30, & Eliza, ae 29, b. Oct. 29, 1848	4	100-1

MIDDLETOWN VITAL RECORDS 121

	Vol.	Page
CLARK, (cont.)		
Martha, d. Daniell & Elizabeth, b. Mar. 17, 1717/18	LR2	2
Martha, m. Alred **DAVIS**, b. of Middletown, Nov. 10, 1831, by Rev. F. Reed	3	365
Martha A., m. Pardon F. **FAY**, [1834?], by Stephen Topliff	4	39
Mary, m. Daniell **HUB[B]ARD**, Feb. 24, 1669/70	LR1	46
Mary, d. John & Elizabeth, b. Apr. 3, 1691	LR1	3
Mary, 2d, d. John & Elizabeth, b. May 4, 1695	LR1	3
Mary, d. John & Jane, b. Aug. 27, 1728	1	31
Mary, d. Daniel & Mary, b. Feb. 10, 1733/4	1	70
Mary, w. of Daniel, d. Mar. 6, 1733/4	1	70
Mary, d. Ambrous & Elizabeth, b. June 21, 1734	LR2	27
Mary, d. Jno. & Jane, d. Aug. 8, 1736	1	31
Mary, d. Jno. & Jane, b. Dec. 3, 1737	1	31
Mary, d. Jno. & Jane, d. Sept. 9, 1742	1	31
Mary, d. W[illia]m & Mary, b. Dec. 18, 1744	2	5
Mary, d. W[illia]m & Mary, d. July 24, 1749	2	5
Mary, m. Hugh **WHITE**, Jr., Aug. 23, 1753	2	313
Mary, d. Lam[nerto]n & Rebec[ka]h, b. Feb. 15, 1756	2	299
Mary, m. James **MILLER**, Mar. 15, 1756	2	48
Mary, d. W[illia]m & Mary, b. June 22, 1756	2	5
Mary, w. Jos[eph]], 3rd, d. June 17, 1762	2	154
Mary, d. Joseph & Phebe, b. Nov. 6, 1765	2	154
Mary, d. Elisha & Sarah, b. July 19, 1767	2	159
Mary, m. Israel **CARRIER**, June 6, 1768	2	258
Mary, d. Michael & Huldah, b. July 20, 1782	2	222
Mary, m. Bela **WARD**, Sept. 18, 1786	3	4
Mary, d. [Lamberton & Rebeckah], d. Sept. 15, 1799	2	299
Mary, d. Aaron & Mary, b. Feb. 24, 1806	2	337
Mary, of Middletown, m. Jared **POST**, of Saybrook, Apr. 17, 1825, by Rev. Josiah Bowen	3	199
Mary A., of Middletown, m. Robert R. **PRATT**, of Essex, May 3, 1853, by Rev. Jno. Morrison Reid	4	233
Mary Ann, d. Enoch &Rhoda, b. Feb. 7, 1798	3	172
Mary Ann, of Middletown, m. Joshua **TINDAL**, of Providence, Aug. 9, 1821, by Rev. Eli Ball	3	60
Mary Ann, m. James **KNAP**, b. of Middletown, Apr. 10, 1825, by Rev. Josiah Bowen	3	196
Mary Ann, m. Ansel **WARNER**, b. of Haddam, Apr. 13, 1825, by Rev. John R. Crane	3	197
Mary Ann, of Middletown, m. Dayton **JOHNSON**, of Haddam, Jan. 22, 1835, by Rev. B. Creagh	3	405
Marianne, m. Seneca **HOWLAND**, Mar. 1, 1848, by Rev. James Floy	4	30
Mary B., m. Daniel J. **GRISWOLD**, July 8, 1807	2	313
Mary E., ae 20, of Middletown, m. Levi W. **CLARK**, ae 19, of Middletown, Aug. 18, 1854, by J. B. Merwin	4	255
Mary White, d. Aaron & Mary, b. Nov. 3, 1748	2	108
Mary White, m. Moses **COLE**, Sept. 25, 1766	2	108
Mahitabel, d. Jno. Jr. & Sarah, b. Nov. 14, 1746; d. Nov. 1, 1747	2	4
Mehitabel, d. Jno. Jr. & Sarah, b. Apr. 8, 1750	2	4
Mehetable, d. Uzziel & Abigail, b. Oct. 14, 1766	2	137

BARBOUR COLLECTION

	Vol.	Page
CLARK, (cont.)		
Mehetable, D., m. Jedediah **JOHNSON**, 2d, b. of Middletown, Oct. 10, 1820, by Rev. John R. Crane	3	42
Meriam, d. Joseph & Meriam, b. Mar. 15, 1726/7	1	12
Meriam, wid. of Joseph, d. May 27, 1772	1	12
Merriam, d. Joseph & Phebe, b. Aug. 7, 1773	2	154
Meriam, see also Miriam		
Michael, s. Jos[eph], 3rd & Mary, b. Apr. 18, 1758	2	154
Michael, s. Laberton & Sarah, b. July 20, 1777	2	299
Michael, m. Huldah **WARNER**, Apr. 1, 1782	2	222
Michael, m. Sarah **McKONE**, b. of Hadlyme, Aug. 14, 1852, by Rev. Frederic J. Goodwin	4	215-6
Mindwell had s. Charles Loveland, b. July 8, 1762	2	162
Mindwell, m. Darney **BUTLER**, Nov. 17, 1763	2	162
Minerva, d. [Enoch &Rhoda], b. Feb. 15, 1803	3	171
Miriam, m. Stephen **TREAT**, June 12, 1746	2	106
Miriam, see also Meriam		
Molley, d. Daniel & Mehitabel, b. Nov. 6, 1769	2	72
Morgan H., merchant, ae 24, b. in Haddam, res. Hartford, m. Mary Jane **WILLIAMS**, ae 21, b. in Bozrahville, May 15, 1849, by Rev. Crawford	4	124-5
Moses, s. John & Sarah, b. Mar. 25, 1718	LR2	20
Moses, s. Dea. Jno. Jr. & Sarah, b. Nov. 23, 1766	2	4
Nancy, of Haddam, m. Albert **SWAN**, Jr., of East Haddam, Feb. 5, 1822, by Rev. John R. Crane	3	86
Nancy m., m. Henry A. **LEE**, Aug. 5, 1846, by Rev. James Floy	3	553
Nathaniel, s. John & Elizabeth, b. Apr. 18, 1676	LR1	3
Nathaniell, m. Sarah **GRAVES**, Oct. 27, 1702	LR1	17
Nathaniell, s. Nathan[ie]ll & Sarah, b. Nov. 16, 1709	LR1	17
Nath[anie]ll, s. Jabez & Sarah, b. Aug. 7, 1743	1	133
Noah B., of Hartford, m. Mary H. **GILBERT**, of Middletown, [Aug.] 15, [1836], by Rev. Royal Robbins, of Berlin	3	425
Oliver, s. Oliver, b. Apr. 29, 1768	2	231
Oliver, s. Benj[ami]n & Abiah, b. July 15, 1768	2	262
Oliver, m. Hannah **POST**, Oct. 30, 1782	2	231
Othniel, s. Cheney & Elizabeth, b. July 4, 1743	1	1
Othniel, of Middletown, m. Phebe **CAMP**, of Durham, May 12, 1768	2	20
Patty, d. [Timo[thy] & Ruth], b. Apr. 10, 1788	2	259
Patty, m. Luther L. Doud, Oct. 14, 1824, by Rev. Stephen Hayes, of Westfield	3	176
Peleg Ransom, s. Ambrose & Allice, b. Jan. 23, 1789	2	23
Phebe, d. Joseph & Phebe, b. Feb. 4, 1768	2	154
Phebe, d. Othniel & Phebe, b. Feb. 8, 1770	2	20
Phebe, d. Benjamin & Abiah, b. July 4, 1773	2	262
Phebe, m. Reuben **ROBERTS**, Dec. 13, 1789	2	327
Phebe, m. Nathaniel **BOWERS**, Dec. 26, 1792	2	244
Polly, d. Ambrose, Jr. & Mary, b. Apr. 17, 1754	2	330
Polly, d. John & Margaret, b. Jan. 4, 1775	2	359
Polley, d. Timo[thy] & Ruth, b. Mar. 18, 1781	2	259
Polly, m. Henry **TOMPKINS**, b. of Southington, Feb. 13, 1831, by Rev. John Cookson	3	359

	Vol.	Page
CLARK, (cont.)		
President, m. Sarah P. **STOWELL**, b. of Middletown, Apr. 24, 1825, by Rev. Josiah Bowen	3	198
Rachel, d. Aaron & Mary, b. Jan. 9, 1750/1	2	108
Rachel, d. Sam[ue]ll & Marcy, b. May 20, 1769	2	50
Rachel, of Chatham, m. Nathan **SAYERS**, of Middletown, Nov. 29, 1772	2	257
Rebeckah, d. Ebenezer & Ann, b. Dec. 28, 1745	1	68
Rebeckah, w. of Lamberton, d. July 4, 1758	2	299
Rebeckah, d. Mich[ae]l & Huldah, b. Apr. 13, 1784	2	222
Reuben J., mechanic, ae 22, m. Laura **JONES**, ae 24, of Middletown, Jan. 1, 1851, by Rev. B. N. Leach	4	200-1
Reuben J., s. of Reuben, of Middletown, m. Laura J. **JAMES***, d. of Jesse J., of Middletown, Jan. 2, 1851, by Rev. B. N. Leach (*Perhaps "JONES"?)	4	180
Revile, m. Rebecca **BURT**, Jan. 31, 1819	3	81
Rhoda Miller,[d. Joseph & Sarah], b. Feb.[ ], 1806;d. Nov. 3,1806	2	43
Rhoda Miller, [d. Joseph & Sarah], b. Sept. 26, 1807; d. Dec. 17, 1808	2	43
Riley, m. Caroline M. **COTTON**, Apr. 30, 1827, by Rev. John R. Crane	3	270
Robert, d. Sept. 23, 1849, ae 6 m.	4	170-1
Robert Colwel, s. [Joseph C. & Elizabeth], b. July 22, 1794	2	347
Roselette A., d. J. Wayne, gunsmith, ae 30, & Elizabeth, ae 30, b. Mar. 1, 1849	4	100-1
Ruetta, d. Alfred, farmer, ae 40, b. Nov. 9, 1849	4	162-3
* Runas, d. Ambrous & Elizabeth, b. Apr. 27, 1724 (* correction (Eunice see p. 98, line drawn thur name "Runas") handwritten in margin of original manuscript)	LR2	27
Russell, P., s. Linus, m. Priscilla F. **GODFREY**, d. of Benjamin, b. of Middletown, Nov. 10, 1850, by Rev. L. S. Hough	4	178
Russell P., tinman, ae 23, b. in Berlin, res. Middletown, m. Priscilla T. **GODFREY**, ae 33, b. in Fairfield Co., res Middletown, Nov. 21, 1850, by Rev. L. S. Hough	4	202-3
Ruth, d. John & Jane, b. Oct. 17, 1731	1	31
Ruth, d. Jno. & Sarah, b. Feb. 14, 1743	1	75
Ruth, d. Aaron & Mary, b. July 19, 1759; d. Apr. 11, 1761	2	108
Ruth, d. Capt. Jno. & Sarah, d. Nov. 25, 1761	1	75
Ruth, 2d, d. Aaron & Mary, b. Mar. 18, 1762	2	108
Ruth, d. Tim[oth]y & Ruth, b. Aug. 26, 1775	2	259
Ruth, m. Jediah **HUBBARD**, Sept. 8, 1796	2	351
Ruth Wilcox, d. [Jonathan & Lois], b. Jan. 26, 1789	2	339
Salle, d. Joseph & Phebe, b. Jan. 18, 1771	2	154
Salle, d. Joseph & Phebe, Feb. 1, 1774	2	154
Sally, d. Timo[thy] & Ruth, b. Dec. 7, 1778	2	259
Sally, d. Jona[tha]n & Lois, b. May 1787	2	339
Sally, d. Ambrose & Allice, b. Jan. 26, 1788	2	23
Sally, m. Nathan **BOARDMAN**, Jr., Sept. 6, 1812	3	21
Sally, of Middletown, m. Jno. S. **WILLIAMS**, of Stonington, Feb. 4, 1822, by Rev. Eli Ball	3	86
Sally M., m. Adren **GRAVES**, Sept. 13, 1826, by Rev. John R. Dodge	3	246

	Vol.	Page
CLARK, (cont.)		
Samuel, s. Ambrous & Elizabeth, b. May 6, 1729	LR2	27
Samuel, s. Jno. & Sarah, b. June 1, 1739	1	75
Samuel, m. Mary **COOK**, Jan. 1, 1756 (handwritten "Marcy or Mercy") (see Trobate Files)	2	50
Sam[ue]ll, s. Sam[ue]ll & Marcy, b. May 1756	2	50
Sam[ue]ll, s. Reuben & Mary, b. Mar. 19, 1757	2	3
Samuel, s. W[illia]m & Mary, b. July 27, 1758	2	5
Samuel, s. Capt. Jno. & Sarah, d. Apr. 4, 1761	1	75
Samuel, d. Jan. 27, 1777	2	50
Samuel Foster, s. Lamberton & Sarah, b. Dec. 8, 1761	2	299
Samuel Foster, s. [Enoch & Rhoda], b. Jan. 6, 1813	3	171
Sara[h], m. Thomas **CORNWELL**, Nov. 14, 1672	LR1	48
Sarah, d. John & Elizabeth, b. Sept. 8, 1692	LR1	3
Sarah, d. Nathan[ie]ll & Sarah, b. May 2, 1708	LR1	17
Sarah, m. John **SHEPARD**, Feb. 17, 1719/20	1	4
Sarah, d. John & Sarah, b. Aug. 4, 1723	LR2	20
Sarah, d. Ambrous & Elizabeth, b. Oct. 15, 1726	LR2	27
Sarah, w. of John, d. May 31, 1737	1	75
Sarah, m. Isaac **HALL**, Sept. 16, 1737	1	96
Sarah, d. Jno. & Sarah, b. July 9, 1740	1	75
Sarah, b. July 20, 1740, N.S.; m. Capt. John **ELSWORTH**, Nov. 25, 1761	2	216
Sarah, d. Elijah & Sarah, b. June 12, 1741	1	104
Sarah, m. Ebenezer **HURLBUT**, Jr., Nov. 2, 1743	2	52
Sarah, m. Davis **JOHNSON**, Mar. 13, 1746	2	71
Sarah, d. Jno. Jr. & Sarah, b. Feb. 20, 1747/8	2	4
Sarah, d. Jabez & Sarah, b. Mar. 25, 1752	1	133
Sarah, w. of Capt. John, d. Aug. 11, 1763	1	75
Sarah, d. Oliver & Jemima, b. Dec. 7, 1777	2	231
Sarah, m. Wensley **HOBBY**, May 19, 1785	2	159
Sarah, m. Dea William **RANNEY**, b. of Middletown, Oct. 25, 1826, by Rev. Frederick Wightman	3	254
Sarah A., m. Elijah **CORNWELL**, b. of Middletown, Sept. 30, 1832, by Rev. John Cookson	3	374
Sarah A., d. of Ambrose, of Portland, m. Oliver **MARKHAM**, s. of John, of Windsor, July 23, 1848, by Rev. Z. N. Lewis	4	35
Sarah, M., of Haddam, m. Francis **SINN**, of Middletown, Oct. 24, 1849, by Rev. M. S. Scudder	4	140
Sarah Maria, [d. William & Lucy], b. Mar. 31, 1823	4	16
Sarah T., m. William **SWATCHET**, [Oct.] 28, [1823], by Rev. James A. Boswell	3	143
Seth, s. Joseph & Joanna, b. July 11, 1768	2	284
Seth, s. Lamberton & Sarah, b. May 4, 1779	2	299
Seth, s. [David & Jane], b. Apr. 20, 1792	2	347
Seth, m. Mrs. Parnel. **LUCAS**, b. of Middletown, May 3, 1846, by Rev. J. L. Gilder	3	548
Seth, farmer, d. Nov. 22, 1848, ae 69	4	132-3
Silence, d. Jno. & Jane, b. Sept. 15, 1735	1	31
Silence, d. Jno. & Jane, d. Jan. 4, 1739/40	1	31
Silence, d. Jno. & Jane, b. Feb. 4, 1739/40	1	31
Smith, s Francis & Else, b. Mar. 8, 1766	2	77

	Vol.	Page
CLARK, (cont.)		
Smith, m. Elizabeth L. Sylvester, b. of Middletown, Mar. 6, 1851, by Rev. M. L. Scudder	4	184
Stephen, s. W[illia]m & Mary, b. June 23, 1754	2	5
Stephen, s. Lamberton & Sarah, b. Aug. 19, 1765	2	299
Stuart, s. Cheney & Elizabeth, b. May 2, 1733		1
Susan L., m. William A. **TOMLINSON**, Nov. 27, 1832, by Rev. John R. Crane	3	376
Susannah, d. Eben[eze]r & Ann, b. Apr. 23, 1748	1	68
Susanna, d. David & Jane, b. Aug. 17, 1783	2	347
Sibbell, d. Joseph & Meriam, b. Jan. 7, 1728/9	1	12
Sibbell, m. Josiah **BACON**, Feb. 21, 1750/1	2	215
Silvester, s [David & Jane], b. Oct. 2, 1789	2	347
Sylvester, d. Feb. 12, 1848, ae 2 w.	4	70-1
Tabitha, d. Eben[eze]r & Ann, b. June 18, 1740	1	68
Thaddeus Nichols, s. [Horace & Emily], b. Feb. 28, 1842	3	127
Theodore Hanson, d. Oct. 2, 1848, ae 4 y.	4	128-9
Thomas Jones, s. Lam[berto]n & Rebec[ka]h, b. June 18, 1758	2	299
Thomas Jones, s Lamberton & Rebeckah, d. Dec. 30, 1759	2	299
Timothy, s. Joseph & Meriam, b. May 2, 1742	1	12
Timothy, s. Jabez & Sarah, b. Feb. 10, 1759	1	133
Timothy, s. Jabez & Sarah, d. June 10, 1759	1	133
Timothy, s. Jabez & Sarah, b. June 10, 1760	1	133
Timothy, s. Jabez & Sarah, d. Nov. 10, 1761	1	133
Timothy, m. Ruth **WARNER**, Jan. 7, 1768	2	259
Timothy, s. Timo[thy] & Ruth, b. Apr. 4, 1785	2	259
Uzziel, s. Cheney & Elizabeth, b. Sept. 15, 1737	1	1
Uzziel, m. Abigail **WHITMORE**, Apr. 3, 1760	2	137
Uzziel, s. Ussiel & Abigail, b. Apr. 12, 1761	2	137
Waite, d. John & Abigaille, b. Aug. 27, 1700	LR1	14
Wallace, s. Sylvester, seaman, ae 38, & Lydia, ae 37, b. Nov. 3, 1849	4	150-1
White, d. John & Elizabeth, b. Nov. 4, 1693	LR1	3
Wilbur, s. Joseph, lockmaker & Sarah, b. Nov. 22, 1848	4	110-1
William, s. John & Sarah, b. Aug. 31, 1713	LR2	20
William s. Ambrous & Elizabeth, b. June 29, 1737	LR2	27
Will[ia]m m. Mary **WRIGHT**, Feb. 7, 1744	1	80
William, m. Mary **WRIGHT**, Feb. 7, 1744	2	5
William, m. Susannah **SHATTUCK**, Jan. 28, 1762	2	35
William, s. Othniel & Phebe, b. Mar. 23, 1772	2	20
William, s. Lamberton & Sarah, b. Feb. 26, 1775	2	299
William, m. Lucy **BOWERS**, d. Samuel, of Chatham, now Portland, Feb. 27, 1818, in Chatham	4	16
William, Jr. [s. William & Lucy], b. July 25, 1825	4	16
William, d. Apr. 5, 1848, ae 1 ½	4	70-1
William, m. Harriet M. Stow, b. of Middletown, Apr. 4, 1852, by Rev. John R. Crane	4	212
William Brown, s. [Enoch Rhoda], b. Apr. 28, 1808	3	171
William Cheney, s. Cheney & Elizabeth, b. Sept. 23, 1729	1	1
William E., s. Philo, soap chandler, ae 39, & Isabella, ae 34, b. Oct. 31, 1849	4	150-1
William L., m. Elizabeth N. **DUNHAM**, Jan. 29, 1846, by Rev. A. L. Stone	3	547

	Vol.	Page
CLARK, (cont.)		
William P., of Mereden, m. Frances A. **BULKLEY,** of Middletown, Feb. 16, [1848], by Rev. James Hepburn	4	29
William P., cigar maker, ae 25, of Meriden, m. Frances **BULKLEY,** ae 20, b. in rocky Hill, Ct., res Meriden, Feb. 18, 1848, by James Hepburn	4	66-7
Worthington, C. G., m. Eliza **BUTLER,** Jan. 31, 1844, Rev. W. G. Howard	3	511
-----, d. [Uzziel & Abigail], b. Dec. 9, 1770; d. In a few minutes	2	137
-----, d. Wayne, chandler, ae 29, & Elizabeth, ae 29, b. Aug. 20, 1847	4	50-1
CLAY, Bethiah, d. Jonas & Jane, b. Feb. 28, 1761	2	198
Desiah, d. Jonas & Jane, b. Feb. 5, 1763	2	198
Desiah, m. William **SOUTHMAYD,** Jr., b. of Middletown, Dec. 26, 1786	2	330
Jonas, m. Jane **TYPSUP,** Oct. 25, 1750 (hand written, probably Jyssup or Jessup)	2	198
Mary Ross, d. Jonas & Jane, b. Apr. 26, 1759	2	198
Stephen, s. Jonas & Jane, b. Nov. 5, 1751	2	198
Stephen, had negro Jack Tobias, s. Phillis, b. Mar. 11, 1794	2	354
CLEAVER, Cornelia, d. W[illia]m & Hannah, b. Mar. 14, 1762	2	331
Hannah, w. of W[illia]m, d. Apr. 7, 1778	2	331
John, s. W[illia]m & Hannah, b. July 8, 1767	2	331
Tobias, s. W[illia]m & Hannah, b. Mar. 9, 1765* (*Arnold Copy has got "Record not true")	2	331
W[illia]m, m. Hannah **JOHNSON,** [wid.], Mar. 16, 1761	2	331
W[illia]m, s. W[illia]m & Hannah, b. Feb. 18, 1763	2	331
CLEMENT, Jasper (?), d. Oct. 16, 1677	LR1	20
CLIFF, John Johnson, m. Elizabeth **UNSWORTH,** b. of Middletown, (late from England), Sept. 6, 1849, by Rev. Frederic J. Goodwin	4	94
Mary F., d. James, laborer, ae 30, & Mary, ae 24, b. June 10, 1851	4	196-7
CLIFT, Joseph, laborer, d. Apr. 20, 1851, ae 26	4	204-5
William, of Groton, m. Elizabeth A. **BURROWS,** of Middletown, Sept. 16, 1846, by Rev. James Floy	3	554
CLOUGH, Esther, m. Samuel **GEAR,** July 25, 1753	2	304
George, [twin with William], s. Jno. & Esther, b. Oct. 20, 1749; d. Jan. 11, 1749/50	1	85
James, s. John & Esther, b. July 15, 1743	1	85
John, m. Esther **CORNWELL,** Oct. 14, 1741	1	85
John, s. John & Esther, b. Feb. 10, 1742	1	85
John, d. Sept. 20, 1751	1	85
Jona[tha]n, s. Timo[thy] & Mary, b. July 30, 1744	2	41
Mary, d. Jno. & Esther, b. Nov. 5, 1745; d. Nov. 28, 1746	1	85
Mary, d. Jno. & Esther, b. Sept. 29, 1747	1	85
Timothy, m. Mary **WASHBURN,** Oct. 27, 1743	2	41
William, [twin with George], s. Jno. & Ester, b. Oct. 20, 1749	1	85
CLOW, Mehitabel, of Killingsley, m. Thomas **GOODELL,** of Middletown, Feb. 13, 1733/4	1	70
COAN, [see also **CONE**], Abigail F., of Madison, m. Joel **RIX,** of Griswold, Apr. 10, 1839, by Rev. Horace Barlett. Wittnesses: Jacob F. **HUBER,** Julia **HUBER,**		

MIDDLETOWN VITAL RECORDS 127

	Vol.	Page
COAN, (cont.)		
Henriette **BARLETT**	3	458
COATS, Amy B., m. Edwin **CORNWELL,** b. of Middletown, [Oct.] 27, [1833], by Rev. Stephen Topliff	3	388
COBB, Eunice, m. George **STOCKING,** Jr., June 25, 1747	2	
COBBEN, Charlotte, of Springfield, Mass., m. Chauncey **FREEMAN,** of Middletown, June 2, 1850, by Rev. T. P. Abell	4	129
COBBET, John, m. Mabel **GLOYD,** Sept. 11, 1749	2	188
Thomas, s. John & Mabel, b. Apr. 13, 1751	2	161
COBURN, Fanny Young, d. July 26, 1850, ae 2	4	161
CODNER, Catharine, d. John & Eliz[abet]h, b. May 6, 1737	4	204-5
Catharine, m. William **TRYON,** May 14, 1756	1	196-7
Elizabeth, d. John & Eliz[abet]h, b. June 2, 1734	2	71
Elizabeth, w. of John, d. May 8, 1741	1	219
Elizabeth, m. John **AUSTIN,** Sept. 28, 1756	1	71
Est[h]er, d. John & Lois, b. Nov. 10, 1736* (*Probably 1756)	2	71
John, m. Elizabeth **CLARK,** Jan. 10, 1733/4	1	251
John, m. Lois **PARMERLY,** Sept. 17, 1744	1	71
John, s. John & Lois, b. Jan. 23, 1744/5	1	71
John, s. John & Lois, b. May 21, 1764	1	71
Lois, d. John & Lois, b. Mar. 1, 1749; d. Aug. [ ], 1750	1	71
Lois, d. John & Lois, b. Mar. 31, 1753	1	71
Lucia, d. John & Lois, b. Nov. 10, 1754	1	71
Mary, d. John & Eliz[abet]h, b. Mar. 11, 1739/40; d. June 17, 1740	1	71
Mary, d. John & Lois, b. June 16, 1751	1	71
Olive, d. John & Lois, b. Oct. 7, 1766	1	71
Ruth, d. John & Lois, b. Nov. 5, 1758; d. Apr. 13, 1758* (*1759?)	1	71
Ruth, d. John & Lois, b. Feb. 20, 1760; d. July 10, 1770	1	71
William, s. John & Lois, b. May 5, 1747	1	71
William, s. John & Lois, d. Dec. 15, 1775	1	71
CODY, CODEY, Andrew, s. David, teacher, ae 30, & Margaret, ae 21, b. Aug. [ ], 1849	4	150-1
Catharine M., d. Andrew, teacher, ae 27, & Mary, ae 26, b. [1849] (Perhaps "Cadey"?)	4	100-1
Edmond, m. Mary **FEALEY,** Apr. 18, 1852, by Rev. Jno. Brady	4	219
John, m. Johanna **LAWTON,** Jan. 13, 1850, by Rev. John Brady	4	138
Mary, d. Andrew, teacher, ae 30, & Mary, ae 20, b. Oct. 25, 1850	4	194-5
COE, Aaron, s. Ephraim & Hannah, b. Feb. 16, 1730/31	LR2	23
Aaron, s. Eph[rai]m & Hannah, b. Feb. 16, 1730/1	1	82
Abigail, d. Joseph & Abigail, b. Jan. 9, 1745/6	2	112
Abigail, d. Joseph & Abigail, d. May 30, 1749	2	112
Abigail, 2d, d. Dea. Joseph & Abigail, b. May 7, 1761	2	112
Abigail, d. Jesse & Abigail, b. Apr. 5, 1771	2	220
Abigail, d. Jesse & Abigail, d. Oct. 5, 1773	2	220
Abigail, w. of Joseph, d. Sept. 22, 1776	2	112
Adah, d. David & Hannah, b. July [ ], 1753	2	274
Adah, m. David Brainerd **MILLER,** Nov. 10, 1773	2	318
Alma, d. Elisha & Elizabeth, b. Mar. 25, 1786	2	305
Alma, m. William **LYMAN,** Oct. 20, 1807	3	121
Alvena E., of Middletown, m. Miner W. **BALDWIN,** of Mereden, May 11, 1854, by Rev. Francis Dyer	4	259

COE, (cont.)

	Vol.	Page
Alvena E., of Middletown, m. Minor W. **BALDWIN**, of Mereden, May 11, 1854, by Rev. Francis Dyer	4	162
Alvin B., m. Harriet T. **COE**, Dec. 30, 1841, by Rev. A. M. Osborn	3	485
Ame, m. John **BACON**, 3rd, June 27, 1803	2	341
Anne, d. De. Joseph & Abigail, b. Jan. 9, 1747/8	2	112
Arthur, s. Isaac L., butcher, ae 32, & Mary C., ae 27, b. [ ] 1848	4	100-1
Asher, miller, s. Elisha & Elizabeth, b. Dec. 10, 1789	2	305
Aurelia, m. Ichabod **MILLER**, b. of Middletown, [Apr.] 23, [1834], by Rev. James Noyes	3	394
Bela, Capt., m. Mrs. Ruth **BIRDSEYE**, [Jan.] 11, [1829], by Rev. James Noyes, Jr.	3	328
Benjamin, m. Betsey **BIDSEY**, Nov. 7, 1832, by Rev. W. Fisk	3	380
Brainerd, s. David & Jerusha, b. Oct. 16, 1769	2	246
Calvin, s. Jos[eph]] & Elizabeth, b. Apr. 11, 1794	2	118
Caroline B., d. of W[illia]m W., of Middletown, m. John O. **COUCH**, s. of John, of Mereden, Nov. 21, 1852, by Rev. Willard Jones	4	225
Caroline B., d. of W[illia]m W., of Middletown, m. John O. **COUCH**, s. of John, of Mereden, Nov. 21, 1852, by Rev. Willard Jones	4	226
Catharine M., d. of Linus, of Middletown, m. Andrew **DENISON**, of Hampton, May 25, 1853, by Rev. John R. Crane	4	256
Catharine N., of Middletown, m. James E. **WAY**, of Mereden, May 26, 1852, by Rev. A. V. H. Powell, at the house of Amos **COE**	4	212-3
Chauncey H., m. Harriet F. **CROOK**, Apr. 7, 1846, by Rev. Townsend P. Abell	3	545
Curtis, s. Dea. Joseph & Abigail, b. July 21, 1750	2	112
Curtis, s. Jos[eph]] & Elizabeth, b. Jan. 9, 1786	2	118
Cyrus, s. [Joseph & Elizabeth], b. May 8, 1798	2	118
Daniel, s. Ephraim & Hannah, b. Dec. 20, 1832; d. Nov. 30, 1733	LR2	23
Daniel, s. Eph[rai]m & Hannah, b. Dec. 20, 1732	1	82
Daniel, s. Eph[rai]m & Hannah, d. Nov. 30, 1733	1	82
David, s. David & Hannah, b. July 21, 1747	2	274
David, Jr., m. Jerusha **MILLER**, Nov. 3, 1768	2	246
David, m. Hannah **CAMP**, [ ]	2	274
Delia, d. Elisha & Eliza[abet]h, b. Feb. 6, 1799	2	305
Dennis, m. Lucy **BIRDSEYE**, May 25, 1825, by Rev. Stephen Hayes	3	200
Eben[eze]r, s. Dea. Joseph & Abigail, b. July 19, 1755	2	112
Eben[eze]r Jackson, s. [Elias & Hannah], b. May 3, 1817	3	91
Edward S., s. Sam[ue]l, butcher, ae 32, & Amanda, ae 27, b. June 16, 1851	4	194-5
Edwin, twin with Rosell, s. [Elisha & Eliz[abet]h], b. June 5, 1796; d. Nov. 23, 1796	2	305
Edwin E., s. Ebenezer J., farmer, & Phebe, b. Apr. 1, 1849	4	116-7
Eli, s. David & Hannah, b. Apr. 11, 1758	2	274
Elias C., m. Hannah **TRYON**, Apr. 11, 1811	3	91
Elihu, s. Joseph & Elizabeth, b. Aug. 28, 1780	2	118
Elisha, s. Dea. Joseph & Abigail, d\b. Dec. 15, 1763	2	112

	Vol.	Page
COE, (cont.)		
Elisha, m. Elizabeth **MILLER**, June 9, 1785	2	305
Elizabeth, d. Reuben & Rachel, b. Oct. 14, 1759	2	242
Elizabeth, d. David & Jerusha, b. Nov. 17, 1773	2	246
Elizabeth, m. Joel M. **CLARK**, b. of Middletown, June 12, 1835, by Rev. James Noyes	3	411
Emeline, of Tolland, Mass., m. Eli **MARTIN**, s. of Nathan, of Mansfield, Oct. 8, 1827, by [ ], at Tolland, Mass.	4	4
Emily, d. Aug. 14, 1851, ae 27	4	206-7
Enoch, s. Eph[rai]m & Hannah, b. Nov. 12, 1736	1	82
Enoch, s. Jos[eph]] & Elizabeth, b. Oct. 25, 1791	2	118
Enoch, s. Joseph & Eliz[abet]h, d. Oct. 21, 1798	2	118
Enoch, m. Mary M. **BIRDSEYE**, Oct. 9, 1825, by Rev. Stephen Hayes	3	213
Ephraim, m. Hannah **MILLER**, Nov. 28, 1723	LR2	23
Ephraim, m. Hannah **MILLER**, Nov. 28, 1723	1	82
Ephraim, s. Ephraim, & Hannah, b. July 25, 1724	LR2	23
Ephraim, s. Eph[rai]m & Hannah, b. July 25, 1724	1	82
Esther, d. Jos[eph]] & Elizabeth, b. Jan. 6, 1790	2	116
Eunice, d. Jesse & Abigail, b. Aug. 2, 1767	2	55
Eunice, d. Jesse & Abigail, b. Aug. 2,1767	2	220
Eunice L., m. George H. **BLISS**, Sept. 3, 1845, by Rev. Joseph Holdrich	3	535
Ezra, s. David & Hannah, b. Mar. 4, 1750	2	274
Ezra, s. Jesse & Abigail, b. Jan. 26, 1773	2	220
Ezra G., of Leyden, N.Y., m. Emily s. **ATKINS**, of Middletown, Jan. 17, 1849, by Rev. L. S. Hough	4	82
Grace, d. David & Hannah, b. Oct. 5, 1763	2	274
Hannah, w. of Joseph, d. Jan. 19, 1737/8	2	112
Hannah, d. Joseph & Abigail, b. May 9, 1743	2	112
Hannah, d. David & Hannah, b. Dec. 21, 1751	2	274
Hannah, m. Isaac **MILLER**, Dec. 28, 1762	2	119
Hannah, d. David & Jerusha, b. June 9, 1775	2	246
Harriet, d. [Elias & Hannah], b. Mar. 9, 1821	3	91
Harriet M., d. Elbert, farmer, & Louisa, b. Nov. 25, 1848	4	116-7
Harriet T., m. Alvin B> **COE**, Dec. 30, 1841, by Rev. A. M. Osborn	3	485
Henry, m. Hannah R. **MILLER**, Apr. 30, 1850, by Rev. W[illia]m R. Clark	4	142
Henry S., m. Hannah C. **BAILEY**, b. of Middletown, Sept. 30, 1852, by Rev. Jno. Morrison Reid	4	219
Huldah, m. Daniel **HARRIS**, Oct. 10, 1839, by Rev. L. S. Everett	3	474
Isaac, m. Sarah L. **BACON**, b. of Middletown, Oct. 6, 1846, by Rev. L. S. Hough	3	554
Isaac C., m. Mary G. **NEWELL**, d. of Francis A., b. of Middletown, Nov. 6, 1854, by Rev. Lester Lewis	4	256
Isaac L., m. Mary K. **SOUTHWICK**, b. of Middletown, Nov. 25, 1841, by Rev. A. M. Osborn	3	485
James, s. Joseph & Abigail, b. Nov. 19, 1740	2	112
Jedediah, s. Rob[er]t & Barbery, b. Aug. 4, 1725	1	15
Jerusha, d. David & Jerusha, b. July 9, 1771	2	246

	Vol.	Page
COE, (cont.)		
Jesse, d. David & Hannah, b. Nov. 14, 1743	2	274
Jesse, m. Abigail **MILLER**, Oct. 16, 1766	2	55
Jesse, m. Abigail **MILLER**, Oct. 16, 1766	2	220
Jesse, s. Jesse & Abigail, b. June 26, 1769	2	220
Joel, s. Dea. Joseph & Abigail, b. May 17, 1758	2	112
John, s. Reuben & Rachel. B. Jan. 2, 1753	2	242
Joseph, m. Hannah **PARMELE**, Dec. 23, 1736	2	112
Joseph, m. Abigail **CURTIS**, Dec. [ ], 1739	2	112
Joseph, s. Dea. Joseph & Abigail, b. May 31, 1753	2	112
Joseph, Jr., m. Elizabeth **CORNWELL**, July 5, 1779	2	118
Joseph, s. Jos[eph]] & Elizabeth, b. Jan. 31, 1784	2	118
Joseph E., s. of Eli, m. Laura L. **MILLER**, d. of Elihu, b. of Middletown, Dec. 5, 1854, by Rev. Samuel H. Smith	4	258
Levi E., m. Sophia F. **HALL**, b. of Middlefield, Nov. 27, 1851, by Rev. James D. Moore	4	216
Lewis, m. Sophia **COE**, b. of Middletown, Dec. 22, 1836, by Rev. W. Fisk	3	429
Linus, s. Elisha & Elizabeth, b. Mar. 22, 1792	2	305
Lois, d. Jos[eph]] & Elizabeth, b. Jan. 6, 1788	2	118
Louisa A., d. Aug. 24, 1849, ae 2	4	170-1
Lucia, d. [Elisha & Eliz[abet]h], b. Feb. 6, 1802	2	305
Lucia, of Middletown, m. Charles **BLISS**, of Hartford, June 28, 1825, by Rev. Stephen Hayes	3	204
Lucia B., m. Augustus C. **MARKHAM**, b. of Middletown, Jan. 1, 1846, by Rev. Ja[me]s T. Dickinson	3	543
Lucina, m. Roswell **BAILEY**, b. of Middletown, [Nov.] 11, [1830], by Rev. James Noyes, Jr.	3	357
Lucy Ann, of South Farms, m. Henry L. **PLUMB**, of Westfield, [Oct.] 1, [1845], by Rev. Townsend P. Abell	3	538
Luther, s. Jos[eph]] & Eliz[abet]h, b. June 1, 1796	2	118
Luther, s. [Jos[eph]] & Elizabeth], d. Oct. 26, 1798	2	118
Maria R., of Middlefield, m. Dennis **FOWLER**, of Durham, Sept. 19, 1844, by W. C. Hoyt	3	530
Mary, d. Eph[rai]m & Hannah, b. Mar. 24, 1739/40	1	82
Mary, d. Dav[i]d & Han[na]h, b. Oct. 7, 1745	2	274
Mary, d. Reuben & Rachel, b. Feb. 7, 1758	2	242
Mary, m. Daniel **HUDSON**, July 24, 1766	2	172
Mary, of Middletown, m. Ich[abo]d Asha **MILLER**, of Turin, N.Y., [Oct.] 15, 1835, by Rev. James Noyes	3	415
Mary Ann, m. Henry J. **WILCOX**, Dec. 11, 1839, by Rev. L. S. Everett	3	471
Mary W., of Middletown, m. Jediah H. **YALE**, of Mereden, Sept. 10, 1845, by Rev. H. Miller, of Mereden	3	536
Millesent, d. Joseph & Elizabeth, b. Mar. 29, 1782	2	118
Miranda, of Middlefield, m. George T. **NORTON**, of North Guilford, oct. 15, 1845, by Rev. Joseph Holdrich	3	539
* Nancy J., d. of Ezree, m. Worthington **JOHNSON**, b. of South Farms Society, Nov. 27, 1851, by Rev. T. P. Abell (*correction(Wellington, line drawn thru "Worthington") handwritten in margin of original manuscript)	4	193
Nathan, s. David & Hannah, b. May 19, 1742	2	274

MIDDLETOWN VITAL RECORDS 131

	Vol.	Page
COE, (cont.)		
Nathan, m. Abigail **PARSONS**, July 22, 1767	2	148
Nelson, Capt., m. Phebe S. **CROWEL**, b. of Middletown, [Apr.] 13, [1834], by Rev. James Noyes	3	393
Oliver B., m. Lois **SCRANTON**, b. of Durham, Nov. 15, 1825, by Rev. John R. Dodge, at the Inn of Mr. Boardman	3	242
Osborn, m. Esther W. **PLUM**, b. of Middletown, Apr. 20, 1836, by Rev. Stephen Topliff	3	421
Pamelia, d. David & Jerusha, b. Aug. 3, 1779	2	246
Phinehas, s. Joseph & Hannah, b. Jan. 1, 1737/8	2	112
Phinehas, s. Joseph & Hannah, d. Jan. 21, 1737/8	2	112
Phineas, of Middlefield, m. Emily **ROBINSON**, of Durham, [Oct.] 30, [1833], by Rev. James Noyes	3	388
Rachel, d. Rob[er]t & Barbery, b. Sept. 6, 1732	1	15
Rachel, m. Benjamin **SMITH**, Mar. 3, 1752	2	121
Rachel, d. Reuben & Rachel, b. Oct. 3, 1763	2	242
Rachel, w. of Reuben, d. Nov. 5, 1766	2	242
Rachel M., m. Albert **MILLER**, Oct. 8, 1840, by Rev. Stephen Hayes, of Middlefield	3	470
Reuben, s. Rob[er]t & Barbery, b. Nov. 17, 1728	1	15
Reuben, m. Rachel **ROBBARDS**, Feb. 23, 1752	2	242
Reuben, m. Mary **ALLIN**, June 17, 1767	2	242
Robert, s. Rob[er]t & Barbery, b. Sept. 20, 1721	1	15
Robert, s. Rob[er]t & Barbery, d. Oct. 28, 1721	1	15
Robert, d*. Reuben & Rachel, b. Jan. 19, 1762 (*Probably son)	2	242
Robert, d. Feb. 2, 1762	1	15
Roswell, twin with Edwin, s. [Elisha & Eliz[abet]h, b. June 5, 1796	2	305
Roxanna, m. Jesse **MILLER**, b. of Middlefield, June 10, 1846, by Rev. Joseph Holdrich	3	551
Russel[l], m. Catharine **BIRDSEYE**, b. of Middletown, [Nov.] 6, [1834], by Rev. James Noyes	3	402
Ruth, d. David & Hannah, b. Oct. 4, 1760	2	274
Ruth, m. Joshua **STOW**, Jan. 27, 1786	2	237
Salina, d. May 18, 1849, ae 16	4	134-5
Sally, d. David & Jerusha, b. Jan. 11, 1777	2	246
Samuell, s. Ephraim & Hannah, b. Aug. 5, 1726	LR2	23
Samuel, s. Eph[rai]m & Hannah, b. Aug. 5, 1726	1	82
Samuel, s. Reuben & Rachel, b. May 10, 1755	2	242
Samuel, m. Amanda A. **STEVENS**, [Sept.] 14, [1845], by Rev. W. G. Howard	3	537
Sanford, s. Nath[an]& Abigail, b. Aug. 4, 1767	2	148
Sanford, m. Emeline **CLARK**, b. of Middletown, Dec. 25, 1838, by Rev. J. T. Arnold	3	458
Sene, d. [Elisha & Elizabeth], b. Mar. 8, 1788	2	305
Seth, s. Ephraim & Hannah, b. Dec. 31,1734	LR2	22
Seth, s. Eph[rai]m & Hannah, b. Dec. 31, 1734	1	82
Seth, s. David & Hannah, b. Feb. 20, 1756	2	274
Seth, s. [Elias & Hannah], d. May 16, 1818	3	91
Seth A., s. Eliza & Hannah, b. Jan. 16, 1812	3	91
Sophia, d. Elisha & Eliz[abet]h, b. Feb. 1, 1794	2	305
Sophia, d. [Eisas & Hannah], b. Mar. 29, 1814	3	91

	Vol.	Page
COE, (cont.)		
Sophia, m. Lewis **COE**, b. of Middletown, Dec. 22, 1836, by Rev. W. Fisk	3	429
Thompson, s. Rob[er]t & Barbery, b. May 18, 1727	2	15
Timothy, s. Ephraim & Hannah, b. Oct. 15, 1728; d. Nov. 6, 1733	LR2	23
Timothy, s. Eph[rai]m & Hannah, b. Oct. 15, 1728	1	82
Timothy, s. Eph[rai]m & Hannah, d. Nov. 6, 1733	1	82
Timothy, m. Amelia **WARD**, Nov. 28, [1833], by Rev. James Noyes	3	390
Watson V., m. Louisa **BACON**, Oct. 18, 1837, by Rev. John R. Crane	3	442
William, s. Rob[er]t & Barbery, b. Apr. 29, 1844	1	15
William M., m. Lucina **COOK**, b. of Middletown, Dec. 4, 1827, by Rev. Birdseye G. Nobel	3	286
William W., m. Emily **TRYON**, Nov. 28, 1844, by Rev. Townsend P. Abell	3	524
W[illia]m W., farmer, ae 29, of Middletown, m. Densy **MARKHAM**, his 2nd w., b. in Chatham, res. Middletown, Apr. 27, 1851	4	202-3
COFFEE, CAFFEE, [see also **COFFEEN**], Ellen, m. Daniel **COLEMAN**, Oct. 27, 1850, by Rev. Jno. Brady	4	180
Patrick, laborer, m. Catharine **O'ROOKE**, both b. in Ireland, Nov. 30, 1848, by Rev. John Brady	4	122-3
Patrick, m. Catharine **O'ROKE**, [1848?], by John Brady	4	79
COFFEEN, John, m. Susannah Gould **SMITH**, Nov. 19, 1751, at Brookline	2	303
Luke, s. John & Susannah, b. Nov. 1, 1752	2	303
COGHAN, Daniel, m. Mary **McCARTHY**, Sept. 17, 1854, by Rev. Jno. Brady	4	272
COGHLEN, John, m. Eliza **DALEY**, Jan. 6, 1848, by Rev. John Brady	4	28
COGSWELL, Anna, m. John **MACKEY**, Sept. 30, 1762	2	140
Hannah, m. John **SCOVEL**, Nov. 3, 1725	1	34
COKELY, Daniel, m. Catharine **BRENNAN**, Nov. 5, 1854, by Rev. Jno. Brady	4	273
COLBERT, [see also **CALBERT**], Margaret, m. James **CURTAIN**, Sept. 19, 1853, by Rev. Jno. Brady	4	241
Mary, m. Timothy **DONOVAN**, Nov. 30, 1854, by Rev. Jno. Brady	4	275
Thomas, m. Eliza **O'BRIEN**, Nov. 6, 1854, by Rev. Jno. Brady	4	273
COLBY, Phineas, of Deerfield, N.H., m. Salina **HALL**, of Middletown, July 5, 1850, by Rev. Francis Hodgeson	3	467
COLE, COLES, COALL, COAL, COALE, [see also **COLLE,** and **COWLES**], Alanson S., of Springfield, Pa., m. Augusta M. **HUBBARD**, of Middletown, June 4, 1845, by Rev. J. O. Gilder	3	537
Ann F., black, ae 27, of Middletown, m. William **GREEN**, 2d h., laborer, black, ae 38, of Middletown, June 25, 1848, by Rev. T. P. Abell	4	62-3
Aug[uestu]s, m. Nancy **HUBBARD**, Apr. 14, 1834, by Rev. John Cookson	3	395
Content, m. Henry **BASSELL**, Aug. 26, 1736, by Rev. Will[ia]m Russell	1	91

	Vol.	Page
COLE, (cont.)		
Dorothy, m. Bencay PLUM, Nov. [ ], 1709	LR2	19
Elizabeth, of Hartford, m. John HINDEL, of Kensington, Nov. 8, 1733	1	72
Elizabeth, m. Lemuel HIGGINS, Oct. 2, 1755	2	70
Hannah, of Hartford, m. Stephen BLAKE, of Middletown, July 2, 1711	LR2	24
Ichabod, d. Apr. 4, 1711	LR2	10
James, d. Dec. 22, 1721	LR1	31
James, d. May 27, 1760	2	40
James, s. James & Mary, d. Feb. 3, 1761, in the 21st y. of his age	2	40
John B., m. Almira J. BOWE, b. of East Hartford, Dec. 11, 1844, by Rev. E. Griswold	3	525
Lediah, of Wethersfield, m. Ebenezer GILL, of Middletown, Nov. 20, 1718	LR2	9
Marcus G., s. Horace, of Ashfield, Mass, m. Rhoda A. WATROUS, d. of Lyman, of Middletown, Mar. 23, 1851, by Rev. B. N. Leach	4	181
Marcus G. b. in Mass., res. Mass., m. Rhoda A. WATROUS, b. in Essex, mar. 23, 1850, by Rev. B. N. Leach	4	202-3
Mary, d. James & Mary, d. Jan. 25, 1761, in the 27th y. of her age	2	40
Mary, m. Thomas DOWERS, May 29, 1766	2	204
Mary, d. Moses & Mary White, b. July 17, 1767	2	108
Mary E., of Middletown, m. Elbridge H. PENFIELD, of Portland, May 4, 1846, by Rev. J. L. Gilder	3	548
Moses, m. Mary White CLARK, Sept. 25, 1766	2	108
Moses, d. July 20, 1767	2	40
Rachel, d. Ichabod & Sarah, b. Jan. 23, 1709/10	LR2	10
Rachel, m. Josiah BOARDMAN, Aug. 5, 1734	1	78
Rachel, seamstress, d. Oct. 11, 1849, ae 69	4	176-7
Robe, of Warren, m. Daniel JOHONATT, of Middletown, Aug. 20, 1779	2	352
Sarah, m. Lieut. George HUB[B[ARD, b. of Kensington, in Middletown, Nov. 20, 1735	1	85
Sarah, Mrs., m. Asher BELDEN, b. of Middletown, Jan. 10, 1830, by Rev. Fred[eric]k Wightman	3	343
Solomon, s. James & Mary, d. Jan. 6, 1761, in the 31st y. of his age	2	40
Stephen, s. Ichabod & Sarah, b. July 17, 1708; d. [ ]	LR2	10
Warren, of Middletown, m. Roxa MAGILL, of East Hartford, Jan. 16, 1827, by Rev. Stephens Hayes	3	260
White, m. Sam[ue]ll SMITH, Mar. 22, 1744	2	80
Willis, m. Lucy ATKINS, May 19, 1822, by Rev. Fred Wightman	3	99
COLEBURN, Elisha, of Ashford, m. Julia DICKINSON, of Middletown, Nov. 26, 1826, by Rev. Fred[eric]k Wightman	3	256
COLEGROVE, Allyn M., m. Sarah H. BIRDSEYE, b. of Middletown, Nov. 1, 1853, by Rev. J. L. Dudley	4	249
COLEMAN, COALMAN, COLLEMAN, Amos, m. Ruth CORNWELL, Mar. 2, 1749	2	250
Amos, d. Nov. 27, 1755	2	250
Daniel, m. Ellen COFFEE, Oct. 27, 1850, by Rev. Jno. Brady	4	180
Ebenezer, of Middletown, m. Eliza A. MILDRUM, of Cromwell,		

134 BARBOUR COLLECTION

	Vol.	Page
COLEMAN, (cont.)		
Feb. 20, 1854, by Rev. Lester Lewis	4	248
George, m. Julia **BARRY**, Oct. 19, 1851, by Rev. Jno. Brady	4	192
Hannah, m. Ebenezer **SAGE**, Oct. 22, 1730	1	64
John, s. Richard & Anna, b. Aug. 3, 1729	1	40
May, d. Richard & Anna, b. Aug. 20, 1731; d. July [ ] 1732	1	40
Mary, 2d, d. Richard & Anna, b. May 10, 1733	1	40
Nath[anie]ll, s. Amos & Ruth, b. Apr. 17, 1754	2	250
Patrick, m. Mary **NEIL**, Aug. 27, 1853, by Rev. Jno. Brady	4	240
Richard, m. Anna **WILLCOCK**, wid. of Thomas, Sept. 2, 1728	1	40
Ruth, d. Amos & Hatfd*, b. July 6, 1750, at Hartford (*Probably "Ruth")	2	250
Ruth, d. Amos & Ruth, d. Apr. 20, 1755	2	250
Ruth, d. Amos & Ruth, b. Apr. 2, 1756	2	250
Ruth, wid. of Amos, m. John **KIRBY**, June 28, 1761	2	111
Samuel, s. Amos & Ruth, b. July 17, 1752, at Harfield	2	250
-----, d. John, quarryman, ae 36, & Emma, ae 47, b. Mar. 1, 1851 (stillborn)	4	194-5
COLLE, [see also **COLE** and **COWLES**], Abigaill, d. Henry & Sarah, b. Oct. 28, 1664	LR1	31
Henry, s. Henry & Sara, b. Sept. 20, 1647	LR1	31
James, s. Henry & Sara, b. Feb. 8, 1649	LR1	31
Joanna, d. Henry & Sarah, b. Aug. 1, 1661	LR1	31
John, s. Henry & Sara, b. Feb. 14, 1652	LR1	31
Mary, d. Henry & Sara, b. June 11, 1658	LR1	31
Rebec[c]a, d. Henry & Sara, b. Apr. 5, 1667	LR1	31
Samuell, s. Henry & Sara, b. Sept. 10, 1656	LR1	31
Sara[h], d. Henry & Sara[h], b. Oct. 22, 1654	LR1	31
William, s. Henry & Sara, b. Apr. 25, 1753* (Probably 1653)	LR1	31
COLLINS, Abel, s. Eunice, b. Sept. 25, 1721; d. Mar. 6, 1722/3	LR2	12
Abel, s. John & Lydia, b. July 13, 1740	1	7
Abiga[i]ll, d. Samuell & Mary, b. June 2, 1673	LR1	18
Abigail, d. Nathaniell & Mary, b. July 13, 1682	LR1	13
Abiga[i]ll, m. Sergt. William **WARD**, July 9, 1702	LR1	16
Abigail, d. John & Mary, b. Jan. 4, 1718/19	LR2	12
Burnit, s. Jonathan & Mary, b. May 13, 1729; d. Sept. 9, 1729	1	28
Christopher F., m. Susan A. **PEASE**, July 10, 1838, by Rev. John R. Crane	3	447
Dan, s. Jonathan & Mary, b. May 22, 1727	1	28
Dan, s. Jona[tha]n & Mary, d. May 13, 1735	1	28
Daniell, s. Samuell & Mary, b. Oct. 5, 1675	LR1	18
Edward, s. Samuell & Mary, b. June 18, 1664* (*1669)	LR1	18
Edward, s. Robert & Mary, b. Aug. 7, 1711	LR2	12
Eunice Had s. Abel, b. Sept. 25, 1721; d. Mar. 6, 1722/3	LR2	12
James K., d. July 9, 1849, ae 7	4	128-9
John, s. Nathaniell & Mary, b. Jan. 31, 1667	LR1	13
John, of Middletown, m. Mary **DIXWELL**, of New Haven, Dec. 24, 1707	LR2	12
John, s. John & Mary, b. Mar. 1, 1712/13; d. May 6, 1714	LR2	12
John, [twin with -----], s. [John & Mary], b. Nov. 13, 1714; d. Oct. 12, 1714 (sic)	LR2	12
Jno. m. Margaret **LAMB**, Jan. 6, 1852, by Rev. Jno. Brady	4	12

MIDDLETOWN VITAL RECORDS 135

	Vol.	Page
COLLINS, (cont.)		
Jonathan, m. Mary **WHITMORE**, May 4, 1725	1	28
Lament, d. Robert, d. May 13, 1732	1	28
Lois, d. Jonathan & Mary, b. Feb. 27, 1725/6; d. Feb. 17, 1726	1	28
Lois, d. Jon[atha]n & Mary, b. Aug. 13, 1730; d. Nov. 12, 1732	1	28
Lucy, ae 18, of Middletown, m. Henry **HAVENS**, laborer, ae 24, b. in Lyme, res. Middletown, Oct. 14, 1849, by Rev. T. P. Abell	4	266-7
Lucy W., m. Henry **HAVENS**, b. of Middletown, Oct. 14, 1849, by Rev. Townsend P. Abell	4	91
Martha, d. Samuell & Mary, b. Mar. 3, 1666	LR1	18
Martha, d. Nathaniell & Mary, b. Dec. 26, 1674	LR1	13
Martha, m. William **HARRIS**, Jan. 8, 1689/90	LR1	4
Martha, m. Thomas **HURLBUT**, Dec. 15, 1705	LR2	12
Mary, d. Nathaniell & Mary, b. May 11, 1666	LR1	13
Mary, d. Samuell & Mary, b. June 16, 1672	LR1	18
Mary, m. John **HAMLIN**, Jan. [ ], 1684	LR1	11
Mary, d. Robert & Mary, b. Apr. 26, 1708	LR2	12
Mary, wid, of Rev. Nathaniell, d. Oct. 25, 1709	LR1	13
Mary, d. John & Mary, b. Sept, 23, 1710	LR2	12
Mary, wid of Sam[ue]ll, d. Mar. 5, 1713/14	LR1	18
Mary, w. of Jona[tha]n, d. Apr. 21, 1741	1	26
Michael, m. Eliza **HURLEY**, Nov. 26, 1854, by Rev. Jno. Brady	4	274
Nancy, of Middletown, m. Joseph **GRANDELL**, of New York, Nov. 3, 1833, by Rev. Zebulon Crocker	3	389
Nathaniell, m. Mary **WHITING**, d. of W[illia]m, of Hartford*, Aug. 3, 1664 (*Marginal note)	LR1	13
Nathaniell, s. Nathaniell & Mary, b. June 13,1677	LR1	13
Nathaniel, Rev. d. Dec. 28, 1684	LR1	13
Nathaniell, s. John & Mary, b. Nov. 17, 1708	LR2	12
Prudence, d. Sam[ue]ll & Liddiah, b. July 18, 1707	LR1	13
Robert, m. Mary **FFOSTER**, June 3, 1707	LR2	12
Robert, s. Robert & Mary, b. Feb. 17, 1709/10	LR2	12
Samuell, s. Samuell & Mary, b. Oct. 21, 1668	LR1	18
Samuell, s. Nathaniell & Mary, d Apr. 23, 1683	LR1	13
Samuell, s. Nathaniell & Mary, b. Apr. 16, 1783* (*Probably 1683)	LR1	13
Sibella, d. Samuell & Mary, b. Feb. 24, 1670	LR1	18
Susan[n]a, d. Nathaniell & Mary, b. Nov. 26, 1669	LR1	13
Susan[n]a, m. William **HAMLIN**, May 26, 1692	LR1	11
Susannah, m. John **HARRIS**, Mar. 18, 1702/3	LR1	42
Susannah, m. William **ROBARDS**, Dec. 1, 1714	LR2	29
Susannah, m. Oliver **BOZWORTH**, Sept. 26, 1745	2	114
Sibbell, d. Nathaniell & Mary, b. Aug. 20, 1672	LR1	13
Sibbell, d. John & Mary, b. Aug. 16, 1716	LR2	12
----, [twin with John], s. [John & Mary], b. Nov. 13, 1714; d. 2 hours after birth	LR2	12
----, d. John, d. [ ]	2	114
COLTON, John, laborer, m. Eliza **FITZGERALD**, both b. in Ireland, Nov. 30, 1848, by John Brady	4	120-1
Nathan, m. Sarah C. **BAKER**, Dec. 8, 1830, by Rev. John R. Crane	3	358

BARBOUR COLLECTION

	Vol.	Page
COLTON, (cont.)		
Samuel, hatter, d. Jan. 2, 1851, ae 60 (Perhaps "COTTON")	4	206-7
COLVIN, Betsey, m. Peter **WILLIAMS,** May 25, 1829, by Rev. Birdseye G. Noble	3	132
James, of Hartford, m. Lucinda **WARD,** of Middletown, Dec. 25, 1821, by Rev. Eli Ball	3	83
COMES, Lucinda J., of Middletown, m. Jeremiah **EDDY,** of Hartford, [May] 18, [1834], by Rev. Stephen Topliff	3	396
COMSTOCK, Emma Bennet, d. Franklin B., cabinet maker, ae 27, & Hannah, ae 22, b. Feb. 11, [1848]	4	48-9
Franklin B., m. Hannah **COOLEY,** May 5, 1847, by Rev. A. L. Stone	4	6
Harriet A., d. Franklin B., cabinet maker, ae 30 & Hannah, ae 25, b. Nov. 24, 1849	4	152-3
Sarah, m. David **LYMAN,** May 20, 1777	2	66
CONDALL, Lucy Ann, of Lyme, m. Amos M. **CAMPBELL,** of Haddam, Feb. 15, 1835, by Rev. Jehiel c. Beaman	3	405
CONDON, DONDEN, [see also **CONGDON**], Johanna, m. Michael **STANTON,** Apr. 26, 1853, by Rev. Jno. Brady	4	236
Margaret, m. Francis **CAHILL,** Jan. 11, 1852, by Rev. Jno. Brady	4	209
Michael, m. Margaret **RUSSELL,** Jan. 20, 1853, by Rev. Jno. Brady	4	228
CONDRON, James, d. Feb. [ ], 1850, ae 3 m.	4	170-1
CONE, [see also **COAN**], Abiah, d. W[illia]m & Abiah, b. Apr. 29, 1780	2	212
Abigail, d. Joseph & Sarah, b. Sept. 14, 1774	2	345
Abigail, d. Joseph & Sarah, d. Sept. 14, 1776	2	345
Abigail, 2d, d. Joseph & Sarah, b. Feb. 14, 1777	2	345
Amanda, d. Daniel & Ruth, b. Feb. 1, 1800	2	172
Aner, m. Thaddues **NICHOLS,** Sept, 7, 1785	2	165
Anne, d. [Beriah], b. Aug. 25, 1780	2	318
Bathiah, d. Ozias & Mary, b. Feb. 15, 1785	2	79
Calab, s. Ozias & Mary, b. Mar. 11, 1787	2	79
Charles Johnson, s. [Joseph & Sarah], b. Mar. 20, 1794	2	345
Clarry, d. [Joseph & Sarah], b. May 12, 1785	2	345
Daniel, of Haddam, m. Susannah **HURLBURT,** of Middletown, May 12, 1751	2	54
Daniel, d. July 12, 1762	2	54
Daniel, m. Ruth **RICH,** Dec. 9, 1790	2	172
Daniel Hurlburt, s. Daniel & Susan[na]h, b. July 16, 1753	2	54
Desire, of Haddam, m. Henery **ROCKWELL,** of Middletown, Dec. 14, 1773	2	239
Ebenezer, s. Ozias & Mary, b. Mar. 27, 1777; d. May 29, 1778	2	79
Ebenezer, s. Ozias & Mary, b. Feb. 19, 1783	2	79
Edward, s., Dr., m. Eliza L. **HOSMER,** June 6, 1822, by Rev. John R. Crane	3	100
Edwin, s. [Dan[ie]l & Ruth, b. Apr. 30, 1805	2	172
Eliza, d. [Dan[ie]l & Ruth, b. Dec. 25, 1802	2	172
Elizabeth, d. [Beriah], b. Feb. 14, 1775	2	318
Esther, d. Daniel & Susannah, b. Aug. 11, 1751	2	54
Esther, m. Gideon **CRUTTENDEN,** b. of Middletown,		

MIDDLETOWN VITAL RECORDS 137

	Vol.	Page
CONE, (cont.)		
June 6, 1771	2	127
Eunice, weaver, b. in Rocky Hill, res. Middletown, d. Apr. 6, 1851	4	206-7
Ezekiel Bailey, s. [Joseph & Sarah], b. Nov. 8, 1782	2	345
Frances, of East Haddam, m. Laura H. CLARK, of Middletown, Apr. 12, 1835, by Rev. Truman O. Judd	3	408
Giles Stovel, s. [Joseph & Sarah], b. July 29, 1796	2	345
Henry B., m. Mary BOW, May 19, 1834, by Rev. W. Fisk	3	394
Jerusha, d. Ozias & Mary, b. Feb. 17, 1781	2	79
John, m. Thankfull BAILEY, b. of Middletown, May 19, 1836, by Rev. John Cookson	3	422
Joseph, m. Sarah STARR, May 20, 1774	2	345
Joseph Starr, s. [Joseph & Sarah], b. Mar. 26, 1799	2	345
Joshua, s. Daniel & Susannah, b. Sept. 1, 1757	2	54
Lucinda, d. [Joseph & Sarah], b. Dec. 25, 1791	2	345
Martha, d. Dan[ie]l &Ruth, b. Mar. 23, 1792	2	172
Mary, of Middletown, m. Submit HART, of Berlin, Aug. 18, 1833, by Rev. W[illia]m H. Beecher	3	385
Mary Hubbard, d. Edw[ar]d S. & Eliza, b. Apr. 1, 1823	3	100
Mehetabel, m. Hezekiah W. CLARK, Jan. 16, 1832, by Dan[ie]l J. Griswold, J. P.	3	118
Norman, of East Haddam, m. Sarah ATKINS, of Middletown, Apr. 9, 1835, by Rev. Stephen Topliff	3	409
Olive, m. John Fisk, Dec. 25, 1838, by Rev. John R. Crane	3	455
Ozias, of Haddam, m. Mary DOANE, of Middletown, May 29, 1769	2	79
Ozias, s. Ozias & Mary, b. July 10, 1770; d. Aug. 13, same year	2	79
Ozias, s. Ozias & Mary, b. May 2, 1774	2	79
Polly, d. Ozias & Mary, b. Apr. 14, 1772	2	79
Rebeckah, of Haddam, m. Bryan PARMELE, of Middletown, Nov. 13, 1755	2	107
Robert, s. Daniel & Susannah, b. Dec. 15, 1759	2	54
Robert, s. W[illia]m & Abiah, b. Oct. 16, 1781	2	212
Ruth, d. [Beriah], b. Apr. 23, 1777	2	318
Ruth, d. [Dan[ie]l & Ruth], b. Jan. 29, 1796	2	172
Sally, d. [Joseph & Sarah], b. Dec. 16, 1780	2	345
Sarah, m. John M. SEARS, June 27, 1840, by Sam[ue]l W. Griswold, J.P.	3	467
Seth, [s. Beriah], b. Nov. 7, 1783	2	318
Silas, of Haddam, m. Sarah TRYON, of Middletown, Nov. 11, 1824, by Rev. John R. Crane	3	182
Silvester, s. [Dan[ie]l & Ruth], b. Mar. 17, 1794	2	172
Tabitha Johnson, d. [Joseph & Sarah], b. Aug. 16, 1789	2	345
Thomas, s. Daniel & Susannah, b. Feb. 8, 1763	2	54
Tho[ma]s Rich, s. [Dan[ie]l & Ruth], b. Feb. 28, 1798	2	172
William, s. Daniel & Susannah, b. Apr. 6, 1755	2	54
W[illia]m, m. Abiah ATKINS, May 29, 1777	2	212
W[illia]m Meigs, s. W[illia]m & Abiah, b. May 21, 1778	2	212
——, child of Sylvanus, pewterer, ae 25, & Eveline, ae 22, b. Feb. 27, [1848]	4	58-9
CONGDON, [see also CONDEN], Lois F., d. Romanta S., baggage master Middletown R.R., ae 23, & Anna M., ae 20, b.		

BARBOUR COLLECTION

	Vol.	Page
CONGDON, (cont.)		
Sept. 8, 1850	4	194-5
Sally S., of Charlestown R.I., m. Thomas A. **KENYON**, of South Kingstown, R.I., Oct. 24, 1830, by Rev. Fred[eric]k Wightman	3	358
CONKLING, Catharine, d. [Isaac & Harriet], b. Feb. 7, 1807, in Chatham	3	29
Francis, s. [Isaac & Harriet], b. Apr. 8, 1805, in Redfield, N.Y.	3	29
George White, s. [Isaac & Harriet], B. Sept. 26, 1816	3	29
Henry Sage, s. Isaac & Harriet, b. Apr. 8, 1803, in Chatham	3	29
Jane, d. [Isaac & Harriet], b. May 8, 1811	3	29
John Ayres, s. [Isaac & Harriet], b. Feb. 15, 1809, in Chatham	3	29
Noah T., of New York, m. Sarah Imogene **ADDISON**, June 24, 1846, by Rev. John R. Crane	3	552
Richard, s. [Isaac & Harriet], b. Oct. 5, 1813	3	29
Rich[ar]d B., of Portland, m. Elizabeth **AVERY**, of Middletown, Mar. 18, 1846, by Rev. Frederic J. Goodwin	3	545
CONNELL, John, m. Mary **CAIN**, Jan. 7, 1854, by Rev. Jno. Brady	4	262
Mary, m. Richard **JARERT**, Jan. 18, 1853, by Rev. Jno. Brady	4	262
Matthew, laborer, m. Margaret **GALLIVAN**, both b. in Ireland, Nov. 30, 1848	4	120-1
Thomas, m. Bridget **NAGLE**, July 10, 1854, by Rev. Jno. Brady	4	269
CONNERS, CONNOR, CONNORS, David, m. Joan[n]a **GLEESON**, Sept. 1, 1850, by Rev. John Brady	4	148
Elizabeth Had ill. s. John **CONNOR**, b. June 14, 1686	LR1	1
James, m. Mary Fitzpatrick, July 30, 1854, by Rev. Jno. Brady	4	270
John, illeg. s. Elizabeth **CONNOR**, b. June 14, 1686	LR1	1
John, m. Margaret **GREEN**, Sept. 7, 1851, by Rev. Jno. Brady	4	192
Mary, m. Patrick **CAFFREY**, Aug. 30, 1852, by Rev. Jno. Brady	4	222
-----, d. [ ], peddler, ae 25, & Catharine, ae 26, of Hartford, b. June [ ], 1851	4	194-5
CONOVER, George, of New York, m. Ruth E. **BAILEY**, d. of Aretas, of Middletown, Sept. 30, 1850, by Rev. John R. Crane	4	147
CONROY, James, m. Sarah **WHELEN**, Jan. 6, 1850, by Rev. John Brady	4	138
Michael, m. Ellen **HERT**, Nov. 23, 1848, by John Brady	4	80
Michael, laborer, m. Ellen **HERT**, both b. in Ireland, Nov. 30, 1848, by Rev. John Brady	4	122-3
COOGAN, Dennis, m. Mary **MILLER**, Oct. 4, 1852, by Rev. Jno. Brady	4	222
COOK, COOKE, A. Ossian, of Northford, m. Lucy E. **PARDEE**, of Middletown, Oct. 11, 1837, by Rev. Zebulon Crocker	3	441
Abigail, wid. of Jabez, m. Ezra **TURNER**, Nov. [ ], 1764	2	175
Alfred, m. Ruth M. **YOUNG**, b. of Middletown, [Apr.] 17, [1829], by Rev. E. R. Tyler	3	332
Alice, of Guilford, m. Daniel **WHITE**, of Middletown, Jan. 19, 1708/9	LR2	17
Asenath, m. Moses **LUCAS**, May 22, 1746	2	70
Augustus, d. Apr. 18, 1846	4	8
Catharine, m. Peter **LANMAN**, Jr., Oct. 25, 1831, by Rev. John R. Crane	3	364
Charles, of Berlin, m. Emma **KIRBY**, of Middletown, Oct. 17,		

	Vol.	Page
COOK, (cont.)		
1821, by Rev. Jushua L. Williams	3	76
Desiah, d. Jno. & Desiah, b. Mar. 8, 1744	2	20
Dinah, of Wallingford, m. Samuel **SPELMAN**, of Middletown, Nov. 22, 1738	1	105
Ebenezer, m. Mehitabel **ROCKWELL**, Nov. 18, 1764	2	251
Ebenezer, d. Oct. 9, 1768	2	251
Elijah, m. Hannah **HALE**, Feb. 27, 1760	2	132
Elisha, s. Jacob & Marcy, b. Aug. 1, 1751	2	244
Elizabeth, wid., of Sam[ue]ll, of Wallingford, m. Sergt. Daniell **HARRIS**, Jan. 5, 1726/7	LR1	21
Elizabeth, d. Jacob & Marcy, b. Nov. 11, 1743	2	244
Elizabeth, m. Ebenezer **SEARS**, Jr., Jan. 25, 1753	2	31
Elizabeth, m. William **SAGE**, jr., Jan. 23, 1787	2	152
Elizabeth, of Middletown, m. Bela **HUBBARD**, of Randolph, O., June 10, 1833, by Rev. John Cookson	3	383
Ella J., d. Joseph M., sailor, ae 36, & Henrietta, ae 32, b. June 16, 1851	4	294-5
Fanny M., of Middletown, m. Frederick T. **JEWETT**, of Hartford, Dec. 24, 1840, by Rev. d. C. Haynes	3	483
Florence, d. Lemuel & Mary A., b. May 23, 1850	4	158-9
Francis E., m. John L. **TREAT**, b. of Middletown, May 4, 1846, by Rev. J. L. Gilder	3	548
George, s. John & Desiah, b. Sept. 5, 1740	2	208
George M., of Middletown, m. Cornelia P. **ANTHONY**, of Mereden, Apr. 6, 1847, by Rev. L. S. Hough	3	559
George W., s. George W., farmer, ae 25, & Cornelia, ae 22, b. Feb. 7, [1848]	4	58-9
George William, m. Emily Catharine **JOHNSON**, Sept. 26, 1837, by Rev. John R. Crane	3	438
Hannah, d. Jno. & Desiah, b. Sept. 5, 1742	2	208
Hannah, m. David **BUTLER**, Sept. 20, 1758	2	92
Hebert M., m. Caroline **CLARK**, [Oct.] 23, [1828], by Rev. E. R. Tyler	3	315
Henry, of Hartford, m. Laura **DOUD**, Dec. 5, 1832, by Rev. John R. Crane	3	377
Hezekiah T., m. Sukey **KIMBALL**, b. of Middletown, Apr. 3, 1824, by Rev. Stephen Hayes	3	156
Jabez, m. Abigail **BLAKE**, May 23, 1754	2	14
Jane E., d. Sept. 6, 1850, ae 13 m.	4	202-3
Josephine, m. Enoch C. **FERRE**, Oct. 17, 1830, in Preston	3	400
Josiah, s. Jacob & Marcy, b. Nov. 15, 1747	2	244
Laura A., of Southington, m. Henry t. **SMITH**, of New London, Apr. 2, 1845, by Rev. John R, Crane	3	528
Lucina, m. William M. **COE**, b. of Middletown, Dec. 4, 1827, by Rev. Birdseye G. Noble	3	286
Lucius, Jr., of Middletown, m. Prudence **LYNN**, of Durham, Mar. 29, 1827, by Eli Coe, J.P.	3	267
Luman W., s. of Wilson, m. Betsey N. **HALL**, d. of Harley, b. of Middletown, Nov. 17, 1853, by Rev. Willard Jones	4	244
Magdalen, m. John **BRIGHT**, b. of Middletown, Sept. 18, 1854, by Rev. Henry Melville	4	261

	Vol.	Page

COOK, (cont.)

	Vol.	Page
Marcy, d. Josiah & Hannah, b. Feb. 15, 1745	2	48
Margarette, of Middletown, m. William S. **CAMP**, of Durham, Oct. 25, 1821, by Rev. John R. Crane	3	68
Martha, d. Zac[cheu]s & Mary, b. Mar. 3, 1755	2	309
Mary, d. Jacob & Marcy, b. Nov. 15, 1745	2	244
Mary, d. Zacheus & Mary, b. July 26, 1748	2	309
Mary, d. Jabez & Abigail, b. Mar. 7, 1755	2	14
Mary, m. Samuel **CLARK**, Jan. 1, 1756 (In left margin "also spelled Marcy and Mercy)	2	50
Moses, s. Josiah & Hannah, b. Oct. 23 1742	2	48
Moses S., m. Lucretia N. **WRIGHT**, b. of Middletown, Sept. 9, 1832*, by Rev. John Cookson (*1831?)	3	362
Moses S., m. Lucretia N. Wright, b. of Middletown, Sept. 9, 1832, by Rev. John Cookson	3	373
Rana, m. Josiah **TREADWAY**, Mar. 3, 1784	2	307
Rebeckah, d. Jacob & Marcy, b. Sept. 26, 1749	2	244
Rhoda, d. Feb. 20, 1849, ae 80	4	134-5
Rich[ar]d, s. Josiah & Hannah, b. Mar. 17, 1753	2	48
Sally, m. Benjamin M. **WHITE**, Apr. 25, 1819	3	297
Samuel, of Staddle Hill, m. [ ] **NORTH**, of Staddle Hill, May 4, 1843, by Rev. J. B. Cook	3	502
Sarah, d. Jno. & Desiah, b. Dec. 30, 1746	2	208
Sarah, m. John **UFFORD**, Apr. 27, 1764	2	345
Sarah, m. Sam[ue]l **STEARNS**, Oct. 10, 1833, by Rev. John R. Crane	3	387
Sarah, m. Nelson **MILLER**, b. of Middletown, May 26, 1842, by Rev. L. Mills, of Durham	3	490
Sarah M., d. of Sylvester, of Middletown, m. Card **FINKEN**, of Mereden, a German by Birth, June 3, 1852, by Rev. L. S. Hough	4	213
Sibyl B., m. William R. **COTTON**, Dec. 8, 1824, by Rev. John R. Crane	3	188
Sylvester G., of Middletown, m. Mary P. **ROBERTS**, of Mereden, May 3, 1848, by Rev. L. S. Hough	4	32
Sylvester G., farmer, ae 17, b. in Conn., res. Middletown, m. Mary P. **ROBERTS**, ae 18, May 3, 1848, by Lent S. Hough	4	66-7
Thomas, of Mereden, m. Eliza **SMITH**, of Middletown, May 3, 1832, by Rev. Step[he]n Topliff	3	368
William, m. Elizabeth **THAYER**, Oct. 6, 1783	2	358
William, of Middletown, m. Jane **TOWNER**, of Haddam, Jan. 8, 1849, by Rev. Z. N. Lewis	4	82
Wilson, m. Emeline **WETMORE**, b. of Middletown, Apr. 19, 1832, by Rev. James Noyes, Jr.	3	368
Zacheus, m. Mary **HUBBARD**, May 9, 1747	2	309
Zacheus, s. Zacheus & Mary, b. Apr. 5, 1751	2	309
——, child of Joseph M., mariner, ae 36, & Henrietta, ae 28, b. May 7, 1848	4	42-3
——, d. Joseph M., mariner, ae 36, & Marietta, ae 27, b. July 22, 1849	4	100-1

COOLEY, Abigail, of Middletown, m. George E. **BARROWS**, of Mansfield, Oct. 10, 1830, by Rev. Thomas Branch — 3 — 355

MIDDLETOWN VITAL RECORDS 141

	Vol.	Page
COOLEY, (cont.)		
Anna A., d. Henry C., pewterer, ae 24, & Frances W., ae 22, b. June 7, 1851	4	196-7
Benjamin G., m. Elizabeth C. **RUST**, b. of Middletown, Feb. 14, 1850, by Rev. M. S. Scudder	4	141
Clarence H., s. Henry [C.], pewterer, ae 23, & Frances A., ae 33, b. June 21, 1850	4	150-1
Eliz[abet]h S., of Middletown, m. Shailor S. **ARNOLD**, of Wadesboro, N.C., Aug. 20, 1845, by Rev. J. L. Gilder	3	538
Elizabeth T., d. W[illia]m, Jr., supporter, Manufacturer, ae 29, & Emily, ae 28, b. Sept. 14, 1848	4	100-1
Emily, m. William **HUNNINGTON**, b. of Middletown, Sept. [ ], 1839, by Rev. Frances Hodgeson	3	465
Emma Jane, m. Joseph G. **IVES**, Nov. 29, 1837, by Rev. Elisha Andrews	3	443
Eunice, of Windsor, m. Amasa **JOHNSON**, Mar. 16, 1767	2	225
Frank, s. Tho[ma]s, machinist, ae 28, & Sarah A., ae 25, b. Sept. 7, 1850	4	196-7
George Elliott, s. Henry, mechanic, ae 31, & Elizabeth, ae 30, b. Aug. 16, 1848	4	48-9
Hannah, m. Franklin B. **COMSTOCK**, May 5, 1847, by Rev. A. L. Stone	4	6
Julia, d. Henry, laborer, ae 30, & Fanny, ae 29, b. Mar. 10, 1850	4	150-1
Lucy D., m. Norman **SMITH**, b. of Middletown, Oct. 26, 1831, by Rev. Heman Bangs	3	364
Martha, W., of Middletown, m. Delius **ALLIN**, of Springfield, Mass., Nov. 14, 1849, by Rev. N. S. Scudder	4	140
Martin E., of Somers, m. Margaret **BROWN**, of Constable, N.Y., Dec. 30, 1847, by Rev. James Floy	4	24
Mary Ann, of Middletown, m. Albert **GOODRICH**, of Hartford, Nov. 27, 1833, by Rev. B. Creagh	3	389
Roxanna A., m. Egos J. **CORNWELL**, b. of Middletown, Nov. 23, 1836, by Rev. John Cookson	3	427
-----, d. W[illia]m, manufacturer, ae 32, & Emelia, ae 31, b. July 18, 1851	4	194-5
COON, Peter, m. Abigail F. **CAMP**, b. of Middletown, Apr. 25, 1830, by Rev. Thomas Branch	3	347
COONEY, John, m. Margaret **MILLER**, Oct. 28, 1854, by Rev. Jno. Brady	4	273
COOPER, [see also **ROOPER**], Abigail, d. Tho[ma]s & Abigail, b. Dec. 17, 1711	LR2	17
Abegail, m. Thomas **HALE**, May 14, 1730	1	55
Boliver, of Portland, m. Ann **FOUNTAIN**, of Middletown, Mar. 22, 1848, by Rev. L. S. Hough	4	29
Cha[rle]s, m. Sarah a. **KNIGHT**, Feb. 8, 1848, by Rev. A. L. Stone	4	5
Charles, s. Charles, ariner, ae 31, & Sarah, ae 28, b. May 30, [1848]	4	42-3
Charles, d. May 31, 1848, ae 1 d.	4	68-9
Charles, m. Lucretia **ROBERTS**, b. of Middletown, Jan. 14, 1852, by Rev. Jno. Morrison Reid	4	217
Desire, m. Noahdiah **RUSSELL**, Feb. 23, 1720/21	1	5

BARBOUR COLLECTION

COOPER, (cont.)

	Vol.	Page
Desire, w. of Tho[ma]s, d. [ ]	LR1	1
Desire, d. Tho[ma]s & Desire, d. [ ]	LR1	1
Elizabeth, d. Lamberton & Elizabeth, b. Mar. 18, 1771	2	257
Elizabeth, m. John **PRATT**, Feb. 28, 1795	3	80
Elizabeth B., of Middletown, m. James B. **HALL**, of New York, June 27, 1832, by Rev. Smith Pyne	3	378
Elizabeth Brown, d. [Samuel & Hannah Cushing], b. Oct. 23, 1811	3	3
Esther Phillips, d. [Samuel & Hannah Cushing], b. Dec. 1, 1813	3	3
Esther Phillips, d. [Samuel & Hannah C., d. Oct. 4, 1815	3	3
Hannah, d. Lamberton & Abigail, b. June 3, 1847	1	125
Hannah, d. Of Ephraham, [m.] Elizer **WHITE**, [ ]	1	58
Hannah Burns, d. [Samuel & Hannah Cushing], b. Mar. 20, 1816	3	3
Hannah Cushing, w. of Sam[ue]l, d. Sept. 20, 1840	3	3
Henry s., of Portland, Conn., m. Eveline E. **GOFF**, of Middletown, Feb. 27, 1854, by E. L. Janes	4	249-0
Jane, d. [W[illia]m & Jennet], b. Aug. 18, 1805	3	3
Lamberton, m. Abigail **CLARK**, June 1, 1741	1	125
Lamberton, s. Lamberton & Abigail b. June 10, 1745	1	125
Lamberton, m. Elizabeth **BROWN**, May 27, 1770	2	257
Lamberton, s. [Samuel & Hannah Cushing], b. May 6, 1806	3	3
Lamberton, s. [Samuel & Hannah C.], d. Feb. [ ], 1826, at Buenos Ayres	3	3
Lamberton, s. Thomas & Abigail, b. [ ]	LR2	17
Laura Florian, d. [Samuel & Hannah Cushing], b. June 24, 1821	3	3
Lloyd Burns, s. [Samuel & Hannah Cushing], b. Feb. 18, 1810	3	3
Lloyd Burns, s. [Samuel & Hannah C.], d. Sept. 26, 1830, at New Orleans	3	3
Margaret Burns, d. [Samuel & Hannah Cushing], b. Feb. 12, 1808	3	3
Margaret Burns, d. [Samuel & Hannah C.], d. Aug. 16, 1823	3	3
Mary, d. Lamberton & Abigail, b. May 24, 1743	1	125
Mary, m. Noah **HIGBE**, aug. 4, 1763	2	205
Mary, m. Dr. Moses **BARTLETT**, Feb. 18, 1767	2	69
Mary Eugenia, d. [Samuel & Hannah Cushing], b. July 11, 1818	3	3
Olive, d. Sam[ue]l & Martha, b. Sept. 8, 1767	2	310
Olive, d. Lamberton & Elizabeth, b. Apr. 6, 1774	2	257
Samuel, m. Martha **STOW**, Oct. 16, 1766	2	310
Samuel, s. [Lamberton & Elizabeth], b. Jan. 22, 1781	2	257
Samuel, m. Hannah Cushing **BURNS**, May 11, 1805	3	3
Samuel, s. [Samuel & Hannah Cushing], b July 6, 1823	3	3
Samuel, m. Cecelia **STARR**, Jan. 27, 1844	3	3
Samuel, m. Cecelia **STARR**, b. of Middletown, June 27, 1844, by Rev. Horace Hills, Jr., in Christ Church	3	519
Samuel, d. Apr. [ ], 1863, in Middletown	3	3
Sarah Ann, m. Seth M. **HERSEY**, Mar. 2, 1850, by Rev. James D. Moore	4	139

	Vol.	Page
COOPER, (cont.)		
Tabitha, m. Andrew **CORNWELL**, Dec. 27, 1748	2	148
Thomas, m. Abigail **WHITMORE**, Jan. 26, 1709/10	LR2	17
Tho[ma]s, Sr., d. Sept. 11, 1722	LR1	1
Thomas, m. Desire **RUSSELL**, Feb. 1733/4	1	72
Thomas, Jr., m. Tabitha **BACON**, Dec. 5, 1739	1	115
Thomas, 2d, s. Tho[ma]s & Abigail, b. [ ]	LR2	17
Thomas, s. Tho[ma]s & Abigail, b. [ ]; d. [ ]	LR2	17
William, s. Lamberton Cooper & Abigail Clark, b. Mar. 23, 1741	1	125
William, s. Lamberton & Abigail, d. Jan. 8, 1742	1	125
William, s. Lamberton & Elizabeth, b. July 3, 1776	2	257
William, m. Jennet Riley, Oct. 28, 1802	3	3
William, s. W[illia]m & Jennet, b. Oct. 30, 1803	3	3
COPLES, [see also **CABLES** and **CAPLES**], Abigail, m. Sam[ue]l V. **STANTON**, b. of Middletown, [Feb.] 14, [1835], by Rev. James Noyes, Jr.	3	405
Ezekiel, m. Harriet **BENNAN**, b. of Middletown, [Feb.] 14, [1835], by Rev. James Noyes, Jr.	3	405
Grace M., of East Haddam, m. Horace E. **ELKLEY**, of Grangy, Mar. 23, 1851, by Rev. Jehiel C. Beman	4	181
Robert, m. Abigail **FULLER**, b. of Middletown, Aug. 5, 1827, by Abiel A. Loomis, J.P.	3	276
COPLEY, Harriet N., m. Peter N. **BENNET**, Dec. 25, 1842, by Rev. Arthur Granger	3	499
CORCORAN, James, m. Eliza Whelan, oct. 17, 1852, by Rev. Jno. Brady	4	223
COREY, [see also **CARY**], Lucy A., m. Anthony R. **PARSHLEY**, Aug. 25, 1840, by Rev. L. S. Everett	3	474
Sarah M., m. Stephen F. **GREENFIELD**, May 12, 1843, by Rev. Arthur Granger	3	502
William, of Middletown, m. Sarah R. **LATHAM**, of Colchester, June 23, 1839, by Rev. John R. Crane	3	459
CORNELL, [see under **CORNWELL**]		
CORNING, W[illia]m H., of Lancaster Mass., m. L. Almira **GAGE**, of Middletown, Oct. 23, 1849, by Rev. Geo[rge] A. Bryan	4	93
W[illia]m H., Rev., Clergyman, ae 28, m. Lois Almira **SAGE**, ae 21, Oct. 23, 1849	4	170-1
CORNWELL, CORNELL, Abiah, d. Nath[anie]ll & Mary, b. Feb. 18, 1763	2	78
Abiah, m. Benjamin **BACON**, Dec. 22, 1788	2	323
Abigail, d. Joseph & Abigail, b. Oct. 13, 1712	LR2	21
Abigail, w. of Joseph, d. May 13, 1723	LR2	21
Abigail, d. Wait & Marcy, b. July 2, 1725	1	74
Abigail, m. Amos **MILLER**, Dec. 5, 1734	1	74
Abigail, d. Joseph & Abigail, b. Dec. 10, 1739	1	99
Abigail, w. of Joseph, d. May 26, 1743	1	99
Abigail, d. Joseph, d. Mar. 30, 1745	2	76
Abigail, m. Cornelius **CORNWELL**, Dec. 18, 1745	1	99
Abigail, d. Joseph & Mindwell, b. July 31, 1751	2	76
Abigail, d. Cornelius & Abigail, b. Apr. 3, 1759	2	166
Abigail, m. Joseph **HARRISS**, Jan. 5,1777	2	76
Abigail, w. of Cornelius, d. July 3, 1785		

CORNWELL, (cont.)

	Vol.	Page
Abijah, s. Jno. & Mary, b. Oct. 27, 1733	1	32
Abijah, s. Jno. & Mary, b. Dec. 24, 1737	1	32
Abijah, m. Jemima **TRYON**, July 1, 1762	2	227
Abijah, s. Jno. & Mary, d. [ ]	1	32
Abraham, s. Thomas & Sara[h], b. Sept. 4, 1782	LR1	48
Alfred, m. Lucetta **BARNES**, b. of Middletown, Feb. 11, 1841, by Rev. D. C. Haynes	3	483
Andrew, s. Will[ia]m & Esther, b. June 2, 1700	LR1	36
Andrew, m. Elizabeth **SAVAGE**, Sept. 9, 1725	1	23
Andrew, s. Andrew & Liza, b. Aug. 22, 1735	1	23
Andrew, m. Tabitha **COOPER**, Dec. 27, 1748	2	148
Andrew, d. Apr. 17, 1756	2	148
Andrew, m. Lydia **ABBE**, Oct. 28, 1756	2	148
Ann, m. John **PENFIELD**, Apr. 9, 1724	1	41
Anna, d. Will[ia]m & Marah, b. Jan. 26, 1707/8	LR1	27
Annah, m. Daniel **SPELMAN**, Dec. 12, 1728	1	55
Anne, m. Stephen **PARSONS**, Apr. 29, 1778	2	60
Anne, d. [Nathaniel & Mary], b. Sept. 6, 1781	2	292
Ashbill, s. Benjamin & Hannah, b. May 6, 1715; d. Feb. 6, 1728/9	LR2	25
Ashbel, s. Cornelius & Abigail, b. Feb. 9, 1754	2	76
Ashbel, m. Susanna **GAYLORD**, Feb. 28, 1779	2	196
Ashbel, s. Ashbel & Susanna, b. Feb. 5, 1784	2	196
Benjamin, s. John & Martha, b. Dec. 23, 1688	LR1	45
Benjamin, of Middletown, m. Hannah **MERRY**, of Hartford, May 21, 1712	LR2	25
Benjamin, s. Benjamin & Hannah, b. Apr. 13, 1713; d. Nov. 4. 1724	LR2	25
Benjamin, m. Mary **WARD**, Feb. 27, 1734/5, by William Russell	1	81
Benj[ami]n, [twin with Hannah], s. Benjamin & Mary, b. Feb. 16, 1735/6	1	81
Benjamin, m. Hannah **WILCOX**, Feb. 25, 1742	1	81
Benony, s. Sarah, b. Feb. [ ], 1671/2	LR1	46
Calista, of Middletown, m. Seth **WETMORE**, of Haddam, Mar. 6, 1843, by Rev. Andrew M. Smith	3	500
Calvin, s. [Isaac & Hannah], b. June 22, 1781	2	130
Chauncey, m. Mary Ann **CHURCH**, b. of Middletown, Dec. 31, 1820, by Rev. Eli Ball	3	47
C[h]loe, d, d. Jno. & Elizabeth, b. Apr. 8, 1773(sic), d. Dec. 16, 1765 (sis)* (*1775)	2	57
Chloe, 2d, d. Jno. & Elizabeth, b. Mar. 23, 1767 (sic) (1777?)	2	57
Clarissa, see Clarissa Brainerd		
Cornelius, s. Benj[ami]n & Hannah, b. July 15, 1722	LR2	25
Cornelius, m. Abigail **CORNWELL**, Dec. 18, 1745	2	76
Cornelius, s. Cornelius & Abigail, b. Aug. 9, 1748	2	76
Cornelius, of Middletown, m. Anna **DOOLITTLE**, of Wallingford, Nov. 30, 1785	2	76
Daniell, s. Thomas & Sara[h], b. Aug. 8, 1677	LR1	48
Daniell, s. Jacob & Mary, b. Apr. 9, 1688	LR1	42
Daniell, s. Joseph & Abigail, b. Apr. 11, 1714	LR2	21
Daniel, s. Jacob & Edeth, b. June 24, 1714	LR2	23
Daniel, of Middletown, m. Ann **CAMP**, of Durham, Sept. 13,		

MIDDLETOWN VITAL RECORDS 145

	Vol.	Page
CORNWELL, (cont.)		
1744	2	2
Daniel, s. Daniel & Ann, b. Oct. 6, 1746	2	2
Daniel, d. Nov. 8, 1753, at Hispaniola	2	2
Daniel, s. Jno. & Elizabeth, b. Jan. 9, 1770	2	57
Daniel, s. Nathaniel & Mary, b. Aug. 26, 1771	2	292
David, s. Thomas & Sarah, b. Sept. beginning, 1697; d. June 10, 1725	LR1	48
David, d. June 16, 1725	LR2	Ind-4
David, s. Nath[anie]ll & Mary, b. May 23, 1757	2	78
David, [s. Nath[anie]ll & Mary, d. Sept. 26, 1776	2	78
Dennis, of Charleston, N.H., m. Lucetta W. Bailey, of Middletown, Sept. 19, 1839, by Rev. L. S. Everett	3	473
Dennis, m. Amelia **WILCOX**, b. of Middletown, Apr. 23, 1846, by Rev. Ja[me]s H. Francis	3	547
Desire, d. John & Mary, b. Mar. 16, 1710/11	LR1	24
Ebenezer, s. William & Mary, b. Jan. 13, 1688; d. Mar. [ ], 1694/5	LR1	36
Ebenezer, of Middletown, m. Abigail **CLARK**, of New Haven, Apr. 26, 1715	LR2	26
Ebenezer, s. Ebenezer & Abigail, b. Dec. 27, 1718; d. Feb. 3, 1726/7	LR2	26
Ebenezer, s. Sam[ue]ll & Phebe, b. Oct. 20, 1729	LR2	26
Ebenezer, m. Hannah **WINNOCK**, Feb. 26, 1751/2	2	350
Ebenezer, d. Aug. 26, 1757	LR2	26
Eber, s. Elizabeth CORNWELL, b. Dec. 10, 1786; reputed f. Eber **WARD**	2	101
Edeth, d. Jacob & Edeth, b. Oct. [ ], 1717	LR2	23
Edwin, m. Amy B. **COATS**, b. of Middletown, [Oct.] 27, [1833], by Rev. Stephen Topliff	3	388
Eliazer, s. William & Mary, b. Feb. 1, 1691/2; d. Oct. 25, 1692	LR1	36
Elihu, s. Nath[anie]ll & Mary, b. Sept. 20, 1747	2	78
Elihu, [s. Nath[anie]ll & Mary], d. Oct. 6, 1776	2	78
Elija[h], s. Benj[ami]n & Hannah, b. [ ], 17, 1720	LR2	25
Elijah, s. Cornelius & Abigail, b. Aug. 17, 1756	2	78
Elijah, s. [Ashbel & Susanna], b. Sept. 7, 1794	2	196
Elijah, m. Sarah A. **CLARK**, b. of Middletown, Sept. 30, 1832, by Rev. John Cookson	3	374
Elisha, s. Sam[ue]ll & Phebe, b. Sept. [ ], 1721	LR2	26
Elisha, m. Ann **JOHNSON**, Feb. 28, 1745	2	34
Eliza, b. in Meriden, res. Middletown, d. Oct. 15, 1848, ae 15	4	68-9
Eliza, mantuamaker, d. June 26, 1849, ae 44	4	128-9
Elizabeth, d. William & Mary, b. Jan. [ ], 1651	LR1	45
Elizabeth, d. John & Elizabeth, b. Aug. 21, 1696	LR1	24
Elizabeth, w. of John, Jr., d. Mar. 2, 1697/8	LR1	24
Elizabeth, d. Jacob & Mary, b. July 21, 1697/8	LR1	42
Elizabeth, m. John **ELTON**, May 3, 1711	LR2	23
Elizabeth, d. Joseph & Abigail, b. Mar. 7, 1715/16	LR2	21
Elizabeth, m. Jacob **DOWD**, June 8, 1716	LR2	29
Elizabeth, d. Sam[ue]ll & Phebe, b. Oct. 5, 1717	LR2	26
Elizabeth, m. Ebenezer **WETMORE**, Mar. 26, 1724	1	12
Elizabeth, d. Andrew & Eliza, b. June 27, 1729; d. Mar. 11, 1747	1	23

CORNWELL, (cont.)

	Vol.	Page
Elizabeth, m. Jeremiah **BACON**, Dec. 14, 1738	1	104
Elizabeth, d. Joseph & Abigail, b. Nov. 27, 1741; d. Apr. [ ], 1742	1	99
Elizabeth, w. of Andrew, d. Mar. 21 1747	1	23
Elizabeth, d. Nath[anie]ll & Mary, b. Apr. 23, 1755	2	78
Elizabeth, d. John & Eliz[abet]h, b. Aug. 8, 1761	2	57
Elizabeth, m. Joseph **COE**, Jr., July 5, 1779	2	118
Elizabeth, had s. Eber, b. Dec. 10, 1786; refuted f. Eber **WARD**	2	101
Ella, b. in N.Y. State, res. Middletown, d. Aug. 15, [1850], ae 2	4	170-1
Emma E., d. Luther, manufacturer, ae 32, & Lucretia, b. May 21, [1848]	4	58-9
Emma J., d. Edmond J., machinist, ae 23, & Mary T., ae 23, b. July 25, [1848]	4	44-5
Enoch, s. Cornelius & Abigail, b. Apr. 2, 1762	2	76
Enoch, s. Ashbel & Susanna, b. Oct. 10, 1786	2	196
Egos J., m. Roxanna A. **COOLEY**, b. of Middletown, Nov. 23, 1836, by Rev. John Cookson	3	427
Esther, d. Will[ia]m & Esther, b. Oct. 10, 1708	LR1	36
Esther, d. Ebenezer & Abigail, b. Feb. 20, 1715/16; d. [ ], 1724	LR2	26
Esther, d. Sam[ue]ll & Phebe, b. Aug. 28, 1726	LR2	26
Est[h]er, d. W[illia]m & Est[h]er, b. Aug. 6, 1729	1	37
Esther, m. Benjamin **HARRIS**, Apr. 14, 1731	1	58
Esther, w. of Will[ia]m, d. July 13, 1734, in the 66th y. Of her age	LR1	36
Esther, m. John **CLOUGH**, Oct. 14, 1741	1	85
Esther, m. David **ROBINSON**, June 15, 1749	2	290
Esther, w. of Ebenezer, d. Aug. 23, 1751	LR2	26
Esther, m. John **WILLCOCK**, [ ]	LR1	48
Euneas, d. John & Mary, b. Nov. 30, 1709	LR1	24
Eunice, m. Daniel **ROBBARDS**, Nov. 10, 1726	1	23
Experience, d. William & Mary, b. Apr. 14, 1682	LR1	36
Fanna, d. Ashbel & Susanna, b. Aug. 30, 1779	2	196
Frances, s. Jacob & Edeth, b. Nov. later part 1731	LR2	23
Francis Addia*, d. Josiah G. & Mary, b. Nov. 17, 1849 (*Adelia?)	4	158-9
Frances C., m. William **CRANDALL**, b. of Middletown, May 4, 1836, by Rev. John C. Green	3	421
George, s. Sam[ue]ll & Phebe, b. Oct. [ ], 1719	LR2	26
Gills, s. Jacob & Mary, b. Aug. 14, 1686	LR1	42
H. D., had adopted d. Clarissa Brainerd m. Charles L. **GROVER**, Oct. 14, 1849, by Rev. B N. Leach	4	93
Hanna[h], d. Thomas & Sara[h], b. Feb. 27, 1675/6	LR1	48
Hanna[h], d. John & Martha, b. Sept. 5, 1677	LR1	45
Hannah, d. Paull & Susannah, b. Aug. 23, 1702	LR2	8
Hannah, d. John & Mary, b. Nov. 15, 1715	LR1	24
Hannah, d. Jacob & Edeth, b. July 5, 1719	LR2	23
Hannah, w. of Benj[amin], d. Dec. 14, 1732	LR2	25
Hannah, [twin with Benj[ami]n], d. Benjamin & Mary, b. Feb. 16, 1735/6	1	81
Hannah, m. Ebenezer **COTTON**, Nov. 24, 1737	1	97
Hannah, m. Sam[ue]ll **WARD**, Jr., June 29, 1738	1	103
Hannah, d. Benj[ami]n & Mary, d. Mar. 5, 1739/40	1	81
Hannah, d. Jno. & Mary, b. Mar. 10, 1744/5	1	32

MIDDLETOWN VITAL RECORDS 147

	Vol.	Page
CORNWELL, (cont.)		
Hannah, d. Cornelius & Abigail, b. Mar. 25, 1746	2	76
Hannah, m. Robert LEE, June 20, 1763	2	14
Hannah, m. Ephraim HIGBY, Jan. 16, 1772	2	13
Hannah, m. Ephraim HIGBE, Jan. 16, 1772	2	353
Hannah, d. Ashbel & Susanna, Apr. 14, 1782	2	196
Hannah, d. [Isaac & Hannah], Mar. 5, 1793	2	130
Harvey D., m. Mrs. Olive HULBERT, Oct. 20, 1824, by Rev. Josiah Graves	3	181
Heart, s. Cornelius &Abigail, b. Sept. 12, 1764	2	76
Henrietta Minerva, d. Horace & Laura, b. Mar. 10, 1837	3	77
Henry, s. of David, m. Charlotte M. DEWEY, d. of W[illia]m P., m. Charlotteletown, Oct. 3, 1853, by Rev. L. S. Hough	4	241
Henry Erskine, s. Horace & Laura, b. Oct. 23, 1841	3	77
Hester, d. William & Mary, b. May [ ], 1650	LR1	45
Isaac, s. Jacob & Mary, b. Sept. 22, 1690	LR1	42
Isaac, of Middletown, m. Mary BURLISS, of Hartford, July 29, 1714	LR1	31
Isaac, s. Jacob & Edeth, b. Sept. beginning, 1722; d. Apr. 13, 1739	LR2	23
Isaac, s. Joseph & Mindwell, b. June 30, 1747	1	99
Isaac, s. Daniel & Ann, b. Sept. 17, 1750	2	2
Isaac, m Hannah ROBARDS, May 15, 1775	2	130
Isaac, s. Isaac & Hannah, b. Dec. 8, 1778	2	130
Isaac H., s. o Joseph, of Middletown, m. Margaret D. ADDIS, d. of Benjamin, of Cromwell, Aug. 21, 1853, by Rev. L. S. Hough	4	235 45
Jacob, s. William & Mary, b. Sept. [ ], 1646	LR1	36
Jacob, s. William & Mary, b. Oct. 3, 1673; d. July 9, 1742	LR1	42
Jacob, m. Mary WHITE, Jan. 16, 1677	LR1	42
Jacob, s. Jacob & Mary, b. Aug. 9, 1681; d. Nov. 9, 1681	LR1	42
Jacob, s. Jacob & Mary, b. Oct. 1, 1682	LR1	42
Jacob, Sr., d. Apr. 18, 1708	LR1	42
Jacob, m. Edeth WHITMORE, Mar. 20, 1710/11	LR2	23
Jacob, s. Will[ia]m & Esther, b. Jan. 23, 1711/12	LR1	36
Jacob, s. Jacob & Edeth, b. Aug. 25, 1712	LR2	23
Jacob was exempted from being rated in the public taxes of the Colony and other rates for his debts in consideration of his lameness May 12, 1726; certified by John Hamlin	LR1	36
Jacob, s. Jacob & Edith, d. Oct. 20, 1736, at Sea	LR2	28
Jacob, s. Daniel & Ann, b. Oct. 9, 1748	2	2
Jacob L., m. Calista DICKINSON, b. of <Middletown. Aug. 26, 1826, by Rev. E. Washburn	3	236
James, s. Jacob & Edeth, b. Aug. 12, 1735	LR2	23
Jane, m. Samuel BABCOCK, b. of Middletown, Aug. 16, 1821, by Rev. Eli Ball	3	60
John, s. William & Mary, b. Apr. [ ], 1640	LR1	45
John, m. Martha PEECKE, June 8, 1665	LR1	45
John, s. John & Martha, b. Aug. 13, 1671	LR1	45
John, Jr., m. Elizabeth HINDSDEL, Sept. 15, 1695	LR1	24
John, Jr., m. Mary HILTON, Mar. 23, 1698/9	LR1	24
John, s. Will[ia]m & Esther, b. Apr. 9, 1703	LR1	36
John, s. Paull & Susannah, b. Oct. 5, 1704; d. Oct. 20, 1706	LR2	8

CORNWELL, (cont.)

	Vol.	Page
John, s. John & Mary, b. Apr. 7, 1705	LR1	24
John, Sergt., d. Nov. 2, 1707	LR1	45
John, s. Paull & Susannah, b. Jan. 26, 1708/9	LR2	8
John, s. Will[ia]m & Esther, b. Dec. 18, 1724	LR1	36
John, s. Will[ia]m & Esther, b. Dec. 18, 1725	1	37
John, Jr., m. Mary FFOSTER, Dec. 27, 1727	1	32
John, s. John & Mary, b. Mar. 29, 1729	1	32
John, d. Apr. 23, 1746	1	32
John, m. Elizabeth SMITH, Aug. 20, 1755	2	57
John, s. John & Eliz[abet]h, b. May 6, 1759	2	57
John, s. [Nathaniel & Mary, b. Feb. 11, 1780	2	292
John, Sr., d. Sept. 30, 1789	2	57
John, of Middletown, m. Mrs. Nancy AMES, of Middletown, Apr. 17, 1850, by Rev. Townsend P. Abell	4	188
John G., farming, d. Mar. 9, 1848, ae 40	4	72-3
Jonathan, s. Thomas & Sara[h], b. Dec. 19, 1679	LR1	48
Joseph, s. John & Martha, b. Oct. 5, 1679	LR1	45
Joseph, m. Abigail HARRISS, Apr. 20, 1710	LR2	21
Joseph, s. Joseph & Abigail, b. Apr. 7, 1711	LR2	21
Joseph, Ensign, m. Elizabeth Lewis HALL, d. of Jno. HALL, Apr. 7, 1726	LR2	21
Joseph, m. Abigail CANDE, Dec. 29, 1737	1	99
Joseph, s. Joseph & Abigail, b. Oct. 7, 1738	1	99
Joseph, Capt. D. Feb. 3, 1741/2	LR2	21
Joseph, m. Mindwell LANE, Feb. 20, 1746	1	99
Joseph, Jr., m. Phebe STOW, Aug. 28, 1760	2	8
Joseph, Jr., m. Phebe STOW, Aug. 28, 1760	2	269
Joseph, s. Joseph & Phebe, b. June 8, 1761	2	8
Joseph, d. June 17, 1763, at Sea	2	8
Joseph, [twin with Mary], s. Jno. & Eliz[abet]h, b. Feb. 8, 1767	2	57
Joseph, Sr., d. Feb. 16, 1787	1	99
Joseph, s. [Isaac & Hannah], b. Mar. 16, 1788	2	130
Joseph, 2d, m. Lucinda B. MILLER, Oct. 22, 1818	3	149
Joseph Francis, s. [Joseph, 2d, & Lucinda], b. Jan. 16, 1820	3	149
Julia, d. [Joseph, 2d, & Lucinda], b. Nov. 1, 1823	3	149
Julia E., of Middletown, m. Julius W. BURR, of Berlin, [Oct.] 1, [1845], by Rev. Ja[me]s H. Francis	3	536
Julia R., Mrs., of Middletown, m. William CORNWELL, of Charleston, N.H., July 25, 1830, by Rev. Seth Higby	3	351
Louisa, of Portland, m. Thomas HAVEN, of Middletown, July 9, 1854, by Rev. W. H. Waggoner	4	253
Lucy, d. Nath[anie]ll & Mary, b. Dec. 5, 1760	2	78
Lucy, m. Nathan STRONG, Aug. 2, 1781	2	136
Lucy, of Hartford, m. Henry Kirk WHITE, of Marlborough, Sept. 2, 1846, by Rev. Lent S. Hough	3	553
Lucy E., m. Daniel BACON, May 1, 1845, by Rev. John R. Crane	3	529
Luther, s. [Isaac & Hannah], b. Mar. 30, 1784	2	130
Luther, m. Lucretia M. LUCAS, Dec. 3, 1843, by Rev. Levi H. Wakeman	3	508
Mabel, d. Eait & Marcy, b. Nov. 29, 1730	1	74
Mabel, d. Nath[anie]ll & Mary, b. Dec. 28, 1750	2	78

MIDDLETOWN VITAL RECORDS 149

	Vol.	Page
CORNWELL, (cont.)		
Mabel, [d. Nath[anie]ll & Mary, d. Jan. 8, 1771	2	78
Marcy, [twin with Mary], d. Wait & Marcy, b. July 17, 1719	1	74
Marcy, m. John **WALDRUM**, May 4, 1747	2	136
Marcy, d. Nath[anie]ll & Mary, b. Feb. 28, 1765	2	78
Margaret, d. Jacob & Edeth, b. Apr. 12, 1716; d. June 10, 1716	LR2	23
Mariam, d. John & Mary, b. Sept. 27, 1702	LR1	24
Mariette, m. Samuel N. **WARD**, b. of Middletown, [Nov.] 2, [1848], by Rev. L. S. Hough	4	40
Martha, d. John & Martha, b. Aug. 13, 1669	LR1	45
Martha, m. Richard **HUB[B]ARD**, mar. 31, 1692	LR1	26
Martha, d. Will[ia]m & Marah, b. Aug. 13, 1705	LR1	27
Martha, wid. of John, d. Mar. 1, 1707/8	LR1	45
Martha, m. Abraham **DOOLITTLE**, Jan. 6, 1725/6	1	27
Martha. D. Timo[thy] & Martha, b. Oct. 5, 1755	2	135
Martha, d. John & Eliz[abet]h, b. Nov. 25, 1756	2	57
Martha, m. Benjamin **WILLIAMS**, Feb. 11, 1787	2	220
Martha, d. [Wait & Patience], b. Apr. 25, 1801	2	355
Martha W., m. Fred[eric]k **SAGE**, b. of Middletown, Dec. 22, 1833, by Rev. B. Creagh	3	390
Mary, d. John & Martha, b. Nov. 20, 1666	LR1	45
Mary, d. Samuell & Rebec[c]a, b. Oct. 21, 1667; d. Sept. 28, 1669	LR1	37
Mary, d. Jacob & Mary, b. Nov. 2, 1679	LR1	42
Mary, d. [William & Esther], b. Nov. 21, 1694	LR1	36
Mary, m. Ffrancis **WHITMORE**, May 30, 1698	LR1	12
Mary, d. John & Mary, b. Aug. 25, 1700	LR1	24
Mary, d. William & Marah, b. Jan. 25, 1709/10	LR1	27
Mary, wid. of Jacob, m. John **BACON**, Apr. 13, 1710	LR2	18
Mary, w. of Isaac, formerly Mary **BURTIS**, m. Roger **GIPSON**, July [ ], 1716	1	60
Mary, wid., [William], d. Nov. 25, 1717	LR1	36
Mary, m. David **DOUD**, Sept. 24, 1718	LR2	4
Mary, [twin with Marcy], d. Wait & Marcy, b. July 17, 1719	1	74
Mary, d. Sam[ue]ll & Phebe, b. Mar. [ ], 1723	LR2	26
Mary, d. Andrew & Eliza, b. July 12, 1726	1	23
Mary, d. Jacob & Edeth, b. Sept. 18, 1726	LR2	23
Mary, d. Jno. & Mary, b. Oct. 24, 1735	1	32
Mary, w. of Benj[ami]n, d. Feb. 19, 1739/40	1	81
Mary, m. Nath[anie]ll **CORNEL**, Nov. 3, 1743	2	78
Mary, d. Elisha & Ann, b. Nov. 4, 1746	2	34
Mary, m. Lemuel **PELTON**, Apr. 8, 1747	2	133
Mary, d. Nath[anie]ll & Mary b. Aug. 21, 1753	2	78
Mary, [twin with Joseph], d. Jno. & Eliz[abet]h, b. Feb. 8, 1767	2	57
Mary, m. Aaron **PLUM**, b. of Middletown, Jan. 25, 1776	2	188
Mary, m. Samuell **COTTON**, [ ]	1	71
Mary Ann, of Middletown, m. Ferdinand **DICKINSON**, of Berlin, Dec. 14, 1835, by Rev. Stephen Topliff	3	418
Mary E., m. William W. **HYDE**, Apr. 13, 1851, by Rev. William Jarvis	4	185
Mary E., m. W[illia]m w. **HYDE**, b. of Middletown, Apr. 13, 1851, by Rev. W[illia]m Jarvis	4	202-3
Mary R., d. John, of Middletown, m. George W. **DOOLITTLE**,		

	Vol.	Page
CORNWELL, (cont.)		
of North Haven, Oct. 17, 1847, by Rev. Joseph Holdrich	4	17
Mary R., ae 22, b. in Middletown, m. George W. **DOOLITTLE,** blacksmith, ae 23, b. in North Haven, res. New Britain, Oct. 17, 1847, by Joseph Holdrich	4	66-7
Matthew, m. Margaret **GALLOWEN,** May 16, 1848, by John Brady	4	78
Mehitabel, d. [Nathaniel & Mary], b. July 4, 1773	2	292
Mehetabel, m. Cha[rle]s B. **DARROW,** b. of Middletown, Dec. 1, 1822, by Rev. Samuel West	3	116
Melissa B., m. Horace **HIGBY,** Sept. 18, 1832, by Rev. Seth Higby	3	374
Meriam, m. Joseph **CLARK,** May 28, 1724	1	12
Merrett M., m. Marietta **ADDIS,** b. of Middletown, Oct. 8, 1845, by Rev. Levi H. Wakeman	3	538
Merrett Miller, s. Jos[eph]], 2d, & Lucinda. B. Sept. 28, 1819	3	149
Millesent, d. Nath[anie]ll & Mary, b. Sept. 15, 1744	2	78
Millissent, m. Ebenezer **BACON,** May 22, 1766	2	170
Millecent, d. Cornelius & Abigail, b. Mar. 12,1767	2	76
Millie, d. Wait & Marcy, b. Jan. 9, 1716/17	1	74
Minwell, d. Benj[ami]n & Mary, b. Aug. 11, 1738; d. Sept. 14, 1742	1	81
Mindwell, d. Joseph & Mindwell, b. May 15, 1755	1	99
Mindwell, w. of Joseph, d. Mar. 15, 1778	1	99
Nathaniell, s. Jacob & Mary, b. Aug. 30, 1684	LR1	42
Nathaniell, s. Joseph & Abigail, b Oct. 6, 1718	LR2	21
Nath[anie]ll, s. Jacob & Edeth, b. July 12, 1729; d. Apr. 13, 1739	LR2	23
Nath[anie]ll, m. Mary **CORNEL,** Nov. 3, 1743	2	78
Nath[anie]ll, s. Nath[anie]ll & Mary, b. June 12, 1746	2	78
Nathaniel, s. W[illia]m & Est[h]er, b. Ape. 2, 1750 (?)	1	37
Nath[anie]ll, s. Daniel & Ann, b. Aug. 3, 1753	2	2
Nathaniel, Jr., m. Mary **MILDRAM,** Nov. 1, 1770	2	292
Nathaniel, Lieut., d. Oct. 2, 1775	2	78
Nathaniel, s. [Nathaniel & Mary], b. Nov. 1, 1776	2	292
Nath[anie]ll, Jr., m. Annah **PLUM,** June 10, 1777	2	56
Pall, s. John & Martha, b. June 6, 1675	LR1	45
Pall, see also Paul		
Patience, d. Sarah **CORNWELL,** d. June 17, 1725	LR2	Ind-4
Patty, d. [Nathaniel & Mary], b. Mar. 18, 1783	2	292
Paull, m. Susannah **BOWDON,** Sept. 4, 1701	LR2	8
Paul, see also Pall		
Phebe, d. Sam[ue]ll & Phebe, b. Aug. 27, 1715	LR2	26
Phebe, m. John **FOSTER,** Aug. 14, 1735	1	85
Phebe, m. Joseph **CLARK,** 3rd, Dec. 3, 1764	2	154
Polly, d. Nath[anie]ll & Annah, b. Apr. 10, 1778	2	56
Rachel, d. Benj[ami]n & Hannah, b. Sept. 27, 1717	LR2	25
Rachel, m. John **COTTON,** Oct. 1, 1741	1	125
Rachel, m. Zaccheus **GOODRICH,** Apr. 5, 1750	2	308
Rachel, d. Cornelius & Abigail, b. Aug. 20, 1751; d. Apr. 8, 1776	2	76
Rachel, d. W[illia]m [&Esther, b.]	1	37
Rana, m. Eben[eze]r **ROBERTS,** 2d, June 17, 1790	3	7
Rebec[c]a, d. Samuell & Rebec[c]a, b. Dec. 16, 1670	LR1	37

MIDDLETOWN VITAL RECORDS

CORNWELL, (cont.)

Entry	Vol.	Page
Rebeckah, d. Timothy & Susannah, b. Mar. 18, 1729/30	1	35
Rebeckah, alias **BUTLER**, m. Allin **GILBERT**, Sept. 20, 1759	2	96
Ruth, d. Jacob & Edeth, b. Feb. 1, 1724/5	LR2	23
Ruth, m. Amos **COLEMAN**, Mar. 2, 1749	2	250
Samuell, s. William & Mary, b. Sept. [ ], 1642	LR1	45
Samuell, m. Rebec[c]a **BULL**, Jan. 15, 1667	LR1	37
Samuel, s. Will[ia]m & Esther, b. May 31, 1706	LR1	36
Samuel, m. Phebe **HALL**, Aug. 13, 1713	LR2	26
Samuell, s. Sam[ue]ll & Phebe, b. Feb. 27, 1713/14	LR2	26
Samuell, Sr., d. Dec. 16, 1728	LR1	37
Samuel. D. Apr. 6, 1730	LR2	26
Sam[ue]ll, s. Jno. & Mary, b. Sept. 14, 1742	1	32
Sara[h], d. William & Mary, b. Oct. [ ], 1647	LR1	45
Sarah had s. Benony **CORNWELL**, b. Feb. [ ], 1671/2	LR1	46
Sarah, m. Daniel **HUB[B]ARD**, Oct. 16, 1675	LR1	46
Sarah, d. Paull & Susannah, b. May 5, 1707	LR2	8
Sarah, m. Sam[ue]ll **BURTON**, Jan. [ ], 1719/20	1	73
Sarah had d. Patience, d. June 17, 1725	LR2	Ind-4
Sarah, d. John & Mary, b. June 20, 1731	1	32
Sarah, d. Andrew & Eliza, b. May 15, 1732	1	23
Sarah, d. Wait & Marcy, b. Aug. 23, 1733	1	74
Sarah, m. Joseph **HARRIS**, Oct. 13, 1748	2	278
Sarah, m. Daniel **SHEPARD**, June 29, 1749	2	199
Sarah, wid. , m. Joseph **STOCKING**, Nov. 1, 1753	2	193
Sarah, d. Nath[anie]ll & Mary, b. Feb. 5, 1759	2	78
Sarah, d. [Wait & Patience], b. Apr. 7, 1803	2	355
Sarah Ann, m. Asher **MILLER**, Apr. 6, 1841, by Rev. John R. Crane	3	475
Seth, s. [Isaac & Hannah], b. June 8, 1789	2	130
Seth, m Emily **TREAT**, Dec. 6, 1815	3	27
Silence, m. Moses **BO[A]RDMAN**, Nov. 20, 1724	1	17
Stephen, s. Thomas & Sara[h], b. July 6, 1693	LR1	48
Susan, d. Wait & Marcy, b. May 3, 1729	1	74
Susan S., m. Alex **WOOD**, Apr. 29, 1832, by Rev. John R. Crane	3	368
Susanna, m. Peter **WOLCOT**, May 30, 1733	1	35
Sibbell, d. William & Marah, b Nov. 11, 1716; d. Aug. 25, 1727	LR1	27
Sylvester, of Mereden, m. Julius **ROBERTS**, of Middletown, Apr. 1, 1824, by Rev. Oliver Willson, of North Haven, at Hartford	3	154
Thankfull, d. John & Martha, b. Mar. 1, 1682/3; d. Nov. 22, 1684	LR1	45
	LR1	45
	LR2	22
	LR1	45
Thankfull, d. John & Martha, b. July 26, 1685	LR1	48
Thankfull, m. Jonathan **SLEED**, July 6, 1710	LR1	48
Thomas, s. William & Mary, b. Sept. [ ], 1648	1	32
Thomas, m. Sara[h] **CLARK**, Nov. 14, 1672	2	148
Thomas, s. Thomas & Sarah, b. Dec. 27, 1673	LR1	42
Thomas, s. Jno. & Mary, b. Apr. 13, 1740	1	74
Thomas, s. Andrew & Tabitha, b. Oct. 11, 1750	1	35

	Vol.	Page
CORNWELL, (cont.)		
Timothy, s. [Timothy & Rebeckah], d. Feb. 27, 1727/8	1	35
Timothy, m. Susannah **HAMLIN**, Mar. 20, 1727	1	35
Timothy, s. Timothy & Susannah, b. Dec. 25, 1731	1	35
Timothy, m. Martha **BURR**, Dec. 3, 1747	2	135
Timothy, s. Timo[thy] & Martha, b. Oct. 23, 1752	2	135
Timothy, s. Andrew & Tabitha, b. Sept. 10, 1753	2	148
Timothy, Jr., m. Mary **WARNER**, b. Of Middletown, July 10, 1755	2	358
Timothy, s. Timo[thy], Jr., & Mary, b. Oct. 3, 1757	2	358
Timothy, s. [Ashbel & Susanna], b. Nov. 28, 1791	2	196
Timothy, s. Wait & Patience, b. Dec. 3, 1799	2	355
Timothy, m. Mary **O'BRIEN**, Nov. 1, 1849, by John Brady, Jr.	4	95
Titus, s. [Ashbel & Susanna], b Sept. 16, 1788	2	296
Wait, s. Jacob & Mary, b. Sept. 18, 1692	LR1	42
Wait, m. Marcy **TODD**, Apr. 24, 1717	1	74
Wait, m. Marcy **TODD**, Apr. 29, 1717	LR1	26
Wait, s. Timo[thy] & Martha, b. Nov. 18, 1748; d. Jan. 14, 1748/9	2	135
Wait, s. Timo[thy] & Martha, b. Sept, 17, 1850	2	135
Wait, m. Patience **GILBERT**, Feb. 14, 1799	2	355
William, s. William & Mary, b. June 24, 1641	LR1	45
William, m. Mary **BELLE**, Nov. 30, 1670	LR1	36
William, s. William & Mary, b. Sept. 13, 1671	LR1	36
William, s. Samuell & Rebec[c]a, b. Jan. 22, 1672	LR1	37
William, s. John & Martha, b. May 17, 1673	LR1	45
William, Sr., d. Feb. 21, 1677/8	LR1	45
William, m. Esther **WARD**, Jan. 22, 1690/1	LR1	36
William, Sr., d. June 18, 1692	LR1	36
William, s. William & Esther, b. Oct. 20, 1692	LR1	36
William, s. of John, m. Marah **T[H]OMPSON**, Dec. [ ], 1699	LR1	27
William, s. William & Marah, b. June [ ], 1712	LR1	27
William, Jr., m. Esther **SAVAGE**, Apr. 2, 1724	LR1	36
William, Jr. [of] East Side, m. Esther **SAVAGE**, Apr. 2, 1725	1	37
William, s. W[illia]m & Esther, b. May 4, 1727	1	38
Will[ia]m, Sr., d. July 16, 1747	LR1	36
Will[ia]m, Jr., m. Sarah **SHEPARD**, June 22, 1749	2	27
William, s. John & Eliz[abet]h, b. June 9, 1764	2	57
William, of Charleston, N.H., m. Mrs. Julia R. **CORNWELL**, of Middletown, July 25, 1830, by Rev. Seth Higby	3	351
William H., of New York, m. Martha M. **SMITH**, of Middletown, June 19, 1854, by Rt. Rev. Bp. Williams	4	260
-----, s. Joseph & Abigail, b. May 17, 1743; d. May 22, 1743	1	99
CORPONE, William, m. Anne **DREW**, Nov. 9, 1851, by Rev. John Brady	4	193
CORRIGAN, James, m. Ann **CAIN**, Oct. 22, 1852, by Rev. Jno. Brady	4	223
COSGROVE, James, m. Catharine -----, Mar. 13, 1854, by Rev. Jno. Brady	4	266
COSS, [see also **CASS**], Charles, m. Louisa **WALCHTER**, b. of Middletown, Mar. 12, 1854, by Jacob F. Huber, V.D.M.	4	249
COSTELLO, COSTELLOE, Eliza, m. Jno. **KELLY**, Feb. 22, 1852,		

MIDDLETOWN VITAL RECORDS 153

	Vol.	Page
COSTELLO, (cont.)		
by Rev. Jno. Brady	4	211
Mary, m. Daniel KERGAN, Nov. 28, 1852, by Rev. Jno. Brady	4	224
COSTETTON*, Matthew, m. Mary MULCHAHEY, Sept. 30, 1849, by John Brady, Jr. Witnesses; Michael CAFFEE, Hanora COY (*CASTELTON?)	4	95
COTTER, Edmond, m. Catharine MORAN, Jan. 1, 1853, by Rev. Jno. Brady	4	227
Edward, m. Johanna COTTER, Jan. 9, 1848, by Rev. John Brady	4	28
Johanna, m. Edward COTTER, Jan. 9, 1848, by Rev. John Brady	4	28
John, m. Eliza FITZGERALD, Sept. 3, 1848, by John Brady	4	77
Mary, m. Dennis DUNN, July 28, 1850, by Rev. John Brady	4	145
Patrick, m. Ellen DWYER, May 14, 1848, by Rev. John Brady	4	76
Thomas, m. Mary BUTLER, Nov. 25, 1850, by Rev. Jno. Brady	4	180
William, m. Julia FITZGERALD, June 28, 1849, by John Brady	4	89
W[illia]m, laborer, m. Julia FITZGERLAD, both b. in Ireland, June 28, 1849, by Rev. John Brady	4	124-5
COTTON, Bathsheba, d. Prudence, b. Jan. 13, 1726/7	1	Ind-1
Bathsheba, d. Jno. & Bathsheba, b. Mar. 4, 1764	2	271
Caroline, m. George PELTON, b. of Middletown, Jan. 1, 1832, by Rev. John Cookson	3	366½
Caroline M., m. Riley CLARK, Apr. 30, 1827, by Rev. John R. Crane	3	270
Daniel, s. Sam[ue]l & Experience, b. Nov. [ ], 1723	LR1	13
Daniell, s. Sam[ue]ll & Experience, d. Nov. 4, 1731	LR1	13
Daniel, s. Sam[ue]ll & Mary, b. June 22, 1741	1	71
David, s. Ebenezer & Huldah, b. Aug. 18, 1763	1	97
Demos, m. Lucretia BARNES, Feb. 15, 1836, by Rev. John R. Crane	3	419
Ebenezer, s. Sam[ue]ll & Mary, b. June 22, 1741	LR1	13
Ebenezer, m. Hannah CORNWELL, Nov. 24, 1737	1	97
Ebenezer, of Middletown, m. Huldah ASPENWEL, of Kensington, Oct. 9, 1740	1	97
Eben[eze]r, s. Eben[eze]r & Huldah, b. Dec. 17, 1742	1	97
Ebenezer, s. Ebenezer & Huldah, d. July 22, 1765	1	71
Elihu, s. Sam[ue]ll & Mary, b. Jan. 8, 1733/4 (38)	2	217
Elihu, m. Jane GILBERT, Oct. 27, 1763	2	217
Elihu, s. Elihu & Jane, b. Sept. 6, 1764	2	217
Elihu, m. Rebeckah HULBERT, Jan. 19, 1777	2	322
Elihu, Jr., m. Mary SCOVIL, Feb. 28, 1787		
Elihu, of East Windsor, m. Rachel BEVINS, of Middletown, Feb. 3, 1834, by Rev. Zebulon Crocker	3	392
Elisha, s. John & Bathsheba, b. Sept. 1, 1753	2	271
Elisha, m. Sarah ALVORD, Oct. 21, 1779	2	293
Elisha, m. Jerusha RANDLE, b. of Middletown, Nov. 21, 1830, by Rev. Thomas Burch	3	358
Eliza B., of Middletown, m. Trumbull WOLCOTT, of Weathersfield, Sept. 12, 1833, by Rev. John R. Crane	3	385
Elizabeth, d. Sam[ue]ll & Liddiah, b. Mar. 25, 1701	LR1	13
Elizabeth, m. Obadiah ALLEN, June 1, 1727	LR1	43
Elizabeth, m. Obadiah ALLEN, June 1, 1727	1	29
Elizabeth, d. Jno. & Bathsheba, b. Sept. 12, 1757; d. Nov. 6, 1758	2	271

COTTON, (cont.)

	Vol.	Page
Elizabeth, d. Eben[eze]r & Huldah, b. Apr. 21, 1760	1	97
Elizabeth, of Middletown, m. Ariel **WEATHERBY**, of New York, Oct. 24, 1841, by Rev. E. C. Haynes	3	482
Elizabeth J., d. Jan. 31, 1849, ae 59	4	128-9
Emily F., m. William S. **HARVEY**, Dec. 31, 1846, by Rev. Joseph Holdrich	3	557
Esther, m. Thomas **WELSH**, Oct. 29, 1767	2	266
Experience, last w. of Samuell, d. Apr. 22, 1762, in the 78th year of her age	LR1	13
Experience, mother of William, d. Apr. 22, 1762, in the 78th year of her age	2	39
Fanna, d. Elihu & Jane, b. Apr. 23, 1773; d. Dec. 9, 1773	2	217
Fanny, of Middletown, m. John **DUWALL**, of Cincinnati, Oct. 3, 1824, by Rev. Birdseye G. Noble	3	177
Frederick, m. Sarah A. **TRYON**, May 6, 1847, by Rev. A. L. Stone	4	6
George, s. John & Mary, b. Aug. 25, 1780; d. Sept. 8, 1780	2	290
George, m. Elizabeth **GILCHRIST**, Jan. 3, 1782	2	301
Hannah, d. Sam[ue]l & Liddiah, b. Feb. 10, 1703; d. July 13, 1703	LR1	13
Hannah, d. Eben[eze]r & Hannah, b. Dec. 24, 1739	1	97
Hannah, w. Eben[eze]r, d. Dec. 31, 1739	1	97
Hannah, m. Dennis R. **BAILEY**, Dec. 4, 1839, by Rev. John R. Crane	3	463
Harriet, m. Noah B. **BAILEY**, b. of Middletown, Sept. 1, 1836, by Rev. John Cookson	3	426
Harriet A., of Middletown, m. Edwin B. **BONFOEY**, of Haddam, July 14, 1835, by Rev. John Cookson	3	412
Henry, s. E[lihu], Jr. & Mary, b. June 6, 1787	2	322
Huldah, d. Eben[eze]r & Huldah, b. Nov. 8, 1744; d. Jan. 26, 1761	1	97
Huldah, w. of Ebenezer, d. May 9, 1789	1	97
James, s. William & Rebeckah, b. Nov. 27, 1755	2	39
Jane, d. Elihu & Jane, b. Aug. 17, 1766	2	217
Jane, w. of Elihu, d. Feb. 22, 1776	2	217
Jane G., d. [Elihu, Jr. & Mary], b. June 26, 1795	2	322
John, s. Sam[ue]ll & Experience, b. Jan. 7, 1718/19	LR1	13
John, m. Rachel **CORNEL**, Oct. 1, 1741	1	125
John, s. John & Rachel, b. Mar. 30, 1745	1	125
John, m. Bathsheba **SAGE**, June 3, 1752	2	271
John, 3rd, m. Mary **SEARS**, Apr. 9, 1775	2	290
John, s. John & Mary, b. Mar. 2, 1778	2	290
John, m. Dorcas **BAILEY**, Oct. 30, 1800/1, [by Rev. Enoch Huntington]	3	1
Joseph Gilbert, s. Elihu & Jane, b. Mar. 14, 1775	2	217
Joseph Gilbert, s. Elihu & Jane, d. Oct. 20, 1776	2	217
Kent, m. Citeron **FREEMAN**, b. of Middletown, Oct. 21, 1828, by Rev. H. Brough	2	367
Lucia, d. Prudence, b. Sept. 14, 1732	1	Ind-1
Lucia, d. Eben[eze]r & Huldah, b. Jan. 29, 1751/2	1	97
Lucretia, d. William & Rebeckah, b. Sept. 9, 1747	2	39

MIDDLETOWN VITAL RECORDS 155

	Vol.	Page
COTTON, (cont.)		
Lucy, d. William & Rebeckah, b. Sept. 9, 1747	2	39
Liddiah, d. Sam[ue]l & Liddiah, b. Nov. 25, 1699	LR1	13
Liddiah, w. of Sam[ue]ll, d. Sept. 6, 1713	LR1	13
Mary, d. Sam[ue]l & Liddiah, b. Nov. 23, 1677* (*1697?)	LR1	13
Mary, m. Daniel **MARTIN,** Apr. 6, 1725	1	14
Mary, d. Sam[ue]ll & Mary, b. Sept. 5, 1736	1	71
Mary, d. Eben[eze]r & Huldah, b. Aug. 24, 1754	1	97
Mary, d. Elihu & Jane, b. Aug. 24, 1768	2	217
Mary, d. John & Mary, b. Oct. 30, 1776; d. Jan. 20, 1777	2	290
Mary, d. [Elihu, Jr. & Mary], b. Aug. 18, 1789	2	322
Mary, m. Lorenzo **CLARK,** b. of Middletown, Nov. 12, 1828, by Rev. Josiah Bowen	3	145
Mary A., m. Thomas **TOLLS,** Nov. 19, 1840, by Rev. L. S. Everett	3	472
Mary Ann, m. John H. **DICKINSON,** Nov. 25, 1832, by Rev. W. Fisk	3	377
Mary Ann, m. Samuel **CHAMBERLAIN,** May 4, 1845, by Rev. W. G. Howard	3	532
Mary E., d. William, quarryman, ae 25, & Sophia, ae 30, b. June 23, 1848 (COLTON?)	4	56-7
Michael, s. William & Rebeckah, b. Mar. 15, 1756	3	39
Millesent, d. Jno. & Bathsheba, b. Oct. 15, 1755; d. Oct. 22, 1758	3	271
Millesent, d. Elisha & Sarah, b. July 19, 1780	3	293
Nathaniel, of New Jersey, m. Mary **DRIGGS,** of Middletown, May 19, 1823, by Rev. John R. Crane	4	128
Oliver, s. Eben[eze]r & Huldah, b. July 26, 1741	1	97
Oliver, s. Eben[eze]r & Huldah, d. Dec. 2, 1741	1	97
Oliver, s. Eben[eze]r & Huldah, b. Jan. 27, 1746/7	1	97
Phebe, d. Sam[ue]l & Experience, b. Nov. 21, 1724; d. Mar. 13, 1724/5	LR1	13
Prudence had d. Bathsheba, b. Jan. 13, 1726/7	1	Ind-1
Prudence had d. Lucia, b. Sept. 14, 1732	1	Ind-1
Rachel, w. of John, d. June 26, 1748	1	125
Rachel, d. Eben[eze]r & Huldah, b. Aug. 26, 1749	1	97
Rebeckah, d. W[illia]m & Rebeckah, b. Sept. 3, 1743	1	129
Rebeckah, d. William & Rebeckah, b. Sept. 20, 174[ ]	2	39
Rebeckah, [d. William & Rebeckah], d. July 28, 1754	2	39
Rebeckah, m. Samuel **BULL,** Feb. 26, 1775	2	187
Richard, m. Lucy **LANG,** b. of Middletown, Aug. 23, 1821, by Rev. Eli Ball	3	61
Samuel, s. Sam[ue]ll & Liddeah, b. May 26, 1704	LR1	13
Samuel, m. Experience **HALL,** Feb. 28, 1716/17	LR1	13
Samuel, s. Sam[ue]ll & Mary, b. Nov. 16, 1738	1	71
Samuel, d. Apr. 27, 1741	1	71
Samuel, s. Jno. & Bathsheba, b. Mar. 9, 1760	2	271
Samuell, m. Mary **CORNWELL,** [ ]	1	71
Sarah, d. Eben[eze]r & Huldah, b. Aug. 5, 1757	1	97
Sarah, d. Elihu & Jane, b. Feb. 2, 1771; d. Sept. 19, 1774	2	217
Thomas, s. William & Rebeckah, b. May 26, 1764	2	39
Timothy, s. Jno. & Bathsheba, b. Apr. 9, 1762; d. Apr. 26, 1762	2	217
William, s. Sam[ue]ll & Ezperience, b. Sept. 18, 1720	LR1	13

	Vol.	Page
COTTON, (cont.)		
William, m. Rebeckah **WARD**, Sept. 22, 1742	2	39
William, m. Rebeckah **WARD**, Sept. 23, 1742	1	129
William, s. William & Rebeckah, b. Mar. 6, 1750	2	39
Will[ia]m s. [Elihu, Jr. & Mary], b. Nov.. 8, 1791	2	322
William, m. Elizabeth **HARRIS**, b. of Middletown, Oct. 26, 1836, by Samuel Cooper, J.P.	3	428
W[illia]m H. S. **WILLIAM**, laborer, ae 31, & Sophia, ae 28, b. Oct. 13, 1849	4	164-5
William R., m. Sibyl B. **COOK**, Dec. 8, 1824, by Rev. John R. Crane	3	188
——, s. [William & Rebeckah], b. Feb. 15, 17[ ]; d. Feb. 18, 17[ ]	2	39
COUCH, George, of Mereden, m. Mary **WARNER**, of Middletown, Dec. 31, 1835, by Rev. Stephen Topliff	3	418
John, of Mereden, m. Mary **JOHNSON**, of Middletown, Oct. 3, 1826, by Rev. Samuel Miller	3	249
John O., s. of John, of Mereden, m. Caroline B. **COE**, d. of W[illia]m W., of Middletown, Nov. 21, 1852, by Rev. Willard Jones	4	225
John O., s. of John, of Mereden, m. Caroline B. **COE**, d. of W[illia]m w., of Middletown, Nov. 21, 1852, by Rev. Willard Jones	4	226
Moses, m. Mary A. **PLUMB**, b. of Middletown, Jan. 17, 1830, by Rev. Tho[ma]s Branch	3	345
COURTNEY, Daniel, m. Margaret **DONOVAN**, mar. 27, 1853, by Rev. Jno. Brady	4	230
COWLES, COULLS, [see also **COLE** and **COLLE**], Lydia, of Wallingford, m. Amos **CHURCHEL**, of Middletown, Feb. 4, 1768	2	95
Mary Ann, m. William **GREEN**, June 26, 1848, by Rev. Townsend P. Abell	4	36
Thankfull, of Ffarmington, m. Isaac **JOHNSON**, Jr., of Middletown, Oct. 26, 1726	1	22
William, m. May M. **SOUTHMAYD**, Jan. 29, 1846, by Rev. W. G. Howard	3	544
——, s. W[illia]m, ostler, ae 34, & Mary M., ae 32, b. May 1, 1849	4	100-1
COX, Samuel, m. Dorcas **ALLIN**, July 3, 1746	2	87
COXLES(?), Sally, m. Abraham **PETERSON**, May 15, 1823, by Rev. Phinehas Cook (**CAXLES?**)	3	128
COYE, Lucia, d. Marah, b. Aug. 11, 1751	1	83
Marah had d. Lucia, b. Aug. 11, 1751	1	83
COYLE, Michael, m. Alice **MORAN**, Jan. 11, 1852, by Rev. Jno. Brady	4	209
CRAMER, [see also **CREAMER**], Barbara has s. Edward Nancarro, b. Aug. 11, 1768	2	116
CRANDALL, Avery, of Lyne, m. Sally Maria **MATHER**, of Middletown, Sept. 22, 1824, by Aug.[ustu]s Cook, J.P.	3	178
Francis Brown, s. [ ], mechanic, ae 37, & Mary Ann, ae 22, b. [Feb.] 19, [1848]	4	44-5
John B., of Middletown, m. Ann **BUTLER**, of Haddam, Dec. 6, 1853, by Rev. E. L. Janes	4	247
Joseph, of New York, m. Nancy **COLLINS**, of Middletown, Nov.		

MIDDLETOWN VITAL RECORDS

	Vol.	Page
CRANDALL, (cont.)		
3, 1833, by Rev. Zeb[ulo]n Crocker	3	389
William, m. Frances C. **CORNWELL**, b. of Middletown, May 4, 1836, by Rev. John C. Green	3	421
CRANE, Benjamin R., of Springfield, Mass., m. Lucy **WILCOX**, of Middletown, May 2, 1826, by Joshua L. Williams, V.D.M.	3	227
Edmund, of Hartford, m. Amelia **JOHNSON**, d. of Joshua, Oct. 8, 1849, by Rev. John R. Crane	4	92
Edward, s. [Rev. John R. & Harriet], b. Aug. 29, 1823; d. May 3, 1842	3	17
George W., d. Aug. 22, 1850, ae 22	4	204-5
George Walter, s. [Rev. John R. & Harriet], b. May 30, 1828	2	17
Harriet B., executrix of John R. **CRANE**, D.D., late Pastor of the 1st Ecclesiastical society of Middletown, on Oct. 24, 1853, attested to the marriage of W[illia]m **STARR** to Elizabeth **STARR**, Dec. 27, 1781	2	365
Harriet Burnet, d. (Rev. John R. & Harriet], b. Sept. 30, 1830; d. Feb. 4, 1833	3	17
James Burnet, s. [Rev. John R. & Harriet], b. Jan. 26, 1819	3	17
John, s. [Rev. John R. & Harriet], b. Oct. 18, 1820	3	17
John R., Rev., m. Harriet **BURNET**, May 9, 1816	3	17
John R., s. [Rev. John R. & Harriet], m. Jane B. **YOUNG**, d. of William, of Alleghaney County Maryland, May 12, 1847, by J. R. Crane, D.D., at Elizabethtown, N.J.	3	17
John R., Rev. d. Dec. [ ], 1854	3	1
Maria B., of Middletown, m. Dr. Moses M. **WOODRUFF**, of Elizabethtown, N.J., May 28, 1845, by Rev. John R. Crane	3	531
Maria Burnet, d. J[ohn] R. & Harriet, b. Apr. 5, 1817	3	17
Mary, m. George R. **PAYNE**, b. of East Hartford, Jan. 14, 1823, by Rev. Phinehas Cook	3	117
William David, s. [Rev. John R. & Harriet], b. Oct. 11, 1825	3	17
William D[avid], s. [Rev. John R. & Harriet], d. Feb. 12, 1833	3	17
CRANER, William, m. Catharine **BOW**, Jan. 15, 1854, by Rev. Jno. Brady	4	262
CRANSTON, Mary, m. William **VAN DEUSSEN**, Nov. 28, 1830, by Rev. John R. Crane	3	358
William, m. Mary **TEARY**, May 14, 1853, by Rev. Jno. Brady	4	237
CRANY, Mary, m. John **FARNEW***, Sept. 3, 1848, by John Brady (*Perhaps **FARNEN**(?)	4	78
Mary, m. John **FARMER**, laborer, both b. in Ireland, Nov. 30, 1848, by John Brady	4	120-1
CRAVATH, Abigail, d. Sam[ue]ll & Eunice, b. Apr. 23, 1747	1	99
Elizabeth, w. of Sam[ue]ll, d. Mar. 30, 1740	1	99
Eunice, d. Sam[ue]ll & Eunice, b. June 20, 1742	1	99
Ezekiel, s. Sam[ue]ll & Eunice, b. Apr. 26, 1746; d. Mar. 28, 1747	1	99
James, s. Sam[ue]ll & Eliz[abet]h, b. Dec. 10, 1737	1	99
Sam[ue]ll, m. Eunice **HALL**, Aug. 31, 1741	1	99
Sam[ue]ll, d. Oct. 19, 1746	1	99
CRAWFORD, [see also **CROFOOT**], -----, child of Joseph, tailor, ae 41, & Sarah, ae 40, b. Apr. [ ], 1850	4	152-3
-----, st. B. Female Apr. [ ], 1850	4	170-1

	Vol.	Page
CREAMER, CREEMER, CRIMMER, [see also **CRAMER**],		
Barbara, d. Geo[rge], & Mary, b. Aug. 16, 1748, in Germany	2	116
Catharine, d. Geo[rge] & Mary, b. Nov. 22, 1757	2	116
Caty, d. Michael & Lydia, b. Oct. 31, 1787	2	362
Clarissa, m. Cyrian **GALPIN**, b. of Middletown, Nov. 22, 1820, by Rev. John R. Crane	3	46
George, m. Mary **STICKER**, Feb. 6, 1748, in Germany	2	116
George, m. Prudence **BROOKS**, Nov. 29, 1772	2	116
George, s. George & Prudence, b. Dec. 20, 1773	2	116
John, s. Geo[rge] & Mary, b. Sept. 23, 1751, in Germany	2	116
John, s. Geo[rge] & Mary, d. Nov. 20, 1754	2	116
John, 2d, s. Geo[rge] & Mary, b. Mar. 9, 1756	2	116
Lydia, d. [Michael & Lydia], b. July 1, 1789	2	362
Lydia, m. W[illia]m **DANFORTH**, jr., July 19, 1815	3	26
Mary, d. Geo[rge] & Mary, b. Mar. 26 1750, in Germany	2	116
Mary, w. of George, d. Apr. 2, 1770	2	116
Mary, m. David **LANE**, May 29, [1853], by Rev. Jno Brady	4	237
Michael, s. Geo[rge] & Mary, b. Jan. 25, 1754, in Germany; d. Aug. [ ], 1754, on their passage to New England	2	116
Michael, s. Geo[rge] & Mary, b. Mar. 4,1760	2	116
Michael, m. Lydia **SIMMONS**, June 28, 1787	2	362
CRITTENDEN, CRETTENDEN, CRITTENTON, CRUTTENDEN, Anne, of Duham, m. Samuel **GREEN**, July 2, 1770	2	45
Chloe, m. Samuel **STARR**, May 31, 1748	2	168
Daniel, s. Icha[bo]d & Sarah, b. Apr. 10, 1758	2	92
Diadama, d. Ichabod & Sarah, b. May 5, 1760	2	92
Ebenezer, s. Ich[abo]d & Sarah, b. Jan. 14, 1765	2	92
Elizabeth, d. Ich[abo]d & Sarah, b. Aug. 3,1 762	2	92
Gideon, m. Esther **CONE**, b. of Middletown, June 6, 1771	2	127
Gideon, s. Gideon & Esther, b. June 18, 1774; d. Nov. [ ], 1775	2	127
Gideon, 2d, s. Gideon & Esther, b. July 4, 1776	2	127
Hannah, d. Ichabod & Sarah, b. Feb. 14, 1756	2	92
Henrietta A., d. June 24, 1850	4	174-5
Ichabod, m. Sarah **SUMMER**, Mar. 11, 1745	2	92
Ichabod, s. Ichabod & Sarah, b. Oct. 25, 1751	2	92
Lewis S., m. Henrietta A. **ROSE**, b. of Middletown, Aug. 7, 1849, by Rev. Townsend P. Abell	4	91
Lucy, d. Ich[abo]d & Sarah, b. Feb. 13, 1767	2	92
Lucy, b. in Berlin, res. Long Hill, Middletown, d. Dec. 2, 1848, ae 62	4	132-3
Patience, w. of Daniel, d. Aug. 13, 1743, in the 55th y. of her age	1	48
Patience, d. Ichabod & Sarah, b. Aug. 4, 1749	2	92
Rebeckah, d. Gideon & Esther, b. Dec. 20, 1771	2	127
Sarah, d. Ichabod & Sarah, b. July 5, 1746	2	92
Stephen, m. Rebecca **RUSSELL**, Sept. 11, 1850, by Rev. John R. Crane	4	146
William Summer, s. Ichabod & Sarah, b. May 14, 1754	2	92
----, s. Lewis, auctioneer, & Henrietta, b. June 10, 1850	4	160-1
CROCKER, Eliza, m. Leonard **HARMON**, Jan. 15, 1824, by Rev. Birdseye G. Noble	3	150

MIDDLETOWN VITAL RECORDS

	Vol.	Page
CROCKER, (cont.)		
Zeblon, clergyman, b. in Willington, res. Middletown, d. Nov. 13, 1847, ae 45	4	72-3
CROCKET, CROCKETT, Asa, m. Huldah **PEARCE**, b. of Middletown, oct. 5, 1825, by Rev. E. Washburn	3	211
Charles N., m. Melissa B. **HULL**, June 18, 1850, by Rev. J. L. Dudley	4	144
Cha[rle]s n. Gunsmith, ae 26, of Middletown, m. Melissa B. **HULL**, ae 24, b. in Durham, res. Middletown, June 18, 1850, by Rev. J. L. Dudley	4	166-7
Eliza, m. Horace B. **DANIELS**, [May] 1, [1844], by Rev. W. G. Howard	3	514
John, m. Mary **PEIRCE**, b. of Middletown, May 20, 1821, by Rev. Eli Ball	3	52
Mary, ae 21, of Middletown, m. Isaac **MARTIN**, silversmith, ae 24, b. In Mass., res. Middletown, May 21, 1851, by Rev. M. L. Scudder	4	200-1
CROFOOT, CROFORT, CROWFOT, CROFFOARD, [see also **CRAWFORD**], Daniel, m. Margaret **HYLLIAR**, July 7, 1743	2	17
Elisha, s. Eph[rai]m & Mary, b. Feb. 28, 1754	2	79
Elisha, m. Rachel **HIGBE**, Oct. 3, 1774	2	211
Emily R., m. Elijah S. **HUBBARD**, June 18, 1849, by J. L. Dudley	4	90
Emily R., m. Elijah s. **HUBBARD**, b. of Middletown, June 18, 1849, by Rev. J. L. Dudley	4	96
Ephraim, m. Mary **WILLIAMS**, June 25, 1753	2	79
Ephraim, Jr., m. Esther **WHTIMORE**, Mar. 3, 1822, by Rev. John R. Crane	3	92
Eph[rai]m, m. Eliza W. **WINSHIP**, Apr. 22, 1830, by Rev. E.R. Tyler	3	348
Ephraim, tinner, ae 50, of Middletown, m. 2d w. Betsey **SAMPSON**, ae 49, of Middletown, Jan. [ ], 1850, by Rev. B. N. Leach	4	166-7
Ephraim, m. Betsey **SAMPSON**, Feb. 24, 1850, by Rev. B.N. Leach	4	139
Esther E., d. Sept. 29, 1848, ae 17	4	128-9
Joanna, of Springfield, m. John **GIBSON**, of Middletown, Jan. 17, 1764	2	152
John, late of Philadelphia, m. Elizabeth **BARNS**, of Middletown, Mar. 1, 1770	2	111
Mary, d. Elisha & Rachel, b. Jan. 2, 1775	2	211
Rachel, d. Elisha & Rachel, b. May 7, 1776	2	211
CRONIN, Mary, m. Edmund **BIRD**, Jan. 1, 1853, by rev. Jno. Brady	4	227
Patrick, m. Mary **O'KEEFFE**, May 20, 1854, by Rev. Jno. Brady	4	266
CROOK, Albert L., of Middletown, m. Jerusha S. **CROOK**, Jan. 3, 1848, by W[illia]m A. Stickney	4	64-5
Chauncey, of Haddam, m. Lucretia S. **DOUD**, July 19, 1840, by Rev. John R. Crane	3	468
Gurdon, s. Shubael & Hannah, b. Oct. 9, 1752	2	191
Hannah, d. June 8, 1850, ae 35	4	206-7
Harriet F., m. Chauncey H. **COE**, Apr. 7, 1846, by Rev. Townsend		

	Vol.	Page
CROOK, (cont.)		
P. Abell	3	545
Jerusha S., m. Albert L. **CROOK**, of Middletown, Jan. 3, 1848 by W[illia]m A. Stickney	4	64-5
Jonathan, Jr., of haddam, mHaddamah **AVERY**, of Middletown, Nov. 11, 1838, by Rev. John Cookson	3	453
Lydia J., of England, m. Patrick J. **SIBNEY**, of Ireland, Jan. 1, 1854, by Rev.Lester Lewis	4	247
Phebe, m. Samuel **CUNNINGHAM**, Feb. 1, 1839, by Rev. John R. Crane	3	456
——, d. Albert, mechanic, ae 38, & Jerusha, ae 23, b. Feb. 22, 1851	4	198-9
CROSBY, Jane Elizabeth, of Middletown, m. George **KELLOGG**, of New Hartford, Aug. 24, 1837, by Sam[ue]l Farmer Jarvis, D.D., L.L.D., at Christ Church (Perhaps 1838)	3	449
Mary, m. Charles P. **SHUMWAY**, b. of Middletown, Aug. 28, 1836, by Rev. Smith Pyne	3	424
CROSLEY, CROSSLEY, Emma, d. Nov. 18, 1849, ae 1	4	170-1
Emma J., d. Thomas, machinist, ae 29, & Sarah Ann, ae 20, b. Oct. 15, 1848	4	100-1
Jane E., m. Dennis H. **SMITH**, b. of Middletown, Dec. 14, 1843, by Rev. Lester Lewis	4	245
Maria, m. Asa A. **STOW**, [May] 19, [1844], by Rev. W[illia]m g. Howard	3	515
Thomas, of Torrington, m. Eliza F. **BIDWELL**, of Middletown, Sept. 24, 1826, by Rev. John R. Dodge	3	247
Thomas, m. Sarah A. **JOHNSON**, [May] 12, [1844], by Rev. W. G. Howrard	3	515
W[illia]m C., mariner, ae 26, m. Caroline M. **BAILEY**, ae 24, Oct. 10, 1849	4	170-1
W[illia]m C., s. Carlos, mariner, ae 26, & Caroline M., ae 24, b. May 13, 1850	4	164-5
CROSS, Frederick, m. Lucia **CLARK**, Feb. 17, 1839, by Rev. John R. Crane	3	456
CROTLEY, [see also **CROTTY**], Michael, laborer, b. in Ireland, m. Mary **CASEY**, b. in Ireland, Nov. 40, 1848, by John Brady	4	120-1
CROTTY, [see also **CROTLEY**], Michael, m. Mary **CASEY**, Aug. 6, 1848, by John Brady	4	77
CROWEL, CROWELL, Abigail, d. Jno. & Sarah, b. Mar. 22, 1746	1	121
Abigail, m. Elisha **FAIRCHILD**, Dec. 15, 1763	2	71
Albert, s. Seth, farmer, & Jane, b. July 11, 1849	4	110-1
Allen, s. Saniel, manufacturer, ae 32, & Amelia, ae 28, b. Jan. 15, 1861	4	198-9
Alma Eliza, of Middletown, m. Frederic **BALDWIN**, of Mereden, Aug. 15, 1839, by Rev. L. S. Everett	3	474
Almeda, m. Charles **LAWRENCE**, Apr. 28, 1847, by Rev. James Floy	3	562
Andrew J., of Long Hill Middletown, d. Oct. 18, 1848, ae 8	4	132-3
Augustus, m. Esther **HARRIS**, b. of Middletown, Jan. 28, 1849, by Rev. Z. N. Lewis	4	82
Augustus, farmer, ae 28, of Long Hill Middletown, m. Esther **HARRIS**, ae 25, of South Farms, Middletown, Jan.		

	Vol.	Page

CROWEL, (cont.)

	Vol.	Page
28, 1849, by Rev. Z. N. Lewis	4	124-5
Benjamin, m. Sarah HUBBARD(?), Sept. 30, 1707, at Wethersfield	LR2	14
Benjamin, m. Sarah WHITMORE, Sept. 30, 1743	2	30
Benjamin, d. Jan. 24, 1752	LR2	14
Benjamin, d. Jan. 11, 1758	2	30
Benjamin, s. [Benjamin & Sarah], b. June 16, 17[ ]	LR2	14
Caroline, m. Daniel CROWELL, b. of Middletown, Feb. 5, 1833, by Fitch Reed	3	379
Chauncey, m. Olive BUTLER, [July] 8, [1824], by Rev. James A. Boswell	3	162
Comfort, m. Prudence H. ARNOLD, Jan. 16, 1839, by Rev. Arthur Granger	3	455
Daniel, s. John & Sarah, b. Jan. 2, 1744	1	121
Daniel, m. Caroline CROWELL, b. of Middletown, Feb. 5, 1833, by Rev. Fitch Reed	3	379
Daniel, M., m. Ruth CROWELL, b. of Middletown, Dec. 6, 1821, by Rev. Eli Ball	3	74
Edward, s. Benj[ami]n & Sarah, b. Dec. 1, 1744	2	30
Edward, m. Rachel ROBERTS, Sept. 19, 1782	2	204
Eleonora, d. [1848], ae 2	4	72-3
Elijah, s. James & Phebe, b. Mar. 9, 1799	2	175
Emma Jane, d. [1848], ae 6	4	72-3
Esther, of Middletown, m. Abram BROOKS, of Steuben, N.Y., [Mar.] 24, [1831], by Rev. Edw[ar]d R. Tyler	3	360
Ezra, m. Mary PROUT, Dec. 5, 1824, by Rev. John r. Crane	3	189
Fanny, m. Rufus LEONARD, b. of Middletown, July 17, 1822, by Rev. Eli Ball	3	100
Harriet, m. Hall BIRDSEYE, Sept. 9, 1835, by Rev. John R. Crane	3	413
Henry, day laborer, d. June 10, 1849, ae 53	4	132-3
Henry A., of Middletown, m. Lucinda BRAINERD, of Haddam, Jan. 14, 1844, by Rev. E. Griswold	3	511
James, s. [James & Phebe], b. Apr. 27, 1801	2	175
James, m. Phebe CROWELL, [ ]	2	175
Jane, m. Benjamin BIRDSEYE, b. of Middletown, July 16, 1837, by Rev. John Cookson	3	443
John, m. Sarah BIDWELL, Feb. 27, 1739/40	1	121
John, s. John & Sarah, b. Dec. 17, 1740	1	121
John, d. Nov. 26, 1749	2	155
John, m. Sarah FAIRCHILD, Dec. 3, 1760	2	155
John, s. John & Sarah, b. Apr. 6, 1762	LR2	14
John, s. Benj[ami]n & Sarah, b. [ ]		
John G., m. Martha M. CROWELL, [Apr.] 3, [1844], by Rev. W.G. Howard	3	513
John S., m. Maria GLADWIN, May 9, 1847, by Rev. A. L. Stone	4	6
Julia S., of Middletown, m. Nelson W. ACKLEY, of Mereden, May 5, 1853, by Rev. Jno. Morrison Reid	4	233
Lavina, m. Samuel CROWELL, Jr., [July] 7, [1824], by Rev. James A. Boswell	3	162
Lucretia, m. Alvin M. BIRDSEYE, b. of Middletown, Dec. 25,		

	Vol.	Page
CROWEL, (cont.)		
1843, by Rev. E. Griswold	3	509
Lucy W., of Middletown, m. Austin McINTOSH, of Steuben, N.Y., Sept. 23, 1846, by Rev. W. G. Howard	3	555
Luther B., s. David, farmer, ae 42, & Caroline, ae 35, b. Aug. 1, 1848	4	56-7
Margaret, of Middletown, m. Edwin LUCAS, of Mereden, Mar. 11, 1846, by Rev. A. L. Stone	3	545
Mariah L., of Middletown, m. Isaac DUDLEY, of Winterbury, Oct. 16, 1832, by Rev. Fitch Reed	3	374
Martha M., m. John G. CROWELL, [Apr. 3, [1844], by Rev. W. G. Howard	3	513
Mary, [d. John & Sarah], b. Dec. 29, 1749	1	121
Mary*, m. Jacob MILLER, July 6, 1772 (*"Mary" in marriage and " Sarah' in births)	2	134
Mary, d. June 12, 1851	4	206-7
Phebe, wid., of Samue]ll, m. Noadiah HUBBARD, Mar. 15,1764	2	138
Phebe, m. James CROWELL [ ]	2	175
Phebe S., m. Capt. Nelson COE, b. of Middletown, [Apr.] 13, [1834], by Rev. James Noyes	3	393
Rhoda, d. John & Sarah, b. June 3, 1761	2	155
Rhoda, m. Jabez BROOKS, Jr., Feb. 25, 1782	2	354
Ruth, m. Daniel M. CROWELL, b. of Middletown, Dec. 6, 1821, by Rev. Eli Ball	3	74
Sam[ue]ll, s. John & Sarah, b. July 6, 1742	1	121
Samuel, Jr., m. Lavina CROWELL, [July] 7, [1824], by Rev. James A. Boswell	3	162
Sarah, wid., m. Amos BARNS, May 17, 1765; d. July 7, 1770	2	139
Sarah, [w. Benjamin], d. Dec. 5, 1767	LR2	14
Sarah, of Middletown, m. Fred[eric]k W. STEUBEN, of Steuben, N.Y., Nov. 7, 1832, by Rev. John Cookson	3	376
Sarah B., b. May 29, 1804, m. Henry ATKINS, b. of Middletown, July 14, 1824, by Rev. Josiah Bowen	3	163
Sarah M., m. Benjamin F. MITCHELL, Feb. 6, 1848, by Rev. James Floy	4	30
Seth, s. John & Sarah, b. Nov. 2, 1747	1	121
Seth, m. Jane HARNS(?), Jan. 4, 1842, by Rev. Arthur Granger	3	487
Solomon, s. Benj[ami]n & Sarah, b. May 8, 1753	2	30
Sylvester, m. Mary M. HARRIS, b. of Middletown, Oct. 18, 1837, by Rev. John Cookson	3	442
William, s. Benj[ami]n & Sarah, b. Sept. 25, 1712	LR2	14
——, d. David W., mechanic, ae 30, & Amelia A., ae 27, b. May 12, 1849	4	100-1
——, s. Matthew, mechanic & Mary, b. Jan. 7, 1850	4	160-1
——, d. Augustus, farmer, & Esther, b. June 25, 1850	4	160-1
CROWLEY, Mary, m. Terence McCARTHY, Jan. 15, 1854, by Rev. Jno. Brady	4	263
Patrick, m. Mary BARRY, Feb. 27, 1854, by Rev Jno. Brady	4	265
CROWNING, Catharine, d. Michael, laborer, ae 23, & Julia, ae 25, b. Mar. 23, 1851	4	196-7
CROWTHER, Joseph T., of Derby, Eng., m. Ellen F. DALLIS, of Colerain, Ireland, July 17, 1853, by Rev. John R. Crane	4	257

MIDDLETOWN VITAL RECORDS

	Vol.	Page
CROY, Nancy, ae 19, b. in Ireland, res. Middletown, m. Ja[me]s DUNCAN, laborer, ae 20, b. in Ireland, res. Middletown, June 40, 1851, by Rev. L. S. Hough	4	202-3
CRUTTENDEN, [see under **CRITTENDEN**]		
CUENOGH, Esther, m. Edward **FITZGERALD**, Nov. 29, 1851, by Rev. Jno. Brady	4	208
CULVER, Anna M., m. Asa **BUTLER**, Aug. 31, 1851, by Rev. Jno. Morrison Reid	4	216
Deborah, d. July 8, 1848, ae 79	4	72-3
Willard, of Haddam, m. Lucy **HUBBARD**, of Middletown, Oct. 8, 1823, by Rev. Josiah Bowen	3	140
CUMMERFORD, Bridget, m. Lawrence **MORIN**, May 1, 1853, by Rev. Jno. Brady	4	237
CUMMINGS, Will[ia]m H., m. Harriet S. **RAND**, Aug. 3, 1843, by Rev. John R. Crane	3	503
CUNEN, James, m. Catharine **MURRAY**, Nov. 6, 1851, by Rev. John Brady (Perhaps "**CURREN**"?)	4	193
CUNNINGHAM, Aaron, [twin with Moses], s. Sam[ue]ll & Abiah, b. Aug. 6, 1743	1	63
Benjamin, m. Rheuetta **BAILEY**, Aug. 8, 1834, by Rev. John R. Crane	3	398
Ellen, m. Thomas **DRISCOLL**, Apr. 10, 1852, by Rev. Jno. Brady	4	212
Ezekiel, m. Sam[ue]ll & Abiah, b. Aug. 17, 1739	1	63
Garrett, m. Johanna **GORMAN**, Dec. 10, 1854, by Rev. Jno. Brady	4	275
John, m. Mary **LEAKY**, Nov. 26, 1854, by Rev. Jno. Brady	4	274
Moses, [twin with Aaron], s. Sam[ue]ll & Abiah, b. Aug. 6, 1743	1	63
Phebe, res. Berlin, d. Nov. 29, 1849, ae 44	4	174-5
Rebecca, m. David **HAVINS**, b. of Middletown, Nov. 22, 1821, by Rev. Pinehas Cook	3	73
Samuel, m. Mary **MALONEY**, b. of Middletown, Sept. 20, [1832], by Aug[ustu]s Cook, J.P.	3	372
Samuel, m. Phebe **CROOK**, Feb. 1, 1839, by Rev. John R. Crane	3	456
Simeon, m. Hanora **FINN**, June 20, 1852, by Rev. Jno. Brady	4	221
William, m. Mary Ann **BAILEY**, b. of Middletown, Jan. 27, 1831, by Rev. Thomas Burch	3	359
Worden J., m. Rosetta **STEVENS**, Oct. 19, 1823, by J. Stow, J.P., at his house	3	135
——, d. Samuel, laborer, b. Nov. 21, 1849	4	160-1
——, s. W[illia]m, laborer, & Mary, b. July [ ], 1850	4	160-1
CURREN, James, m. Ellen **O'KEEFFE**, July 25, 1853, by Rev. Jno. Brady	4	238
CURRY, Ellen, d. James, quarryman, ae 30, & Ellen, ae 30, b. Aug. 1, 1851	4	194-5
John, s. James, laborer, ae 29, & Ellen Curry, ae 27, b. Oct. 17, 1848	4	100-1
CURTAIN, James, m. Margaret **COLBERT**, Sept. 19, 1853, by Rev. Jno. Brady	4	241
CURTIS, CURTISS, Abigail, m. Joseph **COE**, Dec. [ ], 1739	2	112
Alanson, of Mereden, m. Harriet E. **SULLIVAN**, of Middletown, Sept. 1, 1840, by Rev. Zebulon Crocker	3	468

164   BARBOUR COLLECTION

	Vol.	Page
CURTIS, (cont.)		
Harvey, of Wallingford, m. Martha **SPENCER**, of Middletown, Jan. 30, 1825, by Eli Coe, J.P.	3	192
Joseph, of Berlin, m. Lucy Ann **PELTON**, of Middletown, June 19, 1838, by Rev Zebulon Crocker	3	446
Margaret, of Wethersfield, m. Elisha **BREWSTER**, Jr., of Middletown, Apr. 16, 1777	2	285
Mary E., of Mereden, m. Loomis **LAMB**, of Berlin, Aug. 6, 1839, by Rev. W. A. Stickney	3	460
Susan, b. in Portland, Ct., res. Middletown, d. Apr. 10, 1851, ae 78	4	204-5
Susan M., m. Oregin **UTLEY**, May 12, 1840, by Rev. L. S. Everett	3	471
CURTY, Patrick, m. Jane **KELLY**, Nov. 23, 1848, by John Brady	4	80
CUSHING, Anne, Mrs. of Providence, m. Dr. Eliot **ROWSON**, Middletown, July 19, 1764	2	284
CUSHMAN, [see also **CASHMAN**], Angeline, of Stafford, m. Admiral **CLARK**, of Middletown, Aug. 13, 1837, by Rev. John Cookson	3	443
Olive, m. Alfred **SWATHEL**, Sept. 6, 1829, in Willington	3	335
Patrick, m. Catharine **AHERN**, Jan. 29, 1854, by Rev. Jno. Brady	4	264
Patrick, m. Johanna **FITZGERALD**, June 10, 1853, by Rev. Jno. Brady	4	267
CYERTROE, Morris, m. Catharine **CARY**, Dec. 7, 1859, by Rev. Jno. Brady	4	244
DABNEY, Charles William, of Boston mass. M. Susan Heard **OLIVER**, d. of Francis J., of Middletown, July 18, 1849, by Rev. Samuel Farmer Jarvis, at the house of Francis J. Oliver	4	90
Will[ia]m, m. Abigail **JOHNSON**, July 5, 1836, by Rev. John R. Crane	3	423
DAGAN, Thomas, s. Martin, quarryman, ae 32, & Ellen, ae 30, b. Dec. 28, 1847	4	54-5
DAGGETT, Josiah, Jr., m. Harriet **GRAVES**, b. of Middletown, July 20, 1820, by Rev. Eli Ball	3	36
DAILEY, [see under **DALY**]		
DALLIS, Ellen F., of Colerain, Ireland, m. Joseph T. **CROWTHER**, of Derby, Eng. July 17, 1853, by Rev. John R. Crane	4	257
DALY, DALEY, DAILEY, Anastoria, m. William **KELLEY**, Jan. 10, 1854, by Rev. Jno. Brady		
Catharine, m. Jno. **FIEF**, Apr. 26, 1851, by Rev. Jno. Brady	4	262
Catharine, m. Patrick **DOWNING**, Aug. 17, 1851, by Rev. Jno. Brady	4	184
Dennis, s. Daniel, laborer, ae 60, & Mary, ae 26, b. Mar. 20, 1849	4	192
Edward, m. Margaret **BRADY**, Jan. 19, 1851, by Rev. Jno. Brady	4	100-1
Eliza, m. John **COGHLEN**, Jan. 6, 1848, by Rev. John Brady	4	185
Ellen, m. John **CASEY**, Feb. 27, 1854, by Rev. Jno. Brady	4	28
Hanora, m. Michael **RIORDAN**, June 15, 1854, by Rev. Jno. Brady	4	265
John, m. Ann **BATEMAN**, Jan. 20, 1850, by Rev. John Brady	4	267
Jno., m. Margaret **BARRY**, Feb. 22, 1852, by Rev. Jno. Brady	4	138
Julia, m. Henry **WATSON**, b. of Middletown, Dec. 29, 1852, by	4	211

	Vol.	Page
DALY, (cont.)		
Rev. Frederic J. Goodwin	4	260
Lucanna, of Burlington, m. Henry t. **HILMORE**, of Bristol, [Jan.] 11, [1836], by Rev. Benj[ami]n Channing	3	419
Mary, m. Henry **WALSH**, July 4, 1854, by Rev. Jno. Brady	4	268
Thomas, m. Catherine **NOWLAN**, Jan. 1, 1853, by Rev. Jno. Brady	4	227-8
DANE, Nathaniel, m. Sarah **PARMELY**, July 6, 1763	2	29
Nathaniel, s. Nathaniel & Sarah, b. Apr. 21, 1765	2	29
Sarah, d. Nathaniel, b. Sept. 4, 1766	2	29
DANFORTH, Daniel, s. Thomas & Martha, b. Jan. 25, 1771	2	353
Edward, s. Tho[ma]s & Martha, b. Mar. 20, 1765	2	353
Ellen, d. Josiah, supporter mfg., ae 44, & Almira, ae 40, b. Jan. 22, 1849 (Twin with Eugene)	4	100-1
Emily, d. [W[illia]m & Huldah, b. Aug. 20, 1805	2	146
Eugene, s. Josiah, supporter mfg., ae 44, & Almira, ae 40, b. Jan. 22, 1849 (Twin with Ellen)	4	100-1
Frances, d. [W[illia]m & Huldah], b. Jan. 16, 1808	2	146
Frances Anne, d. [William, Jr. & Lydia], b. July 2, 1818	3	26
Hannah, d. Tho[ma]s &Elizabeth, b. Oct. 16, 1775	2	156
John, s. [W[illia]m & Huldah], b. July 23, 1799	2	146
John, s. W[illia]m, Jr. &Lydia, b. May 19, 1816	3	26
Jonathan, s. Tho[ma]s & Martha, b. Dec. 14, 1760 (1766?)	2	353
Joseph, s. Tho[ma]s & Martha, b. Aug. 17, 1758	2	353
Josiah, s. [W[illia]m & Huldah], b. July 18, 1803	2	146
Josiah, m. Almira **CAMP**, Nov. 17, 1831, by Rev. John R. Crane	3	366
Martha, d. Tho[ma]s & Elizabeth, b. Aug. 3, 1777	2	156
Mary, d. [W[illia]m & Huldah], b. July 14, 1797	2	146
Samuel, s. Tho[ma]s & Martha, b. May 17, 1763; d. July 30, 1764	2	353
Samuel, s. Thomas & Martha, b. Apr. 10, 1774	2	353
Sarah, d. Tho[ma]s & Martha, b. Feb. 27, 1761	2	353
Sarah, d. Tho[ma]s & Elizabeth, b. Sept. 17, 1779	2	156
Thomas, m. Martha **JACOBS**, Feb. 20, 1755, by Shubael Conant, J.P.	2	353
Thomas, s. Tho[ma]s & Martha, b. June 2, 1756	2	353
Thomas, Jr., of Middletown, m. Elizabeth **TALLMAN**, of New London, July 11, 1775	2	156
William, s. Tho[ma]s & Martha, b. Feb. 7, 1769	2	353
Will[ia]m, m. Huldah **SCOVEL**, May 2, 1793	2	146
Will[ia]m, s. W[illia]m & Huldah, b. Jan.. 30, 1794	2	146
W[illia]m, Jr., m. Lydia **CREAMER**, July 19, 1815	3	26
DANIELS, Amasa, s. Lem[ue]l & Hannah, b. Mar. 11, 1748	2	163
Asa, s. Lem[ue]l & Hannah, b. Mar. 6, 1745	2	163
Catharine, m. Joseph **GEORGE**, b. of Middletown, Apr. 29, 1826, by Rev. John R. Dodge	3	244
Emily, m. William **PARMELEE**, b. of Middletown, Dec. 19, 1833, by Rev. John Cookson	3	391
Hannah, d. Lem[ue]l & Hannah, b. Mar. 30, 1750	2	163
Hannah, w. of Lemuel, d. Nov. 19, 1753	2	163
Hannah, m. Seth **BOW**, b. of Middletown, Nov. 18, 1827, by Rev. H. Bangs	3	285

	Vol.	Page
DANIELS, (cont.)		
Henry, m. Clarissa Marie **ALLEN,** b. of Middletown, May 24, 1835, by Rev. Jno. R. Crane	3	410
Horace B., m. Ellen **CROCKET,** [May] 1, [1844, by Rev. w. G. Howard	3	514
Jane Had d. Elizabeth Hall, b. Sept. 18, 1794	2	196
Jane, m. Charles **YOUNGS,** colored, Oct. 15, 1848, by Rev. f. J. Goodwin	4	39
Jane, m. Charles **YOUNGS,** servant, colored, b. of Middletown, Oct. 15, 1848, by Rev. F. J. Goodwin	4	124-5
Jerry, teamster, ae 22, b. in Ireland, res Middletown, m. Nora **GLEASON,** ae 22, Dec. 26, 1850, by Rev. John Brady	4	200-1
Joseph, of Middletown, m. Almira M. **HARRIS,** of Chatham, Apr. 9, 1835, by Rev. Jehiel C. Beman	3	407
Julia, m. William **STOW,** b. of Middletown, Oct. 28, 1850, by Rev. T. P. Abell	4	188
Julia, ae 36, of Middletown, m. W[illia]m **STOW,** cartman, ae 42, of Middletown, oct. 28, 1850, by Rev. T. P. Abell	4	200-1
Lemuel, m. Hannah **FULLER,** Sept. 10, 1738	2	163
Lemuel, s. Lem[ue]l & Hannah, b. Oct. 20, 1739	2	163
Lemuel, m. Mary **ROWLE,** Oct. 15, 1754	2	163
Martha, d. Joseph, laborer, colored, ae 41, & Almira, ae 36, b. Feb. 22, 1850	4	152-3
Mary, of Middletown, m. John S. **SMITH,** of New York, Oct. 12, 1823, by Rev. Josiah Bowen	3	138
Phebe, m. Ebenezer **MARKHAM,** b. of Middletown, Feb. 13, 1823, by Rev. Eli Ball	3	123
Ruth, of Middletown, m. Daniel **MILLER,** late of Middlefield, Jan. 3, 1799, by Rev. Enoch Huntington	3	5
Salle, d. Lem[ue]l & Mary, b. Sept. 3, 1755	2	163
Sarah Ann, m. Elijah S. **WARD,** July 4, 1827, by Rev. John R. Crane	3	273
Smith, of Middletown, m. Huldah H. **DEE,** of Madison, Sept. 12, 1827, by Re. H. Bangs	3	279
William, of Lyme, m. Ruth **MILLER,** of Middletown, Nov. 28, 1765	2	190
William, s. W[illia]m & Ruth, b. Sept. 10, 1766	2	190
William, m. Julia E. **CLARK,** May 1, 1833, by Rev. John R. Crane	3	382
——, child of E. M., carman, ae 38, & Mary G., ae 33, b. Jan. [ ], 1849	4	102-3
——, child of Henry, laborer, colored, ae 33, & Clarissa, colored, ae 31, b. July 6, 1849	4	102-3
DANZICK, Mary A., of Lyme, m. Joseph a. **MILLER,** of Middletown, Dec. 26, 1841, by Rev. B. Cook	3	496
DARBY, Nancy, m. John **WOOD,** b. of Middletown, Oct. 19, 1834, by Rev. John Cookson	3	402
Sam[ue]l, m. Eliza Ann **BRUNHAM,** b. of Middletown, July 27, 1833, by Rev. W[illia]m H. Beacher	3	384
DARLING, Henry, m. Hannah **DOOLITTLE,** Feb. 18, 1798	2	207
DARROW, Cha[rle]s B., m. Mehetabel **CORNWELL,** b. of Middletown, Dec. 1, 1822, by Rev. Samuel West	3	116

MIDDLETOWN VITAL RECORDS 167

	Vol.	Page
DARROW, (cont.)		
Charles B., m. Julia **STOCKIG**, b. of Middletown, [Feb.] 2, [1831], by Rev. Edw[ar]d R. Tyler	3	359
Christopher, painter, ae 30, of Hartford, m. 2d w. Sarah A. **STOCKING**, ae 26, b. in Middletown, Nov. 12, [1847], by Harvey Talcott	4	64-5
Christopher W., of Hartford, m. Sarah A. **STOCKING**, of Middletown, Nov. 10, 1847, by Rev. Harvey Talcott, of Portland	4	21
DART, DARTE, Abiah, [twin with Ebenezer], d. Ebenezer & Ruth, b. Nov. 8, 1739	1	115
Syrus, s. Joseph & Abigail, b. June 11, 1764 (Cyrus)	2	139
Ebenezer, [twin with Abiah], s. Ebenezer & Ruth, b. Nov. 8, 1739	1	115
Hannah, d. Joseph & Abigail, b. Dec. 16, 1765	2	139
Joseph, s. Ebenezer & Ruth, b. Aug. 1, 1737	1	115
Joseph, m. Abigail **BRAINARD**, July 1, 1762	2	139
Ruth, m. Jesse **HIGGINS**, Nov. 16, 1752	2	17
DVAENPORT, Bridget, d. Oct. 10, 1848, ae 2 y. 6 m.	4	134-5
Horara, m. Martha **KELLEY**, May 30, 1846, by Rev. John Brady	3	552
Lewis, of Northampton, Mass., m. Theodostia **PARKER**, of Suffield, Conn., Apr. 9, 1828, by Rev. Heman Bangs	3	299
Mary, of Olney, Eng., m. William **BEAUMONT**, of Bradford, Pa., Apr. 16, 1854, by Rev. E. L. Janes	4	250
Michael, s. Martin, quarryman, & Catharine, b. Aug. 22, 1848	4	114-5
Thomas, d. Oct. 8, 1848, ae 10 m.	4	134
Thomas, s. Michael, quarryman, ae 35, & Bridget, ae 29, b. May 20, 1850	4	164-5
DAVIS, Abigail, d. [William & Abigail], b. July 8, 1751; d. Apr. 15, 1753	2	189
Abigail, 2d, d. [William & Abigail], b. July 9, 1754	2	189
Abigail, wid., m. Joseph **LUNG**, Sept. 19, 1767	2	189
Alfred, m. Martha **CLARK**, b. of Middletown, Nov. 10, 1731, by Rev. F. Reed	3	365
Carroll H., s. Evan, ferryman, ae 34, & Sarah J., ae 28, b. Mar. 2, 1849	4	102-3
Carroll H., d. Oct. 10, 1850, ae 19 m.	4	202-3
Charles, d. Dec. 1, 1850	4	206-7
Daniel, s. Jno. Jr., & Sibbell, b. Feb. 22, 1748/9	2	99
Diana, d. John & Sibbel, b. Aug. 2, 1763	2	99
Elijah, s. John & Sibel, b. Sept. 30, 1769	2	99
Elijah, m. Cordelia **HOUGH**, b. of Berlin, May 28, 1837, by Rev. J. Goodwin	3	434
Elizabeth, m. Hezekiah **BAILEY**, Nov. 17, 1727	1	42
Hannah, d. [Arthur & Mary], b. Feb. 22, 1712/13	LR2	Ind-2
Hannah, m. George **STOW**, Jan. 1, 1761	2	144
J. Phillips, of Springfield, m. Harriet Knight **STROUD**, d. of W[illia]m, of Middletown, [June] 7, [1846], by Rev. Townsend P. Abell	3	551
James, of Baltimore, m. Laura **JOHNSON**, of Hartford, Mar. 9, 1829, by Rev. John R. Crane	3	330
John, m. Margery **WHITMORE**, Sept. 18, 1727	1	34
John, s. John & Margere, b. Dec. 22, 1727	1	34

BARBOUR COLLECTION

	Vol.	Page
DAVIS, (cont.)		
John, Jr., m. Sibbell **ROBBERDS**, Nov. 26, 1746	2	99
John, s. Jno. Jr. & Sibbell, b. Mar. 6, 1753, at Wallingford	2	99
John, Jr., m. Hannah **PIERCE**, July 21, 1776	2	175
Jonathan, s. Jno. Jr. & Sibbell, b. June 15, 1751	2	99
Josiah, s. John & Sibbel, b. Mar. 18, 1761	2	99
Lucy, d. John & Sibbel, b. May 5, 1766	2	99
Luther, of Utica, N.Y., Sarah **RILEY**, of Middletown, Oct. 15, 1826, by Rev. John R. Dodge, at his house	3	253
Margery, d. John & Margere, b. Sept. 13, 1732	1	34
Margaret, d. Jno. & Sibbel, b. Jan. 28, 1759	2	99
Martha, d. [Arthur & Mary], b. Aug. 6, 1715	LR2	Ind-2
Martha M., m. Elisha **STEAVENS**, b. of Middletown, May 3, 1836, by Rev. John Cookson	3	422
Mary, m. John **JOHNSON**, Feb. 7, 1721/2	1	10
Mary, twin with Rebeckah, d. [William] & Abigail, b. Nov. 9, 1763	2	189
Mary, m. John **JOHNSON**, [ ]	LR2	Ind-2
Phebe, d. [Arthur & Mary], b. Feb. 18, 1710/11	LR2	Ind-2
Phile, of Munro, m. Lucretia **IVES**, of Middletown, Sept. 27, 1840, by Rev. Stephen Hayes, of Middlefield	3	470
Rebeckah, twin with Mary, d. [W[illia]m & Abigail, b. Nov. 9, 1763	2	189
Rhoda, m. Maynard **FRANKLIN**, Sept. 29, 1793, at N[ew] London	2	271
Sally, d. [William & Abigail], b. May 8, 1757	2	189
Salle, d. Jno. Jr. & Hannah, b. Sept. 23, 1776	2	175
Sarah, of Middletown, m. George **HUNT**, of New York, Jan. 28, 1840, by Rev. Arthur Granger	3	464
Stephen, s. Jno. Jr. & Sibbel, b. May 9, 1755	2	99
Sibbell, d. Jno. Jr. & Sibbell, b. Sept. 17, 1747; d. Oct. 8, 1751	2	99
Sibbel, d. John & Sibbel, b. Feb. 24, 1757	2	99
William, a transient person, m. Abigail **RUSSEL[L]**, late of Boston, Sept. 17, 1750	2	189
William went to Sea and not heard of since	2	189
William B., s. J. Phelps, mechanic, ae 26, & Harriet R., ae 29, b. Oct. 15, [1847]	4	50-1
DAVISON, Benjamin, m. Eliza **WHITMORE**, Sept. 22, 1824, by Rev. Birdseye G. Noble	3	170
Robert, m. Mary E. **HUNT**, b. of Middletown, Nov. 1, 1832, by Rev. John Cookson	3	375
DAWSON, William, m. Caroline **TAYLOR**, b. of Middletown, Mar. 23, 1828, by Rev. Frederick Wightman	3	301
DAY, Eliza, of Colchester, m. John **BRAINARD**, 2d, of Haddam, Nov. 1, 1826, by Rev. E. Washburn	3	255
Elizabeth, of Springfield, m. Jedediah **STOW**, of Middletown, May 13, 1743	1	116
DAYTON, Mary B., of Fair Haven, Conn., m. Alonzo **LEWIS**, of Maddison, N.Y., Nov. 3, 1839, by Rev William Dickins	3	462
DEAN, Esther, m. Joshua **WOLCOTT**, Jan. 20, 1757	2	19
Joseph, of East Haddam, m. Keziah **MILLER**, of Middletown, Apr. 2, 1826, by Joshua L. Williams, V.D.M.	3	227

	Vol.	Page

DEAN, (cont.)
Philotus, of Allegany City, m. Grace P. **SOUTHMAYD**, d. of John B., of Middletown, Aug. 16, 1852, by Rev. Jno. Morrison Reid — 4, 218

DEARIN, Martin, m. Martha **DELANY**, Jan. 11, 1850, by Rev. John Brady — 4, 138

DeBELLERIVE, Alfred Felicitia Wensley, s. [Louis Barry & Mary], b. Sept. 14, 1794 — 3, 6
Frederick, s. Louis Baury & Mary, b. Apr. 5, 1792, at Capte Francis — 3, 6
Louis Baury, d. Sept. 20, 1807 — 3, 6
Mary Brown, d. [Louis Baury & Mary], b. July 15, 1800 — 3, 6

DEBENK, William, m. Hanora **HERTNET**, Mar. 10, 1853, by Rev. Jno. Brady — 4, 230

DEE, Deborah K., of Madison, m. Isaac **HULL**, of Durham, May 8, 1837, by Rev. John Cookson — 3, 433
Huldah H., of Madison, m. Smith **DANIELS**, of Middletown, Sept. 12, 1827, by Rev. H. Bangs — 3, 279

DEEGAN, [see under **DEGAN**]

DEERAN, Margaret, m. James **DUNNE**, June 13, 1852, by Rev. Jno. Brady — 4, 221

DEFOREST, Charles, colored, d. Aug. 4, 1848, ae 7 — 4, 128-9
Curtis, of Woodbury, Conn., m. Emily **BARNES**, of Middletown, Oct. 27, 1827, by Rev. Heman Bangs — 3, 282

DEGAN, DEEGAN, Ann, d. Martin, quarryman, ae 35, & Ellen, ae 32, b. Dec. 21, 1849 — 4, 162-3
Julia, m. Thomas **BUGGY**, Sept. 11, 1847, by Rev. John Brady — 4, 25
Martin, m Bridget **DUNN**, June 25, 1854, by Rev. Jno. Brady — 4, 268

DeKOVEN, Cornelia, d. [Henry & Margaret], b. Mar. 20, 1827 — 3, 34
Elizabeth S., m. Elijah K. **HUBBARD**, b. of Middletown, Sept. 15, 1834, by Rev. Smith Pyne — 3, 409
Elizabeth Sibor, d. Henry & Margaret, b. Nov. 28, 1813 — 3, 34
Frances Russell, d. [Henry & Margaret], b. June 21, 1829 — 3, 34
Frances Russell, of Middletown, m. Hugh T. **DICKEY**, of Chicago, Ill., Apr. 18, 1850, by Rev. Henry DeKoven — 4, 139
Frances Russell, of Middletown, m. Hugh T. **DICKEY**, of Chicago, Ill., Apr. 19, 1850, by Jonathan Barnes, J.P. — 4, 139
Henry, s. [Henry & Margaret] b. Jan. 24, 1819 — 3, 34
Henry L., m. Margaret T. **SEBOR**, Feb. 24, 1813 — 3, 34
Henry Lewis, s. John Lewis & Elizabeth, b June 16, 1784 — 2, 91
James, s. [Henry & Margaret], b. Sept. 19, 1831 — 3, 34
John, s. [Henry & Margaret], b. Dec. 15 1833 — 3, 34
John Lewis, foreigner, m. Elizabeth **SEBOR**, Apr. 8, 1781 — 2, 91
Margaret Marston, d. of Henry L., m. William Bryan **CASEY**, s. of James, Oct. 5, 1854, by Rev. Frederic J. Goodwin — 4, 261
Margaret Martin, d. [Henry & Margaret], b. Dec. 3, 1820 — 3, 34
Mary Charlotte, d. H[enry] & Marg[are]t, b. June 1, 1817 — 3, 34
Mary Charlotte, of Middletown, m Hunn Carrington **BEACH**, of New York, Aug. 10, 1836, by Rev. Smith Pyne — 3, 424
William, s. [Henry & Margaret], b. Apr. 22, 1815; d. Aug. 28, 1815 — 3, 34
William, s. [Henry & Margaret], b. May 9, 1824 — 3, 34

	Vol.	Page
DeKOVEN, (cont.0		
W[illia]m, navy officer, of Middletown, d. May 31, 1851, in California, ae 27	4	204-5
DELANY, Martha, m. Martin DEARIN, Jan. 11, 1850, by Rev. John Brady	4	138
Mary, m. Jno. NOLAN, June 16, 1853, by Rev. Jno. Brady	4	238
DELLIBER, Elizabeth, d. John & Sarah, b. Nov. 21, 1744	1	127
James, s. John & Sarah, b. Apr. 15, 1750	1	127
John, m. Sarah FOSTER, Mar. 17, 1742	1	127
John, s. John & Sarah, b. Aug. 13, 1743	1	127
Jona[tha]n, s. Jno. & Sarah, b. May 28, 1753	1	127
Luca, d. John & Sarah, b. Aug. 22, 1748; d. June 21, 1749	1	127
Lucia, d. John & Sarah, b. Apr. 11, 1752; d. Apr. 20, 1752	1	127
Mary, d. John & Sarah, b. Sept. 5, 1746	1	127
DEMAN, Mary, m. John HURLBUTT, Dec. 15, 1670	LR1	43
DEMARS, Thomas, m. Lucy ROCKWELL, Feb. 14, 1842, by Rev. John R. Crane	3	485
-----, d. Thomas, farmer, ae 30, & Lucy, ae 39, b. Feb. 17, 1850	4	162-3
DEMICK, [see also DIMOCK], Desire, m. George BUTLER, [ ]	2	86
DEMING, Amy, of Weathersfield, m. Jeremiah MARKHAM, of Middletown, Apr. 20, 1769	2	241
David, of Middletown, m. Mrs. Marcy BRIDGEUM, of Boston, Nov. 18, 1708	LR2	18
David, s. [David & Marcy], b. Aug. 24, 1709	LR2	18
Edwin N., s. Stillman N., mason, ae 30, & Roxy B., ae 25, b. Oct. 19, 1848	4	112-3
Mary, m. Gershum BUTLER, [ ]	1	37
Ralph, of Weathersfield, m. Olive E. ROBERTS, of Middletown, Apr. 12, 1835, by Rev. Truman O. Judd	3	407
Richard, m. Almira HUBBARD, Mar. 12, 1829, by Rev. John R. Crane	3	330
Sarah, of Farmington, m. Capt. Roger RILEY, Oct. 19, 1775	2	99
Stillman N., m. Roxa B. POTTER, b. of Middletown, Oct. 16, 1842, by Rev. B. Cook	3	495
DEMPSEY, Mary, m. John CARROL[L], Jan. 11, 1846, by Rev. John Brady	3	546
Peter, s. Peter, laborer, ae 26, & Theresa, ae 23, b. Dec. 1, 1850	4	198-9
DEMOND, Martin, m. Johanna LAWTON, Mar. 27, 1853, by Rev. Jno. Brady	4	230
DENISON, Andrew, of Hampton, m. Catharine M COE, d. of Linus, of Middletown, May 25, 1853, by Rev. John R. Crane	4	256
Joseph, Rev., d. on or about Feb. 12, 1770	2	89
DENMEN, Thomas, m. Abbe KILLARGAN, Feb. 23, 1851, by Rev. Jno.Brady	4	185
DENNIS, David, m. Anna AHERN, July 31, 1853, by Rev. Jno. Brady	4	238
Jeremiah, m. Hanora GLEESON, Jan. 19, 1851, by Rev. Jno. Brady	3	185
Margaret, m. James FITZGERALD, July 13, 1854, by Rev. Jno. Brady	4	269
Mary, of Middletown, m. Jesse TUTTLE, of North Haven, Mar. 29, 1829, by Rev. H. Bangs	4	331
DEOLPH, [see under DeWOLF]		

	Vol.	Page
DERBY, Albert H., m. Calista D. **BURR**, b. of Middletown, Apr. 10, 1848, by Rev. James Floy	4	32
Frances M., d. W[illia]m, tanner, ae 25, & Julia Ann, ae 24, b. Jan. 4, 1849	4	102-3
Thomas S., m. Ruth S. **RUSSELL**, Nov. 3, 1847, by Rev. James Floy	4	22
Thomas S., manufacturer of Britannia ware, ae 61, m. 2d w. Ruth S. **RUSSELL**, ae 47, b. of Middletown Nov. 3, 1847, by Rev. James Floy	4	62-3
——, s. Albert H. Britania war mfg., ae 34, & Calista C., ae 22, b. Mar. 13, 1849	4	102-3
DESMOND, Ellen, m. James **FLANAGAN**, Dec. 7, 1853, by Rev. Jno. Brady	4	244
Mary, m. William **CASHMAN**, Nov. 28, 1852, by Rev. Jno. Brady	4	225
Michael, m. Mary **KANE**, Aug. 27, 1854, by Rev. Jno. Brady	4	271
DEWEY, DUEY, Charlotte M., d. of W[illia]m P., m. Henry **CORNWELL**, s. of David, b. of Middletown, Oct. 3, 1853, by Rev. L. S. Hough	4	241
Elizabeth, of Colcheter, m. Beriah **BACON**, of Middletown, June 4, 1750	2	3
Margaret, of Colchester, m. Abijah **HALL**, Apr. 17, 1748	2	134
DeWOLF, DeWOLPH, DEOLPH, DOOLPH, Abda, s. Joseph & Tabitha, b. Oct. 25, 1743	1	109
Abigail, d. [Stephen & Mary], b. Aug. 17, 1774	2	291
Amasa, s. Simon & Esther, b. Dec. 26, 1748	2	35
Azubah, d. Joseph & Elizabeth, b. June 11, 1718	LR2	27
Charles, s. Simon & Esther, b. Apr. 9, 1747	2	35
Charles, d. Oct. 5, [ ], in the 59th y. of his age	1	Ind-1
Charns, d. John & Sarah, b. Aug. 20, 1727	1	26
Daniel, of Hartford, m. Mary **FORDHAM**, of Middletown, Nov. 27, 1822, by Rev. Eli Ball	3	113
Edward, s. John & Sarah, b. Dec. 27, 1733	1	26
Ehita, d. [Stephen & Mary], b. Jan. 19, 1763	2	291
Elizabeth, d. Joseph & Elizabeth, b. Feb. 4, 1715/16	LR2	27
Elizabeth, d. John & Sarah, b. July 24, 1743	1	26
Elizabeth, d. [Stephen & Mary], b. Apr. 12 1780	2	291
Esther, w. of Simon, d. May 21, 1761	2	35
Esther Prudence, d. Simon & Esther, b. Aug. 31, 1754	2	35
Hannah had d. Catharine Hobbs, b. Nov. 21, 1724	LR2	1
Hannah, m. Stephen **HURLBUT**, July 11, 1728	1	44
Hannah, d. [Stephen & Mary], b. Aug. 29, 1770	2	291
Honor, d. [Stephen & Mary], b. July 30, 1766	2	291
James, s. [Stephen & Mary], b. May 22, 1776	2	291
Jerusha, d. John & Sarah, b. Dec. 27, 1736	1	26
John, m. Sarah **ROBBURDS**, Feb. 6, 1726/7	1	26
Joseph, of Lyme, m. Elizabeth **HUB[B]ARD**, of Middletown, Mar. 11, 1713/14	LR2	27
Joseph, d. Oct. 4, 1719, by drowning; information given by Capt. Sam[ue]ll Moule	LR2	27
Joseph, m. Tabitha **JOHNSON**, Mar. 8, 1738/	1	109
Lucia, d. John & Sarah, b. Jan. 4, 1748	1	26

172   BARBOUR COLLECTION

	Vol.	Page
DeWOLF, (cont.)		
Lucretia, d. Simon & Esther, b. May 12, 1745	2	35
Margaret, d. Joseph & Tabitha, b. Nov. 16, 1741	1	209
Margaret, d. Simon & Esther, b. Aug. 17, 1743	2	35
Mark Anthony, s. Simon & Esther, b. Mar. 9, 1752	2	35
Martha, d. [Stephen & Mary], b. Sept. 7, 1778	2	291
Mary, m. Dr. John ARNOLD, Jan. 16, 1731/2	1	60
Mary, d. Simon & Esther, b. Jan. 6, 1760	2	35
Mary, d. Stephen & Mary, b. Feb. 19, 1761	2	291
Norah, d. Simon & Esther, b. June 29, 1757	2	35
Prudence, d. Joseph & Tabitha, b. Oct. 24, 1739	1	109
Rebeckah, d. John & Sarah, b. June 29, 1735	1	26
Sarah, d. John & Sarah, b. Aug. 20, 1732	1	26
Sarah, d. [Stephen & Mary], b. July 5, 1772	2	291
Seba, d. [Stephen & Mary], b. July 27, 1768	2	291
Seth, s. [Stephen & Mary], b. Nov. 22, 1764	2	291
Simon, m. Esther STRIOCTLAND, Aug. 27, 1741	2	35
Simon, d. Jan. 17, 1762, at Number One	2	35
Stephen, m. Mary WHAPLES, Jan. 4, 1759	2	291
-----, s. [Joseph & Elizabeth], b. Oct. 10, 1714; d. Oct. 24, 1714	LR2	27
DEXTER, Thankful, m. Step[he]n HIGBE, Dec. 3, 1753, at Oblong	2	65
DeZENG, Edward, Rev., of Skeneateles, N.Y., m. Mary Osborn RUSSELL, of Middletown, Sept. 19, 1843, by Bishop Tho[ma]s C. Brownell	3	505
DIBBLE, Horatio W., of Saybrook, m. Elizabeth M. MINER, of Lyme, Oct. 25, 1835, by Rev. Rob[er]t McEwen	3	415
DICKEN, DICKINS, Laura B., of Middletown, m. Charles HART, of Springfield, Mass., May 2, 1821, by Rev. Stephen Hayes	3	53
Sarah, m. Ebenezer HURLBUTT, May 4, 1710	LR2	1
DICKERSON, [see also **DICKINSON**], David, m. Jemima BLAKE, June 13, 1852, by Rev. J. L. Dudley	4	248
Lemuel L., Dr., of East Haddam, m. Harriet JOHNSON, of Haddam, Nov. 23, 1848, by Rev. John R. Crane	4	80
Samuel, of Hafford, m. Cornelia A. SAGE, of Middletown, Oct. 28, 1838, by Rev. Frederick Wightman	3	451
DICKEY, Esther E., of Nyack, m. Francis ROWLEY, of Middletown, Apr. 27, 1852, by Rev. John R. Crane	4	212
Hugh T., of Chicago, Ill., m. Frances Russell DeKOVEN, of Middletown, Apr. 18, 1850, by Rev. Henry DeKoven	4	139
Hugh T., of Chicago, Ill., m. Frances Russell DeKOVEN, of Middletown, Apr. 19, 1850, by Jonathan Barnes, J.P.	4	139
DICKINS, [see under **DICKEN**]		
DICKINSON, DICKENSON, [see also **DICKERSON**], Adeline, of Middlefield, m. William R. JOHNSON, of West Poultney, Vt., [June] 12, [1849, by Rev. James D. Moore, at Middlefield	4	85
Alpheas, m. Percy ROBERTS, Oct. 10, 1824, by Rev. John R. Crane	3	175
Aplheas, of Randolph, O., m. Mary JOHNSON, of Middletown, June 19, 1826, by Rev. John R. Crane	3	232
Calista, m. Jacob L. CORNWELL, b. of Middletown, Aug. 26, 1826, by Rec. E. Washburn	3	236

MIDDLETOWN VITAL RECORDS 173

	Vol.	Page
DICKINSON, (cont.)		
Celestia, of Weathersfield, m. Seabury **BELDEN**, of Middletown, Dec. 5, 1839, by Rev. L. S. Everett	3	473
David, goldsmith, ae 33, b. in Portland, res. Middletown, m. 2d w. Azubah **BLAKE**, fanmaker, of Middletown, Oct. [ ], 1848, by A. L. Stone	4	120-1
Elias, s. Obadiah & Hannah, b. Feb. 21, 1742	1	70
Elizabeth, d. Obad[ia]h & Hannah, b. Nov. 19, 1736	1	70
Elizabeth, of Weathersfield, m. Benjamin **GALPEN**, of Middletown, Feb. 18, 1760	2	326
Eunice, d. Jno. & Eunice. B. Jan. 27, 1759	2	224
Ferdinand, of Berlin, m. Mary Ann **CORNWELL**, of Middletown, Dec. 14, 1835, by Rev. Stephen Topliff	3	418
Jalor, of Weathersfield, m. Miranda **ROBERTS**, of Middletown, Sept. 13*, [1826], by Rev. Stephen Hayes (*Followed by {Oct. 10")	3	240
James E., m. Julia S. **TIBBALS**, b. of Haddam, [Aug.] 15*, [1845], by Rev. A. L. Stone (*In Pencil "10th")	3	534
James T., of Lowville, N.Y., m. Sarah c. **LYMAN**, of Middletown, May 15, 1845, by Rev. G. W. Perkins. Witnesses: David **LYMAN**, Cornelia S. **CAMP**, Harriet A. E. **JEWETT**, Mary Ann **PERKINS**, E. C. **MILLS**, A. U. **LYMAN**	3	531
John, Dr., [m.] Eunice **HALLS**, [ ]	2	224
John Dean, s. John & Eunice, b. June 28, 1767	2	224
John G., m. Mary Ann **COTTON**, Nov. 25, 1832, by Rev. W. Fisk	3	377
Julia, of Middletown, m. Elisha **COLEBURN**, of Ashford, Nov. 26, 1826, by Rev. Fred[eric]k Wightman	3	256
Lemuel, of East Haddam, m. Lydia **ATHERTON**, of Middletown, Oct. 23, 1853, by Rev. E. L. Janes	4	245-6
Lois, d. Obad[ia]h & Hannah, b. Oct. 28, 1734	1	79
Mary Ann, ae 19, b. in Chester, res. Middletown, m. Oliver **HARRIS**, farmer, ae 22, of Middletown, June 4, 1848, by [Rev.] Cheesebrough	4	64-5
Nathan A., blacksmith, d. Dec. 14, 1847, ae 31	4	72-3
Obadiah, m. Hannah **ROCKWELL**, Nov. 22, 1733	1	70
Obadiah, s. Obadiah & Hannah, b. May 2, 1739	1	70
Patience, m. Zadock **SAGE**, Nov. 2, 1769	2	179
Patty, d. Jno. & Eunice, b. Mar. 14, 1761	2	224
Phebe, m. James **PERKINS**, [Mar.] 8, 1846, by Rev. W. G. Howard	3	544
Phin[ea]s, m. Julia Ann **MALONEY**, b. of Middletown, June 3, 1832, by Rev. John Cookson	3	370
Prudence, of Haddam, m. William **PRATT**, of Saybrook, Jan. 18, 1827, by Rev. E. Washburn	3	260
DIGAR, Catharine, d. Domini & Martha, b. Aug. 6, 1754	2	311
Domini, m. Martha **EGELSTON**, Oct. 26, 1753	2	311
	4	170-1
DIMOCK, [see also **DEMICK**], Geo[rge] R., d. Sept. 4, 1849, ae 2 y.		
Leverett, m. Bulia Ann **SMITH**, b. of Middletown, May [ ], 1841, by Rev. D. C. Haynes	3	483
Leverick, m. Mendany H. **WARD**, May 2, 1827, by Rev. John R.		

	Vol.	Page
DIMOCK, (cont.)		
Crane	3	271
Mary, e. D. Leverett, printer, ae 44, & Augusta, ae 34, b. Sept. 5, 1849	4	152-3
DINNEN, Margaret, m. James **MAHONEY,** laborer, both b. in Ireland, Jan. 6, 1849, by Rev. John Brady	4	122-3
DINNEW, Margaret, m. James **MEHONY,** Jan. 6, 1849, by John Brady	4	87
DITSON, [see under **DIXSON**]		
DIUX, Hannah, of Cembridge, m. Daniel **BLAKE,** of Middletown, Jan. 13, 1742	1	126
DIX, Cornelia, m. Chauncey **BAILEY,** Sept., 28, 1820, by Rev. William Jewett	3	41
DIXSON, DITSON, Abigail, d. Rob[er]t & Abigail, b. Aug. 30, 1742	1	119
Abigail, d. Rob[er]t & Abigail, b. Aug. 31, 1742	1	19
Charles, s. Rob[er]t & Abigail, b. Oct. 21, 1746	1	119
Edward, s. Rob[er]t & Abigail, b. Apr. 12, 1751	1	119
Elizabeth, d. Rob[er]t & Abigail, b. Feb. 25, 1741	1	19
Elizabeth, d. Rob[er]t & Abigail, b. Feb. 25, 1741	1	119
Rebeckah, d. Rob[er]t & Abigail, b. Sept. 7, 1753	1	119
* Robert, of Colchester, m. Abigail **HARRIS,** of Middletown, May 7, 1840 (Written "**DITSON**") (*correction(1740, line drawn thru "1840") handwwritten in original manuscript)	1	19
* Robert, of Colchester, m. Abigail **HARRIS,** of Middletown, May 7, 1840 (*correction(1740, line drawn "1840")handwritten in original manuscript)	1	119
Robert, s. Rob[er]t & Abigail, b. Dec. 12, 1748	1	119
William, s. Rob[er]t & Abigail, b. Oct. 11, 1744	1	19
William, s. Rob[er]t & Abigail, b. Oct. 11, 1744	1	119
DIXWELL, Barsheba, mother of the w. of Jno. **COLLINS,** d. Dec. 27, 1729, in the 85th y. of her age	LR2	3
Mary, of New haven, m. John **COLLINS,** of Middletown, Dec. 24, 1707	LR2	12
DOANE, DOAN, Atkins, s. Nehemiah & Jerusha, b. Dec. 2, 1762	1	133
Bethiah, d. Nehemiah & Jerusha, b. Nov. 20, 1742	1	133
Bettey, m. Daniel **FOSTER,** June 18, 1741	1	124
Bettey, d. Eph[rai]m, Jr. & Dorcas, b. Sept. 16, 1741	1	33
Dorcas, d. Nehemiah & Jerusha, b. Feb. 1, 1765	1	133
Ebenezer, s. Nehemiah & Jerusha, b. Aug. 20, 1748	1	133
Elisha, m. Elizabeth **HULBERT,** Dec. 11, 1751	2	260
Elizabeth, d. Seth & Marcy, b. May 10, 1761	2	111
Esther, s. Elisha & Eliz[abet]h, b. July 20, 1752	2	260
Hannah, d. Nehemiah & Jerusha, b. June 10, 1753	1	133
Isaac, P., m. Rebecca H. **HUBBARD,** b. of Middletown, Mar. 16, 1836, by Rev. John C. Green	3	420
Isaac Phinehas, s. [Roswell & Hester], b. May 15, 1812	3	87
Jane, Mrs. M. Lieut. Return **MEIGS,** Mar. 25, 1763	1	64
Jerusha, d. Nehemiah & Jerusha, b. Aug. 17, 1744	1	133
Jerusha, m. Jacob **GILLSON,** Nov. 6, 1770	2	138
Joseph, s. Joseph & Jemima, b. July 17, 1751	2	327
Joseph Chapman, s. [Roswell & Hester], b. Mar. 8, 1814	3	87
Joshua, s. Nehem[ia]h & Jerusha, b. June 4, 1756	1	133

MIDDLETOWN VITAL RECORDS 175

	Vol.	Page
DOANE, (cont.)		
Martha H., of Middletown, m. Diodate SPENCER, of Upsilana, Mich., May 4, 1836, by Rev. Joseph Holdick	3	421
Martha Hester, d. Roswell & Hester, b. Sept. 14, 1810	3	87
Mary, m. Sam[ue]ll FOSTER, Feb. 25, 1747/8	2	116
Mary, d. Nehemiah & Jerusha, b. Dec. 15, 1750	1	133
Mary, of Middletown, m. Ozias CONE, of Haddam, May 29, 1729	2	79
Nath[anie]ll, s. Seth & Mary, b. June 1, 1762	2	111
Nehemiah, s. Ep[hrai]m, Jr. & Dorcas, b. Sept. 30, 1739	1	33
Nehemiah, m. Jerusha BACON, May 19, 1742	1	133
Nehemiah, s. Nehemiah & Jerusha, b. Feb. 4, 1760	1	133
Roswell, m. Hester K. RAY, Feb. 12, 1807	3	87
Seth, m. Marcy PARKER, Feb. 23, 1758	2	111
Seth, s. Seth & Marcy, b. Oct. 26, 1758	2	111
Timothy, s. Seth & Marcy, b. Nov. 8, 1759	2	111
DOBEL, Abigail, m. Ebenezer ROBERTS, 2d, June 25, 1781	3	7
DOBSON, Abigail, m. Bezeleel FISK, Aug. 12, 1810	2	232
John, of the Island of Barbadoes, m. Abigail ROCKWELL, of Middletown, Aug. 26, 1789	2	327
John, d. May 21, 1801	2	327
DODD, John, m. Hannah RANNEY, Apr. 4, 1781	2	352
John, s. John & Hannah, b. July 30, 1782	2	352
DODGE, Lucia, d. Benj[amin] & Margaret, b. Mar. 1, 1740/41	1	83
DOGAN, Frances, m. Michael CARY, May 6, 1854, by Rev. Jno. Brady	4	256
DOHERTY, Mary, m. Thomas O'KEEFFE, Aug. 15, 1853, by Rev. Jno. Brady	4	239
DOLAN, Anthony, s. Michael & Betsey, b. Feb. 7, 1851	4	200-1
Daniel, m. Mary KELLEY, Aug. 9, 1848, by John Brady	4	77
Daniel, laborer, m. Mary KELLEY, both b. in Ireland, Nov. 30, 1848, by John Brady	4	120-1
Patrick, m. Mary CASEY, Sept. 12, 1847, by Rev. John Brady	4	25
DONAGHE, Mary, d. Michael, manufacturer, ae 25, & Catharine ae 24, b. Aug. 27, 1849	4	152-3
DONE, [see also DUNN], Jerusha had s. Joseph WILLIAMS, b. Oct. 9, 1765; reputed f. Joseph WILLIAMS	2	246
DONEHAN, Bridget, m. Cornelius SULLIVAN, Nov. 3, 1849, by John Brady, Jr.	4	95
DONNOLLY, Richard, m. Anne FLYNN, Dec. 8, 1854, by Rev. Jno. Brady	4	275
DONOHOE, Catharine, m. Jno. HAYNOR, Oct. 6, 1850, by Rev. John Brady	4	148
DONOVAN, DONNOVAN, Hanora, m. William O'BRIEN, July 27, 1852, by Rev. Jno. Brady	4	221
Hanora, m. James DONOVAN, Oct. 23, 1853, by Rev. Jno. Brady	4	243
Hanora, m. Owen KILTY, Sept. 25, 1854, by Rev. Jno. Brady	4	272
James, m. Hanora DONOVAN, Oct. 23, 1853, by Rev. Jno. Brady	4	243
Johanna, m. Thomas KENNEDY, Jan. 24, 1853, by Rev. Jno. Brady	4	228-9

	Vol.	Page

DONOVAN, (cont.)
Johanna, m. Richard **DONOVAN,** Aug. 20, 1853, by Rev. Jno.
Brady   4   239
Margaret, m. Daniel **COUTTNEY,** Mar. 27, 1853, by Rev. Jno.
Brady   4   230
Mary, m. Edward **CARY,** July 21, 1850, by Rev. John Brady   4   145
Mary, m. Patrick **GEARY,** Jan. 24, 1853, by Rev. Jno. Brady   4   229
Mary, m. Thomas **CALLAGHAN,** Sept. 12, 1854, by Rev. Jno.
Brady   4   271
Michael, m. Bridget **FITZGERALD,** Ape. 21, 1852, by Rev. Jno.
Brady   4   219
Richard, m. Johanna **DONOVAN,** Aug. 20, 1853, by Rev. Jno.
Brady   4   239
Timothy, m. Margaret **KELLY,** Feb. 30 [sic], 1854, by Rev. Jno.
Brady   4   265
Timothy, m. Mary **COLBERT,** Nov. 30, 1854, by Rev. Jno.
Brady   4   275
William, m. Johanna **HARTNETT,** Feb. 18, 1849, by John Brady   4   88
W[illia]m, laborer, m. Joanna **HARTNETT,** both b. in Ireland,
Feb. 18, 1849, by Rev. John Brady   4   122-3
DOOGAN, William, m. Eliza **HARPER,** Dec. 1, 1854, by Rev. Jno.
Brady   4   275
DOOLEY, Eliza, d. John, quarryman, ae 30, & [   ], ae 30, b.
July 17, 1851   4   194-5
John, s. John, quarryman, ae 27, & Eliza, ae 28, b. Feb. 12, 1849   4   102-3
Margaret, m. William **BRENNEN,** Sept. 8, 1850, by Rev. John
Brady   4   49
Mary, d. Oct. 13, 1848, ae 2 wks   4   132-3
Mary Ann, d. Michael, quarryman, & Eliza, b. Oct. 9, 1848   4   114-5
William, m. Catharine **CLARE,** Nov. 20, 1853, by Rev. Jno.
Brady   4   243
DOLLING, DOOLIN, Jno. , m. Bridget **MONOGHAN,** Apr. 18,
1853, by Rev. Jno. Brady   4   230
Mary, m. Daniel **CARROLTY,** Aug. 16, 1853, by Rev. Jno.
Brady   4   239
DOOLITTLE, Abigail, m. William **MARK,** Apr. 15, 1728   1   15
Abigail, d. Nath[anie]ll & Hannah, b. Mar. 21, 1743   1   118
Abigail, m. Sam[ue]ll **GUILD,** Jan. 28, 1762   2   98
Abiga[i]l, d. Samuell & Mary, b. Apr. 10, 1797*
(*Probably 1697)   LR1   2
Abigail Higbe Graves, d. [Amos & Margaret], b. Aug. 30, 1810   3   28
Abisha, m. Sibbell **EGLESTONE,** Nov. 17, 1774   2   340
Abisha, s. [Amos & Margaret], b. May 1, 1801   3   28
Abishai, s. Joseph & Mary, b. Feb. 5, 1747   1   115
Abishai, m. Mrs. Mary **KELLEY,** Oct. 20, 1824, by Rev. Josiah
Graves   3   182
Abraham, m. Martha **CORNWELL,** Jan. 6, 1725/6   1   27
Abraham, s. Abraham & Martha, b. Oct. 31 1726   1   27
Abraham, Sr., d. July 15, 1733   1   27
Abraham, m. Desiah **DOWD,** May 3, 1750   2   200
Abraham, s. Ab[raha]m & Desiah, b. Dec. 24, 1752   2   200
Abraham, m. Sarah **BROCKWAY,** Aug. 21, 1776   2   200

MIDDLETOWN VITAL RECORDS

	Vol.	Page
DOOLITTLE, (cont.)		
Abraham, s Abraham, d. Nov. [ ], 1777	2	200
Abraham, m. Elizabeth **BECKWITH**, of Lyme, Mar. 16, 1780	2	200
Amos, s. Abisha & Sibbell, b. Mar. 31, 1776	2	340
Amos, m. Margaret **GRAVES**, Sept. 23, 1798	3	28
Anna or Hannah, d. Samuell & Mary, b. Oct. 29, 1700	LR1	2
Anna, of Wallingford, m. Cornelius **CORNWELL**, of Middletown, Nov. 30, 1785	2	76
Anne, d. Sam[ue]ll & Eliz[abet]h, b. Apr. 9, 1773	2	261
Betsey, d. Sam[ue]l & Anne, b. May, 11, 1779	2	261
Cornwell, m. Phebe **HEALY**, b. of Middletown, June 7, 1830, by Rev. John Cookson	3	350
Curtis Miller, s. [Amos & Margaret], b. Aug. 26, 1799	3	28
David, s. Seth & Hannah, b. Apr. 29, 1769	2	149
Desiah, d. Ab[raha]m & Desiah, b. Feb. 2, 1750/1	2	200
Desire, w. of Abraham, d. Sept. 28, 1775	2	200
Desire, d. Abraham & Sarah, b. June 11, 1777; d. July 15, 1778	2	200
Ebenezer, s. Abraham & Martha, b. June 3, 1730	1	27
Ebenezer, m. Margaret **MARK**, Mar. 2, 1758	2	143
Ebenezer, s. Eben[eze]r & Margaret, b. Dec. 19, 1764	2	143
Edgar J., of Hebron, m. Jane E. **SAGE**, of Middletown, June 8, 1842, by Rev. Zebulon Crocker	3	490
Elizabeth, d. Jos[eph]] & Mary, b. July 28, 1741:d. Nov. 18, 1742	1	115
Elizabeth, d. Nath[anie]ll & Hannah, b. Jan. 23, 1749/50	1	118
Elizabeth, d. Joseph & Mary, b. Sept. 10, 1750	1	115
Elizabeth, wid. of William **HARRIS**, d. Mar. 12, 1777	1	2
Ephra[i]m, s. Samuell & Mary, b. Sept. 21, 1695	LR1	2
Esther, d. Samuell & Mary, b. July 16, 1709	LR1	2
Eunice, d. Abra[ha]m & Desiah, b. Apr. 28, 1759; d. Sept. 12, 1775	2	200
Frederick, s. of Abisha, of Middletown, m. Eunice J. **NEFF**, of Cromwell, Oct. 12, 1851, by Rev. L. S. Hough	4	191
George, s. Jonathan & Rebeckah, b. Mar. 20, 1735/6	1	27
George W., of North Haven, m. Mary R. **CORNWELL**, d. John, of Middlefield, Oct. 17, 1847, by Rev. Joseph Holdrich	4	17
George W., blacksmith, ae 23, b. in North Haven, res. New Britain, m. Mary R. **CORNWELL**, ae 22, b. in Middletown, Oct. 17, 1847, by Joseph Holdrich	4	66-7
Hannah or Anna, d. Samuell & Mary, b. Oct. 29, 1700	LR1	2
Hannah, m. Stephen **TURNER**, Jan. 16, 1722/3	1	8
Hannah, d. Jona[tha]n & Lydia, b. Oct. 26, 1752	2	233
Hannah, d. Seth & Hannah, b. May 31, 1771	2	149
Hannah, m. Henry **DARLING**, Feb. 18, 1798	2	207
Hannah, w. of Henry, d. Nov. 8, 1799	2	207
Hart, m. Lucretia **HURLBERT**, b. of Middletown, June 7, 1830, by Rev. John Cookson	3	351
Hezekiah, s. Nath[anie]ll & Hannah, b. Apr. 6, 1748	1	118
Ira B., m. Marietta B. **TRYON**, d. of Joseph, Sept. 28, 1851, by Rev. Jno. Morrison Reed	4	217
Isaac, s. Abraham & Sarah, b. Sept. 22, 1778	2	200
Jemima, d. Abraham & Desiah, b. Nov. 22, 1755	2	200
Jesse, s. Ebenezer & Margaret, b. Mar 14, 1769	2	143

	Vol.	Page
DOOLITTLE, (cont.)		
Joel, s. Jonathan & Rebeckah, b. Nov. 28, 1732	1	27
Jonathan, m. Rebeckah **RANNY**, Jan. 26, 1726/7	1	27
Jonathan, s. Jonathan & Rebeckah, b. Dec. 28, 1727	1	27
Jonathan, m. Lydia **WILLIAMS**, Sept. 27, 1750	2	233
Jonathan, s. Jona[tha]n & Lydia, b. Aug. 5, 1758	2	233
Joseph, s. Samuell & Mary, b. June 20, 1704	LR1	2
Joseph, m. Mary **STRICTLAND**, May 24, 1739	1	115
Joseph, s. Joseph & Mary, b. May 13, 1743; d. Sept. 22, 1748	1	115
Joseph, s. Joseph & Mary, b. Sept. 28, 1755	1	115
Joseph, d. Aug. 6, 1771	1	115
Joseph, of Hartford, m. Caroline L. **RUST**, d. of Spencer, of Middletown, Dec. 29, 1852, by Rev Jno. Morrison Reid	4	232
Joshua, s. Abra[ha]m & Desiah, b. Apr. 18, 1764	2	200
Julia A. K., of Middletown, m. George S. **SCREEN**, of North Colebrook, Sept. 22, 1850, by Rev. L. S. Hough	4	246
Julia K., ae 25, b. in Middletown, res. Meriden, m. Geo[rge] S. **SCREEN**, tinman, ae 26, b. in Colebrook, res. Meriden, Sept. 21, 1850, by Rev L. S. Hough	4	202-3
Lucy, d. Jona[tha]n & Lydia, b. Aug. 2, 1751	2	233
Lucy, d. Abra[ha]m & Desiah, b. Aug. 29, 1767	2	200
Lydia, d. Jona[tha]n & Lydia, b. Aug. 2, 1751	2	233
Margaret, d. Abitha, manufacturer, & Mary, b. Aug. 19, 1847	4	58-9
Martha, d. Samuell & Mary, b. Apr. 6, 1699	LR1	2
Martha, m. Abishai **MARKS**, Sept. 18, 1736	2	16
Martha, d. Abra[ha]m & Desiah, b. Aug. 19, 1757	2	200
Martha, w. of Abishai **MARKS**, d. Apr. 17, 1773	2	16
Mary, d. Samuell & Mary, b. Nov. 24, 1693	LR1	2
Mary, m. Sollomon **GOOFF**, Jan. 6, 1717/18	LR2	28
Mary, d. Joseph & Mary, b. Feb. 23, 1739/40; d. Sept. 10, 1742	1	115
Mary, wid. of [Samuell], d. Nov. 16 1742	LR1	2
Mary, d. Joseph & Mary, b. Oct. 26, 1748	1	115
Nathan[ie]ll, s. Samuell & Mary, b. Jan. 15, 1706/7	LR1	2
Nath[anie]ll, m. Hannah **FOSTER**, June 10, 1740	1	118
Nath[anie]ll, s. Nath[anie]ll & Hannah, b. Nov. 10, 1745	1	118
Nath[anie]ll, d. May 21, 1752	1	118
Olive, d. Seth & Hannah, b. May 23, 1776; d. Sept. 29, 1776	2	149
Olive, d. Henry & Hannah, b. Dec. 27, 1798	2	207
Partridge, s. Ebenezer & Margaret, b. Sept. 26, 1771	2	143
Patience, d. Nath[anie]ll & Hannah, b. Apr. 23 1741	1	118
Patty, m. Comfort **WILLCOX**, Aug. 10, 1780	2	253
Rebeckah, d. Jonathan & Rebeckah, b. Nov. 14, 1734	1	27
Rebeckah, m. Liet. Nath[anie]ll **BACON**, Nov. 28, 1752	LR1	16
Rebeckah, d. Jona[tha]n & Lydia, b. Jan. 24, 1754	2	233
Rebeckah, m. Samuel **HIGBE**, Nov. 24, 1757	2	56
Rebeckah, d. Sam[ue]ll & Eliz[abet]h, b. May 1, 1769	2	261
Ruth, d. Samuell & Mary, b. June 3, 1702	LR1	2
Samuell, Sr., d. Sept. 25, 1714	LR1	2
Samuel, s. Jonathan & Rebeckah, b. Feb. 24, 1728/9	1	27
Samuel, m. Elizabeth **HUBBARD**, July 4, 1751	2	261
Samuel, s. Sam[ue]ll & Eliz[abet]h, b. Aug. 21, 1752	2	261
Samuel, Sr. d. Apr. 12 1778	2	261

MIDDLETOWN VITAL RECORDS

	Vol.	Page
DOOLITTLE, (cont.)		
Samuel, m. Anne **ARNOLD**, Apr. 15, 1778	2	261
Sarah, d. Jona[tha]n & Lydia, b. July 30, 1756	2	233
Sarah, d. Abra[ha]m & Desiah, b. May 14, 1761	2	200
Sarah, w. of Abraham, d. Dec. 7, 1779	2	200
Seth, s. Joseph & Mary, b. Jan. 21, 1745	1	115
Seth, m Hannah **DOWD**, Feb. 4, 1768	2	149
Seth, s. Seth & Hannah, b. Aug. 10. 1773; d. Aug. 3, 1777	2	149
Stephen, s. Sam[ue]ll & Eliz[abet]h, b. Apr. 22, 1771	2	261
Stephen, s. Sam[ue]ll & Eliz[abet]h, d. Jan. 2, 1776	2	261
Sibbel, d. Abra[ha]m & Martha, b. May 12, 1728; d. May 18, 1728	1	27
Sibbell Eggleston, d. [Amos & Margaret], b. Apr. 26, 1808	3	28
Thomas, s. Jonathan & Rebeckah, b. Feb. 10, 1730/31	1	27
Thomas, s. Eben[eze]r & Margaret b. Dec. 9, 1762	2	143
Timothy, s. Nath[anie]ll & Hannah, b. Feb. 17, 1751/2	1	118
-----, s. Abraham & Martha, st. B. Feb. 15, 1731/2	1	27
-----, d. Abraham & Martha, b. Mar. 2, 1732/3; d. Mar. 8, 1732/3	1	27
-----, [twin s. of Ebenezer & Margaret], b. Apr. 24, 1759; d. In 10 hrs.	2	143
-----, d. [Ebenezer & Margaret], b. Apr. 11, 1760; d. In 6 ds	2	143
-----, s. [Ebenezer & Margaret], b. Nov. 3, 1761; d. soon	2	143
-----, s. [Eben[eze]r & Margaret], b. Dec. 20, 1767; lived 2 days		
-----, s. [Seth & Hannah], b. May 4, 1770; d. May 7, 1770	2	143
-----, d. Abra[ha]m & Martha, b. [ ]; d. [ ]	2	149
DOOLPH, [see under **DeWOLF**]	1	27
DOONELL, Thankfull, m. Josiah **BACON**, Mar. 3, 1725/6		
DORAN, Catharine, m. Patrick **GRIFFIN**, Apr. 14, 1853, by Rev. Jno. Brady	1	20
Michael, d. [1847], ae 2	4	230
DOTY, Faith, m. Job **BATES**, b. of Wareham, Oct. 15, 1747	4	68-9
DOUD, [see under **DOWD**]	2	329
DOUGLAS, DOUGLASS, DOUGHLASS, DOGLASS, Abiah, Mrs., of New London, m. Capt. Joseph **SOUTHMAYD**, of Middletown, July 14, 1730	1	55
Benjamin, s. William, of Branford, Conn., b. Apr. 3, 1816; m. Mary Adeline **PARKER**, d. Elias, of Middletown, Apr. 3, 1838, by Rev. Robert McEwen	4	33
Benjamin, of Norwich, m. Mary A. **PARKER**, of Middletown, Apr. 3, 1838, by Rev. Robert McEwen	3	431
Benjamin, s. [Benjamin & Mary Adeline], b. Nov. 17, 1843; d. Dec. 18, 1848	4	33
Benjamin, s. Benjamin, manufacturer, ae 34, & Mary A., ae 39, b. Aug. 8, 1850	4	152-3
George, m. Clarissa B. **LEWIS**, b. of Haddam, May 21, 1826, by Rev. John r. Dodge	3	245
John Mansfield, [s. Benjamin & Mary Adeline], b. Feb.6 1839, in Norwich	4	33
Sarah Kirtland, [d. Benjamin & Mary Adeline], b. Mar. 21, 1841; d. Sept. 21, 1842	4	33
Will[ia]m, of North Branford, m. Grace C. **PARKER**, of Middletown, Apr. 12, 1835, by Rev. John Cookson	3	408

	Vol.	Page
DOUGLAS, (cont.)		
William, m. Catharine C. **RILEY**, b. of Middletown, [May] 12, [1845], by Rev. Townsend P. Abell	3	530
William, [s. Benjamin & Mary Adeline], b. Aug. 5, 1845	4	33
DOW, Harriet b., d. Simon, gunsmith, ae 21, & Margaret, ae 22, b. June 16, 1849	4	152-3
Simon, of Portland, Me., m. Mariett **PRIOR**, of Middletown, Aug. 19, 1849, by Rev. M. S. Scudder	4	140
DOWD, DOUD, Abigail, d. Isaac & Abigail, b. Mar. 26, 1735	1	44
Abigail, d. Isaac & Abigail, d. Nov. Last day, 1736	1	44
Abigail, d. Isaac & Abigail, b. Sept. 29, 1737	1	44
Abigail, m. Nathan **BACON**, Apr. 3, 1755	2	354
Amos, s. Isaac & Abigail, b. June 16, 1744	1	44
Amos, m. Sarah **NORTON**, Oct. 20, 1768	2	2
Anna, d. Richard & Phebe, b. Apr. 1, 1765	2	54
Anna M. Of Middletown, m. John **BAKER**, Jr., of New York, Sept. 7, 1820, by J. L. Williams, V.D.M.	3	355
Benjamin, s. David & Mary, b. Mar. 9, 1725/6	LR2	4
Benjamin, m. Azubah **HILDRIDGE**, Oct. 20, 1748	2	157
Benjamin, s. Rich[ar]d & Phebe, b. May 10, 1761	2	54
Benjamin, M. Mary **SAVAGE**, Nov. 7, 1782	2	301
Benjamin, s. Benj[ami]n & Mary, b. Feb. 7, 1785	2	301
Caroline, d. Luther & Patty, b. Aug. 15, 1826	3	176
Caroline Gaylord, d. Dan[ie]l & Lucy, b. Feb. 6, 1804	2	192
Chloe, m, Asap[h] **CHILLSON**, July 20, 1749	2	203
Chloe, d. Ezra & Mary, b. Mar. 28, 1756; d. Oct. 19, 1757	2	352
Clarissa, d. [Cornwell & Eunice], b. Mar. 3, 1788	2	182
Cornel, s. David & Sarah, b. Nov. 10, 1745; d. July 31, 1748	2	32
Cornel, s. Rich[ar]d & Phebe, b. May, 6, 1753	2	54
Cornel, see also Cornwell		
Cornelius, of Middletown, m. Mehetabel **BAILEY**, of Guilford, May 20, 1741	1	123
Cornwell, s. David & Mary, b. July 10, 1719; d. Apr. 16, 1744	LR2	4
Cornwell, m. Eunice **GAYLOR**, Mar. 26, 1777	2	182
Cornwell, s. [Cornwell & Eunice], b. May 18, 1781	2	182
Cornwell, see also Cornel		
Daniel, s. Rich[ar]d & Phebe, b. Oct. 15, 1746	2	54
Daniel, of Middletown, m. Mary **DRIGGS**, of East Haddam, May 4, 1769	2	69
Daniel, d. Aug. 17, 1775	2	69
Daniel, s. Cornwell & Eunice, b. May 13, 1779	2	182
Daniel, s. Cornwell & Eunice, b. May 13, 1779; m. Lucy **EDWARDS**, Aug. 15, 1802	2	192
Daniel B., s. Dan[ie]l [& Lucy], b. Dec. 7, 1811	2	192
David, m. Mary **CORNWELL**, Sept. 24, 1718	LR2	4
David, s. David & Mary, b. Feb. 8, 1720/21	LR2	4
David, d. Sept. 6, 1740	LR2	4
David, m. Sarah **TURNER**, Nov. 29, 1744	2	32
Demetrius S., m. Caroline E. **MORSE**, Jan. 18, 1852, by Rev. Jno. Morrison Reid	4	218
Desire, d. David & Mary, b. Aug. 29, 1730	LR2	4
Desiah, m. Abraham **DOOLITTLE**, May 31, 1750	2	200

	Vol.	Page
DOWD, (cont.)		
Dinah, d. Jacob & Mary, b. June 14, 1748	2	46
Ebenezer, s. David & Mary, b. Sept. 3, 1740	LR2	4
Edw[ar]d S., m. Julia **JOHNSON**, Dec. 7, 1831, by Rev. John R. Crane	3	363
Eleazer, s. Cornel & Eunice, b. Dec. 20, 1789	2	182
Eliza Edwards, d. (Dan[ie]l & Lucy], b. Dec. 3, 1808	2	192
Elizabeth, d. Jacob & Elizabeth, b. Feb. 21, 1719/20	LR2	29
Elizabeth, d. Jacob & Elizabeth, d. Mar. 9, 1735/6	LR2	29
Elizabeth, wid. of Jacob, m. Isaac **LANE**, b. of Middletown, Oct. [ ], 1735	LR2	4
Elizabeth, d. Jno. & Rebeckah, b. June 25, 1738	1	117
Elizabeth, d. Jacob & Mary, b. Sept. 25, 1756	2	46
Emily, d. [Luther & Patty], b. Dec. 27, 1827	3	176
Emily, Of Middletown, m. Henry H. **TODD**, of Berlin, Conn., June, 8, 1848, by Rev. L. S. Hough	4	34
Emily, ae 20, b. in Middletown, m. Henry H. **TODD**, farmer, ae 26, of New Britain, June 8, 1848, by Lent S. Hough	4	66-7
Esther, d. Jacob & Elizabeth, b. Sept, 12, 1722	LR2	29
Esther, d. Isaac, & Abigail, b. June 19, 1757	1	44
Esther, d. Giles & Esther, b. Jan. 12, 1758	2	51
Eunice, d. Jacob & Mary, b. May 30, 1750	2	46
Eunice, d. [Cornwell & Eunice], b. June 8, 1783	2	182
Eunice, m. Barzillai **SAGE**, Oct. 13, 1805	2	358
Ezra, s. Isaac & Abigail, b Nov. 31, 1732	1	44
Ezra, m. Mary **TAYLOR**, June 12, 1755	2	358
Fanny, d. [Richard, Jr. & Rebeckah], b. May 16, 1804	2	48
Fanny, m. Caleb **HITCHCOCK**, Sept. 13, 1827, by Rev. Jno. R. Crane	3	278
Giles. S. David & Mary, b. July 17, 1735	LR2	4
Giles, m. Esther **BACON**, Aug. 8, 1757	2	51
H-----, m. L.M. **WHITE**, b. of Mereden, Mar. 14, 1848, by Rev. Townsend P. Abell	4	31
Hannah, d. David & Mary, b. Feb. 2, 1732/3	LR2	4
Hannah, d. David & Sarah, b. June 8, 1747; d. July 25, 1748	2	32
Hannah, d. David & Sarah, b. Jan. 26, 1748/9	2	32
Hannah, m. Seth **DOOLITTLE**, Feb. 4, 1768	2	149
Isaac, s. Isaac & Abigail, b. Jan. 30, 1729/30	1	44
Isaac, Jr., m. Phebe **STOW**, Dec. 9, 1754	2	339
Isaac, s. Isaac, Jr. & Phebe, b. July 12, 1755	2	339
Jacob, m. Elizabeth **CORNWELL**, June 8, 1716	LR2	29
Jacob, s. Jacob & Elizabeth, b. May 25, 1725	LR2	29
Jacob. , Sr., d. Oct. 18, 1735	LR2	29
Jacob, m. Mary **WETMORE**, Dec. 11, 1745	2	46
Jacob, s. Jacob & Mary, b. July 5, 1752	2	46
Jane, d. David & Mary, b. Apr. 4, 1738	LR2	4
Jesse, s. Jacob & Mary, b. June 20, 1754	2	46
John, s. Jacob & Elizabeth, b. Aug. 28, 1717	LR2	29
John, m. Rebeckah **HIGBE**, Nov. 11, 1736	1	117
John, s. John & Rebeckah, b. Nov. 1, 1739	1	117
John, d. Sept. 3, 1745	1	117
John, s. Jacob & Mary, b. Dec. 17, 1758	2	46

	Vol.	Page
DOWD, (cont.)		
John, s. Amos & Sarah, b. Apr. 28, 1770	2	2
Laura, m. Henry **COOK**, of Hartford, Dec. 5, 1832, by Rev. John R. Crane	3	377
Lois, d. Jacob & Elizabeth, b. Nov. 13 1733	LR2	29
Lucretia S., m. Chauncy **CROOK**, of Haddam, July 19, 1840, by Rev. John R. Crane	3	468
Lucy Jerome, d. [Dan[ie]l & Lucy], b. Apr. 19, 1806	2	192
Luther L., m. Patty **CLARK**, Oct. 14, 1824, by Rev. Stephen Hayes, of Westfield	3	176
Luther S., d. Sept. 30, 1827	3	176
Luther Savage, s. [Richard, Jr. & Rebeckah], b. June 7, 1798	2	48
Lydia, m. Samuel **BUTLER**, Dec. 1, 1835, by Rev. Jno. R. Crane	3	416
Lyman, of Durham, m. Hannah **LAW**, of Middletown, Apr. 23, 1810, by Rev. John R. Crane	3	124
Maria B., m. George **MACKINTOSH**, Aug. 2, 1832, by Rev. John R. Crane	3	371
Mary, d. David & Mary, b. Apr. 10, 1828; d. Nov. 29, 1745	LR2	4
Mary, d. Jno. & Rebeckah, b. Aug. 17, 1743	1	117
Mary, d. Jacob & Mary, b. July 27, 1746	2	46
Mary, d. Richard & Phebe, b. June 28, 1748	2	54
Mary, d. Ezra & Mary, b. Dec. 1, 1760	2	352
Mary, m, Daniel **PLUM**, June 11, 1767	2	157
Mary, d. [Benjamin & Mary], B. Dec. 19, 1786	2	301
Naomi s., m. David **SAVAGE**, Sept. 29, 1822, by Rev. John R. Crane	3	106
Naomi, Sherman, d. [Cornel & Eunice], b. Sept. 3, 1801	2	182
Olley, m. Daniel **CLARK**, Jr., Nov. 16, 1785	2	309
Patty, m. Daniel J. **GRISWOLD**, Apr. 9, 1830	3	357
Patty, m. Dan[ie]l G. **GRISWOLD**, b. of Middletown, Apr. 9, 1830, by Rev. Stephen Topliff	3	369
Percy, d. Rich[ar]d & Rebeckah, b. July 12, 1784	2	48
Phebe, d. Rich[ar]d & Phebe, b. May 25, 1759	2	54
Phebe, m. Samuel **WILLCOX**, 3rd, May 28, 1778	2	323
Phebe, d. [Richard, Jr. & Rebeckah], b. Oct. 28, 1785	2	48
Polly, d. Daniel & Mary, b. Sept. 20, 1771	2	69
Polly, d. [Richard, Jr. & Rebeckah], b. Aug. 7, 1792	2	48
Rachel, d. Jacob & Elizabeth, b. Feb. 4, 1730/31	LR2	29
Rachel, m. Giles **WILLCOX**, Nov. 9, 1775	2	160
Rana, d. [Benjamin & Mary], b. Dec. 7, 1788	2	301
Rana, see also Rene		
Rebeckah, d. John & Rebeckah, b. Aug. 2, 1741	1	117
Rebeckah, m. Joseph **BLAKE**, sept. 25, 1746	1	76
Rebeckah, d. [Richard, Jr. & Rebeckah], b. Jan. 28, 1795	2	48
Rebecca, m. Samuel **WILCOX**, of Berlin, Nov. 27, 1826, by Rev. Stephen Hayes	3	259
Rene, d. Rich[ar]d & Phebe, b. Mar. 13, 1763	2	54
Rene, see also Rana		
Rhoda, d. Rich[ar]d & Phebe, b. June 10, 1751	2	54
Rhoda, m. Joshua **ROCKWELL**, Jan. 1, 1772	2	252
Rody, d. Daniel & Mary, b. June 19, 1773	2	69
Richard, s. David & Mary, b. Feb. 9, 1723/4	LR2	4

	Vol.	Page
DOWD, (cont.)		
Richard, m. Phebe **FOSTER**, Jan. 2, 1746	2	54
Rich[ar]d, s. Rich[ar]d & Phebe, July 25, 1757	2	54
Richard, Jr. m. Rebeckah **SAVAGE**, Jan. 27, 1783	2	48
Richard, Jr., m. Rebeckah **SAVAGE**, Jan. 27, 1783	2	255
Richard, s. [Richard, Jr. & Rebeckah], b. Aug. 16, 1787	2	48
Sally, d. [Richard, Jr. & Rebeckah], b. Jan. 16, 1789	2	48
Sarah, d. Jacob & Elizabeth, b. Nov. 20, 1727	LR2	29
Sarah, m. Sam[ue]ll **GREEN**, Jr., Oct. 2, 1745	2	45
Sarah, d. David & Sarah, b. May 29, 1751	2	32
Seth, s. Rich[ar]d & Phebe, b. May 20, 1755	2	54
Seth, s. [Cornwell & Eunice], b. May 18, 1786	2	182
Seth, s. [Richard, Jr. & Rebeckah], b. Apr. 28, 1801	2	48
Seth, m. Cornelia **HALL**, Sept. 8, 1825, by Rev. John R. Crane	3	207
Stephen, s. Ezra & Mary, b. Feb. 5, 1758	2	352
Susannah, d. [Richard, Jr. & Rebeckah], b. Oct. 12, 1790	2	48
----, s. [Daniel & Mary], b. Sept. 9, 1774; d. Sept. 17, 1774	2	69
----, s. Cornwell & [Eunice], b. Feb. 18, 1778; d. Feb. 18, 1778	2	182
DOWERS, Anna, d. Tho[ma]s & Mary, b. Apr. 8, 1776	2	204
Cates, d. Tho[ma]s & Mary, b. Apr. 28, 1772	2	204
Catharine, d. [Thomas & Mary], b. June 6, 1767; d. June 21, 1767	2	204
Henery, s. Tho[ma]s & Mary, b. Mar. 17, 1770	2	204
[Katie], see under Cates		
Thomas, m. Mary **COLE**, May 29, 1766	2	204
William Martin, s. [Thomas & Mary], b. Jan. 28, 1769; d. Mar. 4, 1769	2	204
DOWNER, Abraham, m. Lois **ABEL**, b. of Norwich, Apr. 2, 1760	2	118
Jerusha, d. Abra[ha]m & Lois, b. Feb. 20, 1761	2	118
DOWING, Ann, of Springfield, m. Caleb **JOHNSON**, of Middletown, Sept. 27, 1743	2	44
Bridget, m. Daniel **MAHONEY**, July 14, 1849, by John Brady	4	89
Bridget, m. Daniel **MEHONEY**, laborer, both b. in Ireland, July 14, 1749, by Rev. John Brady	4	124-5
Eliza A., of Windham, m. George W. **CLARK**, of Haddam, Feb. 3, 1851, by Rev. M L. Scudder	4	183
James, b. in Ireland, res Middletown, d. May 17, 1851, ae 4 y.	4	202-3
Patrick, m. Catharine **DALY**, Aug. 17, 1851, by Rev. Jno. Brady	4	192
Thomas, m. Margaret **MaMONEY**, May 2, 1847, by Rev. John Brady	4	1
William, d. July 7, 1851, ae 7 m.	4	202-3
DOWNS, Clementine, d. Duane, farmer, ae 38, 7 Louisa, ae 31, b. Feb. 15, 1847	4	52-3
Derwin, of West Troy, N.Y., m. Louis **BOW**, d. of Obadiah, May 17, 1847, by Rev. Daniel Burrows	4	10
Francis, s. Darwin & Louisa, b. July 16, 1851	4	200-1
DOYLE, Peter, m. Bridget **BERGEN**, Apr. 25, 1852, by Rev. Jno. Brady	4	219
DRAKE, Urslilla, late of Torringford, in Torrington, m. Elijah **HUBBARD**, Mar. 12, 1777	2	80
DREGGS, [see also **DRIGGS**]		
DRENNEN, Mary, d. Nicholas, laborer, ae 30, & Catharine, ae 30, b. May 15, 1851	4	194-5

184　　　　　　　BARBOUR COLLECTION

	Vol.	Page
DRENNEN, (cont.)		
Michael, s. Nicholas, laborer, ae 27, & Catherine, ae 27, b. May 20, 1849	4	102-3
DREW, Anne, m. William **CORPONE,** Nov. 9, 1851, by Rev. John Brady	4	193
DRIER, Clother, of Middletown, m. Anna **BRAMBLE,** of Lime, Apr. 17, 1760	2	19
DRIGGS, DREEGS, DREGGS, Aney, m. William B. **WARD,** May 13, 1811	3	25
Asa. S. Jos[eph]] & Chloe, b. Mar. 12, 1782	2	288
Asa Johnson, s. [Benjamin & Joanna], b. Aug. 13, 1805	3	30
Bartholomew, s. Dan[ie]l & Eliz[abet]h, b. May 9, 1745	1	124
Benjamin, s. Jos[eph]] & Rachel, b. Sept. 27, 1773	2	109
Benj[ami]n, m. Joanna **MALONE,** Aug. 23, 1797	3	30
Benj[ami]n James, s. Benj[ami]n & Joanna, b. Nov. 30, 1799	3	30
Chloe, d. Jos[eph]] & Chloe, b. June 23, 1784	2	288
Daniell, s. Joseph & Elizabeth, b. May 17, 1721	LR2	Ind-3
Daniel, m. Elizabeth **STRICTLAND,** Mar. 19, 1740/1	1	124
Daniel, s. Dan[ie]l & Eliz[abet]h, b. Dec. 27, 1741	1	124
Daniel, s. Jos[eph]] & Chloe, b. Apr. 13, 1789	2	288
Elias, s. Jos[eph]] & Chloe, b. July 22, 1777	2	288
Elisha, s. Joseph & Rachel, b. Feb. 1, 1760	2	109
Elizabeth, d. Joseph & Elizabeth, b. Dec. 11, 1719	LR2	Ind-3
Elizabeth, w. of Joseph, d. Mar. 3, 1724/5	LR2	Ind-3
Elizabeth, d. Joseph [& Eliza[abet]h], d. Jan. 10, 1739/40	LR2	Ind-3
Elizabeth, d. Dan[ie]l & Eliz[abet]h, b. Mar. 14, 1747	1	124
Esther Winburn, d. [Israel & Pierce], b. July 7, 1792	2	343
Hannah, d. Joseph & Chloe, b. Mar. 1, 1773	2	288
Hannah, m. Oliver **BARNS,** Apr. 4, 1794	2	143
Israel, s. Joseph & Rachel, b. Oct. 10, 1754; d. June 20, 1756	2	109
Israel, s. Joseph & Rachel, b. Apr. 10, 1757	2	109
Israel, m. Pierce **ROBARDS,** Jan. 23, 1783	2	343
Israel, s. [Israel & Pierce], b. Apr. 17, 1800	2	343
John. S. Joseph & Elizabeth, b. Jan. 26, 1723/4	LR2	Ind-3
John, s. Dan[ie]l & Eliz[abet]h, b. June 30, 1743	1	124
John, s. Jos[eph]] & Rachel, b. Apr. 30, 1767	2	109
Joseph, s. Joseph & Elizabeth, July 5, 1716	LR2	Ind-3
Joseph, m. Elizabeth **BORN,** wid. of Joseph, Sept. 13,1716	LR2	Ind-3
Joseph, 2d, [s. Joseph & Elizabeth], b. Sept. 14, 1718	2	Ind-3
Joseph, Jr., m. Rachel **JOHNSON,** May 22, 1746	2	109
Joseph, s. Joseph & Rachel, b. Apr. 30, 1747; d. Oct. 24, 1748	2	109
Joseph, s. Joseph & Rachel, b. May 31, 1749	2	109
Joseph, jr., of Middletown, m. Chloe **BEACH,** of New Haven, Aug. 26, 1772	2	288
Joseph, s. Jos[eph]] & Chloe, b. Jan. 26, 1775	2	288
Lucy, d. [Israel & Pierce], b. May 23, 1789	2	343
Mary, of East Haddam, m. Daniel **DOWD,** of Middletown, May 4, 1768	2	69
Mary, of Middletown, m. Nathaniel **COTTON,** of New Jersey, May 19, 1823, by Rev. John R. Crane	3	128
Mary Ann, d. Benj[ami]n & Joanna, b. Aug. 17, 1798	3	30
Michael, s. [Isarel & Pierce], b. Feb. 1, 1804; d. Aug. 12, 1804	2	348

MIDDLETOWN VITAL RECORDS

	Vol.	Page
DRIGGS, (cont.)		
Nathaniel, s. Jos[eph] & Chloe, b. Oct. 29, 1779	2	288
Pierce, d. [Israel & Pierce], June 25, 1785	2	343
Piercy, d. [israel & Pierce], d. Aug. 1, 1808	2	343
Polly, d. [Israel & Pierce], b. Oct. 3, 1794	2	343
Rachel, d. Israel & Pierce, b. Jan. 4, 1784; d. Dec. 10, 1796	2	343
Rachel, 2d, d. [Israel & Pierce], b. May 17, 1798	2	343
Rachel, of Middletown, m. Joseph **McCLEVE**, of Chatham, Apr. 17, 1826, by Rev. John R. Crane	3	225
Rebeckah, d. [Israel & Pierce], b. May 20, 1787	2	343
Rebeckah Had d. Fanny Brown, b. Nov. 18, 1805	2	343
Samuel, s. Jos[eph] & Rachel, b. July 21, 1763	2	109
Samuel, s. Jos[eph] & Chloe, b. Feb. 20, 1787	2	288
Seth, s. Jos[eph] & Chloe, b. Dec. 14, 1792	2	288
-----, d. Jos[eph] & Chloe, b. June 10, 1791; d. July 29, 1791	2	288
-----, s. [Israel & Pierce], b. Aug. 6, 1791; d. same day	2	343
-----, s. [Israel & Pierce], b. Feb. 21, 1797; d. same day	2	343
DRIMEN, Mary, m. Garret **O'KEEFFE**, July 24, 1853, by Rev. Jno. Brady	4	238
DRISCOLL, Julia, m. William **BRANSFIELD**, Nov. 1, 1849, by John Brady, Jr.	4	95
Thomas, m. Ellen **CUNNINGHAM**, Apr. 10, 1852, by Rev. Jno. Brady	4	212
DUBRIELLE, Antoine, m. Elizabeth C. **RILEY**, b. of Middletown, Jan. 25, 1828, by Joshua L. Williams, V.D.M.	3	297
DUDLEY, Abigail, d. John & Abigail, b. Apr. 13, 1742	1	96
Asael, m. Elizabeth **HATCH**, Jan. 5, 1741/2	2	281
Asael, s. Asael & Eliza[bet]h, b. Aug. 4, 1748	2	281
Eber, s. Asael & Eliza[bet]h, b. Aug. 28, 1753	2	281
Elias, m. Laura **PRESTON**, May 11, 1812	3	26
Elizabeth, d. Asael & Elizabeth, b. Apr. 10, 1756	2	281
Isaac, s. Asael & Elizabeth, b. Apr. 8, 1761	2	281
Isaac, of Winterbury, m. Mariah L. **CORNWELL**, of Middletown, Oct. 16, 1832, by Rev. Fitch Reed	3	374
Levi, s. Asael & Eliza[bet]h, b. Mar. 30, 1746	2	281
Levi, s. Asael & Eliz[abet]h, b. [ ]; d. [ ]	2	281
Lois, d. Asael & Elizabeth, May 9, 1759	2	281
Mabel, d. Asael & elizabeth, b. Dec. 5, 1763	2	281
Maria Fitch, d. Elias & Laura, b. Sept. 22, 1814	3	26
Ruth, d. Asael & Eliza[bet]h, b. Sept. 22, 1751	2	281
Ruth, m. Jeremiah **WILLCOX**, Dec. 7, 1780	2	159
Sylvia, d. Curtis, m. Russell **WATROUS**, b. of Madison, May 12, 1849	4	84
Thankful, d. John & Abigail, b. Dec. 9, 1739	1	96
William, s. Asael & Eliz[abet]h, b. Apr. 23, 1743	2	281
William S., m. Susan M. **BELDEN**, b. of Middletown, Dec. 24, 1838, by Rev. Elisha Andrews	3	455
DUEY, [see under **DEWEY**]		
DUNBAR, Abigail, d. Tho[ma]s & Abigail, b. Sept. 2, 1740	1	90
James, s. Tho[ma]s & Abigail, b. Jan. 31, 1735/6	1	90
John, s. Tho[ma]s & Abigail, b. Sept. 23, 1733	1	90
Thomas, m. Abigail **HOLEMAN**, Dec. 17, 1732	1	90

	Vol.	Page
DUNBAR, (cont.)		
Thomas, s. Tho[ma]s & Abegail, b. Aug. 7, 1738	1	90
DUNCAN, Elizabeth, d. Jno. & Thankful, b. May 8, 1764	2	87
Fanny, m. Alexander **MAITLAND**, b. of Middletown, Sept. 26, 1853, by Rev. E. L. Janes	4	245
Hannah, d. Jno. & Thankful, b. Sept. 1, 1762	2	87
James, s. John & Thankful, b. Jan. 19, 1758	2	87
James, m. Agnes **SCROY**, b. late of Scotland, now of Middletown, June 30, 1851, by Rev. L. S. Hough	4	190
James, laborer, ae 21, b. in Scotland, res Middletown, m. Agnes **SCROY**, b. in Scotlan, res. Middletown, June 30, 1851, by Rev. L. S. Hough	4	202-3
John, m. Thankful **LEWIS**, Apr. 25 1757	2	87
John, s. John & Thankful, b. Feb. 21 1760	2	87
Thomas, s. Jno. & Thankful, b. Apr. 28, 1761	2	87
DUNHAM, Almyra, m. Sylvester **BATES**, [Jan.] 20, [1828], by Rev. E. R. Tyler	3	294
Daniel E., of Marlborough, m. Mary Ann **HEDGES**, of Middletown, Apr. 16, 1837, by Rev. John Cookson	3	433
David, of Norton, m. Sarah **MARKHAM**, of Middletown, May 11, 1757	2	182
David, s. David & Sarah, b. Nov. 2, 1757	2	132
Elizabeth N., m. William L. **CLARK**, Jan. 29, 1846, by Rev. A. L. Stone	3	547
Frances A., d. Starr, printer, b. Nov. 3, 1849	4	152-3
Joseph S., of Middletown, m. Mary C. **WARD**, d. of Truman, of Middletown, Aug. 18, 1848, by Rev Z. N. Lewis	4	36
Lucretia, m. Edwin **PRATT**, Mar. 9, 1823, by Rev. John R. Crane	3	121
Lucy E., d. Sylvester C., farmer, & Deborah A., b. Nov. 7, 1849	4	160-1
Lucy E., d. Feb. 4, 1850, ae 2 m.	4	174-5
Salmon H., of Berlin, m. Lucy Ann **WILCOX**, of Middletown, [Oct.] 18, [1848], by Rev. L. S. Hough	4	39
Sarah, d. W[illia]m & Sarah, b. Aug. 31, 1795; m. William **SOUTHMAYD**, Jr., July 2, 1818	3	335
Sarah, m. W[illia]m **SOUTHMAYD**, July 2, 1818	3	65
William H., m. Caroline **GRIFFIN**, June 2, 1844, by Rev. Horace Hills, Jr.	3	517
——, d. E. H., dentist, ae 29, & Betsey, ae 32, b. Oct. 16, 1848	4	102-3
DUNLAP, Cha[rle]s H., d. Jan. 12, 1849, ae 7 wks.	4	128-9
John, m. Jane E. **HUNT**, b. of Middletown, June 19, 1853, by Rev. E. L. Janes	4	245
Robert, m. Elizabeth **CLARK**, d. W[illia]m, of New field, Dec. 19, 1847, by Rev. Frederick J. Goodwin	4	24
Robert, planemaker, ae 22, b. in Glasgow, Scotland, res. Middletown, m. Elizabeth **CLARK**, ae 20, b. in Portland, res. Middletown, Dec. 19, 1847, by [Rev.] F. J. Goodwin	4	64-5
DUNN, DUNNE, [see also **DONE**], Bridget, m. Martin **DEEGAN**, June 25, 1854, by Rev. Jno. Brady	4	268
Dennis, m. Mary **COTTER**, July 28, 1850, by Rev. John Brady	4	145
Edward, m. Maria **GREEN**, Aug. 19, 1849, by John Brady, Jr.	4	94
Elizabeth, m. Lawrence **McEVOY**, Jan. 6, 1852, by Rev. Jno. Brady	4	209

MIDDLETOWN VITAL RECORDS 187

	Vol.	Page
DUNN, (cont.)		
Henry W., m. Mary J. **FORREST**, Jan. 25, 1852, by Rev. Jno. Morrison Reid	4	218
James, m. Margaret **DEETAN**, June, 13, 1852, by Rev. Jno. Brady	4	221
James, m. Mary **BRIDE**, Nov. 6, 1854, by Rev. Jno. Brady	4	273
John, d. July 15, 1849, ae 4	4	132-3
John, m. Mary **WELCH**, Oct. 29, 1853, by Rev. Jno. Brady	4	244
Julia, m. John **CASHMAN**, Sept. 13, 1854, by Rev. Jno. Brady	4	271
Margaret, m. James **SHAUGHNESSEY**, June 13, 1847, by Rev. John Brady	4	9
Mary, m. Patrick **GREEN**, Nov. 2, 1845, by Rev. John Brady	3	540
Michael, m. Johanna **SULLIVAN**, Aug. 17, 1845, by Rev. John Brady	3	540
Michael, m. Ann **MULHALL**, Jan. 6, 1852, by Rev. Jno. Brady	4	209
Michael, m. Bridget **SCURLOCK**, May 25, 1852, by Rev. Jno. Brady	4	220
Patrick, m. Hanora **KELLEY**, Jan. 6, 1852, by Rev. Jno. Brady	4	208
Sarah A., d. John, laborer, ae 41, & Margaret, ae 41, b. Oct. 15, 1848	4	42-3
Sarah Hun, d. July 23, 1848, ae 1	4	68-9
Thomas, laborer, ae 30, b. in Ireland, res. Middletown, m. Maria **LAWLER**, ae 27, b. in Ireland, res Middletown, May 29, 1849, by Rev. John Brady	4	166-7
Thomas, m. Maria **LAWLER**, May 29, 1849, by Rev. Jno. Brady	4	143
William, m. Bridget **CAIN**, Aug. 22, 1852, by Rev. Jno. Brady	4	222
DUNNING, Anna, m. Tho[ma]s **HOBBY**, Apr. 6, 1806	3	4
DUNSTON, Elizabeth, b. in Cornwall, Eng. Ae 21, formerly of Middletown, now of Bristol, m. Charles **RULES**, b. in Cornwall, Eng. Ae 22, now of Bristol, June 13, 1854, by J. B. Merwin	4	255
DUPEE, Charles, m. Hannah **LANE**, Aug. 15, 1754	2	346
Charles, s. Charles & Hannah, b. Dec. 29, 1755	2	346
DURAND, Sarah, Mrs., m. Selah **NORTH**, b. of Middletown, July 19, 1831, by Rev. Fitch Reed	3	361
DURANT, Edward, s. George, b. June 2, 1771	LR1	2
Georg[e], d. June 15, 1687	LR1	2
DUTTON, Ann, m. William **RUSSELL**, b. of Middletown, Sept. 22, 1854, by Rev. Henry Melville	4	261
DUVALL, Emily, d. W[illia]m, merchant, ae 27, of N.Y., & Caroline, ae 26, b. July [ ], 1849	4	152-3
Emily, d. Feb. 20, 1850, ae 8 m.	4	170-1
John, see under John DUWALL		
William, Jr., of New York, m. Caroline Nichols **CLARK**, of Middletown, May 28, 1846, by Rev. John R. Crane	3	550
DUWALL, John of Cincinnati, m. Fanny **COTTON**, of Middletown, Oct. 3, 1824, by Rev. Birdseye G. Noble	3	177
DWIGHT, DWITE, Abiah, d. Samuel & Mary, b. Apr. 29, 1732	1	Ind-1
Abiah, d. Sam[ue]ll & Mary b. Apr. 29, 1732	1	72
Daniel, s. Sam[ue]ll & Mary, b. Mar. 20, 1733/4; d. Apr. 27, 1734	1	72
Daniel, s. Sam[ue]ll & Mary, b. Mar. 22, 1734/5	1	72
Esther, s.* SAMu[ue]ll & Mary, b. Nov. 8, 1737 (*Daughter?)	1	72

	Vol.	Page
DWIGHT, (cont.)		
Mary, m. Daniel **HALL**, Jr., Mar. [ ]	1	101
Mehitabel, m. William **SOUTHMAYD**, Mar. 26, 1729	1	68
DWYER, Ellen, m. Patrick **COTTER**, May 14, 1848, By Rev. John Brady	4	76
DYER, DYRE, Bennet, m. Julia A. **LOOMIS**, b. of Middletown, Feb. 27, 1853, by Rev. Jno. Morrison Reid	4	233
Cha[rle]s, m. Mary Ann **STARR**, Sept. 18, 1822, by Rev. B. G. Noble	3	108
Charles, s. Charles & Mary Ann, b. May 20, 1825	3	108
Charles, Jr., m. Grace Ann **STARR**, d. of Nathan, b. of Middletown, Aug. 15, 1848, by Rev. Samuel Farmer Jarvis	4	37
Charles, ivory, of Middletown, m. Grace Ann **STARR**, of Middletown, Aug. 15, 1848, by S. F. Jarvis	4	120-1
Cha[rle]s, Jr., m. Grace Ann [**STARR**], 2d, [d. Nathan & Grace], [ ]	3	413
Grace Ann, 2d, see Grace Ann Starr, 2d	3	413
John James, s. Francis & Elizabeth, b. Apr. 16, 1854	4	259
Mary Caroline, d. Cha[rle]s & Mary Ann, b. Sept. 1, 1823	3	108
Thomas, of Chicago, Ill., m. Elizabeth S. **HUBBARD**, of Middletown, Mar. 11, 1844, by Rev. Henry DeKoven	3	512
DYON, (?), William, m. Mary **O'NEIL**, Feb. 3, 1850, by Rev. John Brady	4	138
DYSON, Dunbar Smith, of New York, m. Mary Starr **CARRINGTON**, of Middletown, Dec. 4, 1838, by Samuel Farmer Jarvis, D.D., L.L.D., at Christ Church	3	454
EALER, Henry and w. Julia were god-parents of George **HOERTH**, s. of Frederick & Catharine, on Jan. 1, 1843	4	235
EARL, EARLE, George, of Hartford, m. Sarah **GRAVES**, of Middletown, Sept. 14, 1837, by Rev. J. Goodwin	3	438
Mary, m. Nathaniell **HUB[B[ARD**, May 29, 168[2*]; d. Apr. 6, 1732 (*correction (2) handwritten in origina)	LR1	26
EASTMAN, Henry L., of Springfield, Mass., m. Hannah C. **WHITE**, of Middletown, Aug. 19, 1833, by Rev. Zeb[ulo]n Crocker	3	385
EASTON, [see also **ESTON**], Rue, m. Harriss **HAMLIN**, Aug. 22, 1787	2	303
EATON, Charlotte, d. Feb. 22, 1849, ae 9 y.		
Rebeckah, m. Nath[anie]ll **GOODWIN**, b. of Boston, Sept. 22, 1724	4	172-3
Sam[ue]ll, m. Deborah **MARKHAM**, June 25, 1746	1	89
Samuel, s. Sam[ue]ll & Deborah, b. June 7, 1747	2	107
EDDY, EDY, EDE, Charity, d. John, Jr. & Eliza[bet]h, b. May 3, 1765	2	107
	2	336
Elizabeth, m. Nathaniel **BOZWORTH**, June 14, 1750	2	252
Elizabeth, d. Jno. Jr. & Eliz[abet]h, b. Jan. 7, 1763	2	336
Esther, m. Thomas **BLISS**, Nov. 6, 1760	2	331
Jeremiah, of Hartford, m. Lucinda J. **COMES**, of Middletown, [May] 18, [1834], by Rev. Stephen Topliff	3	396
Zubah, d. John & Hannah Ede, alias Martin, b. Apr. 2, 1721	LR2	Ind-1
EDE, [see under **EDDY**]		
EDLESTON, James, m. Elizabeth **MUSGRAVE**, b. of Middletown, Sept. 12, 1852, by Rev. Frederic J. Goodwin	4	260
EDWARDS, Abigail, d.Nath[anie]ll & Margaret, b. Feb. 15, 1746	1	111

	Vol.	Page
EDWARDS, (cont.)		
Abigail, m. Jard **SHEPARD**, Mar. 8, 1763	2	198
Abigail, of Waterbury, in the Parish of Westbury, m. John **BLAKE**, Jr., of Middletown, Nov. 26, 1767	2	165
Agnes, d. Aug. 16, 1847, ae 11 m.	4	72-3
Albert Allen, s. David, farmer, ae 46, & Louisa, ae 35, b. Nov. 15, 1848	4	114-5
Albert J., s. Charles L., gunsmith, ae 36, & Laura M., ae 37, b. Aug. 17, 1848	4	102-3
Asahel, s. Nath[anie]ll & Margaret, b. Mar. 8, 1743	1	111
Benoni, s. Sarah, b. Mar. 5, 1753	1	68
Catharine, m. Joseph **EDWARDS**, b. of Middletown, Mar. 17, 1834, by Rev. Zebulon Crocker	3	393
Catharine, farmer, d. Sept. 3, 1849, ae 36	4	174-5
Charles H., s. Of Horace, m. H. Maria **BAILEY**, d. of Morris, b. of Middletown, June 9, 1853, by Rev. John R. Crane	4	257
Charles L., m. Laura Malvina **EGGLESTON**, b. of Middletown, Apr. 29, 1838, by Elisha Andrews	3	445
David, m. Louisa **SAGE**, July 6, 1841, by Rev. Zebulon Crocker	3	477
Desiah, d. Jno. & Thankful, b. June 23, 1734	1	68
Elizabeth, d. Jona[tha]n & Eliz[abet]h, b. Sept. 15, 1736	1	57
Elizabeth, w. of Jona[tha]n, d. Nov. 10, 1761	1	57
Emily, m. Rodney **STOCKING**, Aug. 3, 1823, by Rev. John R. Crane	2	132
Frederic, s. Cha[rle]s L., laborer, & L. W., b. Apr. 27, 1850	4	152-3
Hannah, Mrs., of Windsor, m. Seth **WETMORE**, of Middletown, Jan. 15, 1745/6	2	182
Harriet A., d. of Horace, m. George W. **ATKINS**, of Clinton, N.C., Sept. 20, 1849, by Rev. John r. Crane	4	90
Hephzibah, d. Jona[tha]n & Elizabeth, b. Nov. 14, 1746	1	57
Isaac, s. John[atha]n & Elizabeth, b. Apr. 8,1750; d. Sept. 19,1751	1	57
John, m. Thankfull **LUCAS**, July 10, 1733	1	68
John, s. Jno. & Thankfull, b. Dec. 23, 1739	1	68
Jonathan, m. Elizabeth **NORTON**, May 13, 1730	1	57
Jonathan, s. Jona[tha]n & Elizabeth, b. Oct. 16, 1739	1	57
Jonathan, s. Jona[tha]n & Eliza[bet]h, d. May 4, 1759	1	57
Jonathan, m. Jemima **WILCOX**, July 1, 1762	1	57
Joseph, s. Jona[tha]n & Elizabeth, b. Feb. 17, 1730/1	1	57
Joseph, s. Jona[tha]n & Elizabeth, d. Jan. 24, 1735/6	1	57
Joseph, s. Jona[tha]n & Elizabeth, b. Mar. 24, 1743	1	57
Joseph, m. Catharine **EDWARDS**, b. of Middletown, Mar. 17, 1834, by Rev Zebulon Crocker	3	393
Joseph, m. Harriet M. **WHITE**, b. of Middletown, May 16, 1850, by Rev. Geo[rge] A. Bryan	4	143
Joseph, farmer, ae 44, m. Harriet M. **WHITE**, ae 25, b. of Middletown, May 16, 1850, by Rev. Geo[rge] A. Bryan (His 2d marriage)	4	168-9
Josiah, s. Jona[tha]n & Elizabeth, b. Dec. 10, 1739	1	57
Lucy, d. Joseph & Lucy, b. Oct. 24, 1779; m. Daniel **DOWD**, Aug. 15, 1802	2	192
Lucy, m. Joseph **RANNEY**, b. of Middletown, Dec. 25, 1824, by Rev. Fred[eric]k Wightman	3	191

EDWARDS, (cont.)

	Vol.	Page
Marcy, d. Nath[anie]ll & Margaret, b. Dec. 28, 1744; d. Dec. 31, 1744	1	111
Margaret, d. Nath[anie]ll & Margaret, b. Oct. 16, 1740	1	111
Martha, m. Zebulon STOCKING, Apr. 9, 1765	2	282
Mary, m. Zebulon PECK, July 10, 1735	1	88
Melinda, m. Richard ATKINS, b. of Middletown, Oct. 17, 1838, by W. Fisk, Elder	3	451
Nath[anie]ll, of Middletown, m. Margaret ROORT, of Famington, Feb. 2, 1737/8	1	111
Nath[anie]ll, Nath[anie]ll & Margaret, b. Oct. 30, 1738	1	111
Phebe, of Northampton, m. Solomon ADKINS, of Middletown, May 18, 17[ ], by Capt. Robert Wells, of Wethersfield. Witnesses: Ambrose BACON, Ephraim ADKINS, Elizabeth WETMORE	LR2	13
Sam[ue]ll, [twin with Thankfull], s. John & Thankfull, b. Apr. 23, 1742	1	68
Sarah, d. Jno. & Thankfull, b. Mar. 23, 1737/8	1	68
Sarah Had s. Benoni, b. Mar. 5, 1753	1	68
Sarah, m. Edward ELLS, Jr., Jan. 27, 1763	2	100
Thankfull, [twin with Sam[ue]ll], d. John & Thankfull, b. Apr. 23, 1742	1	68

EDY, [see under EDDY]

EELLS, ELLS, Abigail, m. Abijah HUBBARD, b. of Middletown, Apr. 10, 1826, by Rev John R. Dodge | 3 | 244
Synthia, m. William SAVAGE, 4th, Oct. 14, 1762 | 2 | 244
David, s. Edw[ar]d, Jr. & Sarah, b. July 15, 1765 | 2 | 100
Edward, Rev. of Middletown, m. Mrs. Martha PITKIN, of Hartford, July 24, 1740 | 1 | 122
Edward, s. Rev. Edw[ar]d & Martha, b. Aug. 11, 1741 | 1 | 122
Edward, Jr., m. Sarah EDWARDS, Jan. 27, 1763 | 1 | 100
Edward, s. Edward, Jr. & Sarah, b. July 5, 1767 | 2 | 100
Edward, m. wid. Abigail BRANDIGEE, Apr. 26, 1770 | 2 | 100
Edward, m. wid. Abigail BRANDEGEE, Apr. 26, 1770 | 2 | 272
Edward, s. [Reuben & Hannah], b. July 23, 1792 | 2 | 215
Hannah, d. Rev. Edw[ar]d & Martha, b. Apr. 5, 1757 | 2 | 122
James, s. Rev. Edw[ar]d & Martha, b Mar. 11, 1743 | 1 | 122
James, Rev., m. Mrs. Hannah BUTLER, Nov. 7, 1770 | 1 | 272
James, Rev., m. Mrs. Mary JOHNSON, Nov. 7, 1770 | 2 | 272
John, m. Rev. Edw[ar]d & Martha, b. July 20, 1753 | 2 | 122
John, m. Elizabeth LORD, Mar. 3, 1773 | 1 | 272
Joseph, s. Reuben & Hannah, b. Oct. 29, 1789 | 2 | 215
Martha, d. Nath[anie]ll & Allice, b. Dec. 12, 1743 | 2 | 131
Martha, m. Samuel SPENCER, May 28, 1771 | 1 | 272
Mary, d. Nath[anie]ll & Allice, b. Jan. 18, 1746 | 2 | 131
Mary, m. Jno. CANDE, May 30, 1782 | 1 | 212
Nathaniel, m. Martha STOW, Oct. 29, 1739 | 2 | 272
Nath[anie]ll, m. Alice WHITE, Feb. 17, 1743 | 2 | 131
Nath[anie]ll, s. Nath[anie]ll & Alice, b. Sept. 8, 1748 | 1 | 131
Nathaniel, m. Hulday WHITE, Feb. 26, 1776, by Congregational Minister, of Cromwell | 1 | 131
Nathaniel, m. Allis WHITE, [ ] | 1 | 272

	Vol.	Page
EELLS, (cont.)		
Ozias, s. Rev. Edw[ar]d & Martha, b. Sept. 2, 1755	1	122
Pitkin, s. Rev. Edw[ar]d & Martha, b. May 16, 1750	1	122
Pitkin, s. [Reuben & Hannah], b. Mar. 21, 1794	2	215
Ralph S., m. Mary **WILLIAMS**, b. of Middletown, Nov. 2, 1821, by Rev. Joshua L Williams	3	69
Reuben, s. [Edw[ar]d, Jr. & Sarah, b. Mar. 1, 1764	2	100
Reuben, m. Hannah **BROOKS**, Sept. 7, 1788	2	215
Reuben, d. June 8, 1796	2	215
Sally, d. [Reuben & Hannah], b. Dec. 18, 1796	2	215
Sam[ue]ll, s. Rev. Edw[ar]d & Martha, b. Jan. 13, 1744/5	1	122
Samuel, m. Annie **SMITH**, July 20, 1794	2	272
Samuel, m. Catharine **RILEY**, Oct. 27, 1824, by Rev. John R. Crane	3	180
Sarah, d. Edward, Jr. & Sarah, b. June 1, 1769	2	100
Sarah, w. of Edward, d. July 4, 1769	2	100
Sarah, d. Edward & Sarah, d. Sept. 1, 1769	2	100
Sarah, d. Edward & Abigail, b. Apr. 21, 1771	2	100
Theodotia, d. Nath[anie]ll & Allice, B. June 10, 1754	1	131
EGBERT, James, planemaker, b. in N.Y., City, res. Middletown, d. Dec. 2, 1848, ae 22	4	128-9
EGGLESTON, EGELSTON, EGLESTON, EGELESTON, EGLESTONE, Abigail, d. Sam[ue]ll & Patience, b. Mar. 11, 1708	LR1	20
Abigail, d. Sam[ue]ll & Abigail, b. Jan. 23, 1736	1	47
Ambrose, s. Ebenezer & Mary, b. Oct. 26, 1718	LR2	22
Ambrose, m. Elizabeth **CLARK**, Apr. 12, 1739	1	112
Ambrose, s. Ambrose & Elizabeth, b. Apr. 28, 1741	1	112
Amos, s. Sam[ue]l & Abigail, b. Nov. 20, 1751	1	47
Anna, d. Bennet & Mary, b. [ ]	2	50
Benj[ami]n, s. Sam[ue]ll & Abigail, b. Mar. 28, 1743	1	47
Benj[ami]n, s. Sam[ue]ll & Abigail, b. Dec. 26, 1749	1	47
Benjamin, s. Sam[ue]ll & Abigail, d. Jan. 26, 1749/50	1	47
Bennett, s. Ebenezer & Mary, b. Aug. 21, 1720; d. Sept. 11, 1720	LR2	22
Bennett, 2d, s. Ebenezer & Mary, b. Mar. 14, 1721/2	LR2	22
Bennet[t], of Middletown, m. Mary **WICKHAM**, of Southold, Sept. 19, 1743	2	50
Bennet[t], m. Phebe **ALVORD**, Nov. 11, 1770	2	281
Bennet[t], s. Bennet[t] & Mary, b. Nov. [ ]	2	50
Chloe, b. May 8, 1798; m. Elisha **FERRE**, Aug. 15, 1817	3	356
Ebenezer, m. Mary **BENNITT**, June 26, 1711	LR2	22
Ebenezer, s. Ebenezer & Mary, b. Apr. 4, 1712	LR2	22
Ebenezer, Jr., m. Mary **LANE**, Nov. 15, 1733	1	71
Eben[eze]r, s. Eben[eze]r & Mary, b. June 8, 1740	1	71
Ebenezer, d. Apr. 28, 1761	1	71
Elihu, s. Eben[eze]r & Mary, b. Aug. 1, 1742	1	71
Elizabeth, d. Ebenezer & Mary, b. Aug. 1, 1728	LR2	22
Elizabeth, d. Eben[eze]r & Mary, b. Oct. 13 1736	1	71
Elizabeth, d. Ambrose & Eliz[abet]h, b. Jan. 1, 1746	1	112
Gideon, s. Bennet[t] & Mercy*, b. [ ] (*Mary?)	2	50
Jacob, s. Ben[ne]t[t] & Phebe, b. Feb. 10, 1773	2	281
James, s. Ambrose & Elizabeth, b. Aug. 20, 1743	1	112

EGGLESTON, (cont.)

	Vol.	Page
John, s. Sam[ue]ll & Patience, b. Aug. 15, 1714; d. Feb. 28, 1718/19	LR1	20
John, s. Sam[ue]ll & Abigail, b. Sept. 2, 1731	1	47
John, s. Ambrose & Eliz[abet]h, b. Sept. 17, 1747	1	112
Joseph, s. Samuell & Sarah, b. Jan. 24, 1668; d. Jan. 31, 1668	LR1	15
Joseph, s. Samuell & Patience, b. Oct. 24, 1716	LR1	20
Joseph, s. Sam[ue]ll & Abigail, b. Oct. 28, 1740	1	47
Laura Malvina, m. Charles L. **EDWARDS**, b. of Middletown, Apr. 29, 1838, by Rev. Elisha Andrews	3	445
Lucia, d. Bennet[t] & Mary, b. Aug. 19, 1744	2	50
Marcy, d. Samuell & Sarah, b. July 27, 1679	LR1	15
Marcy, d. Sam[ue]ll & Patience, b June 29, 1723	LR1	20
Marea, m. Samuell **MILLER**, July 26, 1702	LR2	3
Martha, d. Sam[ue]ll & Abigail, b. Aug. 25, 1733	1	47
Martha, d. Ambrose & Eliz[abet]h, b. Dec. 18, 1750	1	112
Martha, m. Domini **DIGARB**, oct. 26, 1753	2	311
Martha, m. Timothy **WETMORE**, Nov. 21, 1768	2	153
Mary, d. Ebenezer & Mary, b. Aug. 30, 1716	LR2	22
Mary, d. Eben[eze]r & Mary, b. Aug. 29, 1734	1	71
Mary, m. Daniel **ROBERTS**, Jr., May 4, 1738	1	113
Mary had s. James **MASTERS**, b. June 30, 1761; reputed father James **MASTERS**	2	11
Mary, m. James **MASTERS**, Nov. 12, 1761	2	11
Mindwell, d. Eben[eze]r & Mary, b. Sept. 27, 1744	1	71
Mindwell, m. Elisha **ROBERTS**, Sept. 11, 1763	2	300
Nicholos, s. Samuell & Sarah, b. Dec. 23, 1676	LR1	15
Nicholas, s. Sam[ue]ll & Abigail, b. Apr. 12, 1747	1	47
Patience, d. Sam[ue]ll & Patience, b. Oct. 18, 1719	LR1	20
Phebe, d. Ben[ne]t[t] & Phebe, b. July 6, 1771	2	281
Phebe, 2d, d. [Bennet[t] & Phebe], b. Jan. 17, 1778	2	281
Polly, d. [Bennet[t] & Phebe], b. Mar. 19, 1780	2	281
Prudence, d. Sam[ue]ll & Abigail, b. Aug. 19, 1745	1	47
Sada, d. Samuell & Sarah, b. Oct. 26, 1670	LR1	15
Samuell, s. Samuell & Sarah, b. Mar. 6, 1662/3	LR1	15
Samuell, m. Patience **PAINE**, July 8, 1703	LR1	20
Samuel, s. Samuell & Patience, b. Jan. 2, 1706/7	LR1	20
Samuel, m. Abegail **BEVIN**, Nov. 2, 1729	1	47
Samuel, d. Dec. 24, 1736	LR1	20
Sam[ue]ll, s. Sam[ue]ll & Abigail, b. June 28, 1738	1	47
Sarah, d. Sam[ue]ll & Patience, b. Feb. 7, 1710/11	LR1	20
Sarah, m. John **FOSTER**, Sr., Nov. 14, 1728	1	50
Susan[n]a, d. Samuell & Sarah, b. May, 19, 1674	LR1	15
Susannah, m. Jobe **PAYNE**, Jan. 11, 1699	LR1	18
Susannah, alias **PAYNE**, d. Jan. 11, 1701/2	LR1	19
Susannah, d. Sam[ue]ll & Patience, b. Feb. 25, 1704/5	LR1	20
Susannah, m. John **SLED**, Apr. 24, 1735	1	78
Sibbell, d. Ebenezer & Mary, b. July 13, 1726	LR2	22
Sibbell, d. Eben[eze]r & Mary, b Jan. 12, 1752	1	71
Sibbell, m. Abisha **DOOLITTLE**, Nov. 17, 1774	2	340
Thankfull, d. Ebenezer & Mary, b. Aug. 17, 1724	LR2	22
Thankfull, m. Ebenezer **WHTIMORE**, July 19, 1744	2	22

	Vol.	Page
EGGLESTON, (cont.)		
Thankful, d. Bennet[t] & Mary, b [ ]	2	50
Thomas, s. Samuel & Sarah, b. June 4, 1667; d. Aug. 27, 1667	LR1	15
Thomas, s. Ebenezer & Mary, b. July 30, 1714	LR2	22
Thomas, s. Eben[eze]r & Mary, b. Jan. 29, 1747/8	1	71
William, s. Ben[ne]t[t] & Phebe, b. Dec. 29, 1774	2	281
EILER, Henry, m. Jane MACALL, Dec. 25, 1852, by Rev. J. L. Dudley	4	248
ELBON, [see under ELTON]		
ELDERKIN, George, of Hartford, m. Anna SPAULDING, of Middletown, Nov. 28, 1833, by Rev. John R. Crane	3	389
George, m. Sarah WHEELER, b. of Colchester, Dec. 29, 1839, by Rev. Arthur Granger	3	464
Luantha, of Guilford, m. Charles WILLCOX, of Middletown, May 8, 1751	2	204
ELKLEY, Horace E., of Granby, m. Grace m. COPLES, of East Haddam, mar. 23, 1851, by Rev. Jahiel C. Beman	4	181
ELLIOTT, Abigail S., m. Timothy L. MILLER, Mar. 2, 1842, by Rev. John R. Crane	3	486
Emma C., ae 22, m. Asa RICH, moulder, ae 28, b. of Middletown, Apr. 7, 1850, by A. E. Denison, [of] Wallingford	4	168-9
Mary, m. James NOWLAN, Oct. 12, 1848, by John Brady	4	78
Mary, m. James NOWLAN, laborer, both b. in Ireland, Nov. 30, 1848, by Rev. John Brady	4	122-3
ELLS, [see under EELLS]		
ELSWORTH, ELLSWORTH, John, Capt., b. Sept. 4, 1735, N.S., at Windsor; m. Sarah CLARK, Nov. 25, 1761	2	216
John, s. John & Sarah, b. Sept. 2, 1762	2	216
John, Capt., m. Martha HALL, wid. of Capt. Richard, Jan. 23, 1772	2	216
Martha, d. Jno. & Martha, b. Aug. 22, 1773	2	216
Ruth, d. Capt. Jno. & Sarah, b. Oct. 14, 1765	2	216
Samuel Clark, s. [Capt. Jno. & Sarah], b. May 16, 1768; d. Nov. 11, 1768	2	216
Samuel Clark, 2d, s. [Capt. Jno. & Sarah], b. Jan. 22, 1770; d. May 22, 1770	2	216
Sarah, d. Capt. Jno. & Sarah, b. Sept. 21, 1763	2	216
Sarah, w. of John, d. Mar. 14, 1770	2	216
Susan S., d. Dec. 28, 1848, ae 25	4	128-9
ELTON, ELBON, Anna, d. John & Jane, b. Sept. 9, 1681	LR1	19
Anna, w. of Eben[eze]r, d. May 2, 1753	1	79
Bradley, s. Eben[eze]r & Annah, b. Apr. 11, 1742	1	79
Dinah, John & Elizabeth, b. Apr. 24, 1713	LR2	23
Dinah, m. Isaac HIGBE, May 28, 1730	1	51
Ebenezer, s. John & Jane, b. May 11, 1686	LR1	19
Ebenezer, m. Anna WARD, June 19, 1735	1	79
Ebenezer, s. Eben[eze]r & Annah, b. Feb. 20, 1737/8	1	79
Ebenezer, m. Hannah BACON, Jan. 23, 1755	2	15
Elizabeth, d. John & Elizabeth, b. Mar. 7, 1719/20	LR2	23
Elizabeth, m. Freelove BLAKE, Oct. 7, 1742	1	129
Elizabeth, d. Eben[eze]r & Annah, b. Dec. 26, 1752	1	79

ELTON, (cont.)

	Vol.	Page
Elizabeth, d. Eben[eze]r & Annah, d. Aug. 8, 1753	1	79
Elizabeth, d. Eben[eze]r & Hannah, b. Dec. 29, 1756	2	15
James, s. Eben[eze]r & Annah, b. Apr. 20, 1746	1	79
James, m. Celinda CASE, b. of Berlin, Mar. 21, 1825, by Rev. Fred[eric]k Wightman	3	197
John, s. John & Jane, b. Nov. 16, 1676	LR1	19
John, m. Elizabeth CORNWELL, May 3, 1711	LR2	23
John, s. John & Elizabeth, b. May 27, 1718	LR2	23
John, m. Esther HAMLIN, June 15, 1741	2	89
John, s. Ebenezer & Hannah, b. Oct. 6, 1755	2	15
John, d. Sept. 5, 1765	2	89
Martha, d. John & Esther, b. Sept. 24, 1742	2	89
Martha, m. Richard HALL, Sept. 13, 1759	2	156
Mary, d. John & Jane, b. July 26, 1672	LR1	19
Mary, d. Richard & Elizabeth, b. Jan. 9, 1710/11	LR2	12
Mary, m. Ichabod MILLER, Dec. 15, 1731	1	63
Mary, d. Eben[eze]r & Annah, b. Dec. 3, 1739	1	79
Mary, m. David STOW, Feb. 28, 1760	2	238
Patience, d. Eben[eze]r & Annah, b Feb. 10, 1744	1	79
Recompense, s. [Richard & Elizabeth], b. Apr. 21, 1709; d. Apr. 8, 1732	LR2	12
Recompense, s. Eben[eze]r & Annah, b. Mar. 7, 1735/6	1	79
Rhoda, d. Eben[eze]r & Hannah, b. Nov. 26, 1759	2	15
* Richard, s. John & Jane, b. Feb. 13, 1675/; d. Aug. [ ], 1678 (*correction(1673/4, last of April, (F.F. Starr) line drawn thru 1675)handwrriten in original manuscript)	LR1	19
Richard, s. John & Jane, b. Apr. 11*, 1679 (*correction)(Line drawn thru day 11) in original)	LR1	19
Richard, m. Elizabeth WETMORE, July 6, 1708		
Richard, s. Eben[eze]r & Annah, b. Sept. 29, 1750	LR2	12
Richard, s. Eben[eze]r & Anna, d. June 15, 1756	1	79
Richard, s. Eben[eze]r & Hannah, b. Feb. 21, 1758	1	79
Sylvester, m. Lois HART, b. of Berlin, Sept. 20, 1826, by Rev. Fred[eric]k Wightman	2	15
William, s. Eben[eze]r & Annah, b. Aug. 2, 1748	3	237
ELY, ELEY, Abigail, wid. , m. Capt. David MILLER, May 24, 1775	1	79
Albert J., m. Elizabeth W. SPENCER, b. of Haddam, Apr. 3, 1837, by Rev. Robert McEwen	2	263
Calvin, s. Abner & Desire, b. Apr. 14, 1751	3	429
Charlotte, of Haddam, m. Jabez SPENCER, of Middletown, Sept. 16, 1835, by Rev. John c. Green	2	213
Edward, s. Selden & Hepz[abat]h, b. Sept. 17, 1811	3	413
Eliza W., m. Matthias MINER, b. of Middletown, May 3, 1832, by Rev. John Cookson	3	18
Eliza Wells, d. Selden & Hepz[abet]h, b. June 2, 1807	3	370
Henry Augustus, s. Selden & Hepz[abet]h, b. Sept. 29, 1809	3	18
Hepsibeth, d. Nov. [ ], 1849, ae 76	3	18
Lucinda, m. Asahel ARNOLD, b. of Haddam, Nov. 7, 1825, by Rev. John R. Crane	4	174-5
Martha a., of Haddam, m. Storrs L. HUBBARD, of Middletown,	3	215

	Vol.	Page
ELY, (cont.)		
May 6, 1846, by Rev. J. L. Gilder	3	548
Mary A., of Middletown, m. Jonas C. **REAM**, of Ohio, Sept. 19, 1848, by Rev. James Hepburn	4	38
Mary Ann, d. Selden & Hepz[abet]h, b. Mar. 1, 1816	3	18
Nancy Sage, d. Selen & Hepz[abet]h, b. Apr. 29,1803	3	18
Rebecca Hart, d. Selden & Hepz[abet]h, b. Apr. 24, 1805	3	18
Rebecca Hart, d. Selden & Hepz[abat]h, d. Feb. 4, 1826	3	18
Selden, m. Hepzabath **GIBSON**, Sept. 14, 1800	3	18
Selden, Sr., d. Jan. 18, 1838	3	18
Selden G., m. Rachael **WILCOX**, b. of Middletown, Apr. 2, 1827, by Rev. Fred[eric]k Wightman	3	266
Selden Gibson, s. Selden & Hipz[abet]h, b. Aug. 1, 1801	3	18
Timothy, s. Selden & Hebz[abat]h, b. Feb. 25, 1814	3	18
Wells Gridley, s. Selden & Hepz[abat]h, b. May 29, 1818	3	18
EMMONS, Abigail, of East Haddam, m. Abijah **ROBBERDS**, of Middletown, Nov. 13, 1745	2	75
Joseph G., Jr., of East Haddam, m. Sarah **HALL**, of Middletown, Jan. 20, 1833, by Rev. Fitch Reed	3	379
Rachel, of East Haddam, m. Adonijah **ROBBARDS**, of Middletown, Mar. 19, 1752	2	141
Sam[ue]l E., of Lancaster, S.C., m. Eliza **TRYON**, July 29, 1834, by Rev. John R. Crane	3	397
ENDERLEE, Matthias, m. Cressence **SCHMAIES**, b. of Cromwell, May 21, 1854, by Jacob F. Huber, V.D.M.	4	251
ENO, Henry C., of New York, m. Caroline F. **JENKINS**, d. of Richard, of Middletown, Nov. 10, 1850, by Rev. John R. Crane	4	49
Jonathan A., of Van Buren, Ark., m. Ellen E. **WARD**, d. of Truamn, of Middletown, May 25, 1853, by J. W. Lindsey	4	234
[**ENSWORTH**], [see under **UNSWOTH**]		
ERWIN, Dennis, s. John, laborer, ae 35, & Catharine, ae 35, b. Apr. [ ], 1849	4	102-3
ESTON, [see also **EASTON**], Elizabeth N., m. Samuel **MINER**, Dec. 11, 1823, by Rev. Fred[eric]k Wightman	3	145
EVANS, Chauncey, m. Clarissa **STARKS**, Sept. 11, 1842, by Rev. John R. Crane	3	491
Eliza Ann, m. Mitchell **WILLIAMS**, Aug. 28, 1836, by Rev. Robert Mc Ewen	3	425
Mary Ann, d. of Thomas, of Wallingford, m. Henry G. **ATKINS**, s. of Benjamin, of Mereden, May 12, 1850, by Rev. B. N. Leach	4	142
EVERETT, Nancy Armida, of Middletown, m. Isaac C. **LONG**, of New York, May 9, 1939, by Rev. L. S. Everett	3	459
William M., of New York, m. Charles M. **SMITH**, of Middletown, Dec. 26, 1844, by Rev. Townsend P. Abell	3	526
FAGAN, Charles Randolph, [s. Patrick & Aurila], b. Sept 19, 1841	4	8
George Colllins, [s. Patrick & Aurila], b. Jan. 20, 1844; d. July 25, 1844	4	8
Helen Aurelia, [d. Patrick & Aurila], b. Aug. 13, 1836	4	8
Mary, m. Richard **HEWITT**, Oct. 25, 1848, by John Brady	4	79
Mary, m. Richard **HEWITT**, laborer, both b. in Ireland, Nov.		

196 BARBOUR COLLECTION

	Vol.	Page
FAGAN, (cont.)		
30, 1848, by Rev. John Brady	4	122-3
Mary R., d. Patrick, merchant, ae 40, & Aurelia H., ae 36, b. Feb. 7, 1849	4	102-3
Nicholas V., of Middletown, m. Caroline D. SAVAGE, d. of David, of Middletown, Oct. 23, 1853, by Rev. J. L. Dudley	4	259
Patrick, m. Aurelia PEASE, Oct. 5, 1831, by Rev. John R. Crane	3	363
Patrick, s. Michael, of Dublin, Ireland, M. Aurila PEASE, d. of Randolph, of Middletown, Oct. 5, 1831	4	8
Susan Elizabeth, [d. Patrick & Aurila], b. Sept. 17, 1838	4	8
William Patrick, [s. Patrick & Aurila], b. Feb. 7, 1846	4	8
FAILS, [see under **FALES**]		
FAIRBANKS, Barachiah, m. Mary **ROBBERDS,** Aug. 27, 1755	2	360
Barachiah, s. Barachiah & Mary, b. Dec. 26, 1768	2	360
Betse[y], d. Barachiah & Mary, b. July 2, 1766	2	360
Charlotte A., d. David, m. John J. **SMITH,** of Norwich, Dec. 29, 1847, by Rev. John R. Crane	4	24
Charlotte A., ae 17, of Norwich, m. John J. **SMITH,** seaman, ae 26, of Norwich, Dec. 29, 1847, by Rev. John R. Crane	4	62-3
David, s. [Barachiah & Mary], b. Aug. 9, 1758; d. Feb. [ ], 1760	2	360
David, s. Barachiah & Mary, b. Mar. 20, 1774	2	360
David, m. Anna **ROBERTS,** Dec. 8, 1796, by Rev. Enoch Huntington	2	346
David, m. Anna **ROBERTS,** Dec. 8, 1796, [by Rev. Enoch Huntington]	3	13
David, d. Apr. 7, 1851, ae 77	4	206-7
Hannah, d. Barachiah & Mary, b. May 16, 1770	2	360
Hannah, d. B[arachiah] & Mary, d. Sept. [ ], 1776	2	360
Hannah, 2d, d. Barachiah & Mary, b. Sept. 28, 1777	2	360
Huldah, of Middletown, m. Gains **LEONARD,** of Worthington, Mass., Sept. 23, 1824, by Rev. Josiah Bowen	3	172
John, s. Jona[tha]n & Margaret, b. Sept. 30, 1737	1	78
Jonathan, d. Oct. 26, 1743	1	78
Margaret, w. of Jona[tha]n, d. Nov. 6, 1741	1	78
Margaret, d. Barachiah & Mary, b. Nov. 5, 1755	2	360
Margaret, m. John **CLARK,** Jan. 1, 1775	2	359
Mary, d. Jona[tha]n & Margaret, b. Oct. 16, 1741	1	78
Mary, d. Jona[tha]n, d. June 28, 1742	1	78
Mary, d. Barachiah & Mary, b. Dec. 5, 1760	2	360
Mary, wid. , m. Micajah **TUELS*,** Nov. 13, 1766 (***TEALS?**)	2	41
Nabbe, d. Barachiah & Mary, b. Sept. 28, 1762	2	360
FAIRCHILD, Amos, of Weathersfield, m. Eliza **SMITH,** of Middletown, Nov. 26, 1829, by Rev. Tho[ma]s Branch	3	342
Elisha, m. Abigail **CROWELL,** Dec. 15, 1763	2	71
Frances A., d. of Moses, m. John M. **HUBBARD,** s. of Elijah, b. of Middletown, Dec. 15, 1852, by Rev. John R. Crane	4	256
Joanna, Mrs., of Stratford, m. Joseph **CLARK,** of Middletown, June 2, 1752	2	284
Lois, m. Isaac **WILLIAMS,** Nov. 3, 1771	2	358
Lucretia, m. Stephen **MILLER,** Dec. 2, 1827, by Rev. John R. Crane	3	288
Lucy, m. Jonathan **ROBERTS,** Jr., b. of Middletown, Feb.		

MIDDLETOWN VITAL RECORDS 197

	Vol.	Page
FAIRCHILD, (cont.)		
2, 1774	2	277
Mary, d. Oct. 7, 1849, ae 73	4	172-3
Nab[b]ey, d. Elijah & Abigail, b. Oct. 7, 1766	2	71
Olive, d. Elisha & Abigail, b. Dec. 6, 1764	2	71
Sarah, m. John **CROWEL**, Dec. 3, 1760	2	155
William, of Tryingaham, Mass., m. Alvina **TRYON**, of Middletown, Nov. 3, 1839, by Rev. Arthur Granger	3	462
FAIRCLOTH, Peter, of Durham, m. Olive S. **MUCKET**, of East Haddam, Sept. 5, 1841, by Rev. John R. Crane	3	482
FALES, FAILS, Magdalene, m. Giles **MEIGS**, Jr., Oct. 19, 1805	3	4
Oner, b. in Rocky Hill, res. Middletown, d. Apr. 2, 1848, ae 74	4	72-3
FANNING, [see also **FENNING**], Hannah, m. Partridge **SOUTHMAYD**, [ ]	3	12
Thomas, m. Mary **BEATTIE**, Oct. 22, 1848, by John Brady	4	79
FARMER, John, laborer, m. Mary **CRANY**, both b. in Ireland, Nov. 30, 1848, by John Brady	4	120-1
Roxana, of Westfield, Mass., m. Israel **LITTLE**, of Goffstown, N.H., Oct. 5, 1829, by Rev. John R. Crane	3	340
FARNAN, Margaret, m. Patrick **LEARY**, Nov. 9, 1852, by Rev. Jno. Brady	4	224
FARNEW, John, m. Mary **CRANY**, Sept. 3, 1848, by John Brady	4	78
FARRA, John, s. John & Dorah, b. Sept. [ ], 1847	4	60-1
FARRAND, Eben[eze]r, of the U.S. Navy, m. Elizabeth **WILLIAMS**, of Middletown, Aug. 13, 1829, by Rev. Smith Pyne	3	345
FARRIE, [see also **FERRY**], Elizabeth, m. Samuel **STARR**, Aug. 20, 1724	1	26
FAY, Benjamin A., of Sturbridge, Mass., m. Abiah **BEACH**, of Middletown, [Sept.] 25, [1836], by Rev. Stephen Topliff	3	425
Caroline R., of Sturbirdge, Mass., m. Lenoard **UPHAM**, of Brookfield, Mass., [Sept.] 25, [1836], by Rev. Stephen Topliff	3	425
Charles W>, [s. Pardon K. & Martha A.], b. Nov. 29, 1840	4	89
Charles W., d. Sept. 22, [1850], ae 9 y.	4	176-7
James P., [s. Pardon K. & Martha A.], b. Apr. 10, 1843	4	39
John J., [s. Pardon D. & Martha A.], b. Sept. 15, 1847	4	39
John J., s. Pardon D., farmer, ae 39, & Martha A., ae 36, b. Jan. 20, 1850	4	164-5
John J., d. Mar. 8, 1851	4	206-7
Lorenzo, cabinetamaker, ae 24, of Norwich, m. Elizabeth **ROBERTS**, tailcress, ae 20, b. in Middletown, res. Norwich. [ ] 1848, by [ ]	4	120-1
Parden D., m. Martha A. **CLARK**, [1834?], by Stephen Topliff	4	39
Timothy C., [s. Pardon D. & Martha A.], b. July 24, 1835	4	39
FEALEY, Mary, m. Edmond **COBY**, Apr. 18, 1852, by Rev. Jno. Brady	4	219
FEENEY, FEERNEY, Michael, m. Mary Ann **O'REILLEY**, Oct. 12, 1848, by John Brady	4	78
Michael, laborer, m. Mary Ann **O'RIELLEY**, both b. in Ireland, Nov. 30, 1848, by Rev. John Brady	4	122-3
-----, d. Michael, ae 40, & Mary Ann, ae 35, b. May [ ], 1851	4	198-9

	Vol.	Page

FENILL, Mary, m. William **MADDEN,** Aug. 4, 1854, by Rev. Jno. Brady — 4, 270

FENN, Julia, m. Selah **GALPIN,** b. of Middletown, Aug. 5, 1822, by Rev. Stephen Hayes — 3, 103

Maria H., of Middletown, m. Warren P. **BEACH,** of Mereden, Apr. 27, 1845, by Rev. W.G. Howard — 3, 537

Miles, s. Miles S.,butcher,ae 34, & Lucy B., ae 28, b. July 6, 1848 — 4, 54-5

Roswell, farmer, b. in Watertown, res. Middletown, d. Aug. 9, 1847, ae 73 — 4, 72-3

Samuel F., m. Maria **CLARK,** May 18, 1842, by Rev. Arthur Granger — 3, 489

FENNING, [see also **FANNING**], Thomas, laborer, m. Mary **BEATTIE,** both b. in Ireland, Nov. 30, 1848, by Rev. John Brady — 4, 122-3

FERGUSON, FURGERSON, James, of Middletown, m. Hadassah **GAYLORD,** of East Windsor, May 17, 1829, by Rev. John Cookson — 3, 336

John, m. Hannah **THORNHAM,** b. of Middletown, Dec. 3, 1853, by Rev. Frederic J. Goodwin — 4, 260

FERRIN, Merrett, of Fair Hayen, m. Flayia **BURNHAM,** of Middletown, [July] 17, [1836], by Rev. James Noyes — 3, 423

FERRY, FERRE, [see also **FARRIS**], Albert Bowen, s. [Elisha & Chloe], b. July 1, 1831; d. Oct. 13, 1831 — 3, 356

Chloe Ann, d. [Elisha & Chloe], b. June 4, 1820 — 3, 356

Chloe Ann, d. [Elisha & Chloe], d. June 12, 1820 — 3, 356

Edmund Chapin, s. [Elisha & Chloe], b. Nov. 11, 1821 — 3, 356

Edward Chapin, s. E[noch] C. & Josephine, b. Dec. 22, 1838 — 3, 400

Edward Smith, s .Robert, mechanic, ae 45, & Lucy Ann, ae 28, b. Sept. 9, [1848] — 4, 48-9

Elisha, b. June 24, 1792; m. Chloe **EGGLESTON,** Aug. 25, 1817 Elisha, d. Aug. 8, 1848, ae 56 — 3, 356

Eliza Ann, d. [Elisha & Chloe], b. June 24, 1829 — 4, 128-9

Ellen, d. of Enoch C., of Middletown, m. James Bayles **PEARSON,** of New York, July 30, 1852, by Rev. Samuel M. Emery — 4, 215

Ellen Josephine, d. Enoch C. & Josephine, b. Mar. 11, 1832 — 3, 400

Enoch C., m. Josephine **COOK,** Oct. 17, 1830, in Preston — 3, 400

Frederick, s. [Enoch C. & Josephine], b. Nov. 20, 1840 — 3, 400

Frederick, d. Sept. 17, 1849, ae 8 — 4, 172-3

George Paxton, s. [Elisha & Chloe], b. Aug. 6, 1824 — 3, 356

Henrietta, d. [Apr.] 12, [1848], ae 4 — 4, 68-9

Henrietta, d. Robert, shoemaker, ae 50, & Lucy, ae 30, b. Aug. 10, 1849 — 4, 152-3

James Cook, s. E[noch] C. & Josephine, b. July 12, 1836 — 3, 400

Louisa Maria, d. E[noch] C. & Josep[hin]e, b. Mar. 16, 1834; d. Nov. 22, 1834 — 3, 400

Theodore Elisha, s. [Elisha & Chloe], b. Feb. 6, 1826 — 3, 356

Will[ia]m Eggleston, s. Elisha & Chloe, b. Aug. 21, 1818 — 3, 356

——, child of Enoch C., merchant, ae 42, & Josephine, ae 38, b. Jan. 2, [1848] — 4, 44-5

FESSENDEN, Robert D., m. Julia E. **BENNET,** d. of Lar, b. of Middletown, Nov. 25, 1852, by Rev. Jno. Morrison Reid — 4, 231

MIDDLETOWN VITAL RECORDS

	Vol.	Page
FIEF, Jno., m. Catharine **DALY**, Apr. 26, 1851, Jno. Brady	4	184
FIELD, Clarissa, m. Spicer **LEONARD**, Apr. 8, 1828, by Rev. John Cookson	3	303
Eliza, m. Spicer **LEONARD**, Aug. 30, 1821, by Rev. Levi Knight	3	61
Mary A., m. Anson **YALE**, b. of Middletown, Nov. 8, 1832, by Rev. John Cookson	3	376
Mary Ann, m. William **FREEMAN**, b. of Middletown, Aug. 10, 1829, by Rev. John Cookson	3	339
Ruhama B., Henry **SWAN**, Oct. 3, 1832, by Rev. John R Crane	3	373
FIELDING, Will[ia]m, of Watkinsville, Ga., m. Abigail S. **MOTT**, of Middletown, Mar. 30, 1835, by Rev. John Cookson	3	408
FINKEN, Card, of Mereden, a German by birth, m. Sarah M. **COOK**, d. of Sylvester, of Middletown, June 3, 1852, by Rev. L. S. Hough	4	213
FINLEY, Ann, d. James quarryman, & Ann, b. Mar. 20, 1849	4	114-5
Ann, d. Mar. 17, 1850, ae 1 y.	4	174-5
Martha A., of Clinton, m. John M **HILL**, of Middletown, Feb. 18, 1850, by Rev. Townsend P. Abell	4	187
FINN, George, of Watertown, m. Olivia **BENNET**, of Southington, Nov. 27, 1828, by Rev. Fred[eric]k Wightman	3	323
Hanora, m. Simeon **CUNNINGHAM**, June 20, 1852, by Rev. Jno. Brady	4	221
Timothy, m. Johanna **KIELEY**, Jan. 9, 1853, by Rev. Jno. Brady	4	228
FINNAN, Ellen, d. Edw[ard] J., laborer, ae 32, & Eliza, ae 32, by. Jan. 9, 1851	4	194-5
FINNEGAN, Patrick, b. in Ireland, res. Middletown, d. Jan. 7, 1849, ae 60	4	130-1
[FIRMAN], [see under **FURMAN**]		
FISHER, Ann, m. Benjamin **CAMP**, b. of Durham, Dec. 11, 1821, by Rev. Phinehas Cook	3	83
FISK, FISKE, Abigail, [w. of Bezelee], d. Sept. 17, 1824, in her 62d y.	2	232
Adalaide Jeanette Stuart, b. Apr. 29, 1847; d. Feb. 13, 1877, ae 29 y. 9 m. 15 d.	3	565
Bezeleel, m. Margaret **ROCKWELL**, Nov. 13, 1768	2	232
Bezeleel, m. Abigail **DODSON**, Aug. 12 1810	2	232
Bezeleel, d. Aug. 6, 1830, in his 87th y.	2	232
Caroline Amelia, b. Mar. 8, 1834	3	565
Charles, s. [Jno. & Polly], b. May 20, 1803; d. Feb. 26, 1804	2	197
Charles Bezeleel, s. [Jno. & Polly], b. June 14, 1806	2	197
Charles Rollin, b. July 13, 1832	3	565
Clarence Henry, b. Nov. 15, 1842	3	565
Clarence Henry made affidavit Sept. 4, 1903 to list of births and deaths of Fisk family, Vol.3 page 565, Arnold Copy	3	565
	2	141
Dorcas, d. John, Jr. & Ann, b. Feb. 7, 1749	4	271
Ellen, m. William **WALSH**, Sept. 3, 1854, by Rev. Jno. Brady	3	565
Esther, b. Jan. 22, 1806		
Frederick Otis, b. Dec. 25, 1828; d. [ ] 27, 1899, ae 70 y. 5 m. 2 ds., at Jersey City, N.Y., and was bd. there	3	565
	2	197
Frederick Redfield, s. [Jno. & Polly], b. July 14, 1798	2	197
Frederick Redfield, s. [Jno. & Polly], d. Oct. 6, 1836, at sea	3	565
George Edmond, d. Oct. 8, 1887, ae 36 y.3 m. 28 d.		
George Edw., s. Otis, merchant, ae 47, & Esther, ae 45, b. June		

200   BARBOUR COLLECTION

	Vol.	Page
FISK, (cont.)		
10, 1851	4	196-7
Hannah, d. John, Jr. 7 Ann, b. Feb. 1, 1747	2	141
Henry William, s. [Jno. & Polly], b. Apr. 28, 1813	2	197
Ichabod Ebenezer, of Farmington, m. Eliazer **ROBERTS**, of Middletown, Aug. 16, 1773, by Rev. Mr. Benedict	2	319
John, s. Bezeleel & Margaret, b. Aug. 5, 1771	2	232
John, m. Polly **MERRELL**, Aug. 10, 1793	2	197
John, s. Jno. & Polly, b. Jan. 22, 1794	2	197
John, m. Olive **CONE**, Dec. 25, 1838, by Rev. John R. Crane	3	455
John, d. Feb. 15, 1847, "as appears by his monument in the West Yard"	2	197
Lydia, m. Rev. Moses **BARTLETT**, Jan. 8, 1734/5	1	80
Margaret, [w. Bezelee], d. Jan. 6, 1810, in her 66th y.	2	232
Margaret, d. [Jno. & Polly], b. Dec. 15, 1810; d. Jan. 1, 1827	2	197
Mary, m. John **BOUND**, May 22, 1817	3	78
Mary, m. Thomas C. **FORBES**, May 31, 1826, by Rev. John R. Crane	3	230
Mary Evalane, b. Oct. 20, 1844	3	565
Otis, m. Esther **HUBBARD**, b. of Middletown, July 26, 1824, by Rev. Josiah Bowen	3	164
Otis, d. Sept. 7, 1855, ae 51 y.	3	565
Polly, d. [Jno. & Polly], b. Mar. 11, 1795	2	197
Polly, w. of John, d. Oct. 21, 1827	2	197
Sarah, d. [Ichabod Ebenezer & Eliazer], b. Sept. 25, 1774	2	319
Theodore Augustus, b. July 30, 1838	3	565
Theodore Augustus, d. Apr. 1, 1865, ae 26 y. 8 m. 2 d.	3	565
Wilbur, b. Feb. 9, 1836	3	565
Will[ia]m Henry, s. [Jno. & Polly], b. June 8, 1800	2	197
William Henry, s. [Jno. & Polly], d. Sept. 26, 1836	2	197
William Hubbard, b. June 20, 1830	3	565
W[illia]m Hubbard, d. Dec. 23, 1901, ae 71 y. 6 m. 3 d.	3	565
-----, d. [Jno. & Polly], b. Mar. 29, 1805; d. Mar. 29, 1805	2	197
-----, d. [Jno. & Polly], b. Oct. 8, 1809; d. 1 hour after	2	197
FITCH, Augustus, m. Mary Ann **WILLIAMS**, b. of Middletown, Nov. 6, 1836, by Rev. John Cookson	3	427
Horace, m. Elizabeth **RICHARDS**, (colored), b. of Middletown, Jan. 22, 1826, by Rev. E. Washburn	3	221
Margaret, d. Thomas, quarryman, ae 29, 7 [ ] ae 30, b. Oct. 21, 1849	4	162-3
Sanford, m. Clarissa **WHITE**, Dec. 6, 1821, by Eli Coe, J.P.	3	84
Stephen W., m. Eliza **RICH**, Apr. 22, 1823, by Rev. Phinehas Cook	3	125
FITZGARLS, [see also **FITZGERALD**], Lemuel, s. Lettetia Lane, b Aug. 28, 1763	2	232
FITZGERALD, [see also **FITZGARLS**], Bridget, m. Michael **DONOVAN**, Apr. 21, 1852, by Rev. Jno. Brady	4	219
Catharine, m. William **FREEMAN**, Nov. 27, 1851, by Rev. Jno. Brady	4	208
Edward, m. Esther **CUENOGH**, Nov. 29, 1851, by Rev. Jno. Brady	4	208
Eliza, m. John **COTTER**, Sept. 3, 1848, by John Brady	4	77

MIDDLETOWN VITAL RECORDS 201

	Vol.	Page
FITZGERALD, (cont.)		
Eliza, m. John **COLTON**, laborer, both b. in Ireland, Nov. 30, 1848, by John Brady	4	120-1
Ellen, d. Peter, laborer, ae 30, & [ ], ae 30, b. Dec. 3, 1849	4	152-3
Ellen, m. William **INES**, Feb. 30 (sic), 1854, by Rev. Jno. Brady	4	265
James, quarryman, b. in Ireland, res. Portland d. June 5, 1851, ae 40	4	202-3
James, m. Margaret **BRAY**, May 20, 1854, by Rev. Jno. Brady	4	267
James, m. Margaret **DENNIS**, July 13, 1854, by Rev. Jno. Brady	4	269
Johanna, m. Patrick **CASHMAN**, June 10, 1854, by Rev. Jno. Brady	4	267
John, m. Margaret **SHERIDAN**, Aug. 29, 1848, by John Brady	4	77
John, laborer, m. Margaret **SHERIDAN**, both b. in Ireland, Nov. 30, 1848, by Rev. John Brady	4	120-1
Julia, m. W[illia]m **COTTER**, laborer, both b. in Ireland, June 28, 1849, by Rev. John Brady	4	124-5
Julia, m. William **COTTER**, June 28, 1849, by John Brady	4	89
Mary, m. Jno. **O'KEEFE**, Oct. 6, 1850, by Rev. John Brady	4	148
Patrick, m. Margaret **QUINLAN**, May 6, 1852, by Rev. Jno. Brady	4	219
William, m. Eliza **NEIL**, July 4, 1848, by Rev. John Brady	4	76
Winefred, m. Michael **LEWIS**, Oct. 21, 1852, by Rev. Jno. Brady	4	223
FITZPATRICK, James, m. Ann **SEYMOUR**, Sept. 26, 1853, by Rev. Jno. Brady	4	241
Margaret, m. Edward **TYNEN***, Nov. 7, 1847, by Rev. John Brady (Perhaps "**TRYON**"?)	4	27
Mary, m. James **CONNOR**, July 30, 1854, by Rev. Jno. Brady	4	270
FITZSIMMONS, Rosanna, m. William **McLAUGHLIN**, Oct. 21, 1852, by Rev. Jno. Brady	4	223
FLAGG, Henry C., of Hartford, m. Lucy **NICHOLSON**, of Glastonbury, Mar. 28, 1841, by Rev. Merrett Sanford	3	476
Ira C., m. Julia M. **NEARING**, d. of Heman & Emily, Aug. 7, 1849, by Rev. B. N. Leach	4	87
Ira C., painter, ae 26, m. Julia **NEARING**, ae 18, b. of Middletown, Aug. 7, 1849, by Rev. B. N. Leach	4	166-7
FLANAGAN, FLANIGAN, James, m. Ellen **DESMOND**, Dec. 7, 1853, by Rev. Jno. Brady	4	244
Margaret, m. Thomas **GARRY**, Nov. 28, 1852, by Rev. Jno. Brady	4	225
Mary, m. Timothy **CALLINGHAN**, July 8, 1854, by Rev. Jno. Brady	4	268
FLETCHER, Hope, [d. of William, m. Samuell **STOW**]	LR1	22
Jonah, m. Mary **SEIZER**, Sept. 28, 1749	2	222
FLOOD, Michael, s. Peter, mason, ae 22, & Catharine, ae 20, b. Oct. 13, 1849	4	152-3
Michael, s. Peter, quarryman, ae 23, & Catharine, ae 21, b. Nov. 19, 1849	4	164-5
Peter, m. Catharine **MIRACKS**, Jan. 28, 1849, by John Brady	4	87
Peter, laborer, m. Catharine **MYRICK**, both b. in Ireland, Jan. 28, 1849, by Rev. John Brady	4	122-3
	4	200-1
FLOWERS, Charles B., s. Artemas & Mary, b. Sept. 15, 1850	4	132-3
Mary, d. Apr. 22, 1849, ae 79		

	Vol.	Page
FLYNN, Anne, m. Richard DONNOLLY, Dec. 8, 1854, by Rev. Jno. Brady	4	275
James, m. Eliza BARRY Feb. 24, 1852, by Rev. Jno. Brady	4	211
Mary, m. Daniel HAYES Apr. 17, 1850, by Rev. John Brady, Jr.	4	143
Mary, m. Maurice SWEENEY, Feb. 26, 1854, by Rev. Jno.Brady	4	264
Mary, m. Thomas BREEM, Nov. 30, 1854, by Rev. Jno. Brady	4	274
Rosanna, m. Michael McCARTY, Apr. 24, 1849, by John Brady	4	88
Rosanna, m. Michael McCARTY, laborer, both b. in Ireland, Apr. 24, 1849, by Rev. John Brady	4	124-5
Thomas, m. Ellen O'SULLIVAN, Feb. 8, 1852, by Rev. Jno. Brady	4	210
FOLEY, Bartholomew, m. Margaret McCARTHY, Aug. 22, 1852, by Rev. Jno. Brady	4	222
James, of Ireland, m. Margaret SOUTH, of Ireland, Feb. 20, 1851, by Rev. Frederic J. Goodwin	4	181
Johanna, m. John O'DONAHUE, Oct. 25, 1853, by Rev. Jno. Brady	4	243
John, m. Anne HOULIHAN, July 10, 1854, by Rev. Jno. Brady	4	269
Margaret, m. William HINLEY, Sept. 13, 1851, by Rev. Jno. Brady	4	192
Margaret, m, John FULLER, b. of Middletown, Sept. 21, 1851, by Rev. Fredereic J. Goodwin	4	215
Maurice, m. Catharine SARSFIELD, Jan. 9, 1853, by Rev. Jno. Brady	4	228
Maurice, m. Catharine HOGAN, June 17, 1854, by Rev. Jno. Brady	4	267
FOLIO, Andrew Peter, m. Mary Ann ACKMET, b. of Middletown, Dec. 19, 1842, by Rev. A. M. Osborn	4	498
-----, d. James, farmer, b. July 25, 1851	3	198-9
FOOT, Hannah, of Colchester, m. Samson HOWE, of Middletown, s. William & Maria, of Vt., Apr. 5 1753	2	93
FORBES, Amelia A., m. Alanson WORKS, Aug. 3, 1825, by Rev. John R. Dodge	3	206
Eliza C., of Middletown, m. Preston SMITH, of Spring field, Apr. 23, 1823, by Rev Eli Ball	3	126
Emma E., m. Henry H. GRAVES, July 12, 1827, by Rev. J. Goodwin	3	436
Mary Ann, of East Hartford, m. Samuel MITCHELL, Jr., of Granby, Aug. 13, 1826, by Levi Knight	3	235
Thomas C., m. Mary FISK, May 31, 1826, by Rev. John R Crane	3	230
FORD, Mary, m. Roswell SPENCER, Nov. 13, [1822], by Rev. Frederick Wightman	3	112
Treat S. of New haven, m. Sarah LINCOLN, of Middletown, Feb. 9, 1853, by Rev Lent S. Hough	4	226
Treat S. of New Haven, m. Sarah LINCOLN, of Middletown, Feb. 9, 1853, by Rev. Lent S. Hough	4	227
William, m. Thankful ROWLANDSON, June 27, 1745	2	67
Will[ia]m, s. Will[ia]m & Thankful, b. Apr. 2, 1746	2	67
FORDHAM, Mary, of Middletown, m. Daniel DeWOLF, of Hartford, Nov. 27, 1822, by Rev. Eli Ball	3	113
FORMAN, Benjamin, s. Thomas & Rebec[c]ah, b. Nov. 28, 1683; d. Feb. 2, 1683/4	LR1	10

MIDDLETOWN VITAL RECORDS 203

	Vol.	Page
FORMAN, (cont.)		
Rebec[c]ah, w. of Thomas, d. Dec. 4, 1683	LR1	10
Thomas, m. Rebec[c]ah ROW, Oct. 8, 1679	LR1	10
Thomas, s. Thomas & Rebec[c]ah, b. Mar. 28, 1680/81	LR1	10
FORREST, Eben[eze]r E., m. Elizabeth **BRICKELL**, b. of Middletown, Oct. 11, 1830, by Rev. John Cookson	3	355
Mary J., m. Henry W. **DUNN**, Jan. 25, 1852, by Rev. Jno. Morrison Reid	4	218
FORRICE, B[e]lulah, of Saybrook, m. Joseph **GILBERT**, of Middletown, (colored), Jan. 1, 1826, by Rev. E. Washburn	3	320
FORSEY, James, s. James & Mary, b. Sept. 2, 1738	1	106
FOSIDSH, Hannah, d. Jno. & Mary, b. Sept. 15, 1763; d. Sept.13,1764	2	21
James, s. John & Mary, b. Aug. 10, 1756	2	21
John, m. Mary **YEOMANS**, Nov. 13, 1755	2	21
John, d. Mar. 26, 1765	2	21
Lucretia, d. Jno. & Mary, b. Sept. 1, 1765	2	21
Mary, d. Jno. & Mary, b. May 13, 1758	2	21
Mary, m. Timothy **STARR**, Jr., Aug. 20, 1780	2	269
Sarah, d. Jno. & Mary, b. July 15, 1761	2	21
FOSTER, FFOSTER, Abiah, [twin with Abigail], d. Jno. & Sarah, b. July 29, 1755	1	50
Abigail, d. David & Ann, b. May 30, 1709; d. Nov. 7, 1709	LR2	17
Abigail, 2d, d. David & Ann, b. Mar. 8, 1710/11; d. Mar. 3, 1712/13	LR2	17
Abigail, d. David & Eliz[abet]h, b. Sept. 4, 1734	1	50
Abigail, [twin with Abiah], d. Jno & Sarah, b. July 29, 1755	1	50
Alpheas, s. Asa & Hannah, b. Aug. 7, 1761	2	144
Amelia, m. Will[ia]m **SPENCER**, b. of New York, July 10, 1831, by Rev. Fitch Reed	3	361
Amey A., d. of Oliver, of Middletown, m. Henry W. **WETHERELL**, s. of Simeon, of East Haddam, Aug. 6, 1854, by Rev. Samuel H. Smith	4	258
Ann, d. Dav[i]d & Eliz[abet]h, b. Jan. 31, 1746	1	50
Anne, d. John & Phebe, b. Dec. 9, 1756	1	85
Betty, d. Sam[ue]ll & Mary, b. May 7, 1752	2	116
Daniell, s. Edward & Sarah, b. July 7, 1717	LR2	11
Daniel, m. Bettey **DOANE**, June 18, 1741	1	124
Daniel, d. Aug. 30, 1741, at sea as per Capt. Dan[ie]l **BUTLER'S** account	1	124
David, s. David & Ann, b. Oct. 4, 1706	LR2	17
David, Jr., m. Elizabeth **MARKHAM**, Nov. 2, 1727	1	50
David, s. David & Eliz[abet]h, b. July 27, 1730	1	50
David, 3rd, m. Mary **MORGAN**, Oct. 19, 1749	2	164
David, s. David & Mary, b. Nov. 21, 1755	2	164
Edward "came from Burnett, Eng., reached Boston July 2, 1650" (Pencil note)	LR1	47
Edward, m. Elizabeth **HAR[R]IS**, June 20, 1670	LR1	47
Edward, s. Edward & Elizabeth, b. Jan. 10, 1681	LR1	47
Edward, m. Sarah **HUBBARD**, June 17, 1708	LR2	11
Edward, Jr., d. June 14, 1712, at G[u]ilford	LR1	47
Edward, s. Edward & Sarah, b. July 20, 1714	LR2	11
Edward, Jr., m. Martha **WHITMORE**, Apr. 28, 1737	1	102

FOSTER, (cont.)

	Vol.	Page
Edward, s. John & Phebe, b. May 23, 1753	1	85
Edward, d. Oct. 12, 1753	LR2	11
Edward, s. Sam[ue]ll & Mary, b. [ ]	2	116
Elizabeth, d. Thomas & Elizabeth, b. May 7, 1673	LR1	47
Elizabeth, w. of Edward, d. Oct. 7, 1684	LR1	47
Elizabeth, m. Joseph **ROCKWELL**, Feb. 1, 1693/4	LR1	19
Elizabeth, d. Thomas & Marg[a]ret, b. Jan. 14, 1707/8	LR2	1
Elizabeth, d. David & Eliz[abet]h, b. July 31, 1728	1	50
Elizabeth, m. John **KENT**, Jan. 30, 1728/9	1	43
Elizabeth, d. Jno. Phebe, b. June 26, 1739	1	85
Elizabeth, m. Daniel **LUCAS**, Jr., Nov. 26, 1746	2	91
Elizabeth L., d. of H. Bunce, of Hartford, m. Normond **LEWIS**, s. of James, of Hartford, Feb. 8, 1854, by Rev. Lester Lewis	4	247
Ephraim, s. Asa & Hannah, b. Apr. 19, 1759	2	144
Esther, d. Jno. & Sarah, [b.] Aug. 24, 1740	1	50
Esther, d. John & Phebe, b. Feb. 22, 1743/4	1	85
Esther, m. Seth **THAYER**, Sept. 1, 1763	2	86
Esther, m. Hezekiah **HUBBARD**, Jr., Oct. 8, 1764	2	278
Experience, d. David & Mary, b. Oct. 21, 1752	2	164
Fenner, s. David 7 Elizabeth, b. Nov. 9, 1736	1	50
George, s. John & Phebe, b. Oct. 27, 1745	1	85
Hannah, d. Edward & Sarah, b. Mar. 25, 1712	LR2	11
Hannah, m. William **ROCKWELL**, June 2, 1731	1	58
Hannah, d. Heckakiah **FOSTER**, & Hannah **MARCKHAM**, b. Oct. 18, 1735	1	45
Hannah, m. Nath[anie]ll **DOOLITTLE**, June 10, 1740	1	118
Hannah, d. John & Phebe, b. Sept. 9, 1751	1	85
Hannah, m. Reuben **WETMORE**, June 17, 1753	2	43
Hannah, w. of Asa, d. May 3, 1763	2	144
Heckebiah, s. David & Ann, b. Aug. 6, 1715	LR2	17
Heckakiah, m. Hannah **MA[R]CKHAM**, Nov. 3, 1735	1	45
Heckakiah, d. Nov. 28, 1736	1	45
Hacehatiah, s. David & Elizabeth, b. Jan. 29, 1739/40	1	50
Henry M., of Mereden, m. Lucy a. **CHAPIN**, of Middletown, [Nov.] 7, [1844], by Rev. W. G. Howard	3	523
Hinton W., of New Orleans, La., m. Mary S. **SMITH** (colored), of Middletown, Sept. 17, 1851, by Jehiel C. Brown, V.D.M.	4	191
Huldah, d. David & Mary, b. June 7, 1751	2	164
James, s. David & Eliz[abet]h, b. July 3, 1743	1	50
Jedediah, s. Edw[ar]d & Martha, b. Mar. 22, 1738; d. Mar. 3,1739	1	102
Jeremiah, s. John & Sarah, b. Jan. 9, 1729/30	1	50
Jeremiah, m. Martha **WARD**, Oct. 24, 1754	2	334
Jeremiah, s. Jeremiah & Martha, b. Aug. 25, 1755	2	334
Joanna, m. Oliver **BIDWELL**, Dec. 24, 1794	2	168
John, s. Edward, b. Feb. 10, 1691/2	LR1	47
John, s. David & Ann, b. Nov. 14, 1707	LR2	17
John, s. Thomas & Marg[a]rete b. Dec. 9, 1709	LR2	1
John, Sr., m. Sarah **EGELSTON**, Nov. 14, 1728	1	50
John, s. John & Sarah, b. Mar. 28, 1732	1	50
John, m. Phebe **CORNWELL**, Aug. 14, 1735	1	85
John, s. John & Phebe, b. Sept. 12, 1737	1	85

MIDDLETOWN VITAL RECORDS 205

	Vol.	Page
FOSTER, (cont.)		
John, 3rd, m. Esther **ROBBERDS**, Jan. 15, 1761	2	127
John, d. Sept. 18, 1768	1	85
Jonathan, s. David & Eliz[abet]h, b. July 115, 1732	1	50
Jonathan, s. Edw[ar]d & Martha, b. Jan. 4, 1739/40	1	102
Lamberton Clark, s. [David] & Mary, b. Nov. 18, 1758	2	164
Lucretia, m. Jonathan **TINKER**, June 23, 1757	2	33
Margaret, d. Jno. & Phebe, b. Apr. 30, 1736	1	85
Martha, m. Jonathan **ROBBERTS**, Aug. 30, 1759	1	54
Mary, m. Robert **COLLINS**, June 3, 1707	LR2	12
Mary, d. Edward & Sarah, b. Mar. 30, 1709	LR2	11
Mary, m. John **CORNWELL**, Jr., Dec. 27, 1727	1	32
Mary, d. John & Sarah, b. May 5, 1734	1	50
Mary, d. John & Phebe, b. Jan. 11, 1740/1	1	85
Mary, d. David & Mary, b. Jan. 22, 1754	2	164
Mary, m. Joseph **BATES**, Feb. 20, 1754	2	343
Mary, w. of Samuel, d. Sept. 12, 1756	2	116
Mary, d. [David] & Mary, d. May 24, 1759	2	164
Micah, s. John & Sarah, b. July 2, 1745	1	50
Oliver L., m. Lucy **BACON**, Oct. 4, 1832, by Rev. W. Fisk	3	380
Patience, d. Hechakiah & Hannah, b. May 28, 1737; d. July 2, 1737	1	45
Phebe, d. David & Ann, b. Dec. 20, 1721	LR2	17
Phebe, m. Richard **DOWD**, Jan. 2, 1746	2	54
Phebe, d. John & Phebe, b. May 22, 1747	1	85
Phebe, m. James **TREADWAY**, [ ]	2	202
Rachel, d. David & Ann, b. Apr. 16, 1713	LR2	17
Rachel had s. Timothy Brinnard, b. Oct. 21, 1732	1	50
Rhoda, m. Richard W. **FOX**, May 28, [1821], by Eli Coe, J.P.	3	54
Samuell, s. Edward & Sarah, b. Feb. 15, 1724	LR2	11
Samuel, s. John & Phebe, b. Oct. 17, 1742	1	85
Samuel, s. Jno. & Sarah, b. Apr. 21, 1743	1	50
Sam[ue]ll, m. Mary **DOANE**, Feb. 25, 1747/8	2	116
Sam[ue]ll, s. Sam[ue]ll & Mary, b. Jan. 31, 1748/9	2	116
Sam[ue]ll, s. Sam[ue]ll & Mary, d. Aug. [ ], 1751	2	116
Samuel, s. John & Sarah, d. Nov. [ ], 1760, at Albany	1	50
Sarah, d. Edward & Sarah, b. Oct 1, 1710	LR2	11
Sarah, d. David & Ann, b. Aug. 27, 1719	LR2	17
Sarah, m. John **BUTLER**, Dec. 3, 1728	1	44
Sarah, d. John & Sarah, b. July 17, 1736	1	50
Sarah, m. John **DELLIBER**, Mar. 17, 1742	1	127
Sarah, wid. of Edward, d. Mar. 1, 1756	LR2	11
Sarah, m. Lamberton **CLARK**, Aug. 29, 1759	2	299
Silace, s. David & Ann, b. Jan. 7, 1717/18	LR2	17
Silas, s. Jno. & Sarah, b. Aug. 23, 1738	1	50
Stephen, [twin with Sibbel], s. Jno. & Sarah], b. July 22, 1748	1	50
Susan[n]a, d. Edward & Elizabeth, b. Sept. 18, 1679	LR1	47
Susannah, [d. Edward & Elizabeth], d. Nov. 14, 1713	LR1	47
Susannah, d. Edward & Sarah, b. Mar. 20, 1721/22	LR2	11
Susannah, m. Ebenezer **ROCKWELL**, Sept. 7, 1741	1	125
Susannah, d. John & Phebe, b. Jan. 15, 1755	1	85
Sibbel, [twin with Stephen], d. Jno. & Sar[ah], b. July 22, 1748	1	50

	Vol.	Page
FOSTER, (cont.)		
Sibbel, d. John & Sarah, b. July 21, 1750	1	50
Tamson, d. Edward & Elizabeth, b. Aug. 26, 1688	LR1	47
Tamson, d. Edward [& Elizabeth], d. Aug. 31, 1688	LR1	47
Thomas, s. Edward & Elizabeth, b. Feb. 9, 1671; d. Mar. 1,1671/2	LR1	47
Thomas, s. Edward & Elizabeth, b. June [ ], 1675	LR1	47
Thomas, m. Marg[a]rete **HALL**, wid. of Jonathan, Dec. 16, 1703	LR2	1
Thomas, s. Edward & Sarah, b. Jan. 1, [17] 20/21	LR2	11
Thomas, d. Apr. 25, 1731	LR2	1
Thomas, s. John & Phebe, b. Dec. 31, 1748	1	85
-----, child o fMarshall, laborer, colored, ae 37, & Mary, ae 38, b. June 19, 1851	4	194-5
FOUNTAIN, Ann, of Middletown, m. Boliver **COOPER**, of Portland, Mar. 22, 1848, by Rev. L. S. Hough	4	29
Ann F., d. of John, m. Thomas W. **FOUNTAIN**, b. of Middletown, Apr. 9, 1854, by Rev. E. L. Janes	4	250
Benjamin, m. Mary **JENKS**, Sept. 26, 1847, by Rev. John Crane	4	17
Esther, m. Henry **KEYES**, b. of Middletown, Apr. 15, 1838, by Sam[ue]l Farmer Jarvis, D.D., L.L.D., at Christ Church	3	449
Henry, m. Ruth J. **RICH**, Oct. 3, 1847, by Rev. Frederick J. Goodwin	4	23
Henry, housepainter, ae 21, b. in London, Eng., res. Middletown, m. Ruth **RICH**, ae 21, of Middletown, Oct. 3, 1848, by Rev. F. J. Goodwin	4	62-3
Mary, m. George **LITTLEFIELD**, Oct. 31, 1847, by Rev. John R. Crane	4	20
Mary A., d. Benjamin, dyer, ae 23, & Mary, ae 26, b. Apr. 5, 1849	4	112-3
Thomas W., m. Ann F. **FOUNTAIN**, d. of John, b. of Middletown, Apr. 9, 1854, by Rev. E. L. Janes	4	250
William, m. Jan. **WRIGHT**, Mar. 26, 1837, by Samuel Farmer Jarvis, D.D., L.L.D., at Christ Church	3	450
-----, s. Richard, worker of iron, ae 26, & [ ], ae 30, b. July 13, 1849	4	102-3
FOWLER, Anson, s. Julius & Martha, b. Nov. 7, 1805	3	2
Anson, m. Sarah **BOGUE**, b. of Middletown, Nov. 4, 1827, by Rev. Fred[eric]k Wightman	3	284
Asa, m. Laura C. **CAMP**, b. of Middletown, May 7, 1837, by Rev. W. Fisk	3	432
Dennis, of Durham, m. Maria H. **COE**, of Middletown, Sept. 19, 1844, by W. C. Hoyt	3	530
Elisa, m. Ezra **CHADWICK**, Dec. 1,1822, by Rev. John R Crane	3	114
Henrietta E., of Durham, m. Homer S. **McCOOK**, of Northford, Aug. 2, 1831, by Rev. John Cookson	3	361
Henry, s. [Julius & Martha], b. Oct. 2, 1816	3	2
Lucy, d. [Julius & Martha], b. July 4,1804	3	2
Lucy, m. Henry S. **CLARK**, Jan. 28, 1833, by Rev. Samuel Goodrich, of Berlin	3	379
Maria A., of Durham, m. Uriel A. **AYER**, of East Haddam, Mar. 24, 1835, by Rev. B. Creagh	3	406
Martha, [d. Julius & Martha], b. Mar. 17, 1812	3	2
Martha M.of Middletown, m. Chester **BARBER**, of East Windsor,		

MIDDLETOWN VITAL RECORDS

	Vol.	Page
FOWLER, (cont.)		
Mar. 17, 1831, by Joshua L. Williams, V.D.M.	3	361
Osias, s. [Julius & Martha], b. Jan. 20, 1814	3	2
Sally Maria, d. [Julius & Martha], b. May 28, 1810	3	2
FOX, Charles, m. Mary **WARD,** Dec. 15, 1845, by Rev. John R. Crane	3	542
Dorothy, d. John & Mary, b. Jan. 26, 1754	2	211
Elizabeth, m. Richard **GILL,** July 9, 1724	1	18
Elizabeth, d. John & Mary, b. Dec. 29, 1751	2	211
Eunice, of Glastonbury, m. Comfort **STANCLIFT,** of Middletown, May 7, 1761	2	291
John, m. Mary **WATERMAN,** Oct. 31, 1750	2	211
Katharine, d. John & Mary, b. Oct. 18, 1759	2	211
Mary, d. John & Mary, b. Oct. 8, 1757	2	211
Richard W., m. Rhoda **FOSTER,** May 28, [1821],by Eli Coe, J.P.	3	54
Ruth Ann, d. G. W., mechanic, ae 33, & Eliza, ae 36, b. Apr. 16, 1849	4	108-9
FRANCIS, FRANCES, Harriet, of Middletown, m. Nathan **STANNARD,** of Saybrook, May 2, 1836, by Rev. John Cookson	3	422
Martha, of Walllingford, m. James **ADKINS,** of Middletown, Apr. 30, 1761	2	306
Mary, of Wallingford, m. Steven **HUBBARD,** of Middletown, Apr. 3, 1766	2	113
Mary H.,d.of Charles, of Middletown, m. Warren C. **KELLOGG,** of New York, June 11, 1851, by Rev. Frederic J. Goodwin	4	214
William, of Weathersfield, m.Clarissa **CLARK,** of Haddam, Nov. 12, 1832, by Rev. John Cookson	3	375
FRANKLIN, Edward Weeks, s. [Maynard & Rhoda], b. June 10, 1801	2	271
George Davis, s. [Maynard & Rhoda], b. May 26, 1807	2	271
Henry M., of Columbia, m.Adaline L. **WELLS,** of Middletown, Oct. 25, 1842, by Rev. A. M. Osborn	3	494
Homer, m. Mary M. **OTLEY,** June 2, 1835, by Rev. John R. Crane	2	271
	3	411
Maria, Mrs., m. George W. **WRIGHT,** b. of Rocky Hill, Oct. 10, 1850, by Rev. George A. Bryan	4	148
Mary, d. [Maynard & Rhoda], b. Apr. 19, 1803	2	271
Maynard, m. Rhoda **DAVIS,** Sept. 29, 1793, at N[ew] London	2	271
Nathan, s. [Maynard & Rhoda], b. May 21, 1798	2	271
William Harris, s. M[aynar]d & Rhoda, b. June 2, 1795	2	271
FRARY, FFRARY, Eleazer, s. Joseph & Hannah, b. July 26, 1734	1	42
Hannah, d. Joseph & Hannah, b. Jan. 9, 1737/8	1	42
Jonathan, s. Joseph & Hannah, b. Jan. 26, 1735/6	1	42
Joseph, m. Hannah **WHITE,** Jan. 2, 1728	1	42
Joseph, s. Joseph & Hannah, b. Apr. 4, 1732	1	42
Mary A., m. Lorenzo R. **HILLS,** July 7, 1839, by Rev. Francis **HODGSON**	3	462
	1	42
Samuel, s. Joseph & Hannah, b. Dec. 5, 1729		
Sam[ue]ll, Ensign, m. Mary **HEATON,** of N[ew] Hav[e]n, Jan. 22, 1733/4	1	76
Sam[ue]ll, s. Joseph & Hannah, d. Oct. 23, 1741	1	42
Sam[ue]ll, s. Joseph & Hannah, b. Aug. 8, 1842	1	42
Sarah, d. Joseph & Hannah, b. Aug. 12, 1744	1	42

	Vol.	Page
FRAZIER, George G., illeg. s. [ ], colored, & Sarah Caples, ae 26, b. Aug. 15, 1849	4	152-3
Henry J., d. May 8, 1849, ae 21 m.	4	130-1
Henry John, s. W[illia]m, laborer, ae 35, & Wilhelimina, ae 34, b. May 9, 1849	4	102-3
James, rope maker, d. [ ], 1851	4	202-3
Thomas, s. William, laborer. Ae 37. & Vilemina, ae 36, b. Apr. 2, 1850	4	152-3
----, female, d. Apr. 25, 1851	4	202-3
FREEMAN, Aaron, s. [Philemon & Rachel], b. Oct. 7, 1793	2	335
Chauncey, of Middletown, m. Charlotte **COBBEN**, of Springfield, Mass, June 2, 1850, by Rev. T. P. Abell	4	188
Citeron, m. Kent **COTTON**, b. of Middletown, Oct. 21, 1828, by Rev. H. Brough	2	367
Deborah, of Chatham, m. Chauncey **JONSON**, of Middletown, Nov. 22, 1838, by Friend Dickinson, J.P.	3	454
Elam, s. [Philemon & Rachel], b. Nov. 30, 1795	2	335
Hatfield, s. Nath[anie]ll & Martha, b. Dec. 18, 1749	2	326
Henry, m. Mary **LEWIS**, Dec. 12, 1822, by Rev. John R. Crane	3	114
Israel, m. Catrain **LEMORE**, Dec. 17, 1823, by Rev. Birdseye G. Noble	3	150
Loretta, d. [Philemon & Rachel], b. Jan. 14, 1801	2	335
Louisa, of Chatham, m. John **BRAINERD**, of Middletown, Sept. 25, 1842, by Rev. A. M. Osborn	3	492
Lydia, d. Nath[anie]ll & Priscillia, b. Oct. 17, 1746	2	326
Lydia, d. Moses & Susannah, b. Dec. 29, 1758	2	26
Lydia, m. John **THATCHER**, Oct. 24, 1824, by Rev. John R. Crane	3	179
Martha, d. Nath[anie]ll & Martha, b. July 22, 1742	2	326
Mary, d. Moses & Susannah, b. Sept. 27, 1756	2	26
Mary, ae 20, b. in Middle Haddam, res. Penn., m. John E. **JOHNSON**, mechanic, ae 22, b. in Middletown, res. Penn., Oct. 8, 1848, by [ ]	4	126-7
Merrick, of Hartford, m. Almira S. **HILLS**, of Middletown, [Apr.] 14, [1847], by Rev. T. P. Abell	3	560
Moses, of Middletown, m. Susannah **BROOKS**, of Haddam, Aug. 28, 1755	2	26
Nath[anie]ll, s. Nath[anie]ll & Martha, b. Nov. 8, 1751	2	326
Philena, d. Philemon & Rachel, Dec. 31, 1791	2	335
Phillis, m. W[illia]m **BOARDMAN**, Mar. 25, 1804	2	361
Priscillia, d. Nath[anie]ll & Martha, b. Sept. 24, 1745	2	326
Priscilla, m. Jonathan **BURR**, Mar. 17, 1763	2	103
Rachel, m. George **PENNEY**, [ ]	3	23
Sena, d. [Philemon & Rachel], b. Oct. 7, 1797	2	335
Silvanus, s. Nath[anie]l & Martha, b. Apr. 16, 1740	2	326
Susanna, m. Will[ia]m **TAYLOR**, Sept. 25, 1747	2	104
Tamar, of Glastonbury, m. Thomas **LEWIS**, of Middletown, Dec. 18, 1828, by Rev. Jno. R. Crane	3	323
William, m. Mary Ann **FIELD**, b. of Middletown, Aug. 10, 1829, by Rev. John Cookson	3	339
William, m. Catharine **FITZGERALD**, Nov. 27, 1851, by Rev. Jno. Brady	4	208

	Vol.	Page
FRELINGHUYSON, John, of Flemington, N.J., m. Anne Maria **CHURCHILL**, of Portland, Conn., Oct. 9, 1850, by Rev. William Jarvis	4	147
FRENCH, Anna, d. W[illia]m, printer, ae 37, & Lucretia, ae 37, b. Jan. 16, 1850	4	158-9
Caroline M. d. William J., of Middletown, m. Alphonzo **ROLLINS**, of Hempstead, L.I., Oct. 28, 1847, by Rev. Joseph Holdrich	4	18
Caroline M., b. in Middletown, res. Hempstead, L.l, m. Alphonzo **ROLLINS**, of Hempstead, L.I., Oct. 28, 1847, by Rev. Jos[eph] Holdrich	4	62-3
Diadama, of Guilford, m. Ephraim **WILCOX**, of Middletown, Aug. 24, 1761	2	207
Elizabeth, s. (sic) [William J. & Annah], b. June 28, 1821	3	77
Henry, s. [William J. & Annah], b. Feb. 6, 1817	3	77
William, s. W[illia]m J. & Annah, b. Mar. 29, 1813	3	77
William, m. Lucretia **BURROWS**, Apr. 25, 1838, by Rev. Elisha Andrews	3	445
William J., m. Annah **TURNER**, May 14, 1812	3	77
FRENCH- all entries under this name except that for marriage of Diadama, 1761, should be under **TRENCH**. (Correction by Miss Clara Baier, Assistant Registrar, Dept. of health, Middletown.) IMM/MEC 9/26/49 (the above information is at the bottom of page 175 on the microfilm copy)		
FRIES, Elizabeth, m. Francis **WOLSIEFER**, b. late of German, now of Middletown, Nov. 28, 1853, by Jacob Fred[eric]k Huber, V.D.M.	4	241
FRISBIE, Russell, m. Mary Ann **BACON**, [Apr.] 21, [1844], by Rev. W. G. Howard	3	514
-----, child of Russell, apttern maker, ae 26, & Mary A., ae 22, b. July 19, 1849	4	102-3
FRONEY, Mary, m. William **McANULIFF**, Feb. 22, 1852, by Rev. Jno. Brady	4	211
FROST, Jane, of Middletown, m. Sam[ue]l G. **MERRINAN**, of Southington, Oct. 2, 1831, by Rev. John Cookson	3	362
FROTHINGHAM, Calvin, s. Eben[eze]r & Deborah, b. Oct. 26, 1761; d. Aug. 23, 1762	2	109
Deborah, d. Eben[eze]r & Deborah, b. Jan. 29, 1763	2	109
Ebenezer, m. Deborah **PAIN**, Apr. 20, 1757, at Southold, L.I.	2	109
Ebenezer, s. Eben[eze]r & Deborah, b. Jan. 14, 1758	2	109
Hannah, d. Eben[eze]r & Deborah, b. June 16, 1770	2	109
John, s. Eben[eze]r & Deborah, b. June 17, 1760	2	109
Julia, m. Rev. Jacob Fred[eric]k **HUBER**, b. of Middletown, Aug. 21, 1834, by Rev. W. Fisk	3	402
Lydia, d. Eben[eze]r & Deborah, b. Feb. 11, 1765	2	109
Nabby, d. Sam[ue]l & Nabby b. Feb. 16, 1785	2	71
Peter, s. Ebenezer & Deborah, b. June 22, 1772	2	109
Samuel, s. Eben[eze]r & Deborah, b. Mar. 16, 1759	2	109
Samuel, of Middletown, m. Nabby **KELLEY**, of Norwich, Sept. 15, 1783	2	71
FRUBZEL, John, m. Sophia **ZEITELHOKIN**, b. of Middletown, July		

	Vol.	Page
FRUBZEL, (cont.)		
30, 1854, by Jacob F. Huber V.D.M.	4	253
FRUIT, John W., colored, d. Dec. 6, 1850, ae 1	4	204-5
FULLER, Abigail, d. [Nathan & Abigail], b. Apr. 9, 1744	2	226
Abigail, m. Robert **COPLES,** b. of Middletown, Aug. 5, 1827, by Abiel a. Loomis, J.P.	3	276
Amasa, s. Asa & Mary, b. Nov. 1, 1766; d. [Nov.] 28, [1766]	2	81
Amisa, s .Asa, b. Nov. 1, 1766; d. Dec. 28, 1766	2	303
Anner, d. Asa & Mary, b. Jan. 26, 1769	2	81
Anner, d. Asa, b. Jan. 26, 1769	2	303
Anna, d. Caleb & Hannah, b. July 5, 1775	2	275
Asa, m. Mary **GOODWIN,** Oct. 17, 1762	2	81
Caleb, m. Hannah **WELD,** Oct. 28, 1762, at Attleborough	2	275
Charles, s. Asa & Mary, b. July 29, 1772; d. Aug. 8, 1772	2	81
Charles, s. Asa, b. July 29, 1772; d. Aug. 8, 1772	2	303
Charles, 2d, s. Asa & Mary, b. Apr. 10, 1773	2	81
Charles, 2d, s. Asa, b. Apr. 10, 1773	2	303
Dolle, d. Asa & Mary, b. Dec. 28, 1767	2	81
Elihu, s. [Nathan & Abigail], b. Aug. 11, 1750	2	226
Elizabeth, d. [Nathan & Abigail], b. Mar. 25, 1746	2	226
Eunice, d. Nathan & Abigail, b. Oct. 23, 1740	2	226
Fanna, d. Israel & Mary, b. Apr. 8, 1777	2	169
Frederick, s. Caleb & Hannah, b. Sept. 3, 1763, at Windsor	2	275
Frederic A., s. Joseph A., merchant, ae 29, & Betsey, ae 28, b. Jan. 3, 1850	4	152-3
Hannah, m. Lemuel **DANIELS,** Sept. 10, 1738	2	163
Israel, d. (sic) [Nathan & Abigail, b.] Mar. 8, 1749	2	226
Israel, m. Mary **PECK,** July 23, 1761	2	169
Israel, s. Israel & Mary, b. July 4, 1762	2	169
Jabez, s. Israel & Mary, b. June 11, 1773	2	169
Jesse, s. Asa, b. July 6, 1763; d. Sept. 11, 1763	2	303
Jesse, s. Asa & Mary, b. July 6, 1763; d. Sept. 21, 1763	2	81
Joel (?), Jr., of Chaplin, m. Emeline **HOUGH,** of Middletown, Dec. 25, 1828, by Rev. H. Bangs	3	325
John, s. John & Susannah, b. July 16, 1754	2	34
John, m. Margaret **FOLEY,** b. of Middletown, Sept. 21, 1851, by Rev. Frederic J. Goodwin	4	215
Joseph A., Jr., d. Sept. 11, 1848, ae 4 m.	4	130-1
Joseph Arnold, s. Joseph a., merchant, ae 27, & Betsey E., ae 62, b. May 17, 1848	4	42-3
Martha S., m. John L. **BACON,** b. of Middletown, Dec. 21, 1834, by Rev. B. Creagh	3	403
Mary, d. John & Susannah, b. Oct. 29, 1756	2	34
Mary, d. Israel & Mary, b. Feb. 24, 1765	2	169
Matilda, d. Caleb & Hannah, b. May 20, 1770	2	275
Nathan, s. [Nathan & Abigail], b. Mar. 29, 1742	2	226
Polly, d. Asa, b. Dec. 28, 1767	2	303
Rosina, d. Caleb & Hannah, b. Nov. 24, 1767, at Weymouth, Mass.	2	275
Sally, d. Asa & Mary, b. Feb. 3, 1779	2	81
Sally, d. Asa, b. Feb. 3, 1779	2	303
Samuel, s. Asa & Mary, b. Oct. 12, 1764	2	81

MIDDLETOWN VITAL RECORDS 211

	Vol.	Page
FULLER, (cont.)		
Samuel, s. Asa, b. Oct. 12, 1764	2	303
Sarah, d. [Nathan & Abigail, b.] June 14, 1747	2	226
Sophia, d. Caleb & Hannah, b. Mar. 29, 1766, at Windsor	2	275
Sophia, d. Caleb & Hannah, d. Aug. 10, 1775	2	275
Stephen, s. Asa & Mary, b. Mar. 6, 1775	2	81
Stephen, s. Asa, b. Mar. 6, 1775	2	303
Susannah, d. John & Susannah, b. July 7, 1751	2	34
Sylvester, s. Israel & Mary, b. Mar. 20, 1768	2	169
Thomas Weld, s. Caleb & Hannah, b. Apr. 20, 1773	2	275
William, s. Caleb & Hannah, b. Nov. 6, 1764, at Windsor; d Dec. 24, following	2	275
William A., of Lebanon, m. Emily E. YEOMAN, of Middletown, June 12, 1844, by Rev. Horace Mills, Jr.	3	518
FURBY, Abigail, m. George **STOW**, Nov. 27, 1762	2	115
FURGERSON, [see under **FERGUSON**]		
FURMAN, Peter, m. Mary **HASKIN**, Aug. 20, 1854, by Rev. Jno. Brady	4	271
GAGE, L. Almira, of Middletown, m. W[illia]m H. **CORNING**, of Lancaster, Mass., Oct. 23, 1849, by Rev. Geo[rge] A. Bryan	4	93
GAINES, GAYNES, GAINS, GANES, [see also **GAYNY**] Annah, d. [John], b. Mar. 12, 1708	LR2	20
Ellery C., ae 22, b. in Glastonbury, now of Glastonbury, m. Augusta **HART**, ae 21, b. in New Britain, now of Middletown, Sept. 12 1854, by J. B. Merwin	4	255
Hannah M., d. Sept. 13, 1848, ae 2 y.	4	130-1
John, s. John, b. Nov. 23, 1712	LR2	20
John, m. Susanna **WARNER**, July 27, 1738	1	116
John, s. John & Susan, b. Jan. 30, 1740/1	1	116
John, m. Submit Hand **RANNEY**, Jan. 29, 1766	2	87
Mary, d. John & Susan, b. Mar. 4, 1738/9	1	116
Molly, d. John & Submit, b. Dec. 16, 1766	2	87
Naomy, d. [John], b. July 30, 1700	LR2	20
Robert J., s. Rob[er]t J., machinist, ae 34, & Mary Ann, ae 29, b. Dec. 3, 1848	4	102-3
Samuel W., m. Almira **LUNG**, June 26, 1834, by Rev. John R. Crane	3	396
Sarah, d. [John], b. Mar. 23, 1704	LR2	20
Sarah, m. John **HALL**, Sept. 30, 1766	1	6
GALE, E. Y., of Mereden, m. Sarah A. **BRISTOL**, of Cheshire, Sept. 17, 1849, by Rev. Townsend P. Abell	4	92
[GALLAGHER], [see under **CALLAGHER**]		
GALLIVAN, Margaret, m. Matthew **CONNELL**, laborer, both b. in Ireland, Nov. 30, 1848, by John Brady	4	120-1
GALLOWAY, GALAWAY, Ellen N., d. Sept. 10, 1850, ae 1	4	206-7
John F., d. [1848], ae 6 m.	4	72-3
Maria, d. William, weaver, ae 49, & Margaret, ae 36, b. Jan. 1. 1849	4	112-3
GALLOWEN, Margaret, m. Matthew **CORNWELL**, May 16, 1848, by John Brady	4	78
GALPIN, GALPEN, [see also **GILPIN**], Abigail, d. Samuel & Ann,		

GALPIN, (cont.)

	Vol.	Page
b. July 20, 1720	1	1
Abigail, m. Abijah **PECK**, June 10, 1742	1	71
Abigail, d. Sam[ue]ll, Jr. & Abigail, b. Oct. 9, 1761	2	165
Amos, s. Caleb & Elizabeth, b. Dec. 2, 1723	1	1
Amos, m. Ann **PATTESON**, Nov. 5, 1745	2	137
Ann, d. Samuel & Ann, b. Dec. 24, 1715	1	1
Ann, w. of Samuel, d. Aug. 26, 1743, in the 56th y. Of her age	1	1
Ann, d. Amos & Ann, b. Nov. 9, 1747	2	137
Benjamin, s. Caleb & Elizabeth, b. Oct. 8, 1733	1	1
Benjamin, of Middletown, m. Elizabeth **DICKINSON**, of Weathersfield, Feb. 18, 1760	2	326
Benjamin, s. Benj[ami]n & Eliz[abet]h, b. Mar. 7, 1765	2	326
Caleb, m. Elizabeth **BALDEN**, Feb. 7, 171[ ]	1	1
Caleb, s. Caleb & Elizabeth, b. July 30, 1729	1	1
Caleb, m. Rebeckah **BECKLEY**, Dec. 7, 1752	2	79
Charles, s. Selah & Julia, b. Oct. 28, 1835	3	103
Clarissa, d. Oct. 12, 1849, ae 59	4	174-5
Cyprian, s. [Sam[ue]l & Abigail, b. July 25, 1791	2	262
Cyprian, m. Clarissa **CREAMER**, b. of Middletown, Nov. 22, 1820, by Rev. John R. Crane	3	46
Daniel, s. Sam[ue]ll, Jr. & Abigail, b. Dec. 30, 1756	2	165
David, s. Peat & Lois, b. Sept. 19, 1754	2	164
Edmond, s. [Sam[ue]l & Abigail], b. Dec. 14, 1805	2	262
Elisha, s. [Sam[ue]l & Abigail], b. Feb. 25, 1799	2	262
Elisha, m. Mrs. Laura **WILCOX**, b. of Middletown, [Aug.] 8, [1837], by Rev. Stephen Topliff	3	436
Elizabeth, d. Caleb & Elizabeth, b. Dec. 12, 171[ ]	1	1
Elizabeth, d. Benj[ami]n & Eliz[abet]h, b. Mar. 7, 1767	2	326
Emily B., m. Henry C. **BACON**, b. of Middletown, Jan. 2, 1839, by Rev. John Cookson	3	456
George P., of Berlin, m. Harriet J. **BLAKE**, of Middletown, Sept. 29, 1839, by Rev. Frances Hodgeson	3	465
Hannah, d. Benj[ami]n & Eliz[abet]h, b. Feb. 7, 1761; d. Oct. 28, 1761	2	326
Hannah, d. Benj[ami]n & Eliz[abet]h, b. Aug. 19, 1762	2	326
Horace, s. [Sam[ue]l & Abigail], b. Oct. 24, 1793	2	262
Jehiel, s. Peat & Lois, b. Dec. 22, 1756	2	164
John Stanley, s. Selah & Julia, b. Jan. 23, 1834	3	103
Joseph, s. Samuel & Ann, b. Apr. 6, 1725	1	1
Joseph, s. Samuel, d. Aug. 31, 1743	1	1
Joseph, s. Sam[ue]ll, Jr. & Abigail, b. Sept. 6, 1754	2	165
Marcy, twin with Mary, d. [Samuel & Ann], b. Aug. 16, 1727; d. Dec. 1, 1742	1	1
Mary, twin with Marcy, d. [Samuel & Ann], b. Aug. 16, 1727; d. Nov. 25, 1742	1	1
Mary, d. Samuel & Ann, d. Nov. 25, 1742	1	1
Mary, d. Sam[ue]ll, Jr. & Abigail, b. Sept. 2, 1749	2	165
Mary, d. Caleb & Rebeckah, b. Oct. 21, 1753	2	79
Mary, w. of Samuel, d. Aug. 8, 1758	2	6
Mary, d. [Sam[ue]l & Abigail], b. Aug. 3, 1796	2	262
Mary J., m. William S. **CANNON**, June 10, 1844, by Rev.		

	Vol.	Page
GALPIN, (cont.)		
John R. Crane	3	517
Nancy, of Durham, m. Wyman S. **KENDALL,** of Hartford, Dec. 25, 1828, by Rev. John R. Crane	3	324
Peat, s. Caleb & Elizabeth, b. Oct. 3, 1731	1	1
Peat, m. Lois **BECKLEY,** Nov. 15, 1753	2	164
Sally, d. [Sam[ue]l & Abigail, b. Mar. 25, 1789	2	262
Samuel, m. Ann **KNIGHT,** Dec. 30, 1714	1	1
Samuel, s. Samuel & Ann, b. Dec. 8, 1718	1	1
Samuel, s. Caleb & Elizabeth, b. Oct. 2, 1720	1	1
Sam[ue]ll, m. Mary **OSGOOD,** Feb. 16, 1744	1	80
Samuel, m. Mary **OSGOOD,** Feb. 16, 1744	2	6
Samuel, Jr., m. Abigail **NEWEL,** Sept. 22, 1748	2	165
Samuel, s. Sam[ue]ll, Jr. & Abigail, b. Oct. 23, 1758	2	165
Sam[ue]ll, Capt., d. June 27, 1763	2	165
Sam[ue]ll, m. Abigail **SAVAGE,** Nov. 27, 1783	2	262
Sam[ue]l, s. Sam[ue]l & Abigail, b. Mar. 31, 1785	2	262
Samuel, m. Abigail R. **WILCOX,** Sept. 7, 1826, by Rev. Birdseye G. Noble	3	238
Sarah, d. Caleb & Elizabeth, b. May 20, 1716	1	1
Sarah Fenn, d. Selah & Julia, b. Apr. 11, 1838	3	103
Selah, s. [Sam[ue]l & Abigail], b. Une 10, 1801	2	262
Selah, m. Julia **FENN,** b. of Middletown, Aug. 5, 1822, by Rev. Stephen Hayes	3	103
Seth, s. Capt. Sam[ue]ll & Abigail, b. July 1, 1763	2	165
Silas, s. [Sam[ue]l & Abigail], b. Nov. 18, 1786	2	262
GARDINER, [see also **GARDNER**], Ira L., m. Charlotte W. **SMITH,** d. of Jonathan, b. of Middletown, Nov. 24, 1853, by Rev. E. L. Janes	4	246
GARDNER, [see also **GARDINER**], Edwin, m. Sally **WEBSTER,** b. of Middletown, [Oct.] 20, [1829], by Levi Knight	3	341
GARFIELD, Amanda, d. [Elijah & Lucy], b. Jan. 20, 1830	3	157
Elijah, m. Lucinda **SAGE,** May 5, 1824, by Rev. John R. Crane	3	157
Lorinda, d. [Elijah & Lucy], b. Jan. 26, 1828	3	157
Lucy, d. Elijah & Lucy, b. Mar. 2, 1826	3	157
GARLAND, GARTLAND, Patrick, m. Catharine **JOHNSON,** Jan. 16, 1849, by John Brady	4	87
Patrick, laborer, m. Catharine **JOHNSON,** both b. in Ireland, Jan. 16, 1849, by Rev. John Brady	4	122-3
GARRISON, Elizabeth, dressmaker, colored, b. in Hartford, res Middletown, d. May 3, 1849, ae 19 y.	4	130-1
Elizabeth, colored, d. May 13, 1850, ae 19	4	172-3
Frances R., d. of George, m. Thomas R. **WILLIAMS,** b. of Middletown, Sept. 25, 1850, by Rev. John r. Crane	4	147
Francis R., ae 21, b. in Middletown, m.Tho[ma]s R. **WILLIAMS,** barber, colored, ae 29, b. in Canada, res. Middletown, Sept. 25, 1850, by Rev. J. R. Crane	4	200-1
GARRY, Thomas, m. Margaret **FLANAGAN,** Nov. 28, 1852, by Rev. Jno. Brady	4	225
GARTLAND, [see under **GARLAND**]		
GATES, Demmis, d. Step[he]n & Esther, b. Nov. 23, 1752	2	323
Esther, d. Step[he]n & Esther, b. Aug. 23, 1750	2	323

GATES, (cont.)

	Vol.	Page
Esther, m. Benjamin TRO[W]BRIDGE, Sept. 23, 1761	2	289
Levi C., m. Jane C. SAVAGE, Apr. 28, 1842, by Rev. John R. Crane	2	487
Robert, merchant, ae 26, b. in Haddam, res. Middletown, m. Mary WRIGHT, ae 19, b. in Haddam, res. Middletown, Oct. 3, 1847, by Rev. a. L. Stone	4	62-3
Robert W., m. Mary E. WRIGHT, Oct. 3, 1847, by Rev. a. L. Stone	4	18
Sarah, m. James ADY*, Oct. 28, 1742 *[Should be "AGLY"]	2	18
GAY, Will[ia]m, of Hartford, m. Emily a. HIGBEY, of Middletown, Jan. 8, 1846, by Rev. H. Miller	3	544
GAYLORD, GAYLOR, Ann Eliza, d. [Samuel & Fanny], b. Feb. 8, 1832	3	16
Anna, d. Sam[ue]ll & Margaret, b. Mar. 13, 1724/5; d. Jan. 30, 1728/9	1	3
Annah, [twin with Susannah], d. Eleazer & Eunice, b. Jan. 25, 1754	2	258
Annah, m. John CALE, aug. 15, 1777	2	329
Charles, s. [Samuel & Fanny], b. Feb. 12, 1822	3	16
Charles S., m. Eliza E. POST, July 10, 1845, by Rev. Zebulon Crocker	3	534
Clarissa, d. Sam[ue]l & Azubah, b. Jan. 22, 1788	2	211
Cynthia, m. W[illia]m A. McKEE, b. of Middletown, Aug. 26, 1822, by Rev. Joshua L. Williams	3	104
Dolly, d. [Eleaz[e]r & Eunice], b. Mar. 12, 1764	2	258
Eleazer, s. Sam[ue]ll & Margaret, b. Mar. 26, 1726/7	1	3
Eleazer, m. Eunice GILBERT, Mar. 1, 1750/1	2	258
Eleazer, s. [Eleaz[e]r & Eunice], b. Jan. 2, 1760	2	258
Elizabeth, d. [Eleaz[e]r & Eunice], b. June 17, 1758	2	258
Elizabeth, d. [Sam[ue]l & Azubah], b. Jan. 6, 1791	2	211
Eunice, d. Eleazer & Eunice, b. Mar. 14, 1751/2	2	258
Eunice, m. Cornwell DOWD, Mar. 26, 1777	2	182
Fanny, d. [Samuel & Fanny], b. July 17, 1824	3	16
George, [s. Samuel & Fanny], b. Feb. 5, 1817	3	16
Hadassah, of East Windsor, m. James FURGERSON, of Middletown, May 17, 1829, by Rev. John Cookson	3	336
Hannah, d. [Eleaz[e]r & Eunice], b. Jan. 6, 1762	2	258
Harriet Newell, d. [Samuel & Fanny], b. June 13, 1829	3	16
John, s. [Samuel & Polly], b. Aug. 14, 1810	3	16
John Jenison, s. Sam[ue]l & Azubah, b. Oct. 12, 1780	2	211
Jonathan, s. Sam[ue]ll & Margaret b. Oct. 29, 1747	2	74
Josiah, s. [Sam[ue]l & Azubah], b. Nov. 13, 1795	2	211
Margaret, wid. of Sam[ue]ll, m. Seth WETMORE, Sept. 30, 1730; d. Nov. 26, 1730	1	3
Margaret, d. Sam[ue]ll & Margaret, b. May 12, 1746	2	74
Marg[a]ret, d. [Eleaz[e]r 7 Eunice], b. Jan. 17, 1768	2	258
Marietta, d. [Samuel & Fanny], b. June 27, 1827; d. Sept. 18, 1827	3	16
Mary, d. Sam[ue]ll & Margaret, b. Nov. 26, 1750	2	74
Mary, d. Sam[ue]ll & Margaret, d. Oct. 28, 1751	2	74
Mary, d. [Samuel & Polly, b. Apr. 11, 1808	3	16

MIDDLETOWN VITAL RECORDS 215

	Vol.	Page
GAYLORD, (cont.)		
Mary, m. Richard WARNER, b. of Middletown, July 7, 1844, by Rev. Zebulon Crocker	3	520
Millesent, d. Sam[ue]ll & Margaret, b. Dec. 18, 1720	1	3
Mellicent, d. Sam[ue]ll & Margaret, b. June 16, 1749	2	74
Millisent, d. [Eleaz[e]r & Eunice], b. Jan. 22, 1766	2	258
Molly, d. [Eleaz[e]r & Eunice], b. Mar. 12, 1770	2	258
Molly, m. Ebenezer WARNER, Jan. 5, 1792	2	233
Polly, w. of Sam[ue]l, d. Dec. 5, 1812	3	16
Rhoda, d. Sam[ue]l & Azubah, b. Sept. 20, 1785	2	211
Samuel, m. Margaret SOUTHMAYD, Feb. 9, 1719/20	1	3
Samuel, s. Sam[ue]ll & Margaret, b. Jan. 6, 1722/3	1	3
Sam[ue]l, Sr., d. May 17, 1729	1	3
Samuel, m. Margaret CLARK, July 8, 1745	2	74
Samuel, s. Sam[ue]ll & Margaret, b. Sept. 20, 1754	2	74
Samuel, m. Azubah ATKINS, May 13, 1779	2	211
Samuel, s. Sam[ue]l & Azubah, b. Aug. 27, 1782	2	211
Samuel, m. Polly Pons STARR, Apr. 4, 1805	3	16
Sam[ue]l, s. Sam[ue]l & Polly, b. June 24, 1806; d. Nov. 14, 1826	3	16
Samuel, m. Fanny STARR, Mar. 5, 1814	3	16
Samuel, 2d, s. Sam[ue]l & Polly*, b. May 8, 1836 (*Fanny?)	3	16
Sarah, d. [Eleaz[e]r & Eunice], b. Aug. 3, 1772	2	258
Stewart, s. Sam[ue]l & Azubah, b. Feb. 8, 1784	2	211
Stuart, s. Sam[ue]ll & Margaret, b. Oct. 12, 1857	2	74
Susannah, [twin with Annah], d. Eleazer & Eunice, b. Jan. 25, 1754; d. Feb. 25, 1754	2	258
Susannah, 2d, d. Eleaz[e]r & Eunice, b. July 2, 1756	2	258
Susanna, m. Ashbel CORNWELL, Feb. 28, 1779	2	196
Timo[thy] Starr, s. Sam[ue]l & Fanny, b. Dec. 10, 1814	3	16
William, s. [Samuel & Fanny, b. June 8, 1819	3	16
GAYNY, [see also GAINES], John, m. Mary AHERN, Jan. 18, 1854, by Rev. Jno. Brady	4	264
GEAR, GEERS, Abiel S., m. Martha SAGE, b. of Middletown, Oct. 14, 1830, by Joshua L. Williams, V.D.M.	3	355
Abiel S., m. Frances SAGE, b. of Middletown, Aug. 13, 1834, by Rev. Zeb[ulo]n Crocker	3	398
Anna, m. Gilbert SKINNER, b. of Middletown, June 20, 1830, by Rev. Edw[ar]d R. Tyler	3	350
Charles, d. Feb. 4,1848, ae 32	4	74-5
Elizabeth, m. Sylvester PROUT, b. of Middletown, [Mar.] 16, [1836], by Rev. James Noyes	3	420
Esther, m. Robert JOHNSON, Feb. 21, 1805	3	88
George, m. Alvira BAILEY, b. of Middletown, [May] 4, [1835], by Rev. James Noyes, Jr.	3	410
Henry S., s. Abiel S. & Martha, b. Oct. 17, 1831 (In pencil "died in War")	3	355
Hiram Rev., m. Jerusha SAGE, b. of Middletown, Sept. 30, 1832, by Rev. John Cookson	3	375
Jerusha, of Middletown, m. Rev. Will[ia]m McCARTHY, of Colebrook, June 8, 1834, by Rev. John Cookson	3	396
Olive, m. Jepthah LEWIS, May 22, 1823, by Rev. Fred[eric]k		

	Vol.	Page
GEAR, (cont.)		
Wightman	3	129
Samuel, m. Esther **CLOUGH**, July 25, 1753	2	304
Samuel, m. Submit **HALE**, Sept. 25, 1805, by Rev. Enoch Huntington	2	346
Samuel, m. Submit **HALE**, Sept. 25, 1805, [by Rev. Enoch Huntington]	3	13
GEARY, Abbe, m. Patrick **O'BRIEN**, Oct. 18,, 1853, by Rev. Jno. Brady	4	242
Catharine, m. John **MERRY**, May 16, 1852, by Rev. Jno. Brady	4	220
Ellen, d. James, grocer, ae 40, & Mary, ae 36, b. June 15, 1849	4	102-3
James, m. Mary **CADY**, May 14, 1853, by Rev. Jno. Brady	4	237
Jeremiah, m. Margaret **GLAVIN**, Mar. 3, 1851, by Rev. Jno. Brady	4	184
Patrick, m. Mary **DONOVAN**, Jan. 24, 1853, by Rev. Jno. Brady	4	229
Patrick, m. Hanora **ROCHE**, Mar. 13, 1854, by Rev. Jno. Brady	4	265
GEERS, [see under **GEAR**]		
GENING, [see under **JENNINGS**]		
GEORGE, [* correction (**GOUGE**) hand written in margin		
* of original manuscript)		
Jabez, s. Thomas & Rebeckah, b. May 10, 1765; d. Oct. 6, 1765	2	158
Jacob, s. Thomas & Rebeckah, b. July 22, 1767	2	158
Joseph, s. Thomas & Rebeckah, b. June 19, 1769	2	158
Joseph, m. Catharine **DANIELS**, b. of Middletown, Apr. 29, 1826, by Rev. John R. Dodge	3	244
Nathaniel, s. Thomas & Rebeckah, b. Oct. 20, 1763	2	158
Rebeckah, d. Thomas & Rebeckah, b. Oct. 31, 1771	2	158
Thomas, m. Rebeckah **GOODWIN**, Jan. 1, 1761	2	158
Thomas, s. Thomas & Rebeckah, b. Apr. 5, 1762	2	158
GHENT, GENT, John s. John, laborer, ae 33, & Mary, ae 34, b. July 3, 1849	4	102-3
Mary, d. John, brickmaker, ae 28, & Mary, ae 30, b. Aug. 14, 1851	4	194-5
Michael, m. Mary **NOWLAN**, Sept. 30, 1848, by John Brady	4	78
Michael, laborer, m. Mary **NOWLAN**, both b. in Ireland, Nov. 30, 1848, by Rev. John Brady	4	122-3
William, m. Ellen **BRENNER**, Aug. 14, 1853, by Rev. Jno. Brady	4	239
GIBBERT, [see under **GILBERT**]		
GIBBONS, Elijah W., m. Susan E. **PRIOR**, b. of Middletown, Nov. 24, 1853, by Rev. E. L. Janes	4	246
Fred, d. Sept. 3, 1850, ae 8	4	204-5
Margaret, ae 22, m. Thomas **RATCLIFF**, carriage-maker, ae 23, b. of Middletown, Jan. 6, 1850, by Rev. B. N. Leach	4	168-9
Margaret J., m. Thomas S. **ROCKLIFF**, b. of Middletown, Jan. 6, 1850, by Rev. M. S. Scudder	4	140
Mary A., ae 16, b. in New York, res. Middletown, m. Amos **BAILEY**, planemaker, ae 22, b. in Haddam, res. Middletown, Nov. 4, 1849, by Rev. B. N. Leach	4	166-7
Mary Ann, d. of Robert H., m. Amos **BAILEY**, s. of Lyman R., Nov. 4, 1849, by Rev. B. N. Leach	4	94

	Vol.	Page
GIBBONS, (cont.)		
Robert, m. Abigail **GRINNELLS**, Nov. 14, 1847, by Rev. A. L. Stone	4	22
Robert, mechanic, ae 22, b. in New York City, res. Middletown, m. Abigail S. **GRINNELLS**, ae 18, of Middletown, Nov. 14, 1847, by Rev. Andrew L. Stone	4	62-3
Robert H., mechanic, ae 23, m. Abigail L. **GRINNELS**, ae 18, b. of Middletown, Nov. 14, 1847, by Rev. A. L. Stone	4	64-5
Sarah, d. Sept. 8, 1850, ae 4	4	204-5
Sarah Maria, d. Robert H., mechanic, ae 42, & Margaret, ae 41, b. Aug. 17, 1848	4	46-7
Theodore, d. Rob[er]t H., planemaker, ae 46, & Margaret, ae 44, b. Mar. 6, 1850	4	154-5
----, d. Robert, machinist, ae 23, & Abigail A., m ae 20, b. July 31, 1849	4	102-3
GIBBS, Eunice, d. Ozias & Rebeckah, b. Sept. 7, 1761	2	25
Ozias, m. Rebeckah **MAYO**, Jan. 11, 1759	2	25
Rebeckah, d. Ozias & Rebeckah, b. Oct. 28, 1759	2	25
Ruth, m. Richard **MAYO**, June 2, 1757	2	126
Sarah Louisa, of Poughkeepsie, N.Y., m. Arthur **BURDICK**, of Middletown, Oct. 20, 1867, by Rev. W[illia]m H. Wines, at the Baptist Church, in Poughkeepsie, N.Y.	3	563
GIBSON, [see also **GIPSON**], Flavia, d. John & Joanna, b. Sept. 2, 1765	2	152
Hepzabath, m. Selden **ELY**, Sept. 14, 1800	3	18
Jane, m. William **MARTIN**, Apr. 9, 1852, by Rev. J. L. Dudley	4	248
Joanna, d. John & Joanna, b. Apr. 19, 1767'	2	152
John, of Middletown, m. Joanna **CROWFOOT**, of Springfield, Jan. 17, 1764	2	152
Jonathan, d. Apr. 29, 1690	LR1	6
Mercy, m. Daniel **WILCOX**, Nov. 7, 1771	2	150
Roger John, s. John & Joanna, b. Oct. 16, 1769	2	152
Timothy, m. Hannah **SAGE**, Jan. 20, 1770	2	204
GIDDINGS, Dimmis, d. John & Marcy, b. Aug. 7, 1764	2	39
John, m. Marcy **HARRIS**, May 27, 1762	2	39
Lucia, d. John & Marcy, b. Sept. 23, 1762	2	39
GILFFORD, Ann, d. James & Susanna, b. May 28, 1739	1	60
George C., of Middletown, m. Mary **CASTELLON**, late of New York, now of Middletown, Dec. 18, 1841, by Rev. Samuel Farmer Jarvis. Int. Pub.	3	486
GILBERT, Abigail, of New Haven, m. Benony **PLUM**, Jan. 8, 1715/16	LR2	19
Abigail, d. Ezekiel & Patience, b. Jan. 1, 1733/4	LR2	29
Abigail, d. Ezekiel & Eliza, b. July 4, 1745	2	150
Abigail, d. Joseph & Anny, b. Feb. 21, 1782	2	307
Allen, s. Nath[anie]ll & Hannah, b. May 17, 1717	LR2	17
Allin, s. Nath[anie]ll & Mary, b. Apr. 23, 1756	2	15
Allin, m. Rebeckah **CORNWELL**, alias Butler, Sept. 20, 1759	2	96
Allin, s. Allin & Rebec[ca]h b. Aug. 21, 1764	2	96
Allin, Jr., m. Lucy **WARD**, Aug. 25, 1784	2	290
Anna, of Middletown, m. John **BARTIS**, of New Haven, Sept. 29, 1823, by Rev. John r. Crane	3	134

GILBERT, (cont.)

	Vol.	Page
Anny, d. Joseph & Anny, b. Jan. 16, 1780	2	307
Benjamin, s. Eben[eze]r & Hannah, b. July 29, 1760	2	335
B[e]ulah, Mrs., m. Hercules WHITE, Sept. 17, 1837, by Rev. Jehiel N. Beman	3	437
Butler, s. Nath[anie]ll & Mary, b. Oct. 22, 1747	2	15
Butler, of Middletown, m. Abigail WOODHOUSE, of Weathersfield, May 7, 1777	2	58
Charles, s. [Allin, Jr. & Lucy], b. June 4, 1795	2	290
Charles, [s. Orrin & Mary], b. Nov. 2, 1846	4	41
Chauncey Wright, s. Allin & Lucy, b. Feb. 6, 1791	2	290
Chester, s. [Allin, Jr. & Lucy], b. Sept. 29, 1797	2	290
Daniel, s. Jona[tha]n & Prudence, b. Jan. 15, 1745/6	1	123
David, s. Ezekiel & Patience, b. Apr. 9, 1736	LR2	29
David, m. Bette RICHARDSON, Nov. [ ], 1757	2	131
Dorothy, d. Nath[anie]ll & Hannah, b. May 6, 1721	LR2	17
Dorothy, d. Lieut. Nath[anie]ll, d. Oct. 4, 1743	LR2	17
Dorothy, d. Nath[anie]ll & Mary, b. Oct. 5, 1745	2	15
Ebenezer, s. Jonathan & Dorothee, d. Mar. 21, 1717/18	LR1	27
Ebenezer, s. Nath[anie]ll & Elizabeth, b. June 16, 1731	1	33
Ebenezer, m. Hannah MILLER, Sept. 26, 1754	2	335
Ebenezer, s. Eben[eze]r & Hannah, b. July 7, 1755	2	335
Ebenezer Jr., of Middletown, m. Elizabeth Desire BOUTON, of St. Pierre, in the Island of Martinico, Feb. 16, 1779, in St. Pierre	3	21
Eb[eneze]r, Jr., had servant Williams. Of Mary, b. Jan. 5, 1804; Adiline, d. of Mary, b. Feb. 8, 1801; Charles, s. of Mary, b. Aug. 8, 1808	2	53
Eleazer, s. John & Mary, b. Apr. 6, 1711	LR2	16
Eleazer, m. Martha JOHNSON, Apr. 5, 1738	1	108
Eleazer, s. Eleazer & Martha, b. Apr. 10, 1738; d. Dec. 11, 1740	1	108
Eleazer, s. Eleaz[er] & Martha, b. Dec. 10, 1748	1	108
Elihu, s. Ezekiel & Eliza, b. Jan. 12, 1743/4	2	150
Elijah, s. Allin & Rebec[c]ah, b. July 8, 1767; d. May 27, 1768	2	96
Elizabeth, d. Ezekiel & Patience, b. Jan. 15, 1723	LR2	29
Elizabeth, d. Nath[anie]ll & Elizabeth, b. Dec. 15, 1727; d. Mar. 9, 1727/8	1	33
Elizabeth, d. Nath[anie]ll & Elizabeth, b. Feb. 15, 1728/9	1	33
Elizabeth, m. Ebenezer JOHNSON, Oct. 29, 1745	2	81
Elizabeth, d. Nath[anie]ll & Jane, b. Dec. 13, 1746	2	67
Elizabeth, m. Nath[anie]ll LANE, Oct. 22, 1747	2	103
Elizabeth, d. Ezekiel & Eliza, b. Dec. 3, 1750	2	150
Elizabeth, d. Jona[tha]n & Prudence, b. Jan. 29, 1753	1	123
Elizabeth, m. William HENSHAW, May 14, 1767	2	192
Elizabeth, wid. of Lieut. Nath[anie]ll, d. Sept. 1, 1776	1	33
Elizabeth, Mrs., m. Anthony ROBERTS, b. of Middletown, Apr. 29, 1821, by Rev. Eli Ball	3	51
Emily T., d. Joseph M. & Antoinette, b. Dec. 10, 1848	4	102-3
Eunice, d. Nath[anie]ll & Elizabeth, b. Apr. 12, 1730	1	33
Eunice, d. John & Eunice, b. Jan. 17, 1734/5	1	26
Eunice, m. Eleazer GAYLORD, Mar. 1, 1750/1	2	258
Eunice, d. Joseph & Eunice b. Oct. 5, 1755	2	52

MIDDLETOWN VITAL RECORDS 219

	Vol.	Page
GILBERT, (cont.)		
Ezekiel, m. Patience **HARRISS**, Dec. 2, 1714	LR2	29
Ezekiel, s. Ezekiel & Patience, b. Dec. 28, 1720	LR2	29
Ezekiel, Jr., m. Elizabeth **BLAKE**, Mar. 8, 1743/4	2	150
Ezekiel, s. Jona[tha]n & Prudence, b. Mar. 25, 1756	1	123
Frederick, s. W[illia]m & Eliz[abet]h, b. Aug. 4, 1807	3	13
Frederick, m. Mary **HARRIS**, b. of Middletown, June 5, 1825, by Rev. Ebenezer Washburn	3	201
George, m. Abigail **HODGE**, Dec. 10, 1717	LR2	1
George, d. Jan, 13, 1717/18, by the fall of a tree	LR2	1
Giles, s. Nath[anie]ll & Mary, b. Apr. 21, 1759	2	15
Hannah, d. Nath[anie]ll & Hannah, b. Sept. 10, 1718	LR2	17
Hannah, w. of Nathaniell, d. Oct. 15, 1724	LR2	17
Hannah, m. Joseph **WRIGHT**, Mar. 22, 1738/9	2	317
Hannah, d. Nath[anie]ll & Mary, b. June 17, 1754	2	15
Hannah, d. Eben[eze]r & Hannah, b. Apr. 7, 1757	2	335
Hannah, m. John **CANDE**, Sept. 14, 1775	2	212
Hannah, d. [Jona[than], Jr. & Thankful], b. Aug. 2, 1790	2	30
Hannah, [d. Orrin & Mary], b. Apr. 20, 1835; d. Aug. 17, 1872	4	41
Hannah Allin, d. [Allin, Jr. & Lucy], b. Aug. 20, 1793	2	290
Hannah M., of Middletown, m. Eliphalet L. **TINKER**, of Westfield, N.Y., July 22, 1821, by Rev. Eli Ball	3	58
Harriet J., m. Francis G. **NEWELL**, b. of Middletown, July 7, 1833	3	383
Henry, [s. Orrin & Mary], b. Mar. 27, 1842	4	41
Jane, w. of Nath[anie]ll, d. Aug. 3, 1757	2	67
Jane, m. Elihu **COTTON**, Oct. 27, 1763	2	217
Jesse, s. Eleazer & Martha, b. Jan. 21, 1755	1	108
John, s. Jonathan [& Dorothy], b. June 30, 1683	LR1	27
John, m. Mary **HARRIS**, Jan. 12, 1709/10	LR2	16
John, m. Eunice **GOFF**, of Weathersfield, May 2, 1723	1	26
John, d. Nov. 8, 1727	LR2	16
John, s. Eleazer & Martha, b. Sept. 6, 1750	1	108
John, d. Nov. 17, 1769	1	26
John, [s. Orrin & Mary], b. Feb. 28, 1744; d. Sept. 22, 1745	4	41
John Francis Sainte Rose, s. Eb[enezer], Jr. & Eliz[abet]h D., b. Dec. 20, 1788, in St. Pierre	3	21
Jonathan, m. Dor[o]thy **STOW**, June 22, 16[ ]* (*1679)	LR1	27
Jonathan, s. Ezekiel & Patience, b. Feb. 24, 1715/16	LR2	29
Jonathan, Jr., m. Prudence **HARRIS**, Oct. 25, 1739	1	123
Jona[tha]n, s. Jona[tha]n & Prudence, b. Feb. 21, 1747/8	1	123
Jonathan, Jr., m. Lucy **WARD**, Dec. 5, 1770	2	30
Jonathan, s. Jona[tha]n, Jr. & Lucy, b. Oct. 1, 1771	2	30
Jonathan, Jr., m. Thankful **WETMORE**, Dec. 5, 1785	2	30
Joseph, s. Ezekiel & Patience, b. May 9, 1731	LR2	29
Joseph, s. Nath[anie]ll & Jane, [b.] Jan. 23, 1742/3; d. May 2, 1744	2	67
Joseph, s. Nath[anie]ll & Jane, b. Jan. 27, 1743	1	10
Joseph, s. Nath[anie]ll & Jane, b. Nov. 23, 1744	2	67
Joseph, of Middletown, m. Eunice **WILDER**, of Lyme, June 13, 1753	2	52
Joseph, s. Joseph & Eunice, b. Mar. 21, 1759	2	52

GILBERT, (cont.)

	Vol.	Page
Joseph, m. Anny **BAGGS**, May 6, 1779	2	307
Joseph, s. [Joseph & Anny], b. Oct. 10, 1787	2	307
Joseph, of Middletown, m. B[e]ulah **FORRICE**, of Saybrook, (colored) Jan. 1, 1826, by Rev. E. Washburn	3	330
Joseph M. of Middletown, m. Antoinette **RAYNAUD**, of Trinidad, W.I., Sept. 9, 1832, by Rev. John Cookson	3	373
Joseph Maria, s. Eb[enezer], Jr. & Eliz[abet]h D., b. June 17, 1790, in St. Piere	3	21
Josiah, s. John & Eunice, b. Jan. 7, 1724/5	1	26
Josiah, d. June 14, 1770	1	26
Julia, [d. Orrin & Mary], b. Apr. 3, 1838	4	41
Lament, d. Ezekiel & Patience, b. Aug. 20, 1727	LR2	29
Lois, d. John & Eunice, b. June 20, 1738	1	26
Lois, d. Eleaz[er] & Martha, b. June 23, 1744	1	108
Lucia, d. Eleaz[er] & Martha, b. Oct. 1, 1746	1	108
Lucy, w. [Jona[tha]n, Jr. d. Apr. 9, 1782	2	30
Lucy, d. Jonathan, Jr. & Thankful, b. Nov. 3, 1786	2	30
Lucy Butler, d. Allin, Jr. & Lucy, b. Oct. 29, 1786: d. Feb. 2, 1789	2	290
Lucy Butler, 2d, d. Allin & Lucy, b. Feb. 19, 1789	2	290
Luther, s. Eben[eze]r & Hannah, b. June 20, 1764; d. July 29, 1769	2	335
Mabel, d. Eleaz[er] & Martha, b. Aug. 6, 1741	1	108
Mabel, d. Nath[anie]ll & Jane, b. Jan. 31, 1749/50	2	67
Mabel, m. Nathaniel **ROBBERDS**, Dec. 25, 1760	2	101
Margery, d. John & Eunice, b. Dec. 31, 1726; d. May 20, 1745	1	26
Martha, d. Jonathan & Prudence, b. Nov. 18, 1743	1	123
Martha, m. Elisha **SEARS**, Jan. 12, 1775	1	83
Martha P., of Middletown, m. George T. **CAMP**, of Mayvine, N.Y., May 13, 1829, by Rev. John Cookson	3	336
Mary, d. Jonathan & Dorothy, b. May 18, 1680	LR1	27
Mary, d. John & Mary, b. Mar. 28, 1713	LR2	16
Mary, d. John & Eunice, b. July 16, 1730; d. Oct. 20, 1741	1	26
Mary, m. Jonathan **ROBARTS**, Dec. 3, 1730	1	54
Mary, d. Nath[anie]ll & Jane, b. Feb. 14, 1748/9	2	67
Mary, d. Eleazer & Martha, b [ ]	1	108
Mary H., of Middletown, m. Noah B. **CLARK**, of Hargord, [Aug.] 15, [1836], by Rev. Royal Robbins, of Berlin	3	425
Mary Whitman, d. W[illia]m & Eliz[abet]h, b. Jan. 29, 1810	3	13
Mehitabell, d. [Jonathan & Dorothy], b. Feb. 8, 1681	LR1	27
Molly, d. Lieut., Nath[anie]ll & Mary, b. Sept. 18, 1764	2	15
Nathaniel, s. Jonathan [&Dorothy], b. Dec. 27, 1689	LR1	27
Nathaniell, m. Hannah **ALLEN**, Mar. 1, 1715/16	LR2	17
Nathaniell, s. Nath[anie]ll & Hannah, b. Dec. 4, 1723	LR2	17
Nathaniel, m. Elizabeth **PROUT**, Dec. 4, 1726	1	33
Nath[anie]ll, Jr., m. Mary **BUTLER**, Dec. 26, 1744	2	15
Nath[anie]ll, s. Nath[anie]ll & Mary, b. Apr. 23, 1750	2	15
Nathaniell, Lieut., d. Apr. 19, 1756	LR2	17
Nath[anie]ll, Lieut., d. Apr. 19, 1756	1	33
Nath[anie]ll, m. Prudence **SAVAGE**, May 18, 1758	2	67
Nathaniel, s. Allin, Jr. & Lucy, b. May 6, 1785	2	290

MIDDLETOWN VITAL RECORDS 221

	Vol.	Page
GILBERT, (cont.)		
Orrin, m. Mary **BACON**, June 6, 1832, by Rev. John R. Crane	3	370
Orrin, m. Mary **BACON**, June 6, 1832	4	41
Orrin, [s. Orrin & Mary], b. May 15, 1850	4	41
Patience, d. Ezekiel & Patience, b. June 12, 1718	LR2	29
Patience, d. Ezekiel & Patience, d. Feb. 15, 1742	LR2	29
Patience, d. Joseph & Eunice, b. May 20, 1757	2	52
Patience, d. Jona[tha]n & Prudence, b. Nov. 9, 1760	1	123
Patience, m. Wait **CORNWELL**, Feb. 14, 1799	2	355
Phebe, d. Allin & Rebec[ka]h, b. Mar. 27, 1762; d. Oct. 6, 1764	2	96
Prudence, d. Jona[tha]n & Prudence, b. Aug. 6, 1750	1	123
Prudence, d. [Jona[than], Jr. & Thankful], b. Oct. 28, 1788	2	30
Rebeckah, d. Allin & Rebec[ka]h, b. June 22, 1760; d. Apr. 6, 1765	2	96
Rebeckah Butler, d. [Allin, Jr. & Lucy], b. July 30, 1799	2	290
Rhoda, d. Ezekiel & Eliza, b. Feb. 28, 1748/9	2	150
Rhoda, m. Samuel **PLUM**, Oct. Last Tuesday, 1795	2	7
Samuel, s. Jona[tha]n, Jr. & Lucy, b. Sept. 11, 1777	2	30
Sarah, m. Daniel **PRYOR**, Jr., May 22, 1722	1	19
Sarah, d. Nath[anie]ll & Jane, b. Feb. 27, 1757; d. Aug. 2, 1757	2	67
Sarah, d. Jon[atha]n & Prudence, b. Nov. 1, 1763	1	123
Sarah, d. Eben[eze]r,]r & Hannah, b. Jan. 12, 1773	2	335
Sarah, d. [Jona[tha]n, Jr. & Lucy, b. Mar. 19, 1782	2	30
Sarah Ann, d. Eb[enezer], Jr. & Elizabeth Desire, b. May 25, 1785, in St. Pierre	3	21
Seth, s. Ezekiel & Eliza b. May 23, 1747	2	150
Thomas, s. Nath[anie]ll & Mary, b. Apr. 1, 1752	2	15
Thomas, [s. Orrin & Mary], b. Feb. 6, 1840	4	41
Timothy, s. Eben[eze]r & Hannah, b. Aug. 22, 1762	2	335
Will[ia]m, s. Nath[anie]ll & Jane, d. Sept. 4, 1749	2	67
William, s. Jona[tha]n & Prudence, b. June 24, 1758	1	123
William, s. Butler& Abigail, b. Jan. 4, 1779	2	58
William, s. [Joseph & Anny], b. Dec. 18, 1784	2	307
William, m. Hope **BURR**, Apr. 6, 1789	2	352
William, s. W[illia]m & Hope, b. July 1, 1789	2	353
William, m. Elizabeth **JOHNSON**, Jan. 21, 1805	3	13
William Johnson, s. W[illia]m & Eliz[abet]h, b. Nov. 3, 1805	3	13
----, s. [Jonathan & Dorothy], b. Mar. 31, 1681; d. Same day	LR1	27
----, child of Jonathan [& Dorothy], b. Feb. 8, 1684; d. Feb. 27, 1684	LR1	27
----, s. Jonathan [& Dorothy], b. Apr. 11, 1686; d. Apr. 28, 1686	LR1	27
----, s. [Jonathan, Jr. & Prudence], b. May 31, 1740; d. Soon after	1	123
----, d. J. M., teacher, ae 59, & [ ], ae 40, b. July 20, 1851	4	194-5
GILCHRIST, Abigail, d. Robert & Elizabeth, b. Apr. 16, 1755	2	301
Abigail, m. Nathan **PETTIS**, May 24, 1771	2	300
Ann, d. [Robert &Elizabeth], b. Mar. 15, 1759	2	301
Ann, m. Nathaniel **NEWEL**, Aug. 1 1779	2	300
Elizabeth, d. Robert & Elizabeth, b. Aug. 29, 1757	2	301
Elizabeth, m. George **COTTON**, Jan. 3, 1782	2	301
John, s. Rob[er]t & Eliz[abet]h, b. Aug. 22, 1753	2	301
Robert, m. Elizabeth **JACKSON**, Aug. 22, 1751	2	301

	Vol.	Page
GILCHRIST, (cont.)		
Robert, d. Jan. 27, 1777	2	301
GILES, Eben[eze]r, s. James & Temperance, b. Jan. 5, 1758	2	313
James, of Middletown, m. Temperance **TRYON,** of Weathersfield, June [ ], 1751	2	313
James, s. James & Temperance, b. Jan. 22, 1760; d. Feb. 18, 1760	2	313
Richard J., m. Emily **ROBERTS,** b. of Middletown, Mar. 10, 1825, by Rev. Josiah Bowen	3	194
Ruth, d. James & Temp[eran]ce, b. Apr. 20, 1754	2	313
Sarah, d. James & Temp[eran]ce, b. Apr. 20, 1754	2	313
Temperance, d. James & Temp[eran]ce, b. Apr. 9, 1756	2	313
GILL, Alfred, m. Mary E. **SOUTHMAYD,** Oct. 5, 1836, by Rev. John R. Crane	3	426
Ann, wid. of Joshua, d. Oct. 7, 1749	1	61
Ebenezer, s. John & Martha, b. Mar. 10, 1677/8	LR1	34
Ebenezer, of Middletown, m. Lediah **COLE,** of Wethersfield, Nov. 20, 1718	LR2	9
Elizabeth, d. Isaac & Hannah, b. Nov. 14, 1752	2	178
Giles, s. John & Ruth, b. Feb. 18, 1754	2	118
Hannah, d. Isaac & Hannah, b. Mar. 15, 1751	2	178
Isaac, s. [Richard & Elizabeth], b. May 24, 1725	1	18
Isaac, m. Hannah **RANNEY,** Mar. 29, 1750	2	178
Isaac, d. July 4, 1759	2	178
John, s. John, b. Oct. 2, 1685; d. Apr. 27, 1713	LR1	34
John, s. Ebenezer & Lediah, b. Oct. 18, 1722	LR2	9
John, m. Ruth **JOHNSON,** Mar. 2, 1747/8	2	118
Jos[h]us, s. John & Ma[r]tha, b. July 20, 1676	LR1	34
Joshua, m. Ann **BACON,** wid. of Beriah, Dec. 1, 1731	1	61
Joshua, s. Isaac & Hannah, b. July 7, 1757	2	178
Judeth, d. John, b. Jan. 10, 1681/2; d. Dec. 19, 1714	LR1	34
Lucia, d. John & Ruth, b. Jan. 7, 1748/9	2	118
Martha, d. Ebenezer & Lediah, b. Aug. 22, 1719	LR2	9
Molly, d. Isaac & Hannah, b. Nov. 28, 1759	2	178
Richard, m. Elizabeth **FOX,** July 9, 1724	1	18
Samuel, s. John &Ruth, b. Nov. 11, 1750	2	118
Sarah, d. Isaac & Hannah, b. Mar. 11, 1754	2	178
GILLET, Ruth, of Colchester, m. John **HINCKLEY,** of Middletown, Apr. 4, 1751	2	324
GILLUM, Benjamin, m. Sarah **ANDREWS,** Mar. 20, 1727/8	1	37
Benjamin, s. Benj[ami]n & Sarah, b. June 6, 1731	1	37
Susannah, d. Benj[ami]n &Sarah, b. Apr. 16, 1729	1	37
[GILMORE], GILLMORE, Sarfield, of Middle Haddam, m. Julia A. **GOFF,** of Haddam, June 5, 1837, by Rev. John R. Crane	3	434
GILPIN, [see also **GALPIN**], Elizabeth, m. Russell **WILCOX,** May 20, 1840, by Rev. L. S. Everett	3	472
GILSON, GILLSON, Betsey, d. Jacob 7 Jerusha, b. Dec. 6, 1773	2	138
Jacob, m. Jerusha **DOANE,** Nov. 6, 1770	2	138
Jacob, m. Katharine **JON[E]S,** Dec. 27, 1778	2	138
Jerusha, w. of Jacob, d. Dec. 16, 1776	2	138
Jerusha, d. [Jacob & Katharine], b. Oct. 7, 1784	2	138
John, s. Jacob & Katharine, b. Sept. 15, 1780	2	138
Kata, d. [Jacob & Katharine], b. July 5, 1786	2	138

	Vol.	Page
GINNINGS, [see under JENNINGS]		
GIPSON, [see also GIBSON], Hannah, d. Samuell & Hannah, b. Feb.9, 1713/4	LR2	4
Hannah, w. of Dea. Samuell, d. May 29, 1729	LR2	4
Hannah, m. Jonathan SAGE, Feb. 14, 1738/9	1	113
Hannah, d. Jno. & Marcy, b. Nov. 8, 1750	1	73
Jacob, a Foreigner, m. Zube MARKHAM, of Middletown, May 8, 1775	2	107
John, s. Samuell & Hannah, b. Nov. 1, 1708	LR2	4
John, m. Marcy SAGE, Dec. 27, 1733	1	73
John, s. John & Marcy, b. Aug. 12, 1734	1	73
Jonathan, s. [Samuell & Hannah], b. Aug. 9, 1705/6; d. [ ]	LR2	4
Jonathan, s. Samuell & Hannah, b. Nov. 14, 1716	LR2	4
Jonathan, of Middletown, m. Mary GOODRICH, of Wethersfield, June 23, 1743	1	38
Joseph, s. John & Marcy, b. Nov. 28, 1745	1	73
Marcy, d. John & Marcy, b. Apr. 4, 1748	1	73
Martha, d. \Samuell & Hannah, b. [ ]; d. Feb. 28, 1712/13	LR2	4
Martha, d. John & Marcy, b. Sept. 28, 1736	1	73
Mary, of Cornwell, m. Hezekiah SAGE, of Middletown, Sept. 19, 1774	2	162
Roger, m. Mary BURTIS, w. of Isaac CORNWELL, July [ ], 1716	1	60
Roger, s. John & Marcy, b. Jan. 18, 1740/1	1	73
Samuell, m. Hannah WHITMORE, Nov. 4, 1793	LR2	4
Samuell, s. Samuell & Hannah, b. Sept. 22, 1704; d. [ ], 1719	LR2	4
Sam[ue]ll, s. John & Marcy, b. Apr. 16, 1739	1	73
Samuell, Dea., d. Mar. 18, 1747	LR2	4
Timothy, s. John & Marcy, b. July 10, 1743	1	73
GLADWIN, Amelia, m. Asahel P. BAILEY, Mar. 7, 1852, by Rev. Jno. Morrison Reid	4	218
Dianna, of Haddam, m. Oliver PROUT, of Middletown, June 9, 1830, by Rev. Tho[ma]s Branch	3	350
Gloanna E., d. George W., upholsterer, ae 36, & Cornelius P., ae 36, b. Feb. 27, 1848	4	60-1
Henry S., m. Lucy Ann TOOLEY, b. of Haddam, Apr. 30, 1829, by Rev. Simon Shailer, of Haddam	3	334
Malantha, d. of Henry S., m. Seth B. BUTLER, s. of Abijah, b. of Middletown, Sept. 16, 1850, by Rev. B. N. Leach	4	147
Maria, m. John S. CROWELL, May 9, 1847, by Rev. A. L. Stone	4	6
Sarah M., m. Gilbert WARD, mar. 16, 1846, by Rev. John r. Crane	3	545
Silas, of Haddam, m. Elizabeth RICHMOND, of Middletown, June 25, 1837, by Rev. John R. Crane	3	434
Stephen M., m. Hannah M. LEWIS, b. of Middletown, Sept. 6, 1841, by Rev. Ashbel Chapin, of Jamestown, N.Y.	3	519
GLAVIN, Margaret, m. Jeremiah GEARY, Mar, 3, 1851	4	184
GLEASON, GLEESON, Elizabeth, w. of Sam[ue]ll, d. Nov. 2, 1758	2	253
Frederic Granat, s. Frederic W., cashier, ae 28, & Martha W., ae 25, b. Dec. 18, 1848	4	102-3
Giles, s. Joseph & Sarah, b. Feb. 1758; d. Mar. 29, 1758	2	98

GLEASON, (cont.)

	Vol.	Page
Hanora, m. Jeremiah DENNIS, Jan. 19, 1851, by Rev. Jno. Brady	4	185
Joan[n]a, m. David CONNERS, Sept. 1, 1850, by Rev. John Brady	4	148
Jonathan, s. Sam[ue]ll & Marg[are]t, b. Oct. 22, 1760	2	253
Joseph, m. Sarah STARR, June 28, 1747	2	98
Joseph, s. Sam[ue]ll & Eliz[abet]h, b. Mar. 4, 1754	2	253
Lydia, d. Joseph & Sarah, b. June 9, 1749	2	98
Lydia, of Middletown, m. Samuel BULL, late of Hartford, Mar. 10, 1771	2	187
Nora, ae 22, m. Jerry DANIELS, teamster, ae 22, b. in Ireland, res. Middletown, Dec. 26, 1850, by Rev. John Brady	4	200-1
Sam[ue]ll, s. Sam[ue]ll & Eliz[abet]h, b. Dec. 25, 1752	2	253
Samuel, m. Margaret HEBBERD, Nov. 15, 1759	2	253
William, m. Catharine BARRY, Dec. 10, 1854, by Rev. Jno. Brady	4	275
----, d. F. L., cashier, ae 30, & M., ae 28, b. July 5, 1851	4	198-9
GLOVER, Angelica, d. Daniel, gentleman, ae 48, & Mary, ae 36, b. Dec. 15, [1847]	4	44-5
GLOYD, Mabel, m. John CORBET, Sept. 11, 1749	2	161
GODDARD, Marvin, Dr., of Granby, m. Sally H. MILLS, of Canton, Nov. 30, 1836, by Rev. Wilbur Fisk	3	427
GODFREY, Priscilla F., d. Of Benjamin, m. Russell P. CLARK, s. of Linus, b. of Middletown, Nov. 10, 1850, by Rev. L. S. Hough	4	178
Priscilla T., ae 33, b. in Fairfield Co., res. Middletown, m. Russell P. CLARK, tinman, ae 23, b. in Berlin, res Middletown, Nov. 21, 1850, by Rev. L. S. Hough	4	202-3
GOFF, GOOF, GOOFF, GOUGH, Allen W., m. Phebe B. HUBBARD, Nov. 4, 1827, by Rev. John R. Crane	3	283
Anna, m. Michael BRADDOCK, b. of Middletown, Mar. 31, 1784	2	320
Asa, s. Hez[ekia]h & Bethiah, b. Jan. 7, 1749/50; d. June 26, 1751	2	180
Bathsheba, of Weathersfield, m. Jonas WRIGHT, of Middletown, Feb. 7, 1739/40	1	199
Bethiah, d. Hez[ekia]h & Bethiah, b. Feb. 2, 1752	2	180
Bethiah, m. John BASSIT, Sept. 5, 1771	2	138
Betsey E., ae 20, b. in Chatham, m. Dwight c. MITCHELL, mechanic, ae 20, b. in Haddam, Ct., res Middletown, July 9, 1848, by Z. N. Lewis	4	66-7
Bette, d. Hez[ekia]h & Bethiah, d. June 26, 1751	2	180
David, s. Hez[ekia]h & Bethiah, b. Oct. 16, 1761	2	180
Eliza, ae 19, b. in Portland, res. Middletown, m. Dennis SPENCER, laborer, ae 21, b. in Haddam, res. Middletown, Dec. 18, 1850, by Rev. M. L. Scudder	4	202-3
Elizabeth, d. Hez[ekia]h & Bethiah, b. Apr. 26, 1769	2	180
Elizabeth, of Portland, m. Darius SPENCER, of Haddam, Nov. 18, 1850, by Rev. M. L. Scudder	4	183
Elizabeth E., m. Dwight C. MITCHELL, July 9, 1848, by Rev. Z. N. Lewis	4	35

	Vol.	Page
GOFF, (cont.)		
Eunice, of Weathersfield, m. John **GILBERT**, May 2, 1723	1	26
Eveline E., of Middletown, m. Henry S. **COOPER**, of Portland, Conn. Feb. 27, 1854, by E. L. Janes	4	249-50
Hannah, d. Hez[ekia]h & Bethiah, b. Feb. 26, 1764	2	180
Hezekiah, s. Hez[ekia]h & Bethiah, b. June 26, 1754	2	180
Huldah M. Of Haddam, m. Enoch **CLARK**, Jr., Nov. 9, 1832, by Rev. John R. Crane	3	375
Jane M., m. David G. **BAILEY**, b. of Middletown, Feb. 11, 1849, by Rev. Z. N. Lewis	4	82
Jonathan, s. Hez[ekia]h & Bethiah, b. Mar. 4, 1757	2	180
Julia A., of Haddam, m. Sarfield **GILLMORE**, of Middle Haddam, June 5, 1837, by Rev. John R. Crane	3	434
Martin, m. Betsey **BUTLER**, July 10, 1834, by Rev John R. Crane	3	397
Mary had d. Hannah **BOW**, b. June 9, 1742; reputed f. Eleazer **BOW**	2	19
Mary, m. Eleazer **BOW**, Nov. 10, 1743	2	19
Phillip, d. Mar. 7, 1724/5	LR2	Ind-4
Sarah, d. Hez[ekia]h & Bethiah, b. July 3, 1766	2	180
Sarah B., ae 21, of Middletown, m. Dwight C. **MITCHELL**, mechanic, ae 20, b. in Haddam, res. Middletown, July 9, 1848, by [Rev] Lewis	4	64-5
Sollomon, m. Mary **DOOLITTLE**, Jan. 6, 1717/18	LR2	28
Talcott, of Haddam, m. Julia Ann **THOMAS**, of Middletown, Dec. 13, 1830, by Rev. Charles Bentley, of Chatham	3	359
Thankful, m. Abraham **TURNER**, Feb. 24, 1750/1	2	296
William, s. Hez[ekia]h & Bethiah, b. May 14, 1759	2	180
GOLL, J. E., merchant, ae 27, of France, m. Mary A. **ADDISON**, ae 22, b. in N.Y., res. Middletown, May 29, 1850, by Rev. J. R. Crane	4	166-7
J. Emile, of New York, m. Mary A. **ADDISON**, d. of Thomas, of Middletown, May 29, 1850, by Rev. John R. Crane	4	143
* **GOOD**, Eleanor, m. Daniel **BREWER**, of Glastonbury, Jan. 19, 1718/19 (*whole line handwritten in)	LR2	Ind-1
GOODALE, GOODAL, GOODALL, GOODALLE, GOODELL,		
Catharine, d. Gera, silversmith, ae 42, & Jane, ae 33, b. Dec. 10, [1847]	4	42-3
Ebenezer, s. Richard & Mary, b. Sept. [ ], 1683	LR1	35
Ellenor, d. Richard & Mary, b. Aug. 31, 1695/6	LR1	35
Elliner, d. Richard & Johannah, b. Aug. 26, 1701	LR2	15
*_____ (correction for entry of above entry handwritten in)		
Gera, m. Jane **BOBCOCK**, b. of Middletown, Jan. 24, 1836, by Rev. John C. Green	3	418
Giles, s. Tho[ma]s & Mehitabel, b. Jan. 27, 1745/6	1	70
Hannah, d. Ricahrd & Mary, b. May 13, 1701	LR1	35
Hannah, d. [Henry & Beulah], b. June 7, 1728	1	122
Hannah, m. Joseph **STORER**, June 10, 1747	2	202
Henrey, s. Richard & Mary, b. Mar. 1, 1685	LR1	35
Hennery, s. Richard & Mary, b. Feb. 12, 1699/1700	LR1	35
Henry, m. Beulah **BEVIN**, Aug. 26, 1725	1	122
Henry, s. Henry & Beulah, b. Apr. 5, 1741	1	122

	Vol.	Page
GOODALE, (cont.)		
Hezekiah, s. Richard & Johannah, b. Jan. 28, 1710/11; d. [ ]	LR2	15
Jabez, s. Thomas & Lois, b. Dec. 25, 1751	1	70
Joanna, wid. [of Richard], d. Jan. 22, 1740/41	LR2	15
Jonathan, s. Tho[ma]s & Mehitabel, b. May 19, 1741	1	70
Marcy, d. Richard & Mary, b. Oct. 29\8, 1681	LR1	35
Martha, d. Richard & Mary, b. Jan. 16, 1693/4	LR1	35
Martha, s. Tho[ma]s & Mehitabel, b. Apr. 8, 1739	1	70
Mary, d. Richard & Mary, b. Aug. 17, 1678	LR1	35
Mary, d. Mary Goodall, eldest d. of Richard, b. Dec. 18, 1710	LR1	35
Mary, eldest d. of Richard, had d. Mary Goodall, b. Dc. 18, 1710	LR1	35
Mary, d. Tho[ma]s & Mehitabel, b. Oct. 22, 1748	1	70
Mehitabel, d. Tho[ma]s & Mehitabel, b. Sept. 18, 1736	1	70
Richard, s. Richard & Mary, b. Sept. 9, 1679	LR1	35
Richard, m. Johannah CLARK, Jan. 23, 1699/1700	LR2	15
Richard, s. Henry & Beulah, b. Aug. 28, 1733	1	122
Richard, d. May 23, 1740	LR2	15
Sarah, d. Richard & Mary, b. Mar. 31, 1687	LR1	35
Thomas, of Middletown, m. Mehitabel **CLOW**, of Killingsley, Feb. 18, 1733/4	1	70
Thomas, s. Tho[ma]s & Mehitabel, b. Dec. 8, 1734	1	70
Thomas, m. Lois **POND**, Mar. 14, 1751	1	70
Thomas, d. Apr. 8, 1752	1	70
----, d. Gera, silversmith, ae 45, & Jane, ae 36, b. July 21, 1850	4	194-5
GOODIER, Jonathan, of Utica, N.Y., m. Clarissa Sill **TREADWAY**, d. of Harvey, of Middletown, Aug. 12, 1851, by Rev. John R. Crane	4	190
GOODRICH, Abigial, d. James & Susannah, b. July 13, 1751	2	149
Abigail, m. Benjamin **HARRIS**, May 14,1 828, by Levi Knight	3	306
Albert, of Hartford, m. Mary Ann **COOLEY**, of Middletown, Nov. 27, 1833, by Rev. b. Creagh	3	389
Anna, m. Stephen **MILLER**, July 2, 1730	1	52
Ashbel, s. James & Susannah, b. July 8, 1749	2	149
Cornelius, of Weathersfield, m. Margaret **SKINNER**, of Midddletown, July 4, 1846, by Rev. James Floy	3	547
Daniel, s. Joshua & Hannah, b. Mar. 25, 1752	2	68
Daniel R., of Berlin, m. Emily L. **MECOMEY**, of Middletown, May 4, 1842, by Rev. Ja[me]s H. Francis	3	488
David, s. Capt. Jere[mia]h & Ruth, b. Oct. 7, 1747	1	85
David, s. Capt. Jere[mia]h & Ruth, d. Jan. [ ] 1747/8	1	85
David, s. Capt. Jere[mia]h & Ruth, b. June 26, 1749	1	85
Dorcas. D. Joshua & Hannah, b. July 15, 1759	2	68
Dorothy, m. Hiram **ATKINS**, b. of Middletown, Sept. 17, [1826], by Rev. Stephen Hayes	3	239
Elias Leat, s. [Gersham &Submit], b. Nov. 12, 1758* (*1768)	2	69
Elizabeth, d. Gersham & Submit. B. Sept. 3, 1764	2	69
Emely H., of Middletwon, m. John r. **BRAINERD**, of Portland, May 2, 1844, by Rev. John R. Crane	3	514
Eunice, d. Joshua & Hannah, b. Dec. 11, 1746	2	68
Fanny, of Chatham, m. Ahsley **GRISWOLD**, of Killingworth, Oct. 2, 1825, by Rev. e. Washburn	3	210
Gersham, m. Elizabeth **SAVAGE**, Feb. 12, 1746	2	69

	Vol.	Page
GOODRICH, (cont.)		
Gersham, m. Submit **LEAT,** Dec. 9, 1761	2	69
Giles, s. Joshua & Han, b. Jan. 10, 1755	2	68
Hannah, d. Joshua & Hannah, b. Jan. 6, 1748/9; d. June 10, 1755	2	68
Hannah, d. Joshua & Hannah, b. Feb. 5, 1757	2	68
Hezekiah, s. Capt. Jere[mia]h & Ruth, b. May 22, 1745	1	85
Jeremiah, s. Jeremiah & Ruth, b. Sept. 22, 1742	1	85
Jerusha, d. James & Susannah, b. May 21, 1748	2	149
John, m. Susan M. **PROUT,** [Sept.] 12, [1847], by Rev. E. R. Gilbert, of Wallingford	4	14
John, blacksmith, ae 23, b. in Middletown, res. Philadelphia, m. Susan M. **PROUT,** ae 23, b. in Middletown, Sept. 12, [1847], by Rev. Andrew L. Stone	4	64-5
Joshua, m. Hannah **BLISS,** Feb. 12, 1746	2	68
Lale*, d. Gersham & Submit, b. Sept. 14, 1766 (*Lole?)	2	69
Mary, of Wethersfield, m. Jonathan **GIPSON,** of Middletown, June 23, 1743	1	38
Mary, d. Gersham & Eliz[abet]h, b. Sept. 15, 1751	2	69
Mary, m. Richard E. **MILLER,** Sept. 20, 1842, by Rev. John R. Crane	3	492
Nathaniel, s. Gersham & Eliz[abet]h, b. July 1, 1747	2	69
Phebe, d. Joshua & Hannah, b. Oct. 14, 1761	2	68
Prudence, d. Zac[cheu]s & Rachel, b. Sept. 20, 1751	2	308
Prudence, d. Jere[mia]h & Ruth, b. Mar. 7, 1752	1	85
Reuben, s. Gersham & submit, b. Oct. 7, 1762	2	69
Roger, of Rocky Hill, m. Ann **KNAPS,** of Middletown, Nov. 6, 1825, by Rev. John r. Dodge	3	241
Ruth, m. Enoch **SMITH,** Oct. 25, 1753	2	54
Salem, m. Epiphras **SAGE,** Jr., b. of Middletown, Aug. 16, 1829, by Rev. Theron Osborn	3	338
Sarah, m. William **TRYON,** Sept, 12, 1734	1	76
Selah, m. Elizabeth H. **BENHAM,** Sept. 7, 1843, by Rev. Jno. R. Crane	3	504
Susannah, d. James & Susannah, b. Aug. 23, 1745	2	149
Thomas R., of rocky Hill, m. Laura A. **WARNER,** of Middletown, Apr. 6, 1851, by Rev. Aaron C. Beach	4	182
Wealthy, m. Luther **BOWERS,** Sept. 17 1817	3	183
Zaccheus, m. Rachel **CORNWELL,** Apr. 5, 1750	2	308
GOODSPEED, Lot, m. Jan e **SMITH,** b. of Middletown, Nov. 6, 1822, by Rev. Phinehas Cook	3	110
GOODWIN, Abiah, m. William **TURNER,** July 1, 1793	2	175
Abigail, m. Daniel **JOHNSON,** 3rd, June 25, 1752	2	331
Abigail, Mrs., m. Dr. Elijah **MOORE,** Mar. 9, 1756	2	158
Nabigail, d. Jacob & Sarah, b. Sept. 29, 1767	2	261
Benjamin, s. Nath[anie]ll & Rebeckah, b. Nov. 13, 1745	1	89
Bridget, d. Nath[anie]ll & Rebeckah, b. Sept. 10, 1732, in Boston	1	89
Comfort, m. Elizabeth **PINTO,** Jan. 2, 1796	2	275
Comfort, d. Sept. 30, 1803	2	275
Edward, s Tho[ma]s & Sara, b Jan. 30, 1747/8	1	122
Edward, s. Fred[eric]k J., clergyman, ae 38, & Catharine, ae 39, b. [ ] 1850	4	154-5
Edwin R., d. Feb. 20, 1850, ae 5 wks	4	172-3

	Vol.	Page
GOODWIN, (cont.)		
Elizabeth, d. Nath[anie]ll & Rebeckah, b. Aug. 6, 1726, in Boston	1	89
Elizabeth, wid. of Comfort, d. Jan. 13, 1810	2	275
Emily Gale, d. Gale &Clarissa, b. Oct. 16, 1813	3	18
Gale, m. Abigail **STARR,** Mar. 1, 1763	2	260
Jacob, m. Sarah **STARR,** Sept. 23, 1764	2	261
Jacob, s. Jacob & Sarah, b. May 30, 1769	2	261
Jonathan, Rev. of Mansfield, m. Sarah **WILCOX,** d. Capt. Giles, of Middletown, May 25, 1826, by Rev. Fred[eric]k Wightman	3	230
Jona[tha]n, Rev., of Oswego, N.Y., m. Mrs. Abigail **WILCOX,** of Middletown, June 9, 1835, by Rev. Will[ia]m Bentley	3	411
Levi, s. Tho[ma]s & Sarah, b. Feb. 20, 1740/1; d. Aug. 6, 1759	1	122
Lydia, d. Tho[ma]s & Sarah, b. July 11, 1756	1	122
Martha, d. Nath[anie]ll &Rebeckah, b. May 10, 1743	1	89
Martha, m. Samuel **BILLS,** Sept. 25, 1766	2	283
Mary, of Hartford, m. Thomas **SAVAGE,** of Middletown, Mar. 21, 1710/11	LR2	22
Mary, d. Nath[anie]ll & Rebeckah, b. Aug. 11, 1738	1	89
Mary, m. Asa **FULLER,** Oct. 17, 1762	2	81
Nath[anie]ll, m. Rebeckah **EATON,** b. of Boston, Sept. 22, 1724	1	89
Nath[anie]ll, s. Nath[anie]ll & Rebeckah, b. Apr. 12, 1736	1	89
Rebeckah, d. Nath[anie]ll & Rebeckah, b. Sept. 17, 1730, in Boston	1	89
Rebeckah, m. Jabez **BROOKS,** Feb. 16, 1758	2	85-b
Rebeckah, m. Thomas **GEORGE,** Jan. 1, 1761	2	158
Samuel, s. Nath[anie]ll & Rebeckah, b. Sept. 29, 1740	1	89
Sarah, of Hartford, m. John **CLARK,** of Middletown, May 9, 1710	LR2	20
Sarah, d. Tho[ma]s & Sarah, b. Oct. 20, 1742	1	122
Sarah, d. Gale & Abigail, b. Sept. 2, 1764	2	260
Sarah d., d. Feb. 1, 1851, ae 69	4	204-5
Sarah Ella, d. Rev. Frederic J., ae 35, & Catharine, ae 36, b. Mar 6, [1848]	4	44-5
Sylvanus, of Haddam, m. Hannah **POST,** of Middletown, Nov. 11, 1823	3	144
Tamer, s.*, Tho[ma]s & Sarah, b. Sept. 3, 1751 (*Daughter?)	1	122
Thomas, m. Sarah **HIGBE,** Mar. 27, 1739/40	1	122
Thomas, Jr., m. Abigail **STOCKING,** Oct. 27, 1756	2	62
Thomas, s. Tho[ma]s & Abigial, b. June 16, 1757	2	62
GORDON, Alexander, [b.] in Jamaica; d. Mar. 5, 1764, in Middletown	2	131
GORMAN, Johanna, m. Garrett **CUMMINGHAM,** Dec. 10, 1854, by Rev. Jno. Brady	4	275
Jno., m. Hanora **MURPHY,** Oct. 20, 1850, by Rev. John Brady	4	49
Martin, s. Patrick. Laborer, ae 30, & Eunice, ae 30, b. June 8, 1850	4	154-5
Michael, m. Mary **BERRY,** Jan. 24, 1853, by Rev Jno. Brady	4	229
GOUGE, see **GEORGE** (handwritten)		
GOUGH, [see under **GOFF**]		
GOULD, Mabel, of Judea, m. Ozias **WILCOX,** of Middletown, Oct. 31, 1753	2	322

	Vol.	Page
GOULD, (cont.)		
Nancy, of Middletown, m. Linus **NORTH**, of Berlin, June 21, 1820, by Rev. J. L. Williams	3	40
Penelope, of Middletown, m. Benjamin **KISLEY**, of Glastonbury, Oct. 28, 1821, by Rev. Joshua L. Williams	3	76
Philathea, m. Matthias **LEAMING**, Aug. 4, 1751, [by] Rev. Jeremiah Leaming, Jr., of Newport, R.I.	2	218
Rachel, of Guilford, m. Asahel **ALVORD**, of Middletown, June 4, 1741	2	43
Rhoda, m. John **BACON**, 3rd, Mar. 1, 1748	2	33
Sarah, d. of Rev. Hezekiah, of Stratford, m. Daniel **STOCKING**, s. Joseph & Abigail	1	36
GRACE, Stephen, of Southington, m. Sarah Ann **CHANDLER**, of Middletown, Feb. 20, 1842, by Rev. Arthur Granger	3	487
GRAHAM, Ann, m. John H. **HUBBARD**, May 26, 1828, by Levi Knight	3	308
Cyrus, m. Eliza **BOWERS**, Oct. 22, 1843, by Rev. William G. Howard	3	506
Edmund, of Chatham, m. Thankful **WEBBER**, of Middletown, Dec. 19, 1830, by Rev. Thomas Burch	3	358
Edward A., of Chatham, m. Frances C. **SKINNER**, of Middletown, Nov. 30, 1854, by Rev. Lester Lewis	4	256
John R., d. Nov. 5, 1848, ae 17 m.	4	130-1
GRANGER, Charles S., of Springfield, Mass., m. Mary E. **RILEY**, of Middletown, [Nov.] 19, [1832], by Rev. Edw[ar]d R. Tyler	3	376
Samuel E., of east Granville, m. Mary e. **MALBURY**, of Cheshire, May 11, 1851, by Rev. T.P. Abell	4	189
Sam[ue]l E., painter, ae 21, b. in E. Granville, N.Y., res Middletown, m. Mary E. **MALLERY**, ae 20, May 11, 1851, by Rev. T. P. Abell	4	200-1
GRANT, Adah, of Booneville, N.Y., m. Hiram **MILLER**, of Middletwon, [Feb.] 2, [1836], by Rev. James Noyes, Jr.	3	419
*Elizabeth, m. Robert **WARNER**, Feb. [ ], 1654 (*this entry is handwritten in between the lines)	LR1	25
GRATH, Joann, m. Edward **SHEAHY**, May 1, 1853, by Rev. Jno. Brady	4	237
GRAVES, GRAVE, Abigail, of Hatfield, m. Ffrancis **WILCOX**, of Middletown, Nov. 13, 1711	LR2	24
Abigail, d. [Joseph & Lois], b. Mar. 6, 1785	2	286
Abigail H., of Middletown, m. Isaiah **WATROUS**, of Saybrook, Mar. 13, 1827, by Rev. Fred[erick] Wightman	3	265
Ann, d. Jos[eph] & Ann, b. Mar. 28, 1734, at Durham	2	286
Anna T., of Middletown, m. W[illia]m Johnson, of Richmond town, R.I., Oct. 13, 1822, by Rev. Josiah Graves	3	108
	3	278
Anna T., see also Anna T. **JOHNSON**	2	286
Anne, d. [Joseph & Louis], b. June 29, 1783		
Arden, m. Sally M. **CLARK**, Sept. 13, 1826, by Rev. John R. Dodge	3	246
Benjamin, ae 55, b. in Haddam, now of Middletown, m. Ellen **BEATH**, ae 26, b. in Boston, now of Middletown, [Dec.] 5, 1854, by J. B. Merwin	4	255
Charles Linnus, s. Arden & Salley, b. Dec. 24, 1827	3	246

GRAVES, (cont.)

	Vol.	Page
Dolly, wid. of Will[ia]m, m. David **ARND**, June 1, 1783	2	362
Elizabeth D., m. Alexander D. **BUTTON**, b. of Middletown, July 2, 1832, by Rev. john Cookson	3	371
Esther Asenath, d. [Arden & Sally], b. Jan. 2, 1837	3	246
Frances Matilda, see under Frances **PELTON**	3	83
Harriet, m. Josiah **DAGGETT**, Jr., b. of Middletown, July 20, 1820, by Rev. Eli Ball	3	36
Henry H., m. Emma E. **FORBES**, July 12, 1837, by Rev. J. Goodwin	3	436
Jane Marie, d. [Arden & Sally], b. May 27, 1834	3	246
Joel, s. Jos[eph] & Ann, b. Jan. 19, 1739/40	2	286
Joel, s. Joseph & Ann, d. Nov. 1, 1747	2	286
Jonathan, s. Joseph & Ann, b. May 22, 1746; d. Feb. 25, 1747/8	2	286
Joseph, m. Ann **LATIMER**, June 7, 1733, at Durham	2	286
Joseph, s. Jos[eph] & Ann, b. May 30, 1738	2	286
Joseph, Jr., m. Lois **HIGBE**, Feb. 15, 1770	2	286
Joseph, d. May 23, 1770	2	286
Joseph, s. [Joseph & Lois], b. July 29, 1779	2	286
Joseph, 2d, m. Eliza **BAILEY**, b. of Middletown, Oct. 2, 1831, by Rev. Fred[eric]k Wightman	3	364
Joshua B., m. Eliza **ROSEKRANS**, b. of Middletown, Sept. 14, 1834, by Rev. Jason Atwater	3	403
Josiah, s. Joseph & Ann, b. Apr. 5, 1744	2	286
Josiah, s. [Joseph & Lois], b. Sept. 27, 1775	2	286
Josiah M., m. Mary B. **BAILEY**, d. Richard & Hannah, May 20, 1832	2	334
Josiah M., Rev., of Colebrook, m. Mary B. **BAILEY**, of Middletown, May 20, 1832, by Rev. John Cookson	3	369
Lois, d. Joseph & Lois, b. Nov. 20, 1770	2	286
Lois, m. Samuel **WILCOX**, Aug. 24, 1797	2	224
Marcy, d. Joseph & Ann, b. June 3, 1748	2	286
Margaret, d. Jos[eph] & Ann, b. Feb. 27, 1741/2	2	286
Margaret, d. [Joseph & Lois], b. July 8, 1777	2	286
Margaret, m. Amos **DOOLITTLE**, Sept. 23, 1798	2	28
Mary B., [w. of Josiah M.], d. Nov. 6, 1836	2	334
Mercy, m. Elijah **WILLCOX**, Jr., Nov. 9, 1774	2	108
Mercy, d. Mar. 15, 1780	2	108
Mercy, d. [Joseph & Lois], b. June 12, 1781	2	286
Olive, d. Joseph & Lois, b. May 3, 1772	2	186
Oliver, Franklin, s. [Arden & Sally], b. Mar. 2, 1830	3	146
Patrick H., m. Julia B. **HIGBEY**, May 10, 1846, by Rev. H. Miller	3	551
Sarah, m. Nathaniell **CLARK**, Oct. 27, 1702	LR1	17
Sarah, d. [Joseph & Lois], b. Dec.12, 1773	2	286
Sarah, m. Elijah **ADDIS** Apr. 28, 1801	3	124
Sarah, of Middletown, m. George **EARL**, of Hartford, Sept. 14, 1837, by Rev. J. Goodwin	3	438
Silence, d. Jos[eph] & Ann, st. b. Jan. 12, 1736/7	2	286
Theodore, s. H. H., Britannia ware maker, ae 37, & Eliza, b. Sept. 29, 1849	4	164-5
William, s. Will[ia]m & Dolly, b. Aug. 1, 1776	2	362

	Vol.	Page
GRAY, Henry Austin, s. James & Hester, b. June 5, 1833	3	26
Mary, Mrs., of Windham, m. Rev. Enoch HUNTINGTON, of Middletown, July 17, 1764	2	214
Peter, m. Martha MAGEE, b. of Scotland, Sept. 11, 1854, by Rev. James B. Crane	4	258
Samuel C., of Baltimore, m. Lucy H. WETMORE, d. Chauncey, Dec. 14, 1847, by Rev. John R. Crane	4	23
Samuel C., merchant, ae 31, b. in Boston, Mass., res. Baltimore, m. Lucy h. WETMORE, ae 27, b. in Middletown, Dec. 14, 1847, by John R. Crane	4	66-7
GREEN, Albree, d. Sam[ue]ll & Sarah, b. May 1, 1765; d. May 3, 1765	2	45
Andrew, [twin with Jonathan], Sam[ue]ll & Deborah, b. Dec. 1 1735	1	43
Anne, [w.] Samuel, d. Feb. 2, 1773	2	45
Bartholomew, m. Bridget KILBRICK, Feb. 10, 1850, by Rev. John Brady	4	138
Bartholomew, laborer, ae 26, b. in Ireland, res. Middletown, m. Bridge KILBRIDGE, ae 21, b. in Ireland, res. Middletown, Feb. 10, 1850, by Rev. John Brady	4	166-7
Barthsheba, d. Warren & Mary, b Oct. 23, 1743	2	113
Edmund B., m. Mary f. BOUNDS, Sept. 15, 1840, by Rev. John R. Crane	3	469
Edward, s. Sam[ue]ll & Deborah, b. Aug. 15, 1725, at Hartford	1	43
Edward, m. Hannah PLUM, Jan. 14, 1747/8	2	139
Elizabeth, d. Sam[ue]ll & Deborah, b. Feb. 22, 1728/9; d. [ ]	1	43
Elizabeth, d. Warren & Mary, b. June 8, 1741	2	113
Elizabeth, d. John & Eliz[abet]h, b. Nov. 22, 1750	2	61
Elizabeth, m. Will[ia]m SOUTHMAYD, Nov. 27, 1760	2	170
Elizabeth, m. Nathaniel JOHNSON, Jan. 1, 1766	2	176
Elizabeth, d. Feb. 24, 1778	2	238
Enoch, s. William & Elizabeth, b. May 18, 1772	2	238
Eunice, d. Will[ia]m & Marcy, b. Jan. 7, 1753	2	238
Hannah, d. Edw[ar]d & Hannah. B. Sept. 6, 1748	2	139
Joel, s. John, Jr. & Rachel, b. No. 9, 1758	2	104
John s. Sam[ue]ll & Deborah, b. Oct. 8, 1723, at Hartford	1	43
John, m. Elizabeth TRYON, May 2, 1745	2	61
John, s. John Eliz[abet]h, b. Nov. 6, 1747	2	61
John, Jr., m. Rachel HIGGINS, Nov. 23, 1758	2	104
John, s. John, Jr. & Rachel, b. Sept. 1, 1760	2	104
John, s. Martin, laborer, ae 30, & Mary, ae 30, b. Aug. 3, 1851	4	194-5
Jonas, m. Sarah WARD, [ ] 17, 1729	1	44
Jonas, m. Abigail BLAKE, Nov. 10, 1738	1	49
Jonathan, s. Sam[ue]ll & Deborah, b. Dec. 20, 1730; d. Apr. 27, 1731	1	43
Jonathan [twin with Andrews], s. Sam[ue]ll & Deborah, b. Dec. 1, 1735; d. Jan. 12, 1735/6	1	43
Joseph, s. Sam[ue]ll & Deborah, b. June 9, 1727	1	43
Lucia, d. John 7 Eliz[abet]h, b. Mar. 9, 1746	2	61
Marcy, d. Will[ia]m & Marcy, b. July 12, 1751; d.Aug. 12, 1752	2	238
Marcy, w. of W[illia]m, d. June 29, 1768	2	238
Margaret, m. John CONNER, Sept. 7, 1851, by Rev. Jno. Brady	4	192

	Vol.	Page
GREEN, (cont.)		
Maria, m. Edward **DUNN**, Aug. 19, 1849, by John Brady, Jr.	4	94
Mary, d. Edw[ar]d & Hannah, b. Sept. 3, 1750	2	139
Mary, m. Michael **HOOLIHAN**, July 22, 1854, by Rev. Jno. Brady	4	269
Millecent, w. of Samuel, d. Apr. 4, 1769	2	45
Patrick, m. Mary **DUNN**, Nov. 2, 1845, by Rev. John Brady	3	540
Samuel, m. Deborah **STANNARD**, June 19, 1721	1	43
Samuel, s. Sam[ue]ll & Deborah, b. May 2, 1722, at Hartford	1	43
Sam[ue]ll, Jr., m. Sarah **DOWD**, Oct. 2, 1745	2	45
Samuel, m. Millecent **TURNER**, Sept. 6, 1767	2	45
Samuel, m. Anne **CRUTTENDEN**, of Durahm, July 2, 1770	2	45
Samuel, m. Roseanna **JONES**, of Hebron, June 27, 1774, by Mr. Peters, of Hebron	2	45
Samuel, d. July 10, 1775	2	45
Samuel A., of Middletown, M. Adelia A. **NORTON**, of Mereden, Aug. 25, 1833, by Rev. John Cookson	3	385
Sarah, w. of Jonas, d. Feb. 27, 1730/1	1	44
Sarah, d. Warren & Mary, b. Sept. 22, 1745	2	113
Sarah, d. Sam[ue]ll & Sarah, b. Oct. 16, 1746	2	45
Sarah, m. Peleg **BRADLEY**, Jan. 10, 1765	2	345
Seth, s. Sam[ue]ll & Sarah, b. July 13, 1762	2	45
Suzaalbra, d. Sam[ue]ll & Sarah, b. Feb. 2, 1748/9; d. May 26, 1763	2	45
Warren, s. Warren & Mary, b. Aug. 31, 1747	2	113
William, m. Marcy **KNOWLES**, Jan. 28, 1749/50	2	238
William, m. Elizabeth **YOUNG**, Jan. 25, 1770	2	238
William, s. Will[ia]m & Elizabeth, b. Mar. 8, 1771	2	238
William, Sr., d. Aug. [ ], 1775	2	238
William, laborer, black, ae 38, of Middletown, m. 2d, w. Mary Ann F. **COLE**, black, ae 27, of Middletown, June 25, 1848, by Rev. T. P. Abell	4	62-3
William, m. Mary Ann **COWLES**, June 26, 1848, by Rev. Townsend P. Abell	4	36
GREENFIELD, Catharine, d. [Tho[ma]s & Catharine], b. July 21, 1786	2	226
Clarissa, d. [Tho[ma]s & Catharine], b. Apr. 2, 1796	2	226
Harriet N., m. George **STANLEFT**, b. of Middletown, Oct. 30, 1838, by Rev. Arthur Granger	3	452
John, s. [Tho[ma]s & Catharine], b. Oct. 4, 1793	2	226
Margaret M., of Middletown, m. T. B. **RANSOM**, of Orange, N.J., [Feb.] 2, [1830], by Rev. Edward R. Tyler	3	345
Mary, d. [Tho[ma]s & Catharine], b. Sept. 17, 1787; d. Nov. 28, 1788	2	226
Mary, 2d, d. [Tho[ma]s & Catharine], b. Jan. 28, 1791	2	226
Stephen F., m. Sarah M. **COREY**, May 12, 1843, by Rev. Arthur Granger	3	502
Thomas, m. Catharine **NIBBLING**, Nov. 16, 1783	2	226
Thomas, s. Tho[ma]s & Catharine, b. Apr. 28, 1784	2	226
Thomas, m. Caroline **HAMMOND**, Oct. 7, 1835, by Rev. John R. Crane	3	414
Thomas, d. Sept. 30, 1849, ae 67	4	172-3

MIDDLETOWN VITAL RECORDS 233

	Vol.	Page
GREENFIELD, (cont.)		
Tho[ma]s Eugene, b. in Perin*, Ill., res Middletown, d. June 12, 1851 (*Peoria?)	4	204-5
GREENLEAF, Henry, m. Mary A. **GRIFFIN,** Oct. 19, 1840, by Rev. John R. Crane	3	469
GRIDLEY, Betsey, d. Isaac & Eliz[abet]h, b. June 6, 1785	2	336
Fanny, d. Isaac & Elizabeth, b. Dec. 31, 1790	2	336
Isaac, m. Elizabeth **SMITH,** Sept. 26, 1784	2	336
Louisa L., of Middletown, m. Rev. John **SMITH,** of Wilton, Aug. 29, 1843, by Rev. Zeb[ulo]n Crocker	3	504
Louisa Lydia, d. [Isaac & Elizabeth], b. Feb. 12, 1803	2	336
Mariah, d. [Isaac & Elizabeth], b. Oct. 6, 1793	2	336
Martha, of Middletown, m. Dr. Daniel **McGREGOR,** of New York, June 6, 1821, by Rev. Joshua L. Williams	3	55
Patty, d. [Isaac & Elizabeth], b. Dec. 12, 1799	2	336
Timo[thy] Jones, s. [Isaac & Eliz[abet]h, b. Nov. 11, 1788	2	336
GRIER, Cornelia, Mrs., late of Barbadoes, d. Dec. 4, 1750, ae 53 y.	2	125
GRIFFETH, Phebe, m. Thomas **HUBBARD,** Jr., Jan. 23, 1751/2	2	122
GRIFFIN, Ann Maria, d. [Ebenezer, Jr. & Sarah], b. June 4, 1825	3	7
Benjamin, s. [Eben[eze]r & Catharine], b. Apr. 9, 1787	2	87
Caleb, s. [Eben[eze]r & Catharine], b. Jan. 14, 1783	2	87
Caroline, m. William H. **DUNHAM,** June 2, 1844, by Rev. Hoarce Hills, Jr.	3	517
Catharine, w. of Eben[eze]r, d. Dec. 9, 1789	2	87
Catharine Hannah, d. [Eben[eze]r & Catharine], b. Oct. 16, 1789; d. Sept. 5, 1791	2	87
Chloe, d. Eben[eze]r & Catharine, b. Mar. 6, 1779	2	87
Eben[eze]r, b. Sept. 11, 1751	2	87
Ebenezer, of Middletown, m. Catharine **CHALKER,** of Eastbury, Feb. 1, 1778	2	87
Eben[eze]r, s. Eben[eze]r & Catharine, b. Dec. 30, 1780	2	87
Eben[eze]r, m Hannah **USHER,** Mar. 4, 1792	2	87
Eben[eze]r, Jr., m. Sarah **BRIGDEN,** May 15, 1802	3	7
Eben[eze]r, s. Eb[eneze]r, Jr. & Sarah, b. Feb. 6, 1803	3	7
Edward, b. in Vernon, Ct., res Middletown, d. Aug. 15, 1849, ae 6 m.	4	172-3
Elizabeth, d. [Ebenezer, Jr. & Sarah], b. Nov. 5, 1814	3	7
Else, m. Charles **TRYON,** Mar. 8, 1738/9	1	109
Hannah Doane, m. George Washington **MAYNARD,** June 5, 1842, by Rev. Edwin Wilson Wiltbank	3	490
Harriet, d.[Ebenezer, Jr. & Sarah], b. Sept. 14, 1812	3	7
Harriet, m. Jasper N. **NELSON,** Nov. 16, 1828, by Rev. E. R. Tyler	3	318
Isaac, s. [Eben[eze]r & Catharine], b. Aug. 15, 1785	2	87
Jason, of Oxford, m. Emily **MARKS,** of Middletown, Oct. 12 1820, by Rev. Eli Ball	3	42
Jesse, s. [Ebenezer, Jr. & Sarah], b. June 2, 1817	3	7
Lucy, T., m. Theodore **PEASE,** July 9, 1833, by Rev. John R. Crane	3	384
Mary, d. Sam[ue]ll & Alce, b. Apr. 11, 1756	2	344
Mary, w. of Sam[ue]l, d. Nov. 17, 1764	2	233
Mary had s. Thomas **RICE,** b. Aug. 5, 1781; reputed		

	Vol.	Page
GRIFFIN, (cont.)		
Father Thomas **RICE** (sailor)	2	344
Mary, m. Elihu **STOW**, [ ], 17, 1806	2	226
Mary A., m. Heenry **GREENLEAF**, Oct. 19, 1840, by Rev. John R. Crane	3	469
Mary Ann, d. [Ebenezer, Jr. & Sarah], b. Apr. 28, 1820	3	7
Nehemiah, s. Eb[enezer] & Hannah, b. Mar. 22, 1793	2	87
Patrick, m. Catharine **DORAN**, Apr. 14, 1853, by Rev. Jno. Brady	4	230
Rebecca., m. Will[ia]m H. **LESTER**, b. of Middletown, July 4, 1832, by Rev. John Cookson	3	371
Sam[ue]ll, Jr., m. Mary **BARTLETT**, Jan. 22, 1761	2	233
Samuel, Jr. , m. Mehitabel **TURNER**, Jan. 20, 1766	2	233
Sarah, m. Jonathan **BLAKE**, June 26, 1744	2	1
Sarah, d. [Ebenezer, Jr. & Sarah], b. Mar. 31, 1807	3	7
Sarah, m. John S. **WELCH**, July 22, 1829, by Rev. John r. Crane	3	337
Sarah Ann, of Hartland, Vt., m. Warren **TAYLER**, of Middletown, July 5, 1835, by Rev. Zeb[ulo]n Crocker	3	411
Timo[thy] Brigden, s. [Ebenezer, Jr. & Sarah], b. Aug. 29, 1810	3	7
Will[ia]m Thomas, s. [Ebenezer, Jr. & Sarah], b. Sept. 17, 1804	3	7
GRINNELLS, GRINNELS, Abigail, m. Robert **GIBBONS**, Nov. 14, 1847, by Rev. A. L. Stone	4	22
Abigail L., ae 18, m. Robert H. **GIBBONS**, mechanic, ae 29, b. of Middletown, Nov. 14, 1847, by Rev. A. L. Stone	4	64-5
Abigail S., ae 18, of Middletown, m. Robert **GIBBONS**, mechanic, ae 22, b. in New York City, res Middletown, Nov. 14, 1847, by Rev Andrew L. Stone	4	62-3
Clarissa Ann, factory girl, d. [ ], 1848, ae 22	4	70-1
Harriet M., m. John b. **TUCKEY**, Aug. 16, 1846, by Rev. James Floy	3	553
Lucy E., ae 25, of Middletown, m. Augustus O. **PENFIELD**, mechanic, ae 28, b. in Portland, res. Middletown, sept. 26, 1847, by Rev. a. L. Stone	4	64-5
Lucy Elizabeth, m. Augustus **PENFIELD**, Sept. 26, 1847, by Rev. A. L. **STONE**	4	15
Phebe M., m. W[illia]m H. **ROBINSON**, b. of Middletown, Feb. 23, 1845, by Rev. A. L. **STONE**	3	528
William, m. Mary H. **HAVENS**, Apr. 18, 1847, by Rev. James Floy	3	562
William H., s. William H., mechanic, ae 28, & Mary H., ae 31, b. Feb. 19, 1848	4	52-3
GRISWOLD, GRISWOULD, Aaron, m. Hannay **ROBBERDS**, Aug. 2, 1750	2	307
Alfred, of Saybrook, m. Mary **IVES**, of Middletown, May 7, 1826, by Levi Knight	3	268
Alfred m. Mrs. Mary **MOORE**, Nov. 30, 1843, by Rev. Arthur Granger	3	508
Amanda, of Weathersfield, m. Joseph **HUBBARD**, of Middletown, Apr. 7, 1825, by Rev. Josiah Bowen	3	195
Amasa P., m. Polly **CHATFIELD**, b. of North Killingworth, [Nov.], 12, [1828], by Rev. E. R. Tyler	2	318
Anner, of Meriden, m. James **PLUMB**, of Middletown, Jan. 22,		

	Vol.	Page
GRISWOLD, (cont.)		
1784	2	327
Ashley, of Killingworth, m. Fanny **GOODRICH**, of Chatham, Oct. 2, 1825, by Rev. E. Washburn	3	210
Augusta, d. D[aniel] J. & Patty, b. Jan.7, 1734	3	357
Dan[ie]l G*, m. Patty **DOUD**, b. of Middletown, Apr. 9, 1830, by Rev. Stephen Topliff *(Daniel J.?)	3	369
Daniel J., m. Mary B. **CLARK**, July 8, 1807	2	313
Daniel J., m Patty **DOUD**, Apr. 9, 1830	3	357
Daniel J., d. July 10, 1847	3	369
Daniel Judd, s. Daniel **GRISWOLD** & Ruth **WOOD**, b. Sept.5, 1783	2	158
Elijah Wilcox, s. [Daniel J. & Mary], b. Mar. 19, 1816	2	313
Fred Wightman, s. [Daniel J. & Mary], b. May 30, 1825	2	313
Frederick Wightman, s. [Daniel J. & Mary], b. Apr. 30, 1820	2	313
Gertrude, s. (sic) Alfred, quarryman, ae 43, & Emeline, ae 39, b. Apr. 19, 1849	4	114-5
Girrs LaFayette, s. {Daniel J. & Mary], b. Mar. 13, 1822	2	313
Grace, of Wallingford, m. John **BACON**, 3rd, of Middletown, Dec. 28, 1774	2	276
Hannah, d. Aaron & Hannah, b.Feb. 17, 1751/2	2	307
Harris, of Weathersfield, m. Delia R. **BLINN**, of Berlin, Sept. 20, 1826, by Rev. Samuel Goodrich	3	237
Luther Clark, s. Dan[ie]l J. & Patty, b. Sept. 11, 1831; d. Apr. 21, 1833	3	357
Maria Almira, d. [Daniel J. & Mary], b. Mar. 28, 1814	2	313
Martin, m. Mary **POST**, b. of Middletown, Aug. 2, 1829, by Rev. Tho[ma]s Branch	3	338
Martin Ranney, s. [Daniel J. & Mary], b. Sept. 18, 1812	2	313
Mary, Mrs., of Middletown, m. Jeremiah **BROWN**, of Hartford, June 7, 1826, by Rev. Fred[eric]k Wightman	3	231
Mary A., of Middletown, m. James G. **TURNER**, of Charlestown, Mass., Oct. 28, 1838, by Rev. John Cookson	3	453
Mary b., w. of Daniel J., d. Oct. 6, 1828	3	357
Samuel W., m. Mary Abigail **BOARDMAN**, Sept. 19, 1833, by Rev. John R. Crane	3	386
Sam[ue]l Willcox, s. Daniel J. & Mary b. Apr. 4, 1808	2	313
Sylvester, of Rocky Hill, m. Mary e. **BEAMONT**, of Middletown, Nov. 18, 1846, by Rev. Zebulon Crocker	3	557
William Henry, s. [Daniel J. & Mary], b. July 30, 1818	2	313
GROSE, Susannah, d. Susannah Hurlburt, b. May 8, 1749	2	54
GROVER, Charles L., m. Clarissa **BRAINERD**, adopted d. of H. D. **CORNWELL**, Oct. 14, 1849, by Rev. B. N. Leach	4	93
Cha[rle]s L., b. in Middletown, res. Meriden, m. Clarissa A. **BRAINERD**, of Middletown, Oct. 14, 1849, by Rev. B. N. Leach	4	168-9
Jared, m. Elvira E. **ASTON**, Feb. 22, 1843, by Rev. A. M. Osborn	3	500
Maria, m, Frederick E. H. **ALLEN**, b. of Middletown, Nov. 29, 1827, by Rev. Heman Bangs	3	286
Randolph Caswell, s. Gurdon & Nancy Amelia, b. Sept. 14, 1840; d. Feb. 10, 1842	3	22

236   BARBOUR COLLECTION

	Vol.	Page
GROZIER, Eliza, of Middletown, m. Henry K. **STRONG**, of Pittsfield, Mass., July 1, 1827, by Rev. Birdseye G. Noble	3	277
GRUPPER, Joseph, m. Catharine **KRAMER,** b. of Middletown, Sept. 10, 1854, by Jacob F. Huber, V.D.M.	4	255
GUILD, Anntemesa, d. Sam[ue]l & Abigail, b. Dec. 22, 1764	2	98
Syntha, d. Sam[ue]l & Abigail, b. Nov. 33, 1768	2	98
Elenour Evits, d. Sam[ue]l &Abigail, b. Sept. 19, 1772	2	98
Felix, see under Phelix		
Jeremiah, s. Sam[ue]l &Abigail, b. Nov. 3, 1770	2	98
Mary, d. Sam[ue]l & Abigail, b. Nov. 22, 1762	2	98
Phelix, s. Sam[ue]l & Abigail, b. Oct. 1, 1766	2	98
Plural, s. Sam[ue]l & Abigail, b. Apr. 23, 1773; d. Feb. 23, 1776	2	98
Sam[ue]l, m. Abigail **DOOLITTLE**, Jan. 28, 1762	2	98
GUY, James, s. George W., merchant, ae 36, & Nancy S., ae 28, b. Mar. 3, 1849	4	112-3
Joel H., of Mereden, m. Lemira **WETMORE**, of Middletown, Nov. 9, 1828, by Rev. Cha[rle]s J. Hindsdale, of Mereden	3	319
HAAS, Anthony, m. Anna Maria **AUWARTHER**, b. of Cornwell, Dec. 3, 1854, by Jacob F. Huber, V.D.M.	4	255
HACKMAN, HOCKMAN, HOCKMON, Clarissa, d. Aug. 25, 1850, ae 41	4	172-3
Clarissa S., d. Aug. 15, 1850, ae 41	4	204-5
F. J., laborer ae 35, b. in German, res. Middletown, m. B. J. **CANFIELD**, ae 40, his 2nd w., Mar. 3, 1851, by Rev. B. N. Leach	4	200-1
Frederick J., s. of Peter, of Middletown, m. Barbara J. **CANFIELD**, d. of Clement, of Mayfield, N.Y., Mar. 4, 1851, by Rev. B. N. Leach	4	182
Frederic J., m. Charity A. **SMITH**, b. of Middletown, Mar. 20, 1853, by Rev. Jno. Morrison Reid	4	233
HACKSTAFF, HOCKSTAFF, Alexander, s. [William G. & Anna], b. May 16, 1852	4	41
Charles, [s. William G. & Anna], b. [ ]	4	41
Clara, d. W[illia]m G. & Anna, b. Aug. 9, 1835, in New York	4	41
George Trimble, s. [William G. & Anna], b. Apr. 27, 1849	4	41
George Tromble, s. William, mariner, ae 53, & Anna, ae 34, b. Apr. 27, 1848	4	42-3
Mary Lany, d. [William G. & Anna], b. June 18, 1842	4	41
William G., s. [William G. & Anna], b. June 19, 1838	4	41
William George, s. W[illia]m G &Emma*, b. June 19, 1838 (*Anna?)	3	292
HADLEY, Abel, s. Jehiel & Elizabeth, b. Feb. 7, 1772	2	178
Elizabeth, d. Jehiel & Elizabeth, b. May 12, 1776	2	178
Jehiel, Dr., late of Branford, m. Elizabeth **HALL**, of Wallingford, Apr. 24, 1771	2	178
HAGER, -----, of Middletown, m. Jeremiah **WILLIAMS**, of R.I., June 24, 1714	LR2	18
HAGERTY, Eliza, m. Thomas **SADLER**, Oct. 27, 1854, by Rev. Jno. Brady	4	273
Hanora, m. James **SULLIVAN**, Aug. 17, 1854, by Rev. Jno. Brady	4	270
John, m. Mary **SADLER**, Aug. 20, 1854, by Rev.Jno. Brady	4	271

MIDDLETOWN VITAL RECORDS 237

	Vol.	Page
HAGERTY, (cont.)		
Mary, m. James **BULGER**, Feb. 26, 1854, by Rev. Jno. Brady	4	264
William, m. Catherine **O'NEIL**, Aug. 2, 1854, by Rev. Jno. Brady	4	270
HAGIES, Mathias, m. Wilhelmina **WIMLER**, b. of Durham, May 7, 1854, by Jacob F. Huber, V.D.M.	4	251
HAIN, Regina, m. Louis **LOEWENSTEIN (LIONSTONE0**, b. of Cornwell, June 1, 1854, by Jacob F. Huber, V.D.M.	4	252
HAKINS, Sidney, m. Harriet **BRAINERD**, Feb. 4, 1844, by Rev. Arthur Granger	3	512
HALE, HAIL, [see also **HALL**], Abegail, d. Tho[ma]s & Abegail, b. Nov. 14, 1731	1	55
Abigail, m. Joseph **BARNS**, Aug. 25, 1750* (*1750?)	1	53
Achsah A., of Madison, m. Obadiah P. **PRATT**, of DeepRiver, Feb. 27, 1843, by Rev. a. M. Osborn	3	500
Amos, s. Chilab & Mary (**YOUNGS**), b. Feb. 24, 1763	2	166
Ann, m. Thomas **WETMORE**, Dec. 11, 1751	2	245
Chilab, m. Mary **YOUNG**, Apr. 22, 1762	2	166
Cornelia, m. David B. **MILLER**, Apr. 25, 1826, by Rev. Stephen Hayes	3	229
Daniel, s. Ebenezer & Abigail, b. Jan. 16, 1725/6; d. Feb. 6, 1725/6	1	20
David, s. David & Dorothy, b. Apr. 8, 1748	2	143
Dorothy, m. Daniel **WETMORE**, Aug. 26, 1725	1	18
Dorothy, m. Nathaniel **RANNEY**, May 13, 1731	1	59
Dorothy, m. John **KARR**, Apr. 29, 1744	2	124
Ebenezer, s. Eben[eze]r, b. Nov. 15, 1721	LR2	Ind-1
[Ebenezer], m. [Abigail -----], Apr. 4, 1725	LR2	Ind-3
Ebenezer, m. Abigail **MILLER**, Apr. 4, 1725	1	20
Ebenezer, Jr., m. Mary **TURNER**, Mar. 9 1748/9	2	176
Ebenezer, s. Eben[eze]r & Mary, b. Nov. 11, 1758	2	176
Ebenezer, d. May 26, 1760	2	176
Ebenezer, [ ]	LR2	Ind-1
Elisha, s. Eben[eze]r, b. Aug. 23, 1724	LR2	Ind-1
Elizabeth, d. Ebenezer & Abigail, b. Jan. 29, 1728/9	LR2	Ind-3
Elizabeth, m. Francis **WHITMORE**, 2d, Nov. 15, 1750	2	270
Elizabeth, d. Gideon & Elizabeth, b. Aug. 22, 1766	2	97
Ephraim, s. [Eben[eze]r], b. May 7, 1719	LR2	Ind-1
Ephraim, s. Gideon & Sarah, b. Sept. 18, 1747; d. Aug. 26, 1749	2	97
Ephraim, s. Gideon & Sarah, b. Nov. 9, 1749; d. Aug. 23, 1750	2	97
Ephraim, s. Gideon & Sarah, b. Feb. 28, 1757	2	97
[E]unice, d. Hezekiah & Jerusha, b. July 8, 1765; d. June 13, 1770	2	106
Eunice, d. Hez[ekia]h & Rachel, b. Aug. 22, 1782	2	107
Gideon, s. [Eben[eze]r, b. July 4, 1712	LR2	Ind-1
Gideon, m. Sarah **WATTS**, Mar. 27, 1747	2	97
Gideon, s. Gideon & Sarah, b. May 4, 1751	2	97
Gideon, m. Elizabeth **WOOD**, Apr. 30, 1764	2	97
Gilbert, m. Eliza B. **CAMP**, b. of Durham, Sept. 4, 1838, by Rev. Robert McEwen	3	432
Hannah, m. Jonathan **SMITH**, Jr., Aug. 1, 171	LR2	Ind-3
Hannah, d. Eben[eze]r & Mary, b. June 27, 1756	2	176

HALE, (cont.)

	Vol.	Page
Hannah, m. Elijah **COOK**, Feb. 27, 1760	2	132
Hannah, d. Hezekiah & Jerusha, b. Dec. 1, 1771	2	106
Hannah, w. of Joseph, d. June 22, 1779	1	122
Henry H., of Buffalo, N.Y., m. Roxanna N. **ARTHUR**, of Middletown, Dec. 23, 1851, by Rev. James Haughton	4	193
Hezekiah, s. Joseph & Hannah, b. May 4, 1737	1	122
Hezekiah, m. Jerusha **PARSONS**, Sept. 6, 1764	2	106
Hezekiah, m. Wid. Rachel **BEVINS**, Aug. 31, 1777	2	107
Hezekiah, s. Hezekiah & Rachel, b. Oct. 31, 1778	2	107
Heze[kia]h, of Middletown, m. Anne **BLAKE**, of Watertown, Oct. 29, 1783	2	107
Horace, of Wallingford, m. Rhoda **CAMPBELL**, of Killingworth, May 8, 1827, by Rev. Stephen Hayes	3	269
Hosmer, of Glastonbury, m. Susan S. **NORTH**, of Middletown, Apr. 15, 1847, by James L. Wright, at the house of James North	3	560
Isaac, [s. Ebenezer & Abigail], b. Oct. 7, 1730	LR2	Ind-3
Isaac, [twin with Jacob], s. Gideon & Sarah, b. Jan. 26, 1762	2	97
Jacob, [twin with Isaac], s. Gideon & Sarah, b. Jan. 26, 1762	2	97
Jemima, see under Jemima **YOUNG**		
Jerusha, d. Gideon Hale & Sarah **WATTS**, b. Oct. 5, 1745	2	97
Jerusha, m. Solomon **BARNS**, Jan. 28, 1768	2	68
Jerusha, d. Hezekiah & Jerusha, b. Mar. 26, 1776	2	106
Jerusha, w. of Hezekiah, d. Mar. 30, 1776	2	106
John, m. Mary **SMITH**, Apr. 1, 1725	1	16
Jonathan, s. Tho[ma]s, Sr., & Mary, b. Mar. 2, 1716; d. Nov. 20, 1732	1	55
Joseph, s. Ebenezer, b. Mar. 7, 1709/10	LR2	Ind-1
Joseph, s. Joseph & Hannah, b. May 23, 1740; d. Oct. 3, 1756	1	122
Joseph, s. Gideon & Sarah, b. Nov. 12, 1760	2	97
Joseph, s. Hezekiah & Jerusha, b. Apr. 19, 1769; d. Oct. 20, 1770	2	106
Joseph, s. Hezekiah & Rachel, b. Aug. 26 1780	2	107
Joseph, d. May 24, 1790	1	122
Julia, of Middletown, m. Elihu **STEVENS**, of Weathersfield, Apr. 15, 1827, by Rev. Fred[eric]k Wightman	3	269
Julia Ann, m. Cornelius **HALL**, b. of Middletown, Apr. 27, 1837, by Rev. W. Fisk	3	430
Laura S., m. Hoarce A. **MILLER**, b. of Middletown, Jan. 31, 1839, by Rev. L. S. Everett	3	458
Lois, d. Gideon & Sarah, b. Dec. 10, 1758; d. May 17, 1763	2	97
Mary, d. John & Mary, b. Apr. 3, 1726	1	16
Mary, d. Eben[eze]r & Mary, b. Dec. 1, 1750	2	176
Mary, m. Timothy **MILLER**, Dec. 22 1772	2	318
Osmer, of Glastonbury, m. Elizabeth M. **SOUTHMAYD**, of Middletown, June 9, 1840, by Rev. John R. Crane	3	566
Rachel, w. [Hezekiah], d. Aug. 29, 1782	2	107
Roswell, farmer, d. Feb. 7, 1849, ae 32	4	134-5
Ruth, w. of Ebenezer, d. Dec. [ ], 1724	LR2	Ind-1
Ruth, d Eben[eze]r & Mary, b. July 19, 1754	2	176
Sarah, d. Gideon & Sarah, b. Feb. 17, 1755	2	97
Sarah, w. of Gideon, d. Dec. 25, 1763	2	97

MIDDLETOWN VITAL RECORDS 239

	Vol.	Page
HALE, (cont.)		
Stephen, s. Eben[eze]r & Abigaill, b. July 9, 1727	LR2	Ind-1
Submit, d. Joseph & Hannah, b. May 12, 1743	1	122
Submit, d. Hezekiah & Anne, b. July 16, 1784	2	107
Submit m. Samuel **GEAR**, Sept. 25, 1805, by Rev. Enoch Huntington	2	346
Submit, m. Samuel **GEAR**, Sept. 25, 1805, [by Rev. Enoch Huntington]	3	13
Susan A., of Middletown, m. Albert **ATKINS**, of Middletown, Jan. 1, 1836, by Rev. John C. Green	3	417
Thomas, m. Abegail **COOPER**, May 14, 1730	1	55
Thomas, d. Nov. 12, 1732	1	55
Thomas, m. Alma Sophia **CASEY**, Aug. 18, 1823, by Rev. Birdseye G. Noble	3	133
Will[ia]m, s. Gideon & Sarah, b. Aug. 14, 1753	2	97
HALEY, Timothy, m. Joanna **BRENNAN**, May 25, 1852, by Rev. Jno. Brady	4	220
HALING, Mary Jane, of Haddam, m. Capt. James **STEWART**, of New York, Nov. 27, 1854, by Rev. J. L. Dudley	4	259
Sarah A., ae 28, m. Tho[ma]s G. **LUCAS**, laborer, ae 25, b. in Middletown, res. Middletown, Apr. 30, 1850, by Rev. W[illia]m Jarvis	4	200-1
Sarah Ann, m. Thomas G. **LUCAS**, Apr. 30, 1851, by Rev. William Jarvis	4	185
HALL, HALLE, HALLS, [see also **HALE**], Aaron, s. Will[ia]m & Dorothy, b. June 16, 1773	2	77
Abiah, d. Dan[ie]l & Mary, b. Dec. 2, 1740/1	1	101
Abiah, m. Benjamin **CLARK**, Sept. 15, 1763	2	262
Abigail, w. of Samuell, d. Mar. 25, 1726	1	7
Abigail, d. Sam[ue]ll & Abigail, b. Mar. 22, 1738/9	1	7
Abigail, d. John, Jr. & Abigail, b. June 3, 1746	2	53
Abigail, d. John, Jr. & Abigail, d. Feb. 10, 1748/9	2	53
Abigail, d. Jno. Jr. & Abigail, b. May 20, 1750	2	53
Abigail, d. Jno. Jr. & Abigail, d. Dec. 27, 1752	2	53
Abigail, d. Will[ia]m & Dorothy, b. June 7, 1758	2	77
Abigail, wid. of Jno., Jr., d. Oct. 9, 1762	2	53
Abigail, d. Sam[ue]ll & Lois, b. Nov. 28, 1775	2	76
Abijah, s. John, Jr. & Abigail, b. Jan. 31, 1747/8	2	53
Abijah, m. Margaret **DUEY**, of Colchester, Apr. 17, 1848	2	134
Abijah, s. Abijah & Marg[are]t, b. Oct. 26, 1754	2	134
Alexander C., of Mereden, m. Beulah A. **STARKS**, of Middletown, July 23, 1837, by Rev. Elisha Andrews	3	435
Alfred L., s. James, spun(?) Maker, ae 34, & Annis M. Ae 26, b. Jan. 8, 1848	4	58-9
Alice, d. Jacob & Susannah, b. Feb. 26, 1763	2	316
Amanda H., of Mereden, m. Harrison **BRISTOL**, of Cheshire, Feb. 6, 1845, by Rev. A. L. Stone	3	528
Amanda M., m. Alonzo **CLARK**, b. of East Hampton, Sept. 8, 1845, by Rev. A. L. Stone	3	535
Ann W., m. Parsons T. **MILLER**, b. of Middlefield, Apr. 9, 1845, by W. C. Hoyt	3	530
Anna, d. Richard & Mary, b. Nov. 20, 1662	LR1	27

HALL, (cont.)

	Vol.	Page
Anna, d. Daniel & Phebe, b. Nov. 25, 1729	LR2	26
Anna, m. Hezekiah HULBERT, Feb. 2, 1748/9	2	251
Anna, d. Giles & Anna, b. Aug. 24, 1765	2	123
Anna Christine*, [d. Edward Smith], b. Nov. 4, 1858, in New York *On arriving at her majority the said Anna Christine dropped the name of "Anna' and substituted 'Jarvis' as her middle name	5	396
Anne, w. of John & d. of John WILLCOCK, d. July 20, 1673, ae about 57	LR1	49
Arthur Cleveland, [s. Edward Smith], b. Oct. 25, 1865, in New York	5	396
Benone, s. W[illia]m & Dorothy, b. Jan. 2, 1765	2	77
Benoni, of Middletown, m. Hannah STRONG, of Chatham, Apr. 12, 1792	2	212
Betsey N., d. of Harley, m. Luman W. COOK, s. of Wilson, b. of Middletown, Nov. 17, 1853, by Rev. Willard Jones	4	244
Calvin, s. Jacob & Susannah, b. Apr. 33, 1760	2	316
Calvin, m. Rhoda BARNS, Apr. 8, 1800	3	10
Caroline A., of Middletown, m. George A. SHUBERT, of Philadelphia, Apr. 6, 1845, by Rev. John R. Crane	3	529
Catharine S., m. Seth G. PLUM, Apr. 12, 1832, by Rev. John R. Crane	3	367
Christine Jarvis, see under Anna Christine HALL	5	396
Clarissa, d. Timo[thy] & Cornelia, b. Aug. 1, 1776	2	197
Clary, d. [Thomas & Sarah], b. June 30, 1790	2	243
Cornelia, d. [Tim[othy] & Cornelia], b. July 7, 1780	2	197
Cornelia, d. [Thomas & Sarah], b. Oct. 14, 17998	2	243
Cornelia, m. Seth DOUD, Sept. 8, 1825, by Rev. John R. Crane	3	207
Cornielus, m. Julia Ann HALE, b. of Middletown, Apr. 27, 1837, by Rev. W. Fisk	3	430
Cynthia, m. John WILLIAMS, Apr. 2, 1840, by Rev. Stephen Hayes, of Middlefield	3	464
Cynthia P., m. John WILCOX, b. Of Wallingford, Oct. 28, 1835, by Rev. John C. Green	3	415
Daniell, s. John & Elizabeth, b. Jan. 12, 1688/9	LR1	30
Daniel, m. Phebe WARD, b. of Middletown, Mar. 26, 1713	LR2	26
Daniel, s. Daniel & Phebe, b. Dec. 17, 1714	LR2	26
Dan[ie]l, Capt., had negro Cato, m. Jemima QUARTERS, Feb. 15, 1744	1	53
Daniel, s. Daniel & Mary, b. Aug. 16, 1747	1	101
Daniel, Capt. D. Oct. 26, 1751	LR2	26
Daniel, d. Oct. 13, 1755	1	101
Daniel, m. Rachel BLAKE, b. of Middletown, May 13, 1771	2	147
Daniel, s. [Jona[than] & Eliza[bet]h], b. July 30, 1805	2	343
Daniel, Jr., m. Mary DWIGHT, Mar. [ ]	1	101
David, s. Sam[ue]ll & Eliza[beth], b. Dec. 5, 1755	2	84-b
David, s. Jno. & Esther, b. Feb. 16, 1758	2	257
David, s. [Sam[ue]ll & Lois], b. July 23, 1771	2	76
David, m. Marsibah WEBSTER, June 30, 1797	2	263
Davis Brainard, s. [Benoni & Hannah], b. Sept. 13,1803	2	212
Desire, m. Timothy SHATTUCK, Nov. 5, 1740	1	123

MIDDLETOWN VITAL RECORDS 241

	Vol.	Page
HALL, (cont.)		
Desiah, of Wallingford, m. Timothy SHATTUCK, of Middletown, Nov. 5, 1740	2	174
Dolle, d. Will[ia]m & Dorothy, b. Dec. 13, 1769	2	77
Dorothy, w. of W[illia]m, d. May 2, 1785	2	77
Dorothy, m. Amos STOW, Apr. 11, 1790	2	224
Duey, s. Abijah & Margaret, b. Mar. 11, 1748/9	2	134
Edmund Dwight, s. Horace D. & Sarah, b. Aug. 3, 1833	3	334
Edward Farmer, [s. Edward Smith], b. June 8, 1850, at Millville, Mass.	5	396
Edward s., of Millville, m. Mary Antoinette JARVIS, of Millville, June 5, 1849, by S. F. Jarvis	4	120-1
Edward Smith, of Millville, Mass., m. Sarah Elizabeth Maria Antoinette JARVIS, d. of Rev. Samuel Farmer JARVIS, June 5, 1849, by Rev. Samuel Farmer, Jarvis, at Christ Church	4	85
Edwin Luther, s. [George C. & Sarah E.], b. Dec. 11, 1830	3	356
Elbridge G., of Mereden, m. Eliza WHITE, of Middletown, July 24, [1836], by Rev. Benj[amin] Manning	3	424
Elihu, s. Daniel & Mary, b. Mar. 23, 1749/50	1	101
Eliza, d. Benoni & Hannah, b. Aug. 1, 1794	2	212
Eliza Brown, of Middletown, m. Augustus Edward RUSSELL, of Petersburg, Va., Sept. 12, 1821*, by Rev. Birdseye G. Noble (*Probably 1820)	3	38
Elizabeth, d. John & Elizabeth, b. Mar. 9, 1684; d. Aug. 22, 1689	LR1	30
Elizabeth, d. John & Frances, b. Nov. 18, 1693	LR1	30
Elizabeth, d. Samuell & Sarah, b. Aug. 26, 1694	LR1	9
Elizabeth, d. Samuell & Sarah, b. Aug. 26, 1694	LR1	10
Elizabeth, d. Jonathan & Marg[a]ret, b. Feb. 20, 1700	LR2	1
Elizabeth, m. Job PAYN[E], May [ ], 1704	LR2	9
Elizabeth, of Middletown m. Samuel LEWIS, of Durham, June 27, 1711	LR2	23
Elizabeth, m. Cheney CLARK, Sept. 12, 1720	1	1
Elizabeth d. Daniel & Phebe, b. Feb. 17, 1721/2	LR2	26
Elizabeth, m. Stephen STOCKING, July 5, 1722	1	24
Elizabeth, d. Giles & Esther, b. July 8, 1733; d. Aug. 8, 1786	LR2	26
Elizabeth, w. of Dea. Sam[ue]ll, d. Sept. 2, 1737	1	44
Elizabeth, m. Seth WHITMORE, May 28, 1745	2	51
Elizabeth, d. Sam[ue]ll & Abigail, b. Mar. 18, 1745/6	1	7
Elizabeth, d. Sam[ue]ll & Eliza[bet]h, b. Feb. 1, 1747	2	84-b
Elizabeth, d. Jno. & Esther, b. May 15, 1754	2	257
Eliz[abet]h, d. Sam[ue]ll, 3rd, & Lois, b. Dec. 28, 1758	2	76
Elizabeth, m. Elijah BLACKMAN, Oct. 20, 1767	2	84-b
Elizabeth, of Wallingford, m. Dr. Jehiel HADLEY, late or Brandford, Apr. 24, 1771	2	178
Elizabeth, m. Daniel MILLER, Dec. 14, 1775	2	364
Eliz[abet]h, d. [Jacob & Patience], b. June 27, 1791	2	247
Elizabeth, d. Jane Daniels, b. Sept. 18, 1794	2	196
Elizabeth, m. Silvester WILCOX, Mar. 24, 1836, by Rev. John R. Crane	3	420
Elizabeth, m. W[illia]m H. BELL, b. of Middletown, Aug. 23, 1838, by Rev. J. Goodwin	3	448

HALL, (cont.)

	Vol.	Page
Elizabeth Lewis, d. Jno., m. Ensign Joseph **CORNWELL**, Apr. 7, 1726	LR2	21
Esther, d. Giles & Esther, b. Dec. 22, 1715; d. [ ]	LR2	26
Esther, 2d, d. Giles & Esther, b. Dec. 7, 1718	LR2	26
Esther, d. Dan[ie]l & Mary, b. Jan. 12, 1738/9	1	101
Esther, d. John & Esther, b. July 20, 1750	2	257
Esther, d. Sam[ue]ll & Eliz[abeth], b. June 1751	2	84-b
Esther, d. Giles & Anna, b. Nov. 26, 1751	2	123
Eunice, m. Sam[ue]ll **CRAYATH**, Aug. 31, 1741	1	99
Eunice, d. Abijah & Marg[are]t, b. Oct. 6, 1750	2	134
Eunice, m. Dr. John **DICKINSON** [ ]	2	224
Experience, d. Samuel & Phebe, b. Feb. 21, 1783	LR1	6
Ffrancis, m. William **WARD**, Aug. 23, 1706, by John Pell, J.P., of Westchester N.Y.	LR2	11
Frank DePeyste, [s. Edward Smith], b. Aug. 10, 1855, at Millville, Mass.	5	396
Frederick Austin, s. Horace D. & Sarah M., b. Aug. 17, 1835	3	334
George Chauncey, s. Geo[rge] C. & Sarah E., b. Mar. 27, 1828	3	356
Gideon, s. John & Marcy, b. Mar. 30, 1734	1	6
Gideon, of Middletwon, m. Thankfull **HALL**, of Guilford, Nov. 2, 1757	2	21
Gills*, s. John & Elizabeth, b. Oct. 3, 168[ ] (*Giles?)	LR1	30
Giles had a boy, Thomas Bradley, d. June 24, 1713 by drowning. This boy belonged to Trinity Harbour in New Foundland	LR2	Ind-4
Giles, m. Hester **HAMLIN**, Feb. 25, 1713/4	LR2	26
Giles, s. Giles & Esther, b. Jan. 23, 1720/1	LR2	26
Giles, Jr., m. Anna **LORD**, July 29, 1748	2	123
Giles, s. Giles & Anna, b. Nov. 6, 1749	2	123
Grace. D. Lieut. Sam[ue]ll & Eliza, b. May 11, 1766	2	84-b
Hamlin John, s. Giles & Esther, b. Sept. 10, 1722	LR2	26
Hannah, d. Jonathan & Marg[a]ret, b. Feb. 19, 1698/9	LR2	1
Hannah, wid. of Capt. John, d Sept. 23, 1719	LR1	30
Hannah, d. Jno. & Marcy, b. Apr. 30, 1726	1	6
Hannah, d. Jno. & Esther, b. Mar. 29, 1756	2	257
Hannah F., m. Nathaniel s. **PRIEST**, Nov. 20, 1834, by Rev. E. E. Griswold	3	507
Harriet, m. Stephen **BRISTOL**, b. of Middletown, [July] 3, [1838], by Rev. James Noyes, Jr.	3	447
Harriet P., m. Daniel M. **BACON**, May 2, 1826, by Rev. John R. Crane	3	228
Henry, s. [Jacob & Patience], b. June 3, 1796	2	247
Henry, s. [Thomas & Sarah], b. Jan. 4, 1804	2	243
Henry H., d. Aug. 13, 1849	4	172-3
Hiram, m. Laura E. **BEERS**, b. of Middletown, July 1, 1845, by Rev. James F. Dickinson	3	533
Horace D., s. Jonathan & Catharine, b. June 24, 1808	3	334
Horace D., m. Sarah M. **HUGHES**, Nov. 1, 1822, by Rev. John R. Crane	3	375
Isaac, s. Sam[ue]ll & Sarah, b. May 2, 1709	LR1	10
Isaac, m. Sarah **CLARK**, Sept. 16, 1737	1	96
Isaac, s. Isaac & Sarah, b. Mar. 3, 1742	1	96

MIDDLETOWN VITAL RECORDS

	Vol.	Page
HALL, (cont.)		
Israel, d. Sept. 9, 1754	2	41
Jabez, s. Giles & Esther, b. Sept. 5, 1737	LR2	26
Jabez, s. Isaac & Sarah, b. Feb. 7, 1744	1	96
Jabez had negro Jep, s. Jin., b. July 16, 1789	2	156
Jacob, s. John & Elizabeth, b. Dec. 19, 1673	LR1	30
Jacob, s. Daniel & Phebe, b. May 26, 1724	LR2	26
Jacob, m. Susannah WHITE, July 3, 1752	2	316
Jacob, s. Jacob & Susannah, b. Jan. 6, 1756	2	316
Jacob, d. May 2, 1767	2	316
Jacob m. Patience STARR, Nov. 9, 1784	2	247
Jacob, s. Jacob & Patience, b. Dec. 20, 1785	2	247
James, s. Giles & Anna, b. Feb. 3, 1759; d. July 2, 1760	2	123
James, s. Giles & Anna, b. May 7, 1763	2	123
James B., of New York, m. Elizabeth B. COOPER, of Middletown, June 27, 1832, by Rev. Smith Pyne	3	378
Jane, d. Richard & Mary, b. Mar. [ ], 1652/3	LR1	27
Jane, m. Willard BACON, Dec. 3, 1846, by Rev. John R. Crane	3	557
Jehiel H., Loisa B. WETMORE, Aug. 14, 1824, by Rev. Josiah Bowen	3	167
Jehiel Hoadley, s. Jona[than] & Eliza[bet]h, b. Nov. 16, 1803	2	343
Jemima, d. Ensign Sam[ue]ll & Eliza, b. Mar. 26, 1758	2	84-b
Jerusha, d. Lieut. Abijah & Marg[are]t, b. May 21, 1760	2	134
Joel, s. Jno. Jr. & Abigail, b. Apr. 5, 1753	2	53
John s. Richard & Mary, b. Sept. 20, 1648	LR1	27
John, s. Daniell, b. Aug. 7, 1668	LR1	9
John, s. John, Jr. & Elizabeth, b. Oct. 25, 1670	LR1	30
John, Sr., d. May 26, 1673, in the 89th y. Of his age and the 40th y. Of life in New England	LR1	49
John, m. Mary HUB[B]ARD, Oct. 1, 1674	LR1	50
John, Jr., m. Francis ALLYN, Feb. 24, 1692/3	LR1	30
John, Sr., Dea., d. Jan. 22, 1694, in the 74th y. Of his age	LR1	50
John, s. Sam[ue]ll & Sarah, b. Aug. 19, 1699	LR1	10
John, Capt., m. [Hannah] SUMNERS, wid. of Dea. SUMNERS, Nov. 22, 1705	LR1	30
John Capt., d. Nov. 25, 1711, in the 64th y. Of his age	LR1	30
John, s. Daniel & Phebe, b. May 26, 1717	LR2	26
John, m. Marcy RANNEY, July 19, 1722	1	6
John, s. Jno. & Marcy, b. June 17, 1773	1	6
John, s. Sam[ue]ll & Abigail, b. Mar. 18, 1741	1	7
John, Jr., m. Abigail SHEPARD, Mar. 7, 1745	2	53
John, 2d, m. Esther HUBBARD, Sept. 21, 1749	2	257
John, s. John & Esther, b. Apr. 27, 1752	2	247
John, Carpenter, m. Mary WILLIS, Dec. 14, 1752	2	344
John, .s John & Mary, b. Jan. 22, 1753	2	344
John, Jr., d. Aug. 23, 1754	2	53
John, m. Sarah GAINES, Sept. 30, 1766	1	6
John, s. Joseph & Sarah, b. Oct. 4, 1766	2	357
John, Sr., d. Jan 3, 1767	1	6
John, s.][Thomas & Sarah], b. Jan. 23, 1786	2	243
John, d. July 16, 1808	2	257
John, m. Malantha PENFIELD, b. of Middletown, Jan. 27, 1830,		

	Vol.	Page
HALL, (cont.)		
By Rev. Tho[ma]s Branch	3	344
John Elton, s. Rich[ar]d & Martha, b. Mar. 23, 1765	2	156
John Harriss, s. [Benoni & Hannah], b. June 5, 1806	2	212
John Stockee, s. Giles & Anna, b. Feb. 3, 1757	2	123
Jonathan, s. John & Elizabeth, b. Mar. 15, 1675/6	LR1	30
Jonathan, s. Daniel & Phebe, b. Dec. 29, 1726	LR2	26
Jona[th]an, s. Capt. Dan[ie]ll & Phebe, d. Oct. 28, 1742	LR2	26
Jonathan, s. Dan[ie]ll & Mary, b. Nov. 20, 1743	1	101
Jonathan, s. Joseph & Rebeckah, b. Nov. 11, 1754	2	58
Jonathan, s. Jno. & Esther, b. Mar. 12, 1762	2	257
Jonathan, s. Samuel & Lois, b. Mar. 14, 1767	2	76
Jonathan, of Middletown, m. Eliza[beth] HOADLEY, of Middletown, Dec. 30, 1802	2	343
Jonathan Allen, s. Joseph & Sarah, b. May 23, 1765	2	357
Joseph, s. Sam[ue]ll & Abigail, b. Dec. 18, 1736	1	7
Joseph, m. Sarah ALLEN, Feb. 16, 1761	2	357
Josiah R., m. Caroline M. WETMORE, Nov. 14, 1825, by Rev. John R. Crane	3	217
Josiah Robinson, s. [Thomas & Sarah], b. June 14, 1801	2	243
Josiah Strong, s. [Benoni & Hannah], b. May 25, 1801	2	212
Jotham, m. Matilda WILLIAMS, [Apr.] 11, [1830], by Rev. James Noyes	3	347
Julia, d. [Calvin & Rhoda], b. Nov. 17, 1803	3	10
Laura, d. Herain, basket-maker, ae 30, & Laura, ae 24, b. Mar. 9, 1849	4	116-7
Leonard, s. [Jacob & Patience], b. Sept. 28, 1789	2	247
Leonard, m. Temperance YOUNG, [Jan.], 1, [1824], by Rev. James A. Boswell	3	148
Leonard, hatter, d. Aug. 24, 1849, ae 60	4	172-3
Lois, d. Sam[ue]ll, 3rd & Lois, b. Oct. 28, 1755	2	76
Lois, m. Ami ROBERTS, b. of Middletwon, on or about May 2, 1821, by Rev. Josiah Graves	3	59
Lois W., of Middletown, m. William M. BOOTH, of Mereden, Sept. 8, 1846, by Rev. Harvey Miller, of Mereden	3	556
Louisa, m. Ezra CLARK, b. of Middletown, Oct. 6, 1844, by Rev. Andrew L. Stone	3	522
Lucy, d. Jacob & Susannah, b. July 23, 1753; d. Aug. 10, 1753	2	316
Lucy, d. Jacob & Susannah, b. June 22, 1754; d. Oct. 30, 1754	2	316
Lucy, d. W[illia]m & Dorothy, b. May 20, 1767	2	77
Lucy, d. Capt. Abijah & Marg[are]t, b. Mar. 26, 1768	2	134
Lucy, d. [Jacob & Patience], Oct. 26, 1787	2	247
Lydia, d. Abijah & Marg[are]t, b. Dec. 6, 1752	2	134
Marcy, d. Sam[ue]ll & Sarah, b. Nov. 13, 1704; d. Nov. 10, 1712	LR1	10
Marcy, d. Jno. & Marcy, b. Sept. 19, 1728	1	6
Marcy, m. Isaac WATERMAN, Jr., Apr. 24, 1746	2	55
Marg[a]ret, wid. of Jonathan, m. Thomas FOSTER, Dec. 16, 1703	LR2	1
Margaret, d. Lieut. Abijah & Marg[are]t, b. May 16, 1757	2	134
Mariah, d. [Thomas & Sarah], b. Apr. 16, 1788	2	243
Maria, m. W[illia]m TROWBRIDGE, May 30, 1812	3	19
Maria, m. Henry L. TOWNSEND, July 12, 1841, by Rev. John		

HALL, (cont.)

	Vol.	Page
R. Crane	3	478
Martha, wid. of Capt. Richard, m. Capt. John Elswotth, Jan. 23, 1772	2	216
Mary, d. of Richard, m. Antony **MARTIN**, Mar. 7, 1660/61	LR1	7
Mary had s. Georg[e] Hub[b]ard, d. Feb. 19, 1688/9	LR1	32
Mary, w. of Richard, d. Mar. 30, 1691	LR1	27
Mary, d. Samuell & Phebe, b. July 27, 1694	LR1	6
Mary, d. John & Frances, b. June 12, 1697	LR1	30
Mary, wid. of Dea. Hall, d. June 29, 1709	LR1	50
Mary, of Guilford, m. Joseph **WHITE**, of Middletown, June 18, 1717	LR2	7
Mary, m. John **SAGE**, Jr., Jan. 30, 1717/18	LR2	18
Mary, d. Giles & Esther, b. Oct. 9, 1725; d. [ ]	LR2	26
Mary, 2d, d. Giles & Esther, b. June [ ], 1727	LR2	26
Mary, d. Daniel & Phebe, b. June 23, 1735	LR2	26
Mary, d. Jno. & Marcy, b. Feb. 28, 1736/7	1	6
Mary, d. Dan[ie]l & Mary, b. Nov. 3, 1745	1	101
Mary, m. John **STOCKER**, Dec. 27, 1749	2	287
Mary, d. John & Mary, b Dec. 15, 1754	2	344
Mary, m. Elijah **JOHNSON**, July 19, 1756	2	38
Mary, d. Rich[ar]d & Martha, b. Apr. 5, 1761	2	156
Mary, w. of John, d. Oct. 1, 1762	1	6
Mary, m. Rev. John **STARKWEATHER**, of Bellarica, Mass., June 3, 1830, by Rev. John R. Crane	3	350
Mary E., d. Henry A., butcher, ae 40, & Amelia, ae 42, b. Mar 24, 1850	4	154-5
Mary Jarvis, [d. Edward Smith], b. Mar. [ ], 1861, in New York; d. next day	5	396
Miles, m. Ann **PELTON**, b. of Middletown, Apr. 21, 1825, by Rev. Josiah Bowen	3	198
Myles, m. Louisa **MILLER**, b. of Middletown, Oct. 7, 1841, by Rev. A. M. Osborn	3	482
Molly, d. Sam[ue]ll, 3rd, & Lois, b. Mar. 19, 1765	2	76
Nancy*, d. Jesse & Temperance, b. Apr. 19, 1785 (*Probably Nancy Wetmore)	2	308
Nelson, of Portand, m. Sarina **HALL**, of Middletown, Apr. 30, 1848, by Rev. L. S. Hough	4	32
Oliver, s. Daniel & Mary, b. Aug. 30, 1752	1	101
Olivia C., of Middletown, m. George **WALKER**, of Mich., Sept. 29, 1846, by Rev. Frederic J. Goodwin	3	547
Ozias, s. Sam[ue]ll & Abigail, b. Mar. 24, 1750/1	1	7
Patience, d. W[illia]m & Dorothy, b. Feb. 21, 1761	2	77
Patience, m. Jno. **WARNER**, Nov. 22, 1781	2	350
Patience, d. [Benoni & Hannah], b. Sept. 2, 1796	2	212
Phebe, ,d. Samuell & Phebe, b. Oct. 1, 1686	LR1	6
Phebe, m. Samuel **CORNWELL**, Aug. 13, 1713	LR2	26
Phebe, d. Daniel & Phebe, b. Aug. 2, 1719	LR2	26
Phebe, d. Daniel & Mary, b. June 23, 1754; d. Nov. 2, 1759	1	101
Phebe, d. Jno. & Esther, b. Mar. 12 1760	2	257
Phebe, d. Sam[ue]ll, 3rd, & Lois, b. Feb. 14, 1761	2	76
Phebe, m. Phinehas **McKEY**, Feb. 27, 1783	2	304

HALL, (cont.)

	Vol.	Page
Rachel, d. Sam[ue]ll & Eliz[abeth], b. July 25, 1753	2	84-b
Rachel, d. Sam[ue]ll & Lois, b. July 29, 1769	2	76
Richard, s. Richard & Mary, b. June [ ], 1656	LR1	27
Richard, s. John & Elizabeth, b. Mar. 23, 1671/2	LR1	30
Richard, Sr., d. Mar 27, 1691	LR1	27
Richard, s. Giles & Esther, b. Nov. 10, 1729	LR2	26
Richard, s. Giles & Anna, b. July 1, 1754	2	123
Richard, m. Martha **ELTON**, Sept, 13, 1759	2	156
Richard, s. Rich[ar]d & Martha, b. Feb. 11, 1763	2	156
Robert, s. [Horace D. & Sarah M.], b. Dec. 8, 1842	3	334
Robert, d. Oct. 31, 1846	3	334
Robert, teamster, ae 27, of Portland, m. Sabina HALL, ae 20, b. in Middletown, res.Portland, May 1,1848, by L. S. Hough	4	66-7
Ruth, d. Ensign Sam[ue]ll & Eliza, b. Dec. 24, 1761	2	84-b
Ruth, d. Jno. & Esther, b. Sept. 13, 1764	2	257
Sabrina, ae 20, b. in Middletown, res. Portland, m. Robert **HALL**, teamster, ae 27, of Portland, May 1, 1848, by Lent S. Hough	4	66-7
Sabrina, of Middletown, m. Nelson **HALL**, of Portland, Apr. 30, 1848, by Rev. L. S. Hough	4	32
Salina, of Middletown, m. Phineas **COLBY**, of Deerfield, N.H., July 5, 1840, by Rev. Francis Hodgeson	3	467
Sally, d. [Thomas & Sarah], b. June 4, 1796	2	243
Sally, d. Calvin & Rhoda, b. June 10, 1802	3	10
Sally H., m. W[illia]m **KNOWLES**, b. of Middletown, Oct. 21, 1824, by Rev. Josiah Bowen	3	181
Samuell, s. Richard & Mary, b. Sept. [ ], 1658	LR1	27
Samuell, s. Samuell, b. Feb. 3, 1663	LR1	9
Samuell, s. John & Elizabeth, b. Oct. 27, 1678	LR1	30
Samuell, m. Phebe **WARD**, Dec. 6, 1683	LR1	6
Samuell, s. of Samuel, m. Sarah **HEWSDELL**, Jan. 8, 1690/91	LR1	9
Samuell, m. Sarah **HINSDEL**, Jan. [ ], 1690/91	LR1	10
Samuell, s. Samuell & Sarah, b. Mar. 28, 1696	LR1	9
Samuell, s. Samuell & Sarah, b. Mar. 28, 1696	LR1	10
Samuell, s. Samuell & Sarah, b. Mar. 28, 1696	LR1	6
Samuel, Dea., m. Elizabeth **HECKING***, wid. of George, May 10, 1722 (***STOCKING?**)	LR1	10
Sam[ue]ll, Dea., m. Elizabeth **STOCKING**, wid. of George, May 16, 1722	1	44
Samuel, m. Abigail **WICKHAM**, Apr. 11, 1723	1	7
Samuel, s. Dea. [Sam[ue]ll] & Elizabeth, b. Aug. 15, 1724	1	44
Sam[ue]ll, s. Sam[ue]ll & Abigail, b. Oct. 28, 1724; d. June 28, 1725	1	7
Samuel, 2d, s. Sam[ue]ll & Abigail, b.. Mar. 11, 1725/6; d. Mar. 18, 1725/6	1	7
Samuel, m. Abigail **STARR**, Aug. 26, 1731	1	7
Samuel, s. Samuell & Abigail, b. Aug. 20, 1732	1	7
Samuel, Jr., m. Elizabeth **WILCOX**, Feb. 20, 1746	2	84-b
Sam[ue]ll, s. Sam[ue]ll & Eliza, b. Mar. 1, 1748/9	2	84-b
Samuel, 3rd, m. Lois **ALVORD**, May 7, 1755	2	76
Sam[ue]ll, s. Sam[ue]ll, 3rd, & Lois, b. Oct. 21, 1762; d. Apr. 21,		

MIDDLETOWN VITAL RECORDS

	Vol.	Page
HALL, (cont.)		
1773	2	76
Sam[ue]ll, s. Lieut. Sam[ue]ll & Eliza, d. Oct. 14, 1762	2	84-b
Sam[ue]ll, s. Lieut. Sam[ue]ll & Eliza, b. Aug. 21, 1764	2	84-b
Samuel, d. Sept. 9, 1764	1	7
Samuel, s. Benoni & Hannah, b. Jan. 5, 1793	2	212
Samuel, s. Samuell [& Sarah], d. [ ]	LR1	10
Sara[h], d. Richard & Mary, b. May [ ], 1654	LR1	27
Sarah, d. Samuell & Sarah, b. May 16, 1692	LR1	9
Sarah, d. Samuel & Sarah, b. May 16, 1692	LR1	10
Sarah, d. [Sam[ue]ll & Sarah], d. Dec. 16, 1712	LR1	10
Sarah, d. Daniel & Phebe, b. July 7, 1732	LR2	26
Sarah, d. Isaac & Sarah, b. Aug. 28, 1739	1	96
Sarah, d. Jacob & Susannah, b. Apr. 16, 1758; d. Nov. 2, 1759	2	316
Sarah, d. Ensign Sam[ue]ll & Eliza, b. Feb. 11, 1760	2	84-b
Sarah, d. Giles & Anna, b. May 23, 1761	2	123
Sarah, d. Joseph & Sarah, b. Nov. 27, 1761; d. Apr. 30, 1765	2	357
Sarah, d. Capt. Abijah & Marg[are]t, b. Feb. 8, 1763	2	134
Sarah, of Boston, m. Elisha **CLARK**, of Middletown, Oct. 21, 1766, by Samuel cooper, in Boston	2	159
Sarah, d. Joseph & Sarah, b. June 28, 1769	2	357
Sarah, w. of Thomas, d. Oct. 19, 1805	2	243
Sarah, m. Epaphras **CLARK**, dec. 24, 1823, by Rev. John R. Crane	3	147
Sarah, of Middletown, m. Joseph G. **EMMONS**, Jr., of East Haddam, Jan. 20, 1833, by Rev. Fitch Reed	3	379
Seth, s. Dan[ie]l & Mary, b. May, 2, 1756	1	101
Seth S., m. Phebe **HUBBARD**, May 13, 1828, by Rev. John R. Crane	3	306
Sherlock C., of Berlin, m. Eliza N. **STORR**, of Middletown, Nov. 27, 1831, by Rev. John Nixon	3	366½
*(correction)(arrow drawn down to name of Sibbell below which is out of order)in original manuscript)		
Sophia F., m. Levi E. **COE**, b. of Middletown, Nov. 27, 1851, by Rev. James D. Moore	4	216
Stephen, m. Grace **WELOTN**, b. of Middlefield, Nov. 14, 1852, by Rev. Jno. Morrison Reid	4	231
Stephen, m. Mary Ann **CARROLL**, Mar. 16, 1854, by Rev. Jno. Brady	4	266
Susannah, d. Samuell & Phebe, b. Sept. 26, 1689	LR1	6
Susannah, m. Samuel **WARNER**, Dec. 13, 1712	LR2	25
Susannah, d. Jacob & Susannah, b. June 4, 1765	2	316
Susanna, d. [Sam[ue]ll & Lois], b. Aug. 26, 1773; d. Dec. 31 1775	2	76
Susanna, 2d, d. [Sam[ue]ll & Lois], b. Mar. 15 1778	2	76
Susannah Almira, d. [Calvin & Rhoda], b. Apr. 26, 1807	3	10
*Sibbell, d. Daniel & Phebe, b. Nov. 3, 1737	LR2	26
Sylvester, m. Ann **WILCOX**, Mar. 7, 1821, by Rev William Jewett	3	47
Sylvester, m. Rosettie **JOHNSON**, b. of Middletown, Nov. 30, 1825, by Rev. E. Washburn	3	219
Temperance, m. Jesse **WETMORE**, June 24, 1784	2	308

HALL, (cont.)

	Vol.	Page
Theodore Horace, s. [Horace d. & Sarah M.], b. July 16, 1838	3	334
Theodore Mannoir, [s. Edward Smith], b. Jan. 24, 1854, at Millville, Mass., d. Sept. 13, 1854	5	396
Thomas, s. Daniel, b. Aug. 27, 1671	LR1	9
Thomas, s. Sam[ue]ll & Sarah, b. Oct. 17, 1707	LR1	10
Thomas, m. Marg[a]ret HURLBUT, Sept. 30, 1736	1	91
Thomas, s John & Mary, b. Oct. 14, 1756	2	244
Thomas, of Middletown, m. Sarah ROBINSON, of Wallingford, Oct. 18, 1781	2	243
Thomas, s. [Thomas & Sarah], b. Feb. 8, 1793	2	243
Tho[ma]s, m. Sena WOODARD, Oct. 27, 1806	2	243
Timothy, s. Sam[ue]ll & Abigail, b. Jan. 24, 1744; d. Aug. 27, 1751	1	7
Timothy, m. Cornelia JOYCE, June 4, 1775	2	197
Virginia, d. July 11, 1848, ae 11	4	68-9
William, s. Samuell & Phebe, b. Oct. 24, 1698; d. Nov. 14, 1698	LR1	6
William, s. Sam[ue]ll & Abigail, b. Nov. 25, 1734	1	7
William, m. Dorothy PLUMB, June 16, 1757	2	77
William, s. John & Mary, b. Nov. 6, 1758	2	344
William, s. W[illia]m & Dorothy, b. Dec. 14, 1762	2	77
William, s. Thomas & Sarah, b. Sept. 9, 1783	2	243
William, Jr., d. Oct. 23, 1808	2	77
William, m. Emeline BLAKESLEY, Nov. 10, 1829, by Rev. John R. Crane	3	341
Will[ia]m A., m. Prudence T. SPALDEN, of Middletown, May 5, 1822, by Rev. Phin[ea]s Cook	3	97
William Alanson, s. [Benoni & Hannah], b. Nov. 1, 1798	2	212
W[illia]m B., s. W[illia]m B. & Mehetable, b. May 27, 1778	3	22
William B., m. Mercy HUBBARD, b. of Middletown, May 24, 1821, by Rev. John R. Crane	3	53
William F., of Mereden, m. Lavinia WILCOX, of Middletown, Nov. 19, 1845, by Rev. Ja[me]s H. Francis	3	541
-----, s. Dan[ie]l & Mary, b. June 30, 1742; d. July 1, 1742	1	101
-----, child of Horace D., merchant, ae 38, & Maria, ae 32, b. Apr. 14, 1884	4	46-7
-----, s. Stephen, farmer, ae 27, & Adeline, ae 28, b. Mar. 11, 1849	4	108-9
-----, d. Henry A., farmer, ae 43, & Amelia, ae 43, b. June 30, 1849	4	104-5
-----, child of James & Elizabeth, b. [1849]	4	104-5
-----, s. Enoch C., merchant, b. July 26, 1850	4	158-9
-----, d. Horace D., jeweler, ae 38, & Maria, ae 35, b. July 31,1850	4	154-5
HALLAM, Edward, of New London, m. Mary RAINEY, Dec. 21, 1832, by Rev. Smith Pyne	3	378
HAMBLETON, Elizabeth, m. Stephen PARSONS, b. of Middletown, Nov. 30, 1769	2	60
HAMILTON, Anna, d. W[illia]m & Mary, b. Dec. 15 1744	2	51
Catharine, d. Sam[ue]l, laborer, colored, ae 38, & Abigail, ae 41, b. [1850]	4	156-7
Elizabeth, d. W[illia]m & Mary, b. Mar. 27, 1751	2	51
Emily, teacher, ae 21, b. in Blanford, Mass., res Middletown, m. Reuben H. LOOMIS, clergyman, ae 26, b. in Bloomfield,		

MIDDLETOWN VITAL RECORDS

	Vol.	Page
HAMILTON, (cont.)		
Res. Middletown, Aug. 3, 1847, by Rev. Joseph Hodrich	4	62-3
Eimly, m.Reuben H. **LOOMIS**, pastor, Aug. 3, 1848, by Rev. Joseph Holdrich	4	36
Mary, d. W[illia]m & Mary, b. Nov. 4, 1748	2	51
Nancy Maria, d. Armor, of Blandford, Mass., m. John **JOHNSON**, s. Of William, of Bristol, Me., Apr. 5, 1835, by Rev. Joseph Castle, at Cazenovica, N.Y.	4	21
Will[ia]m, d. Mar. 24, 1756	2	51
HAMLIN, HAMLINE, HAMBLIN, Abigail, d. Jabez & Abigail, b. May 4, 1758	2	272
Abigail, d. Jabez & Abigail, d. Sept. 10, 1759	2	272
Abigail, w. of Jabez, d. Nov. 3, 1768	2	272
Charles, m. Elizabeth **STARR**, Dec. 18, 1735	1	83
Charles, s. William & Susanna, b. May 8, 1707	LR1	11
Charles, s. Charles & Eliz[abet]h, b. Sept. 12, 1736	1	83
Charles, of Middletown, m. Ann **HOSMER**, of Hartford, July 3, 1740	1	83
Charles, Jr., m. Elizabeth **ROGERS**, Oct. 1, 1761	2	248
Christopher, s. Jabez & Mary, b. Apr. 25, 1733	1	49
Christopher, s. Jabez & Mary, d. Aug. 5, 1768 (Perhaps 1738?)	1	49
Daniel, s. Nath[anie]ll & Lucretia b. July 23, 1755	2	255
Ebenezer, s. John & Mary, b. Oct. 12, 1702; d. Nov. 16, 1702	LR1	11
Edward, s. William & Susan[n]a, b. Mar. 11, 1702	LR1	11
Edward, m. Phebe **BUTLER**, dec. 18, 1734	1	75
Edward, s. Edward & Phebe, b. Sept 23, 1735	1	75
Elizabeth, d. John & Elizabeth, b. Feb. 12, 1711/12	LR2	14
Elizabeth, m. Joseph **JOHNSON**, Aug. 22, 1722	1	8
Elizabeth, m. Return **MEIGS**, Feb. 1, 1732/3	1	65
Elizabeth, w. of Charles d. Sept. 17, 1736	1	83
Elizabeth, d. W[illia]m & Hannah, b. Sept. 15, 1760	2	266
Elizabeth, d. Charles & Elizabeth, b. Feb. 5, 1762; d. Feb. 18, 1762	2	248
Elizabeth, d. Charles & Elizabeth, b. Jan. 30, 1763	2	248
Esther, m. William **SOUTHMAYD**, Oct. 16, 1673	LR1	17
Esther, m. William **SOUTHMAYD**, Oct. [ ], 1673	LR1	50
Esther, d. William & Susanna, b. Jan. 14, 1710/11	LR1	11
Esther, d. Richard & Martha, b. Oct. 9, 1723	1	4
Esther, m. Daniel **HURLBUT**, Nov. 19, 1729	1	48
Esther, d. Jabez & Mary, b. Mar. 23, 1736	1	49
Esther, m. John **ELTON**, June 15, 1741	2	89
Esther, d. Nath[anie]ll & Lucretia b. July 10, 1759	2	255
Esther, m. Abner **HUBBARD**, Oct. 7, 1784	2	198
Experience, d. W[illia]m & Hannah, b. Nov. 10, 1761	2	266
George, s. Jabez & Margaret, b. Feb. 16, 1738/9; d. Sept. 22, 1760	1	93
Giles, s. Giles & Hester, b. Aug. 13, 1666	LR1	11
Giles, s. John & Mary, b. Feb. 19, 1691/2	LR1	11
Giles, s. William & Susan[n]a, b. May 6, 1697	LR1	11
Giles, [s. John & Mary], d. May 13, 1712, at Hartford	LR1	11
Giles, s. John & Elizabeth, b. Dec. 11,1715	LR2	14
Giles, s. Edward & Phebe, b. Dec. 6, 1738	1	75

HAMLIN, (cont.)

	Vol.	Page
Hannah, d. W[illia]m & Han[na]h, b. Nov. 2, 1752	2	266
Harris, s. Nath[anie]ll & Sarah, b. Apr. 14, 1730	1	60
Harriss, m. Rue **EASTON**, Aug. 22, 1787	2	303
Hester, d. Giles & Hester, b. Dec. 15, 1655	LR1	11
Hester, d. John & Mary, b. Jan. 17, 1694	LR1	11
Hester, m. Giles **HALL**, Feb. 25, 1713/14	LR2	26
Jabez, s. John & Mary, b. Jan. 7, 1700/01; d. Apr. 17, 1706	LR1	11
Jabez 2d, s. John & Mary, b. July 28, 1709	LR1	11
Jabez*, of Middletown, m. Mrs Mary **CHRISTOPHERS**, of New London, Nov. 19, 1729 (*Arnold Copy has "John")	1	49
Jabez, m. Mrs. Margaret **PHILLIPS**, Dec. 6, 1736	1	93
Jabez, of Meddletown, m. Mrs. Abigail **CHAUNCEY**, of Durham, Apr. 5, 1749	2	272
Jabez, s. Jabez & Abigail, b. Dec. 11, 1752	2	272
Jabez, m. Susanna **WHITTLESEY**, wid. of Rev. Samuell, of Milford, Apr. 2, 1771	2	272
Jabez s. Jabez & Abigail, d. Sept. 20, 1776, at Eat Chester	2	272
John, s. Giles & Hester b. Dec. 14, 1658	LR1	11
John, m. Mary **COLLINS**, Jan. [ ], 1684	LR1	11
John, s. John & Mary, b. July 16, 1787* (*1687?)	LR1	11
John, of Middletown, m. Elizabeth **PATRIDGE**, of Hatfield, May 3, 1709, at Hatfield, by Capt. Hall, J.P.	LR2	14
John, d. Aug. 9, 1717, in Antegoe(?)	LR2	14
John*, of Middletown, m. Mrs. Mary **CHRISTOPHERS**, of New London, Nov. 19, 1729 (*Jabez?)	1	49
John, s. Jabez & Mary, b. Nov. 14, 1731	1	49
John, d. Jan. 2, 1732/3	LR1	11
John, s. Jabez, d. Aug. 28, 1736	1	49
John, s. Jabez & Margaret, b. Sept. 5, 1737; d. Dec. 15, 1750	1	93
John, s. Charles & Ann, b. Feb. 23, 1743	1	83
John, s. Nath[anie]ll & Lucretia, b. Jan. 7, 1757	2	255
Lucia, d. W[illia]m & Han[na]h, b. Sept. 22, 1751; d. Sept. 25, 1751	2	266
Lucia, d. W[illia]m & Han[na]h, b. May 15, 1756	2	266
Lucretia, d. Nath[anie]ll & Lucretia, .b May 3, 1763	2	255
Margaret, s. of Jabez, d. Sept. 6, 1748	1	93
Margaret d. Jabez & Abigail, b. June 22, 1756	2	272
Margaret, m. Sam[ue]l **CANFIELD**, Nov. 17, 1797	2	198
Martha, d. Nath[anie]ll & Lucretia, b. Mar. 29, 1761	2	255
Mary, d. Giles & Hester, b. Feb. 11, 1662	LR1	11
Mary, Mrs., m. Noadiah **RUSSELL**, Feb. 20, 1689/90	LR1	38
Mary, d. John & Mary, b. Apr. 18, 1697	LR1	11
Mary, d. John & Elizabeth, b. Oct. 25, 1713	LR2	14
Mary, w. of John, d. May 5, 1722	LR1	11
Mary, d. Richard & Martha, b. July 3, 1722; d. [ ]	1	4
Mary, m. Henry **KING**, June 22, 1732	1	62
Mary, d. Jabez & Mary, b. Nov. 21, 1734; d. Sept. 17, 1736	1	49
Mary, w. of Jabez, d. Apr. 3, 1736	1	49
Mary, m. Halsey **JOHNSON**, Oct. 13, 1837, by Rev. Jehiel C. Beman	3	441
Mehettabell, d. Giles & Hester, b. Nov. 17, 1664	LR1	11

MIDDLETOWN VITAL RECORDS 251

	Vol.	Page
HAMLIN, (cont.)		
Mehittabell, d. John & Elizabeth, b. Feb. 6, 1709/10	LR2	14
Mehitabell, m. Joseph **JOHNSON**, Feb. 2, 1725/6	1	21
Nathaniel, s. William & Susan[n]a, b. Oct. 26, 1699	LR1	11
Nathaniel, m. Sarah **HARRIS**, Sept. 16, 1725	1	60
Nathaniel, d. Sept. 28, 1731	1	60
Nathaniell, s. Richard & Martha, b. May 29, 1732	1	4
Nathaniel, m. Lucretia **RANNEY**, Mar. 9, 1755	2	255
Phebe, d. Edward & Phebe, b. July 29, 1743	1	75
Phebe, m. Daniel **ALVORD**, July 27, 1768	2	118
Richard, s. William & Susan[n]a, b. May 17, 1693	LR1	11
Richard, m. Martha **SMITH**, Nov. 30, 1721	1	4
Richard, s. Charles & Ann, b. May 12, 1741	1	83
Rue, d. Harriss & Rue, b. May 16, 1788	2	303
Sally, d. [Harriss & Rue], b. Apr. 13, 1790	2	303
Sam[ue]ll, s. Charles & Ann, b. Sept. 9, 1746	1	83
Sarah, d. Nath[anie]ll & Sarah, b. Apr. 24, 1728	1	60
Sarah, d. Jabez & Mary, b. Aug. 3, 1730	1	49
Sarah, m. Nath[anie]ll **BAKER**, Jan. 29, 1734/5	1	89
Sarah, m. Comfort **SAGE**, Jan. 16, 1752	2	234
Sarah, d. W[illia]m & Han[na]h, b. Nov. 15, 1758	2	266
Susannah, d. William & Susanna, b. Aug. 28, 1704	LR1	11
Susanna, w. of William, d. Feb. 24, 1711/12	LR1	11
Susannah, m. Timothy **CORNWELL**, Mar. 20, 1727/8	1	35
Susannah, d. Sarah, b. Jan. 27, 1731/2	1	60
Susannah, d. W[illia]m & Han[na]h, b. July 29, 1757	2	266
Sibbill, [d. John & Mary], b. Mar. 30, 1700	LR1	11
Sibbell, 2d, d. John & Mary, b. Oct. 10, 1704	LR1	11
Sibbill, d. John & Mary, b. Mar. 7, 1798/9* (*Probably 1698/9)	LR1	11
William, s. Giles & Hester, b. Feb. 3, 1667	LR1	11
William, m. Susan[n]a **COLLINS**, May 26, 1692	LR1	11
William, s. William & Susan[n]a, b. Oct. 17, 1694	LR1	11
William, s. Nath[anie]ll & Sarah, b.Feb. 11, 1725/6	1	60
William, d. May 22, 1733, in the 66th y. of his age	LR1	11
Will[ia]m, s. Charles & Ann, b. Nov. 17, 1744	1	83
William, m. Hannah **ALLIN**, June 29\8, 1750	2	266
Will[ia]m, s. Charles & Ann, d. Sept. 23, 1753	1	83
William, s. W[illia]m & Hannah, b. Sept. 14, 1754	2	266
-----, twin sons of Charles & Ann, b. July [ ], 1749; one d. ae [ ] hrs., the otherd. [ ],ae 5 d.	1	83
HAMMOND, Caroline, m. Thomas **GREENFIELD**, Oct. 7, 1835, by Rev. John r. Crane	3	414
Edson Dana, s. Paul & Abigail, b. Aug. 12, 1826	3	94
Elizabeth H., m. Ephraim E. **WILEY**, Feb. 26, 1839, by Rev. Arthur Granger	3	457
Louisa Maria, d. Paul & Abigail, b. Mar. 15, 1822	3	94
Paul, m. Abigail **CHIPMAN**, May 20, 1819	3	94
HANCOX, Ame, d. Daniel & Rachel, b. Mar. 25 1725	1	25
Phebe, d. Daniel & Rachel, b June 1, 1727	1	Ind-1
HANDS, HAND, Ann, d. Benjamin & Sarah, b. Jan. 13, 1689/90	LR1	45½
Ann, d. Benj[ami]n & Han[na]h, b. Apr. 8, 1742	1	75
Ann, d. Benj[amin] & Sarah, d. June 23, 1760	LR1	45½

252 BARBOUR COLLECTION

	Vol.	Page
HANDS, (cont.)		
Asa C., of Middlebury, Vt., m. Sarah M. **BALDWIN**, of Middletown, Jan. 20, 1850, by Rev. M. S.Soudder	4	141
Benjamin, m. Sarah **WARD**, June 14, 1688	LR1	45½
Benjamin, s. Benjamin & Sarah, b. Oct. 4, 1706	LR1	45½
Benjamin, m. Hannah **JOHNSON**, Feb. 6, 1733/4	1	75
Benjamin, s. Benj[ami]n & Han[na]h, b. Feb. 8, 1736/7	1	75
Benjamin, Sr., d. July 8, 1739/40	LR1	45½
Benj[ami]n, s. Benj[ami]n & Hannah, d. Aug. 6, 1756	1	75
Caroline, d. Sept. 18, 1849/50, ae 19 m.	4	172-3
Caroline, d. Nov. 28, 1849, ae 34	4	172-3
Caroline, d. Meigs, merchant, & Caroline, b. [1850]	4	154-5
Caroline W., b. in Middletown, res. Augusta, Ga., d. Dec. 27, 1848, ae 32	4	130-1
Ebenezer, of Guilford, m. Phebe **ROCKWELL**, of Middletown, Jan. 18, 1786	2	330
Ebenezer, d. May 14, 1787	2	330
Hannah, d. Benj[ami]n & Han[na]h, b. Nov. 2, 1734	1	75
Hannah, d. Benjamin & Hannah, d. Nov. 3, 1765	1	75
Henry, [twin with Horace], s. John, Jr. & Clarissa, b. Feb. 10, 1815; d. Sept. 15, 1820	3	81
Horace, [twin with Henry], s. John, Jr. & Clarissa, b. Feb. 10, 1815	3	81
Horatio, m. Harriet A. **HUBBARD**, Nov. 8, 1843, by Rev. Zebulon Crocker	3	507
Jehiel Meigs, m. Caroline W. **ALLEN**, Aug. 11, 1846, by Rev. John R. Crane	3	552
John, s. Benj[ami]n & Hannah, b. Jan. 29, 1750/1	1	75
John, m. Sarah **ROCKWELL**, Mar. 25, 1784	2	309
John, s. Jno. & Sarah, b. July 17, 1785	2	309
John, Jr., m. Clarissa **ROCKWELL**, Apr. 12, 1814	3	81
Lois, d Benj[ami]n & Hannah, b. Jan. 13, 1754	1	75
Mary, d. Benj[ami]n & Hannah, b. Dec. 1, 1747	1	75
Mary Hart, d. [John, Jr. & Clarissa], b. Apr. 29, 1816	3	81
Phebe, d. Benjamin & Sarah, b. July 14, 1702	LR1	45½
Phebe, m. John **ROCKWELL**, July 3, 1733/4	1	70
Phebe, d. Benj[ami]n & Hannah, b. July 15, 1745	1	75
Sarah, d. Benjamin & Sarah, b. July 29, 1697; d. Aug. 6, 1719	LR1	45½
Sarah, d. Benj[ami]n & Hannah, b. Feb. 9, 1738/9	1	75
Sarah, wid. of Benj[ami]n, d. Apr. 27, 1744	LR1	45½
Sarah, s. of John, d. July 22, 1785	2	309
Silvenie*, m. Ephraim **WILCOX**, Aug. 23, 1698 (*Silence?)	LR1	1
-----, d. Meigs, merchant, b. Nov. [ ], 1848	4	104-5
-----, s. Horace, farmer ae 35, & Harriet A., ae 31, b. Mar. 24, 1850	4	162-3
HANEY, Brien, m. Anna **O'NEIL**, July 10, 1853, by Rev. Jno. Brady	4	238
HANKARD, HANKERD, John, m. Mary **LYNCH**, Jan. 10, 1854, by Rev. Jno. Brady	4	262
Margaret, m. Patrick **LEAHY**, Oct. 2, 1851, by Rev. Jno. Brady	4	192
HANLEY, [see also **HENLEY**], Daniel, m. Ellen **CAFFREY**, Oct. 22, 1852, by Rev. Jno. Brady	4	223
HANMER, John J., of New York, m. Mary Ann **SMITH**,		

MIDDLETOWN VITAL RECORDS 253

	Vol.	Page
HANMER, (cont.)		
of Middletown, Nov. 17, 1834, by Rev. Zeb[ulo]n Crocker	3	402
HANNER, Jane, laborer, b. in Ireland, res. Middletown, d. Oct. 12, 1849, ae 30	4	172-3
HARDING, HARDEN, Abigail, d. Nathan & Abigail, b. Dec. 3, 1762	2	264
Anna, d. Nathan & Anna, b. Feb. 18, 1745	2	264
Anna, d. Nathan & Anna, d. Nov. [ ], 1749	2	264
Anna, w. of Nathan, d. Nov. [ ], 1749	2	264
Annah, d. Eben[eze]r & Huldah, b. Nov. 15, 1765	2	184
Benjamin, s. Nathan & Abigail, b. Aug. 1, 1756	2	264
Ebenezer, s. Nathan & Anna, b. Aug. 15, 1739, [at Eastham]	2	264
Ebenezer, m. Huldah **TRYON,** Nov. 6, 1760	2	184
Ebenezer, s. Eben[eze]r & Huldah, b. Jan. 30, 1763	2	184
Elizabeth, d. Nathan & Anna, b. Aug. 22, 1743	2	264
Elizabeth, d. Nathan & Anna, d. Sept. [ ], 1749	2	264
Ephraim, s. Nathan & Abigail, b. May 9, 1752	2	264
George, s. Nathan & Anna, b. Sept, 23, 1748	2	264
George, s. Nathan & Anna, d. Nov. [ ], 1749	2	264
George, s. Eben[eze]r & Huldah, b. July 2, 1761	2	284
Hannah, m. Michael **BRADFORD,** Jan. 7, 1807	3	8
Joel, m. Isabella **SMITH,** May 7, 1823, by Rev. Phinehas Cook (Perhaps "Joel Hurden?")	3	127
Lucy, m. Horace **LEONARD,** Apr. 4, 1844, by Rev. John R. Crane	3	513
Lydia, d. Nathan & Anna, b. June 28, 1741	2	264
Nathan, s. Nathan & Anna, b. Dec. 19, 1746	2	264
Nathan, m. Abigail **WEST,** Nov. 15, 1750	2	264
Samuel, tinner, ae 21, b. in Saybrook, res New Haven, m. Susan J. **JONES,** ae 20, b. in Middletown, res. New Haven, Dec. 25, 1847, by Rev. S. Davis	4	62-3
Samuel W., of New Haven, m. Susan S. **JONES,** of Middletown, Nov. 26, 1847, by Rev. S. Davis	4	27
Samuel W., tinner, d. Oct. 12, ae 24 y. 6 m.	4	202-3
HARMON, Leonard, m. Eliza **CROCKER,** Jan. 15, 1824, by Rev. Birdseye G. Noble	3	150
HARNS, Jane, m. Seth **CROWELL,** Jan. 4, 1842, by Rev. Arthur Granger	3	487
HARPER, Eliza, m. William **DOOGAN,** Dec. 1, 1854, by Rev. Jno. Brady	4	275
HARRIDAN, Thomas, s. Michael, laborer, ae 30, & Joanna, ae 30, b. Nov. 1, 1848	4	104-5
HARRINGTON, Abigail Shaler, d. [W[illia]m & Lucy], b. Feb. 16, 1800	2	27
Daniel Warner, s. [W[illia]m & Lucy], b.Feb. 22, 1808	2	287
Eleazer D., of New Britain, m. Almira **QUINLEY,** of Middletown, June 16, 1850, by Rev. Moses L. Schudder	4	182
Ella E., d. Aug. 22, 1847, ae 4 m.	4	72-3
Esther Bull, d. [W[illia]m & Lucy], b. June 18, 1806	2	287
Lucia Warner, d. [W[illia]m & Lucy], b. Nov. 20, 1798	2	287
Mary Pirce, d. W[illia]m & Lucy, b. Dec. 24, 1795	2	287
Nancy Stilwell, d. [W[illia]m & Lucy], b. Feb. 18, 1804	2	287
Robert Warner, s. [W[illia]m & Lucy], b. Sept. 8, 1811	2	287

BARBOUR COLLECTION

	Vol.	Page
HARRINGTON, (cont.)		
Susan Wright, d. [W[illia]m & Lucy], b. Oct. 16, 1813	2	287
William, m. Lucy **WARNER**, Mar. 29, 1796	2	287
William, d. [ ], 1820	2	287
William A., m. Mary **PENFIELD**, b. of Middletown, Oct. 14, 1838, by Rev. Frederick Wightman	3	452
William Abijah, s. [W[illia]m & Lucy], b. Jan. 24, 1802	2	287
HARRIS, HARRISS, HARIS, Abiga[i]ll, d. Daniell &Abiga[i]ll, b. Feb. 7, 1682	LR1	21
Abigail, m. Joseph **CORNWEL**, Apr. 20, 1710	LR2	21
Abigail, d. Walter & Abigail, b. [ ] 29, 1714; d. Nov. 20, 1714	LR2	27
Abigail, w. of Walter, d Dec. 15, 1714	LR2	27
Abigail, d. Walter & Deborah, b. Dec. 11, 1721	1	4
Abigail, w. of Daniel, d. May 22, 1723	LR1	21
Abigail, of Middletown, m. Robert **DITSON***, of Colchester, May 7, 1740 (***DIXSON**?)	1	19
Abigail, of Middletown, m. Robert **DIXSON**, of Colchester, May 7, 1740	1	119
Abigail, d. Joseph & Abigail, b. Nov. 28, 1778	2	166
Almira M., of Chatham, m. Joseph **DANIELS**, of Middletown, Apr. 9, 1835, by Rev. Heiel C. Beman	3	407
Alonzo C., m. Amelia **BUTLER**, b. of Middletown, Nov. 16, 1842, by Rev. Merrett Sanford	3	497
Alonzo Camp, s. [Daniel & Mehitabel], b Jan. 18, 1820	3	224
Ansel, of Rockester, N.Y., late of Middletown, m. Harriet **JEPSON**, of Middletown, Oct. 5, 1824, by Rev. Birdseye G. Noble	3	178
Benjamin, m. Esther **CORNWELL**, Apr. 14, 1731	1	58
Benj[ami]n, s. [George & Eunice], b. Aug. 24, 1808	3	15
Benjamin, m. Abigail **GOODRICH**, May 14, 1828, by Levi Knight	3	306
Caroline, d. [George & Eunice], b. Nov. 27, 1803	3	15
Caroline, m. John **PIERCE**, b. of Middletown, July 16, 1827, by Rev. H. Bangs	3	174
Caroline, Melinda, m. Horace **WORMSLEY**, b. of Middletown, Apr. 23, 1846, by Rev. James t. Dickinson	3	547
Cha[rle]s H., d. Feb. 10, 1850, ae 14 m., res Berlin	4	174-5
Daniell, s. Daniell & Mary, b. July 16, 1653	LR1	21
Daniell, m. Abiga[i]ll **BARNS**, Dec. 14, 1680	LR1	21
Daniell, s. Daniell & Abiga[i]ll, b. Oct. 2, 1688	LR1	21
Daniell, s. Daniell & Abigail, b Apr. 10, 1715	LR2	4
Daniell, Sergt., m. Elizabeth **COOK**, wid of Sam[ue]ll, of Wallingford, Jan. 5, 1726/7	LR1	21
Daniell, Capt., d. Nov. last day, 1761	LR1	21
Daniel, m. Mehitabel **HATCH**, Mar. 8, 1804	3	224
Daniel, m. Huldah **COE**, Oct. 10, 1839, by Rev. L. S. Everett	3	474
Daniel James, [s.] Dan[ie]l & Mehit[abe]l, b. June 16, 1805	3	224
David, m. Hannah **STANTON**, (colored), b. of Middletown, June 20, 1849, by Rev. Townsand P. Abell	4	91
David, mariner, colored, ae 23, m. Harriet **STANTON**, ae 23, b. of Middletown, June 20, 1849, by T. P. Abell	4	120-1
Deborah, d. Walter & Deborah, b. Aug 13, 1723	1	4

	Vol.	Page
HARRIS, (cont.)		
Deborah, of Lebanon, m. Ebenezer **BUCK**, of Middletown, Nov. 16, 1743	2	40
Edwin Brown, s. [Daniel & Mehitabel], b. Jan. 3, 1836; d. Feb. 7, 1826	3	224
Elizabeth, d. Daniell & Mary, b. Mar. 22 1659	LR1	21
Elizabeth, m. Edward **FOSTER**, June 20, 1670	LR1	47
Elizabeth, w. of William, d. Aug 5, 1685	LR1	2
Elizabeth, w. of Walter, d. Sept. 13, 1718	LR2	27
Elizabeth, d. William & Elizabeth, b. Aug. 25, 1723	1	2
Elizabeth, d. Walter, & Deborah, b. Apr. 14, 1728	1	4
Elizabeth, wid. of William, d. Mar. 12, 1777	1	2
Elizabeth, m. William **COTTON**, b. of Middletown, Oct. 26, 1836, by Samuel Cooper, J.P.	3	428
Elizabeth Doolittle, wid. of William, d. Mar. 12, 1777	1	2
Emily, d. David, m. Alfred C. **SEARS**, Apr. 5, 1827, by Rev. George Cunningham	3	266
Emma A., d. Feb. 18, 1849, ae 10 m.	4	130-1
Esther, d. Benj[amin] & Esther, b. Apr. 3, 1735	1	58
Esther, m.. Augustus **CORWELL**, b. of Middletown, Jan. 28, 1749, by Rev. Z. N. Lewis	4	82
Esther, ae 25, of South Farms, Middletown, m. Augustus **CROWELL**, farmer, ae 28, of Long Hill, Middletown, Jan. 28, 1849, by Rev. Z. N. Lewis	4	124-5
Eunice, d. [George & Eunice], b. Nov. 24, 1806	3	15
Eunice, w. of George, d. Aug. 8, 1812	3	15
George, s. David & Mary, b. Aug. 20, 1778	3	15
George, m. Eunice **BAILEY**, Jan. [ ], 1800	3	15
George, s. George & Eunice, b. Aug. 8, 1800	3	15
George, m. Margaret **BAILEY**, Nov. 15, 1814	3	15
George, m. Lucinda **NOCH**, b. of Middletown, Jan. 3, 1830, by Rev. John Cookson	3	346
George Washington, s. [Daniel & Mehitabel], b. Nov. 8, 1813	3	224
Hanna[h], d. Daniell & Mary, b. Feb. 11, 1669	LR1	21
Han[n]ah, m. Francis **WHITMORE**, Feb. 8, 1674	LR1	51
Hannah, d. Jos[eph] & Sarah, b. Oct. 23, 1755	2	278
Hannah, d. [George & Margaret], b. Oct. 22, 1817	3	15
Henry Champlain, s. [Daniel & Mehitabel], b. Nov. 28, 1817	3	224
Hezekiah, s. [George &Eunice], b. Apr. 9, 1805	3	15
James, s. Will[ia]m & Mary, b. Sept. 24, 1747	2	131
James Weaver s. [George & Margaret], b. Oct. 22, 1820	3	15
Jane, d. John & Susanna, b. Sept. 23, 1705	LR1	42
Jane, m. James **JOHNSON**, Apr. 17, 1740	2	56
John, s. Daniell & Mary, b. Jan. 4, 1667	LR1	21
John, m. Susannah **COLLINS**, Mar. 18, 1702/3	LR1	42
John, d. Daniell & Abigail, b.Feb. 26, 1719/20	LR2	4
John, s. Benjamin & Esther, b. May 5, 1746	1	58
John, of Middletown, m. Mindwell **LYMAN**, of Durahm May, 1749	LR1	42
John, s. Joseph & Sarah, b. Dec. 27, 1850	2	278
John, d. Nov. 29, 1754	LR1	42

HARRIS, (cont.)

	Vol.	Page
John, s. Benj[amin] &Esther, d. June 10, 1761	1	58
John Frances, s. [Daniel & Mehitabel], b. Dec. 25, 1815	3	224
Joseph, d. Daniell & Mary, b. Feb. 12, 1654	LR1	21
Joseph, s. Daniell & Abiga[i]ll, b. Mar. 1, 1690/91	LR1	21
Joseph, s. William & Elizabeth, b. June 28, 1727	1	2
Joseph, m. Sarah CORNEL, Oct. 13, 1748	2	278
Joseph, s. Joseph & Sarah, b. June 9, 1753	2	278
Joseph, m. Abigail CORNWELL, Jan. 5, 1777	2	166
Joseph, s. Joseph & Abigail, b. Feb. 9 1781	2	166
Julius C., m. Susan W. STEAVENS, Sept. 15, 1833, by Rev. John R. Crane	3	385
Julius Chapman, s. [Daniel & Mehitabel], b. Oct. 1, 1808	3	224
Kate, d. Alonzo, joiner, ae 28, & Amelia, ae 28, b. Mar. 24, 1850	4	154-5
Lois, of Weathersfield, m. David SAGE, 3rd, of Middletown, Nov. 7, 1751	2	293
Lucy, m. Henry SMITH, May 19, 1811	3	32
Marcy, d. Benj[ami]n & Esther, b. June 17, 1743	1	58
Marcy, m. John GIDDINGS, May 27, 1762	2	39
Margaret, d. Geo[rge] & Margaret, b. July 8, 1815	3	15
Martha, d. William & Elizabeth, b. Jan. 5, 1731/2	1	2
Martha, d. Ben[jamin] & Esther, b. Feb. 9, 1731/2	1	58
Martha, m. Sam[ue]l JOHNSON, Jr., Jan. 28, 1751/2	2	265
Martha, d. Benj[amin] & Esther, d. Apr. 15, 1753	1	58
Mary, m. John WARD, Apr. 18, 1664 (Written Mary HOWES)	LR1	12
Mary, d. Daniell & Abiga[i]ll, b. Jan. 11, 1685	LR1	21
Mary, d. William & Martha], b. Feb. 9, 1691/2	LR1	4
Mary, d. Thomas & Tabatha, b. Aug. 25, 1695; d. Nov. 1, 1712	LR1	21
Mary, m. John GILBURTT, Jan. 12, 1709/10	LR2	16
Mary, m. William WARD, Jan. 18, 1710	LR2	20
Mary, wid. of Capt. Daniell, d. Sept. 5, 1711	LR1	21
Mary, d. Benj[amin] & Esther, b. Jan. 1, 1739. 40	1	58
Mary, m. Josiah STRONG, Jr., Jan. 15, 1761	2	105
Mary, m. Caleb JOHNSON, Jr., Oct. 10, 1768	2	82
Mary, d. [George & Eunice], b. Feb. 23, 1810	3	15
Mary, m. Frederick GILBERT, b. of Middletown, June 5, 1825, by Rev. Ebenezer Washburn	3	201
Mary M., m. George BREWER, Jan. 1, 1829, by Rev. Jno. R. Crane	3	325
Mary M., m. Sylvester CROWELL, b. of Middletown, Oct. 18, 1837, by Rev. John Cookson	3	442
Mary P., m. Sam[ue]l B. LATHROP, Jan. 4, 1835, by Rev. John R. Crane	3	404
Mehitable, w. of Daniel, d. Jan. 6, 1826	3	224
Mehitable A., m. Fred[eric]k BARNES, June 26, 1836, by Rev. John R. Crane	3	422
Mehitabel Adams, [d. Daniel & Mehitabel], b. Dec. 25, 1810	3	224
Merriann, d. Daniell & Abigail, b. July [ ] 1713	LR2	4
Mindwell, wid. of Jno., d. Feb. 6, 1758	LR1	42
Moses, s. Daniell & Abigail, b. May 30, 1717	LR2	4
Moses, m. Roxey Ann McNARY, b. of Middletown, [Mar] 11, [1835], by Rev. Chandler Curtis	3	406

MIDDLETOWN VITAL RECORDS 257

	Vol.	Page
HARRIS, (cont.)		
Nathaniel, s. Walter, & Deborah, b. June 13, 1725	1	4
Oliver, farmer, ae 22, of Middletown, m. Mary Ann DICKINSON, ae 19, b. Chester, res. Middletown, June 4, 1848, by [Rev.] Cheesebrough	4	64-5
Patience, m. Daniell MARKHAM, Jan. 21, 1677	LR1	52
Patience, d. Daniell & Abiga[i]ll, b. May 15, 1683	LR1	21
Patience, m. Ezekiel GILBERT, Dec. 2, 1714	LR2	29
Priscilla, Seamstress, of Farm Hill, Middletown, d. Jan. 24, [1848], ae 69	4	132-3
Prudence, d. William & Martha, b. Jan. 1, 1700/1	LR1	4
Prudence, d. William & Elizabeth, b. Sept. 18, 1721	1	2
Prudence, m. Jonathan GILBERT, Jr., Oct. 25, 1739	1	123
Rachel, d. John & Susanna, b. June 22, 1707	LR1	42
Rachel, m. William PROUT, Apr. 2, 1729	1	45
Rachel, m. Lewis BROOKS, b. of Middletown, [May] 17, [1829], by rev. Noah Porter, of Farmington	3	333
Samuel, m. Mortena McNARY, Dec. 10, 1842, by Rev. Arthur Granger	3	497
Samuel Hatch, s. [Daniel & Mehitabel], b. Jan. 24, 1807	3	224
Sara[h], d. Daniell & May, b. Feb. 17, 1660; d. Mar. 15, 1661	LR1	21
Sara[h], d. Daniel & Mary, b. Sept. 30, 1663	LR1	21
Sarah, d. John & Susannah, b. Jan. 9, 1703/4	LR1	42
Sarah, m. Nathaniel HAMLLIN, Sept. 16, 1725	1	60
Sarah, formerly w. of Tho[ma]s MILLER, Sr., d. Mar. 20 1727/8	LR1	17
Sarah, d. W[illia]m & Eliza[be]th, b. Oct. 18, 1740	1	2
Susannah, w. of John, d. Feb. 10 1747/8	LR1	42
Sibbille, d William & Martha, b. Apr. 30, 1695	LR1	4
Sibel, m. Jonathan YEOMAN, Apr. 7, 1715	LR2	29
Sibbell, d. William & Elizabeth, b. June 20, 1734	1	2
Sibbell, m. Isaac WOODWARD, Mar. 5, 1754	2	18
Tabatha, d. Jan. 23, 1711/12	LR1	21
Thomas, s Daniell & Mary, b. May 20, 1657	LR1	21
Thomas, d. Aug. 22, 1700	LR1	21
Thomas, s. Daniell & Abigail, b. May 9, 1722	LR2	4
Thomas Throop, [s. George & Margaret], b. June 26, 1822	3	15
Walter, m. Abigail RANNY, Jan. 21, 1713/4	LR2	27
Walter, m. Elizabeth WHEELER, Jan. 23, 1717/8	LR2	27
Walter, of Middletown, m. Deborah PRINDLE, of Stratford, Nov. 1, 1720	1	4
Warren Woodward, s. [Daniel & Mehitabel], b. Sept. 8, 1822	3	224
William, s. Daniell & Mary, b. July 17, 1665	LR1	21
William, m. Martha COLLINS, Jan. 8, 1689/9	LR1	4
William, s. William & Martha, b. May 20, 1697	LR1	4
William, m. Elizabeth JOHNSON, Feb. 2, 1720/21	1	2
William, d. June 15, 1740	1	2
William, m. Mary SUMNER, Mar. 12, 1746/7	2	131
William, m. Sarah D. HEDGES, b. of Middletown, Oct. 3, 1830, by Rev. John Cookson	3	355
W[illia]m H., m. Clarissa C. LOVELAND, dec. 10, 1845, by Rev. A. L. Stone	3	542

	Vol.	Page
HARRIS, (cont.)		
Zippera, w. of Thomas, d. Jan. 8, 1688/89	LR1	21
Ziporah, m. Phinehas **ROBBERDS**, June 12, 1775	2	128
——, d. George w., merchant, ae 34, & Amelia, ae 31, b. Dec. 16, [1848]	4	46-7
——, s. W[illia]m W., farmer, ae 40, & Sarah, ae 36, b. Dec. 16, [1848 or 9]	4	110-1
HARRISON, Ame, m. Natha[nie]ll **BACON**, Jr., Oct. 13, 1742	1	80
David, of Mereden, m. Mary **PLUM**, of Middletown, Apr. 21, 1831, by Rev. Stephen Topliff	3	369
HART, HEART, [see also **HERT**], Augusta, ae 21, b. in New Britain, now of Middletown, m. Ellery C. **GAINES**, ae 22, b. in Glastonbury, nor of Glastonbury, Sept. 12, 1854, by J. B. Merwin	4	255
Betsey, m. George **ADKINS**, Jr., Dec. 23, 1790	2	320
Catharine E., ae 22, b. in Gilford, m. David **LYMAN**, farmer, ae 28, of Middletown, Jan. 30, 1849, by Rev. David Root, Guilford	4	126-7
Charles, of Springfield, Mass., m. Laura B. **DICKEN**, of Middletown, May 2, 1821, by Rev. Stephen Hayes	3	53
David, m. Lucia **PECK**, Mar. 30, 1749	2	48
David, s. Dav[i]d & Lucia, b. Dec. 24, 1755	2	48
Esther, of Farmington, m. Eliphas **ALVORD**, of Middletown, Nov. 29, 1764	2	258
Frederick, m. Catharine **LONG**, b. of Middletown, July 18, 1852, by Rev. Jno. Morrison Reid	4	218
James R., of Mereden, s. of Sherman, m. Ann E. **TOMPKINS**, d. of Charles, of Farmington, Nov. 18, 1849, by Rev. B. N. Leach	4	94
Lois, m. Sylvester **ELTON**, b. of Berlin, Sept. 20, 1826, by Rev. Fred[eric]k Wightman	3	237
Nancy, m. Junia W. **CLARK**, b. of Middletown, Mar. 15 1827, by rev. Fred[eric]k Wightman	3	265
Rebecka, m. Nathaniel **SAGE**, Apr. 8, 1731	1	57
Sophia, of Durham, m. Jonathan **KILBOURN**, Jr., of Middletown, July 7, 1839, by Rev. John R. Crane	3	459
Sophia, wid. of William, & d. of Burwell Newton, of Durham, m. Jonathan **KILBOURNE**, Jr., July 7, 1839, by Rev. J. R. Crane	4	3
Submit, of Berlin, m. Mary **CONE**, of Middletown, Aug. 18, 1833, by Rev W[illia]m H. Beecher	3	385
W[illia]m A., ae 23, of Northampton, Mass., m. Prudence **CHENEY**, ae 22, of Northampton, Mass., June 18, 1849, by J. R. Crane	4	120-1
William E., s. Ferdinand a., m. Prudence H. **CHENEY**, d. of Halsey, June 18, 1849, by Rev. John R. Crane	4	86
HARTNETT, HARTNET, HERTNET, Catharine, m. Thomas **SCANLAN**, Jan. 10, 1854, by Rev. Jno. Brady	4	263
Edmund, m. Eliza **BARRY**, Mar. 22, 1853, by Rev. Jno. Brady	4	235
Edmund, m. Eliza **BARRY**, Apr. 22, 1853, by Rev. Jno. Brady	4	236
Hanora, m. William **DEBANK**, Mar. 10, 1853, by Rev. Jno. Brady	4	230

	Vol.	Page
HARTNETT, (cont.)		
Johanna, m. William **DONNOVAN**, Feb. 18, 1849, by John Brady	4	88
Joanna, m. W[illia]m **DONOVAN**, laborer, both b. in Ireland, Feb. 18, 1849, by Rev. John Brady	4	122-3
HARTSHORN, Lucretia, of R.I., m. Hezekiah **RANNEY**, of Middletown, Feb. 28, 1765, in R.I.	2	302
HARVEY, Elisah, of Haddam, m. Sally **POUT**, of Middletown, Nov. 8, 1829, by Rev. Tho[ma]s Branch	3	341
George, s. William, laborer, ae 28, & Emily, ae 20, b. Oct. [1848]	4	50-1
John, machinist, b. in Stafford, res. New Haven, m. Ellen R. **SPENCER**, factory, ae 18, b. in Middletown, res. New Haven, May 14, 1849, by B. Leach	4	118-9
John, s. of Paul, m. Ellen **SPENCER**, d. of Simeon, b. of Middletown, May 30, 1849, by Rev. B. N. Leach	4	84
William S., m. Emily F. **COTTON**, Dec. 31, 1846, by Rev. Joseph Holdrich	3	557
HASKELL, HASKILL, John, m. Maria **WILCOX**, Oct. 20, 1841, by Rev. Zebulon Crocker	3	484
Mary J., d. John, housejoiner & Maria, b. Feb. 23, 1848	4	54-5
[**HASKET**], [see under **HUSKET**]		
HASKILL, Nancy A., m. Charles H. **HUBBARD**, Oct. 16, 1839, by Rev. Zebulon Crocker	3	462
Sally, m. Nathaniel **SEGER**, June 28, 1821, by Rev. Frederick Wightman	3	56
HASKIN, Mary, m. Peter **FURMAN**, Aug. 20, 1854, by Rev. Jn. Brady	4	271
HASTINGS, HASTIN, John, of Philadelphia, m. Olive **ATKINS**, of Middletown, Sept. 25, 1825, by Rev. E. Washburn	3	209
John, of Hartford, m. Augusta M. **BUTLER**, of Middletown, Aug. 6, 1850, by Rev. Frederick Wightman	4	145
Tenisia, b. in Ireland, res. Middletown, d. Aug. 12, 1850, ae 7	4	202-3
HATCH, Elizabeth, m. Asael **DUDLEY**, Jan. 5, 1741/2	2	281
Mehitabel, m. Daniel **HARRIS**, Mar. 8, 1804	3	224
HATCHMAN, William, m. Bridget **BRENNAN**, Sept. 20, 1852, by Rev. Jno. Brady	4	222
HATHAWAY, Martin, of Suffield, m. Elizabeth **BLISS**, of Middletown, Oct. 20, 1847, by Rev. Mark Trafton	4	19
Milton, farmer, ae 50, of Suffield, m. 2d, w. Elizabeth **BLISS**, ae 30, of Middletown, Oct. 22, 1847, by Rev. Mark Trafton	4	62-3
HAUGHTON, Benoni, m. Mary **TRUMAN**, Apr. 15, 1700	LR2	6
Joseph, s. [Benoni & Mary], b. Jan. 25, 1705/6	LR2	6
Mary, d. [Benoni & Mary], b. Jan. 5, 1702/3	LR2	6
Mary, m. Thaddeus **BOW**, Sept. 29, 1763	2	151
Patience, d. [Benoni & Mary], b. Apr. 2, 1708	LR2	6
William, s. [Benoni & Mary], b. Apr. 2, 1701	LR2	6
HAVENS, HAVEN, HAVINS, Angeline, of Middletown, m. Charles **BENEDICT**, of New Haven, Feb. 19, 1843, by Rev. Merrett Sanford	3	499
David, m. Rebecca **CUNNINGHAM**, b. of Middletown, Nov. 22, 1821, by Rev. Phinehas Cook	3	73

	Vol.	Page
HAVENS, (cont.)		
Frances, d. of David, m.Samuel R. **RANNEY**, s. of George, June 6, 1849, by Rev John R. Crane	4	85
Frances, ae 20, of Middletown, m. Samuel **RANNEY**, s. of George, June 6, 1849, by Rev. John R. Crane	4	120-1
Henry, m. Lucy W. **COLLINS**, b. of Middletown, Oct. 14, 1849, by Rev. Townsand P. Abell	4	91
Henry, laborer, ae 24, b. in LYME, res. Middletown, m. Lucy **COLLINS**, ae 18, of Middletown, Oct.14, 1849, by Rev. T. P. Abell	4	166-7
Jane E., of Middletown, m. Alonzo H. **SHUTE**, of Farr Haven, Dec. 26, 1852, by Rev. Jno. Morrison Reid	4	232
Mary H., m. William **GRINNELS**, Apr. 18, 1847, by Rev. James Floy	3	562
Sarah Ann, m. Sylvester **BAILEY**, June 18, 1845, by John R. Crane	3	533
Thomas, of Middletown, m. Louisa **CORNWELL**, of Portland, July 9, 1854, by Rev. W. H.Waggoner	4	253
HAWES, [see also HOWE], H. WaggonerC., of Middletown, m. Henry B. **STRICKLAND**, of Portland, [Jan.] 8, [1846], by Rev. W. G. Howard	3	543
Sarah, m. Warren **JOHNSON**, b. of Middletown, Oct. 20, [1833], by Rev. Zeb[ulo]n Crocker	3	388
Susan, m. William G. **BULKLEY**, b. of Middletown, Mar. 1, 1835, by Rev. Zebulon Crocker	3	406
HAWLEY, HAWLE, Bostwick, Rev., of Cozenovia, N.Y., m. Elizabeth R. **WEBBER**, of Middletown, Aug. 2, 1840, by Rev. Joseph Holdrich	3	467
Calvin, s. Sam[ue]ll Stow & Ruth, b. Mar 28, 1760	2	4
Chalotte, m. Cha[rle]s S. **STANNARED**, b. of Madison, Nov. 30, 1853, by Rev. E. L. Janes	4	247
Christopher, s. Sam[ue]ll Stow & Ruth, b. May 2, 1763	2	4
Esther Frances, d. Anson & Sophronia Allen (descendant of Ethan Allen), b. Nov. 15, 15, 1833, m. William Henry **INGHAM**, s. Friend W. & Eunice S., June 28, 1858	3	94
Esther S., m. Elisha **SEARS**, Nov. 28, 1822, by Rev. Tho[ma]s J. DeVERELL (Perhaps Esther S. HENLEY?)	3	112
Hannah, d. Jehiel & Hope, b. Nov. 17, 1725	LR1	22
Hannah, d. Sam[ue]ll Stow & Ruth, b. Feb. 27, 1772	2	4
Hope, d. Jehiel & Hope, b. June 30, 1791	LR1	22
Hope, m. John **LYMAN**, Sept. 13, 1739	2	119
Hope, wid. [of Jehiel], d. Jan. 23, 1763	LR1	22
Jehiel, of Stratford, m. Hope **STOW**, d. of Ichabod, of Middletown, Dec. 13, 1708	LR1	22
Jehiel, d. July 19, 17[ ]; was drowned in Conn. River	LR1	22
Jesse, s. Seth & Elizabeth, b. Apr. 22, 1780	2	311
Jesse, s. [Seth & Elizabeth], b. Apr. 22, 1780	2	316
John, s. Seth & Elizabeth, b. Sept. 15, 1778	2	311
John, s. Seth & Elizabeth, b. Sept. 15, 1778	2	316
Luce, d. Sam[ue]ll Stow &Ruth, b. Oct. 17, 1765	2	4
Maria, d. Edward E., prof. of music, ae 35, & Mary A., ae 33, b. Sept. 9, [1848[	4	44-5

	Vol.	Page
HAWLEY, (cont.)		
Mary, d. Jehiel & Hope, b. Aug. 22, 1711	LR1	22
Miller, s. Sam[ue]ll Stow & Ruth, b. Mar. 26, 1768	2	4
Ruth, d. Sam[ue]ll Stow & Ruth, b. Apr. 29, 1770; d. Jan. 24, 1776	2	4
Ruth, wid. of Sam[ue]ll Stow, d. Aug. 9, 1801	2	4
Samuel, s. Sam[ue]ll Stow & Ruth, b. Oct. 7, 1758	2	4
Samuel Stow, s. Jehiel & Hope, b. June 4, 1722	LR1	22
Sam[ue]ll Stow, m. Ruth **MILLER**, Aug. 26, 1756	2	4
Sam[ue]ll, d. Sec. 20, 1798	2	4
Seth, s. Sam[ue]ll & Ruth, b. June 2, 1757	2	4
Seth, m. Elizabeth **WETMORE**, May 14, 1778	2	311
Seth, m. Elizabeth **WETMORE**, May 14, 1778	2	316
Sherman, b. In Waterbury, res Middletown, d. Mar. 14, 1848, ae 3	4	68-9
HAY, Frances, m. Patrick **MOORE**, laborer, both b. in Ireland, Jan. 28, 1849, by Rev. John Brady	4	122-3
HAYDEN, Ann Maria, [d. Merari & Anna], b June 24, 1823	3	77
Calista C., m. Willis **NORTH**, b. of Middletown, Sept. 9, 1838, by Rev. John Cookson	3	448
Elizabeth H., d. Mar. 16, 1848, ae 19	4	68-9
Eliz[abet]h Harriet, d. [Jno. & Eliz[abet]h], b. July 7, 1828	3	250
Jno. C., m. Elizabeth **SPELMAN**, Sept. 26, 1824	3	250
John Spelman, s. Jno. & Eliz[abet]h, b. Sept. 2, 1827	3	250
Josiah, m. Ann **LEWIS**, b. of Middletown, June 22, 1824, by Rev. Josiah Bowen	3	161
Merari, m. Anna **POST**, Oct. 6, 1816, at Saybrook	3	77
Meriam, d. Merari & Anna, b. Aug. 10, 1820	3	77
HAYES, Daniel, m. Mary **FLYNN**, Apr. 17, 1850, by Rev. John Brady, Jr.	4	143
Francis, m. Patrick **MOORE**, Jan. 28, 1849, by John Brady	4	87
John, of West Mereden, m. Mary Ann b. **PRICE**, of Middletown, Feb. 16, 1852, by Rev. Frederic J. Goodwin	4	215
Joseph A., d. Oct. 6, 1849, ae 15 m. (**HOYES?**)	4	172-3
Patrick, s. W[illia]m, laborer, ae 31, & Elizabeth, ae 24, b. Sept. 12, 1848	4	104-5
——, s. Joseph W., butcher, ae 35, & Mary, ae 35, b. June 22, [1848]	4	48-9
HAYNOR, Jno., m. Catharine **DONOHOE**, Oct. 6, 1850, by Rev. John Brady	4	148
HAZARD, HAZZARD, Charles, s. John, laborer, ae 35, & Catharine, ae 30, b. Aug. 4, 1849	4	104-5
Charles, s. John, laborer & Catharine, b. Aug. [ ], 1849	4	154-5
John, Laborer, b. in Ireland, res Middletown, d. Mar. [ ], 1851, ae 35	4	104-5
John, s. John, laborer ae 35, & Catharine, ae 33, b. June 10, 1851	4	196-7
HAZELTON, Elizabeth, of Haddam, m. Samuel **BUTLER**, of Middletown, Mar. 9, 1769	2	235
Susanna, of Haddam, m. Gersham **THAYER**, Sept. 19, 1765	2	12
HAZZARD, [see under **HAZARD**]		
HEALY, HEALEY, Clarissa G., m. John **OLIVE**, of Baltimore, June 1, 1845, by Rev. Ja[me]s H. Francis	3	533

	Vol.	Page
HEALY, (cont.)		
Phebe, m. Cornwell **DOOLITTLE**, b. of Middletown, June 7, 1830, by Rev. John Cookson	3	350
W[illia]m, of Colchester, m. Clarissa **HIGBY**, of Middletown, Oct. 6, 1824, by Rev. Fred[eric]k Wightman	3	173
HEARD, [see also **HURD**], Jefferson, of Dublin, N.H., m. Mary Ann **POWERS**, of Middletown, Apr. 3, 1836, by Rev. John C. Green	3	420
HEART, [see under **HART**]		
HEATON, Mary, of N[ew] Hav[e]n, m. Sam[ue]ll **FRARY**, Jan. 22, 1733/4	1	76
HEBBERD, [see under **HUBBARD**]		
HECKING*, Elizabeth, wid. of George, m. Samuel **HALL**, May 10, 1722 (***STOCKING**)	LR1	10
HECOX, [see under **HICKCOX**]		
HEDGES, Abraham, s. Isaac & Anna, b. Oct. 7, 1768	2	106
Anna, d. Isaac & Anna, b. Jan. 2, 1767	2	106
Beulah, d. Isaac & Anna, b. Oct. 12, 1772	2	106
Charles B., of Middletown, m. Elizabeth **LEVERE**, of Woodbridge, N.J., Nov. 16, 1834, by Rev. John Cookson	3	403
Esther, d. Henry & Phebe, b. Aug. 15, 1745	1	11
Henry, s. Henry & Phebe, b. Aug. 15 1747	1	11
Henry, of Dalton, Mass., m. Phebe **TENANT**, of Chatham, Sept. 8, 1832, by Rev. John Cookson	3	372
Henry L., s. Cha[rle]s B., farmer, b. May 25, 1850	4	160-1
Isaac, s. Henry & Phebe, b. May 14, 1743	1	11
Isaac, s. Isaac & Anna, b. Sept. 29, 1770	2	106
Isaac, m. Anna **ROBBARDS**, Sept. [ ]	2	106
Mary, d. Henry & Phebe, b. May 23, 1740	1	11
Mary, m. Josiah **WARD**, Jan. 12, 1764	2	264
Mary Ann, of Middletown, m. Daniel E. **DURHAM**, of Marlborough, Apr. 16, 1837, by Rev. John Cookson	3	433
Phebe, w. of Henry, d. May 18, 1752	1	11
Phebe, m. Phinehas **ALVORD**, Feb. 5, 1761	2	115
Rachel, d. Henry & Phebe, b. Oct. 27, 1749	1	11
Sarah D., m. William **HARRIS**, b. of Middletown, Oct. 3, 1830, by Rev. John Cookson	3	355
Shailer W., s. Charles B., farmer, & Elizabeth, b. Apr. 10, 1848	4	54-5
HEFFERNEN, Catharine, m. Michael **BRENNEN**, Apr. 30, 1850, by Rev. John Brady, Jr.	4	143
HELDRETH, [see under **HILDRETH**]		
HELLIGEN, James, m. Ellen **QUIN[N]**, June 1, 1848, by Rev. John Brady	4	76
HEMAN, Clara, d. W[illia]m, merchant ae 24, & Augusta, ae 22, b. Dec. 16, 1850 (Perhaps "Homan"?)	4	198-9
W[illia]m, machinist, ae 23, b. in Long Island, res Middletown, m. Augusta **SAVAGE**, ae 22, of Middletown, Jan. 6, 1850, by Rev. J. D. Dudley	4	166-7
HENDERSON, Mary, of Middletown, m. Henry **WOODWARD**, of Weathersfield, Apr. 27, 1821, by Rev. B. G. Noble	3	64
HENDRICKSON, HENDRICK, Fred[e]rick, a Dutchman, m Hannah **MARKHAM**, d. of James, Aug. 6, 1767	2	106

	Vol.	Page
HENDRICKSON, (cont.)		
Hannah, d. Fred[e]rick & Hannah, b. Mar. 3, 1770; d. Aug. 12,1770, in Hibenard	2	106
Hannah, w. [of Fred[e]rick], d. Nov. 22, 1770, in Hibenard	2	106
Katharine, d. Fred[e]rick & Hannah, b. July 26, 1768	2	106
HENLEY, [see also HANLEY], Anna, d. Henry & Esther, b. Sept. 26, 1796	2	238
Esther, d. [Henry & Esther], b. Aug. 4, 1802	2	238
Esther S., m. Elisha SEARS, Nov. 28, 1822, by Rev. Tho[ma]s J. DeVerell	3	112
Henry, m. Esther MILLER, Dec. 27, 1795	2	238
Mary, d. [Henry & Esther], b. Jan. 20, 1800	2	238
Mary, m. Caleb MILLER, Jr., Mar. 20, 1826, by Rev. John R. Crane	3	225
W[illia]m, s. [Henry & Esther], b. Jan. 25, 1798	2	238
HENNESSEY, HENESSEY, Henora, m. William CASEY, Sept. 3, 1848, by John Brady	4	77
Honora, m. W[illia]m CASEY, laborer, both b. in Ireland, Nov. 30, 1848, by John Brady	4	120-1
Johanna, m. Coleman QUIRK, Aug. 12, 1854, by Rev. Jno. Brady	4	270
Margaret, d. W[illia]m, brickmaker, ae 30, & Hannah, ae 23, b. Apr. 9, 1849	4	106-7
Patrick, m. Ann KENT, Feb. 15, 1852, by Rev. Jno. Brady	4	211
Thomas, m. Margaret AMBROW, Jan. 24, 1853, by Rev. Jno. Brady	4	229
HENISON, Catharine, m. James HYLAND, Nov. 10, 1851, by Rev. Jno. Brady	4	207
HENRY, Edwin, m. Sarah Ann KIMBALL, Apr. 11, 1830, by Rev. Fred[eric]k Wightman	3	348
Elizabeth, m. Francis WHITMORE, Jr., June 6, 1754	2	270
Kelsey, mariner, colored, d. June 8, 1849, ae 31	4	130-1
Levi C., m. Frances A. WILLIAMS, b. of Middletown, Jan. 11 1852, by Jehiel C. Beman (colored)	4	193
Sarah A., of Mereden, m. Yale HIGLEY, of Middletown, July 25, 1839, by Rev. W. A. Stickney	3	459
HENSHAW, Benjamin, m. Elizabeth LORD, May 31, 1753	2	297
Benjamin, s. Benj[ami]n & Eliz[abet]h, b. Mar. 27, 1754	2	297
Benj[ami]n, m. Huldah SUMNER, July 2, 1761	2	297
Cha[rle]s W., s. John R., blacksmith, ae 26, & Irene, ae 23, b. Sept. 6, 1850	4	196-7
Daniel, s. Benj[ami]n & Huldah, b. Mar. 20, 1762	2	297
Daniel, of Middletown, m. Sally Esther PRENTISS, of New London, Apr. 18, 1788	2	334
Elizabeth, w. of Benj[ami]n, d. Jan. 8, 1761	2	297
Elizabeth, d. W[illia]m & Elizabeth, b. Aug. 24, 1771	2	192
Elizabeth, m. John MEIGS, Jan. 18, 1781	2	213
James Steuben, s. W[illia]m & Elizabeth, b. Aug. 20, 1778	2	192
John s. Benjamin & Huldah, b. Sept. 3, 1770	2	297
John R., m. Irene W. MILLER, b. of Middletown, Oct. 15, 1849, by Rev. Charles K. True	4	91
Joseph, s. Joshua Henshaw & Mary ROCKWELL, b. Oct. 9,		

	Vol.	Page
HENSHAW, (cont.)		
1751	2	338
Joseph, s. Joshua & Mary, d. Dec. 5, 1753	2	338
Joseph, s. Benj[ami]n & Huldah, b. Oct. 7, 1763	2	297
Joshua, m. Mary **ROCKWELL**, Jan. 21, 1751/2	2	338
Joshua, d. May 13, 1752	2	338
Joshua, s. Benj[ami]n & Huldah, b. June 25, 1765	2	297
Joshua, s. W[illia]m & Elizabeth, b. May 7, 1775	2	192
Lucy Ann, m. Henry **ROBERTS**, b. of Middletown, May 3, 1842, by Rev. B. Cook	3	495
Lydia, m. Benjamin **MILLER**, b. of Middletown, Mar. 7, 1822, by Rev. Eli Ball	3	92
Mary, of Middletown, m. Rev. Peter S. **CHAUNCEY**, of New York, Sept. 22, 1834, by Rev. Smith Pyne (Written "Renshaw")	3	404
Nathaniel, s. W[illia]m & Elizabeth, b. June 19, 1769	2	192
Polly, d. W[illia]m & Elizabeth, b. Nov. 16, 1773	2	192
Rebeckah, d. Benj[ami]n & Eliz[abet]h, b. July 3, 1755	2	297
Sally Hayward, d. Dan[ie]l & Sally, b. Apr. 19, 1789	2	334
Samuel, s. W[illia]m & Elizabeth, b. Aug. 18, 1780	2	192
Sarah, d. Benjamin & Huldah, b. Jan. 13 1767; d. Feb. 16, 1768, ae 13 m. 3 d.	2	297
Sarah, d. Benjamin & Huldah, b. Mar. 8, 1768	2	297
William, m. Elizabeth **GILBERT**, May 14, 1767	2	192
William, s. W[illia]m & Elizabeth, b. Sept. 10, 1767	2	192
HERBERT, Benjamin, m. Hannah **JOHNSON**, b. of Middletown, Sept. 8, 1823, by Rev. Stephen Hayes	3	147
HERMAN, Alice, m. John **KELLEY**, Jan. 30, 1848, by Rev. John Brady	4	28
HERRICK, Elmira, of Wallingford, Conn., m. Henry **BEERS**, of Granville, Mass., Nov. 29, 1854, by Rev. Francis Dyer	4	261
Elmira, of Wallingford, m. Henry **BEERS**, of Granville, Mass., Nov. 29, 1854, by Rev. Francis Dyer	4	259
HERSEY, Seth M., m. Sarah Ann **COOPER**, Mar. 2, 1850, by Rev. James D. Moore	4	139
HERT, [see also HART and HURD], Ellen, m. Michael **CONROY**, Nov. 23, 1848, by John Brady	4	80
Ellen, m. Michael **CONROY**, laborer both b. in Ireland, Nov. 30, 1848, by Rev. John Brady	4	122-3
HERTNET, [see under **HARTNETT**]		
HETSELL, Joseph C., s. of Joseph, of New York, m. Mary Ann **BIDWELL**, d. of Samuel D., of Middletown, Apr. 16, 1854, by Rev Lester Lewis	4	250-1
HEWITT, Richard, m. Mary **FAGAN**, Oct. 255, 1848, by John Brady	4	79
Richard, laborer, m. Mary **FAGAN**, both b. in Ireland, Nov. 30, 1848, by Rev. John Brady	4	122-3
HEWLETT, HULET, HULETT, Ama, m. Jonas **STRICTLAND**, Apr. 11, 1776	2	273
Elizabeth, of Middletown, m. William **MIKANARY**, a foreigner, July 10, 1768	2	83
Joseph, m. Mabel **ATKINS**, Oct. 11, 1775	2	211
Mabel, d. Joseph & Mabel, b. Jan. 30, 1776	2	211

	Vol.	Page
HEWSHELL, Sarah, m. Samuel HALL, s. of Samuel, Jan. 8, 1690/1	LR1	9
HEXHAM, Henry John, m. Mary OATES, b. of Middletown, Sept. 4, 1853, by Rev. E. L. Janes	4	245
HICKCOX, HISCOX, HECOX, [see also HITCHCOCK], Jerusha, m. John ROBBERDS, Apr. 25, 1740	2	100
Justus Joseph, s. [Linus & Hannah], b. Mar. 27, 1820	3	184
Laverett Linus, s. [Linus & Hannah], b. Oct. 24, 1823	3	184
Linus, m. Hannah B. CLARK, Apr. 9, 1818	3	184
Sophronia, m. Phinehas ROBINSON, b. of Durham, Jan. 12, 1823, by Rev. Eli Ball	3	118
Walter Wilson, s. Linus & Hannah, b. Nov. 23, 1818	3	184
HICKMOT, Edward P., s. Stephen N., gunsmith, & Julia A., b. Aug. 2, 1851	4	200-1
HIERLIHY, Cornelius, s. Timo[thy] & Elizabeth, b. Feb. 16, 1764	2	267
Cornelius, s. [Timo[thy] & Eliz[abet]h], d. Apr. 25, 1775; was drowned in West River	2	267
Elizabeth, d. Timo[thy] & Elizabeth, b. Oct. 20, 1762	2	267
Eunice, D. Timo[thy] & Elizabeth, b. Sept. 25, 1770	2	267
Hanan, d. Timo[thy] & Elizabeth, b. Nov. 3, 1765	2	267
James s. Timo[thy] & Eliz[abet]h, b. Feb. 24 1772	2	267
John, s. Timothy & Elizabeth, b. Sept. 14, 1768	2	267
Margaret, d. Timo[thy] & Elizabeth, b. Sept. 11, 1760	2	267
Mary, d. Timo[thy] & Elizabeth, b. Mar. 11, 1757	2	267
Susannah, d. Timo[thy] & Elizabeth, b. Sept 13, 1758	2	267
Timothy, m. Elizabeth WETMORE, May 14, 1755, by Mr. Camp	2	267
Timo[thy] Will[ia]m, s. Timo[thy] & Elizabeth, b. July 23, 1755	2	267
HIGBY, HIGBE, HIGBEE, HIGBEY, Abigail, d. Jno. & Sarah, b. Dec. 27, 1742	1	61
Abigail, d. Zaccheus & Rebeckah, b Aug. 12, 1761	2	53
Abigail, d. Jno. & Sarah, d. Aug. 21, 1761	1	61
Abigail, d. Noah & Mary, b. Feb. 4, 1768	2	205
Abigial, m. Lemuel HIGBE, Sept. 9, 1790	2	158
Abigail, d. Lem[ue]l & Abigail, b. Aug. 2, 1795	2	158
Abigail, w. of Lemuel, d. Oct. 28, 1806	2	158
Almira, m. Lemuel WHITE, Jr., b. of Middletown, Oct. 6, 1824, by Rev. Oliver Willson	3	174
Amos, s. John & Sarah, b. May 15, 1758	1	61
Anna, d. [Ephraim & Hannah], b. July 10, 1789	2	13
Benjamin, s. [Daniel & Hannah], b. May 23, 1769	2	171
Caleb, s. [Ephraim & Hannah], b. Jan. 19, 1784; d. Mar. 15, 1800	2	13
Charles, s. Step[he]n & Thankful, b. Jan. 21, 1754, at Oblong	2	65
Cheny Clark, s. Isaac & Elizabeth, b. Oct. 9, 1765	2	20
Clarissa, of Middletown, m. W[illia]m HEALY, of Colchester, Oct. 6, 1824, by Rev. Fred[eric]k Wightman	3	173
Daniel, s. Edward & Rebeckah, b. Aug. 8, 1711	LR2	6
Daniel, s. Isaac & Dinah, b. May 14, 1739	1	51
Daniel, of Middletown, m. Martha IVES, of Wallingford, Feb. [ ], 1766	2	171
Daniel, s. [Daniel & Martha], b. Oct. 23, 1767	2	171
David, s Edward & Rebeckah, b. Sept. 20, 1726	LR2	6
David, m. Hannah BORDMAN, Jan. 22, 1752	2	289

HIGBY, (cont.)

	Vol.	Page
David, s. David & Hannah, b. Aug. 29, 1759; d. Mar. 20, 1790	2	239
David, d. Feb. 1, 1798	2	239
Desiah Elton, d. Noah & Mary, b. Aug. 9, 1770	2	205
Ebenezer, s. John & Rebec[c]a, b. Dec. 25, 1682 d. Mar 21, 1682	LR1	40
Edward, m. Rebeckah **WHEELER**, b. of Stratford, Nov. 29, 1706	LR2	6
Edward, d. Nov. 21, 1775	LR2	6
Elihu, s. Isaac & Dinah, b. Aug. 5, 1749	1	51
Elizabeth, d. Isaac & Dinah, b. Oct. 13, 1745	21	51
Elizabeth, d. Isaac & Eliz[abet]h, b. Aug. 5, 1762	2	20
Elizabeth, m. Elias **SQUIRE**, Dec. 27, 1777(?)	2	210
Elizabeth, d. Noah & Mary, b. Mar. 3, 1779	2	205
Elizabeth, d. Isaac & Eliz[abet]h, b. [ ]; d.[ ]	2	20
Elton John, d. Isaac & Dinah, b. Aug. 31, 1755	1	51
Emily A., of Middletown, m. Will[ia]m **GAY**, of Hartford, Jan. 8, 1846, by Rev. H. Miller	3	544
Ephraim, s. Jno. & Sarah, b. Dec. 19, 1747	1	61
Ephraim, m. Hannah **CORNWELL**, Jan. 16, 1772	2	13
Ephraim, m. Hannah **CORNWELL**, Jan. 16, 1772	2	353
Ephraim, s. [Ephraim & Hannah], b. Aug. 5, 1779	2	13
Eunice, d. Step[he]n & thankful, b. Nov. 7, 1755	2	65
Hannah, d. Dav[i]d & Hannah, b. Nov. 10, 1753	2	239
Hannah, d. Noah & Mary, b. Apr. 2, 1777	2	205
Hannah, m. Daniel **HULBERT**, Apr. 9, 1778	2	232
Hannah, d. [Ephraim & Hannah], b. Aug. 3 1, 1781	2	13
Hannah, b. Aug. 31, 1781; m. Richard B. BAILEY, Sept. 21 1804	2	333
Horace, m. Melissa B. **CORNWELL**, Sept. 18, 1832, by Rev. Seth Highby	3	374
Horace, m. Julia A. **RANNEY**, Dec. 13, 1842, by Rev William Bentley	3	498
Isaac, s. Edward & Rebeckah, b. June 24, 1709	LR2	6
Isaac, m. Dinah **ELTON**, May 28, 1730	1	51
Isaac, s. Isaac & Dinah, b. Dec. 14, 1731	1	51
Isaac, Jr., m. Elizabeth **CLARK**, Nov. 11, 1756	2	20
Isaac, s. Isaac & Eliz[abet]h, b. Jan. 7, 1760	2	20
Isaac, s. Sam[ue]ll & Rebeckah, b. Mar. 8, 1767	2	
Jacob, s. [Ephraim & Hannah], July 16, 1786; d. Mar. 12, 1800		56
Jane, d. Isaac & Dinah, b. Dec. 17, 1730; d. June 4, 1735	2	13
Jane, d. Isaac & Dinah, b. Apr. 21 1742	1	51
Jane, m. Sam[ue]ll **HUBBARD**, Jr., May 23, 1765	1	51
Jeduthan, s. Jno. & Sarah, b. Sept. 16, 1749	2	64
Jeremiah, s. Zaccheus & Rebeckah, b. Mar. 20, 1766	1	61
John, m. Rebec[c]a **TREDWELL**, May 1, 1679	2	53
John, s. John & Rebecca, b. Feb. 27, 1679/80	LR1	40
John, s Edward & Rebeckah, b. July 16, 1707	LR1	40
John, m. Sarah **CANDE**, Mar. 9, 1731/2	LR2	6
John, s. John & Sarah, b. Dec. 17, 1732	1	61
John, Jr., m. Mindwell **LEWIS**, Apr. 3, 1755	1	61
John s. Zaccheus & Rebeckah, b. Mar. 10, 1769	2	3
Joseph, s. Isaac & Dinah, b. Oct. 4, 1734	2	53
	1	51

MIDDLETOWN VITAL RECORDS 267

	Vol.	Page
HIGBY, (cont.)		
Joseph, of Middletown, m. Abigail **IVES**, of Wallingford, Aug. 20, 1758	2	35
Julia B., m. Patrick H. **GRAVES**, May 10, 1846, by Rev. H. Miller	3	551
Lamberton Cooper, s. Noah & Mary, b. July 30, 1781	2	205
Lemuel, s. Sam[ue]ll & Rebeckah, b. Dec. 26, 1762	2	56
Lemuel, m. Abigail **HIGBE**, Sept. 9, 1790	2	158
Lemuel, s. [Lemuel & Abigail], b. Sept. 11, 1801	2	158
Lemuel, m. Rebecca **SCOVEL**, Nov. 6, 1808	2	158
Levi, s. Step[he]n & Thankful, b. July 25, 1760	2	65
Lois, d. Jno. & Sarah, b. Aug. 9, 1744	1	61
Lois, m. Joseph **GRAVES**, Jr., Feb. 15, 1770	2	286
Lucia, d. Jno., Jr. & Mindwell, Apr. 8, 1756	2	3
Margaret d. Noah & Mary, b. Feb. 8, 1775	2	205
Martha, d. N[oah] & M[ary], b. Sept. 23, 1784	2	205
Mary, d. Joseph & Abiail, b. Mar. 22, 1759	2	35
Mary, d. Noah & Mary, b. Feb. 8, 1764	2	205
Mary had d. Elizabeth Bacon, b. Mar. 15, 1782	2	205
Mary, m. Eben[eze]r **ROBERTS**, 2d, dec. 13, 1787	3	7
Mary S., m. Lyman **CLARK**, b. of Middletown, Apr. 2, 1835, by Rev. Truman O. Judd	3	408
Millecy, d. Lem[ue]l & Abigail, b. Aug. 29, 1791	2	158
Moses, s. [Daniel & Martha], b. Aug. 24, 1771	2	171
Noah, s. Isaac & Dinah, b. Mar. 14, 1735/6	2	51
Noah, m. Mary **COOPER**, Aug. 4, 1763	1	205
Noah, s. Noah & Mary, b. Mar. 4 1766	2	205
Rachel, d. Isaac & Dinah, b. Sept. 21, 1752	2	51
Rachel, m. Elisha **CROFOOT**, Oct. 3, 1774	1	211
Rachel, d. [Ephraim & Hannah], b. Mar. 22, 1776	2	13
Rachel, d. Eph[rai]m & Hannah, b. Mar. 22, 1776	2	353
Rachel, d. [Ephraim & Hannah], d. May 1, 1807	2	13
Rebeckah, d. Edward & Rebeckah, b. Jan 17, 1713/14; d. Apr. 17, 1714	LR2	6
Rebeckah, 2d, d. Edward & Rebeckah, b. July 11, 1715	LR2	6
Rebeckah, m. Samuell **LOVEWELL**, May 15, 1735, by Rev W[illia]m Russell	1	79
Rebeckah, m. John **DOWD**, Nov. 11, 1736	1	117
Rebeckah, d. [Isaac & Dinah], b. Nov. [ ], 1737	1	51
Rebeckah, w. of Edward, d. Oct. 22, 1771	LR2	6
Ruth, d. Sam[ue]ll & Rebeckah, b. Jan. 13 1760	2	56
Ruth, d. [Lemuel & Abigail], b. Dec. 2, 1796	2	158
Samuell, s. John & Rebecca, b. Feb. 7, 1782/3	LR1	40
Samuel, s. Isaac & Dinah, b. Feb. 8, 1732/3	1	51
Samuel, m. Rebeckah **DOOLITTLE**, Nov. 24, 1757	2	56
Sam[ue]ll, s. Sam[ue]ll & Rebeckah, b. Aug 14, 1758	2	56
Sarah, d. Edward & Rebeckah, b. Apr. 15, 1721	LR2	6
Sarah, d. John & Sarah, b. Mar. 24, 1739	1	61
Sarah, m. Thomas **GOODWIN**, Mar 27, 1739/40	1	122
Sarah, d. Ephraim & Hannah, b. Apr. 2, 1773	2	13
Sarah, d. Eph[rai]m & Hannah, b. Apr. 3, 1773; d. Nov. 4, 1776	2	353
Sarah, d.[Ephraim & Hannah], d. Sept. [ ], 1776	2	13

HIGBY, (cont.)

	Vol.	Page
Sarah, 2d, d. [Ephraim & Hannah], b Oct. 29, 1777	2	13
Seth, s. Isaac & Dinah, b. Mar. 28, 1744	1	51
Stephen, s. Edward & Rebeckah, b. Apr. 16, 1730	LR2	6
Step[he]n, m. Thankful DEXTER, Dec. 3, 1753, at Oblong	2	65
Step[he]n, s. Step[he]n & Thankful, b. Oct. 26, 1757	2	65
Sylvester, s. Sam[ue]ll & Rebeckah, b. Jan. 1, 1773	2	56
Timothy, s. Sam[ue]ll & Rebeckah, b. July 18, 1766	2	56
Will[ia]m, s. Isaac & Eliz[abet]h, b. July 22, 1764	2	20
William, s. Noah & Mary, b. Mar. 6, 1773	2	205
Zacheas s. John & Sarah, b. Nov. 20, 1734	1	61
Zaccheus, m. Rebeckah WILCOX, Oct. 16, 1760	2	53
Zaccheus, s. Zaccheus & Rebeckah, b. Nov. 29, 1763	2	53
HIGGINS, HIGGIN, Anne, m. John HUBBARD, Feb. 7, 1765	2	171
Beriah, Jr., m. Thankful BARNS, Aug. 17, 1749	2	345
Desiah, m. Hezekiah SUMNER, Jr., Feb. 10, 1743/4	2	128
Desire, d. Beriah & Thankful, b. July 3, 1756	2	345
Elizabeth, d. Israel, Jr. & Eliz[abet]h, b. Sept. 16, 1757	2	341
Elizabeth, d. Lemuel & Eliz[abet]h, b. Sept. 17, 1758	2	70
Elizabeth, d. Beriah & Thankful, b. Nov. 1, 1758	2	345
Eunice, d. Israel & Ruth, b. Oct. 30, 1745	2	82
Eunice, d. Israel & Ruth, d. Nov. 22, 1748	2	82
Eunice, d. Israel & Eliz[abet]h, b. Feb. 23, 1754	2	341
George, s Israel & Eliz[abet]h, b. Oct. 20, 1756	2	341
Hannah, d. Israel & Ruth, b. May 22, 1748	2	82
Hannah, m. Abner HUBBARD, Jan. 19, 1754	2	141
Hannah, d. Beriah & Thankful, B. May 17, 1770	2	345
Heman, s. Israel & Ruth, b. Nov. 25 1740	2	82
Israel, Jr. m. Elizabeth AKAN*, Feb. 15, 1753 (*Recorded "AIKEN", in Haddam)	2	341
Israel, s. Israel, Jr. & Eliz[abet]h, b. Feb. 22, 1761	2	341
James, s. Sylvanus & Lucia, b. May 2, 1766	2	172
Jesse, m. Ruth DARTE, Nov. 16, 1752	2	17
Jesse, s. Lemuel & Eliz[abet]h, b..Dec. 4, 1756	2	70
Lemuel, m. Elizabeth COLE, Oct. 2, 1755	2	70
Lemuel. D. Lem[eu]l & Eliz[abet]h, b. Dec. 11, 1763	2	70
Lydia, d. Israel, Jr. & Eliz[abet]h, b. Apr. 16, 1763	2	341
Mary, d. Beriah & Thankful, b. Nov. 15, 1767; d. Aug. 13, 1770	2	345
Mary, d. Michael, quarryman , ae 30 & Jane, ae 26, b Mar. 7, 1849	4	106-7
Mercy, d. Lem[ue] & Eliz[abet]h, b. Feb. 18, 1762	2	70
Molly, d. Israel, Jr., & Eliz[abet]h, b. May 12, 1765	2	341
Nathaniel, s. Beriah & Thankfull, b. July 4, 1772	2	345
Rachel, d. Israel & Ruth, b. June 28, 1743	2	82
Rachel, m. John GREEN, Jr., Nov. 23, 1758	2	104
Rebeckah, d. Beriah & Thankful, b. Apr. 24, 1763	2	345
Ruth, m. Abner STOCKING, Feb. 8, 1749/50	2	105
Ruth, m. Will[ia]m TAYLOR, [ ]	2	104
Sabria d. Sylv[anu]s & Lucia, b. July 26, 1762	2	172
Sarah, d. Beriah & Thankful, b. Dec. 4, 1765	2	345
Seth, s. Israel & Ruth, b.Feb. 4, 1750/1	2	82
Solomon, s. Beriah & Thankful, b. Feb. 15, 1761	2	345

MIDDLETOWN VITAL RECORDS 269

	Vol.	Page
HIGGINS, (cont.)		
Sylvanus, m. Lucia **STOCKING**, July 22, 1757	2	172
Thankfull, d. Beriah & Thankful, b. Jan. 7, 1754	2	345
Timothy, s. Beriah & Thankful, b. Dec. 31, 1750; d. Jan. 14, 1750/1	2	345
Timothy, 2d, s. Beriah & Thankful, b. Mar. 15, 1752	2	345
Zeruiah, d. Lem[ue]l & Eliz[abet]h, b Aug. 11, 1766	2	70
HIGHLAND, Mary Ann, d. Michael, laborer ae 37, & Margaret, ae 30, b. Mar. 17, 1851	4	194-5
Patrick, s. Michael laborer, ae 35, & Bridget, ae 27, b. Jan, 3, 1849	4	106-7
HIGLEY, Yale, of Middletown, m. Sarah A. **HENRY**, of Mereden, July 25, 1839, by Rev. W. W. Stickney	3	459
HIGMAN, Ellen, m. James **WELCH**, Feb. 24, 1851, by Rev. Jno. Brady	4	184
HILBERT, Francis, m. Catharine **SCHAEFER**, b. of Middletown, Dec. 18, 1853, by Jacob Fred[eric]k Huber, V.D.M.	4	242
HILDRETH, HELDRETH, Edmund, of sag Harbor, m. Mary Ann **MILLS**, of Middletown, Aug. 9, 1836, by Rev. John Cookson	3	424
Lucretia, m. Mark **BYNES**, b. of Middletown, July 3, 1835, by Rev. John Cookson	3	412
Martha, of Middletown, m. George L. **SELDEN**, of New Haven, Apr. 9, 1837, by Rev. John Cookson	3	433
Mary, m. Tho[ma]s **SIMPSON**, b. of Middletown, Mar. 30, 1835, by Rev. John Cookson	3	408
HILDRIDGE, Azubah, m. Benjamin **DOWD**, Oct. 20, 1748	2	157
HILDRUP, Jesse, m. Sophia **TURNER**, b. of Middletown, May 14, 1821, by Rev. Eli Ball	2	52
Mary, of Middletown, m. David **ALERTON**, of Columbus, N.Y., June 5, 1825, by Rev. Eben[eze]r Washburn	2	202
HILL, [see under **HILLS**]		
HILLIARD, [see also **HYLLIAR**], Philippa G., d. of James, m. Henry H. **SMITH**, s. Of Davis, b. of Middletown, May 7, 1854, by Rev. J. L. Dudley	4	254
HILLS, HILL, Alfred, of Madison, m. Abigail **BARNS**, of Middletown, Nov. 14, 1842, by Rev. J. B. Cook	3	498
Almira S., of Middletwon, m. Merrick **FREEMAN**, of Hartford, [Apr.] 14, [1847], by Rev. T. P. Abell	3	560
Charles, of Portland, m. Margaret M. **TAYLOR**, of Middletown, Oct. 27 1842, by Rev. W. A. Stickney	3	494
Charlton, of Middletown, m. Julia **RICH**, of Middletown, June 17, 1849, by Rev. M. S. Scudder	4	139
Concurrence, of Cheshire, m. Samuel **WHITE**, of Middletown, Aug. 27, 1837, by Rev. Frederick Wightman	3	437
Elijah Charlton, manufacturer's helper, ae 22, of E. Hartford, m. Julia A. **RICH**, manufacturer's helper, ae 20, b. in Middletown, res. E. Hartford, June 17, [1848 or 9], by Rev. Scudder	4	124-5
Elizabeth, d. Thomas & Mary, b. Sept. 4, 1679	LR1	3
Elizabeth, of Hartford, m. Edward **PATTISON**, of Middletown, Nov. 28, 1751	2	43

	Vol.	Page
HILLS, (cont.)		
Ella G., d. John Painter, ae 25, & Martha, ae 33, b. Mar. 23, 1851	4	198-9
George, mechanic, b. in Portland, res. Middletown, d. Feb. 27, 1848	4	48-9
Gustavus, m. Elizabeth **MANSFIELD,** dec. 25, 1827, by Rev. Birdseye G. Noble	3	289
Hannah, m. James **STANDCLIFT,** 3rd, Mar. 22, 1749	2	177
Harriet E. S., d. July 26, 1851, ae 16 m. 8 d.	4	204-5
Hezekiah, s. Jona[tha]n & Sarah, b. Feb. 25, 1735/6	1	73
John M., of Middletown, m. Martha A. **FINLEY,** of Clinton, Feb. 18, 1850, by Rev. Townsend P. Abell	4	187
Julius, [of] Madison, m. Patty **BROWN,** d. Hugh & Olive (Entry in Pencil)	2	348
Lorenzo R., Mary a. **FRARY,** July 7, 1839, by Rev. Francis Hodgson	3	462
Mary, of Manchester, m. Julius **ARNOLD,** of Haddam, Aug. 7, 1831, by Rev. Fred[eric]k Wightman	3	362
Sarah, d. Daniel & Leah, b. Mar. 23, 1720	LR1	22
Sarah, d. Jona[tha]n & Sarah, b. Sept. 24, 1734	1	73
Susanna, d. Thomas & Mary b. Sept. 6, 1678	LR1	3
Thomas, s. Thomas & Mary, b. Jan. 13, 1681	LR1	3
William T., of Newton, Conn., m. Jane C. **BURR,** of Middletown, Aug. 3, 1854, by Rev. Morris Hill	4	254
-----, d. Lorenzo r., joiner, ae 38, & Mary, ae 36, b. Mar. 18, 1850	4	154-5
HILMORE, Henry T., of Bristol, m. Lucanna **DAILEY,** of Burlington, [Jan.] 11,[1838], by Rev. Benjamin Channing	3	419
HILTON, Mary, m. John **CORNWELL,** Jr., Mar. 23, 1698/9	LR1	24
HINCKLEY, Ann L., m. Jerome B. **POMEROY,** b. of Hartford, Oct. 20, 1850, by Rev. John R. Crane	4	148
Azubah, d. John & Azubah, b. May 2, 1761	2	324
Gerhom, s. Jno. & Ruth, b. Feb. 17, 1754	2	324
Gillet, s. John & Azubah, b. Dec. 1, 1760	2	324
Ira, d. Jno. & Ruth, b. Mar. 16, 1756	2	324
John, of Middletwon, m. Ruth **GILLET,** of Colchester, Apr. 4, 1751	2	324
John, m. Azubah **SMITH,** Jan. 10, 1760	2	324
Lucia, d. Jno. & Ruth, b. Apr. 9, 1752	2	324
Lucy, of Lebanon, m. Gideon **ARNOLD,** of Middletown, Sept. 2, 1761	2	256
Ruth, d. Jno. & Ruth, b. Aug. 29, 1758	2	324
Ruth, w. of John, d. June 5, 1759	2	324
Selden C., m. Lucy M. **BOWELES** or **BOWES,** b. of Chatham, July 21, 1845, by Rev. J. L. Gilder	3	537
HINDEL, [see also **HINSDALE**], Elijah, s. Jno. & Eliz[abet]h, b. Apr. 1, 1744	1	72
Elizabeth, d. Jno. & Eliz[abet]h, b. June 29, 1736	1	72
John, of Kensington, m. Elizabeth **COLE,** of Hartford, Nov. 8, 1733	1	72
John, s. John & Eliz[abet]h, b. Aug. 18, 1734	1	72
John, s. Jno. & Eliz[abet]h, d. Oct. 13, 1743	1	72
John, s. Jno. & Eliz[abet]h, b. Aug. 21, 1749	1	72
Lydia, d. Jno. & Eliz[abet]h, b. Aug. 11, 1747	1	72

	Vol.	Page
HINDEL, (cont.)		
Theodore, s. Jno. & Eliz[abet]h, b. Nov. 25, 1738	1	72
HINE, Richard, m. Jerusha **LUNG**, b. of Middletown, Sept. 9, 1821, by Rev. Eli Ball	3	62
HINLEY, William, m. Margaret **FOLEY**, Sept. 13, 1851, by Rev. Jn. Brady	4	192
HINSDALE, HINDSDEL, HINSDEL, HINDSDALE, [see also **HINDEL**], Elizabeth, m. John **CORNWELL**, Jr., Sept. 15, 1695	LR1	24
Elizabeth, m. David **ADKINS**, Apr. 27, 1758	2	28
Elizabeth, of Middletown, m. Elijah H. **KIMBALL**, of Waterford, N.Y., Sept. 3, 1827, by Rev. John R. Crane	3	277
Harriet A., m. William **OLCOTT**, May 28, 1833, by Rev. John R. Crane	3	382
Hesekiah, m. Charlotte **BRADDOCK**, [Dec.] 3, [1823], by Rev. James A. Boswell	3	146
Lucy, m. Samuel **PLUM**, Jr., Jan. 13, 1763	2	7
Sarah, m. Samuell **HALL**, Jan. [ ], 1690/91	LR1	10
Sarah W., m. Elijah H. **KIMBALL**, of Waterford, N.Y. May 10, 1830, by Rev. John R. Crane	3	349
HISCOX, [see under **HICKCOX**]		
HITCHCOCK, Caleb, m. Fanny **DOUD**, Sept. 13, 1827, by Rev. Jno. R. Crane	3	278
HOADLEY, Eliza[beth], m. Jonathan **HALL**, b. of Middletown, Dec. 30, 1802	2	343
HOBBS, Catharine, d. Hannah DeWolfe, b. Nov. 21, 1724	LR2	1
Katharine, m. Seth **KNOWLES**, Jan. 2, 1749/50	2	316
HOBBY, Sarah, d. Winsley & Sarah, b. May 28, 1761	2	119
Sarah, w. of Winsley, d. Sept. 16, 1784	2	119
Sarah, d. Aug. 3, 1801	2	159
Thomas, s. Winsley & Sarah, b. July 14, 1774	2	119
Tho[ma]s, m. Anna **DUNNING**, Apr. 6, 1806	3	4
William, s. Winsley & Sarah, b. June 16, 1763	2	119
William, s. Winsley & Sarah, d. Apr. 16, 1764	2	119
William Johnson, Winsley & Sarah, b. June 11, 1765	2	119
Winsley had negro Mill, d. Daniel Newton & Hagor, b. Aug. [ ], 1781; Henry, d. Daniel Newton & Hagor, b. Mar. [ ], 1786; Louis, s. Daniel Newotn & Hagor, b. Jan. 5, 1789; David, s. Daniel Newotn & Hagor, b. July 4, 1791; Hagor promised freedom Mar. [ ], 1799	2	119
Winsley, s. [Winsley & Sarah], b. Dec. 12, 1776	2	119
Wensley, m. Sarah **CLARK**, May 19, 1785 (Winsley)	2	159
HOCKMAN, [see under **HACKMAN**]		
HOCKSTAFF, [see under **HACKSTAFF**]		
HODGE, HODGES, Abigail, m. George **GILBERT**, Dec. 10, 1717	LR2	1
Abigail, d. Samuel & Mary, b. Feb. 26, 1765	2	365
David, s. Samuel & Mary, b. Sept. 16, 1756	2	365
John H., of New York, m. Elenora **PRIOR**, of Middletown, Apr. 24, 1826, by Rev. John R. Crane	3	226
Lucy E., m. Leonard H. **POST**, Aug. 3, 1851, by J. L. Dudley	4	190
Naomi, d. Samuel & Mary, b. Mar. 15, 1761	2	365
Samantha, see under Samantha **THODGE**	3	419

	Vol.	Page
HODGE, (cont.)		
Selden, m. Lucy **PIPER**, of Glastonbury, Sept. 19, 1824, by Rev. Josiah Bowen	3	172
Solomon, s. Samuel & Mary, b. Mar. 1, 1763	2	365
Thomas, s. Samuel & Mary, b. Sept. 8, 1758	2	365
HODGINS, Sarah, m. Jeremiah **MYERS**, Jan. 7, 1836, by Rev. John R. Crane	3	418
HOERTH, George, s. Frederick & Catharine, b. Dec. 14, 1852, bp. Jan. 1, 1853, by Jacob Fred[eric]k Huber, V.D.M. His godparents were Henry **EALER** & his w. Julia	4	235
HOFFMAN, Joseph, twin with Salle, s. [Simon & Mary], b. July 31, 1777	2	183
Mary, w. of Simon, d. Aug. 12, 1777	2	183
Salle, twin with Joseph, d. [Simon & Mary, b. July 31, 1777	2	183
Simon, m., wid. Mary **BOW**, May 17, 1774	2	183
Simon peter, s. Simon & Mary, b. Oct. 27, 1774	2	183
HOGAN, Catharine, m. Maurice **FOLEY**, June 17, 1854, by Rev. Jno. Brady	4	267
Catharine, m. Obigin **TURCOT**, July 9, 1854, by Rev. Jno. Brady	4	269
Mary, m. John **CALLAHAN**, Feb. 13, 1852, by Rev. Jno. Brady	4	210
Mary Ann, m. William **SHEA**, June 18, 1854, by Rev. Jno. Brady	4	268
HOLCOMB, Dorcas Roena, of Middletown, m. William **NOBLE**, Jr., of Hartford, Mar. 24, 1828, by Rev. John R. Crane	3	298
George, s. of William, of Plymouth, Conn., m. Mary N. **WETHERELL**, d. of Simeon, Jr., of Middletown, May 18, 1853, by Rev. Willard Jones	4	234
HOLLAND, Anna, d. Will[ia]m & Tabetah, b. June 28, 1750	2	212
Tabitha, d. Will[ia]m & Tabitha, b. June 17, 1853	2	212
HOLLEREND, Catharine, b. in Ireland, res. Middletown, d. Oct. 26, 1849, ae 28	4	172-3
HOLLISTER, Anne, m. Ebenezer **WHITE**, May 27, 1731	1	58
Barsheba, m. Will[ia]m **SAGE**, [ ]	2	340
Elisah, of Glastonbury, m. Louisa G. **BOWERS**, of Middletown, d. of Luther, Sept. 11, 1851, by Rev. L. S. Hough	4	191
Elizabeth, of Glastonbury, m. Joseph **HUB[B]ARD**, of Middletown, Aug. 29, 1728	1	40
Mabel, of Glastonbury, m. Isaac **LANE**, of Middletown, Feb. 9, 1779	2	90
HOLMAN, HOLEMAN, Abigail, m. Thomas **DUNBAR**, dec. 17, 1732	1	90
Chauncey J., s. George G., plane-maker, & Mary, b. Jan. 9, 1851	4	200-1
George G., of York, Me., m. Mary A. **JOHNSON**, d. of Jacob, 2d, of Middletown, May 6, 1850, by Rev. John R. Crane	4	142
HOLMES, HOMES, Chester, m. Mary **WILLIAMS**, b. of Middletown, Sept. 12, 1821, by Rev. Birdseye G. Noble	3	63
David, m. Emily **McCORNEY**, [Nov.] 2, [1832], by Rev. James A. Boswell	3	143
David, m. Lucretia **McCORNEY**, Apr. 23, 1826, by Rev. Stephen Hayes	3	228
Izabel, m. Henry **AKINS**, Aug. 8, 1720	1	46

MIDDLETOWN VITAL RECORDS

	Vol.	Page
HOLMES, (cont.)		
John, m. Betsey **WARE**, Aug. 22, 1824, by Rev. Josiah Bowen	3	166
Lathrop, of Weathersfield, m. Mabel **TRYON**, of Middletown, Mar. 18, 1838, by Rev. John Cookson	3	446
Stephen S., of Millbury, Mass., m. Elizabeth W. **WHITE**, of Middletown, Dec. 4, 1833, by Rev. Zebulon Crocker	3	390
HOMAN, William, of New haven, m. Augusta **SAVAGE**, of Middletown, Jan. 6, 1850, by Rev. J. L. Dudley	4	97
HOMER, James, m. Mary **PERRY**, b. of Middletown, Nov. 2, 1851, by Rev. Mereweather Winston	4	208
HONES, Jane, ae 40, b. in Boston, res. Middletown, m. Geo[rge] W. **PENNY**, carriagemaker, colored, ae 34, of Middletown, Apr. [ ], 1850, by Bishop Chase, at N.Y.	4	200-1
[**HONEYWELL**], **HUNDWELL**, Bridget, d. John & Elizabeth, b. Oct. 2, 1691	LR1	12
John, s. John & Elizabeth, b. Apr. 17, 1689	LR1	12
HOOLIHAN, Michael, m. Mary **GREEN**, July 22, 1854, by Rev. Jno. Brady	4	269
HOPE, Lewis, of Manchester, Eng., m. Elizabeth S. **MATHER**, of Middletown, d. of Thomas, May 17, 1852, by Rev. John R. Crane	4	213
HOPKINS, Caroline, of Middletown, m. Lewis **HITCHINSON**, of Coventry, May 27, 1840, by Rev. Francis Hodgeson	3	566
Emily, m. John a. **TURNER**, b. of Middletown, Aug. 4, 1833, by Rev. John Cookson	3	385
Hannah Eliza, d. [Russel[l] & Hannah], b. July 6, 1821, at Litchfield, N.Y.	3	12
Harriet, d. July 31, 1851, ae 32	4	204-5
Helen Minerva, d. [Russel[l] & Hannah], b. Dec. 25, 1831, in Litchfield, N.Y.	3	12
Jane Ann Steward, d. [Russel[l] & Hannah], b. Dec. 25, 1831, in Litchfield, N.Y.	3	12
Jos[eph] R., machinist, ae 22, b. in Coventry, res Middletown, m. Ellen **ROOD**, ae 17, July 16, 1850, by Rev. Osgood, of Springfield	4	166-7
Mary Laurinda, d. Russel[l] & Hannah, b. Dec. 30, 1819, in Middlebury, N.Y.	3	12
Orpha, d. Sidney, tailor & Harriet, b. Oct. 5, 1848	4	106-7
Russel[l], b. May 11, 1797, in Chatham; m. Hannah **PADDOCK**, Feb. 9, 1819	3	12
Russel[l] Leander, s. [Russel[l] & Hannah], b. Oct. 20, 1828, in Litchfield, N.Y.	3	12
Sally B., b. Aug. 4, 1799	4	3
Sally B., d. of Godfrey, of Chatham, m. Jonathan **KILBOURNE**, Jr., s. of Jonathan, of Clinton, Jan. 16, 1827, by Rev. Smith Miles, of Chatham	4	3
Sally Brainard, d. [Russel[l] & Hannah], b. Sept. 5, 1837	3	12
Sidney, m. Mehitable **BRAINERD**, Mar. 10, 1839, by Rev. Arthur Granger	3	457
Sidney, s. of Elisha, m. Harriet **JOHNSON**, b. of Middletown, Nov. 22, 1852, by Rev. Jno. Morrison Reid	4	231
Thankful, m. Elisha **PAIN**, June 12, 1746	2	158

	Vol.	Page
HOPKINS, (cont.)		
Thomas, m. Bridget **KILOOLY,** Sept. 25, 1854, by Rev. Jno. Brady	4	272
HOPPIN, George H., of Providence, R.I., m. Elizabeth W. **ALSOP,** of Middletown, Sept. 24, 1832, by Rev. Smith Pyne	3	378
HORAN, Harriet Louisa, d. Charles Boyd, mariner, ae 23, & Maria Horan, ae 22, b. Mar. 8, [1847 or 8]	4	50-1
Maria, see under Harriet Louisa **HORAN**	4	50-1
HORNE, Geo[rge] W., clergyman, ae 30, b. in W. Indies, res. Oswego, m. L. A. **WYSE,** ae 22, b. in Middletown, Apr. 23, 1851, by Rev. F. J. Goodwin	4	200-1
George White, Rev., s. of Rev. ----- HONRE, of the West Indies, m. Laura M. **WYSE,** d. of John, of Middletown, Apr. 23, 1851, by Rev. Fredric J. Goodwin	4	214
HORNER, James, m. Eliza Jane **PATTERSON,** June 30, 1848, by Rev. Joseph Holdrich	4	34
James, domestic, ae 23, b. in Autrim Co., Ireland, res Middletown, m. Jane Eliza **PATTERSON,** ae 24, b. in Ireland, res. Middletown, June 30, 1848, by Rev. Joseph Holdrich	4	62-3
HORTON, Darnee, s. Benony & Mary, b. June 1, 1710	LR2	6
Esther P., ae 17, of Wallingford, m. James B. **BELL,** farmer, ae 37, b. in Middletown, res. Westfield, Aug. 2, [1848]	4	126-7
Henry, of Greenport, L.I., m. Huldah W. **BROOKS,** of Middletown, dec. 14, 1835, by Rev. John C. Green	3	416
Hiram H., of New York, m. Eliza A. **SMITH,** of Middletown, May 15, 1834, by Rev. Zebulon Crocker	3	395
Joseph, [s. Benony & Mary], d. June 16, 1719	LR2	6
Mary, see under Mary **BATES**	LR2	6
Patience, m. Joseph **BUTLER,** Aug. 17, 1738	1	105
Stephen, m Achsah **WILCOX,** Apr. 16, 1828, by Rev. Samuel Goodrich, of Berlin	3	305
Susannah, d. [Benony & Mary], b. Sept. 3, 1712; d. Dec. 10, 1717	LR2	6
HOSMER, Ann, of Hartford, m. Charles **HAMLIN,** of Middletown, July 3, 1740	1	83
Ann, Mrs., of East Haddam, m. Benj[ami]n **BOWERS,** of Middletown, July 31, 1759	2	130
Eliza L., m. Dr. Edward S. **CONE,** June 6, 1822, by Rev. John R. Crane	3	100
Elizabeth Lord, d. Titus & Lydia, b. Dec. 22, 1770	2	217
Eliz[abet]h Lord, d. [Stephen T. & Lucia], b. Apr. 7, 1798; d. Jan. 15, 1799	3	169
Eliza[bet]h Lord, d. [Stephen T. & Lucia], b. June 16, 1800	3	169
Harriet, d. Titus & Lydia, b. Jan. 23, 1776	2	217
Harriet Lydia, [d. Stephen T. & Lucia], b. June 23, 1789	3	169
Hezekiah Lord, s. Titus & Lydia, b. June 7, 1765	2	217
Hezekiah Lord, s. [Stephen T. & Lucia], b. July 10, 1802	3	169
Lucia, w. [Stephen t.], d. Feb. 28, 1825	3	169
Lucia P. M. Seth H. **ROGERS,** Sept. 10, 1808	3	170
Lucia Parsons, d. [Stephen T.] & Lucia, b. Sept. 15, 1787	3	169
Lucia Parsons, [d. Stephen T. & Lucia], d. June 10, 1791	3	169
Lucia Parson, [d. Stephen T. & Lucia], b. July 31, 1791	3	169
Lydia, d. Titus & Lydia, b. Mar. 1, 1767	2	217

MIDDLETOWN VITAL RECORDS 275

	Vol.	Page
HOSMER, (cont.)		
Mary Whiting, d. [Stephen T. & Lucia], b. Nov. 27, 1804	3	169
Oliver Ellsworth, s. [Stephen T. & Lucia], b. May 6, 1808	3	169
Richard Edward, s. [Stephen T. & Lucia], Mar. 28, 1796	3	169
Rich[ar]d Edwards, [s. Stephen T. & Lucia], d. Jan. 26, 1824	3	169
Richard Grove, s. Titus & Lydia, b. Mar. 12, 1773	2	217
Sally, m. Edward **NORTHEY**, July 3, 1791	2	257
Sarah, d. Titus & Lydia, b. Mar. 25, 1769	2	217
Sarah Mehetable, [d. Stephen T. & Lucia], b. Aug. 4, 1793	3	169
Stephen T., m. Lucia **PARSONS**, Jan. 4, 1785	3	169
Stephen Titus, s. Titus & Lydia, b. Jan. 10, 1763	2	217
Titus, m. Lydia **LORD**, Nov. 29, 1761	2	217
Titus, Hon, d. Aug. 4, 1780	2	217
Titus Samuel, s. [Stephen T. &] Lucia, b. Dec. 9, 1785	3	169
Titus Samuel, s. [Stephen T. & Lucia], d. Dec. 2, 1820	3	169
-----, child of Titus & Lydia, b. Feb. 26, 1764; d. Feb. 27, 1764	2	217
HOTCHKISS, HOTCKISS, Charles Louis, s. Miner & Clarissa, b. July 2, 1818	3	33
Clarissa, m. Miner **HOTC[H]KISS**, Jan. 21, 1817, at New Haven	3	33
Elisa, of Berlin, m. William J. **ADDIE**, of Cromwell, Jan. 23, 1853, by Rev. L. S. Hough	4	226
Elisa, of Berlin, m. William J. **ADDIS**, of Cromwell, Jan. 23, 1853, by Rev. L. S. Hough	4	227
George Frederick, s. Miner & Clarissa, b. Feb. 21, 1821	3	33
Miner, m. Clarissa **HOTC[H]KISS**, Jan. 21, 1817, at New Haven	3	33
Sarah, b. In Prospect, res. Middletown, d. Nov. 16, 1848, ae 30	4	130-1
Sarah Ann, m. Joel **BUTLER**, of Meriden, July 27, 1840, by Rev. John R. Crane	3	468
HOUGH, Abba, of Middletown, m. Andre **SOUTHWORTH**, of Bristol, Sept. 2, 1839, by rev. J. Goodwin	3	461
Cordelia, m. Elijah **DAVIS**, b. of Berlin, May 28, 1837, by Rev. J. Goodwin	3	434
Eben[eze]r, s. Eben[eze]r & Abigial, b. Oct. 3, 1758	2	74
Emeline, of Middletown, m. Joel **FULLER**, Jr., of Chaplin, Dec. 25, 1828, by Rev. H. Bangs	3	325
Hall, farmer, d. [1851]	4	206-7
Harriet A., of Middletown, m. John C. **JACOBS**, of Harpers Ferry, Va., Nov. 4 1846, by Rev. L. S. Hough	3	557
Isaac J., m. Julia F. **WILCOX**, b. of Middletown, Nov. 27, 1829, by Rev. Ja[me]s H. Francis	3	463
Jane Frances, m. Pascal E. **HUBBARD**, b. of Middletown, Nov. 20, 1833, by Rev. B. Creagh	3	389
Lucy B., of Middletown, m. Levi **MEAD**, of Greenwich, [Nov.] 24, [1836], by Rev. Stephen Topliff	3	426
Maria, of Mereden, m. Darius **CLARK**, of Haddam, Aug.26, 1824, by Rev. John R. Crane	3	166
Martha Rebecca, twin with Mary Elizabeth, d. Rev. Lent S. & Hannah S., b. Feb. 13 1847	4	40
Mary Elizabeth, twin with Martha Rebecca, d. Rev. Lent S. & Hannah S., b. Feb. 13, 1847	4	40

	Vol.	Page
HOUGH, (cont.)		
Sam[ue]l P., m. Harriet L. **STOW**, Aug. 14, 1839, by Rev. John R. Crane	3	460
Sarah, of New Britain, m. Joseph **WATSON**, of Boston, Sept. 28, 1852, by Rev. Jno. Morrison Reid	4	219
HOULIHAN, Anne, m. John **FOLEY**, July 10, 1854, by Rev. Jno. Brady	4	269
HOUSE, HOUS, Clarissa, m. W[illia]m c. **STRATTON**, b. of Hartford, [Oct.] 6, [1830], by Rev. Edw[ar]d R. Tyler	3	354
Deberow, m. Thomas **BURKE**, Oct. 10, 1665	LR1	12
HOUSETOWNE, Mary, d. Joseph & Izabel, b. Oct. 7, 1724	LR1	2
HOW, [see under **HOWE**]		
HOWARD, Will[ia]m, of New Haven, m. Hannah **BLISS**, of Chatham, Aug. 18, 1822, by Rev. Eli Ball	3	102
HOWE, HOW, HOWS, Allice d. Sampson & Sarah, b. June 29, 1745	2	93
Barshabe, m. John **STOW**, Jr., May[ ], 1698	LR1	51
Damaris, d. Sampson & Hannah, b. July 7, 1757	2	93
Deberow, m. Thomas **BURKE**, Oct. 10, 1665 (Written "**HOUS**")	LR1	12
* Eleanor, of Middletown, m. Daniell **BREWER**, of Glastonbury, Jan. 19, 1718/9 (*correction) (**GOOD**) (handwritten in)	LR2	Ind-1
Hannah, d. Sampson & Hannah, b. Feb. 3, 1754	2	93
Hezekiah, s. Sampson & Sarah, b. Aug. 28, 1741	2	93
Jonathan, s. Sampson & Sarah, b. July 13, 1749	2	93
Jona[tha]n s. Sampson & Sarah, d. Aug. 20, 1752	2	93
Mary, of Wallingford, m. John **ALLIN**, of Middletown, Apr. 23, 1713	LR2	25
Pezley, s. Sampson & Hannah, b. June 16, 1755	2	93
Sampson, of Killingly, m. Sarah **SABIN**, Dec. 29, 1737	2	93
Sampson, s. Sampson & Sarah, b. Oct. 12, 1739	2	93
Sampson, of Middletown, s. William & Maria, of Vt., m. Hannah **FOOT**, of Colchester, Apr. 5, 1753	2	93
Sarah, d. Sampson & Sarah, b. Sept. 12, 1743	2	93
Sarah, w. of Sampson, d. Aug. 10, 1752	2	93
HOWELL, HOWEL, Lettetia, m. John **LANE**, June 5, 1754	2	232
Susannah Richards, b. Apr. 25, 1832, in Hardin County Kentucky; m. Leonard Clay **SOUTHMAYD**, Dec. 18, 1850, at Van Beuran, Crawfrod County, Arkansas.	3	224
Seneca, m. Marianne **CLARK**, Mar. 1, 1848, by Rev. James Floy	4	30
HOXEY, John, of Colchester, m. Sabrina **ALLEN**, Sept. 8, 1840, by Rev. John R. Crane	3	469
HOYES, Joseph A., d. Oct. 6, 1849, ae 15 m. (**HAYES**?)	4	172-3
HUBBARD, HUBARD, HEBBERT, Abigaill, d. Nathaniell & Mary, b. Feb. 16, 1685	LR1	26
Abigaill, d. John & Mary, b. Apr. 9, 1707	LR1	43
Abigail, of Middletown, m. Jonathan **BURR**, of Hartford, May 12, 1708	LR2	15
Abigail, m. Stephen **BLAKE**, Jan. 11, 1732/3	1	64
Abigail, m. Henry **JOHNSON**, Jan. 30, 1734/5	1	82
Abigaill, w. of Robert, d. Apr. 23, 1735, in the 59th y. of her age	LR1	50
Abigail, d. John & Lois, b. Feb. 22, 1735/6; d. Nov. 11, 1736	1	54
Abigail, d. Rob[er]t & Eliz[abet]h, b. Jan. 5, 1738/9	1	81

MIDDLETOWN VITAL RECORDS

	Vol.	Page
HUBBARD, (cont.)		
Abigail, d.Dan[ie]l & Susannah, b. Aug. 10, 1740	1	92
Abigail, d. Josiah & Abigail, b. Feb. 13, 1754	2	259
Abigail, d. Caleb & Mary, b. Nov. 9, 1754	1	110
Abigail, d. Elijah & Abigail, b. Oct. 18,1767	2	80
Abigail, w. of Elijah, d. Aug. 7, 1776	2	80
Abigail, m. Shaylor **BURR**, b. of Haddam, June 23, 1841, by Rev. A. M. Osborn	3	477
Abijah, s. Sam[ue]ll, Jr. & Joanna, b. July 10, 1734	1	57
Abijah, [s. Sam[ue]ll, Jr. & Joanna], d. Oct. 9, 1736	1	57
Abijah, s. Sam[ue]ll & Joanna, b. Oct. 4, 1742	1	57
Abijah, of Middletown, m. Achsah **BECKLEY**, of Weathersfield, Dec. 20, 1764	2	219
Abijah, s. Abijah & Achsah, b. Apr. 23,1765	2	219
Abijah, s. Caleb [& Elizabeth], b. Feb. 5, 1780	2	63
Abijah, m. Sarah **TRYON**, May 28, 1781	2	322
Abijah, s. [Abijah & Sarah], b. Mary 18, 1793	2	322
Abijah, m. Abigail **EELLS**, b. of Middletown, Apr. 10, 1826, by Rev. John R. Dodge	3	244
Abner, s. Georg[e] & Mehittaball, b. Apr. 10, 1715; d. Apr. 6, 1719	LR1	50
Abner, s. George[e] & Mehittaball, b. July 26, 1721	LR1	50
Abner, s. George & Mary, b. Aug. 29, 1744	1	27
Abner, s. Heze[kia]h & Ruth, b. Mar. 12, 1747/8	1	114
Abner, s. Sam[ue]ll & Mary, b. Jan. 30, 1753, at Bedford	2	160
Abner, s. Sam[ue]ll & Mary, d. Oct. 28, 1753	2	160
Abner, m. Hannah **HIGGINS**, Jan. 19, 1764	2	141
Abner, s. Abner & Hannah, b. Jan. 31, 1765	2	141
Abner, m. Esther **HAMLIN**, Oct. 7, 1784	2	298
Abner, s. Abner & Esther, b. July 19, 1792	2	298
Adeline R., m. Henry W. H. **ADAMS** of fort Chester, N.Y., Aug. 9, 1841, by Rev. John R. Crane	3	478
Adeline Eliza, d. [Jospeh, 2d, & Sarah], b. Mar. 26, 1819	3	122
Adeline N., d. Stephen, m. Henry C. **JOHNSON**, s. Enos, Nov. 14, 1847, by Rev. John R. Crane	4	20
Adeline N., ae 24, b. in Haddam, res. Middletown, m. Henry C. **JOHNSON**, farmer, ae 24, of Middletown, Nov. 14, 1847, by [Rev.] John R. Crane	4	64-5
Albert S., s. Albert, machinist, & Georgianna, b. Nov. 6, 1849	4	154-5
Alfred, m. Julia ann **PADDECK**, b. Of Middletown, Jan. 1, 1828, by Rev. Heman Bangs	3	290
Alice, d. Apr. 22, 1849, ae 70	4	132-3
Allen, s. [Ephraim & Irene], b. Dec. 20, 1793	2	186
Alma, d. Jediah & Ruth, b. Sept. 17, 1797	2	351
Almira, m. Richard **DEMING**, Mar. 12, 1829, by Rev. John R. Crane	3	330
Almira, m. William **WARD**, b. Of Middletown, May 15, 1850, by Frederick Wightman, V.D.M.	4	144
Almira, ae 22, m. William **WARD**, mechanic, ae 25, of Middletown, May 17, 1850, by Rev. Fred Wightman	4	168-9
Alvin C., m. Cunthia S. **BONFOEY**, b. of Haddam, Feb. 22, 1843, by Rev. John R. Crane	3	499

	Vol.	Page
HUBBARD, (cont.)		
Amos, s. Jon. & Elizabeth, b. Jan. 11, 1724/5	1	6
Amos, s. Ephraim & Irene, b. Oct. 12, 1782 (sic)	2	186
Ann J., d. of Elisha, of Middletown, m. Augustus **PHILLIP**, of Ithaca, N.Y., Oct. 22, 1851, by Rev. John R. Crane	4	191
Annah, d. Jno. Earl & Annah, b. Mar. 21, 1746; d. Mar. 23, 1746	2	77
Annah, d. Jno. Earl & Annah, b. Feb. 14, 1747/8	2	77
Anna, d. Neham[ia]h & Sarah, b. Oct. 18, 1762	2	166
Anna, m. Ithamer **ADKINS**, Nov. 27, 1783	3	14
Anna, m. Giles **THAYER**, Jan. 19, 1836, by Rev. John R. Crane	3	416
Ansel, s. George & Mary, b. June 10, 1774	2	310
Ansel, Jr., m. Mary **LEE**, b. of Middletown, Apr. 20, 1824, by Rev. Josiah Bowen	3	157
Antoinette A., of Middletown, m. David C **BROOKS**, of Haddam, May 4, 1836, by Rev. Zeb[ulo]n Crocker	3	421
Asa, s. George & Mary, b. Jan. 14, 1769	2	310
Asa, Jr., m. Sarah Ann **TRYON**, Oct. 31 1826, by Rev. John R. Crane	3	252
Asa E., d. May 8, 1849, ae 61	4	134-5
Asahel, s. Watts & Mary, b. Apr. 6, 1763	2	66
Ashbel, s. Eliphalet & Abigail, b. May 26, 1772	2	247
Ashbel, s. Joseph & Eliz[abet]h, b. Sept. 20, 1743; d. Mar. 10, 1744	1	40
Augusta M., of Middletown, m. Alanson s. **COLE**, of Springfield, Pa., June 4, 1845, by Rev. J. L. Gilder	3	537
Bathshabe, Wid., of Daniell, of Haddam, ofrmer wid. of John **STOW**, d. Oct. 20, 1759	LR1	51
Bathshabe, see also Betsabe		
Beckah, d. Josiah & Abigail, b. Sept. 29, 1755	2	259
Beckah, see also Rebecca		
Bela, s. [Noadiah & Phebe], b. Mar. 31, 1775	2	138
Bele, s. Jedediah & Hannah, b. Dec. 22, 1767	2	325
Bala, of Randolph, C., m. Elizabeth **COOK**, of Middletown, June 10, 1833, by Rev. John Cookson	3	383
Benjamin, s. John & Elizabeth, b. Jan. 31 1834/5	1	6
Betsebe, d. Jedekiah & Hannah, b. Aug. 9, 1765	2	325
Betsebe, see also Bathshabe		
Betsey, d. Hez[ekia]h & Esther, b. May 21, 1773	2	276
Betsey, d. [Caleb & Elizabeth], b. Nov. 13, 1783	2	63
Betsey, d. [Jeraiah & Betsey], b. Feb. 12, 1788	2	308
Caleb, s. Georg[e] & Mehittabell, b. Aug. 28, 1716	LR1	50
Caleb, m. Elizabeth **MILLER**, wid. of Nath[anie]ll, Mar. 1, 1738/9	1	110
Caleb, m. Mary **HUBBARD**, Nov. 22, 1744	1	110
Caleb, s. Caleb & Mary, b. Dec. 22, 1747	1	110
Caleb, s. Caleb & Mary, Jan. 10, 1747/8	1	110
Caleb, s. Tho[ma]s & Thankful, b. July 23, 1748	1	46
Caleb, s. Caleb & Mary, b. Mar. 11, 1748/9	1	110
Caleb, m. Elizabeth **JOHNSON**, Dec. 31, 1779	2	63
Caleb, s. [Caleb & Elizabeth], b. Mar. 17, 1781	2	63
Caleb, Sr., d. June 11, 1788	1	110
Catharine, of Middletown, m. Daniel **CARTER**, of Mereden,		

MIDDLETOWN VITAL RECORDS   279

	Vol.	Page
HUBBARD, (cont.)		
June 25, 1828, by Rev. Fred[eric]k Wightman	3	310
Charles, m. Lucretia **MILLER**, Oct. 3, 1811	3	30
Charles, d. Jan. 28, 1818, in the West Indies	3	30
Charles, m. Delia S. **BIRDSEYE**, Sept. 23, 1830, by Rev. Timothy Benedict	3	353
Charles H., m. Nancy A. **HASKILL**, Oct. 16, 1839, by Rev. Zebulon Crocker	3	462
Charles, mason, b. in Litchfield, res. Middletown, d.Nov. 23, 1847, ae 34	4	72-3
Charles H. S. Wilson J., manufacturer, ae 24, & Emma, ae 22, b. Jan. 17, 1848	4	44-5
Charles H., d. July 31, 1848, ae 6 m.	4	68-9
Charlotte e., d. Herbert, blacksmith, & farmer, ae 31, & Charlotte, ae 26, b. Aug. 30, 1847	4	52-3
Charlotte E., d. Henry G., manufactuer, ae 32 & Rosella, ae 27, b. June [1848]	4	50-1
Charlotte E., d. June 7, 1848 or 9], ae 1 ¾	4	132-3
Chloe, m. Danie H. **PRIOR**, b. of Middletown, May 23, 1837, by Rev. John Cookson	3	442
Christopher Sage, of New York, m. Mary Selena **JACKSON**, of Middletown, Apr. 23, 1838, by Sam[ue]l Farmer Jarvis D.D., L.L.D., at Christ Church	3	449
Clarissa, d. [Abijah & Sarah], b. Nov. 13 1799	2	322
Clarissa of Middletown, m. Ansel **THOMAS**, of Haddam, Dec. 9, 1820, by Rev. Birdseye G. Noble	3	46
Comfort, s. Prosper & Elizabeth, b. Sept. 17, 1769	2	91
Content, farmer, b. In Durham, Ct., res Middletown, d. Sept. 1, [1849], ae 92	4	132-3
Daniell, s. Georg[e] & Elizabeth, b.Dec. [ ], 1645	LR1	26
Daniell, m. May **CLARKE**, Feb. 24, 1669/70	LR1	46
Daniell, s.Daniell & Mary, b. [ ] 16, 1673	LR1	46
Daniel, m.Sarah **CORNWELL**, Oct. 16, 1675	LR1	46
Daniel, Sr. d. Nov. 9, 1704	LR1	46
Daniell, s. John & Mary, b. July 16, 1710	LR1	43
Daniel, of Middletown, m.Susanna **SPENCER**, of Haddam, June 5, 1735	1	92
Daniel, s. Daniel & Suanna, b. Aug. 6, 1736	1	92
Daniel, s. Dan[ie]l & Susannah, d. Nov. 29, 1760	1	92
Daniel, s. Mancah & Hannah, b. May 26, 1771	2	90
Daniel, s. Jonathan & Esther, b. Aug. 8, 1772	2	114
Daniel, Capt., m. Mrs. Ruth **POWERS**, b. of Middletown, Oct. 19, 1828, by Rev. Fred[eric]k Wightman	3	316
David, s. Nath[anie]ll & Sarah, b. Aug. 23 1730	LR2	9
David, s. Nath[anie]ll & Srah, d. Oct. 1, 1755, at Cloverrick, in Public Service	LR2	9
David, s. Nehem[ia]h & Sarah, b.Feb. 24, 1757	2	166
Dorcas, d. Joseph & Elizabeth, b. Sept. 21 1731	1	40
Dorcas, d. Manoah & Hannah, b. Sept. 25, 1779	2	90
Ebenezer, s. Thomas & Mary, b. Aug. 1, 1664	LR1	32
Ebenezer, m. Mary **WARNER**, May 5, 1690	LR1	32
Ebbenezer, s. Nath[anie]ll & Mary, b. Oct. 21, 1696	LR1	26

	Vol.	Page
HUBBARD, (cont.)		
Ebenezer, m. Hannah **WETMORE**, Feb. 25, 1724/5	1	14
Ebenezer, s. Ebenezer & Hannah, b. Aug. 1, 1727	1	14
Ebenezer, m. Lydia **WETMORE**, Feb. 14 1764	1	14
Ebenezer, d. Mar. 30, 1776	1	14
Edw[ar]d, s. [Caleb & Elizabeth], b. Aug. 18, 1790	2	63
Edward, farmer, d. Apr. 4, 1851, ae 61	4	206-7
Edwin, s. Samuel, m. Nancy **BRAINARD**, July 29, 1849, by Rev. John R. Crane	4	86
Edwin, day laborer, ae 20, of Middletown, m. Nancy **BRAINERD**, ae 37, b. in Haddam, July 29, 1848, by Rev. John R. Crane	4	124-5
Ealdad, s. Watts & Mary, b. June 4, 1751	2	65
Elias, s. George & Mary, b. Aug. 26, 1766	2	310
Elihu, s.rob[er]t & Eliza[bet]h, b. Aug. 17, 1737	1	81
Elihu, s. Dan[ie]l & Suannah, b. May 5, 1746	1	92
Elijah, s. Ebenezer & Hannah, b. Jan. 16, 1736/7	1	14
Elijah,m. Abigail **WHITMORE**, Jan. 27, 1762	2	80
Elijah, s. Elijah & Abigial, b. Aug. 28 1766; d. Sept. 6, 1766	2	80
Elijah, s. Elijah & Abigail, b. Feb. 10, 1770	2	80
Elijah, Jr., m. Hannah **KENT**, Jan. 5, 1772	2	301
Elijah, of Middletown,m Ursilla **DRAKE**, late of Torringford, in Torrington, Mar. 12, 1777	2	80
Elijah, s. [Abijah & Sarah], b. Apr. 9, 1801	2	322
Elijah, m. Mrs. Anna T. **JOHNSON**, d. of Joseph **GRAVES**, of Middletown, [Sept] 2, [1827], by Dan[ie]l J. Griswold, J.P.	3	278
Elijah, pauper, d. July 1, 1848, ae 40	4	70-1
Elijah H. M. Mary Jane **BAGER**, Sept. 15, 1841, by Rev. A. M. Osborn	3	481
Elijah (?) K., m. Elizabeth S. **D'KOVEN**, b. of Middletown, Sept. 15, 1835, by Rev. Smith Pyne	3	409
Elijah S., m.Emily R. **CROFORT**, June 18, 1849,by J. LDudley	4	90
Elijah S., m. Emily R. **CROFOOT**, b. of Middletown, June 18, 1849, by Rev. J. L. Dudley	4	96
Elijah Smith, s. [Joseph, 2d & Sarah], b. Jan. 23, 1809	3	122
Elijah Tryon, s. [Abijah & Sarah], b. Jan. 7, 1795; d. Jan. 10,1796	2	322
Eliphalet, s. Joseph & Eliz[abet]h, b. Sept. 10, 1748	1	40
Eliphalet, m. Abigail **JOHNSON**, b. of Middletown, May 30, 1771	2	247
Elisha, s. Watts & Mary, b. Sept. 28, 1748	2	66
Elisha, s. Nehem[is]h & Sarah, b. Oct. 1, 1753	2	166
Elisha, Jr., m.Ruth **BILL**, May 29, 1820, by Rev. John R. Crane	3	33
Elisha S., m. Lucretia **BIDWELL**, b. of Middletown, May 20, 1828, by Rev. Eben[eze]r R. Tyler	3	307
Elizabeth, d. Georg]e], & Elizabeth, b. Jan. 15, 1659	LR1	26
Elizabeth, d. Joseph & Mary, b. Mar. 26, 1682/3	LR1	44
Elizabeth, d. Sam[ue]l & Sara, b. Sept. 7, 1683	LR1	44
Elizabeth, m. Thomas **WETMORE**, Feb. 20, 1684	LR1	22
Elizabeth, d. Nathaniell & Mary, b. July 17, 1688	LR1	26
Elizabeth, d. Richard & Martha, b. July 1, 1694	LR1	26
Elizabeth, m. Thomas **WRIGHT**, June 1, 1710	LR2	18
Elizabeth, m. David **STRICKLAND**, May 2, 1711	LR2	23

MIDDLETOWN VITAL RECORDS   281

	Vol.	Page
HUBBARD, (cont.)		
Elizabeth, of Middletown, m. Joseph **DeWOLF**, of Lyme. Mar. 11, 1713/14	LR2	27
Elizabeth, d. George & wid. of Thomas **WETMORE**, d. Dec. 6, 1725	LR1	22
Elizabeth, d. Jno. & Elizabeth, b. Apr. 18, 1729	1	6
Elizabeth, d. Joseph & Elizabeth, b. Jan. 12, 1729/30	1	40
Elizabeth, m. John **WARD**, Feb.1 1732/3	1	71
Elizabeth, d. Tho[ma]s & Thankfull, b. Jan. 19, 1733/4	1	46
Elizabeth, d. Rich[ar]d & Eliz[abet]h, b. July 23, 1740	1	88
Elizabeth, w. of Caleb, d. May 28, 1742	1	110
Elizabeth, w. of Richard, d. Apr.27, 1747	1	88
Elizabeth, m. Samuel **DOOLITTLE**, July 4, 1751	2	261
Elizabeth, d. Heze[kia]h & Ruth, b. Apr. 17, 1754	1	114
Elizabeth, [w. o John], d. May 9, 1764	1	6
Elizabeth, d. Prosper & Elizabeth, b. July 26, 1773	2	91
Elizabeth, d. Elijah, b. Jan. 11, 1775; m. Thomas **MATHER**, May 5, 1794, by Rev. Enoch Huntington	4	26
Elizabeth, d. Elijah & Hannah, b. Jan. 11 1775	2	301
Elizabeth, d. Prosper & Elizabeth, d. Sept. 20, 1775	2	91
Elizabeth, d. [Ephraim & Irene], b. Apr. 24, 1784	2	186
Eliz[abet]h, d. [Caleb & Elizabeth], b. June 15, 1788	2	63
Elizabeth J., m. John D. **JOHNSON**, May 9, 1838, by Rev. John R. Crane	3	431
Elizabeth M., m. Cyrus **JUDD**, May 1, 1833, by Rev. John R. Crane	3	381
Elizabeth M., m. Robert P. **RAND**, Nov. 18, 1840, by Rev. John R.Crane	3	471
Elizabeth M., d. of Jeremiah, m. Robert P. **RAND**, Nov. 18, 1840	4	7
Elizabeth S., of Middletown, m. Thomas **DYER**, of Chicago, Ill., Mar. 11, 1844, by Rev. Henry DeKoven	3	512
Elmira, d. [Abijah & Sarah], b.Dec. 28, 1805; d. Oct. 27, 1806	2	322
Elnathan, s. Joseph & Eliz[abet]h, b. Feb. 3, 1740/1	1	40
Elnathan, m. Sibbel **HUBBARD**, June 10, 1761	2	276
Enoch, s. Manoah & Hannah, b. Nov. 5, 1777	2	90
Enoch, m. Julia **NORTON**, b. of Middletown, Jan. 12, 1845, by Rev. Townsend P. Abell	3	526
Ephraim, s. Jopseph & Elizabeth, b. Nov. 7, 1737	1	40
Ephraim, s. Joseph & Eliz[abet]h, d. May 16, 1751	1	40
Ephraim, s.Jn. Earl & annah, b. May 27, 1758	2	77
Ephraim, s. Elnathan & Sibel, b Oct. 5, 1761	2	276
Ephraim, s. Jedediah & Hannah, b. Aug. 11 1769	2	325
Ephraim,m. Irene **TRYON**, Oct. 5, 1782	LR1	186
Easter, d. Samuell & Sara[h], b. Dec. 4, 1675	LR1	44
Esther, d. Nath[anie]ll & Mary, b. July 20, 1702	1	26
Esther, m. Nathaniel **BACON**, Jr., Dec. 21, 1727	LR2	36
Esther, d. Nath[anie]ll & Sarah, b. Feb. 14 1727/8	1	9
Esther, d. Tomo[thy] & Abiah, b. Oct. 1 1744	2	88
Esther m. John **HALL**, 2d, Sept. 21, 1749	2	257
Eshter, d. Jed[edia]h & Hannah, b. Apr. 25, 1759	2	325
Esther d. Jona[tha]n & Esther, b. June 29, 1774	3	114
Esther m. Otis **FISK**, b. of Middletown, July 26, 1824, by Rev.		

	Vol.	Page
HUBBARD, (cont.)		
Rev. Josiah Bowman	3	164
Eunice, d.George & Eunice, b. Nov. 13, 1746	1	79
Ezra, s. John & Lois, b. Dec. 6, 1747	1	54
Fairchild, s. Noadiah & Phebe, b. Jan. 11, 1771	2	138
Fidelia, m. Abijah **ROBERTS**, b. of Middletown, July 4, 1836, by Rev. Joseph holdick	3	423
Frances, w. of Tho[ma]s, d. Jan. 30, 1818	3	13
Francis, s. Asa E., m. Jane R. **RICH**, d. of Harvey, b. of Middletown, Sept. 9, 1841, at Brooklyn, L.I., by Rev Melancthan W. Jacobus	4	4
Francis William, s. [Pascal E. & Jane F.], b. Nov. 19, 1844	3	439
Frederick, d. Sept. 8, 1848, ae 5	4	130-1
Gaston T., s. of Asa, of Middletown, m. [ ] May 4, 1852, by Rev. Jno. Morrison Reid	4	218
Georg[e], s. Georg[e] & Elizabeth, b. Dec. [ ], 1650	LR1	26
George, s. Thomas & Mary, b. Apr. 2, 1669/70	LR1	32
Georg[e], s. Joseph & Mary b. Oct. 7, 1765	LR1	44
George[e], s. Samuell & Sarah b. Dec. 29, 1680	LR1	44
George, Sr., d. Mar. 18, 1684/5	LR1	26
George, s. Mary Hall, d. Feb. 29, 1688/9	LR1	32
George, m. Mehittaball **MILLER**, Dec. 22, 1703	LR1	50
Georg[e], s. Georg[e] & Mehittabal, b. Sept. 18, 1704	LR1	50
George, [twin with Gideon], s. [George & Mary], b. July 12, 1717	LR2	16
George, Jr., m. Mary **ROBBARDS**, Apr. 20, 1727	1	27
George, s.George & Mary, b. Feb. 6, 1730/31	1	27
George, Lieut., m. Sarah **COALE**, a b. of Kensington, in Middletown, Nov. 20, 1735	1	85
George, Jr., of Kennsington, m. Sarah **WOODRUFF**, of Farmington, July 29, 1742	1	79
George, of Kensington, m. Eunice **BACON**, of Simsbury, Jan. 31, 1745	1	79
George, Sr., m. Mary **STOCKING**, Jan. 23, 1751/2	2	310
George, s. Geo[rge], 3rd & Mary, b. Mar. 31, 1754; d. Sept. 24, 1758	2	310
George, s. George &Eunice, b. Jan. 27, 1755	1	79
George, s. Geo[rge], 3rd, & Mary, b. Aug. 17, 1758	2	310
George, Jr., of Berlin, m. Lucy **SAVAGE**, of Middletown, June 20, 1824, by Rev. Joshua L. Williams	3	161
George Hillard, s. Jediah & Ruth, b. Mar. 11, 1811	2	351
George Nelson, s. Elisha S., farmer, ae 44, & Lucretia, ae 42, b. Oct. 12, 1848	4	110-1
George Raymond,s. [Pascal E. & Jane F.], b. Nov. 23, 1846	3	439
George S., m. Elizabeth A. **ARNOLD**, Sept. 4, 1839, by Rev. John R. Crane	3	461
George W., m. Harriet M. **PLUM**, [Mar.] 14, [1833], by Rev. Stephen Topliff	3	380
Gideon, [twin with George], s. [George & Mary], b. July 12, 1717; d. July 28, 1717	LR2	16
Gideon, s. George & Eunice, b. May 8, 1751	1	79
Giles, s.Solomon & Rachel, b. Nov. 15, 1766	2	215
Hannah, d. Richard & Martha, b. June 12, 1669	LR1	26

MIDDLETOWN VITAL RECORDS 283

	Vol.	Page
HUBBARD, (cont.)		
Hannah, d. Nath[aniel]ll & Mary, b. July 4, 1700	LR1	26
Hannah, of Glastonbury, m.Ffrancis SMITH, of Middletown, feb. 8, 1710/11	LR2	24
Hannah, d. John & Mary, b. July 13, 1711; d. July 10,174	LR1	43
Hannah, d. John & Mary, b. Aug.8, 1718	LR1	43
Hannah, m.Samuel WETMORE, June 21, 1722	1	6
Hannah, m. John STOW, Aug. 1, 1722	1	7
Hannah, d. Ebenezer & Han[na]h, b. Nov. 30, 1725	1	14
Hannah, d. Dan[ie]l & Susannah, b. Jan, 27, 1743/4	1	92
Hannah, d. Jospeh & Eliz[abet]h, b. Jan. 23, 1745	1	40
Hannah, m. Samuel BORDMAN, Oct. 25, 1752	2	39
Hannah, w. of Ebenezer, d. May 22, 1761	1	14
Hannah, d. Watts & Mary, b. Dec. 21, 1761	2	66
Hannah,d. Manoah & Hannah, b. Mar. 4, 1766	2	90
Hannah, d. Abner & Hannah, b. Sept. 27, 1766	2	141
Hannah, d. [Abijah & Sarah], b. Dec. 31, 1767	2	322
Hannah Coe, d. [Charles & Lucretia], b. July 3, 1817	3	30
Hannah Coe, of Middlefield, m. William Doolittle **WOLCOTT**, of New York Mills (Ehitestown), N.Y., Sept. 12, 1837, by Rev. Clesson P. Sheldon	3	438
Hannah Phillips, d. Jed[edia]h & Hannah, b. Mar. 6, 1773	2	325
Hannah S., m. Ebenezer **JACKSON**, Sept. 1, 1840, by Rev. John R. Crane	3	468
Hannah Wetmore, d. Elijah & Abigail, b. Aug. 28, 1764	2	80
Harriet, m. Enos SMITH, b. of Haddam Jan. 4, 1832, by Rev. John R. Crane	3	366½
Harriet A., m. Horatio **HANDS**, Nov. 8, 1843, by Rev. Zebulon Crocker	3	507
Harriet E., d. Horace, farmer & Catharine, b. Aug. 21, 1848	4	114-5
Harriet E., d. Sept. 21, 1848, ae 5 y. 5 ½ m.	4	134-5
Henry Curtis, s. Cha[rle]s & Lucretia, b. Aug. 16, 1813	3	30
Henry G., m. Charlotte Rosella **McDONOUGH**, June 19, 1844, by Rev. E. E. Beardsley, of Cheshire	3	518
Hepziba, d. Robert & Abigail, b. Jan 10, 1703/4	LR1	50
Hpehzibah, m. John **KENT**, Aug. 14, 1746	1	43
Hepzibah, d. Caleb & Mary, b. Apr. 15, 1752	1	110
Hezekiah, s. Georg[e] & Mehittaball, b. Mar. 6, 1718/19	LR1	50
Hezekiah, m.Ruth **CENTER**, Oct. 10, 1739	1	114
Hezekiah, s. Heze[kia]h & Ruth, b. June 25, 1740	1	114
Hezekiah, s. Heze[kia]h & Ruth, d. Aug. 29, 1741	1	114
Hezekiah, s. Heze[kia]h & Ruth, b. May 29, 1742	1	114
Hezekiah, s. Eben[eze]r & Hannah, b. Sept. 3, 1745; d. Oct. 28, 1762	1	14
Hezekiah, s. Elijah & Abigail, b. May 4, 1763; d. May 24, [1763]	2	80
Hezekiah, Jr., m. Esther **FOSTER**, Oct. 8, 1764	2	278
Hezekiah, s. Hezekiah & Esther, b. Oct. 4, 1765	2	278
Hiram, m. Marietta **KELSEY**, May 2, 1838, by Rev. John R. Crane	3	445
Hiram, cabine-maker, d. Aug. 12, 1848, ae 40	4	130-1
Hiram S., m. Esther **BURR**, Oct. 2, 1834, by Rev. John R. Crane	3	399
Hittee, d. [Abijah & Sarah], b. Jan. 5, 1785	2	322

HUBBARD, (cont.)

	Vol.	Page
Honour, of Galstonbury, m. Stephen **WHITE**, of Middletown, Feb. 10, 1757	2	180
Hope, d. Ebenezer & hannah, b. Feb. 22, 1729/30	1	14
Huldah, d. George & Mary, b. May 26, 1734	1	27
Hulda, d. Timo[thy] & Abiah, b. Apr. 14, 1741	1	88
Hulda, m. Joseph **SPAULDING**, Nov. 19, 1766	2	265
Huldan, of Middletown, m. Abner **NEWOTN**, of Durham, Mar. 6, 1827, by Rev.John R. Crane	3	263
Ira, of Middletown, m. Margaret **McNARY**, of haddam, June 27, 1836, by Rev. John Cookson	3	424
Irane, d. Josep & Elizabeth, b. Apr. 23, 1734	1	40
Iranah, m. Samuel **BIDWELL**, Jan. 10, 1754	2	344
Irene, d. [Ephraim & Irene], b. Sept. [ ], 1787	2	186
Irene, d. [Ephraim & Irene], d. July 26, 1789	2	186
Irene, 2d, d. [Ephraim & Irne], b. May 7, 1790	2	186
Irene, m. Joseph **BURR**, 3rd, b. of Haddam, Nov. 21, 1832, by Rev. John R. Crane	3	376
Isaac, s. Nath[anie]ll & Sarah, b. Apr. 14, 1726	LR2	9
Isaac, s. [Nath[anie]ll & Sarah], d. Aug. 28, 1730	LR2	9
Isaac, s. Nehe[mia]h & Sarah, b. Sept. 24, 1749	2	166
Isaac, s. Tho[ma]s, Jr. & Phebe, b. Nov. 25, 1758	2	122
Isaac, s. Mancah & Hannah, b. Mar. 8, 1773	2	90
Isaac, s Smauel & Jane, b. May 13, 1775	2	64
Isaac Miller, s. [Charles & Lucretia], b. Oct. 22, 1814	3	30
Isabel Whitmore, d. [Elijah & Abigial], b. Apr. 12, 1772	2	80
Jabez, s. John & Eliz[abet]h, b. June 2, 1739; d. June 29, 1739	1	6
Jabez, s. John & Eliz[abet]h, b. Apr. 7, 1742	1	6
Jabez Brooks, s. [Jospeh, 2d, & Sarah], b. Mar. 15, 1805	3	122
Jacob, s. Nehe[ia]h & Sarah, b. Jan. 28, 1759	2	166
Jacob, s. Hezekiah & Esther, b. June 5, 1771	2	278
James, s. Abijah & Achsah, b. June 23, 1776	2	219
Janeann, d. [Pascal E. & Jane f.], b. Mar. 29, 1836	3	439
Jane L., of Middletown, m. James H. **KIBBEE**, of Bristolville, O., Apr. 4, 1843, by Rev. Zebulon Crocker	3	501
Jane W., m. Hubbel W. **BISLEY**, Apr. 22, 1834, by Rev. John R. Crane	3	394
Jane Watkinson, d. [Joseph, 2d, & Sarah], b. June 19, 1812	3	122
Jedadiah, s. Ebenexer & Hannah, b. July 12, 1734	1	14
Jedidiah, s. Tho[ma]s & Thankfull, b. July 16, 1741	1	46
Jedediah, m. Hannah **ROBBERDS**, Mar. 30, 1758	2	325
Jedediah, Jr., m. Martah **STOCKING**, b. Sept. 1, 1760	2	168
Jedediah, s. Jedediah & Martha, b. Sept. 1, 1761	2	168
Jedediah, d. Dec. 10, 1780	2	325
Jediah, s. Jedediah, & Hannah, b. Aug. 15, 1776	2	325
Jediah, m. Ruth **CLARK**, Sept. 8, 1796	2	351
Jediah, Dea., shoemaker, & farmer d. Oct. 26, 1847, ae 72	4	74-5
Jehiel, s Manoah & Hannah, b. Sept 29, 1781	2	90
Jemima, d. Sam[ue]ll & Joanna, b. June 1, 1732	1	57
Jemima, d. Caleb & Eliz[abet]h, b. Mar. 28, 1742	1	110
Jemims, d. Dea. Jno. & Eliz[abeth], b. May 16, 1744; d. Jan. 19, 1769	1	6

HUBBARD, (cont.)

	Vol.	Page
Jemima, d. Sam[ue]ll & Joanna, b dec. 8, 1748; d. [ ]	1	57
Jemima, d. Solomon & Jemima, b. Dec. 29, 1753	1	132
Jemima, m. William JOHNSON, Dec. 25, 1782	2	355
Jeremiah, s. John & Elizabeth, b. Oct. 27, 1732	1	6
Jeremiah, Lieut., of Middletown, m. Betsey MEIGS, of East Guilford, June 28, 1781	2	308
Jeramiah, s. Jera[mia]h & Betsey, b. Mar. 29, 1784	2	308
Jesse, s. Timo[thy] & Abiah, b. Feb. 4, 1753	1	88
Jesse, s. Geo[rge], 3rd, & Mary, b. Aug. 10, 1760; Feb. 4, 1761	2	310
Jesse, s. Geo[rge], 4th* & Mary, b. June 7, 1764 (*Probably the "3rd")	2	310
Joanna, d.Sam[ue]ll & Joanna, b. Feb. 24, 1738/9	1	57
Joanna, d. [Joseph, 2d, & Sarah], b. Oct. 30, 1815	3	122
Joel, s. Josiah & Abigail, b. Jan. 5, 1759	2	259
Joel, s. Noadiah & Phebe, b. Aug. 30, 1773	2	138
John, s. Thomas & Mary, b. Jan. 1, 1666	LR1	32
John, s. Thomas & Mary, d. Apr. 23, 1676	LR1	32
John, s. Joseph & Mary, b. July 30, 1678	LR1	44
John, s. Nathaniell & Mary, b. Nov. 28, 1692	LR1	26
John, m Marah FFILLIPE, Feb. 10, 1701/3	LR1	43
John, s. John & Mary, b. Aug. 13, 1705	LR1	43
John m. Elizabeth STOW, Aug. 1, 1722	1	6
John, s. Jno. & Elizabeth, b. May 12, 1723	1	6
Jno., Sr., d. Jan. 2, 1726/7	LR1	43
John, of Middletown, m. Lis CLARK, of Haddam, Apr. 2, 1730	1	54
John, s. John & Lois, b June 18, 1742	1	54
John Dea., d. Mar. 12, 1753	1	6
John, s. John Earl & Annah, b. Mar. 11, 1756	2	77
John, m. Anne HIGGINS, Feb. 7, 1765	2	171
John, s.Abijah & Achsah, b. Aug. 31 1768	2	219
John Ear, m. Annah ALLIN, Feb. 22, 1745	2	77
John H., m.Ann GRAHAM, May 26, 1828, b y Levi Knight	3	308
John M., s. of Elijah, m. Frances A. FAIRCHILD, d. of Moses, b. of Middletown, Dec. 15, 1852, by Rev.John R. Crane	4	256
Jonathan s. Jno. & Elizaberh, b.Dec. 30, 1730	1	6
Jonathan, s. Rich[ar]d & Eliz[abet]h, b. Oct. 23, 1742	1	88
Jonathan, s. Heze[kia]h & Ruth, b.Mar 29 1750	1	114
Jonathan, blacksmith, m. Esther STARR, Ssept. 8, 1768	2	114
Jonathan, s. Jonathan & Esther, b. Dec. 2, 1770	2	114
Joseph, s. Georg[e] & [Elizabeth], b. Dec. 10, 1643	LR1	26
Joseph, m Mary PARFFER, dec. 29, 1670	LR1	44
Joseph, s.Joseph & Mary, b. Oct. 22, 1671	LR1	44
Joseph, Sr.,d. Dec. 26, 1686	LR1	44
Joseph, s. John & Mary, b. Mar. 21 1703/4	LR1	43
Joseph, of Middletown, m. Elizabeth HOLLISTER, of Galstonbury, Aug. 29, 1728	1	40
Joseph, s. Joseph & Elizabeth b. Dec. 25, 1732	1	40
Joseph, Jr., m. Marcy ROBBERDS, Mar. 20, 1760	2	108
Joseph, s. Eliphalet & Abigail, b. Mar. 22, 1774	2	247
Joseph s.Mancah & Hananh, b. Jan. 29, 1775	2	90
Joseph, 2d, m. Sarah BROOKS, May 26, 1796	3	122

HUBBARD, (cont.)

	Vol.	Page
Joseph, d. Nov. 14, 1823	3	122
Joseph, of Middletown, m. Amanda **GRISWOLD**, of Weathersfield, Apr. 7, 1825, by Rev. Josiah Bowen	3	195
Joseph, s. Elijah A., clerk in Saving sBank, ae 41, & Emily R., ae 25, b Apr. 14, 1850	4	154-5
Joseph W., m.Suana M. **CARRINGTON**, Oct. 20, 1830, by Rev. John R. Crane	3	354
Joseph Wickham, s. [Joseph, 2d, & Sarah], b. Dec. 6, 1802	3	122
Josiah, s. Ebenezer & Hannah, b. Mar. 6, 1732	1	14
Josiah, m. Abigail Wetmore Nov. 7, 1751	2	259
Josiah, s. Josiah & Abigail, b. Aug. 10, 1752	2	259
Josiah, .s Heze[kis]h & Ruth, b. Sept. 13, 1758	1	114
Josiah M., m. Sarah S. **HUBBARD**, May 12, 1830, by Rev. John R. Crane	3	349
Josiah Meigs, s. [Jeremiah & Betsey], b June 10, 1785	2	308
Julia M., of Middleown, m. John S. **KIBEE**, of Warren, O., Sept. 1, 1850, by Rev. Geo[rge] A. Bryan	4	146
Laura, d. [Jediah & Ruth], b. June 23, 1801; d. Aug. 17, 1806	2	351
Laura, 2d, d. Jediah & Ruth, b. Jan. 30, 1809; d. Mar. 30, 1810	2	351
Laura E., d. Elisha, m. Henry **ASRON**, May 9, 1850, by Rev. John R. Crane	4	142
Laura E., ae 27, b. in Middletown, m. Henry **ASTON**, gunsmith, ae 46, b. in London, res. Middletown, May 9, 1850, by Rev. J. R. Crane	4	168-9
Leander, s Timothy, Jr. & [ ], d. of Stephen Deming, of Weathers Field, b. May 8,1773	2	1
Levi, s. Watts 7 Mary, b Aug. 4, 1759:d. Mar. 5, 1760	2	66
Levi, s. [Caleb & Elizabeth], b. Sept. 5, 1785	2	63
Lois, d. John & Lois, b. Dec. 13, 1730	1	54
Lois, d. Rich[ar]d & Susan[na]h, b. June 3, 1751	1	103
Lucia, d. Rich[ar]d & Susanna, b. May 30, 1741	1	103
Lucia, d. Timothy] & Abiah, b. May 8, 1751	1	88
Lucia, d. Shubael & Marg[are]t, b. Nov. 22, 1752	2	253
Lucia, d. Nehem[ia]h & Sarah, b.Apr. 22, 1755	2	166
Lucretia, d. Caleb & Eliza[abet]h, b. Jan. 30, 1739/40	1	110
Lucretia, d. Caleb & Eliz[abet]h, d. Feb. 28, 1754	1	110
Lucretia, d. Rich[ar]d & Suans[na]h, b. Feb. 11, 1755	1	103
Lucretia, d [Abijah & Sarah], b. Sept 23, 1786	2	322
Lucretia, d. Abner & Esther], b. Jan. 16, 1790	2	298
Lucretia,m. Marvin **THOMAS**, Oct. 3, 1825, by Rev. Stephen Hayes	3	208
Lucy, d. Dan[ie]l & Susannah, b. Apr. 17, 1760	1	92
Lucy, of Middletown, m. Willard **CULVER**, of Haddam. Oct.8, 1823, by Rev. Josiah Bowen	3	140
Lucy Ann, [d. Francis & Jane R.], b. Sept. 16, 1846	4	4
Lucy M., m.Daniel **BIDWELL**, b. of Middletown, [Nov.] 27, [1844], by Rev. W[illia]m g. Howard	3	524
Lucy r., d. of Ralph, m. Marvin R. **WARNER**, s. of Isaac, May12, 1850, by Rev. B. N. Leach	4	144
Lucy R., ae 21, m. Marvin R. **WARNER**, manufacturer, ae 26, May 21, 1850	4	170-1

MIDDLETOWN VITAL RECORDS 287

	Vol.	Page
HUBBARD, (cont.)		
Lydia d. Dan[ie]l & Susannah, b. Une 24, 1738	1	92
Lydia, d. Sam[ue]ll & Joanna, b. Oct. 21, 1746	1	57
Lydia, d. Jno. Earl & Annah, b. June 10, 1751	2	77
Lydia, m. Caleb **TRYON**, July 7, 1768	2	271
Lydia, m. John **SEARS**, Dec. 14, 1770	2	117
Lydia, m. Jacob* **BACON**, Nov.e 7, 1776 (*Probably "Joel")	2	210
Lydia, b. in Lyme, res Middletown, d. Mar. 5, 1850, ae 59	4	172-3
Manoah, s. Joseph & Eliz[abet]h, b aug. 14, 1739	1	40
Manoah, m. Hananh **WOODWARD**, Apr. 22, 1762	2	90
Manoah, s. Manoah & Hananh, b. Nov. 22, 1762	2	90
Marcy, d. George & Mary, b. June 25, 1762	LR2	16
Marcy, w. of George, d. Feb. *, 1730/31	LR2	16
Marcy, m. Daniel **SMITH**, b. of Kensignton, in Middletown, Dec. 11, 1736	1	84
Marcy, d. Rich[ar]s & Eliz[abet]h], b. Dec. 29, 1736	1	88
Marcy, m. Zacheas **BACON**, Feb. 21, 1754	2	361
Marg[a]ret, d. Daniell & Sarah, b. July 20, 1676	LR1	46
Margaret, m. John **WARD**, Mar. 18, 1713/14 (Perhaps. "Mar. 8")	LR2	24
Margaret, d. Shubael & Marg[are]t, b. June 1, 1755	2	253
Margaret, m. Samuel **GLEASON**, Nov. 15, 1759	2	253
Maria M., of Middletown, m. Edward **LONGMAID**, of Litchfield, Feb. 27, 1837, by Rev. Zebulon Crocker	3	428
Martha, s. Richard & Martha, b. Jan. 3, 1692/3	LR1	26
Martha os Middletown, m. Jonah **STRICKLAND**, formerly, of Glastonbury, Nov. 21 1711	LR2	24
Martha, d. John & Elizabeth, b. Apr. 18, 1737	1	6
Martha, d. Timo[thy] & Abiah, b. Dec. 9, 1746	1	88
Martha, d Prosper & Elizabeth, b. Sept. 6, 1775	2	91
Mary, d. Georg[e] & Elizabeth, b. Jan. 16, 1641	LR1	26
Mary, d. Thoams & Mary, b. Jan. 3, 1656	LR1	32
Mary, m. Thoams **RAN[N]EY**, May [ ], 1659	LR1	35
Mary, w. of Daniell, d. Dec. 24, 1678	LR1	46
Mary, m. John **HALL**, Oct. 1, 1674	LR1	50
Mary, d. Daniell & Sarah, b. Jan. 16, 1678	LR1	46
Mary, d. Joseph & Mary, b. Jan. 23, 1681; d. Apr. 19, 1682	LR1	44
Mary, d. Nathaniell & Mary, b. Mar. 9, 1683/4	LR1	26
Mary, d. Daniell & Sarah, b. Mar. 23, 1686	LR1	46
Mary, d. Richard & Martha, b Apr. 9, 1699	LR1	26
Mary, [d.Richard & Martha], d. May 6, 1699	LR1	26
Mary, 2d, d. Richard & Martha, b. Apr. 17, 1700	LR1	26
Mary, wid. of Joseph, d. June 10, 1707	LR1	44
Mary, d. Rober & Abigaill, b. Oct. 24, 1708	LR1	50
Mary, d. John & Mary, b. Sept, 20, 1713	LR1	43
Mary, d. Daniell, d. July 9, 1719	LR1	46
Mary, m. Thomas **BEVIN**, Apr. 21, 1726	LR2	7
Mary, m Jeremiah **OSGOOD**, Aug. 16, 1727	1	29
Mary, d. George & Mary, b. Mar. 20, 1727/8	1	27
Mary, w. of Nath[anie]ll, d. Apr. 6, 1732	LR1	26
Mary, w. of Nathaniell, d. Apr. 6, 1732	LR1	26
Mary, d. Nath[anie]; & Sarah, b. Apr. 10, 1733	LR2	9
Mary, d. John & Lois, b. Apr. 23, 1733	1	54

HUBBARD, (cont.)

	Vol.	Page
Mary, wid. [Jno.], d. Oct. 21, 1735	LR1	43
Mary, m. Caleb HUBBARD, Nov. 22, 1744	1	110
Mary, d. Rich[ar]d, & Eliz[aet]h, b. Apr. 12, 1745	1	88
Mary, d. Caleb & Mary, b. Sept. 10, 1745	1	110
Mary, m. Zacheus COOK, May 9, 1747	2	309
Mary, d. Watts & Mary, b. Aug. 30, 1747	2	66
Mary, d. Rich[ar]d & Elizabet]h, d. May, 2, 1748	1	88
Mary, m. Samuel WARNER, Oct. 24, 1751	2	288
Mary, d. Jno. & Lois, d. Feb. 2, 1757	1	54
Mary, d. Nehemiah & Sarah, b. Aug 18, 1764	2	166
Mary, d. Nehemiah & Sarah, d. Mar. 18, 1766	2	166
Mary, 2d, d. Nehemiah & Sarah, b. Aug. 20, 1768	2	166
Mary, m. Amos TRYON, Sept. 17, 1772	2	184
Mary, d. George & Mary, b.apr. 16, 1780	2	310
Mary, w. of Caleb, d. Feb. 15, 1789	1	110
Mary, d.[Jeremiah & Betsey], b. Apr. 2, 1791	2	308
Mary E., d. H. R., blacksmith, ae 33, & C. E., ae 27, b. Oct. 24, 1849	4	160-1
Mary J., d. Nov. 15, 1848, ae 29	4	70-1
Mary, m., b. in Johnson Lane, Middletown, res. Long Hill, Middletown, d. Nov. 13, 1848, ae 57	4	132-3
Mary M., milliner, d. Dec. 11, 1848, ae 57	4	132-3
Mary S., m. Abner ROBERTS, Dec. 6, 1838, by Rev. John R.Crane	3	454
Mary T., of Middletown, m. Alanson WRIGHT, of Rocky Hill, Jan. 6, 1851, by Rev. Frderick Wightman	4	181
Matthew, s. Nehemiah & Sarah, b. Nov. 20, 1770	2	166
Mehetabell, d. Daniell & Sarah, b. Aug. 18, 1683	LR1	46
Mehittaball, d. Georg[e] & Mehittaball, b. June 21, 1708	LR1	50
Mehetabel, d. George & Mary, b. Ocr 12, 1738	1	27
Mehitabel, m. Daniel WHITMORE, Nov. 3, 1738	1	106
Mehetabel, d. Geo[rge] & Mary, d. June 2, 1749	1	27
Mehitabel, Heze[kia]h & Ruth, b. Apr. 26, 1752	1	114
Mehittaball, w. of Georg[e], d. Apr. 17, 1753	LR1	50
Mehetabel, d. Geo[rge], 3ed, & Mary, b. June 26, 1756; d. Sept. 24, 1758	2	310
Mehitabel, m. Alfred ROBERTS, Feb. 26, 1837, by Rev. John R. Crane	3	428
Mercy, d. Joseph, 2d, & Sarah, b. Nov. 22, 1800	3	122
Mercy, m. William b. HALL, b. of Middletown, May 24, 1821, by Rev. John R. Crane	3	53
Millesent, d. Rich[ar]d & Susanna, b Feb. 3, 1747	1	103
Nancy, m. Aug[ustu]s COLES, Apr. 14, 1834, by Rev. John Cookson	3	395
Nathan, s. John & Mary, b. May 4, 1709	LR1	43
Nathaniell, s. George & Elizabeth, b. Sept. 10, 1652	LR1	5
Nathaniell, m. Mary EARLE, May 29, 168[2*] (*number 2 hand written in)	LR1	26
Nathaniell, s. Nathaniell & Mary, b.Sept. 14, 1690	LR1	26
Nathaniel, m. Sarah JOHNSON, Apr. 12, 1716; d. Oct. 14, 1765	LR2	9
Nathaniell, s. Nathaniell & Sarah, Jan. 5, 1718/19	LR2	9

MIDDLETOWN VITAL RECORDS 289

	Vol.	Page
HUBBARD, (cont.)		
Nathaniell, d. May 20, 1738	LR1	26
Nathaniel, of Bedfore, m. Ruth BARNES,of Middletown, Feb. 12, 1752	2	240
Nathaniell, d. Oct. 14, 1765	LR2	9
Nath[anie]ll, s. Nehemiah & Sarah, b. July 17, 1766	2	166
Nathaniel, of Granvil, m. Lucy JOHNSON, Apr. 15, 1773	2	71
Nathaniel, s.Elijah &Abigail, b. Aug 5, 1774	2	80
Nehemiah, s. Nath[anie]ll & Sarah, b. July 22, 1721	LR2	9
Nehemiah, m. Sarah SILL, Oct. 12, 1748	2	166
Nehemiah, s. Nehem[ia]h & Sarah, b. Apr. 10, 1752	2	166
Noadiah, s. Nath[anie]ll & Sarah, b. Mar 14, 1735/6	LR2	9
Noadiah s. Solomon & Jemima, b. Jan. 24, 1756	1	132
Noadiah, m. Phebe CROWEL, wid. of Sam[eu]ll, Mar. 15, 1764	2	138
Noadiah, s. Noadiah & Phebe, b. Oct. 11 1765	2	138
Oliver, s. Hezekiah & Ruth, b. Jan. 26, 1744	1	114
Oliver, s. Hezekiah & Esther, b. Sept. 3, 1767	2	278
Ozias, s. Watts & Mary, b. Jan. 14, 1755	2	66
Parthenah, d. Jno. & Lois, b. Mar. 31, 1739	1	54
Pascal E., m. Jane Frances HOUGH, b. of Middletown, Nov. 20, 1833, by Rev. B. Cragh	3	389
Pascal Thompson, s. Pascal E. & Jane F., b. Oct. 8, 1834	3	439
Persis, d. Manoah & Hannah, b. July 8, 1763; d. Mar. 7, 1767	2	90
Persis, m. Ebenezer ARNOLD, Jr., Apr. 7, 1791	2	277
Phebe, d. Robert & Abigail, b. Jan. 24, 1704/5	LR1	50
Phebe, d. Robert & Eliza[bet]h, b. July 25, 1736	1	81
Phebe, [d. Robert & Eliza[bet]h, d. Sept. 27, 1736	1	81
Phebe, d. Rob[er]t & Eliza[bet]h, b. Oct. 10, 1740	1	81
Phebe, d. Nehem[ia]h & Sarah, b. Jan. 3, 1761	2	166
Phebe, w. of Tho[ma]s, Jr., d. May 6, 1761	2	122
Phebe, d. Noadiah & Phebe, b. Jan. 27, 1769	2	138
Phebe, m. Seth S. HALL, May, 13, 1828, by Rev. John R. Crane	3	306
Phebe B., m.allen W. GOFF, Nov. 4, 1827, by Rev. John R Crane	3	283
Polly, d. Abner & Esther, b. July 21, 1785	2	298
Polly, d. [Ephraim & Irene], b. May 21, 1786	2	186
Polly, d. [Abijah & Sarh], b. Sept. 13, 1788; d. Jan. 16, 1790	2	322
Polly, d. [Abijah & Sarah], b Apr. 20, 1791	2	322
Prescilla, d. Joseph & Elizabeth, b. Oct. 16, 1735	1	40
Priscilla, m. Ebenezer ROBBARDS, 3rd, Aug. 27, 1761	2	208
Prosper s. Heze[kia]h & Ruth, b. Jan. 30, 1745/6	1	114
Prosper, m. Elizabeth NORTON, Nov. 17, 1768	2	91
Prosper, S. Prosper & Elizabeth, b. Jan. 16, 1772	2	91
Prosper, s. Prosper & Elizabeth, d. Ocr. 25, 1773	2	91
Prudence, d. Rich[ar]d & Suanna, b. Mar. 2, 1743	1	103
Rachel, d. Solo[mo]n & Rachel, b. Sept. 5, 1771	2	215
Ralph, m. Clarissa ROBERTS, Apr. 16, 1828, by Rev. John Cookson	3	302
Rebeckah, d. Geo[rge] & Mary, b. Feb. 18, 1762	2	310
Rebecca H., m. Isaac P. DOAN, b. of Middletown, Mar. 16, 1836, by Rev. John C. Green	3	420
Reuben, s. Dan[ie]l & Susannah, b. July 27, 1748	1	92
Reuben, s. [Caleb & Elizabeth], b. Mar. 3, 1782	2	63

HUBBARD, (cont.)

	Vol.	Page
Rhoda, d. Jno. Earl & Annah, b. Aug. 12, 1753	2	77
Rhoda, d. Watts, & Mary, b. Mar. 31, 1757	2	66
Rhoda, d. Josiah & Abigail, b. June 25, 1757	2	259
Richard, s. Georg[e] & Elizabeth, b. July [ ], 1655	LR1	26
Richard, m. Martha CORNELL, Mar. 31, 1692	LR1	26
Richard, s. Richard & Martha, b. Aug. 25, 1706; d. Nov. 8, 1709	LR1	26
Richard, s.Georg[e] & Mehittaball, b. Jan. 8, 1712/13	LR1	50
Richard, s. George & Mary, b. Sept. 5, 1718	LR2	16
Richard, Sr., d. July 30, 1732	LR1	26
Richard, m. Elizabeth LEE, b. of Kensington, Jan. 22, 1735/6	1	88
Richard, m.Susannah ROBBERDS, Sept. 28, 1738	1	103
Richard, s.Richard & Suanna, b. Feb. 13, 1745	1	103
Rich[ar]d, m. Sarah BECKELY, Apr. 28, 1748	1	88
Richard, s. Jona[tha]n & Esther, b. Feb. 20, 1776	2	114
Richard Will[ia]m, s. Tho[ma]s & Frances. B. Oct. 6, 1816	3	13
Robert, s. Joseph & Mary, b. Oct. 30, 1673	LR1	44
Robert, m. Abigaill ADKINS, Mar. 4, 1703	LR1	50
Robert, s. Robert & Abigaill, b. July 30, 1712	LR1	50
Robert, Jr., m. Elizabeth SILL, Oct. 9, 1735	1	81
Robert, Sr., d. June 19, 1740	LR1	50
Robert, s.Rob[er]t & Eliza[bet]h, b. Mar. 3, 1742	1	81
Robert, s. Rob[er]t, & Eliza[bet]h, d. Aug. 8, 1742	1	81
Robert, s. Rob[er]t & Eliza]bet]h, b. Oct. 5, 1743	1	81
Robert, s. Jed[edia]h & Hannah, b. Sept. 30, 1761	2	81
Rosananh, d. Sam[ue]ll & Joanna, b. Sept. 5, 1754	1	325
Roswell, s. Timothy & Abiah, b. Oct. 19, 1736	1	57
Ruth, d. Sam[ue]ll & Martah, b. Apr. 3, 1710	LR2	88
Ruth, d. Heze[kia]h & Ruth, b. Apr. 9, 1756	1	9
Sally, d. Manoah & Hannah, b. June 29, 1783	2	114
Sally Rosecrants, d. of Nehemiah, m. Enoch PARSONS, Sept. [ ], 1808	3	90
Sally s., m. Josiah PRIOR, Sept. 12, 1833, by Rev. John R. Crane	3	80
Samuell, s. Georg[e] & Elizabeth, b. May [ ], 1648	LR1	385
Samuell, m. Sara[h] KIRBY, Aug. 9, 1673	LR1	26
Samuell, s. Samuell & Sara[h], B. Mar. 27, 1677/8	LR1	44
Sam[ue]ll, s. Sam[ue]ll & Martha, b. Oct. 4, 170[ ]	LR2	44
Sam[ue]ll, m Martha PECK, Nov. 170[ ]	LR2	9
Samuel, s. Nath[anie]ll & Sarah. B. Oct. 8, 1723	LR2	9
Samuel, Jr., m. Johanna JUDD, Jan. 27, 1730/1	1	9
Sam[ue]ll, s.Sam[ue]ll & Joanna, b. Nov. 18, 1736	1	57
Samuel, Sr., d. May 19, 1745	LR2	57
Samuel, m. Mary STOW, Sept. 13, 1749	2	9
Samuel, s. Sam[ue]ll & Mary, b. Aug. 10, 1750	2	160
Sam[ue]ll, Jr., m. Jane HIGBE, May 23, 1765	2	160
Sam[ue]ll, s. Noadiah & Phebe, b. Feb. 23, 1767	2	64
Samu[eu]ll, s. Sam[ue]ll & Jan. B. Aug. 14, 1767; d. Apr. 11, 1769	2	138 64
Samuel, 2d, s. Sam[ue]ll & jan. B. Mar. 22, 1772	2	64
Samuel tabor, s. Tho[ma]s & Frances, b. May 26, 1809	3	13
Sara[h], d.Samuell & Sara[h], b. Apr. 7, 1674	LR1	44
Sarah, d. Daniell & Sarah, b. Mar. 10, 1680/81	LR1	46

MIDDLETOWN VITAL RECORDS

	Vol.	Page
HUBBARD, (cont.)		
Sarah, d. Nath[anie[ll & Mary, b. Oct. 5, 1694	LR1	26
Sarah(?), m. Benjamin CROWELL, Sept. 30, 1707, at Wethersfield.	LR2	14
Sarah, m. Edward FFOSTER, June 17, 1708	LR2	11
Sarah, .d Sam[ue]ll & Martah, b. Jan. 18, 170[ ]	LR2	9
Sarah, d. Nath[anie]ll & Sarah, b. Feb. 11, 1716/17	LR2	9
Sarah, d. Will[ia]m & Sarah, b. Oct. 10, 1729	1	41
Sarah, m. Richard TURNER, July 2, 1735	LR2	3
Sarah, d. Lieut. Gor[rge] & Sarah, b. July 13, 1737	1	85
Sarah, w. of George, Jr., d. Sept. 25,1742	1	79
Sarah, m. George LASON, Oct. 24m 1744	2	39
Sarah, d. George & Eunice, b. Aug. 11 1748	1	79
Sarah, d. Rich[ar]k &Susan[na]h & b. May 5, 1749	1	103
Sarah, d. Nehe[mia]h & Sarah, b. Jan. 16, 1750/1	2	166
Sarah, d. Abijah & Sarah, b. Jan. 10, 1783	2	322
Sarah A., m. Richard S. RUST, of ellington, Aug. 9, 1841, by Rev. John r. Crane	3	478
Sarah Ann, d. [Joseph, 2d & Sarah], b. Nob. 19, 1813	3	122
Sarah S., m. Josiah M. HUBBARD, May 12, 1830, by Rev. John R. Crane	3	349
Selah, s.Timothy & Abiah, b. Sept. 18, 1738	1	88
Seth, s.Tho[ma]s & Thankfull, b. May 12, 1743	1	46
Seth, s. Tho[ma]s & Thankfull, d. Jan. 31, 1748/9	1	46
Seth, s. Solomon & Jemima, b. Jan. 11, 1750/1	1	132
Seth, s. Tho[ma]s, Jr. & Phebe, b. Sept. 26, 1753	2	132
Shailer, m. Harriet G. ROBBERTS, b. of Middletown, Oct. 17, 1842, by Rev.B.Cook	3	495
Sherman B., m. Emily Jane BURHAM, b. of Middletown, Nov. 27, 1845, by Rev Ja[me]s T. Dickinson	3	541
Shubael, m. Margaret SOUTHMAYD, July 23, 1752	2	253
Subael, d. June 28, 1755	2	253
Solomon, m. Jemima BARNS, July 13, 1743	1	132
Solomon, s. Solomon & Jemima, b. July 8, 1744	1	132
Solomon, s.Solomon & Rachel, b. Sept. 26, 1768	2	215
Solomon, m. Rachel TRYON, Mar. 20, 1766	2	215
Solomon, s. John & Mary, b. Aug. 20, [ ]	LR1	43
Stephen, s. Jno. & Elizabeth, b. June 21, 1727	1	6
Stephen, Capt., d. June 7, 1778	2	113
Stephen s. [Noadiah & Phebe}, b. June 21, 1779	2	138
Steven, of Middletown, m. Mary FRANCIS, of Walllingford, Apr. 3, 1766	2	113
Storrs L., of Middletown, m. Martha A. ELY, of Haddam, May 6, 1846, by Rev. J. L. Gilder	3	548
Submit, d. Elijah & Ursilla, b. Jan. 12, 1778	2	80
Susan, of Middltown m. Lauren T. MERRIAM, of Merden, Dec. 11, 1844, by Rev. Jarius Wilcox	3	525
Susanna, d. Rich[ar]d & Susanna, b. July 25, 1739	1	103
Susannah, d. Solomon & Jemima, May 30, 1746	1	132
Susannah, d. [Sam[ue]ll & Jane, b. Sept. 10, 1765	2	64
Susannah, [d. Sam[ue]ll & Jane], d. Jan. 4, 1766	2	64
Susannah, d. Sam[ue]ll & Jane. B. Mar. 1, 1770	2	64

HUBBARD, (cont.)

	Vol.	Page
Sibbell, d. Timo[thy] & Abiah, b. [ ], 1742 (Sybil)	1	88
Sibbel, m. Elnathan HUBBARD, June 10, 1761	2	276
Sylvester, m. Fanny JOHNSON, Apr. 10, 1823, by Rev. Phinehas Cook	3	125
Thankfull, d. Nath[anie]ll & Mary, b. Oct. 6, 1698	LR1	26
Thankfull, d.George & Marcy, b..July 23, 1719	LR2	16
Thankfull, m. Joseph MILLER, Dec. 13, 1722	1	8
Thankful, d. Tho[ma]s, Jr. & Phebe, b.Sept. 16, 1755	2	122
Theofore, m. Asenth SPENCER, b. of Haddam, Apr. 26, 1847, by Rev. James Floy	3	562
Thomas, s.Thomas & Mary, b. Aug. 1, 1661	LR1	32
Thomas, s. Georg[e] & Mehittaball, b. Mar. 9, 1705/6	LR1	50
Thomas, [twin with Waite]], s. Sam[ue]ll & Martha, b. May 1714; d. Dec. 1, 1742	LR2	9
Thomas, m. Thankfull JOHNSON, July 16, 1729	1	46
Thomas, s. Tho[ma]s & Thankfull, b. Oct. 30, 1730	1	46
Thomas, s.Sam[ue]ll & Joanna, b. Feb. 24, 1744	1	57
Thomas, Jr., m. Phebe GRIFFETH, Jan. 23, 1751/2	2	122
Thomas, m. Frances TABER, July 8, 1808	3	13
Thomas, m.Eliza S. TABOR, Mar. 29, 1819, by Rev. Archi[bal]d McClzry	3	13
Thomas J., m.Catharine RANNEY, of Chatham, Oct. 29, 1838, by Rev. John R. Crane	3	451
Thomas Robinson, s. Tho[ma]s & Frances, b. Jan. 30, 1811	3	13
Thomas Tryon, s. Solomon &Rachel, b. Feb. 12, 1770	2	215
Timothy, s. Sam[ue]ll & Martha, b. Dec. 15, 170[ ]	LR2	9
Timoth, m. Abiah PORTER, Jan, 29, 1735/6	1	88
Timothy, s. Timo[thy] & Abiah, b. May 23, 1749	1	88
Timothy, s. Rich[ar]d &Susan[na]h, b. May 18, 1753	1	103
Timothy, s. Jedeiah & Martha, b. Mar. 6, 1762; d. Mar. 25, 1764	2	168
Titus, s. Hezekiah & Esther, b. Feb. 8, 1769	2	278
Waite, [twin with Thomas], s. [Sam[ue]ll & Martha], b. May 14, 1714	LR2	9
Watts, so Middletown,m. Mary STANLEY, of Farmington, Apr. 24, 1746	2	66
Watts, s.Watts & Mary, b. Oct. 10, 1753	2	66
Wells, laborer, d. Jan. 24, 1849, ae 42	4	130-1
Will[ai]m, s. Sam[ue]ll & Martha, b. Mar. 3 170[ ]	LR2	9
William, m. Sarah NOTT, Dec. 25, 1728	1	41
William, m. Elizabeth ROOT, Dec. 8, 1756	2	347
William, s. Jona[tha]n & Esther, b. Mar. 30, 1769	2	114
W[illia]m H., s. Edw[ar]d C., druggist, ae 25, & Sarah, ae 20, b. Apr. 13, 1850	4	154-5
William L., s. W[illia]m L. Druggist, ae 27, & Mary E., ae 20, b. Mar. 12, 1851	4	198-9
William L., d. July 10, 1851, ae 4 m.	4	204-5
W[illia]m Leffingwell, s. Tho[ma]s & Elizabeth, b. July 3, 1823	3	13
Will[ia]m STOW, s., [Charles & Lucretia], b. May 11, 1816	3	30
Wilson J., m. Emma WHITE, b. of Middletown, Oct. 21, 1846, by Rev. James Hepburn	3	555
Zadock, s. George & Mary, b. Jan. 8, 1771	2	310

MIDDLETOWN VITAL RECORDS

	Vol.	Page

HUBBARD, (cont.)
Zera, s. Sam[ue]ll & Joanna, b. May 20, 1751 — 1, 57
-----, twin sons, Tho[ma]s & Thankfull, b. Apr. 1, 1739; Both d. same day, [Apr. 1, 1739] — 1, 46
HUBBELL, Ira, m. Urania **PATTEN**, b. of Middletown, Nov. 24, 1853, by Rev. E. L. Janes — 4, 246-7
HUBER, Jacob Fred[eric]k, Rev. m. Julia **FROTHINGHAM**, b. of Middletown, Aug. 21 1834, by Rev. W. Fisk — 3, 402
HUDSON, Almira, m. Simeon **SPENCER**, b. of Middletwon, Nov. 3 1825, by Rev. E. Washburn — 3, 216
Caroline, m. W[illia]m **NORTH**, Aug. 10, 1824, by Rev. John R. Crane — 3, 165
Daniel, m. Mary**COE**, July 24, 1766 — 2, 172
Elisha, m. Mary **BELL**, Feb. 7, 1836, by Rev. John R. Crane — 3, 419
Eliza A., m Chauncey B. **BROOKS**, b. of Middletown, Feb. 28, 1830, by Rev. Thomas Branch — 3, 346
Hannah, d. Dan[ie]ll & Mary, b. June 28, 1767 — 2, 172
Harriet A., d. Mar. 24, 1848, ae 2 — 4, 70-1
Julia, m. W[illia]m **ALLPORT**, b. of Middletown, Sept. 2 1838, by Rev. W. Fisk — 3, 431
Maria, m.Samuel B. **REDFIELD**, Sept. 25, 1808 — 3, 5
Sarah J. R., of Whitby, Eng. , m. George **NAYLOR**, of Mainwood, Eng., Dec. 26, 1852, by Rev. John R. Crane — 4, 256
HUGHES, HUSE, Edmund, m. Lucy **SIMONS**, Nov. 28, 1805 — 3, 14
Edmund, m.Elizabeth **KIRBY**, d. of [ ] Smith, b. of Middletown, Apr. 16, 1854, by Rev James B. Crane — 4, 247
Elijah Simons, s. Edmund & Lucy, b. Dec. 29, 1806 — 3, 14
Ellen, m. James **JUD[D]**, Oct. 3, 1849, by John Brady, Jr. — 4, 95
John s. Edmund & Lucy, b. Feb. 7, 1812 — 3, 14
Lucy, d. Apr. [ ], 1851, ae 64 — 4, 204-5
Martha, m. Nathaniell **BROWNE**, July 2, 1677 — LR1, 37
Mary d. Richrd, laborer, ae 25, & Mary, ae 25, b. Nov. [ ], 1849 — 4, 154-5
Rebeckah, m. Alexander **BOW**, Nov. 26, 1673 — LR1, 10
Sarah M., m. Horace D. **HALL**, Nov. 1, 1832, by Rev. John R. Crane — 3, 375
Sarah Maria, d. [Edmund & Lucy], b. June 12, 1814 — 3, 14
William, s. [Edmund & Lucy], b. Mar. 15, 1809; d. Nov. 10,1809 — 3, 14
HULETT, [see under **HEWLETT**]
HULL, Charles, s. [Trustham &Sally], b. Apr. 10, 1794 — 2, 295
Isaac, of Durham, m. Deborah D. **DEE**, of Madison, May 8, 1837, by Rev. John Cookson — 3, 433
John, s. [Trustham & Sally], b. Nov. 11, 1790 — 2, 295
Joseph, of Stockbridge, Mass., Eliz'abeth **TIBBALS**, of Middletown, May 27, 1831, by Rev. John r. Crane — 3, 360
Louisa, m.John **NETTLETON**, b. of Killingworth, Sept. 19, 1832, by Rev.John R. Carne — 3, 372
Melissa B., m. Charles N. **CROCKETT**, June 18, 1850, by Rev. J. L. Dudley — 4, 144
Melissa B., ae 24, b. in Durham rs Middletown, m. Cha[rle]s N. **CROCKET**, gunsmith, ae 26, of Middletown, June 18, 1850, by Rev. J. L. Dudley — 4, 166-7
Rhoda, of Middletown, m.William **SIMMONS**, of Sag Harbor,

	Vol.	Page

HULL, (cont.)
L.I., May 20, 1834, by Rev. W. Fisk — 3 — 395
Sam[ue]l, s. Trustham & Sally, b. Mar. 9, 1789 — 2 — 295
Trustham, m. Sally **BILL**, [ ] — 2 — 295
William, s. [Trustham & Sally, b. June 7, 1792 — 2 — 295

HUMASON, Abei, of Suffiedl, m. Mary G. **GEWETT**, of Middletown, Dec. 11, 1836, by Rev.John Cookson — 3 — 427

HUMPHREY, -----, s. William, manufacturer, ae 36, & Julia, ae 36, b. July 24, [1848] — 4 — 44-5

HUNGERFORD, Asenath, of East Haddam, m. Marvin **SHAILER**, of Saybrook, Dec. 22, 1834, by Rev. John Cookson — 3 — 404

HUNT, Edwin, m. Martha C. **SOUTHMAYD**, May 9, 1825, by Rev. John R. Crane — 3 — 200

George, of New York, m. Sarah **DAVIS**, of Middletown, Jan.28,1840, by Rev. Arthur Granger — 3 — 464

Hannah L., of Middletown, m. David H. **BROWN**, of Hartford, [Nov.] 19, [1832], by Rev. Ed[ar]d R.Tyler — 3 — 377

Jane E., m John **DUNLAP**, b. of Middletown, June 19, 1853, by E. L. Janes — 4 — 245

Mary E., m. Robert **DAVISON**, b. of Middletwon, Nov. 1, 1832, by Rev. John Cookson — 3 — 375

Mary L., ae 18, m. Thomas **TOPPON**, planemaker, ae 22, b. in N.Y., res Middletown, May 4, 1850, by Rev. B. N. Leach — 4 — 200-1

Mary L., d. of Jacob, m. Thomas **TAPPEN**, s. of Thomas, b. of Middletown, May 4, 1851, by Rev. B. N. Leach — 4 — 186

Nelson, of glastonbury, m. Julia **SHIPMAN**, of Weathersfield, Feb. 4, 1827, by Rev. Frederick Wightman — 3 — 262

HUNTER, Agnes M., d. of wid. [ ], m. Franklin **BABOCK**, s. of Samuel, b. of Middletown, Nov. 10, 1851, by Rev. T. P.Abell — 4 — 192

Catharine, of Middletown, m.George L. **JACOBS**, of Mansfield, O., Oct. 22,1 849, by Rev. Townsend P. Abell — 4 — 186

John, dyer, b. in Glasgow, Scotland, res. Middletown, d. Sept. 25, 1847, ae 45 — 4 — 68-9

HUNTINGTON, Bethia Throop, d. [Rev. Dan], b. Oct. 7, 1805 — 3 — 17

Caroline, m William **ANDERSON** (colored), b. of Middletown, Oct. 9, 1825, by Rev. E. Washburn — 3 — 212

Charles Phelps, s.Rev. Dan, b. May 24, 1802 — 3 — 17
Edward Pelps, s. [Rev. Dan.], b. Apr. 25, 1807 — 3 — 17
Elizabeth Porter, d. [Rev. Dan.], b. May 8, 1803 — 3 — 17

Enoch, Rev. of Middletown, m. Mrs. Mary **GRAY**, of Windham, July 17, 1764 — 2 — 214

Enoch, s Rev. Enoch & May, b. Oct. 19, 1767 — 2 — 214

Enoch, Rev., had negro Phebe, d. Phillis,b.Mar. 4, 1783; Ju{i}nne, d. Phillis, b. July 6, 1768; Harry, s. Phillis, B. July 22, 1788 — 2 — 313

Esther, twin with Martha, d. Rev. Enoch & Mary, b. May 10,1777 — 2 — 214
Esther, 2d, d. Rev. Enoch & May, b.Apr. 8, 1779 — 2 — 214
John Whiting, s. [Rev. Dan], b. Apr. 28, 1809 — 3 — 17
Lucy, d. Rev. Enoch & Mary, b. Dec. 8, 1773 — 2 — 214
Lydia, d. Rev. Enoch & Mary, b. Dec. 31, 1771 — 2 — 214
Martha, twin with Esther, d. Rev. Enoch & Mary, Mar 10, 1777 — 2 — 214
Mary, .d Rev. Enoch & Mary, b. Aug. 28, 1769 — 2 — 214

MIDDLETOWN VITAL RECORDS 295

	Vol.	Page
HUNTINGTON, (cont.)		
Mary, m. Matthew T. **RUSSELL**, Sept. 17, 1797	2	253
Mary, m. Matthew T. **RUSSELL**, Sept. 17, 1797, by Enoch Huntington	3	38
Mary, colored, d. May 1, 1850, ae 2 wk.	4	172-3
Mehitabel, d. Rev. Enoch & Mary b. June 18, 1784	2	214
Robert, m. Beulah **JEFFRAY**, b. of Middletown, Sept. 10, 1837, by Rev. Robert McEwen	3	437
Samuel, s. Rev. Enoch & Mary, b. Aug 23, 1775; d. Mar 28, 1776	2	214
Samuel Gray, s. Rev. Enoch & Mary, b. May 21 182	2	214
Tascalla, d. Sept. 5, 1847, ae 6 m.	4	68-9
Theodore Greyson, s. [Rev. Dan.], b. Mary. 18, 1813	3	17
Theophilus arson, s. [Rev. Dan.], b. July 11, 1811	3	17
Truman, colored, d. June [ ], 1851, ae 3	4	204-5
William, m. Emily **COOLEY**, b. of Middletown, Sept. [ ], 1839, by Rev. Frances Hodgeson	3	465
William Pitkin, s. [Rev. Dan], b. July 10, 1804	3	17
Wolcott, of New York, m. Jan,e E. **WATKINSON**, of Middletown, May 10, 1837, by Rev. John R. Crane	3	434
-----, child of William H., laborer, ae 34, & Emily, ae 25, b. Mar. 25, [1847 or 8}	4	50-1
HURD, [see also **HEARD**], Jacob, m. Thankful **HURLBUT**, Feb. 28, 1745/6	2	156
Joseph, s. Jacob & Thankful, b. Mar. 27, 1751	2	156
Rachel, d. Jacob & Thankful, b. June 23, 1748	2	156
Ruth, of Killingworth, m. Oliver **TEAL**, Nov. 14, 1747	2	37
HURDEN, Joel, m. Issabella **SMITH**, May 7, 1823, by Rev Phinehas Cook	3	127
HURLBUT, HURLBUTT, HURLBURT, HULBERT, Abigail, d. David & Mary, b. June [ ], 1714	LR2	18
Abigail,m. Nathaniel **SPENCER**, May 1, 1732/3	1	94
Abigail,m. Elijah **WHITE**, July 9, 1741	1	80
Abigail, m. Elijah **WHITE**, July 9, 1741	2	9
Abigail, d. Josiah & Susannah, b. Nov. 2 1743	2	7
Abigail, m. Timothy **BELDING**, Mar. 4, 1746	2	58
Abigial, d. W[illia]m & Eliz[abet]h, b. June 25, 1757	1	91
Abigail, d. Tho[ma]s & Abigail, b. July 14, 1776	2	109
Abigail, d. w. [Tho[ma]s], d. [ ]	2	109
Amanda, m. Elijah **ROBERTS**, Oct. 27, 1825, by Rev.Stephen Hayes	3	218
Anner, m. William **WRIGHT**, b. of Middletown, Dec. 18, 1764	2	73
Anna, w. of Hezekiah, d. Mar. 1, 1767	2	251
Anna Hall, d. Hez[ekiaa]h & Hannah, b. June 9, 1780	2	103
Aseneth, d. Josiah & Suanna, b. July 19, 1742	1	80
Asenath, d. Josiah & Susannah, b. July 19, 1742	2	7
Bildad, s. Sam[ue]ll & Sarah, b. Nov. 1, 1737	1	86
Catharine, m. Hez[ekia]h **HURLBUT**, June [ ]	2	102
Caty, d. [Thomas & Katharine], b. May 31, 1786	2	109
Clarissa, d. [Thomas & Katharine], b. Oct. 10, 1788; d. Sept. 19, 1794	2	109
Clarissa Francis, d. [Hez[ekia]h & Catharine], b. Mar. 16, 1799, in Tranton	2	102

HURLBUT, (cont.)

	Vol.	Page
Daniel, s.John & Rebecka, b. Mar. 7, 1808/9	LR1	19
Daniel, m. Esther HAMLI, Nov. 19, 1729	1	48
Daniel, s. Heze[kia]h & Anna, b. Nov. 23, 1752	2	251
Daniel, m. Hannah HIGBE, Apr. 9, 1778	2	232
Daniel, s.Dan[ie]l & Hannah, b. Oct. 27, 1779	2	232
Daniel, d. [ ] at sea	1	48
Daniel H., m. Amelia KELLEY, b. of Middletown, Jan. 2, 1828, by Joshua L. Williams, V.D.M.	3	293
David, s. John & Mary, b. Aug. [ ], 1688	LR1	43
David, m. Mary SAVAGE, Sept. 22, 1709	LR2	18
David, s. Davie & Mary, b. Nov. 1, 1716	LR2	18
David, Jr., m.Ruth BELDING, Apr. 6, 1736	1	134
David, s. David, Jr., & Ruth, b. Apr. 29, 1745	1	134
David, 3rd, m. Dorcas ARNOLD, Sept. 3, 1765	2	95
Dorcas, d. Gideon & Deborah, b. Apr. 4, 1753, in Haddam	2	47
Ebenezer, s. John & Mary, b. Jan. 17, 1682	LR1	43
Ebenezer m. Sarah DICKINS, May 4, 1710	LR2	1
Ebenzer, s. Tho[ma]s & Martha b. Aug 8,1710	LR2	12
Ebenezer Jr., m. Sarah CLARK, Nov. 2, 1743	2	52
Edward, s. Hez[ekia]h & Hannah, b. Aug. 18,1774	2	103
Edward, s. Hez[ekia]h & Hannah, d. Aug. 26, 1775	2	103
Edward, 2d, s. Hezekiah & Hannah, b. Dc. 12, 1776	2	103
Elisha, s. David, Jr. & Ruth, b. Dec. 20, 1741	1	134
Elisha, m. Sarah CHURCHEL, Feb. 11, 1761	2	129
Elizabeth, d. Eben[eze]r & Sarah, b. Apr. 4, 1712	LR2	1
Elizabeth, d. Jno. & Elizaberth, b. Mar. 16, 1731/2; d. Aug. 22, 1732	1	12
Elizabeth, d. W[illia]m & Eliz[abet]h, b. Sept. 1, 1743	1	91
Elizabeth, m. Elisha DOANE, Dec. 11, 1751	2	260
Elizabeth d. Hez[ekia]h & Hannah, b. June 17, 1782	2	103
Eshter, d. Daniel & Esther, b. Feb. 6, 1733/4	1	48
Esther, m. Thomas RAND, Feb. 28, 1737/8	1	101
Gideon, s.David & Mary, b. Jan. 11, 1722/3; d. Jan 16, 1723/4	LR2	18
Gideon, s. Daivd & Mary, b. June 9, 1729	LR2	18
Gideon, m. Deborah BRAINERD, Feb. 14, 1750/1	2	47
Gideon, s. Gideon & Deborah, b. Aug. 20, 1755, in Haddam	2	47
Hannah, d. Daniel & Esther, b. Oct. 3 1731	1	48
Hannah, m.Eenezer PRYOR, Dec. 19, 1738	1	47
Hannah, d. Hez[ekia]h, & Hannah, b. Dec. 20, 1771	2	103
Hannah, w. of Hezekiah, d. Dec. 28, 1776	2	103
Hanah, w. of Hez[ekia]h, d. Jan. 16, 1796	2	102
Helen Louisa, m. Samuel BABOCK, Jr., b. of Middletown, Feb. 19 1844, by Rev. Merett Sanford	3	516
Hezekiah, s. Jno. & Elizaberh, b. June 2, 1727	1	12
Hezekiah, m. Anna HALL, Feb. 2, 1748/9	2	251
Hezekiah, s. Heze[kia]h & Anna, b. May 23, 1749	2	251
Hezekiah, Jr., m. Hannah JOHNSON, Apr. 11, 1771	2	103
Hezekiah, Jr., m. Hannah CLARK, June 12, 1777	2	103
Hezekiah, Se\r., d. Mar. 10, 1780	2	251
Hezekiah, s. Hez[ekia]h, & Hannah, b. Apr. 25, 1784	2	103
Hez[ekia]h, Sr., d. Jan. 19, 1800	2	102

MIDDLETOWN VITAL RECORDS 297

	Vol.	Page
HURLBUT, (cont.)		
Hez[ekia]h, m. Catharine HURLBUT, June [ ]	2	102
Honour, d. David & Mary, b. Apr. 25, 1721	LR2	18
Horace, Johnson, s. Hez[ekia]h & Catharine, b. [ ]	2	102
Jehiel, s.Elisha & Sarah, b. Sept. 10, 1762	2	129
Jemima, d. Jno. & Elizabeth, b. May 17, 1725	1	12
Jemima, m. Benj[amie]n WETMORE, Jr., June 20, 1744	2	14
John m. Mary DEMAN, Dec. 15, 1670	LR1	43
John, s. John & May, b. Dec. 8, 1617	LR1	43
John, d. Apr. 30, 1690	LR1	43
John, m. Rebecka WARNER, July 8, 1698	LR1	19
John, s. John & Rebecka, b. Feb. 14, 1701	LR1	19
John, m. Elizabeth SAGE, June 11, 1724	1	12
John s. [Thomas & Katharine], b. May 17,1783	2	109
John s. [Hez[ikia]h & Hannah], b. May 20, 1793	2	103
Jonathan, s Stephen & Hannah, b. Feb. 28, 1728* (*1729)	1	44
Jonathan, s. Tho[ma]s & Sarah, b. June 24, 1744	1	112
Jonathan, s. Gideon & Deborah, b. Nov. 30, 1751,in Groton	2	47
Jonathan Otis, s. [Hez[ekia]h & Hananh], b. Oct. 30, 1790	2	103
Joseph Clark, s. Hez[ekia]h & Hannah, b. Sept.4, 1778	2	103
Lois, d. David, Jr. & Ruth, b. Feb. 4, 1737	1	134
Lois G., of Middletown, m. Heber BRAINERD,of Haddam, Oct. 30, 1825, by Rev. Fred[eric]k Wightman	3	214
Lucetta A., m. William H. LEWIS, b. of Middletown, [Nov. 23, [1846], by Rev. T. P. Abell	3	556
Lucretia, m. Hart DOOLITTLE, b. of Middletown, June 7, 1830, by Rev. John Cookson	3	351
Lusie, d.Stephen & Hannah, b. July 19, 1731	1	44
Marcy, d. John & Mary, b. Feb. 17, 1680	LR1	43
Marcy, d. David & Mary, b. Feb. 22 1712/13	LR2	18
Marcy, d. David & Mary, b. Apr. 1, 1731	LR2	18
Marg[a]ret, m. Timothe SAGE, Feb. 7, 1705	LR2	4
Margaret, d. Eben[eze]r & Sarah, b. Oct. 31, 1715	LR2	1
Marg[a]ret, m. Thomas HALL, Sept. 30, 1736	1	91
Maria, d. [Hez[ekia]h & Hannah], b. Sept. 14, 1788	2	103
Mary, d. John & Mary, b. June 9, 1679	LR1	43
Mary d. John & Rebeckah, b. Jan. 25, 1705/6	LR1	19
Mary, d. David & Mary, b. Dec. 15, 1709	LR2	18
Mary, d. Jno. & Elizabeth, b. Nov. 12, 1729	1	12
Mary, d. David, Jr. &Ruth, b. Mar. 15, 1749	1	134
Mary, d.[Tho[ma]s & Abigail], b. Sept. 10, 1777	2	109
Mehitabell, d. John & Mary, b. Nov. 23, 1690	LR1	43
Mehetabell, m. Nathaniel WHITE, July 29, 1714	LR2	15
Nathaniell, s. Tho[ma]s & Martha, b. May 9, 1708	LR2	12
Olive, Mrs.M. Harvey D. CORNWELL, Oct. 20, 1824, by Rev. Josiah Graves	3	181
Olive G., d. of David, of middletown, m. Josiah H. OSBORN, of Keene, N.H., Oct. 23, 1850, by Rev. T. P. Abell	4	188
Peggy, d. [Hez[ekia]h & Hannah], b. Sept. 9, 1786	2	103
Phebe, d. Gideon & Deborah, b.aug. 26, 1760	2	47
Prudence, of Weathersfield, m.Samuel SAGE, of Middletown,Apr. 10, 1755	2	11

HURLBUT, (cont.)

	Vol.	Page
Rachel, d. Eben[eze]r & Sarah, b. Oct. 24, 1717	LR2	1
Rebecka, d. John & Rebecka, b. July 17, 1703	LR1	19
Rebeckah, m. Jacob **WHITMORE**, July 31, 1735	1	51
Rebeckah, m. Elihu **COTTON**, Jan. 19, 1777	2	217
Reuben, s. Gideon & Deborah, b.Feb. 15, 1758	2	47
Reuben, s. W[illia]m & Eliz[abet]h, b. May 11, 1761	1	91
Ruth, d.David, Jr. & Ruth, b. Oct. 5, 1760	1	134
Samuell, s. Tho[ma]s & Martha, b. Feb. 25, 1715/16	LR2	12
Samuel, m. Sarah **HURLBUT**, Jan. 22, 1735/6	1	86
Sam[ue]l, s.David, Jr. & Ruth, b. Apr. 21, 1747	1	134
Sarah, d. John &Mary, b. Nov. 5, 1676	LR1	43
Sarah, m. Joseph **WARNER**, June 10, 1703	LR2	17
Sarah, d. Eben[[eze]r & Sarah, b. Dec. 1, 1710	LR2	1
Sarah, m. John **CLARK**, July 18, 1734; d. May 31, 1737	1	75
Sarah, m. Sauel **HURLBUT**, Jan. 22, 1735/6	1	86
Sarah, d. Tho[ma]s & Sarah, b. Nov. 16, 1738; d. June 28, 1740	1	112
Sarah, d Tho[ma]s & Sarah, b. Feb. 28, 1745/6	1	112
Sarah m. Ichabod **BROOKS**, Oct. 23, 1767	2	26
Sarah, d. [Thmas & Katharine], b. Jan. 3, 1785	2	109
Seymour, s. David, Jr. & Ruth, b. Apr. 21, 1756	1	134
Sharon D., m. Elizabeth C. **SHIPMAN**, b. of Middletown, Mar. 24, 1851, by Rev. T..P. Abell	4	189
Stephen, m. Hannah **DeWOLF**, July 11, 1728	1	44
Susanna, d. Danie & Esther, b. Jan. 3, 1729/30	1	48
Susannah had s. Susannah **GROSE**, b. May 8, 1749	2	54
Susannah, of Middletown, m. Daniel **CONE**,of Haddam, May 12, 1751	2	54
Thankfull, d. David & Mary, b. Apr. 6, 1727	LR2	18
Thankful, m. Jacob **HURD**, Feb. 28, 1745/6	2	156
Thomas, s. John & Mary, b. Oct. 20, 1674	LR1	43
Thmas, m. Martha **COLLINS**, Dec. 15, 1705	LR2	12
Thomas, s Thmas & Martha, b. Oct. 8, 1706	LR2	12
Thomas, of Midddletown, M. Sarah **REYS**, of Wallingford, June 26, 1735	1	112
Thomas, s. Tho[ma]s & Sarah b. Jan. 17, 1736/7; ;d. Feb. 13, 1737/8	1	112
Thomas, s. Tho[ma]s & Sarah, b. Mar. 20, 1747/8	1	112
Thomas, m. Katharine **CLARK**, Apr. 5, 1781	2	109
Thomas, s [Thomas & Katharine, b. Jan. 10, 1782	2	109
Thomas, m. Abigail **JOHNSON**, Dec. [ ]	2	109
Titus, s. Tho[ma]s & Sarah, b. Dec. 30, 1741; d. Aug. 24, 1743	1	112
Tryphena, d. Josiah & Susannah, b. Dec. 24 1745	2	7
William, s. David & Mary, b. Nov. 28, 1718	LR2	18
William, m. Elizabeth **ROGERS**, May 1, 1740	1	91
W[illia], s. W[illia]m & Eliz[abet]h, b. Nov. 28, 1754	1	91
-----, d. Hez[ekia]h & Hannah, st. b. Jan. 15, 1796	2	102

HURLEY, Eliza, m. Michael **COLLINS**, Nov. 26, 1854, by Rev. Jno. Brady

	4	274

HURT, Michael, m.Catharine **BLUM**, b. late of Seligenstadt, Grand Duchy of Hesse, now of Middletown, July 24, 1853, by Jacob Fred[eric]k Huber V.D.M.

	4	234

MIDDLETOWN VITAL RECORDS 299

	Vol.	Page
HUSE, [see under HUGHES]		
HUSKET, Martha, m. Josiah ADKINS, Sept. 5, 1743	1	132
HUTCHINGS, HUTCHINS, Alice G., d. [W[illia]m & Alice, b. Mar. 24 1851	4	200-1
Henry G., s. William, laborer, ae 30, & Alice, ae 33, b. Sept. 28, 1848	4	112-3
Joseph B., d. Nov. 28, 1850, ae 1	4	206-7
Joseph Smith, s. Sam[ue]l & Polly, b. Oct. 2, 1792	2	206
Samuel, m. Polly SMITH, Dec. 31,1791	2	206
Sam[ue]l, d. Sept. [ ] 1793	2	206
HUTCHINSON, Eliza, m. Charles WELTON, Apr. 24, 1846, by Rev. W. G. Howard	3	550
Lewis, of Coventry, m. Caroline HOPKINS, of Middletown, May 27, 1840, by Rev. Francis Hodgson	3	566
HYDE, HYDEE, Andrew, m. Catharine WALL, Nov. 20, 1853, by Rev. Jno. Brady	4	242
William W., m. Mary E. CORNWELL, Apr. 13, 1851, by Rev. William Jarvis	4	185
W[illia]m W., m. Mary E. CORNWELL, b. of Middletown, Apr. 13, 1851, by Rev. W[illia]m Jarvis	4	202-3
HYDER (?)*, Andrew m. Catharine WALL, Nov. 20, 1853, by Rev. Jno. Brady (*HYDE?)	4	242
HYLAND, James, m. Catharine HENNISON, Nov. 10, 1851, by Rev. Jno. Brady	4	207
HYLLIAR, HYLYAR, [see also HILLIARD], Margaret, m. Daniel CROFOOT, July 7, 1743	2	17
Mary, m. Elisha WILLIAMS, Feb. 28, 1745	2	79
HYMAN, Margaret b. in England, res. Middletown, d. Apr. [ ], 1851, ae 22	4	206-7
INES, William, m. Ellen FITZGERALD, Feb. 30, [sic], 1854, by Rev. Jno. Brady	4	265
INGHAM, INGRAM, [see also INGRAHAM], Anson Ernest, twin with Friend Edwin, [s. William Henry & Esther Frances], b. May 21, 1862	3	94
Clara Selena, [d. Friend William & Eunice], b. Sept 21 1843	3	93
Cleveland, s. Friend w., mechanic, ae 47, & Eunice, ae 39, b. May 28, [1848	4	44-5
Eugene Malcolm, [s. Malcolm Sage &Lucena Cornelia], b. May 8, 1862; d. May 3, 1863	3	94
Eunice A., d. Friend w. & Eunice (SAGE), m. Phinehas Martin WRIGHT, Aug. 10, 1851	3	93
Eunice Ann, d. Of Friend W., m Phineas M. WRIGHT, b. of Middletown, Aug. 10, 1851, by Rev. Frederic J. Goodwin	4	214-5
Eunice Anna, [d. Friend William & Eunice], b Dec. 27, 1832	3	93
Friend Edwin, twin with Anson Ernest, [s. William henry & Esther Frances], b. May 2, 1862	3	94
Friend W., m. Eunice SAGE, d. of Barzillai & Eunice (DOUD), Nov. 13, 1831	3	365
Friend W[illia]m, s. Amasa & Mary (CHAPMAN), b. Aug. 3, 1801, in Saybrook; m. Eunice SAGE, d. of Barzillai & Eunice (DOUD), Nov. 13, 1831	3	93
George H., of el Dorado, Cal., m. Sarah A. BRISTOL, of		

	Vol.	Page
INGHAM, (cont.)		
Middletown, Feb. 22, 1854, by Rev. E. L. Janes	4	249
Herbert Wesely, [s. Malsolm Sage &Lucena Cornelia], b. July 23, 1864	3	94
Jane Francis, [d. Friend William &Eunice], b. Aug. 14, 1840	3	93
Jane Frances, d. Friend W. & Eunice Sage, m. Edwin Douglass **MARSH**, of Greenfield, Mass., Dec. 25, 1866	3	95
Jennie Marsh, [d. Malcolm Sage & Lucena Cornelia], b. Dec. 5, 1866	3	94
Malco[l]m Sage, [s. Friend William & Eunice], b. Sept. 28, 1836	3	93
Malcolm Sage, s. Friend W. &Eunice Sage, m. Lucena Cornelia **BAILEY**, (b. Jan. 8, 1844 & dau. of Eleazer), on Oct. 31, 1860	3	94
Meriam Eliza, [d. Friend William & Eunice], b. Aug. 9, 1838	3	93
Meriam Eliza, [d. Friend William & Eunice], d. Sept. 14, 1858	3	93
Minnie Sophronia, [d. William Henry & Esther Frances], b. May 28, 1866	3	94
Montague Cleveland, [s. Friend William & Eunice], b. May 28, 1848	3	93
Sally, of Middletown, m. Joseph **RICHARDS**, of Manchester Sept. 27, 1823, by Rev. Fred[eric]k Wightman	3	135
William Henry, [s. Friend William & Eunice], b. Jan. 23, 1835, in New Haven	3	93
William Henry, s. Friend W. & Eunice S., m. June 29, 1858, Esther Frances **HAWLEY**, d. of Anson & Sophronia (**ALLEN**), Descendant of Ethan **ALLEN**, who was b. Nov. 15, 1833	3	94
INGRAHAM, [see also **INGRAM**], Elizabeth, m. Robert **WRIGHT**, Oct. 29, 1751	2	276
George, of Middletown, m. Louisa **BOGUE**, of Tolland, Sept. 21, 1828, by Rev. Fred[eric]k Wightman	3	313
Hannah, wid., m. John **YOUNG**, June 16, 1748	2	242
Polle Hillborn, alias **BAXTER**, d. Hannah, b. June 2, 1774	2	159
Rebeckah, alias **BAXTER**, d. Hannah, b. Nov. 7, 1771	2	159
Sally, alias **BAXTER**, d. Hannah, b. Mar. 6, 1766	2	159
IRELAND, Richard, of great Britain, d. Aug 16, 1729, at Joseph **RANNEY'S**	1	Ind-
IRWIN, John m. Catharine **SHENGHNESEY**, Aug. 10, 1845, by Rev. John Brady	3	539
IVES, Abigail, of Wallingford, m. Joseph **HIGBE**, of Middletown, Aug. 20, 1758	2	35
Charles H., m. Susanna M. **TURNER**, b. of Middletown, Oct. 17, 1831, by Rev Fitch Reed	3	363
Eliza, of Mereden, m. Ira H. **RICHMOND**, of Suthbury, Nov 21, 1827, by Rev. John R. Crane	3	285
Elizabeth Ann, of New Haven, m. Eph[rai]m **TUTTLE**, of Middletown July 3, 1834, by Rev B. Creagh	3	397
Eunice M., m. Henry **SMITH**, b. of Middletown, Apr. 24 1823, by Rev. Eli Ball	3	126
Eunice Matilda, d. [Noel &Eunice], b. Aug. 14, 1806	2	236
Frances M., m. W[illia]m **O'HARA**, b. of Middletown, July 3, 1825, by Joshua L. Williams, V.D. M.	3	203

MIDDLETOWN VITAL RECORDS

	Vol.	Page
IVES, (cont.)		
Henry, s. [Noel & Eunice], b. Jan. 31, 1815	2	236
Isabel, of Wallingford, m. Recompence MILLER, of Middletown, Feb. 16, 1757	2	276
Joseph G. m. Emma Jane COOLEY, Nov 29, 1837, by Rev. Elisha Andrews	3	443
Joseph Gilber, s. [Noel & Eunice], b. Apr. 10, 1812	2	236
Julius N., m. Mary Ann TRYON, b. of Middletown, Sept. 17, 1828, by Rev. h. Bangs	3	311
Julius Noel, s. Noel & Eunice, b. Oct. 30, 1801	2	236
Lucretia, of Middletown, m. Phile DAVID, of Munro, Sept. 27, 1840, by Rev. Stephen Hayes, of Middlefield	3	470
Martha, of Wallingford, m. Daniel HIGBE, of Middletown, Feb.[ ], 1766	2	171
Mary, d. [Noel & Eunice], b. Dec. 13, 1808	2	236
Mary, of Middletown, m. Alfred GRISWOLD, of Saybrook, May 7, 1826, by Levi Knight	3	268
Noel, m. Eunice MILLER, Dec. 31, 1800	2	236
Ransom, Jr.,m. Eunice F. BEACHER, b. of Middletown, Nov. 21, 1830, by Rev. John Cookson	3	359
Sherman, s. [Noel & Eunice], b. Feb. 11, 1804	2	236
Sherman, of Middletown, m. Eunice BARNES, of New Hartford, Mar. 15, 1826, by Rev. E. Washburn	3	223
Tenta, of New Haven, m. John SMITH, of Middletown, July 6, 1834, by Rev. B. Creagh	3	397
JACKMAN, Joseph, b. in Vermont, res. Middletown, d. July 5, 1850, ae 37	4	172-3
JACKSON, Anna, d. Edward & Eunice, b. Aug. 17, 1730	1	23
Charlotte, of Middletown, m. Francis J. OLIVER, of Boston, Oct. 18, 1827, by Rev Bridseye G. Noble	3	287
Ebenezer, m. Hannah S. HUBBARD, Sept. 1, 1840, by Rev John R. Crane	3	468
Edward, m. Eunice ROBBURDS, Sept. [ ], 1726	1	23
Elizabeth, d. Edward & Eunice b. Mar. 29, 1727	1	23
Elizabeth, m. Robert GILCHRIST, Aug. 22, 1751	2	301
Eunice, d Edward & Eunice, b. Jan. 2, 1728/9	1	23
Harriet Fenwick,of Middletown, m. Josiah TOTTNALL, of the U.S. Navy, Sept. 6, 1821, by Rev. Birdseye G. Noble	3	65
James m. Emily S. BACON, Oct. 20, 1833, by Rev. John R. Crane	3	387
Mary Selena, of Middletown, m. Christopher Sage HUBBARD, of New York, Apr. 23, 1838, by Sam[ue]l Farmer Jarvis, D.D., L.LD., at Christ Church	3	449
	2	367
Tom, m. Bessey RICE, colored, Oct. 8, 1827, by Eli Coe, J.P.		
JACOBS, George L., of Mansfield, O., m. Catharine HUNTER, of Middletown Oct. 22, 1849, by Rev. Townsend P. Abell	4	186
Joel, m. Sally STOW, Feb. 13, 1782	2	320
Joel, s. Joel & Sally, b. Nov. 3, 1784	2	320
Joel, Sr., d. Apr. 11, 1785, was drowned	2	320
Joel, of East Haddam, m. Vincia TIBBALS, of Middletown, Oct. 10, 1844, by Rev E. E. Griswold	3	522
John C., of Harpers Ferry Va., m. Harriet A. HOUGH, of		

	Vol.	Page
JACOBS, (cont.)		
Middletown, Nov. 4, 1846, by Rev. L. S. Hough	3	557
Martha, m. Thomas **DANFORTH**, Feb. 20, 1755, by Shubael Conant, J/P.	2	353
Mary, of Mansfield, m. William **LEE**, of Lyme, [ ], in Mansfield	2	334
Polly, d. Joel & Sally, b Nov. 15, 1782	2	320
Sally,m. Asa A. **ARNOLD**, Sept. 14, 1788	2	320
JAGGERS, JAGGER, Christian, m. Ebenezer **PRYOR**, Feb. 20, 1728/9	1	47
Lucy, m. Samuel **SISSON**, Apr. 29, 1823, by Rev. Fred[eric]k Wightman	3	126
JAMES*, Laura J., d. of Jesse J., of Middletown, m. Reuben J. **CLARK**, s. of the late Reuben, of Middletown, Jan 2 1851, by Rev. B.N. Leach (***JONES**)	4	180
Willis B., b. in Stafford, res. Middletown, d. Mar 29, 1851 ae 17 m.	4	204-5
JAMIESON, JAMISON, [see also **JENISON**], Agnes, [d. William, Jr. & Agnes], b. Oct. 17, 1832, in Lorgs Scotland	4	20
Eliza Hill, [d. William, Jr. & Agnes], b. July 25, 1845, at Aberdeen Scotland	4	20
Isabel, d. William, dyer, ae 42, & Agnes, ae 36, b. Oct. 25, 1847	4	52-3
Isabella, [d. William, Jr. & Agnes], b. Oct. 25, 1847	4	20
Jane, [d. William, Jr. & Agnes], b. Sept. 9, 1843, at Alva,Scotland	4	20
Janet, [d. William, Jr. & Agnes], b. Oct. 25, 1835, at Lorgs, Scotland	4	20
Margaret, [d. William, Jr. & Agnes], b. May 16, 1839, at Kinross, Scotland	4	20
Margaret, d. W[illia]m & Agnes, b. June 3, 1851	4	200-1
Marian Hardie, [d. William, Jr. & Agnes], b. June 15, 1841, at Kinross, Scotland	4	20
Victoria, [d. William, Jr. & Agnes], b. Aug. 23, 1852	4	20
William, Jr., s. William, m. Agnes **WEIR**, d. John, Jan. 10, 1832, by Rev. William Logan, in Lesmahagon(?), Scotland	4	20
William, [s. William, Jr. & Agnes], b. Mar. 21 1834, at Lorgs, Scotland; d. Aug. 20, 1835	4	20
William, [s. William, Jr. & Agnes], b. June 27, 1837, at Paisley, Scotland; d. July 15, 1838	4	20
William, dyer, b. in Lancashire, Scotland, res. Miller Farms, Middletown, D. SEPT. 6, 1848, ae 69	4	132-3
William, s. William Dyer, ae 38, & Agnes, ae 38, b. May 16, 1849	4	110-1
JAREB, Patrick, m. Mary **JELLON**, Apr. 17, 1853, by Rev. Jno. Brady	4	230
JARERT, Richard, m. Mary **CONNELL**, Jan. 18, 1853, by Rev. Jno. Brady	4	235
JARET, Marie, m. Patrick **MORAN**, Mar. 26, 1853, by Rev. Jno. Brady	4	230
JARVIS, Mary Antoinette, of Millville, m. Edward S. **HALL**, of Millville, June 5, 1849, by S. F. Jarvis	4	120-1
Samuel Farmer, clergyman, d. Mar. 26, 1851, ae 64	4	204-5
Sarah Elizabeth Maria Antoinette, d. of Rev. Samuel Farmer,		

MIDDLETOWN VITAL RECORDS

	Vol.	Page
JARVIS, (cont.)		
m. Edward Smith **HALL**, of Millville, Mass., June 5, 1849, by Rev. Samuel Farmer Jarvis, at Christ Church	4	85
JEFFREY, JEFFRAY, Abby Ann, m. James **JOHNSON**, July 14, 1834, by Rev. John R. Crane	3	381
Beulah, m. Robert Huntington, b. of Middletown, Sept. 10, 1837, by Rev. Robert McEwen	3	437
JELLON, Mary, m. Patrick Jared, Apr. 17, 1853, by Rev. Jno. Brady	4	230
JENFRID, Michael, m. Catharine **TOBIN**, Sept. 11, 1853, by Rev. Jno. Brady	4	240
JENKINS, Caroline F., d. of Richard, of Middletown, m. Henry C. ENO, of New York, Nov. 10, 1850, by Rev. John R. Crane	4	49
Stephen, m. Marah **RANNEY**, Mar. 20, 1760	2	294
JENKS, Mary, m. Benjamin **FOUNTAIN**, Sept. 26, 1847, by Rev. John R. Crane	4	17
JENISON, [see also **JAMIESON**], John m. Lucia **CLARK**, Mar. 7, 1762	2	112
John, s. John & Lucia, b. Aug 15, 1762	2	112
Lucy, d. John & Lucia, b Aug. 15, 1765; d Apr. 4, 1767	2	112
Lucy, 2d, d. John & Lucia, b July 22, 1770	2	112
Polly, d. John & Lucia, b. July 13, 1773	2	112
Samuel, s. John & Lucia b. Nov. 29, 1767	2	112
Steward Clerk, s. John & Lucy, b. Apr. 3, 1775	2	112
JENNINGS, GINNINGS, GENING, GENNINGS, Ebenezer, s Eben[eze]r & Keturah, b. Apr. 27, 1741	1	40
Hannah, of Windham, m Nathaniel **BARNS**, of Middletown, Oct. 29, 1712, by Sam[ue]l Whiteing, of Windham	LR2	25
Jonathan, s. Simeon & Elizabeth, b. Oct. 22, 1772	2	263
Mary, d. Eben[eze]r & Keturah, b. Jan. 28, 1738/9	1	40
Peggy, m. Silas **SAGE**, Apr. 4, 1803	2	245
Thomas, s. Simeon & Elizabeth, b Oct. 24, 1769	2	263
JEPSON, Harriet, of Middletown, m. Ansel **HARRIS**, of Rochester, N.Y., Oct. 5, 1824, by Rev Birdseye, g Noble	3	178
Lucy, m. Alpheas **SHUMWAY**, May 6, 1800	2	239
William, s. Abigail Stow, d. of Nath[anie]l, b. Feb. 22, 1759	2	218
JEROME, Elizabeth, of Wallingford, m. John **ADKINS**, of Middletown, Dec. 14, 1742	1	132
JESSUP, JESSEUPS, Benjamin T., m. Emily C. **JOHNSON**, May 30, 1843, by Rev. John R. Crane	3	503
Bethiah, of Long Island, m. John **WILCOCKS**, of Middletown, May 2, 1738	1	45
Elizabeth d. [Bethiah JESSUPS, w. of Dea. {John} **WILCOCKS**, d. Feb. 3, 1739/40	1	45
* " see also **TYSUP** (*handwritten in below last entry for **JESSUPS**)		
JEWETT, Edward R., m. Elizabeth R. **CAMP**, b. of Middletown, Apr. 30, 1834, by Rev. B. Creagh	3	394
Frederick T., of Hartford, m. Fanny M. **COOK**, of Middletown, Dec. 24, 1840, by Rev. D. C. Haynes	3	483
Mary G., of Middletown, m. Abel **HUMASON**, of Suffield, Dec. 11, 1836, by Rev. John Cookson	3	427
	3	1
JILL, Sarah, m. Samuel **SOUTHMAYD**, Oct. 31, 1807		
JILLSON, Alfred, m. Eliza **KEYES**, Feb. 15, 1824, by Rev. James		

	Vol.	Page
JILLSON, (cont.)		
A. Boswell	3	153
JOCELYN, [see under **JOSLYN**]		
JOHANNET, [see under **JOHONATT**]		
JOHNSON, JONSON, Abigail, d Daniell & Abigail, b. Dec. 8, 1707	LR2	9
Abigail, m. Jabez **BROOKS,** Apr.13, 1732	1	38
Abigail, d. Dan[ie]l & Jane, b. Dec. 2, 1751	1	70
Abigail, w. of Henry, d. Dec. 24, 1752	1	82
Abigail, d. Edw[ar]d & Hannah, b. Feb. 21, 1753	2	356
Abigail, d. Henry & Abiah, b. May 2, 1756	1	82
Abigail, m. Samuel **ROCKWELL,** Jan. 20, 1763	2	101
Abigail, m. Eliphalet HUBBARD, b. of Middletown, May 30 1771	2	247
Abigail, d. [Robert & Esther], b. Apr. 4, 1807	3	88
Abigial, m. Will[ia]m **DABNEY,** July 5, 1836, by Rev. John R. Crane	3	423
Abner, s Tho[ma]s & Mary, b Dec. 7, 1736	1	69
Adnah, m. Amy **CLARK,** b. of Middletown, Oct. 19, 1831, by Rev. John Nixon	3	365
Adnah, m. Hannah **KELSEY,** b. of Middletown, Dec. 16, 1849, by Rev. Daniel Burrows	4	96
Agnes, d. Jonathan & Agnes, b. Feb. 14, 1767	2	195
Agness, w. of Jonathan d. Sept. 26, 1769	2	195
Alfred, of Clinton, N.C., m Esther M **BADGER,** of Middletown, Sept. 21, 1842, by Rev. A. M. Osborn	3	492
Algernon Know, [s. John & Nancy Maria], b Apr. 19, 1837, at Blandford, Mass.	4	21
Amasa, m. Eunice **COOLEY,** of Windsor, Mar. 16, 1767	2	225
Amelia, d. [Robert & Esther], b. Nov. 30, 1824	3	88
Amelia, d. of Joshua, m. Edmund **CRANE,** of Hartford, Oct. 8, 1849, by Rev. John R. Crane	4	92
Amelia, d. of Robert, of Middletown, m. John **BAILEY,** of Waterbury, s. of Edward, of Middletown, Nov. 25, 1850, by Rev. John R. Crane	4	49
Amelia ae 26, m. John **BAILEY,** merchant, ae 27, b. in Middletown, res Waterbury, Nov. 26, 1850, by Dr. J. R. Crane	4	200-1
Amos, s. Richard & Mary, b. Mar. 8, 1731/2	1	24
Amos m. Mary **KIRBY,** Nov. 8, 1753	2	358
Ann, d. Joseph & Hannah, b Apr. 2, 1731	1	20
Ann, m. Elisha **CORNWELL,** Feb. 28, 1745	2	34
Ann, d. Caleb & Ann, b. Apr. 14, 1747	2	44
Ann, w. of Caleb, d. Dec. 14, 1749	2	44
Ann, of Southbury m. Edwin **JOHNSON,** of Berlin, Oct. 7, 1821, by Rev. Josiah Graves	3	69
Anna, d. Joseph & Elizabeth, b. Jan 11, 1708/9; d. Oct. 15, 1712	LR1	27
Anna 2d, d Joseph & Elizabeth, b. June 8, 1715	LR1	27
Anna, d. Richard & Mary, b. Mar. 20, 1726/7	1	24
Anna, m. Simeon **ROBBERDS,** Apr. 10, 1746	2	152
Anna, d. Eben[eze]r & Eliz[abet]h, b July 12, 1747	3	81
Anna T., Mrs., d. of Joseph **GRAVES,** of Middletown, m. Elijah HUBBARD, [Sept.] 2, [1827], by Dan[ie]l J. Griswold J.P.		

MIDDLETOWN VITAL RECORDS 305

	Vol.	Page
JOHNSON, (cont.)		
J.P.	3	278
Anne, of New Haven, m Willett **RANNEY**, of Middletown, Apr. 20, 1720, by Samuel Bishop, J.P.	LR2	14
Asa, s. Isaac & Thankfull, b. Aug. 15, 1735	1	22
Asa, s John, Jr. & Grace, b. Feb. 25, 1752	2	249
Asa, Patience **STRONG**, Dec. 22, 1772	2	243
Asa, s Asa & Patience, b. Jan. 20, 1778	2	243
Asahel, s. Henry & Abigail, b. Sept. 25, 1743	1	82
Asa[h]el, m. [E]unice **WETMORE**, Mar. 10, 1766	2	351
Betsey, d. Feb. 8, 1851, ae 57	4	206-7
Bulkely, [twin with Edith], s. Daniel, Jr. & Sarah, b. Feb. 24,1758	2	336
Caleb, s. Daniell & Abigail, b. July 27, 1717	LR2	9
Caleb, of Middletown, m. Ann DOWNING, of Springfield, Sept. 27, 1743	2	44
Caleb, s. Caleb, & Ann, b Nov. 20, 1745	2	44
Caleb, m. Mehetabel **ROBBARDS**, June 14, 750	2	44
Caleb, Jr., m. Mary **HARRIS**, Oct. 10, 1768	2	82
Calvin, s. Seth & Jemima, b. Sept. 13, 1771	2	72
Catharine, m. Patrick **GARLAND**, Jan. 16, 1849, by John Brady	4	87
Catharine, m. Patrick **GARLAND**, laborer, both b. in Ireland, Jan. 16, 1849, by Rev. John Brady	4	122-3
Charles S., b in Hoboken, res. Middletown, d. May 24, 1848, ae 7 3/4	4	68-9
Charlotte, d. [Robert & Esther], b. Jan. 12. 1828	3	88
Chauncey, m. Belinda **CAMP**, b. of Middletown, Sept. 5, 1830, by Rev. Simon Shaler, of Haddam	3	353
Chauncey, of Middletown, m. Deborah **FREEMAN**, of Chatham, Nov. 22, 1838, by Friend Dickinson, J.P.	3	454
Chauncey, painter d. Aug. 29, 1849, ae 45	4	176-7
Chauncey, d. Aug. 21, 1850, ae 23	4	204-5
Chloe, d. Tho[ma]s & Mary, b. May 18, 1750	1	69
C[h]loe, d. [Joshua & Sarah], b. Feb. 18, 1801	2	15
Chloe, of Middletown, m. Eliphalet E. **TOOCKER**, of Chatham, June 10, 1827, by Rev John R. Crane	3	273
Christopher, s. Hamlin & Mary, b. Jan. 3, 1755	2	38
Clara, d. Edward, seaman, ae 34, & Maria, ae 27, b. Sept. 14, 1849	4	154-5
Clarissa, m Josiah T. **BAILEY**, Sept. 7, 1823, by Rev Josiah Bowen	3	134
Comfort, s. Henry & Abiah, b. Apr. 24, 1754	1	82
Content, d. Isaac & Margery, b Mar. 3, 1709/10	LR1	31
Cyrus S., m. Sarah M **MARLSHAM**, b. of Middletown, [Apr.] 25, [1842], by Rev. Merrett Sanford	3	487
Daniell, s Isaack & Mary, b. Oct. 8, 1672	LR1	45½
Danile, m. Abigail **LEEK**, Feb. 11, 1706/7	LR2	9
Daniell, s. Daniell & Abigail, b. June 8, 1710	LR2	9
Daniel, Jr., m. Elizabeth **WARD**, wid. of John, Oct. 17 1734	1	70
Daniel s. Dan[ie]l, Jr. & Eliz[abet]h, b Oct. 8 1737; d. Mar. 24, 1739/40	1	70
Daniel, s. Dan[ie]l & Eliz[abet]h, b. Jan. 9, 1740/1	1	70
Daniel, Jr., m. Jane **RICHARDSON**, Jan. 13, 1746/7	1	70

	Vol.	Page
JOHNSON, (cont.)		
Daniel, 3rd, m. Abigail **GOODWIN**, June 25, 1752	2	331
Daniel, s. Dan[ie]l, 3rd, & Abigail, b. Aug. 17, 1753	2	331
Daniel, 2d, m. Edith **ARNOLD**, Nov. 14, 1754	2	336
Daniel, 2d, m. Sarah **TRYON**, Dec. 15, 1755	2	336
Daniel, s. Amasa & Eunice, b. Mar. 7, 1773	2	225
Danile, of Fayetteville, N.C., m. Mary **BIDWELL**, of Middletown, Sept. 17, 1844, by Rev. Andrew L. Stone	3	521
David, s. Henry & Abigail, b. Apr. 18, 1741	1	82
David, s. Elizabeth, b. Apr. 16, 1762	1	114
David T., m. Eliza F. **WILSON**, b. of Middletown, Mar. 30, 1835, by Rev. Stephen Topliff	3	406
Davis, s. Jno. & Mary, b. May 9, 1727	1	10
Davis, m. Sarah **CLARK**, Mar. 13, 1746	2	71
Dayton, of Haddam, m. Mary Ann **CLARK**, of Middletown, Jan. 22, 1835, by Rev. Creagh	3	405
Deboro, d. Nath[anie]l & Mary, b. Jan. 31, 1736/7	1	9
Deborah, m. Will[ia]m **PROUT**, Jr., May 23, 1754	2	27
Deborah, ae 52, b. in Middle Haddam, res. Middletown, m. 3rd hus. W[illia]m **SUGDEN**, mechanic, ae 67, b. in Keightley, Eng., res Middletown, Nov. 6, 1848, by [ ]	4	126-7
Deborah, Mrs. M. William **SUGDEN**, b. of Middletown, Dec. 12, 1848, by Rev. T. P. Abell	4	82
Desior, [twin with Thankful, d. Thomas & Susannah, b. July 5, 1735	LR2	14
Didymus, of Haddam, m. Mrs. Elizabeth **SMITH**, of Middletown, Mar. 8, 1827, by Rev. E. Washburn	3	263
Didymus, of Haddam, m. Lydia **LUCAS**, of Haddam, Mar. 4, 1840, by Rev. Francis Hodgeson	3	465
Dorothy, d. Elijah & Mary, b May 31, 1759	2	38
Dorotha, m. Ebenezer **MARKMAN**, Mar. 3, 1774	2	359
Ebenezer, s Isaac & Mary, b. Oct. 29, 1692; d. Oct. 31, 1692	LR1	45½
Ebenezer, s. Jos[eph] & Elizabeth, b. Feb. 15, 1722/3	1	8
Ebenezer m. Elizabeth **GILBERT**, Oct. 29, 1745	2	81
Edith, w. of Dan[ie]l, 2d, d. Sept. 4, 1755	2	336
Edith, [twin with Bulkley], d. Daniel, Jr. & Sarah, b Feb. 24 1758	2	336
Edward, s. Jos[eph] &Elizabeth, b. Mar. 27, 1726	1	8
Edward, m. Hannah **CLARK**, Nov. 12, 1747	2	356
Edward, s. Edw[ar]d & Hannah, b. Apr. 7, 1750	2	356
Edward, s Eben[eze]r & Eliz[abet]h, b. Dec. 18, 1760	2	81
Edwin, of Berlin, m. Ann **JOHNSON**, of Southbury, Oct. 7, 1821, by Rev Josiah Graves	3	69
Edwin, m. Cecilia **CHILDS**, Apr. 28, 1828, by Rev. John Cookson	3	303
Edwin F., m. Charlotte **SHALER**, b. of Middletown, Sept. 7, 1830, by Rev. Smith Pyne	3	353
Elihu, s. Richard & Mary, b Feb. 24, 1728/9	1	24
Elijah, s. Joseph & Mehitabel, b. Dec. 3, 1734	1	21
Elijah, m. Mary **HALL**, July 19, 1756	2	38
Eliphalet, s. Robert & Sarah, b. Mar. 26, 1737; d June 12, 1737	1	90
Elisha, s Joseph & Hannh, b. [ ]; d. May 23, 1732	1	20
Elisha, s. Joseph & Annah, b. Apr. 1, 1737	1	21

MIDDLETOWN VITAL RECORDS 307

	Vol.	Page
JOHNSON, (cont.)		
Elisha, s. Rob[er]t & Sarah, b Feb. 10 1748/9	1	90
Elisha, of Middletown, m. Mary **SEWARD**, of Durham, July 31, 1760	2	274
Elisha, m. Sarah **BLAKE**, Dec. 10, 1778	2	229
Eliza, ae 21, of Middletown, m. Smith **SCOVIL**, quarryman, ae 26, b in Haddam res. Middletown, Aug. 29, 1847, by Rev. James Floy	4	64-5
Eliza A., m. John S. **SCOVIL**, Sept. 12, 1847, by Rev. James Floy	4	13
Eliza Hannah, twin with Hannah Eliza, d. [Robert & Esther], b. May 4, 1821	3	88
Eliza Jennet, m. Jonathan N. **CLARK**, b. of Middletown, Mar. 8, 1829, by Rev. Heman Bangs	3	329
Elizabeth, d. Isaac & Mary, b. Feb. 19, 1680/1	LR1	45½
Elizabeth, d. Joseph & Elizabeth, b Dec. 12, 1699	LR1	27
Elizabeth, m. John **BLAKE**, Oct. 20, 1705	LR2	3
Elizabeth, w. of Joseph, d. Mar. 24, 1720	LR1	27
Elizabeth, m. William **HARRISS**, Feb. 2, 1720/21	1	2
Elizabeth, d. Nath[anie]ll & Mary, b. Apr. 4, 1731	1	9
Elizabeth, d. Dan[ie]ll, Jr. & Eliz[a]beth, b. Aug. 28, 1735	1	70
Elizabeth, d. Step[he]n & Eliz[abet]h, b July 24, 1742	1	114
Elizabeth, w. of Daniel, Jr., d. July 28, 1746	1	70
Elizabeth, m. George **SLEAD**, June 9, 1748	2	138
Elizabeth, d. Ebenezer & Eliz[abet]h, b Jan. 25, 1749/50	2	81
Elizabeth, w. of Stephen, d. Apr. [ ], 1756	1	114
Elizabeth had s. David, b. Apr. 16, 1762	1	114
Elizabeth, w. of Nath[anie]ll, d. May 27, 1769	2	176
Elizabeth, m. Caleb **HUBBARD**, Dec. 31, 1779	2	63
Elizabeth, m. William **GILBERT**, Jan. 21, 1805	3	13
Elizabeth, w. of Jed[edia]h, d. Nov. 21, 1820, at New Jersey	2	315
Elizabeth, m. Lyman **TREADWAY**, b. of Middletown, June 27, 1838, by Rev. John Cookson	3	449
Elmina, m. William **BACON**, 2d, Apr. 21, 1828, by Rev. John R. Crane	3	301
Elsa, Mrs., m. Josiah **SCOVILLE**, Dec. 24, 1843, by Rev L. B. Mason	3	509
Emily C., m. Benjamin T. **JESSUP**, May 30, 1843, by Rev. John R. Crane	3	503
Emily Catharine, [d. Robert & Esther], b. Oct. 18, 1819	3	88
Emily Catharine, m. George William **COOKE**, Sept 26, 1837, by Rev. John R. Crane	3	438
Emily Hannay, m. Gideon **PALMER**, Jr., Aug. 18, 1842, by Rev. John R. Crane	3	491
Enoch, s. Rob[er]t & Sarah, b. Apr. 28, 1746	1	90
Enos, m. Lucy **PROUT**, b. of Middletown, Oct. 18, 1820, by Eli Ball	3	44
Esther, d. Joseph & Hannah, b. Apr. 4, 1739	1	21
Esther, d. W[illia]m & Martha, b. Nov. 23, 1744	2	25
Esther, m. Abner **MITCHEL[L]**, Sept. 4, 1763	2	185
Est[h]er, d Ebenezer & Elizabeth, b. Nov. 20, 1763	2	81
Esther, m. Prince **WINBORN**, Jan. *, 1765 (*Perhaps Jan. 15)	2	86

JOHNSON, (cont.)

	Vol.	Page
Esther, d. [Sam[ue]ll & Lucy], b. Aug. 12, 1786	2	89
Esther, d. Joshua & Sarah, b. Dec. 13, 1791	2	15
Esther, m. Noadiah ROCKWELL, Jr., Apr. 9, 1808	3	15
Esther d. [Robert & Esther], Jan. 31, 1816	3	88
Esther, m Fred[eric]k TREADWAY, July 5, 1836, by Rev. John R. Crane	3	423
Esther J., of Middletown, m. Orrin B. BUEL, of Wallingford, [Oct.] 11, 1[1846], by Rev. W. G. Howard	3	556
Eunice, d. Amasa & Eunice, b. Jan. 9, 1768	2	225
Eunice, d. Ashael & Eunice, b. Mar. 2, 1776; d/ 26th d. of same month	2	351
Fanne, d. Asahel & Eunice, b. Apr. 12, 1779	2	351
Fanny, d. [Joshua & Sarah], b. Sept. 14, 1794	2	15
Fanny, m. Sylvester HUBBARD, Apr. 10, 1823, by Rev. Phinehas Cook	3	125
Freelove, s. Jedediah & Mehetable, b. Apr. 24, 1754	2	155
Freelove, m. Lois JOHNSON, Oct. 5, 1775	2	82
Gilbert D.,of Haddam, m. Nancy M. WILCOX, d. of Gustavus V., Middletown, Oct. 9, 1848, by Rev. John R. Crane	4	38
Gilbert D., merchant, ae 25, b. in Middletown, res. Memphis, Tenn., m. Nancy M. WILCOX, ae 23, Oct. 9, 1848, by Rev. .John R. Crane	4	124-5
Giles, s. Jedediah & Mehetabel, b. Sept. 9, 1773; d. Nov. 1, 1773	2	155
Giles, s. Jedediah & Lydia, b Apr. 18, 1776	2	315
Giles, s. Je[dedia]h, Jr. & [Lydia], d. Sept. 21, 1796, at [St. Croix}	2	315
Halsey, m. Mary HAMLIN, Oct. 13, 1837, by Rev. Jehiel C. Beman	3	441
Hamlin, s. Joseph & Mehitabel, b. Jan. 18, 1727/8	1	21
Hamlin, m. Mary LAWRENCE, Feb. 10, 1747/8	2	38
Hannah, d. Isack & Marg[a]ret, b. Aug. 31, 1718	LR1	31
Hannah, d. Joseph & Hannah, b. Jan. 21, 1732/3	1	20
Hannah, m. Benjamin HANDS, Feb. 6, 1733/4	1	75
Hannah, d. Edw[ar]d & Hannah, b. May 21, 1748	2	356
Hannah, d. Tho[ma]s &Mary, b. May 12, 1752	1	69
Hannah, d. Hamlin & Mary, b. May 29, 1757	2	38
Hannah, wid., m. W[illia]m CLEAVER, Mar.16, 1761	2	331
Hannah, m. Hezekiah HURLBURT, Jr., Apr. 11, 1771	2	103
Hannah, m. Benjamin HERBERT, b. o Middletown, Sept, 8, 1823, by Rev. Stephen Hayes	3	147
Hannah A., m. Noah WEEKS, b. of Middletown, Nov. 10, 1823, by Rev. Joshua L. Williams	3	142
Hannah E., m. John F. BOUND, Oct. 16, 1843, by Rev. John R. Crane	3	506
Hannah Eliza, twin with Eliza Hannah, d. [Robert & Esther], b. May 4, 1821	3	88
Harriet, d. Samuel & Sarah, b. Aug. 6, 1785	2	333
Harriet, m. Abel MINER, July 15, 1826, by Rev Birdseye, G. Noble	3	234
Harriet, of Haddam, m. Dr. Lemuel L. DICKERSON, of East Haddam, Nov. 23, 1848, by Rev. John R. Crane	4	80

	Vol.	Page
JOHNSON, (cont.)		
Harriet, m. Sidney **HOPKINS**, s. of Elisha, b. of Middletown, Nov. 22, 1852, by Rev. Jno. Morrison Reid	4	231
Harriet G., m. Azro D. **MERRIFIELD**, Oct. 5, 1842, by Rev. John R. Crane	3	493
Harriet Gear, d. [Robert & Esther], b. Oct. 25, 1817	3	88
Harriet H., d. of Chauncey, of Middletown, m. James **WELDEN**, of Jamaica, L.I., May 18, 1852, by Rev. L. S. Hough	4	213
Harriet Louise, d. Warren, shoe manufacturer, ae 38, & Sarah, ae 38, b. Jan. 22, [1848]	4	42-3
Helen F., d. Joseph R., farmer, & Olive, b. Oct. 20, 1847	4	54-5
Henery, s. Isack & Marg[a]ret, b. Feb. 24, 1708/9	LR1	31
Henry, m. Abigail **HUBBARD**, Jan. 30, 1734/5	1	82
Henry, m. Abiah **WHITE**, July 10, 1753	1	82
Henry, s. Henry & Abiah, b. Oct. 8, 1762	1	82
Henry s. Asahel & Eunice, b. Dec. 5, 1781	2	351
Henry, m. Elizabeth W. **RATCLIFFE**, b. of Middletown, Jan. 22, 1839, by Rev. Elisha Andrews	3	456
Henry C., s. Enos, m. Adeline N. **HUBBARD**, d. of Stephen, Nov. 14, 1847, by Rev. John R. Crane	4	20
Henry C., farmer, ae 24, of Middletown, m. Adeline N. **HUBBARD**, ae 24, b. in Haddam, res. Middletown, Nov. 14, 1847, by [Rev.} John R. Crane	4	64-5
Henry M. D. Apr. 27, 1848, ae 11	4	70-1
Henry Martyn, [s. John & Nancy Maria], b. May 31, 1847	4	21
Henry T., s. of Stephen, of Middletown, m. Abigail W. **MILDRUM**, d. of Stephen, b. of Middletown, Mar. 27, 1853, by Rev. Lent S. Hough	4	226
Henry T., s.of Stephen, m. Abigail W. **MILDRUM**, d. of Stephen, b. of Middletown, Mar. 27, 1852, by Rev. Lent S. Hough	4	227
Hephzibah, m. Edward **SHEPARD**, Nov. 8, 1744	2	36
Hephzibah, d. Amos & Mary, b. May 5, 1756	2	348
Hiram J., b. in Wallingford, res. Middletown, d. May 9, 1848, ae 3	4	68-9
Horice, s. Asa[h]el & [E]unice, b. Sept. 28, 1766	2	351
Huldah, .d Step[he]n & Eliz[abet]h, b. July 23, 1746	1	114
Ira N., m. Elmira **MARKS**, Aug. 18, 1836, by Thomas Atkins, J.P.	3	424
Isa[a]ck, s. Isa[a]ck & Mary, b. Dec 19, 1670	LR1	45½
Isa[a]ck, Jr., m. Marg[a]ret **MILLER**, Sept. 12, 1695	LR1	31
Isa[a]ck, s. Isa[a]ck & Marg[a]ret, b. Apr. 19, 1703	LR1	31
Isaac, Jr., of Middletown, m. Thankfull **COULLS**, of Ffarmington, Oct. 26, 1726	1	22
Isaac, s. Isaac & Thankfull, b. Oct. 2, 1731; d. Dec. 20, 1732	1	22
Isaac, 2d, s. Isaac & Thankfull, b. Oct. 8, 1733	1	22
Isaaac, s. Stephen & Eliz[abet]h, b. Sept. 29, 1750	1	114
Isaac, of Middletown, m. Anne **TOWER**, of Haddam, Dec. 9, 1773	2	177
Jacob, 2d, m. Thankfull **PROUT**, b. of Middletown, May 12, 1831, by Rev. John Cookson	3	361
James, m. Jane **HARRIS**, Apr. 17, 1740	2	56
James, Sr., d. Mar. 18, 1743	2	57
James, s. James & Jane, b. Apr. 1, 1743	2	56

JOHNSON, (cont.)

	Vol.	Page
James, s. Lieut. Nath[anie]ll & Mary, b. May 6, 1744	1	9
James. S. Caleb & Mehitabel, b. Mar. 10, 1751	2	44
James, s. Rob[er]t & Sarah, b. July 27, 1752	1	90
James, s. Amos & Mary, b. Sept. 11, 1754	2	348
James. M. Abby Ann JEFFREY, July 14, 1834, by Rev. John R. Crane	3	381
James Russel[l], s. Sam[ue]ll & Lucy, b. Aug. 7, 1774; d. Aug. 28, 1775	2	89
Jane, d. Dan[ie]l & Jane, b. Nov 12, 1749	1	70
Jane, w. of Daniel, d. Jan. 24, 1754	1	70
Jane H., d. Frederic, colored, & Ann BUTTON, colored, ae 22, b. Jan. 13, 1849	4	106-7
Jedadiah, s. Joseph & Mehitabell, b. Apr. 4, 1731	1	21
Jedediah, m. Mehitabel PRYOR, Apr. 2, 1752	2	155
Jedediah, s. Jedediah & Mehetabel, b. July 25, 1753	2	155
Jedediah, Jr., m. Lydia SYZER, Apr. 27, 1775	2	315
Jedediah, 2d, m. Mehetable D. CLARK, b. of Middletown, Oct. 10, 1820, by Rev John R. Crane	3	42
Jemima, d. Joseph & Elizabeth b. Aug. 31, 1732	1	8
Jemima, m. Timothy BOARDMAN, Nov. 14, 1751	2	243
Jemima, d. Seth & Jemima, b. July 10, 1773	2	72
Jemima, d. W[illia]m & Jemima, b. Aug. 18, 1790	2	355
Jere Wadsworth, s. [Sam[ue]ll & Lucy, b. May 13, 1784	2	89
Jesse, s. Dan[ie]l & Eliz[abet]h, b. Nov. 7, 1745	1	70
Jesse, s. Henry & Abiah, b. Oct. 3, 1765	1	82
Jesse, s. Asa & Patience, b. Mar. 16, 1776	2	243
Jesse, Rev., of Humphreville, m. Mary McGINN, of Middletown, Apr. 10, 1825, by Rev. Josiah Bowen	3	196
Joel, s. Jedediah & Lydia, b. Mar. 21, 1782	2	315
Joel, s. Jedediah & Lydia, b. Jan. 22, 1785	2	315
Joel, s. [Jedediah & Lydia], b. Dec. 31, 1788	2	315
Joel, m. Mary LUCAS, May 8, 1822, by Rev. Phineas Cook	3	97
John, s. Isa[a]ck & Mary, b. Aug. 1, 1674	LR1	45½
John, s. Isaac [& Mary], d. Jan. 6, 1692/3	LR1	45½
John, s. Isa[a]ck & Marg[a]ret, b. Aug. 26, 1698	LR1	81
John, m. Mary DAVIS, Feb. 7, 1721/2	1	10
John, s. Jno. & Mary, b. Oct. 21, 1722	1	10
John, s. John & Mary, b. Oct. 21, 1722	LR2	Ind-2
John s. James & Ann, d. Feb. 18, 1743	2	57
John, s. James & Jane, b. Mar. 26, 1746	2	56
John, s. John, Jr. & Grace, b. Aug. 6, 1748	2	249
John, s. Asahel &Eunice, b. Nov. 23, 1772	2	351
John, s. William, of Bristol, Md., m. Nancy Maria HAMILTON, d. Armor, of Blandford, Mass., Apr. 5, 1835, by Rev. Joseph Castle, at Cazenovica, N.Y.	4	21
John, m. Mary DAVIS, [ ]	LR2	Ind-2
John D., m. Harriet B. LAW, May 14, 1819	3	89
John D., m. Elizabeth J. HUBBARD, May 9, 1838, by Rev. John R. Carne	3	431

John E., mechanic, ae 22, b. in Middletown, res. Penn., m. Mary FREEMAN, ae 20, b. in Middle Haddam, res Penn, Oct. 8,

JOHNSON, (cont.)

	Vol.	Page
1848, by [ ]	4	126-7
John Edward, s. [John D. & Hannah], b. Nov. 8, 1821	3	89
John Edward, s. of John d., m. Sarah Cornelia NEWTON, d. of Abner, b. of Middletown, Oct. 13, 1852, by Rev. John R. Crane	4	216
John S., illeg. s. of Levi Henry, laborer, colored, ae 22, & [E]unice BROOKS, ae 17, b. Oct. 3, 1850	4	196-7
John W., of Waterbury, m. Phebe A. SMITH, of Durham Dec. 25, 1838, by Rev. Elisha Andrews	3	455
Jonathan, s. Nathaniell & Mary, b. Nov. 1, 1705	LR1	32
Jonathan, m. Agnes KENT, Dec. 6, 1763	2	195
Jonathan, s. Jona[tha]n & Agnes, b. Aug. 29, 1764	2	195
Jonathan, m. Mary WHITMORE, Jan. 1, 1771	2	195
Joseph, s. Isa[a]ck & Mary, b. Mar. 9, 1677	LR1	45½
Joseph, m. Elizabeth BLAKE, Jan. 25, 1698	LR1	27
Joseph, s. Joseph & Elizabeth, b. Aug. 26, 1702	LR1	27
Joseph, m. Elizabeth HAMLIN, Aug. 22, 1722	1	8
Joseph, m. Hannah ANDRUS, Dec. 29, 1725	1	20
Joseph, m. Mahitabaell HAMLIN, Feb. 2, 1725/6	1	21
Joseph, s. Joseph & Mehitabell, b. May 21, 1726	1	21
Joseph, d. Nov. 12, 1739	1	8
Joseph, s. James & Anna, d.. Mar. 18, 1743	2	57
Joseph, Jr., m. Mary ROGERS, Aug. 14, 1746	2	122
Joseph, m. Hannah SUMNER, Sept. 15, 1748	1	21
Joseph, s. Joseph & Mary, b. Aug. 8, 1750; Aug. 20, 1750	2	122
Joseph, d. Apr. 30, 1773	1	21
Joseph, m. Tabitha STARR, Sept. 16, 1775	2	347
Joseph A., d. Aug. 31, 1849, ae 6	4	172-3
Joseph R., m. Ollive PRIOR, b. of Middletown, Sept. 5, 1832, by Rev. John Cookson	3	371
Joshua, s. Tho[ma]s & Mary, b. Feb. 27, 1758	2	85
Joshua, s. Jedediah & Mehitabel, b. July 22, 1762	2	155
Joshua, m. Sarah CHAMBERLAIN, June 31, 1791	2	15
Joshua, m. Wealthy A. LEE, b. of Middletown, May 25, 1834, by Rev. John Cookson	3	396
Josiah, s. Josiah & Hannah, b. Feb. 26, 1786/7	1	114
Josiah, s. James & Jane, b. Jan. 16, 1741	2	56
Josiah, s. Eben[eze]r & Eliz[abet]h, b. Jan 27, 1757	2	81
Jotham, m. Belinda BUTLER, b. of Middletown, Oct. 13, 1822, by Rev. Phineas Cook	3	107
Julia, d. [Robert & Esther], b. Mar. 28, 1814	3	88
Julia, w. of Will[ia]m, d. Apr. 10, 1819	3	78
Julia, m. Edw[ar]d S. DOUD, Dec. 7, 1831, by Rev John R. Crane	3	363
Laura, of Hartford, m. James DAVIS, of Baltimore, Mar. 9, 1829, by Rev John R. Crane	3	330
Lemuel, s. Thomas & Mary, b. Aug 1, 1746	2	85
Lemuel, s. John, Jr. & Grace, b. Mar. 14, 1750	2	249
Leonard, m. Mariah PROUT, b. of Middletown, Dec. 25, 1822, by Rev Eli Ball	3	116
Levi, s. Henry & Abiah, b. Apr. 26, 1760	1	82

JOHNSON, (cont.)

	Vol.	Page
Levin, m. Catharine L. **BRAINARD**, June 1, 1828, by Rev.John R. Crane	3	203
Lois, d. Sam[ue]ll &Rev. John b Apr. 18, 1755	2	265
Lois, d. Amasa & Eunice, b. Sept. 25; 1771	2	225
Lois, m. Freelove **JOHNSON**, Oct. 5, 1775	2	82
Lois, d. Freelove & Lois, b. July 2, 1776	2	82
Lorinda, m. Alexander **BUTLER**, b. of Middletown, Nov. 10, 1828, by Rev. H. Bangs	3	321
Lucia, d. Tho[ma]s & Mary, b. Mar. 9,1739/40	1	69
Lucia, d. Caleb & Mehitabel, b. May 6, 1752	2	44
Lucia, d. Caleb & Mehitabel, d. Nov. 23, 1758	2	44
Lucretia, d. Dan[ie]l & Jan, b. Sept. 12, 1748	1	70
Lucy, d. Caleb & Mary, b. Dec. 5, 1771	2	82
Lucy, m Nathaniel **HUBBARD**, of Granvil, Apr. 15, 1773	2	71
Lucy, d. [Sam[ue]ll & Lucy], b. Nov. 28, 1782; d. Sept. 1, 1783	2	89
Lucy, 2d, d. Sam[ue]ll & Lucy], b. Dec. 21, 1788	2	89
Lucy, m. Ashbel **BIRDWELL**, Oct. 27, 1842, by Rev. Arthur Granger	3	495
Lydia, d. Nath[anie]ll & Elizabeth, b. July 30, 1768	2	176
Lydia, d. Jedediah & Lydia, b. June 14, 1780	2	315
Lyman B., m. Mary A. **ROCKLIFF**, b. of Middletown, Jan. 6, 1850, by Rev. M. S. Scudder	4	141
Lyman B., painter, ae 26, of Middletown, m. Mary A. **RATCLIFF**, ae 19, Jan. 6, 1850, by Rev B. N. Leach	4	166-7
Mabel, d. Nath[anie]ll & Mary, b. Aug. 1, 1742	1	9
Mabel, m. Richard **BLAKE**, Feb. 9, 1761	2	225
Mabel, d. Jedediah & Mehetabel, b. Mar. 30, 1761	2	155
Mabel, d. [Jedediah & Mehetabel], d. Nov. 3, 1761	2	155
Mabel, d. Jedediah & Mehetabel, b. Feb. 8, 1766	2	155
Mabel, d. Amasa & Eunice, b. Dec. 27, 1769	2	225
Mabel, m. Josiah **TRYON**, May 21, 1788	2	230
Mabel, m. Edward **BUTLER**, Oct. 10, 1824, by Rev. John R. CRANE	3	175
* Marah, m. Merrett **WARD** Feb. 12, 1818 (*correction (Mariah) handwritten in margin of original manuscript)	3	248
Marcy, d. Nathan[ie]ll & Mary, b Mar. 9, 1699	LR1	32
Marcy, m. Ebenezer **ROBBARDS**, Dec. 21, 1721	LR2	24
Marcy, m. Ebenezer **ROBBURTS**, Dec. 21, 1721	1	31
Marg[a]ret, d. Isa[a]ck & Marg[a]ret, b. Mar. 26, 1700	LR1	32
Margaret, m. Moses **WETMORE**, Sept. 16, 1723	1	10
Margaret d. Isaac & Thankfull, b. July 15, 1737	1	22
Margaret, d. Stephen & Eliz[abet]h, b. Sept. 24, 1748	1	114
Margaret m Sam[ue]ll **BLAKE**, Jan. 6, 1785	2	280
Mariah, m. Amasa **PRENTIS**, May 14, 1837, by Rev. Daniel Burrows	3	435
Marian Elizabeth, d. Oliver, farmer, ae 48, & Emma M., ae 33, b. Mar. 7, 1848	4	52-3
Martha, d. Joseph & Elizabeth, b. Apr. 27, 1718	LR1	27
Martha, m. Eleazer **GILBERT**, Apr. 5, 1738	1	108
Martha, of Woodstock, m. William **JOHNSON**, of Middletown,		

MIDDLETOWN VITAL RECORDS

	Vol.	Page
JOHNSON, (cont.)		
Nov. 19, 1741	2	25
Martha Law, d. John D. & Hannah, b. May 8, 1820	3	89
Martin K., m. Adelaide BROWN, b. of Middletown, May 29, 1853, by Rev Mr. Capron, of New Britain	4	260
Mary, d. Isaac & Mary, b. Jan. 18, 1686	LR1	45½
Mary, m. Jonathan BLAKE, Sept. 19, 1710	LR2	24
Mary, d. Daniell & Abigail, b. May 4, 1713	LR2	9
Mary, [twin with Tabatha], b Isaac & Marg[a]ret, b. Feb. 19, 1715/16	LR1	31
Mary, d. Jos[eph] & Elizabeth, b. Mar. 21, 1729/30; d. Apr. 4, 1731	1	8
Mary, m. Thomas JOHNSON, Jr., May 3, 1733	1	69
Mary, d. Nath[anie]ll & Mary, b. Apr. 4, 1735	1	9
Mary, m. Obadiah BRAINERD, Sept. 18, 1735	1	59
Mary, d. Joseph & Eliz[abet]h, b. Sept. 27, 1836	1	8
Mary, wid., [Isaac], d. Aug. 1, 1740	LR1	45½
Mary, d. Tho[ma]s & Mary, b. Apr. 28, 1748	1	69
Mary, d. Thomas & Mary, b. Jan. 14, 1748/9	2	85
Mary, w. of Lieut. Nath[anie]ll, d. June 21, 1750	1	9
Mary, d. Edw[ar]d & Hannah, b. June 7, 1755	2	356
Mary, w. of Elijah, d. Nov. 15, 1763	2	38
Mary, Mrs., m. Rev James ELLS, Nov. 7, 1770	2	272
Mary d. Jona[tha]n & Mary, b. Aug. 28, 1774	2	195
Mary d. W[illia]m & Jemima, b. Mar. 18, 1784	2	355
Mary, d. [Robert & Esther], b. Apr. 10, 1810	2	88
Mary, of Middletown, m. Alpheas DICKINSON, of Randolph, O., June 19, 1826, by Rev. John r. Crane	3	232
Mary, of Middletown, m. John COUCH, of Mereden, Oct. 3, 1826, by Rev. Samuel Miller	3	249
Mary, m. Noad[ia]h ROCKWELL, Jr., Sept. 25, 1831, by Rev. John R. Crane	3	362
Mary, m. Chester PARKIS, Apr. 1, 1883, by Rev. John R. Carne	3	381
Mary, d. Feb. 12, [1848 or 9], ae 66	4	132-3
Mary A., d of Jacob, 2d, of Middletown, m. George G. HOLMAN, of York, Me., May 6, 1850, by Rev. John R. Crane	4	142
Mary B., d. of Jehiel & Betsey, of Middletown, m Elijah STEVENS, of Deep River, s. of Elijah, of Middletown, Dec. 3, 1848, by Rev B. A. Leach	4	80
Mary S., m. James TIDGWELL, Jr., b. of Middletown, May 16, 1847, by Rev. Frederic J. Goodwin	4	3
Mary W., of Middletown, m. Landon B. WARD, of Hannover, Va., [Aug.] 11, [1844], by Rev. W. G. Howard	3	520
Matthew, s. [Sam[ue]ll & Lucy], b. Jan. 4, 1779	2	89
Matthew, s. [Sam[ue]ll & Lucy], d. May 6, 1787	2	89
Mehetabel, w. of Joseph, d. Dec. 12, 1747	1	21
Mehitabel, d. Hamlin & Mary, b. Oct. 30, 1749	2	38
Melville Morton, [s. John & Nancy Maria], b. July 2, 1842	4	21
Miner, s. Jos[eph] & Elizabeth b. Jan. 29, 1727/8	1	8
Miron, s. [W[illia]m & Jemima], b. Nov. 9, 1794	2	355
Nathaniell, s. Isa[a]ck & Mary, b. Jan. 17, 1678	LR1	45½

JOHNSON, (cont.)

	Vol.	Page
Nathaniell, m. Mary **BLAKE**, Feb. [ ], 1699	LR1	32
Nathaniell, s. Nathan[ie]ll & Mary, b. June 22, 1702	LR1	32
Nathaniel, Sr., d. Feb.18, 1711	LR1	32
Nathaniel, of Middletown, m. Mary **BRAINARD**, of Haddam, Nov. 8, 1722	1	9
Nathaniel, s. Nath[anie]ll & Mary, b. Sept. 19, 1723; d. Oct. 29, 1723	1	9
Nathaniel, s. Nath[anie]ll & Mary, b. Sept. 30, 1738	1	9
Nath[anie]ll, s. Nath[anie]ll & Mary, d. Sept. 11, 1740	1	9
Nath[anie]ll, Lieut., d. May 2, 1751	1	9
Nath[anie]ll, s. Sam[ue]ll & Martha b. Nov. 5, 1752	2	265
Nathaniel, m. Elizabeth **GREEN**, Jan. 1, 1766	2	176
Nath[anie]ll, m. Wid. Anne **CHESTER**, of Colchester, Oct. 10, 1769, by Rev. Mr. Little, in Colchester	2	176
Ollive,d. Nath[anie]ll & Elizabeth, b. Sept. 7, 1766	2	176
Oliver, m. Thankfull **BIDWELL**, b. of Middletown, No. 14, 1832, by Rev. John Cookson	3	375
Oliver, of Middletown, m. Emma M. **SMITH**, of Durham, Dec. 12, 1845, by Rev. John R. Crane	3	541
Ozias, s. Henry & Abiah, b. Apr. 21, 1758	1	82
Patrick, s. Hamlin & Mary, b. Nov. 14, 1751; d. Feb. 28, 1751/2	2	38
Phebe, d. Joseph & Hannah, b Jan. 8, 1734/5	1	21
Phebe, d. Isaac & Thankfull, b. Oct. 13, 1739	1	22
Phebe, d. Elijah & Mary, b. Sept. 22, 1757	2	38
Phebe, d.[W[illia]m & Jemima], b. July 18, 1796	2	355
Polly, d. Samuel & Sarah, b. Mary 11, 1781	2	333
Polly, d. Samuel &Sarah d. Aug. 30, 1783	2	333
Polly, 2d, Samuel & Sarah, b. Dec. 22, 1783	2	333
Prosper, s. Jedediah & Mehetabel, b. Jan. 6, 1757	2	155
Prosper, d. Apr. 4, 1777	2	155
Prosper, s. Jedediah & Lydia, b. Apr. 22, 1778	2	315
Prosper, s. Jed[edia]h, Jr. & [Lydia], d. Sept. 20, 1796, at St. Croix	2	315
Prudence, d. Nath[anie]ll & Mary, b. July 10, 1740	1	9
Rachel, d. Joseph & Han[na]h, b. Dec. 24, 1726	1	20
Rachel, m. Joseph **DREEGS**, Jr., May 22, 1726	2	109
Rebeckah, m. Joseph **MILLER**, Oct. 28, 1701	LR1	34
Rebeckah, d. Thomas & Susannah, b. Nov. 21, 1724	LR2	14
Rebeckah, d. Jona[tha]n & Mary, b. Jan. 12, 1776	2	195
Richard, s. Joseph & Elizabeth, b. Nov. 12, 1704	LR1	27
Richard, m. Mary **PORTER**, Feb. 3, 1725/6	1	24
Rich[ar]d, s. Rich[ar]d & Mary, b. July 22, 1734	1	24
Richard, s. Asahel & Eunice, b. May 2, 1777	2	351
Robert, of Middletown, m. Sarah **SILL**, of Lyme, June 17, 1736	1	90
Robert, s. Rob[er]t & Sarah, b. Oct. 6, 1739	1	90
Robert m. Esther **GEAR**, Feb. 21, 1805	3	88
Robert s. Robert &Esther, b. Jan. 20, 1806	3	88
Rosanna Sizer, d. [Jedediah, Jr. & Lydia], b. Oct.21, 1798	2	315
Rossel, s. Caleb & Mary, b. Mar. 2, 1770	2	82
Rosettie, m. Sylvester **HALL**, b. of Middletown, Nov. 30, 1825, by Rev. E. Washburn	3	219

MIDDLETOWN VITAL RECORDS

	Vol.	Page
JOHNSON, (cont.)		
Roxanna S., m. Edward **YEAMONS**, Oct. 17, 1821, by Rev. John R. Crane	3	67
Ruby, d. Jed[edia]h & Lydia, b. Nov. 11, 1784	2	315
Ruby, d. [Jedediah & Lydia], d. May 19, 1785	2	315
Ruby, d. [Jedediah & Lydia], Oct. 31, 1786	2	315
Ruth, d. Joseph & Hannah, b. Oct. 3, 1741	1	21
Ruth, d. Step[he]n & Eliz[abet]h, b. Sept. 16, 1744	1	114
Ruth, m. John **GILL**, Mar. 2, 1747/8	2	118
Ruth, d. [Jedediah & Lydia], b. June 5, 1791	2	315
Sally, d. Samuel & Sarah, b. July 11, 1782	2	333
Sally, d. [Jedediah & Lydia], b. Mar. 31, 1794	2	315
Sally C., of Middletown, m. Levi **MITCHEL[L]**, of Middle Haddam, dec. 18, 1833, by Rev John Cookson	3	391
Sally Chamberlain, d. [Joshua & Sarah], b. Oct. 30, 1797	2	15
Samuel, s. [Jos[eph] & Elizabeth], b. Aug. 30, 1724	1	8
Samuel, s. Nath[anie]ll & Mary, b. Aug. 28, 1729	1	9
Samuel, s. Henry & Abigail, b. Dec. 26, 1737	1	82
Sam[ue]l, Jr., m. Martha **HARRIS**, Jan. 28, 1751/2	2	265
Samuel, m. Esther **RUSSELL**, Apr. 9, 1753	2	300
Sam[ue]ll, s. Sam[ue]ll & Esther, b. Feb. 20, 1754	2	300
Sam[ue]ll, s. Elisha & Mary, b. Sept 26, 1761	2	274
Samuel, m. Lucy **ADKINS**, Oct. 14, 1773	2	89
Sam[eu]ll s. Sam[ue]ll & Lucy, b. Oct. 8, 1776	2	89
Samuel, m. Sarah **SAGE**, Aug. 6, 1780	2	333
Samuel, s. Samuel Sarah, b. Aug. 18, 1789	2	333
Sarah, d. Isa[a]ck & Marg[a]ret, b. Aug. 16, 1696	LR1	31
Sarah, m. Nathaniel **HUB[B]ARD**, Apr. 12, 1716	LR2	9
Sarah, d. Jno. & Mary, b. Jan. 20, 1724/5	1	10
Sarah, d. Rob[ert] & Sarah, b. Feb. 27, 1742	1	90
Sarah, m. Jonathan **WARD**, Jan. 11, 1745	2	311
Sarah, d. Hamlin & Mary, b. Mar. 4, 1747/8	2	38
Sarah, w. of Robert, d. Mar. 28, 1774	1	90
Sarah, m. Stephen **PARSON**, Oct. 31, 1782	2	60
Sarah, 2d, w. of Step[he]n, d. Dec. 27, 1792	1	114
Sarah, m. Sidera **CHASE**, Aug. 20, 1840, by Rev. John R. Crane	3	468
Sarah, m. Charles C. Chamberlain, Nov. 7, 1847, by Rev. James Floy	4	22
Sarah, ae 22, of Middletown, m. Charles C. **CHAMBERLAIN**, mechanic, ae 22, b. in Canaan, res Middletown, Nov. 7, 1847, by Rev. James Floy	4	62-3
Sarah, d. Dec. 30, 1847, ae 77	4	74-5
Sarah A., m. Thomas **CROSLEY**, [May] 12, [1844], by Rev. W. G. Howard	3	515
Sarah A.A., d. Jehiel, farmer, ae 34, & [*Betsey **BOUGH**], ae 27, b. Aug. 31, 1849 (* correction(name filled in) handwritten in blank area of original manuscript)	4	110-1
Seth, s. Joseph & Mehetabel, b. Jan. 4, 1732/3	1	21
Seth, s. Joseph & Mehitabel, d. Oct. 15,1742	1	70
Seth, s. Dan[ie]l & Eliz[abet]h, b. Sept. 6, 1743	2	122
Seth, s. Joseph & Mary, b. Jan. 10, 1747/8	2	351
Seth, s. Asa[h]el &[E]unice, b Nov. 2, 1767		

JOHNSON, (cont.)	Vol.	Page
Seth, m. Jemima **MILLER**, Feb. 2, 1769	2	72
Seth, s. Seth & Jemima, b. Feb. 1770	2	72
Stebbens, s. Jedediah & Mehetabel, b. Mar. 13, 1759	2	155
Stebbins, [s. Jedediah & Mehetabel], d. Jan. 12, 1777	2	155
Stephen, s. Isa[a]ck & Margery, b. Feb. 8, 1713/4	LR1	31
Stephen, s. Thomas & Susannah, b. Feb. 14, 1719/20	LR2	14
Stephen, of Middletown, m. Elizabeth **BRAINARDS**, of Haddam, Oct. 11, 1739	1	114
Stephen, s. Step[he]n & Elisabeth], b. July 8, 1740	1	114
Stephen, Jr., m. Mary **SAGE**, Mar. 5, 1740/1	2	147
Stephen, s. William & Jemima, Dec. 26, 1785	2	355
Stephen, s. Feb. 2, 1796	1	114
Stephen C., s. Stephen, of Tyringham, Mass., m. Ann S. **WILCOX**, d. of Gustavus V. **WILCOX**, of Middletown, Oct. 3, 1847, by Rev. John R. Crane	4	16
Stephen S., millwight, ae 30, b. in West Stockbridge, res. Lee, Mass., m. Lucy Ann **WILCOX**, ae 25, of Middletown, Oct. 3, 1847, by Rev. John R. Carne	4	64-5
Submit, d. Isaac & Thankfull, b. Feb. 4, 1742	1	22
Susannah, d. Thomas & Susannah, b. June 8, 1722	LR2	14
Susannah, m. Moses **BUSH**, May 13, 1741	1	128
Suse, d. Isaac & Anne, b. Mar. 20, 1775	2	177
Sibbell, d. Caleb & Ann, b. Oct. 21, 1744	2	44
Tabatha [twin with Mary], d. Isaac & Marg[a]ret, b. Feb. 9, 1715/6	LR1	31
Tabitha, m. Joseph **DeWOLF**, Mar. 8, 1738/9	1	109
Thankfull, m. Thomas **HUB[B]ARD**, July 16, 1729	1	46
Thankfull, [twin with Desior], d. Thomas & Susannah, b. July 5, 1735	LR2	14
Thankfull, d. Isaac & Thankfull, b. Dec. 10, 1740; d. Mar. 30, 1741	1	22
Thankfull, d. Jedediah & Mehetabel, b. Dec. 27, 1768	2	155
Thankful, of Middletown, m. James **TIBBALS**, of Haddam, Nov. 5, 1826, by Rev. John R. Crane	3	255
Tankful, d. Jan. 29, [1848 or 9], ae 90	4	132-3
Thomas, s. Isaack & Marg[a]ret, b. Mar 17, 1705/6	LR1	31
Thomas, m. Susannah **WHITE**, Jan. 2, 1717/18	LR2	14
Thomas, s. Thomas & Susannah, b. Oct. 18, 1718	LR2	14
Thomas, Jr., m. Mary **JOHNSON**, May 3, 1733	1	69
Thomas, Jr., of Middletown, m. Mary **ATWATER**, of Wallingford, Aug. 7, 1745	2	85
Thomas, s. Tho[ma]s & Mary, b. June 10, 1746	1	69
Tho[ma]s, s. Tho[ma]s & Mary, b. Dec. 15, 1750	2	85
Thomas, s. Dan[ie]l, 3rd, & Abigail b. July 13, 1755	2	331
Thomas Davis, s.[Robert & Esther], b. July 13, 1755	3	88
Thomas Davis, s. [Robert & Esther], b.* June 22, 1819 (Death?)	3	88
Thomas Davis, s. [Robert & Esther], b. Oct. 16 1812	3	88
Tho[ma]s Hallock, s. Caleb, mason, ae 38, & Mary, ae 40, b. Nov. 21, 1850	4	194-5
Timothy, s Isaac & Thankfull, b. June 2, 1729	1	22
Timothy, s. Eben[eze]r & Eliz[abet]h, b. July 5, 1752	2	81

	Vol.	Page
JOHNSON, (cont.)		
Tryphena, d. Hamlin & Mary, b. Jan. 3, 1752/3	2	38
Warren, m. Sarah **HAWES**, b. of Middletown, Oct. 20, [1833], by Rev. Zeb[ulo]n Crocker	3	388
Wealthy, d .Joseph, & Mary, b. Oct. 24, 1746	2	122
Wilbur Fisk, [s. John & Nancy Maria], b. Dec. 25, 1839	4	21
William, s. Isaac & Mary, b. Mar. 14, 1682/3; d. Mar. 25, 1682/3	LR1	45½
William, s. Isa[a]ck & Margery, b. Mar. 19, 1711/12	LR1	31
William, of Middletown, m. Martha **JOHNSON**, of Woodstock, Nov. 19, 1741	2	25
William, d. Apr. 10, 1746, at Louisburg	2	25
Will[ia]m, s. Step[he]n & Eliz[abet]h, b. Apr. 11, 1753	1	114
William, s. Asa[h]le & [E]unice, b Dec. 17, 1769	2	351
William, m. Jemima **HUBBARD**, Dec. 25, 1782	2	355
William, s. [W[illia]m & Jemima], b. Nov. 1, 1787	2	355
Will[ia]m, m. Julia **RUSSELL**, Mar. 11, 1813	3	78
W[illia]m, m. Mary Eliza **WELLES**, Dec. 6, 1819	3	78
W[illia]m, of Richmond Town, R.I., m. Anna T. **GRAVES**, of Middletown, Oct. 13, 1822, by Rev. Josiah Graves	3	108
William A., s. John, Prof. at W.U., ae 45, & Maria N., ae 42, b. Apr. 3, 1851	4	196-7
Will[ia]m D., m. Harriet A. **BEACH**, [May] 13, [1832], by Rev. E. R. Tyler	3	368
Will[ia]m Henry, s. W[illia]m & Julia, b. Sept. 21, 1816; d. Jan. 3, 1819	3	78
Will[ia]m Henry, s. W[illia]m & Mary Eliza, b. Apr. 25,1821	3	78
William R., of West Poultney, Vt., m. Adeline **DICKENSON**, of Middlefield, [June] 12, [1849], by Rev. James d. Moore, at Middlefield	4	85
* Worthington, m. Nancy J. **COE**, d. of Ezree, b. of South Farms, Society, Nov. 27, 1851, by Rev. T. P. Abell (*correction (Wellington and line drawn through Worthington) handwritten in margin of original manuscript)	4	193
Zadock, s. Caleb & Ann, b. July 17, 1749	2	44
Zadock, s. Caleb & Mary, b. May 11, 1774	2	82
Zilpha, d. Tho[ma]s & Mary, b. June 1744	1	69
Zipporah, d. Joseph & Elizabeth, b. Jan. 11, 1706/7	LR1	27
Zeporah, m. Obadiah **BRAYNARD**, Sept. 16, 1731	1	59
-----, child of Nath[anie]ll & Mary, b May 16, 1724; d. same day	1	9
-----, d. [Nath[anie]ll & Mary, b. July [ ], 1726	1	9
-----, s. Isaac & Thankfull, st. B Mar. [ ], 1726/7	1	22
-----, s. [Nath[anie]ll & Mary], b. Nov. 25, 1727; d. same day	1	9
-----, [Isaac & Thankfull], b. Feb. 4, 1727/8; d. Feb. 12, 1727/8	1	22
-----, Thomas & Susannah, b. Apr. [ ], 1729	LR2	14
-----, Thomas & Susannah, b. Jan. 27, 1730/31	LR2	14
-----, Dan[ie]l & Jan, b. Jan. 9, [1753]; d. [Jan.] 10, 1753	1	70
-----, Dan[ie]l, 2nd & Edith, st. b. Aug. 19, 1755	2	336
-----, d. [Jonathan &Agnes], b. Sept 18, 1769; d. On the 23rd, not bp.	2	195
-----, s. [Jedediah & Mehetabel], b. Jan. [ ], 1772; d. in about 26 hr.	2	155
-----, d. [Jonathan & Mary], b. Aug. 17, 1772; d. three hours after	2	195

BARBOUR COLLECTION

	Vol.	Page
JOHNSON, (cont.)		
-----, d. Thomas & Susannah, b. Sept. [ ]	LR2	14
JOHONATT, JOHANNET, Daniel, of Middletown, m. Robe **COLE**, of Warren, Aug. 20 1779	2	352
Danile, s. [Dan[ie]l & Robe], b. May 1, 1790	2	352
Elizabeth, d. [Dan[ie]l & Robe], b. Jan. 9, 1796	2	352
John Oliver, s. [Dan[ie]l & Robe], b. Nov. 20, 1781	2	352
Sarah, wid. of And[re]w, m. Gregory **POWERS**, Feb. 3, 1783	2	304
William, s. Dan[ie]l & Robe, b Aug. 24, 1779	2	352
JONES, JONS, Anna, of Haddam, m. Moses J. **TOOLEY**, of Middletown, May 27, 1838, by Rev. John Cookson	3	449
Charlotte F., m. John W. **PRIOR**, Sept. 9, 1844, by Rev. Andrew L. Stone	3	521
Elisha C., Rev., of Southington, m. Jane R. **BARNES**, Apr. 17, 1844, by Rev. John R. Crane	3	514
Elizabeth, m. William **ROBBERDS**, Jr., Mar. 17, 1747/8, by Seth Wetmore J.P.	2	145
Elizabeth, b. in Stockbridge, Mass, res. Middletown, d. May 12, 1851, ae 71	4	204-5
Hannah, d. [James &Sarah], b. Jan. 22, 1791	2	328
Hannah, m. Robert **SEYMOUR**, Feb. 6, 1812	3	25
J., d. July 22, 1849, ae 2 y. 10 m.	4	134-5
James, s. John & Hannah, b. Oct. 16, 1758, in Durham	2	328
James, m. Sarah **BEERS**, Oct. 16, 1786, in Stratford	2	328
James, s. James & Sarah, b. Dec. 11, 1787, in Derby	2	328
John s. John & Anne, b. June 5, 1752	2	250
John, s. James & Susanna, b. May 15, 1786	2	358
John, of Middletown, m. Nancy B. **PRATT**, of Litchfield, Apr.21, 1822, by Rev. Eli Ball	3	95
John L., of Macon, Ga, m. Julia **PARKMAN**, of Berlin, July 26, 1830, by Rev. John R. Crane	3	351
John W., of Lincolnville, Me., m. Harriet **WETMORE**, d. of Chauncey, of Middletown, June 8,1852, by Rev. John R. Crane	4	213
Katharine, m. Jacob **GILSON**, Dec. 27, 1778	2	138
Laura, ae 24, m. Reuben J. **CLARK**, mechanic, ae 22, b. of Middletown, Jan. 1, 1851, by Rev B N. Leach	4	200-1
Laura J., d. of the late Jesse J., of Middletown, m. Reuben j. **CLARK**, s. of Reuben*, Jan. 2, 1851, by Rev. B. N. Leach (Perhaps "Laura J. James") (*Deceased)	4	180
Mary Ann, m. Edward S. **BALL**, June 16, 1845, by Rev. W. G. Howard	3	532
Michael, s. James, quarryman, ae 32, & Ann, ae 30, b. Sept. 19, 1849	4	162-3
Patty, m. Elijah T. **PLUM**, Nov. 15, 1807	2	57
Rebeckah, m. Lamberton **CLARK**, June 14, 1753	2	299
Roseanna, of Hebron, m. Samuel **GREENE**, June 27, 1774, by Mr. Peters, of Hebron	2	45
Sarah, Mrs., m. John **WHITE**, b. of Middletown, Dec. 16, 1830, by Rev. Fred[eric]k Wightman	3	359
Susan J., of Middletown, m. Samuel w. **HARDING**,of New Haven, Nov. 26, 1847, by Rev. S. Davis	4	27

	Vol.	Page
JONES, (cont.)		
Susan J., ae 20, b. in Middletown, res New Haven m. Samuel HARDEN, tinner, ae 21, b. in Saybrook, res. New Haven, Dec. 25, 1847, by Rev S. Davis	4	62-3
Will[ia]m, of Southington, m. Olive W. SMITH, of Middletown, May 6, 1846, by Rev. Zeb[ulo]n Crocker	3	549
JORDAN, JORDON, David, s. Isaiah & Mary, b. Aug 20, 1754; d. Mar. 10, 1757	2	128
Ellen Ann, d. John, tender at r.r. depot, ae 30, & Ann, ae 30, b. Feb. 18, 1851	4	194-5
Isaiah, of Middletown, m. Mary **RUSS**, of Lebanon, June 6, 1754	2	128
Isaiah, s. Isaiah & Mary, b. Nov. 7, 1756; d. Sept. 27, 1757	2	128
Isaiah, d. Aug. [ ], 1757	2	128
John m. Wealthy A. **JUDSON**, Mar. 16, 1852, by Rev. Jno. Morrison Reid	4	218
Margaret E., d. John, laborer, ae 30, & Ann, ae 28, b Feb. 18,1849	4	106-7
JOSLYN, JOSLIN, JOCELYN, Jarvis, m. Mariah **BAILEY**, b. of Middletown, Apr. 23, 1837, by Rev. John Cookson	3	433
Lyman W., of Worcester, Mass., m. Catharine **BROWN**, of Middletown, Mar. 3, 1850 by Rev. Townsend P. Abell	4	187
Mary, d. Jarvis, keeper of livery-stable, ae 36, & Maria, ae 33, b. Dec. 20, [1848]	4	48-9
Simeon S., of New Haven, m. Harriet **STARR**, of Middletown, Nov. 18, 1822, by Rev. John R. Crane	3	111
JOY, Charlotte Ann, of Middletown, m. Job **CAMBRIGE**, of Mereden, July 11, 1830, by Rev. Tho[ma]s Branch	3	352
JOYCE, Ann, m. Patrick **REGAN**, June 6, 1852, by Rev. Jno. Brady	4	221
Anne, d. William & Anne, b. Jan. 22, 1769	2	355
Betsey, d. Will[ia]m & Eunice, b. July 30, 1765	2	355
Cornelia, d. Will[ia]m & Eunice, b. Feb. 6, 1757	2	355
Cornelia, m. Timothy **HALL**, June 4, 1775	2	197
Esther, d. Will[ia]m & Eunice, b. Oct. 22, 1758, at Windsor	2	355
Eunice, d. Will[ia]m & Eunice, b Aug. 1, 1760	2	355
Eunice, w. of William, d. Nov. 27, 1767	2	355
Isabella, [twin with Lucy], d. William & Eunice, b. Nov. 10, 1767	2	355
John S. William & Anne, b. Oct. 25, 1771	2	355
Lucy, [twin with Isabella], d. William & Eunice, b. Nov. 10, 1767	2	355
Margaret, m. Patrick **REGAN**, July 7, 1854, by Rev. Jno. Brady	4	268
Sarah, d. William & Eunice, b. Nov. 3, 1754	2	355
William, m. Eunice **BISHOP**, Oct. 17, 1754	2	355
William, m. Anne **LASON**, May 8, 1768	2	355
JUDD, JUD, Albert H., of Edwardsville, Ill, m. Caroline **BANKS**, of Middletown, Apr. 11, 1833, by Rev. Fitch Reed	3	381
Barsheba, of Kensanton Parish, Ffarmington, m. David **SAGE**, of Middletown, Dec. 26, 1728	1	42
Cyrus, m. Elizabeth M. **HUBBARD**, May 1, 1833, by Rev. John R. Crane	3	381
Daniel, s. Jonathan & Hannah, b. Oct. 10, 1724	LR2	29
Hannah, [twin with Mary], d. Jonathan & Hannah, b. Oct.20, 1717	LR2	29
Hannah, m. Elisha **TAYLOR**, sept. 20, 1739	1	119
James, m. Ellen **HUGHES**, Oct. 3, 1849, by John Brady, Jr.	4	95

		Vol.	Page
JUDD, (cont.)			
Johanna, m. Samuel **HUBBART**, Jr., Jan. 27, 1730/1		1	57
Mary, [twin with Hannah], d. Jonathan & Hannah, b. Oct. 20, 1717		LR2	29
Orange, s. Orange, teacher, ae 28, & Sarah T., ae 28, b. Jan. 19, 1850		4	154-5
Sarah, of Hartford [Farmington], m. Thomas **BUCK**, of Middletown, May 12, 1709		LR2	14
Sarah, d. Jonathan & Hannah, b. Sept. 26, 1722		LR2	29
Sarah, m. Jabez **CLARK**, Aug. 5, 1742		1	133
Thomas, [twin with Timothy], s. Jonathan & Hannah, b. Aug. 26, 1720		LR2	29
Timothy, [twin with Thomas], s. Jonathan & Hannah, Aug. 26, 1720		LR2	29
JUDSON, Wealthy A., m. John **JORDAN**, Mar. 16, 1852, by Rev. Jno. Morrison Reid		4	218

www.ingramcontent.com/pod-product-compliance
Lightning Source LLC
Chambersburg PA
CBHW071154300426
44113CB00009B/1201